U0959422

劳动争议指导案例、典型案例与企业合规实务

纠纷解决、风险防范
合规经营、制度完善

周斌 韩琰 | 著

中国法制出版社
CHINA LEGAL PUBLISHING HOUSE

前　言

什么是典型案例？从字面上理解，“典”字本义就是标准、法则。“典型”作为形容词，是指“具有代表性的”；“典型”作为名词，是指“具有代表性的人物或事件”，即足以代表某一类事物特性的标准形式。典型案例就是具有某种典型意义且可以形成社会影响的法律纠纷实务案例。从学理上理解，判断案例是否典型，主要是看两点，一是案件的疑难性，二是案件的新型性[①]。我们也可以从广义和狭义上理解“典型案例”概念。广义上理解，权威部门发布的案例，都可以理解为“典型案例”，具体有最高人民法院发布的指导性案例（以下简称指导性案例）、《最高人民法院公报》案例（以下简称《公报》案例）以及各地各级人民法院、人力资源社会保障部门等组织或机构发布的其他典型案例（以下简称典型案例）。

本书首次尝试整体解析指导性案例、《公报》案例和典型案例，梳理人力资源管理中涉及的法律规则，归纳解析各类典型案例呈现的裁判要点，谨慎提示规范用工的实务建议。

一、劳动争议指导性案例、《公报》案例和典型案例的发布情况

1999年，根据党的十五大推进司法改革的要求所制定的《人民法院五年改革纲要》中，明确提出编选典型案例，供下级法院审判类似案件时参考。2005年，根据党的十六大积极、稳妥推进司法体制改革的要求，最高人民法院在《人民法院第二个五年改革纲要》中，第一次正式提出“建立和完善案例指导制度”。2008年12月，《中央政法委员会关于深化司法体制和工作机制改革若干问题的意见》将案例指导制度作为国家司法改革的一项重要内容。旨在通过案例指导司法实践，统一法律适用标准。2010年，最高人民法院开始着手开展案例指导工作，制定最高人民法院《关于案例指导工作的规定》，标志着中国

① 王利明：《法学方法论》，中国人民大学出版社2021年版，第319页。

特色案例指导制度的正式建立。根据我国现行法律制度，检索的类案一般不具有法律约束力，但在实务工作中具有较强的指导意义。特别是最高人民法院发布的指导性案例，具有较明显的司法约束性。在对裁判进行检索时，如果检索到的类案为指导性案例的，人民法院应当参照案例作出裁判①。

最高人民法院发布指导性案例，需经过最高人民法院审判委员会讨论通过，然后统一在《最高人民法院公报》《人民法院报》以及最高人民法院网站上以公告形式发布，各级人民法院在审判类似案例时参照。经查，自2013年最高级人民法院发布第五批指导性案例时涉及的第1例劳动争议指导性案例后，将近十年未再有新的劳动争议类指导性案例出现。然而，最高人民法院在2022年7月4日发布第三十二批7件、2022年12月8日发布第三十四批1件劳动争议类指导性案例。可见，目前社会比较关注劳动纠纷及处理规则。以下目录列明了最高人民法院历年发布的所有劳动争议类指导性案例：

序号	案例名称	年份批号
1	中兴通讯（杭州）有限责任公司诉王鹏劳动合同纠纷案	2013年第五批，第18号
2	聂美兰诉北京林氏兄弟文化有限公司确认劳动关系案	2022年第三十二批，第179号
3	孙贤锋诉淮安西区人力资源开发有限公司劳动合同纠纷案	2022年第三十二批，第180号
4	郑某诉霍尼韦尔自动化控制（中国）有限公司劳动合同纠纷案	2022年第三十二批，第181号
5	彭宇翔诉南京市城市建设开发（集团）有限责任公司追索劳动报酬纠纷案	2022年第三十二批，第182号
6	房玥诉中美联泰大都会人寿保险有限公司劳动合同纠纷案	2022年第三十二批，第183号
7	马筱楠诉北京搜狐新动力信息技术有限公司竞业限制纠纷案	2022年第三十二批，第184号
8	闫某诉浙江喜来登度假村有限公司平等就业权纠纷案	2022年第三十二批，第185号
9	王山诉万得信息技术股份有限公司竞业限制纠纷案	2022年第三十四批，第190号

除指导性案例外，《公报》案例也是各级法院经常引用和参考适用的重要

① 最高人民法院《关于统一法律适用加强类案检索的指导意见（试行）》第九条。

案例类型。《最高人民法院公报》由最高人民法院办公厅主办，创办于1985年，是最高人民法院对外公布司法解释、文件以及刑事、民事、行政、国家赔偿、执行等各类案例的国家重点学术期刊。

《最高人民法院公报》在1985年至2019年已发布278期，《公报》案例1324例。据"北大法宝"案例研究组统计，劳动争议、人事争议案件在上述期间有17篇，占比为2.4%。而据笔者统计，《最高人民法院公报》在2009年至2021年已公布案例中，涉及劳动争议类案件（不包括工伤认定案和工伤保险待遇案）有16篇。以下为2009年以后的《公报》案例目录：

序号	案例名称	刊登期号
1	王云飞诉施耐德电气（中国）投资有限公司上海分公司劳动争议纠纷案	2009年第11期（总第157期）
2	郭懿诉江苏益丰大药房连锁有限公司劳动争议案	2010年第6期（总第164期）
3	上海冠龙阀门机械有限公司诉唐茂林劳动合同纠纷案	2012年第9期（总第191期）
4	梁介树诉南京乐府餐饮管理有限公司劳动争议案	2013年第6期（总第200期）
5	北京泛太物流有限公司诉单晶晶劳动争议纠纷案	2013年第12期（总第206期）
6	张建明诉京隆科技（苏州）公司支付赔偿金纠纷案	2014年第7期（总第213期）
7	刘永泉等十一人与内蒙古东部电力有限公司兴安电业局劳动争议案	2015年第3期（总第221期）
8	侯宏军诉上海隆茂建筑装潢有限公司劳动合同纠纷案	2015年第11期（总第229期）
9	包利英诉上海申美饮料食品有限公司劳动合同纠纷案	2016年第12期（总第242期）
10	张传杰诉上海敬豪劳务服务有限公司等劳动合同纠纷案	2017年第5期（总第247期）
11	刘丹萍与南京仁创物资有限公司劳动争议纠纷案	2018年第7期（总第261期）
12	江苏澳吉尔生态农业科技股份有限公司与曾广峰确认劳动关系纠纷案	2019年第12期（总第278期）
13	李林霞诉重庆漫咖文化传播有限公司劳动合同纠纷案	2020年第10期（总第288期）
14	蔡玉龙诉南京金中建幕墙装饰有限公司劳动合同纠纷案	2020年第4期（总第282期）
15	吴继威诉南京搏峰电动工具有限公司劳动合同纠纷案	2020年第9期（总第287期）
16	戴为军诉台玻长江玻璃有限公司追索劳动报酬纠纷案	2021年第2期（总第292期）

随着时代发展，劳动争议案件呈现出总量大、形式新及疑难案件多的趋

势。劳动争议类案例在《公报》案例中发布的体量与各地各级法院、劳动争议仲裁机构的裁审需求之间还存在缺口。在互联网或自媒体上，一些关于劳动纠纷的话题层出不穷，一些社会热点问题被反复讨论。此时，适时适当发布通俗易懂的典型案例，方便社会大众借此阅读学习，显得十分有必要。

各地各级人民法院、人力资源社会保障部门也适时不定期发布了大量的典型案例。其中，人力资源和社会保障部、最高人民法院两次联合发布了典型劳动人事争议典型案例，还明确“各地仲裁机构、人民法院在办案中予以参照”。①

我们发现，北京、上海、天津、重庆四个直辖市以及江苏、广东等沿海发达地区的高级人民法院、人力资源和社会保障行政部门发布典型案例较多。各省会城市、发达地区城市，如广州、深圳、苏州、成都、青岛等地中级人民法院、人力资源和社会保障部门发布典型案例情况也不少。各地基层法院、区县级人力资源和社会保障部门偶有发布典型案例，但总体上数量较少，周期性不强。

从发布机构层级来看，典型案例可以分为四种层级：

一是最高人民法院或国家人力资源和社会保障部发布的典型案例。2020 年、2021 年，人力资源和社会保障部、最高人民法院联合发布两批劳动人事争议典型案例；2016 年、2020 年、2022 年，最高人民法院发布三批弘扬社会主义核心价值观典型案例，其中有 1 例劳动争议案例，2 例劳动人事争议相关的人格权纠纷。

人力资源和社会保障部、最高人民法院发布的典型案例	发布时间
人力资源和社会保障部、最高人民法院劳动人事争议典型案例（第一批）	2020 年
人力资源和社会保障部、最高人民法院劳动人事争议典型案例（第二批）	2021 年
最高人民法院发布十起关于弘扬社会主义核心价值观典型案例	2016 年
最高人民法院发布人民法院大力弘扬社会主义核心价值观十大典型民事案例	2020 年
最高人民法院发布第二批人民法院大力弘扬社会主义核心价值观典型民事案例	2022 年

① 人力资源社会保障部、最高人民法院《关于联合发布第一批劳动人事争议典型案例的通知》（人社部函〔2020〕62 号），人力资源社会保障部、最高人民法院《关于联合发布第二批劳动人事争议典型案例的通知》（人社部函〔2021〕90 号）。

二是各地高级人民法院或省市级人力资源和社会保障部门、总工会发布的典型案例。以2021年为例：

各地高级人民法院和省级人力资源和社会保障部门、总工会发布的典型案例	发布机构
北京市劳动人事争议仲裁十大典型案例	北京市人力资源和社会保障局
北京总工会十大案例	北京市总工会
劳动争议典型案例	天津市高级人民法院
劳动人事争议典型案例	天津市人力资源和社会保障局
第八批劳动争议十大典型案例	重庆市高级人民法院
江苏法院劳动争议十大典型案例	江苏省高级人民法院
劳动争议十大典型案例	广东省高级人民法院
劳动争议典型案例	河北省高级人民法院
十件劳动争议典型案例	河南省高级人民法院、人力资源和社会保障厅

三是各地中级人民法院或地市级人力资源和社会保障部门发布的典型案例。以江苏省2021年为例：

各地各级中级人民法院和地市级人力资源和社会保障部门发布的典型案例	发布机构
劳动争议审判白皮书暨十大典型案例	南京市中级人民法院
劳动人事审判白皮书暨十大典型案例	苏州市中级人民法院
劳动争议典型案例	无锡市中级人民法院
南通市劳动争议典型案例	南通市中级人民法院
劳动争议典型案例	扬州市中级人民法院
劳动人事争议典型案例	镇江市中级人民法院
全市法院劳动人事争议十大典型案例	盐城市中级人民法院
全市劳动人事争议十大典型案例	宿迁市中级人民法院
劳动人事争议十大典型案例	徐州市中级人民法院

四是各地基层法院或区县级人力资源和社会保障部门发布的典型案例。以2022年为例：

基层法院和区县级人力资源和社会保障部门发布的典型案例	发布时间
南京市建邺区人民法院、建邺区人力资源和社会保障局发布劳动人事争议案件典型案例（2021年度）	2022年
南阳市宛城区人民法院发布劳动争议十大典型案例	2022年

从发布的典型案例内容来看，典型案例除以上列举的综合性案例（年度案例）外，还包括专题性案例。特别是随着疫情爆发、平台经济兴起、三孩政策实施等环境因素变化，典型案例的专题还涉及了超时加班、新业态用工、竞业限制、高管、女职工权益保护、涉外用工、带薪年休假等领域。

类别	专题典型案例名目	发布时间
涉疫	人力资源和社会保障部、最高人民法院劳动人事争议典型案例（第一批）第一类	2020年
	北京市涉新冠肺炎疫情劳动争议仲裁十大典型案例	2020年
	广州市涉疫情劳动人事争议调解“十大案例”	2020年
加班	人力资源和社会保障部、最高人民法院劳动人事争议典型案例（第二批）	2021年
新业态	全国总工会新就业形态劳动争议典型案例	2021年
	苏州市中级人民法院新业态劳动权益保障典型案例	2021年
	广州市人民法院、市总工会联合发布新业态劳动争议典型案例	2022年
竞业限制	苏州市中级人民法院涉竞业限制劳动争议十大典型案例	2021年
	上海市中级人民法院劳动争议案件中竞业限制纠纷典型案例	2018年
	北京市中级人民法院涉竞业限制劳动争议十大典型案例	2019年
涉高管	上海市中级人民法院涉高管劳动争议案件	2021年
	北京市中级人民法院涉公司高管劳动争议十大典型案例	2020年
女职工权益	无锡市中级人民法院女职工“三期”保护劳动争议典型案例	2021年
	广州市中级人民法院女职工权益保护典型案例	2019年
涉外	苏州工业园区人民法院涉外劳动争议案件典型案例	2021年
年休假	北京市西城区人民法院涉劳动者带薪年休假纠纷典型案例	2021年

续表

类别	专题典型案例名目	发布时间
诚信	宁波市全市劳动关系诚信建设十大典型案例	2021 年
调解	赣州市劳动争议十佳调解案例（2021 年度）	2022 年

二、劳动争议指导性案例、《公报》案例和典型案例的四个主要功能

功能一：宣传普法

一般来说，成文法条款比较抽象。人们在理解法律条文的时候，可能会产生不同的理解。在日常生活中，人们在适用法律规则时，特别在使用法言法语进行沟通交流时，会有一定分歧。所以，在适用法律规范方面，需要正确理解法律规范的具体应用。通过学习典型案例，可以帮助我们进一步理解法律内涵。大量优秀案例中的裁判依据就是现行法律规范的最好的应用场景，尤其在成文法律规范难以覆盖所有社会活动的情况下，典型案例的裁判依据能阐释和延伸法律适用性。典型案例有利于人们通过案件理解法律，通过法律评价案件，从而架起法律与案件之间的桥梁，使法律更加明确化、具体化，为实现法律条文的可操作性提供范例。①

当然，最高人民法院指导性案例与各地典型案例在宣传普法的作用方面各有侧重。指导性案例、《公报》案例之所以能够指导工作和参考使用，主要是此类案例的发文层级较高，发布的目的是对类似案件的裁判起到“指导作用”“参照作用”。按王利明教授的看法②，主要是看两点，一是案件的疑难性，二是案件的新型性。指导性案例、《公报》案例更注重“法律适用指导性”功能，帮助专业人士适用法律，发挥“准司法解释”功能，事实上承担着弥补立法滞后的作用。指导性案例和《公报》案例帮助大众在实操维度解决适用法律、司法解释的基础问题。

从最高人民法院已发布的全部 8 个劳动争议类指导性案例来看，除指导、参考作用外，普法宣传作用较为明显。其中，第 18 号案例（2013 年）明确用人单位通过“末位淘汰”的考核方式解除劳动合同属于违法行为。第 179 号—

① 江必新等：《最高人民法院指导性案例裁判规则理解与适用》，中国法制出版社 2013 年版，第 2 页。

② 王利明：《法学方法论》，中国人民大学出版社 2021 年版，第 319 页。

185号案例（2022年）以集中发布方式明确保护劳动者权益，指出用人单位不得掩盖用工事实、负有保护员工免受性骚扰之职责、诚信履约发放各类奖金、禁止就业歧视等，在社会上达到了较好的普法宣传效果。

从人力资源和社会保障部、最高人民法院发布的两批劳动人事争议典型案例属性来看：第一批案例（2020年发布）具有时代性、典型性；第二批案例（2021年“996”“加班”热点期间发布）具有原则性、宣示性。总体而言，上述两批案例均属于“社会广泛关注”的领域，发布后具有很强的指导作用。

各地有关部门发布的典型案例则比较侧重现行法律规范、法规政策的具体理解适用，案例中普遍适用的通说观点为当地普法宣传起到作用。所以，典型案例的主要作用就是宣传普法，引导社会公众了解、遵守法律、信赖法律。在典型案例的题材选取上，新型案件、疑难案件、多发常发案件得到较高关注。

2012年4月13日，北京市海淀区人民法院发布了北京市首份劳动争议审判情况白皮书。白皮书是国际上公认的正式官方文书。在劳动争议白皮书正文中，一般会回顾一段时间以来的劳动争议案件基本态势和特点，分析裁审工作突出问题，梳理用人单位用工风险，提示劳动维权诉讼风险，最主要是提出预防、化解劳动争议的意见和建议。

值得一提的是，典型案例常常作为劳动争议白皮书附件的形式发布，白皮书通过加入典型案例形式加强普法宣传作用。一方面是直观反映当地劳动争议处理的情况和劳动关系状况，另一方面以典型案例呈现真实的社会活动场景，引导社会正向化解劳动关系矛盾，达到建设和谐劳动关系之目的。所以，白皮书及其典型案例，可以比较清楚地反映当地实际情况。

功能二：规范司法

根据最高人民法院《关于统一法律适用加强类案检索的指导意见（试行）》，人民法院办理缺乏明确裁判规则或者尚未形成统一裁判规则等案件时，应当进行类案检索。类案检索范围除最高人民法院发布的指导性案例外，还包括最高人民法院发布的典型案例及裁判生效的案件、本省（自治区、直辖市）高级人民法院发布的参考性案例及裁判生效的案件、上一级人民法院及本院裁判生效的案件。

从最高人民法院关于指导性案例的选定程序来看，最高人民法院专门成立案例指导办公室负责案例的征集、遴选、审查、发布、研究和编撰等工作。经该办公室严格审查及提出审查意见后，再经最高人民法院审判委员会讨论决定的指导性案例，统一在《最高人民法院公报》《人民法院报》以及最高人民法院网站予以公告发布。

如前所述，最高人民法院发布的指导性案例在人民法院的司法过程中具有一定效力，虽然在审判工作中不作为裁判依据引用，但应当将指导性案例的裁判理由予以引述①。

效力按照实现方式来划分，分为法律上的效力和事实上的效力。在一些判例法国家，真实判例依照法律规定直接具有法律上的效力。事实上的效力是指法律虽然没有明确规定，但在实际运行中所具有的效力，又可分为指导性效力和权威性效力。前者包括司法解释相联系的案例的指导作用；后者包括由案例发布的机关本身地位决定的事实上的权威。

总之，最高人民法院、人力资源和社会保障部发布的劳动争议典型案例与指导性案例一样具有参照作用，广大从事劳动人事仲裁工作、法院工作的同人，可以在工作中对照典型案例要点，领会蕴含的裁判理由。考虑到其他各级组织、专业部门发布的典型案例也具有一定的权威性，实际上也具有相当的参考价值。不同典型案例所指向的正当性，在整个裁审系统中，对于同案同判、同法同解、统一裁判尺度产生一种"事实上的拘束力"。

众所周知，无论是指导性案例、《公报》案例还是典型案例，都是经过层层遴选，具有较高的审判质量。正如梁慧星所说："参照的含义，不是说必须这样办。参照的结果，即如果你认为公报上那个判决是合理的，就可以依照它那个规则裁判你的这个案件；如果你认为不合理，则当然可以不按照它那个规则裁判。但是，《最高人民法院公报》上刊登的判例，或者对于公报上刊登的判例相反的判决，则法官一定要说出一定理由来。"②

我们还发现，一些典型性较强的案例都经过了二审改判。虽然案件被改判不一定意味着原审案件存在重大过错，一些案例的改判属于裁审系统不断顺应新环境，产生形成了新的审判规则。从这个意义上讲，一些改判案件的裁判观

① 根据2015年5月13日发布的《〈最高人民法院关于案例指导工作的规定〉实施细则》第十一条规定，在办理案件过程中，案件承办人员应当查询相关指导性案例。在裁判文书中引述相关指导性案例的，应在裁判理由部分引述指导性案例的编号和裁判要点。

② 梁慧星：《裁判的方法》，法律出版社2021年版，第138页。

点在实务中具有较高的参考意义。学习典型案例的过程中，大家要善于发现判断规则，这比了解案件事实本身以及裁判结果更为重要。

据《北大法宝》统计，在《最高人民法院公报》700例民商事案例中，改判的案例总体占比为37.98%。相比之下，劳动争议指导性案例、《公报》案例和典型案例改判率则较低。在2009年之后，最高人民法院公布的16例劳动争议类《公报》案例中，只有2例改判，占比为12.50%。不过，在一些细分领域，劳动争议案件的改判率仍可能较高，如上海市第一中级人民法院发布的涉高管劳动争议10例典型案件中，二审改判有4例，占比为40%。通过学习这类改判案例，我们能够较快掌握一些高管的裁审规则。比如，关于法定代表人确认劳动关系之诉，需要评估实际履行劳动义务以及接受管理的事实情况；关于高级管理人员主张业绩奖金时，需要查明真实意思表示，同时区别股东分红；关于高级管理人员提供的证据，应加重举证责任，严格审查盖具公章的书证材料等等。

那么，如何运用典型案例来规范司法活动，正确处理工作？

首先，把握“层阶”。指导性案例、《公报》案例、最高人民法院以及人力资源和社会保障部发布的典型案例在全国范围内具有权威性。各地高级人民法院、中级人民法院和地方人力资源和社会保障部门发布的典型案例的影响力则有相当广阔的地域性，要充分考虑各地经济发展存在差异性，各地立法机关会根据当地情况出台地方性法律条例，导致法律法规适用在具体细节方面存在差异，特别是一些地区的政策因素需要重点考量。比如，贵州省高级人民法院、省人力资源和社会保障厅联合发布的劳动争议典型案例三的裁判要点“最低工资标准包含劳动者个人应缴纳的基本养老保险费、医疗保险费、失业保险费和住房公积金，不包含支付给劳动者的加班加点工资，中班、夜班、高温、低温、井下、有毒有害等特殊工作环境和条件下的津贴，以及法律、法规和国家规定的劳动者福利待遇等”，该观点与上海、北京等地不同。

其次，把握“时效”。《公报》案例、典型案例并没有像最高人民法院指导性案例那样建立失效制度①。然而，我们在实际参考时仍需要判断适用性，部分典型案例因年代久远，与新法律、行政法规或者司法解释产生冲突，也可

① 经最高人民法院审判委员会讨论决定，自2021年1月1日起，9号、20号指导性案例不再参照。但该指导性案例的裁判以及参照该指导性案例作出的裁判仍然有效。

能被新的典型案例所取代，从而失去参考价值。比如，2009年第11期《公报》案例：王云飞诉施耐德电气（中国）投资有限公司上海分公司劳动争议纠纷案，认为“未约定给予劳动者竞业禁止经济补偿，或者约定的竞业禁止经济补偿数额过低、不符合相关规定的，该竞业禁止条款对劳动者不具有约束力”。之后，最高人民法院颁布了新司法解释，上述观点即不再具有参考意义。近年，苏州中级人民法院发布涉竞业限制劳动争议十大典型案例提到“即使竞业限制补偿数额约定缺失的，仍可依法填补，而不宜径行认定竞业限制协议无效”，符合新司法解释观点。对此，我们需要更新“过时”观点，予以释明，读者也需要留意。

功能三：补充立法

指导性案例、《公报》案例和典型案例，究其性质，也是法律解释的形式之一。真实案例之所以能够成为指导性案例，不取决于判决结果，而是取决于其中蕴含的法律原则，这些原则性的东西才是其他同类案件在遵循先例时应当吸收的内容。它是以案例形式体现的法律解释。[①]

在司法实践中，的确存有法律概念不明确、原则性条款不够具体化等情况，也的确存在不同规则之间有漏洞等情况。在逻辑判断上，三段论之大前提暂时无法确定的情况时有发生，法官、仲裁员只能运用法律基本原则，进一步推导适用于特定案件的裁审规则，作为法律准绳，从而保证所承办案件中查明的法律事实有法可依。因此，指导性案例、《公报》案例和典型案例等生效案件中归纳出的裁审规则，就是“依据”。最高人民法院发文明确，各级人民法院在办理案件时，对于“缺乏明确裁判规则或者尚未形成统一裁判规则的”，“应当进行类案检索”，类案检索范围包括指导性案例、典型案例、参考性案例以及裁判生效案件。这样，法官、劳动争议仲裁员在裁审过程中遇到待决案件，经过比对案件事实，确实存在相似性的，应当参照、参考，简化了适用法律的过程，提高法律运用的准确性，保障了裁审结论的公正性。

举个例子，关于如何确定停工停产期间“一个工资支付周期”的起算点问题，实践中有不同理解。人力资源和社会保障部、最高人民法院劳动人事争议典型案例（第一批）案例4指出“该周期的性质应属缓冲期，主要目的是体现

① 王利明：《法学方法论》，中国人民大学出版社2021年版，第324页。

风险共担和疫情期间对劳动者基本权益的保护，只有理解为一个时间长度，才符合相关规定的内涵”，该观点被经常引用，有当事人甚至在上诉理由中予以援引[①]。

王利明教授指出：“指导性案例中所做出的价值判断，可以为类似案件提供基本的价值判断的准则。”[②]“法官要参考指导性案例进行利益衡量”[③]在价值发生冲突的时候，裁判者应当寻求应当优先保护的价值。

梁慧星教授认为：如果法庭按照指导性案例的裁判方法进行裁判，应当在判决书的裁判理由部分引述指导性案例的编号和裁判要点，但不能引用指导性案例作为判决依据，而应当引用指导性案例的同一判决依据，作为本案的判决依据。例如，该指导性案例以诚实信用原则作为裁判依据，则本案也同样引用诚信原则作为裁判依据。[④]

比如，最高人民法院发布的第二批人民法院大力弘扬社会主义核心价值观典型民事案例四中，某公司在招聘活动中因“××省人”这一地域事由对闫某某实施了差别对待，用人单位是否承担民事赔偿责任？一方面，劳动者依法享有平等就业权；另一方面，用人单位也依法享有用工自主权。当两种权益发生冲突时，公认的价值位阶是人格平等优先于营业（用工）自由，人格利益也优先于财产利益。典型案例据此明确“对平等就业权的侵害会损害劳动者的人格尊严，受害人有权依照民事法律规定，请求用人单位承担民事责任”。裁判者对同类案件进行比较和验证时，也应得出类似结论。

又如，劳动者享受了用人单位为其办理的北京户口，违约跳槽后是否应当支付违约金的问题，实践中一直有争议。《劳动合同法》第二十五条规定“除本法第二十二条和第二十三条规定的情形外，用人单位不得与劳动者约定由劳动者承担违约金”。有意见认为该规则明显存在法律漏洞，故应类推适用《合同法》相关条款。北京市顺义区人民法院发布劳动争议典型案件明确“用人单位为其招用的劳动者办理北京户口，双方据此约定了服务期，劳动者本应恪守诚实信用原则，全面兑现合同承诺，因劳动者违约提前离职，给用人单位造成

① 辽宁省沈阳市中级人民法院（2021）辽01民终2545号。
② 王利明：《法学方法论》，中国人民大学出版社2021年版，第615页。
③ 王利明：《法学方法论》，中国人民大学出版社2021年版，第653页。
④ 梁慧星：《民法总则讲义》，法律出版社2021年版，第26页。

损失的，劳动者应当予以赔偿”。

功能四：引导善法

《礼记·经解》载明“故礼之教化也微，其止邪也于未形”。指导性案例、《公报》案例和典型案例进一步延伸、延续了法院、仲裁的裁审效果和社会影响。典型案例的公开性，让社会公众周知，让广大从业者学法普法，让劳动者和用人单位正确规避法律风险，从而预防和缓和劳动关系矛盾，节约社会成本和司法成本，达到审判效果和社会效果相统一。

学习典型案例时，应注意“点面结合”。既要正确理解案例要点，也要学习各类白皮书正文建议。各地典型案例在普法宣传、明确规则，反映社会关注的法律问题、社会事件方面也功不可没，有效引导了相关部门和单位积极履职，合法合理行使社会主体行为。比如，针对超龄劳动者群体合法权益保障问题，成都市新都区人民法院2021年度劳动争议审判白皮书提出了具体建议：建议加强完善法律、法规，不断完善超龄劳动者合法权益保护的制度依据；建议用人单位为超龄劳动者购买雇主责任险等防范措施；建议超龄劳动者在签署劳务协议时特别注意工作内容、报酬、劳动保护、合同解除及终止条款等。

难能可贵的是，最高人民法院指导性案例发布程序严谨、数量有限、质量较高。公告案例、典型案例的搜索关键词“防疫”“新业态”“竞业限制”成为近年来的高频词，适时适当发布典型案例可以积极有效回应社会关切，“对症下药”解决实际问题，引领社会舆论，发挥“轻骑兵”作用。近年来，一些企业家捧吹“996工作制”，人力资源和社会保障部、最高人民法院即于2021年适时发布超时加班劳动人事争议典型案例（第二批），十个案例的裁判结果全部为用人单位败诉，从而清晰表明了有关部门的否定态度。2022年，最高人民法院针对劳动者权益保护问题，于7月、12月发布第三十二批7件、第三十四批1件指导性案例，全部为保护劳动者合法权益类案例，引导社会重视民生，“善法良治”。

“书中自有颜如玉”，祝您阅读愉快！

目　　录

第 1 章　招聘录用

1.1 招聘广告：招聘主要注意哪些法律风险？

【案例索引】

序号	典型案例	裁判要旨	关键词
1	最高人民法院第三十二批指导案例 185 号：闫某诉浙江喜来登度假村有限公司平等就业权纠纷案	用人单位是根据劳动者的专业、学历、工作经验、工作技能以及职业资格等与“工作内在要求”密切相关的“自获因素”进行选择，还是基于劳动者的性别、户籍、身份、地域、年龄、外貌、民族、种族、宗教等与“工作内在要求”没有必然联系的“先赋因素”进行选择，后者构成为法律禁止的不合理就业歧视。	平等就业权
2	最高人民法院发布第二批人民法院大力弘扬社会主义核心价值观典型民事案例之四（2022 年发布）	依法对用人单位用工自主权予以规范，旗帜鲜明地否定侵害劳动者平等就业权的歧视行为，对遭受侵害的劳动者给予及时和充分救济，维护了社会公平正义，体现了文明、平等、公正的社会主义核心价值观，为助力形成公平、高效的用工秩序和市场环境。	平等就业权
3	最高人民法院发布十起关于弘扬社会主义核心价值观典型民事案例之九（2021 年发布）	在招聘单位仅仅以性别原因拒绝录用应聘者的情况下，招聘单位就构成了侵权，对由此而给应聘者造成的直接经济损失应予以赔偿，同时招聘单位的拒录行为客观上也给应聘者造成了一定的精神损害，对于应聘者主张的精神损害抚慰金可根据招聘单位的过错程度以及对应聘者造成的损害后果酌情确定。	平等就业权

【规则精析】

招聘录用是人力资源管理的重要内容。一般来说，双方在劳动关系建立之前的民事法律纠纷不属于劳动法的调整范围。实务中，招聘录用有一个过程，即在建立劳动关系的前后阶段都有可能涉及此类纠纷。

比如，招聘广告、缔约过失等引发的纠纷可能属于民事纠纷，而实际用工之后由于招聘录用瑕疵引起的纠纷可能就属于劳动争议。前一类案件虽然总体数量不多，却往往能直观反映用人单位的人力资源管理的水平，一些纠纷处理不当还易发生侵权纠纷，引发较大的社会不良效果。

我们比较本节案例1、案例2，发现实际上是同一案例。最高人民法院在2022年先后以“平等就业权”为视角裁判此案例，一方面是弘扬社会主义核心价值观，保障劳动者依法享有平等就业权；另一方面，可进一步加强司法规制“不合理就业歧视”。最高人民法院将“典型案例”升级为“指导性案例”，也侧面反映了就业歧视问题在日常生活中普遍存在，大家应加以重视。

一、平等就业权的类型化

本节案例1中，2019年7月，浙江喜来登度假村有限公司通过智联招聘平台向社会发布了一批公司人员招聘信息，其中包含有“法务专员”“董事长助理”两个岗位。2019年7月3日，闫某通过智联招聘手机客户端向喜来登公司发布的前述两个岗位分别投递了求职简历。闫某投递的求职简历中，包含有姓名、性别、出生年月、户口所在地、现居住城市等个人基本信息，其中户口所在地填写为“某省某市”，现居住城市填写为“浙江杭州西湖区”。据杭州市杭州互联网公证处出具的公证书记载，公证人员使用闫某的账户、密码登录智联招聘手机客户端，显示闫某投递的前述“董事长助理”岗位求职简历在2019年7月4日14点28分被查看，28分时给出岗位不合适的结论，“不合适原因：某地人”；“法务专员”岗位求职简历在同日14点28分被查看，29分时给出岗位不合适的结论，“不合适原因：某地人”。闫某因案涉公证事宜，支出公证费用1000元。闫某向杭州互联网法院提起诉讼，请求判令喜来登公司赔礼道歉、支付精神抚慰金以及承担诉讼相关费用。

最高人民法院指导案例185号明确，平等就业权是劳动者依法享有的一项基本权利，既具有社会权利的属性，亦具有民法上的私权属性，劳动者享有平等就业权是其人格独立和意志自由的表现，侵害平等就业权在民法领域侵害的是一般人格权的核心内容——人格尊严，人格尊严重要的方面就是要求平等对待，就业歧视往往会使人产生一种严重的受侮辱感，对人的精神健康甚至身体健康造成损害。据此，劳动者可以在其平等就业权受到侵害时向人民法院提起民事诉讼，寻求民事侵权救济。

法律上人格权属于绝对权，权利主体以外的其他人对绝对权负有不得侵犯的一般义务。2021年，最高人民法院修改印发新的《民事案件案由规定》，其中，第一部分“人格权纠纷”项下明确有“平等就业权纠纷”。平等就业权属于人格权中的一般人格权。一般人格权是相对于具体人格权而言的，即以人身自由、人格尊严为内容、具有高度概括性和权利集合性的权利。《就业促进法》第三条规定，劳动者依法享有平等就业和自主择业的权利。由于“平等就业”“自主择业”表述存在高度的抽象性，需要通过司法实践总结将其类型化，以实现人格权保护体系的开放性与安定性之间的平衡。

虽然，我国法律禁止就业歧视，但是并没有明确就业歧视的内涵和外延，只是在《就业促进法》第三条中列举了“因民族、种族、性别、宗教信仰等不同而受歧视”的行为。国际劳工组织 1958 年通过的《就业与职业歧视公约》（第 111 号公约）中关于就业歧视的界定是“基于种族、肤色、性别、宗教、政治见解、民族、血统或社会出身的任何区别、排斥或特惠，其效果为取消或损害就业或职业方面的机会平等或待遇平等”。

对于就业歧视的内涵定义，指导案例 185 号指出：（就业歧视）一个重要的判断标准是，用人单位是根据劳动者的专业、学历、工作经验、工作技能以及职业资格等与“工作内在要求”密切相关的“自获因素”进行选择，还是基于劳动者的性别、户籍、身份、地域、年龄、外貌、民族、种族、宗教等与“工作内在要求”没有必然联系的“先赋因素”进行选择，后者构成为法律禁止的不合理就业歧视。劳动者的“先赋因素”，是指人们出生伊始所具有的人力难以选择和控制的因素，法律作为一种社会评价和调节机制，不应该基于人力难以选择和控制的因素给劳动者设置不平等条件；反之，应消除这些因素给劳动者带来的现实上的不平等，将与“工作内在要求”没有任何关联性的“先赋因素”作为就业区别对待的标准，根本违背了公平正义的一般原则，不具有正当性。

规则一：用人单位在招用人员时，基于地域、性别等与“工作内在要求”无必然联系的因素，对劳动者进行无正当理由的差别对待的，构成就业歧视，劳动者以平等就业权受到侵害，请求用人单位承担相应法律责任的，人民法院应予支持。

——最高人民法院指导案例 185 号：闫某诉浙江喜来登度假村有限公司平等就业权纠纷案

从上述案例的案情来看，“闫某向喜来登公司两次投递求职简历，均被喜来登公司以‘某地人’不合适为由予以拒绝，显然在针对闫某的案涉招聘过程中，喜来登公司使用了主体来源的地域空间这一标准对人群进行归类，并根据这一归类标准而给予闫某低于正常情况下应当给予其他人的待遇，即拒绝录用，可以认定喜来登公司因‘某地人’这一地域事由要素对闫某进行了差别对待”。

规则二：招聘单位仅仅以性别原因拒绝录用应聘者的情况下，招聘单位就构成了侵权，对由此而给应聘者造成的直接经济损失应予以赔偿，同时招聘单位的拒录行为客观上也给应聘者造成了一定的精神损害，对于应聘者主张的精神损害抚慰金可根据招聘单位的过错程度以及对应聘者造成的损害后果酌情确定。

——最高人民法院发布十起关于弘扬社会主义核心价值观典型案例之九（2021年发布）

同样在本节案例3中，劳务公司在同城网站发布招聘信息，标题为“某速递员3千加计件”，但载明任职资格“男”，涉嫌就业歧视。在本案中，用人单位已面试同意劳动者邓某某试干两天，用人单位事后却明确反悔，还通过电话告知劳动者不签劳动合同的原因系其为女性。当然，用人单位也没有充分证据证明快递员岗位不适合女性。

从邓某某参加面试、试干、体检等过程来看，用人单位在招聘录用的管理上确实存在一些问题。北京市顺义区人民法院裁判认为：应聘者通过搜集证据形成证据链，能够证明某速递公司在已表明愿为其提供担任快递员机会并签约的情形下，又予以反悔，拒绝录用应聘者，构成就业性别歧视。

对于就业歧视的外延界定，最高人民法院指导案例185号还指出“《就业促进法》第三条在明确规定的民族、种族、性别、宗教信仰四种法定禁止区分事由时使用‘等’字结尾，表明该条款是一个不完全列举的开放性条款，即法律除认为前述四种事由构成不合理差别对待的禁止性事由外，还存在与前述事由性质一致的其他不合理事由，亦为法律所禁止”。

据此标准，除《就业促进法》第三条列举的四种行为和本案涉及的地域歧视外，凡与“工作内在要求”没有任何关联性的限制都涉嫌就业歧视，如户籍、身份、年龄、外貌歧视等。[①]

---

① 此外还有禁止年龄歧视的案例，案号：（2016）粤0183民初901号。

国家在相关规则中明确禁止在就业中歧视残疾人。需要注意的是，即使未办理残疾人证，亦不能因身体状况而歧视就业。国家对乙肝表面抗原携带者、艾滋病患者等特殊人群也有保护规定，经核准的乙肝表面抗原携带者不得从事的职业，由卫生部向社会公布。用人单位招用人员，不得以是传染病病原携带者为由拒绝录用。《艾滋病防治条例》规定，国家实行艾滋病自愿咨询和自愿检测制度。任何单位和个人不得歧视艾滋病病毒感染者、艾滋病病人及其家属。艾滋病病毒感染者、艾滋病病人及其家属享有的婚姻、就业、就医、入学等合法权益受法律保护。

但是根据国家强制性规定不予录用，或者根据岗位特点合理设定的录用条件则不属于就业歧视。国际劳工组织《1958年消除就业和职业歧视公约》第一条第二款指出："对一项特定职业基于其内在需要的任何区别、排斥或优惠不应视为歧视。"

当然，符合法律法规规定的，用人单位在招聘时可以依法"限制录用"。比如，受到过某些刑罚的人，无法从事以下职业：法官，人民陪审员，检察官，公务员，律师，辩护人，司法鉴定，公证员，警察，外交人员，村委会成员，拍卖师，公司董事、监事、高级管理人员，国有独资企业、国有独资公司、国有资本控股公司的董事、监事、高级管理人员，商业银行的董事、高级管理人员，证券从业人员，保险业特定从业人员，破产管理人，种子企业的法定代表人、高级管理人员，生产经营单位的负责人，食品业特定从业人员。①

此外，用人单位可以根据岗位特点合理设定"优先录用"条件，不属于就业歧视。国际劳工组织《1958年消除就业和职业歧视公约》第一条第二款指出"对一项特定职业基于其内在需要的任何区别、排斥或优惠不应视为歧视"。

比如，用人单位招聘管理人员，可以优先录用有相关管理经验的求职者；招聘技术专业人员时，也可以事先声明优先录用具有相关学历者；招聘礼仪接待类岗位，可以优先录用外貌端正等等。这些根据岗位特征设置的招聘条件，不属于就业歧视。

---

① 分别参照《法官法》《陪审员法》《检察官法》《公务员法》《律师法》《刑事诉讼法》《全国人大常委会关于司法鉴定管理问题的决定》《公证员法》《人民警察法》《驻外外交人员法》《村民委员会组织法》《拍卖法》《公司法》《企业国有资产法》《商业银行法》《证券投资基金法》《保险法》《种子法》。

二、精神损害抚慰金的确定

本节案例1中，杭州互联网法院判决：喜来登公司赔偿闫某精神抚慰金及合理维权费用损失共计10000元，向闫某进行口头道歉并公开登报赔礼道歉。宣判后，闫某、喜来登公司均提起上诉。杭州市中级人民法院驳回上诉，维持原判。

本节案例3中，法院判决某速递公司、某劳务公司向邓某某以书面形式赔礼道歉，连带赔偿邓某某入职体检费用、公证费用、精神损害抚慰金、鉴定费。

《民法典》第一千一百八十三条第一款规定："侵害自然人人身权益造成严重精神损害的，被侵权人有权请求精神损害赔偿。"根据2020年修订前最高人民法院《关于确定民事侵权精神损害赔偿责任若干问题的解释》第八条规定，侵权行为造成的损害后果必须是严重的精神后果才能予以支持（修订后的解释删除了这一条）。

对于严重精神损害的认定，在司法实践中一直存有分歧。如在"福建乙肝歧视第一案"中，一审法院判决确认，酒店方面侵犯了何泽的平等就业权，判决书面赔礼道歉。但是，一审法院认为何泽所诉称的"受到严重的精神损害等"缺乏事实依据，从而没有支持有关精神抚慰金的诉求。何泽不服一审判决，提起上诉。厦门市中级人民法院认为，酒店方面因上诉人体检结果为乙肝病原携带者拒绝录用，致使上诉人因本不应成为其就业障碍的原因未能顺利就业，酒店这一行为显然对作为劳动者的一方造成了较大的心理压力及精神痛苦，上诉人遭受精神损害的事实明显存在。上诉人关于酒店赔偿精神损害抚慰金的主张成立，法院酌情认定酒店支付上诉人精神损害抚慰金5000元。

其实，严重精神损害与造成严重精神损害的后果本来就不是一回事。有学者提出：只要求职者受到就业歧视就应予以精神损害赔偿。

指导案例185号亦倾向于：就业歧视将导致求职者遭受严重精神损害，因而可以适用精神损害赔偿。因为"就业歧视往往会使人产生一种严重的受侮辱感，对人的精神健康甚至身体健康造成损害"，故依法应承担公开赔礼道歉并赔偿精神抚慰金及合理维权费用的民事责任。

至于精神损害抚慰金的数额，修订后的最高人民法院《关于确定民事侵权精神损害赔偿责任若干问题的解释》第五条规定，精神损害的赔偿数额根据以下因素确定：（一）侵权人的过错程度，但是法律另有规定的除外；（二）侵权行为的目的、方式、场合等具体情节；（三）侵权行为所造成的后果；（四）侵权人的获利情况；（五）侵权人承担责任的经济能力；（六）受理诉讼法院所在地的平均生活水平。

司法实践中，我国各个地区关于精神损害抚慰金所参考的具体赔偿标准规定有所差异。如根据福建省高级人民法院《关于审理人身损害赔偿案件若干问题的意见》，根据侵权人的主观过错程度、侵害手段、侵权行为所造成的后果，侵权行为分为一般侵权行为、严重侵权行为、特别严重侵权行为。一般侵权行为的精神损害赔偿在 1000 元—10000 元之间酌情判定；严重侵权行为的精神损害赔偿在 10000 元—50000 元之间酌情判定；特别严重侵权行为的精神损害赔偿在 50000 元—100000 元之间酌情判定。从各地情况来看，原则上精神抚慰金不超过 50000 元，最高不超过 100000 元，最低不少于 1000 元。

三、赔礼道歉的范围

原《侵权责任法》[①] 第十五条规定，侵害他人人格权，受害人可以要求侵权人承担赔礼道歉的民事责任。但是过去在就业性别歧视案例中，判决赔礼道歉特别是书面赔礼道歉的并不多见。但近年来判决书面赔礼道歉的案件逐渐增加。

反对就业歧视的立法目的除保护民事主体的合法权益外，还包括预防并制裁侵权行为，就业领域的地域歧视社会影响大、波及范围广、受影响的人群多，而现实中侵权主体的违法成本低，单靠口头上的赔礼道歉难以达到教育、预防及制裁的效果。用人单位实施就业歧视，使得求职者受到不公平的屈辱对待，求职者要求公司赔礼道歉，依法应予支持。

但同样是赔礼道歉，本节案例 3 中法院判决书面形式赔礼道歉，本节案例 1 中法院判决口头道歉并公开登报赔礼道歉，这是为什么呢？因为法院认为，后者中的用人单位至少存在有明知或应知而放纵损害发生的主观过错，且在事件发生后未及时认识到问题的性质，以消极态度予以应对。还有一点很重要，就是赔礼道歉、消除影响的适用范围应当与侵权行为发生的范围相当。

《民法典》第一千条规定："行为人因侵害人格权承担消除影响、恢复名誉、赔礼道歉等民事责任的，应当与行为的具体方式和造成的影响范围相当。行为人拒不承担前款规定的民事责任的，人民法院可以采取在报刊、网络等媒体上发布公告或者公布生效裁判文书等方式执行，产生的费用由行为人负担。"

---

① 现为《民法典》侵权责任编。

实务中，若侵权人在判决生效后消极应对，拒不履行赔礼道歉、消除影响的义务，权利人有权申请执行，一般由法院执行部门以侵权人的名义履行判决主文明确的赔礼道歉、消除影响义务，所产生的费用由侵权人承担。

【操作建议】

1. 建议在招聘广告中谨慎承诺，载明必要的条件

招工简章、招聘广告，同商业广告一样，具有传播性。用人单位对其发布的招聘广告内容真实性、合法性以及发布形式负有责任。在法律规范上，招聘招工信息一般属于要约邀请，而非要约。要约邀请就是希望他人向自己发出要约的意思表示，要约则是希望和他人达成订立合同的“意思表示”。所以，要约邀请载明的招聘条件、工资标准等内容不直接具有法律约束力。市场上，一些用人单位为吸引人才，发布的广告内容夸张、特别或明显高于市场标准，再通过面试、试用期等方式决定正式录用。这样，招聘广告内容与双方最终达成的合意之间很容易产生差距。

我们建议，招聘广告中的承诺，最好载明具体条件。广告中涉及录用人员的劳动合同、薪酬、福利等条件不能做虚假承诺，对于晋升机会、工作挑战、岗位责任等可以简要说明，以树立诚实信用、公平竞争的企业形象。

2. 建议招聘广告中就拟聘任岗位的劳动报酬设置一定幅度

劳动者凭招聘广告、招工简章及宣传资料无法确定待遇标准，但在特定情况下也可能成为劳动争议的证据。比如，用人单位发布招聘广告中明确“包吃住”，劳动者被录用，又未依法签订劳动合同，双方之间对“包吃住”问题未进行书面约定，那么广告中的承诺也具有部分证明效力。

尽管招聘广告与招用人员简章有一定区别①，但委托其他中介机构代为招用时，应依据相关规定执行。用人单位要避免在招聘时使用“薪酬面议”等含糊不清的措辞，建议可以将岗位对应的劳动报酬设置一定幅度，如月薪 7000 元—10000 元（具体面议），从而根据应聘者的面试情况、试用期情况确定最终月薪标准，此时最终约定的月薪标准不得低于国家标准。

---

① 根据《就业服务与就业管理规定》第十一条规定，“用人单位委托公共就业服务机构或职业中介机构招用人员，或者参加招聘洽谈会时，应当提供招用人员简章，并出示营业执照（副本）或者有关部门批准其设立的文件、经办人的身份证件和受用人单位委托的证明。招用人员简章应当包括用人单位基本情况、招用人数、工作内容、招录条件、劳动报酬、福利待遇、社会保险等内容，以及法律、法规规定的其他内容”。

3. 建议谨慎设置招聘广告的招聘条件

建议用人单位评估招聘条件的合法性、合理性。在合法性方面，招聘条件避免涉及户籍、性别、年龄、身高、相貌、婚姻状况、民族、种族、宗教信仰等内容。招聘条件不能违反残疾人就业保障规定，不能违反体检规定歧视特殊人群。在合理性方面，可以考虑根据岗位特点合理设定“优先录用”条件。

【相关法规】

1. 平等就业权

《劳动法》[①] 第三条第一款：劳动者享有平等就业和选择职业的权利、取得劳动报酬的权利、休息休假的权利、获得劳动安全卫生保护的权利、接受职业技能培训的权利、享受社会保险和福利的权利、提请劳动争议处理的权利以及法律规定的其他劳动权利……

第十二条：劳动者就业，不因民族、种族、性别、宗教信仰不同而受歧视。

第十三条：妇女享有与男子平等的就业权利。在录用职工时，除国家规定的不适合妇女的工种或者岗位外，不得以性别为由拒绝录用妇女或者提高对妇女的录用标准。

《妇女权益保障法》第四十四条第一款：用人单位在录（聘）用女职工时，应当依法与其签订劳动（聘用）合同或者服务协议，劳动（聘用）合同或者服务协议中应当具备女职工特殊保护条款，并不得规定限制女职工结婚、生育等内容。

《就业促进法》第三条：劳动者依法享有平等就业和自主择业的权利。

劳动者就业，不因民族、种族、性别、宗教信仰等不同而受歧视。

第二十六条：用人单位招用人员、职业中介机构从事职业中介活动，应当向劳动者提供平等的就业机会和公平的就业条件，不得实施就业歧视。

第二十七条第二款：用人单位招用人员，除国家规定的不适合妇女的工种或者岗位外，不得以性别为由拒绝录用妇女或者提高对妇女的录用标准……

第二十九条：国家保障残疾人的劳动权利……用人单位招用人员，不得歧视残疾人。

第三十条：用人单位招用人员，不得以是传染病病原携带者为由拒绝录用……

《残疾人就业条例》第四条：国家鼓励社会组织和个人通过多种渠道、多种形

---

① 本书中部分法律名称用的是简称，如《中华人民共和国劳动法》简称《劳动法》以下同。

式，帮助、支持残疾人就业，鼓励残疾人通过应聘等多种形式就业……

《就业服务与就业管理规定》第五条： 农村劳动者进城就业享有与城镇劳动者平等的就业权利，不得对农村劳动者进城就业设置歧视性限制。

第九条： 用人单位依法享有自主用人的权利。用人单位招用人员，应当向劳动者提供平等的就业机会和公平的就业条件。

第十六条： 用人单位在招用人员时，除国家规定的不适合妇女从事的工种或者岗位外，不得以性别为由拒绝录用妇女或者提高对妇女的录用标准……

第十八条： 用人单位招用人员，不得歧视残疾人。

第十九条： 用人单位招用人员，不得以是传染病病原携带者为由拒绝录用。但是，经医学鉴定传染病病原携带者在治愈前或者排除传染嫌疑前，不得从事法律、行政法规和国务院卫生行政部门规定禁止从事的易使传染病扩散的工作。

用人单位招用人员，除国家法律、行政法规和国务院卫生行政部门规定禁止乙肝病原携带者从事的工作外，不得强行将乙肝病毒血清学指标作为体检标准。

第二十条： 用人单位发布的招用人员简章或招聘广告，不得包含歧视性内容。

2. 就业歧视的法律后果

《民法典》第九百九十六条： 因当事人一方的违约行为，损害对方人格权并造成严重精神损害，受损害方选择请求其承担违约责任的，不影响受损害方请求精神损害赔偿。

第一千一百六十五条： 行为人因过错侵害他人民事权益造成损害的，应当承担侵权责任。

依照法律规定推定行为人有过错，其不能证明自己没有过错的，应当承担侵权责任。

《就业促进法》第六十二条： 违反本法规定，实施就业歧视的，劳动者可以向人民法院提起诉讼。

第六十八条： 违反本法规定，侵害劳动者合法权益，造成财产损失或者其他损害的，依法承担民事责任；构成犯罪的，依法追究刑事责任。

最高人民法院《关于增加民事案件案由的通知》： 一、在第一部分“人格权纠纷”的第三级案由“9. 一般人格权纠纷”项下增加一类第四级案由“1. 平等就业权纠纷”。①

最高人民法院《关于确定民事侵权精神损害赔偿责任若干问题的解释》第一条： 因人身权益或者具有人身意义的特定物受到侵害，自然人或者其近亲属向人民法院提起诉讼请求精神损害赔偿的，人民法院应当依法予以受理。

第五条： 精神损害的赔偿数额根据以下因素确定：

（一）侵权人的过错程度，但是法律另有规定的除外；

（二）侵权行为的目的、方式、场合等具体情节；

（三）侵权行为所造成的后果；

（四）侵权人的获利情况；

（五）侵权人承担责任的经济能力；

（六）受理诉讼法院所在地的平均生活水平。

1.2 求职欺诈：虚假简历劳动合同还有效吗？

【案例索引】

序号	典型案例	裁判要旨	关键词
1	人力资源和社会保障部、最高人民法院联合发布第一批劳动人事争议典型案例之十	劳动者应聘时提交的个人简历载明的学历和工作履历等信息与实际不符的，应当认定为劳动者以欺诈手段使用人单位在违背真实意思的情况下订立劳动合同，劳动合同无效。	求职欺诈
2	成都市中级人民法院劳动争议十大典型案例之五（2020 年度）	用人单位对与劳动合同相关的劳动者个人信息有知情权，但用人单位不能因劳动者未如实告知与劳动合同履行无关的个人信息而主张劳动合同无效。即使劳动者存在智力障碍，但只要劳动者身体状况不影响劳动者入职后从事的本职工作，就不应认定劳动者通过欺诈手段致使用人单位在违背真实意思的情况下签订劳动合同。	求职欺诈

① 此前实务中，对于就业歧视纠纷是否劳动仲裁程序前置尚有争议，现已明确可以不经过劳动仲裁前置程序。

【规则精析】

诚实信用既是《劳动合同法》的基本原则之一，也是社会基本道德之一。用人单位与劳动者订立劳动合同时都必须遵循诚实信用原则，建立合法、诚信、和谐的劳动关系。

一方面，用人单位有权了解劳动者与劳动合同直接相关的基本情况，劳动者应当如实说明。如果劳动者在简历中故意虚假陈述与劳动合同的订立直接相关的基本情况，则构成欺诈。

但另一方面，用人单位无权要求劳动者提供婚姻状况、生育情况等涉及个人隐私的信息，也即不能任意扩大用人单位知情权及劳动者告知义务的外延。

从各级人民法院和人力资源社会保障行政部门发布的典型案例来看，较多案例涉及防止就业歧视和用人单位履行知情权的平衡。

一、劳动者求职欺诈劳动合同无效

所谓“欺诈”是指一方当事人故意告知对方当事人虚假的情况，或者故意隐瞒真实的情况，诱使对方当事人作出错误意思表示的行为。但是欺诈应具备两个构成要件：（1）故意告知对方虚假情况，或者故意隐瞒真实情况；（2）诱使对方当事人作出了错误意思表示。

劳动合同是用人单位与劳动者双方协商一致达成的协议，相关信息对于是否签订劳动合同、建立劳动关系的真实意思表示具有重要影响。有观点认为，用人单位基于虚假事实，违背真实意思表示与劳动者签订的劳动合同自始无效。采取欺诈、威胁等手段订立的劳动合同，为无效合同。无效的劳动合同，从订立的时候起，就没有法律约束力。根据《劳动合同法》第二十六条第一款规定属于劳动合同无效或部分无效的情形。用人单位可以根据《劳动合同法》第三十九条的规定解除劳动合同并不支付经济补偿。

但是笔者认为，虽然上述行为在《劳动合同法》里属于无效，但是在《民法典》出台后，单方欺诈属于可撤销的合同，行使撤销权后才自始无效。并且根据新法优于旧法的原则，单方欺诈应当属于可撤销行为。而且对单位来说，可撤销能更好的保护受骗方的利益（这也是现在民法理论界的主流观点），如果劳动者故意简历造假，之后又以此为由宣告合同无效来规避竞业限制义务的，对单位非常不利。所以可撤销比无效对被骗人更有利。

劳动者在应聘时向用人单位提供的学历和工作履历是用人单位招工时重要的考量因素。根据诚实信用原则及《劳动合同法》的规定，用人单位与劳动者均应向对方如实陈述与劳动合同相关的事实和情况。

在本节案例 1 中，某网络公司发布招聘启事，招聘计算机工程专业大学本科以上学历的网络技术人员 1 名。赵某为销售专业大专学历，但其向该网络公司提交了计算机工程专业大学本科学历的学历证书、个人履历等材料。后赵某与网络公司签订了劳动合同，进入网络公司从事网络技术工作。此后网络公司偶然获悉赵某的实际学历为大专，并向赵某询问。赵某承认自己为应聘而提供虚假学历证书、个人履历的事实。网络公司认为，赵某提供虚假学历证书、个人履历属欺诈行为，严重违背诚实信用原则，根据《劳动合同法》第二十六条、第三十九条规定，解除了与赵某的劳动合同。赵某不服，向劳动人事争议仲裁委员会申请仲裁，申请裁决网络公司继续履行劳动合同。

该案的争议焦点是赵某提供虚假学历证书、个人履历是否导致劳动合同无效。由于"计算机工程专业""大学本科学历"等情况与网络公司招聘的网络技术人员岗位职责、工作完成效果有密切关联性，赵某在应聘时却故意提供虚假学历证书、个人履历，致使网络公司在违背真实意思的情况下与其签订了劳动合同，由于其明知且具有主观恶意，应认定为欺诈，网络公司基于此作出招录赵某的行为也不应视为真实意思的表示，双方签订的劳动合同自始无效。

规则一：劳动者应聘时提交的个人简历载明的学历和工作履历等信息与实际不符的，应当认定为劳动者以欺诈手段使用人单位在违背真实意思的情况下订立劳动合同，劳动合同无效。

——人力资源和社会保障部、最高人民法院联合发布第一批劳动人事争议典型案例之十

但需指出的是，用人单位应注意保护劳动者的利益和合理信赖。实践中，受客观及主观因素影响，不同主体对相关事实的理解或认识可能会出现差异或不同。因此，在劳动合同订立、履行过程中，用人单位与劳动者应当尽量友好沟通、善意履约，以消除双方对某些事实的认识偏差或误解，避免因此产生争议，从而推动劳动关系的和谐、良性发展。

劳动者在入职时填写的简历有瑕疵，并不必然构成欺诈。首先，要看劳动者

主观上是否有隐瞒的故意。如果劳动者伪造工作经历证明，或者故意编造一段子虚乌有的工作经历，一般属于欺诈；而有的劳动者在填写入职申请表时，遗漏了一些并不重要的工作经历，则未必可以认定为欺诈。其次，要看简历瑕疵是否给用人单位录用带来实质性的影响。最后，要看录用时用人单位是否对简历进行过审查。

如某公司以劳动者入职时提供虚假资料为由解除劳动合同，但解除决定最后被法院判决撤销，因公司未有证据显示劳动者填写的职务“高级租赁主任”与《员工背景调查记录》所载“高级物业营运主任”存在实质差别，而月薪标准15000元与《员工背景调查记录》载明其月薪标准14800元亦无重大差异，故该两项不应属于提供虚假材料。[①] 所以，劳动者应如实陈述个人信息，用人单位亦应注意保护劳动者的利益和合理信赖。

二、法律对用人单位知情权的限制

用人单位对与劳动合同相关的劳动者个人信息有知情权，但用人单位不能因劳动者未如实告知与劳动合同履行无关的个人信息而主张劳动合同无效，包括劳动者存在智力障碍，只要劳动者身体状况不影响劳动者入职后从事的本职工作，就不应认定劳动者通过欺诈手段致使用人单位在违背真实意思的情况下签订劳动合同。但是如果在订立合同时劳动者为无行为能力或者限制民事行为能力人，该劳动合同可能无效。

在本节案例2中，某环境工程公司与孙某签订的《劳动合同》约定：孙某在试用期经考核不符合录用条件的或采用伪造隐瞒的手段取得工作资格的，某环境工程公司可以解除劳动合同并不承担赔偿责任等。同日，孙某在《新员工入职须知》上签字。入职须知主要载明，身体健康，非怀孕孕妇，提供由本人签字的承诺书（不予录用：有传染疾病或精神疾病或其他不可治愈的疾病，有肢体残缺或者器官残缺者）。入职后，某环境工程公司安排孙某从事保洁工作。后孙某不慎摔倒受伤，被送往四川省骨科医院住院治疗，被医院诊断为：右肱骨中段骨折……；智力障碍。

成都市青羊区人民法院经审理认为，根据《新员工入职须知》载明的内容，某环境工程公司在与孙某签订劳动合同时，对劳动者身体健康要求的真实意思为：

① 案号：北京市第三中级人民法院（2021）京03民终7300号。

对传染疾病或精神疾病或其他不可治愈的疾病，有肢体残缺或者器官残缺者不予录用。孙某入职后虽经医院诊断存在智力障碍，但智力障碍不属于前述不予录用的情形，即某环境工程公司在与孙某订立劳动合同时，并未因孙某的不告知而陷入错误的认识，且孙某存在的智力障碍并不影响其入职后所从事的保洁工作。该劳动合同的签订系双方真实意思的表示，应当认为合法有效，双方劳动关系自用工之日起建立。

规则二：用人单位对与劳动合同相关的劳动者个人信息有知情权，但用人单位不能因劳动者未如实告知与劳动合同履行无关的个人信息而主张劳动合同无效。

——成都市中级人民法院劳动争议十大典型案例之五（2020 年度）

对于履行劳动合同所必需的知识技能、学历、学位、职业资格、工作经历等，劳动者应当如实说明。但是用人单位无权要求劳动者提供婚姻状况、生育情况等涉及个人隐私的信息，也即不能任意扩大用人单位知情权及劳动者告知义务的外延。

现实中，有的用人单位规定，员工应及时报告怀孕计划及怀孕情况，否则视为严重违反公司规章制度行为，应认定为无效。其实，劳动者在求职时如果迫于现实情况而选择作出不实的陈述，不应认定为以欺诈手段签订劳动合同的行为。

通常而言，与劳动者合同直接相关的基本情况是指劳动者的健康状况、知识技能、学历、职业资格、工作经历等，而劳动者的婚育状况应属劳动者的个人隐私范畴，除非用人单位能证明该隐私信息与履行劳动合同存在直接的关联关系，如恋爱双方或家庭成员之间在一同工作或有上下级关系，否则劳动者无须向用人单位报告。但如劳动者恶意隐瞒配偶信息，会严重影响履行劳动合同的公正性，用人单位仍可按企业规章制度处理。

【操作建议】

1. 用人单位在招聘广告或录用条件中，要尽量写明招聘岗位的要求

发生争议后，对于因此签订的劳动合同是否无效，劳动争议仲裁庭和法院会根据具体案情作出合理判断。所以，若用人单位对员工的学历、经历等有特定的要求，应当在录用员工期间明示，并对应聘材料作力所能及的审验，这将有助于

劳动合同无效认定。

2. 对应聘者的背景调查可以分类实施

对普通岗员工的背调可以由用人单位人事自己完成，包括对应聘者的身份、学历、是否涉诉、是否与原用人单位已解除劳动合同、是否与原用人单位尚有未履行完毕的竞业限制协议等方面的调查。但对财务出纳、采购、部门主管等关键岗位，用人单位可在上述背调项目的基础上，借助第三方专业机构[①]的社会资源，包括对员工进行是否存在犯罪记录、职业资格证书的真伪、是否存在金融信贷风险以及在原单位工作表现等方面的调查。

【相关法规】

1. 用人单位的告知义务和劳动者的说明义务

《劳动合同法》第八条：用人单位招用劳动者时，应当如实告知劳动者工作内容、工作条件、工作地点、职业危害、安全生产状况、劳动报酬，以及劳动者要求了解的其他情况；用人单位有权了解劳动者与劳动合同直接相关的基本情况，劳动者应当如实说明。

第三十九条：劳动者有下列情形之一的，用人单位可以解除劳动合同……

（二）严重违反用人单位的规章制度的；

（三）严重失职，营私舞弊，给用人单位造成重大损害的……

2. 诚实信用原则

《民法典》第七条：民事主体从事民事活动，应当遵循诚信原则，秉持诚实，恪守承诺。

《劳动合同法》第三条：订立劳动合同，应当遵循合法、公平、平等自愿、协商一致、诚实信用的原则……

《劳动法》第三条：……劳动者应当完成劳动任务，提高职业技能，执行劳动安全卫生规程，遵守劳动纪律和职业道德。

3. 无效劳动合同

《劳动合同法》第二十六条：下列劳动合同无效或者部分无效：

（一）以欺诈、胁迫的手段或者乘人之危，使对方在违背真实意思的情况下订

---

① 第三方专业机构具有的可支配资源更多、调查手段更丰富，但用人单位需要将员工的公民身份号码等敏感个人信息传输第三方，涉及员工个人信息的收集、存储、使用、加工、传输等。根据《个人信息保护法》的规定，用人单位与第三方专业机构均需要获得被调查人的书面授权。

立或者变更劳动合同的；

（二）用人单位免除自己的法定责任、排除劳动者权利的；

（三）违反法律、行政法规强制性规定的。

对劳动合同的无效或者部分无效有争议的，由劳动争议仲裁机构或者人民法院确认。

最高人民法院《关于审理劳动争议案件适用法律问题的解释（一）》第四十一条：劳动合同被确认为无效，劳动者已付出劳动的，用人单位应当按照劳动合同法第二十八条、第四十六条、第四十七条的规定向劳动者支付劳动报酬和经济补偿。

由于用人单位原因订立无效劳动合同，给劳动者造成损害的，用人单位应当赔偿劳动者因合同无效所造成的经济损失。

4. 用人单位不得扣押劳动者证件和要求提供担保

《劳动合同法》第九条：用人单位招用劳动者，不得扣押劳动者的居民身份证和其他证件，不得要求劳动者提供担保或者以其他名义向劳动者收取财物。

《劳动合同法》第八十四条：用人单位违反本法规定，扣押劳动者居民身份证等证件的，由劳动行政部门责令限期退还劳动者本人，并依照有关法律规定给予处罚。

用人单位违反本法规定，以担保或者其他名义向劳动者收取财物的，由劳动行政部门责令限期退还劳动者本人，并以每人五百元以上二千元以下的标准处以罚款；给劳动者造成损害的，应当承担赔偿责任……

5. 隐私权和个人信息保护

《民法典》第一千零三十二条：自然人享有隐私权。任何组织或者个人不得以刺探、侵扰、泄露、公开等方式侵害他人的隐私权。

隐私是自然人的私人生活安宁和不愿为他人知晓的私密空间、私密活动、私密信息。

第一千零三十四条：自然人的个人信息受法律保护。

个人信息是以电子或者其他方式记录的能够单独或者与其他信息结合识别特定自然人的各种信息，包括自然人的姓名、出生日期、身份证件号码、生物识别信息、住址、电话号码、电子邮箱、健康信息、行踪信息等。

个人信息中的私密信息，适用有关隐私权的规定；没有规定的，适用有关个人信息保护的规定。

《个人信息保护法》第十三条：符合下列情形之一的，个人信息处理者方可处理个人信息：

（一）取得个人的同意；

（二）为订立、履行个人作为一方当事人的合同所必需，或者按照依法制定的劳动规章制度和依法签订的集体合同实施人力资源管理所必需；

（三）为履行法定职责或者法定义务所必需；

（四）为应对突发公共卫生事件，或者紧急情况下为保护自然人的生命健康和财产安全所必需；

（五）为公共利益实施新闻报道、舆论监督等行为，在合理的范围内处理个人信息；

（六）依照本法规定在合理的范围内处理个人自行公开或者其他已经合法公开的个人信息；

（七）法律、行政法规规定的其他情形。

依照本法其他有关规定，处理个人信息应当取得个人同意，但是有前款第二项至第七项规定情形的，不需取得个人同意。

6. 职工名册

《劳动合同法》第七条：用人单位自用工之日起即与劳动者建立劳动关系。用人单位应当建立职工名册备查。

《劳动合同法实施条例》第八条：劳动合同法第七条规定的职工名册，应当包括劳动者姓名、性别、公民身份号码、户籍地址及现住址、联系方式、用工形式、用工起始时间、劳动合同期限等内容。

第三十三条：用人单位违反劳动合同法有关建立职工名册规定的，由劳动行政部门责令限期改正；逾期不改正的，由劳动行政部门处2000元以上2万元以下的罚款。

1.3 缔约过失：单方取消 offer（录用通知）应如何赔偿？

【案例索引】

序号	典型案例	裁判要旨	关键词
1	《深圳法院劳动争议审判白皮书（2005—2020）》案例之二	用人单位向劳动者发出录用通知书之后，必须遵守诚实信用基本法律原则与劳动者签订书面劳动合同，不得录而不用，否则应当承担缔约过失的法律后果。	缔约过失责任
2	厦门市中级人民法院劳动争议十大典型案例之四（2020 年度）	考虑到缔约过失责任的赔偿范围，除了包括为缔约合同所直接受有的损失，还应包括由于对方的过失而造成的订约机会丧失而受有的损失。在确定赔偿责任时，可以考虑以用人单位所承诺的月工资标准，乘以劳动者寻找新工作的合理时间，作为用人单位最终所应赔偿的数额。	缔约过失责任
3	《深圳法院劳动争议审判白皮书（2005—2020）》案例之四	在劳动合同明确约定录用通知书条款不再执行时，视为双方达成了新的合意，此时应以劳动合同为依据；在录用通知书载明的内容没有在劳动合同中出现时，录用通知书应作为劳动合同的附件，与劳动合同具有同等法律效力。	录用通知

【规则精析】

录用通知书是用人单位向决定录用的员工所发出的愿意与其建立劳动关系的意思表示，待录用员工承诺后即形成合同关系。

从典型案例来看，涉及录用通知书的法律纠纷主要包括缔约过失责任和录用通知与劳动合同的关系问题。

一、招聘录用中的缔约过失责任

录用通知的法律性质是要约。根据合同法的一般原理，合同的成立要经过要约和承诺两个程序，承诺通知到达要约人，合同成立，对双方产生约束力。

实践中，录用通知书是用人单位发出的意思表示，由用人单位向特定劳动者发出，录用通知书发出的目的是用人单位意欲与劳动者缔结劳动合同关系。一般来说，录用通知书具有工作地点、工作岗位、薪资待遇等内容，录用通知书经劳动者承诺，即对用人单位具有约束力。

如用人单位要撤回要约通知，应当在要约到达受要约人之前或者与要约同时到达受要约人。在新媒体时代，普遍使用电子邮件，录用通知在发出后即到达了应聘者邮箱，一般不大可能再撤回录用通知。

用人单位在应聘人员做出承诺之前，可以撤销录用通知书，但是撤销通知书必须在应聘人员做出承诺之前到达。但如果录用通知中向应聘者明确了约定回复期限的，在回复期限内，即便应聘者尚未回复，用人单位也不可单方撤销录用通知书。

还有一种情况，用人单位也不能单方撤销 offer，就是受要约人有理由认为要约是不可撤销的，并已经为履行合同作了准备工作，诸如辞职或拒绝其他录用通知等。

如果用人单位发出了录用通知后再单方面无正当理由撤销，劳动者可向用人单位主张缔约过失责任。

缔约过失责任，是指缔约人故意或过失违反先合同义务而对造成信赖利益的损失时应依法承担的民事责任。所谓先合同义务，是指缔约人双方为签订合同而互相磋商，依诚实信用原则逐步产生的注意义务、而非合同有效成立以后所产生的给付义务，它包括互相协助、互相照顾、互相保护、互相通知、互相忠诚等义务。

我国的缔约过失责任制度主要源于《民法典》第五百条：当事人在订立合同过程中有下列情形之一，给对方造成损失的，应当承担赔偿责任：（一）假借订立合同，恶意进行磋商；（二）故意隐瞒与订立合同有关的重要事实或者提供虚假情况；（三）有其他违背诚实信用原则的行为。

缔约过失责任制度是以民法中的重要原则诚实信用原则为基础。《劳动合同法》并未明确提出这一制度，但从该法的第八条、第九条可以看出，立法者规定了劳动合同缔约双方订立劳动合同时应承担的先合同义务，由此可见，立法者对于劳动合同缔约过失责任制度是给予肯定的。

《深圳法院劳动争议审判白皮书（2005—2020）》认为：

劳动法领域缔约过失责任，要求过失行为发生在劳动合同生效前的缔约阶段，双方当事人为订立劳动合同进行磋商，使用人单位与劳动者彼此之间产生了信赖利益。这种信赖利益需要法律对其进行保护。由于劳动者与用人单位地位天然上存在不平等，用人单位更可能利用其优势地位损害劳动者合法权益，因此关于这种保护的范围和内容需要依法确定。

厦门市中级人民法院 2020 年劳动争议十大典型案例认为：

诚实信用原则是民法最基本的原则之一。用人单位与劳动者订立劳动合同也必须遵循诚信原则，秉持诚实、恪守承诺。倘若用人单位承诺给予劳动者工作岗位后又取消，且未能及时通知劳动者，导致劳动者因为错误的信赖而失去原本的工作岗位，即应当承担缔约过失责任。

综合深圳市中级人民法院和厦门市中级人民法院的观点，劳动法领域缔约过失责任的构成要件主要包括以下几个方面：

首先，缔约一方当事人过失行为发生在劳动合同生效前的缔约阶段。

其次，缔约一方当事人违反了双方当事人为订立劳动合同进行磋商过程中，基于当事人之间的接触和信赖关系所产生的先合同义务，这是一种基于诚实信用原则所产生的一种附随义务。

再次，当事人一方违反先合同义务具有可归责性。用人单位承诺给予劳动者工作岗位后又取消，且未能及时通知劳动者，这种利用其优势地位损害劳动者合法权益的行为存有过错。

复次，缔约相对人有利益损失。主要是指用人单位与劳动者彼此之间产生的信赖利益。

最后，先合同义务违反行为与损害之间有因果关系，用人单位由于违反先合同义务导致劳动者失去原本的工作岗位。如果是劳动者自己有过错、不可抗力等场合，就构成合法的抗辩理由，便不会产生缔约过失责任。

规则一：用人单位向劳动者发出录用通知书之后，必须遵守诚实信用基本法律原则与劳动者签订书面劳动合同，不得录而不用，否则应当承担缔约过失的法律后果。

——《深圳法院劳动争议审判白皮书（2005—2020）》案例之二

本节案例 1 中，某速运公司认为允某提供学历信息无法查询得到而不予录用，因某速运公司未举证证明其相关主张，亦与正式录用通知相悖，法院不予采信。法院采信允某主张某速运公司以其入职前未按要求做孕检而不予办理入职手续。

本节案例 2 中，科技公司的人事专员秦某发给宋某的微信内容意思表示明确，已经包含了劳动合同的主要内容，因此宋某有理由相信其已经被公司录用，将于 4

月 15 日入职。之后，该科技公司取消招聘岗位，并未及时通知宋某，直到 4 月 14 日才告知宋某，导致宋某基于对某科技公司的合理信赖而与原单位协商解除了劳动关系，造成损害结果已经实际发生。科技公司违背诚实信用原则的行为，存在明显的缔约过失。

两个案例都判决用人单位依法应当承担缔约过失责任。但是本节案例 1 中有两点我们应当加以留意。

第一点是允某还要求确认和某速运公司存在劳动关系、某速运公司支付允某违法解除劳动关系经济赔偿金，但是没有得到法律支持。因为虽然允某提交的员工入职通知书内容显示，允某已被某速运公司正式录用，并进入试用期阶段，但根据《劳动合同法》第七条规定“用人单位自用工之日起即与劳动者建立劳动关系”，本案双方未实际发生用工，允某仅以员工入职通知书主张已与某速运公司建立劳动关系，法院不予支持。

由于劳动合同具有实践性的特点，即使双方已经签订书面劳动合同，在用工之前，如果用人单位拒绝为劳动者提供工作岗位，劳动者只能要求用人单位承担缔约过失责任，而不能要求其承担违约责任或违法解除劳动合同的责任；如果劳动者拒绝为用人单位工作，用人单位也只能要求劳动者承担缔约过失责任，而不能要求劳动者继续履行劳动合同或承担违法解除劳动合同的责任。[①]

第二点是用人单位拒绝录用劳动者的原因在于劳动者拒绝做孕检，所以还涉及就业歧视，即用人单位的侵权责任。但缔约过失责任违反的是依据诚实信用原则产生的先合同义务，而侵权责任违反的是不得侵犯他人人身和财产权利的一般义务。在用人单位录用通知发出之后，已经由社会交往关系进入了特殊的信赖关系，所以当事人以缔约过失责任主张赔偿损失优于平等就业权纠纷。

二、如何确定劳动者的损失

对于用人单位取消 offer 的缔约过失责任，并没有明确固定的赔偿标准，属于裁判者自由裁量的范畴。

模式一：赔偿范围=直接损失+机会损失

本节案例 2 中，法院认为，宋某在与原单位解除劳动关系后，在科技公司未

① 李凌云：《劳动合同的缔约过失责任》，载董保华主编：《中国劳动法案例精读》，商务印书馆 2016 年版，第 143 页。

向其提供工作岗位的情况下需要一定的时间寻找新的工作机会以获得收入来源。宋某请求参照科技公司承诺的月工资标准计算三个月的收入损失，该损失在科技公司可以预见的范围内，依法予以支持。

规则二：考虑到缔约过失责任的赔偿范围，除了包括为缔约合同所直接受有的损失，还应包括由于对方的过失而造成的订约机会丧失而受有的损失。在确定赔偿责任时，可以考虑以用人单位所承诺的月工资标准，乘以劳动者寻找新工作的合理时间，作为用人单位最终所应赔偿的数额。

——厦门市中级人民法院劳动争议十大典型案例之四（2020年度）

直接损失包括：劳动者因此产生的相关交通费、食宿费、与原单位解除劳动合同等带来的经济损失。机会损失指劳动者放弃了其他面试机会及工作机会而遭受的损失。

司法实践中，法院往往会综合考量用人单位的过失程度、员工在原单位的收入情况、录用通知载明的工资标准、应聘者提前离职且尚未找到工作的客观情况、应聘者自身寻找工作的能力等多重因素，酌定具体赔偿金额，但一般不超过合同实际履行时可以预期的数额。

根据《劳动合同法》第四十七条和第八十七条，如用人单位在该员工入职后立即违法解除劳动合同，其赔偿金相当于1个月工资（0.5个月×2）。故有观点认为，确定用人单位取消应聘者录用通知的赔偿金，也不应当超过此限额。不过，有些违法解除案件本来就不宜判决用人单位支付赔偿金，而应判决恢复劳动关系，否则劳动者的合法权益难以得到维护。所以在某些情况下，法院判决用人单位取消应聘者录用通知的赔偿金超过一个月工资也是正常的。

从各地司法实践判例分析，法院判决的赔偿金通常在1个月至3个月工资之间。

有法官认为，对于工资损失的计算标准，应考虑用人单位在双方缔约过程中承诺的工资待遇或者劳动者在前工作单位的工资待遇，若两者都没有，则应考虑该地区、该行为的行业工资标准。[①]

---

① 周炳旭：《劳动合同中的缔约过失责任》，载《中国法院2020年度案例：劳动纠纷》，中国法制出版社2020年版，第240页。

模式二：赔偿范围=直接损失+违法解除赔偿金

本节案例1中，法院认为，确定劳动者的损失，虽然可以参照合同法的相关规定处理，但《深圳经济特区和谐劳动关系促进条例》第十七条规定了用人单位在尚未用工的情况下，依法可以解除合同的，应当支付劳动者为订立和准备履行劳动合同而支出的必要费用。在用工前订立劳动合同，尚未用工的，用人单位违法解除劳动合同，劳动者不要求继续履行劳动合同或者劳动合同无法履行的，用人单位应当支付劳动者相当于一个月工资标准的赔偿金和为订立、准备履行劳动合同而支出的必要费用。虽然与本案适用的情形不一样，但《深圳经济特区和谐劳动关系促进条例》专门用以处理劳动争议案件，适用更加接近，适用法律效果和社会效果更加良好，故本案确定劳动者的损失范围还是可以参照的，法院参照上述条例确定劳动者的损失范围，对超出部分不予支持。

规则三：在用工前订立劳动合同，尚未用工，用人单位违法解除劳动合同，劳动者不要求继续履行劳动合同或者劳动合同无法履行的，用人单位应当支付劳动者相当于一个月工资标准的赔偿金和为订立、准备履行劳动合同而支出的必要费用。

——《深圳法院劳动争议审判白皮书（2005—2020）》案例之二

最后法院认定某速运公司应向允某支付赔偿金5000元、交通费140元、体检费157.1元。允某请求支付精神抚慰金缺乏事实和法律依据，法院不予支持。

三、录用通知与劳动合同的关系

合同的成立要经过要约和承诺两个程序，承诺通知到达要约人，合同成立，对双方产生约束力。按此法理，在用人单位向决定录用的劳动者发出录用通知书，劳动者接受并向用人单位报到时起，双方之间即存在劳动合同关系，这种合同关系的具体内容通过录用通知书予以体现。换言之，录用通知书从用人单位单方面发出的要约，转化成了用人单位与劳动者双方达成的合意。

实践中，绝大多数用人单位与劳动者签订的劳动合同，内容基本包含了录用通知书确定的工作地点、工作岗位、薪酬待遇等条款，此种情况下，录用通知书的法律效力等同于劳动合同。但也有用人单位与劳动者签订的劳动合同与录用通知书存在差别，特别是在薪酬待遇方面。

规则四：在劳动合同明确约定录用通知书条款不再执行时，视为双方达成了新的合意，此时应以劳动合同为依据；在录用通知书载明的内容没有在劳动合同中出现时，录用通知书应作为劳动合同的附件，与劳动合同具有同等法律效力。

——《深圳法院劳动争议审判白皮书（2005—2020）》案例之四

在本节案例 3 中，某国际公司发送给周某某的录用通知书明确约定福利待遇包括年度双薪，而双方签订的劳动合同未约定年度双薪。后周某某向法院提出诉讼请求：判令某国际公司支付周某某少发的工资 48141 元（包括工资差额、年度双薪等）。

法院生效裁判认为：本案中，双方签订的劳动合同并未约定不再执行录用通知书中的内容，录用通知书中约定的年度双薪亦未体现在劳动合同中，此时录用通知书可以作为劳动合同的附件，对双方均具有约束力，周某某据此要求某国际公司支付 2018 年年度双薪，应予支持。关于年度双薪的标准，双方没有明确约定，法院按照周某某 2018 年应发平均工资计算，确定为 6787. 59 元。

【操作建议】

1. 企业可在录用通知中附生效条件

用人单位可在录用通知中写明：在规定期限内未给予回复，此录用通知书自动失效。如果应聘者没有及时回复，用人单位可以不予录用。员工在报到时提供以下证明文件，若未能提供，企业将不予录用：（1）个人身份证明文件；（2）学历证书、职称证书原件；（3）体检合格证明；（4）离职证明；（5）社会保险转移单或者缴费证明；（6）档案存放证明。在录用通知中明确：如“本通知书有效的前提是个人提供的信息全部真实无讹，如发现有虚假陈述或与真实情况有出入，则通知书不生效”。在劳动合同签订后，录用通知失效。

2. 入职体检的判定标准不能随意决定

常规的入职体检既有助于用人单位了解员工的基本情况，也有助于员工对自己身体状况的了解。但劳动者的平等就业权依法受国家法律的保护，任何公民都平等地享有就业的权利和资格。入职体检时，劳动者体检合格与否的判定标准不是由用人单位随意决定。如国家实行艾滋病自愿检测制度，一般的职业在入职时不需要检测 HIV 抗体，如果用人单位违背法律规定自行决定检测 HIV 抗体，劳动者有权拒绝[①]；不得将妊娠测试作为入职体检项目[②]；不得以是传染病病原携带者为由拒绝录用。[③]

3. 注意审查入职登记表

用人单位应合理设计入职登记表，尽量将想要了解的内容涵盖其中。在审查入职登记表时，应注意了解以下内容：是否被法院列为失信被执行人[④]；是否与原单位发生过劳动争议；是否从事过职业健康危害作业；是否曾被认定为工伤或持有残疾人证明；是否有精神病、癫痫等病史；是否有传染性疾病且近6个月内是否接受过医学检查与治疗；是否有不适合工作的情况[⑤]；是否受过刑事处罚[⑥]；是否有预防欺诈承诺；送达文件地址是否包括私人邮箱、QQ 号码、微信号、微博地址等。

4. 审查劳动者提供的入职资料

劳动者提供的入职资料包括离职证明[⑦]、员工承诺书[⑧]、签字确认的用人单位

---

① 《艾滋病防治条例》规定，国家实行艾滋病自愿咨询和自愿检测制度。任何单位和个人不得歧视艾滋病病毒感染者、艾滋病病人及其家属。艾滋病病毒感染者、艾滋病病人及其家属享有的婚姻、就业、就医、入学等合法权益受法律保护。

② 人力资源和社会保障部、教育部等九部门联合发布的《关于进一步规范招聘行为促进妇女就业的通知》，"不得将妊娠测试作为入职体检项目，不得将限制生育作为录用条件"。

③ 《就业服务与就业管理规定》明确，用人单位招用人员，除国家法律、行政法规和国务院卫生行政部门规定禁止乙肝病原携带者从事的工作外，不得强行将乙肝病毒血清学指标作为体检标准。用人单位将乙肝病毒血清学指标作为体检标准的，由劳动保障行政部门责令改正，并可最高处一千元罚款。用人单位将乙肝病毒血清学指标作为体检标准，对当事人造成损害的，将承担赔偿责任。

④ 失信被执行人不得担任企业的法定代表人、董事、监事、高级管理人员等。

⑤ 根据《保安服务管理条例》规定，国务院公安部门负责全国保安服务活动的监督管理工作。有下列情形之一的，不得担任保安员：（一）曾被收容教育、强制隔离戒毒、劳动教养或者3次以上行政拘留的；（二）曾因故意犯罪被刑事处罚的；（三）被吊销保安员证未满3年的；（四）曾两次被吊销保安员证的。

⑥ 《刑法》第一百条规定，"依法受过刑事处罚的人，在入伍、就业的时候，应当如实向有关单位报告自己曾受过刑事处罚，不得隐瞒。……"但是，"犯罪的时候不满十八周岁被判处五年有期徒刑以下刑罚的人，免除前款规定的报告义务"。"依法受过刑事处罚的人"，是指依照我国的刑事法律，行为人的行为构成犯罪，并经人民法院判处刑罚。至于"如实报告"是否是指"主动报告"在司法实践中尚存争议。建议用人单位主动让求职者如实报告是否受过刑事处分。

⑦ 企业在进行人员招聘时，应当要求应聘者据实说明其工作经历，说明其是否与其他企业签订了劳动合同。对于非初次就业的应聘者，应要求其出示有关证明材料，证明其确已与原企业解除或终止了劳动合同，并书面承诺所提供的所有材料和陈述均真实可靠。

⑧ 用人单位要避免录用背负有竞业限制的员工。另外员工在其他地方已依法缴纳社会保险费的，如曾向用人单位作相应的声明，也可减轻企业的相关责任。

基本信息告知函[1]、职工名册[2]、员工累计工龄事项等。

5. 企业应当留存的其他书面化员工信息

企业应建立员工劳动档案，须留存的书面材料包括：个人简历（个人提交时签名确认）、背景调查、入职体检结果、录取通知书或聘用函、身份证复印件（个人提交时签名确认）、社保缴纳证明（个人提交时签名确认）、入职申请表（写上简历证明人、紧急情况联络人、文件送达地址等）、劳动合同、员工手册签收回执、岗位说明书签收单、单位规章制度签收单、学历证书复印件（个人提交时签名确认）、银行卡复印件（个人提交时签名确认）。

【相关法规】

1. 要约

《民法典》第四百七十二条：要约是希望与他人订立合同的意思表示，该意思表示应当符合下列条件：

（一）内容具体确定；

（二）表明经受要约人承诺，要约人即受该意思表示约束。

2. 要约的撤回或撤销

《民法典》第四百七十六条：要约可以撤销，但是有下列情形之一的除外：

（一）要约人以确定承诺期限或者其他形式明示要约不可撤销；

（二）受要约人有理由认为要约是不可撤销的，并已经为履行合同做了合理准备工作。

3. 防止缔约过失责任

《民法典》第五百条：当事人在订立合同过程中有下列情形之一，造成对方损失的，应当承担赔偿责任：

（一）假借订立合同，恶意进行磋商；

（二）故意隐瞒与订立合同有关的重要事实或者提供虚假情况；

（三）有其他违背诚信原则的行为。

---

① 《劳动合同法》第八条：用人单位招用劳动者时，应当如实告知劳动者工作内容、工作条件、工作地点、职业危害、安全生产状况、劳动报酬，以及劳动者要求了解的其他与工作有关情况；……

② 职工名册是用人单位制作的用于记录本单位劳动者基本情况及劳动关系运行情况的书面材料。

第 2 章　订立和变更劳动合同

2.1 应签未签：未签书面劳动合同应如何归责？

【案例索引】

序号	典型案例	裁判要旨	关键词
1	指导案例 179 号：聂美兰诉北京林氏兄弟文化有限公司确认劳动关系案	用人单位与劳动者签订的书面协议中包含工作内容、劳动报酬、劳动合同期限等符合《劳动合同法》第十七条规定的劳动合同条款，劳动者以用人单位未订立书面劳动合同为由要求支付第二倍工资的，人民法院不予支持。	视为订立劳动合同
2	《公报》案例：刘丹萍与南京仁创物资有限公司劳动争议纠纷案	用人单位未与人事主管订立书面劳动合同，人事主管诉请用人单位支付因未订立书面劳动合同的二倍工资赔偿，因订立书面劳动合同系人事主管的工作职责，人事主管有义务提示用人单位与其订立书面劳动合同，人事主管如不能举证证明其曾提示用人单位与其订立书面劳动合同，则不应支持其诉讼请求。	过错归责
3	《公报》案例：北京泛太物流有限公司诉单晶晶劳动争议纠纷案	（二倍工资）适用应当从严掌握。从立法目的来说，该规定旨在促使用人单位及时与劳动者签订规范的书面劳动合同，以便双方建立合法有效规范的劳动关系。此外，法律并未明确规定书面劳动合同的具体样式，只要存在书面的协议可以起到证明劳动关系的作用，就应当认定双方存在书面劳动合同。因此，用人单位未与劳动者签订正式书面劳动合同，但签有入职审批表且劳动者实际履行职责的，如果该入职审批表具备劳动合同的基本内容和条款，就应当认定双方存在合法的书面劳动合同，劳动者不能主张用人单位支付双倍工资。	视为订立劳动合同
4	成都市中级人民法院劳动争议十大典型案例之十（2020 年度）	当前，因互联网而衍生出各类电子产品，已逐渐取代传统的报刊、书籍等，成为主要的信息传播方式，从电子产品中阅读到的资讯、文章等，同样属于书面形式的范畴，与过往不同，在于将原来印刷在纸张上的文字通过互联网载体，以电子形式表现出来。因此，电子劳动合同应属于书面劳动合同。	电子合同的效力

续表

序号	典型案例	裁判要旨	关键词
5	成都市中级人民法院劳动争议十大典型案例之十（2018 年度）	因劳动者存在重大过失导致未签订书面劳动合同，用人单位已善意促成签订的，劳动者要求公司支付未签订劳动合同二倍工资的，不予支持。	过错归责
6	北京市涉新冠肺炎疫情劳动争议仲裁十大典型案例之四（2020 年发布）	用人单位能够举证证明已提出订立或续订书面劳动合同，但因受新冠肺炎疫情影响客观上无法与劳动者订立或续订劳动合同，劳动者要求支付该期间未订立或续订书面劳动合同二倍工资差额的，不予支持。	过错归责

【规则精析】

当事人通过劳动合同明确权利和义务。劳动者与用人单位可以选择在建立劳动关系前后订立劳动合同，但用人单位应当在用工之日起一个月内订立书面劳动合同，用人单位在与劳动者订立劳动合同的过程中，要履行诚实磋商义务[①]。双方当事人在劳动合同的订立、履行过程中，应当遵循诚实信用原则。根据《劳动合同法》规定，用人单位自用工之日起超过一个月不满一年未与劳动者订立书面劳动合同的，应当向劳动者每月支付二倍的工资。目前，多地通说认为该二倍工资并非劳动报酬，属于用人单位违反法律规定的惩戒。

实务中，双方在建立劳动关系的情况下，有可能签订过一些其他书面形式的协议，只要具备劳动合同的一些必备条款，能够籍此明确各自的权利和义务，即使该协议尚有不完备的瑕疵，仍可以认定双方进行过诚实磋商，合同具有约束力。在无证据显示用人单位在其他形式的协议订立和履行过程中存在违反诚实信用原则的，一般而言，裁审机构不会要求用人单位支付二倍工资。

一、“张冠李戴”协议的处理

本节案例 1，基本案情涉及劳动关系的确认，导致审判结果一波三折。首先，聂美兰与林氏兄弟公司签订了《合作设立茶叶经营项目的协议》，合同主要内容是

---

① 根据上海市高级人民法院《关于适用劳动合同法若干问题的意见》（沪高发〔2009〕73 号），如用人单位已尽到诚实磋商义务，因不可抗力、意外情况或者劳动者拒绝签订等用人单位以外的原因，造成劳动合同未签订的，不属于有关法律法规所称的用人单位“未与劳动者订立书面劳动合同”的情况；因用人单位原因造成未订立书面劳动合同的，用人单位应当依法向劳动者支付双倍工资。

公司负责投资、管理、运营，聘请聂美兰任茶叶经营项目经理，取酬包括：基本工资+业绩、奖励+股份分红。协议签订后，聂美兰的工作内容为负责某艺术茶社的经营管理，主要负责接待、茶叶销售等工作。林氏兄弟公司按照每月基本工资10000元的标准，向聂美兰发放工资。聂美兰请假需经林德汤批准，且实际出勤天数影响工资的实发数额。后公司通知聂美兰终止合作协议。

为此，聂美兰申请劳动仲裁，认为双方之间存在劳动关系，并要求林氏兄弟公司支付未签订书面劳动合同的二倍工资差额。林氏兄弟公司则主张双方系合作关系。经仲裁、诉讼，最终，一审、二审均确认双方之间存在劳动关系，但二审法院改判不支付聂美兰未签订劳动合同二倍工资差额。再审申请被驳回。

规则一：劳动关系适格主体以合作经营等为名订立协议，但协议约定的双方权利义务内容、实际履行情况等符合劳动关系认定标准，劳动者主张与用人单位存在劳动关系的，人民法院应予支持。用人单位与劳动者签订的书面协议中包含工作内容、劳动报酬、劳动合同期限等符合《劳动合同法》第十七条规定的劳动合同条款，劳动者以用人单位未订立书面劳动合同为由要求支付第二倍工资的，人民法院不予支持。

——最高人民法院指导案例179号：聂美兰诉北京林氏兄弟文化有限公司确认劳动关系案

在该案例中，双方系自愿签订《合作设立茶叶经营项目的协议》，不违反强制性法律、法规规定，属有效合同。人民法院对于合同性质的认定，应当“根据合同内容所涉及的法律关系，即合同双方所设立的权利义务来进行判断”。此时，协议名称并不能确定合同的性质。因此，结合该合作协议的内容，法院最终认定双方之间属于劳动关系。

指导性案例关于二倍工资的争议，需要认定“合作协议”可否被视为“劳动合同”。根据《劳动合同法》第十七条相关规定，法律并没有要求劳动合同名称必须包含“劳动合同”的字眼，法律条款以例举方式明确了劳动合同应当具备的基本条款，即“（一）用人单位的名称、住所和法定代表人或者主要负责人；（二）劳动者的姓名、住址和居民身份证或者其他有效身份证件号码；（三）劳动合同期限；（四）工作内容和工作地点；（五）工作时间和休息休假；（六）劳动报酬；（七）社会保险；（八）劳动保护、劳动条件和职业危害防护；（九）法律、法规规定应当纳入劳动合同的其他事项”等。从《合作设立茶叶经营项目的协议》内容来看，出现了“聘任”“经理”“基本工资”“业绩”“奖励”，因此法院认定“双方签订的合作协议还可视为书面劳动合同，虽缺少一些必备条款，但并不影响已约定的条款及效力，仍可起到固定双方劳动关系、权利义务的作用”。

需要提醒的是，根据原劳动和社会保障部《关于确立劳动关系有关事项的通知》相关规定，用人单位招用劳动者未订立书面劳动合同，但同时具备下列情形的，劳动关系成立：（一）用人单位和劳动者符合法律、法规规定的主体资格；（二）用人单位依法制定的各项劳动规章制度适用于劳动者，劳动者受用人单位的劳动管理，从事用人单位安排的有报酬的劳动；（三）劳动者提供的劳动是用人单位业务的组成部分。由此可见，当事人之间签订书面合同并非判断劳动关系存在的必要条件。劳动关系的实质和核心是“劳动事实”，虽无劳动合同，但是只要双方具备法定的主体资格且有劳动者为用人单位从事劳动法上的“劳动活动”这一事实，就应当认定劳动关系的成立。

在司法实践中，“假的真协议”情况并不少见。特别是在新业态行业兴起的时代，一些用人单位试图通过签订非标准格式的合同或协议，是无法规避法律关系中的劳动关系实质性事实，用人单位主张双方之间存在合作等民事关系，法院会具体分析劳动关系与用人单位主张的民事关系的差异性，并与当事人实际权利义务进行对比。幸好，这个指导案例（本节案例 1）中协议名称是“假”，但内容是“真”的。假如协议名称是“假”。内容也是“假”，那么万一被认定劳动关系，同样需要承担支付未签订劳动合同的二倍工资的法律责任。也就是说，即便本案中双方签订的协议名称和内容都是“假”的，不再“视为订立劳动合同”，也不能据此排除劳动关系。

规则二：根据《劳动合同法》的规定，用人单位未依法与劳动者签订书面劳动合同的，应当依法支付相应的双倍工资。但是，对于该条款的适用应当从严掌握。从立法目的来说，该规定旨在促使用人单位及时与劳动者签订规范的书面劳动合同，以便双方建立合法有效规范的劳动关系。此外，法律并未明确规定书面劳动合同的具体样式，只要存在书面的协议可以起到证明劳动关系的作用，就应当认定双方存在书面劳动合同。因此，用人单位未与劳动者签订正式书面劳动合同，但签有入职审批表且劳动者实际

履行职责的，如果该入职审批表具备劳动合同的基本内容和条款，就应当认定双方存在合法的书面劳动合同，劳动者不能主张用人单位支付双倍工资。

——《公报》案例：北京泛太物流有限公司诉单晶晶劳动争议纠纷案

本节案例 3，北京泛太物流有限公司认为员工单晶晶在档案管理工作时，将自己的劳动合同取走，但法院审理后认为“仅凭借单晶晶负责保管档案以及其持有部分泛太物流公司文件的事实并不足以证实泛太物流公司曾与单晶晶签订有书面劳动合同书”。相反，单晶晶在庭审中提交的员工录用审批表明确载明了姓名、部门、工作地点、聘期、试用期及转正后待遇等要内容。法院最终认定员工录用审批表具有劳动合同的性质，故未支持二倍工资差额的主张。

综上所述，劳动合同的性质主要由合同的内容决定。即便如此，用人单位还是应当依法签订规范、标准的劳动合同，避免因“二倍工资”引发利益纠纷。

二、特殊岗位未订立书面劳动合同的处理

本节案例 2 中，刘丹萍进入仁创公司工作，担任人事主管，主要负责人员招聘、培训及薪酬管理工作。一般而言，劳动合同签订事项属于人力资源的负责范围。刘丹萍作为仁创公司的人事主管，其工作职责范围理应包括依法处理劳动合同的签订事宜，防止用人单位承担因违反法律法规而产生的相应责任。因此，刘丹萍应当知晓订立书面劳动合同的规定及相关法律后果，有义务主动与公司完成订立劳动合同的动作。然而，在公告案例中，刘丹萍未提交证据证明其曾主动要求仁创公司与其签订劳动合同，故法院经综合考量劳动者的岗位职务因素，对刘丹萍主张的未签订书面劳动合同的二倍工资的诉讼请求不予支持。

规则三：用人单位未与人事主管订立书面劳动合同，人事主管诉请用人单位支付因未订立书面劳动合同的二倍工资赔偿，因订立书面劳动合同系人事主管的工作职责，人事主管有义务提示用人单位与其订立书面劳动合同，人事主管如不能举证证明其曾提示用人单位与其订立书面劳动合同，则不应支持其诉讼请求。

——《公报》案例：刘丹萍与南京仁创物资有限公司劳动争议纠纷案

《劳动合同法》第十条第一款、第二款规定，建立劳动关系，应当订立书面劳动合同。已建立劳动关系，未同时订立书面劳动合同的，应当自用工之日起一个月内订立书面劳动合同。一般来说，用人单位对劳动者有管理的职责，与劳动者签订书面劳动合同是用人单位的法定义务；如果劳动者拒绝签订劳动合同，那么用人单位对此事实仍负有举证责任。而作为用人单位的管理者，基于岗位职责与履职要求，如法定代表人、经营负责人、人事管理部门负责人等，可能发生利用职权损害用人单位利益，以谋取私利的事件。因此，管理人员不能利用失职行为或不作为，故意造成自己的劳动者权益受到侵害，违法获取利益。

在司法实践中，用人单位法定代表人若主张二倍工资的，一般不予受理。用人单位高管人员若主张二倍工资的，可予受理。案件处理过程中，裁审机构将根据实际情况综合判断。确有证据证明高管人员向用人单位提出签订劳动合同而被拒绝的，仍可支持高管人员的二倍工资请求。

用人单位的人事管理部门负责人或主管人员依据该条规定向用人单位主张二倍工资的，如用人单位能够证明订立劳动合同属于该人事管理部门负责人的工作职责，可不予支持。有证据证明人事管理部门负责人或主管人员向用人单位提出签订劳动合同，而用人单位予以拒绝的除外。[①]

三、非因用人单位原因未订立书面劳动合同的处理

《劳动合同法》第八十二条规定，用人单位自用工之日起超过一个月不满一年未与劳动者订立书面劳动合同的，应当向劳动者每月支付二倍的工资。用人单位违反本法规定不与劳动者订立无固定期限劳动合同的，自应当订立无固定期限劳动合同之日起向劳动者每月支付二倍的工资。该法条旨在惩罚用人单位不签订书面劳动合同的行为。从保护劳动者合法权益的角度来看，可以降低劳动者依法维权的难度。

那么，如果非因用人单位原因，用人单位超过一个月未与劳动者订立书面劳动合同，劳动者主张用人单位支付二倍工资，该如何处理？

首先，自用工之日起一个月内，经用人单位书面通知后，劳动者不与用人单位订立书面劳动合同的，用人单位应当书面通知劳动者终止劳动关系，无须向劳

① 北京市高级人民法院、北京市劳动争议仲裁委员会《关于劳动争议案件法律适用问题研讨会会议纪要（二）》第三十一条。

动者支付经济补偿，但是应当依法向劳动者支付其实际工作时间的劳动报酬。

其次，用人单位自用工之日起超过一个月不满一年未与劳动者订立书面劳动合同的，应当依照《劳动合同法》第八十二条的规定向劳动者每月支付两倍的工资，并与劳动者补订书面劳动合同；劳动者不与用人单位订立书面劳动合同的，用人单位应当书面通知劳动者终止劳动关系，并依照《劳动合同法》第四十七条的规定支付经济补偿。

因此，订立劳动合同，应当遵循合法、公平、平等自愿、协商一致、诚实信用的原则。任何一方不履行签订劳动合同的责任，将承担各自责任。对于用人单位有证据证明其已主动履行订立劳动合同义务，但劳动者拒绝订立劳动合同或者劳动者利用主管人事等职权故意不订立劳动合同，以及因其他客观原因导致用人单位无法及时与劳动者订立劳动合同的，劳动者因此主张用人单位支付二倍工资的，不予支持。[①]

规则四：因劳动者存在重大过失导致未签订书面劳动合同，用人单位已善意促成签订的，劳动者要求公司支付未签订劳动合同二倍工资的，不予支持。

——成都市中级人民法院劳动争议十大典型案例之十（2018 年度）

本节案例 5 中，张某某主张未签订书面劳动合同二倍工资。公司在庭审中提交的视频显示，公司人力资源部工作人员将书面劳动合同等入职资料交与张某某，后张某某将劳动合同书带离现场。公司另提交的劳动合同载明张某某身份证号的出生年份与张某某向人民法院提供的身份证号不同。张某某对此申请鉴定。此外，经公安机关核实，公司提交的劳动合同上载明“张某某”身份证号码为不存在。从裁判文书网查询到，张某某从 2007 年至今 20 余次向不同的用人单位提起劳动争议诉讼。最终，法院认为公司提交的视听资料可以证明其已将书面劳动合同文本交予张某某，应认定该公司已善意促成合同签订。结合张某某未合理说明该劳动合同文本的最终去向，陈述与其重名的“张某某”的身份信息无法查证，以及张某某近年来提出大量劳动争议诉讼，熟知未签订书面劳动合同二倍工资的惩罚责

① 《长三角区域“三省一市”劳动人事争议疑难问题审理意见研讨会纪要》（2019 年 11 月 26 日）。

任的法律知识等事实，能够认定张某某在劳动合同签订过程中存在明显重大过失。综合全案判断，应视为公司已履行了签订书面劳动合同的法定责任，即使经鉴定公司提交的书面劳动合同非张某某本人签订，也不影响本案最终结果。因此，法院对张某某的鉴定申请不予准许，对其要求公司支付未签订书面劳动合同二倍工资的诉请，不予支持。

需注意的是，在疫情防控期间，用人单位仍须尽到通知劳动者订立或续订劳动合同的义务，但若在履行该义务后客观上无法实现订立或续订劳动合同的，用人单位可免除支付未订立或续订书面劳动合同双倍工资差额的责任。

规则五：用人单位能够举证证明已提出订立或续订书面劳动合同，但因受新冠肺炎疫情影响客观上无法与劳动者订立或续订劳动合同，劳动者要求支付该期间未订立或续订书面劳动合同二倍工资差额的，不予支持。

——北京市涉新冠肺炎疫情劳动争议仲裁十大典型案例之四（2020 年发布）

本节案例 6 中，教育咨询公司在劳动合同到期前履行续订劳动合同的义务，由于疫情影响，客观上无法与员工陈某续订书面劳动合同。在此情形下，让教育咨询公司承担支付未订立劳动合同双倍工资差额的责任，显然有失公允。所以，受疫情影响企业与招用的劳动者不能依法及时订立或续订书面劳动合同，双方可以通过协商，合理顺延订立书面劳动合同的时间。

关于劳动合同到期顺延的问题。一般分为约定顺延和法定顺延两种。前一种属于用人单位和劳动者之间协商约定劳动合同期满后顺延期限。第二种属于法定顺延，并非双方当事人的主观意愿，属于国家法律法规等规定的情形。对于法定续延，司法实践中各地的执行口径基本上都是无需支付二倍工资差额。

对新型冠状病毒感染的患者、疑似病人、密切接触者在其隔离治疗期间或医学观察期间不能提供正常劳动的企业职工的劳动合同到期顺延，也属于法定顺延的情形，法定续延期间双方无须续签书面劳动合同，也不会被认为再次订立劳动合同。

此外，疫情期间还有“共享用工”的情况发生。此时，“共享员工”是否有权主张未签书面劳动合同的二倍工资？

由于借出单位非以营利为目的，与借入单位、劳动者三方在疫情期间签订员工借调协议，约定劳动者在疫情期间为借入单位提供劳动，疫情结束后回到借出单位工作的，不应认定借出单位、借入单位、劳动者三者之间形成双重劳动关系。借调期间劳动者与借出单位仍为单一劳动关系，双方劳动权利义务不变。所以借入单位也不应与“共享员工”订立劳动合同，更无须支付未签订劳动合同二倍工资差额。但为避免争议，建议借出单位、“共享员工”、借入单位之间最好能签署书面的借调协议，明确借调期间三方权利义务。

另外，虽然根据《劳动合同法》，签订劳动合同，应该采用书面形式，但考虑到疫情期间的特殊情况，对于劳动合同的续订条款，企业可先与职工通过电子邮件或其他电子数据等方式进行商量、确认，如果续签的，事后再补签纸质的书面劳动合同，也不失为一种办法。但用人单位应当注意劳动合同到期情况，及时就续签事项与员工开展诚实磋商，避免发生相关争议。

四、电子劳动合同应属于书面劳动合同

国务院于2015年5月印发《关于大力发展电子商务加快培育经济新动力的意见》，提出了加快推进电子合同、电子票据、电子交易凭证等效力的要求。国务院《关于在线政务服务的若干规定》第八条中也明确规定，政务服务中使用“可靠”的电子签名，与手写签名或盖章具有同等法律效力。从上述规定可以看出，我国正在大力推进电子商务应用的进度，实践中，电子合同和电子签名的法律效力已得到认同，并且已在政务服务中对电子签名加以运用。

当前，因互联网而衍生出各类电子产品，已逐渐取代传统的报刊、书籍等，成为主要的信息传播方式，原来印刷在纸张上的文字通过互联网载体，以电子形式表现出来。从电子产品中阅读到资讯、文章等，逐渐被视同书面形式范畴。因此，电子劳动合同应属于书面劳动合同①。

规则六：电子劳动合同应属于书面劳动合同。

——成都市中级人民法院劳动争议十大典型案例之十（2020年度）

① 《电子签名法》第四条规定：“能够有形地表现所载内容，并可以随时调取查用的数据电文，视为符合法律、法规要求的书面形式。”数据电文，是指以电子、光学、磁或者类似手段生成、发送、接收或者储存的信息。

本节案例 4 中，公司人力资源部通过邮件方式，向田某发送了加盖公司电子印章的《劳动合同》电子版，被依法认定为合法有效。

人力资源社会保障行政部门一方面认可订立的电子劳动合同法律效力上等同于书面劳动合同，另一方面也对电子形式的合同进行了规范，认为应当使用符合电子签名法等法律法规规定的可视为书面形式的数据电文和可靠的电子签名，保证电子劳动合同的生成、传递、储存等符合法律法规规定的要求。[①]

只要通过经国家认可的可靠的电子签名平台以电子形式签订劳动合同，就双方劳动关系的权利义务作出明确约定，具备《劳动合同法》第十七条要求的劳动合同应当具备的必备条款，包括用人单位和劳动者的自然情况、劳动合同期限、工作内容和工作地点、工作时间和休息休假、劳动报酬、社会保险、劳动保护、劳动条件和职业危害防护等条款，并保证电子劳动合同的生成、传递、储存等满足电子签名法等法律法规规定的要求，确保其完整、准确、不被篡改，就能认定该电子劳动合同真实有效合法。

另外一则判例中，某国际旅行社仅在网上对劳动合同进行过备案登记，但法院认为，仅是对用工信息的备案登记，未经合同双方当事人签字确认，不具备合同形式，内容也未包含劳动合同必备要素内容，故某国际旅行社已订立电子劳动合同的主张不成立。某国际旅行社为此需承担未订立书面劳动合同的法律后果。

实践中，采用微信、电子邮件、传真、办公软件（Word、Wps、PPT、Excel 等）、QQ 等方式签署的劳动合同，可能还不能认定为法律意义上的电子合同。因容易伪造、篡改、拼接、剪辑、破坏、毁灭等特性，只能作为电子证据。

目前，签署合法有效的电子劳动合同，应获取官方认可的第三方电子合同平台。在司法实践中，经国家认可的电子签名平台以电子形式签订的劳动合同，才可能保证其内容的完整、准确且不被篡改。

---

① 人力资源和社会保障部办公厅《关于订立电子劳动合同有关问题的函》（人社厅函〔2020〕33 号）：用人单位与劳动者协商一致，可以采用电子形式订立书面劳动合同。采用电子形式订立劳动合同，应当使用符合电子签名法等法律法规规定的可视为书面形式的数据电文和可靠的电子签名。用人单位应保证电子劳动合同的生成、传递、储存等满足电子签名法等法律法规规定的要求，确保其完整、准确、不被篡改。符合劳动合同法规定和上述要求的电子劳动合同一经订立即具有法律效力，用人单位与劳动者应当按照电子劳动合同的约定，全面履行各自的义务。

【操作建议】

1. 正式签约前可先“电子邮件确认”

对于劳动合同的续订条款，企业可先与职工通过电子邮件或其他电子数据等方式进行商量、确认，如果续签的，事后再补签纸质的书面劳动合同，也不失为一种办法。但用人单位应当注意劳动合同到期情况，及时就续签事项与员工开展诚实磋商，避免发生相关争议。

2. 注意保留进行过诚实磋商的证据

用人单位可就签约事宜进行诚实磋商，并保留就劳动合同主要内容达成合意的证据，包括给员工发送《签订劳动合同通知书》和《劳动合同书》，并让员工在以上两个文本上签收。这样，即使未及时签订劳动合同，用人单位也可证明自己已经履行了诚实磋商的义务，可以免去双倍工资的罚责。

3. 安排他人另行保管人事主管的劳动合同

用人单位对于已签订的所有书面劳动合同，均应履行谨慎保管的义务。法律法规并未对包括从事人事管理工作的劳动者签订劳动合同作出不同规定。从用人单位规范管理的角度，对于在用人单位从事人事管理的劳动者的书面劳动合同，理应安排他人另行保管。

【相关法规】

1. 订立书面劳动合同

《劳动法》第十六条：劳动合同是劳动者与用人单位确立劳动关系、明确双方权利和义务的协议……

《劳动合同法》第十条：建立劳动关系，应当订立书面劳动合同。

已建立劳动关系，未同时订立书面劳动合同的，应当自用工之日起一个月内订立书面劳动合同……

2. 订立电子合同

《民法典》第四百六十九条：当事人订立合同，可以采用书面形式、口头形式或者其他形式。

书面形式是合同书、信件、电报、电传、传真等可以有形地表现所载内容的形式。

以电子数据交换、电子邮件等方式能够有形地表现所载内容，并可以随时调取查用的数据电文，视为书面形式。

《电子签名法》第十三条：电子签名同时符合下列条件的，视为可靠的电子签名：

（一）电子签名制作数据用于电子签名时，属于电子签名人专有；

（二）签署时电子签名制作数据仅由电子签名人控制；

（三）签署后对电子签名的任何改动能够被发现；

（四）签署后对数据电文内容和形式的任何改动能够被发现。

当事人也可以选择使用符合其约定的可靠条件的电子签名

3. 不订立书面劳动合同的法律责任

《劳动合同法》第八十二条：用人单位自用工之日起超过一个月不满一年未与劳动者订立书面劳动合同的，应当向劳动者每月支付二倍的工资。

用人单位违反本法规定不与劳动者订立无固定期限劳动合同的，自应当订立无固定期限劳动合同之日起向劳动者每月支付二倍的工资。

《劳动合同法》第十四条第三款：用人单位自用工之日起满一年不与劳动者订立书面劳动合同的，视为用人单位与劳动者已订立无固定期限劳动合同。

2. 2 续签合同：未续签合同是否应支付二倍工资？

【案例索引】

序号	典型案例	裁判要旨	关键词
1	山东省高级人民法院、山东省人力资源和社会保障厅劳动人事争议十个典型案例之三（2020 年发布）	劳动合同期满后，如双方均有继续履行劳动合同的意思表示，用人单位依法应与劳动者续签书面劳动合同，其未与劳动者续签书面劳动合同，又未能举证证明存在劳动者拒绝签订情形的，应依法向劳动者支付未续签劳动合同的双倍工资。	未续签劳动合同
2	人力资源和社会保障部、最高人民法院关于联合发布第一批劳动人事争议典型案例十之一（2020 年发布）	《劳动合同法》第十四条第三款规定的“用人单位自用工之日起满一年不与劳动者订立书面劳动合同的，视为用人单位与劳动者已订立无固定期限劳动合同”是对用人单位不签订书面劳动合同满一年的法律后果的拟制规定，并非有关应当订立无固定期限劳动合同的情形规定。	视为无固定期限劳动合同
3	青岛“十三五”时期劳动争议十大典型案例之二（2021 年发布）	仅就劳动合同期限进行了变更，其他条款不变，且均在劳动合同期满前一个月内进行，应视为对原劳动合同的续订。	变更劳动合同期限

【规则精析】

劳动合同期满属于劳动合同终止的法定事由，但是这并不意味着劳动合同期满双方的劳动合同关系自然终止。这取决于劳动合同期满后，劳动者是否继续为用人单位提供劳动。

如果劳动合同到期后，劳动者继续提供劳动，则双方形成新的劳动关系。如果劳动合同到期后，劳动者继续提供劳动，但是没有续签劳动合同，用人单位是否还应支付二倍工资的差额？二倍工资的差额的起算点与用工初期有何不同？“视为无固定期限”劳动合同的，是否还应支付二倍工资的差额？用人单位是否可以通过变更合同期限来规避签订无固定期限劳动合同？典型案例明确了相关的执行口径。

一、劳动合同期满后未续签书面劳动合同的处理

签订书面劳动合同是用人单位的法定义务。根据《劳动合同法》的规定，如劳动者第一次劳动合同期满，且不存在该法第四十二条规定情形的，用人单位可以依法终止。但如劳动合同期满后，劳动者仍在原用人单位工作，原用人单位未表示异议的，应当视为双方自合同到期之日起建立事实劳动关系，用人单位仍然负有及时与劳动者签订劳动合同的法定义务。

本节案例 1 中，2014 年 2 月，常某与某公司签订《用工合同》一份，约定月工资 1760 元，协议期限为一年，自 2014 年 2 月 1 日起执行。合同到期后双方未再签订新的合同，但双方均依照原合同内容继续履行。2015 年 9 月底，某公司与常某解除劳动合同。次月，常某向劳动人事争议仲裁委员会申请仲裁。

常某向劳动人事争议仲裁委员会申请仲裁，要求裁决：某公司支付未续订书面劳动合同两倍工资 24640 元。某公司向一审法院起诉请求：不支付工资差额 12320 元。后某公司上诉请求：撤销一审判决，改判不支付工资差额 12320 元。某公司不服二审判决，向省高级人民法院申请再审。

劳动人事争议仲裁委员会裁决：某公司支付常某未续签书面劳动合同双倍工资差额 12320 元，驳回常某其他仲裁请求。一审法院判决：某公司支付常某未续签书面劳动合同双倍工资差额 12320 元，驳回常某其他诉讼请求。二审法院判决：驳回上诉，维持原判决。再审裁定：驳回某公司的再审申请。

劳动人事争议仲裁委员会认为，签订书面劳动合同，是用人单位的法定义务。

某公司与常某的书面劳动合同于 2015 年 1 月 31 日期满后，双方均有继续履行劳动合同的意思表示，某公司依法应与常某续签书面劳动合同，其未续签书面劳动合同，又未能举证证明常某存在拒绝签订的情形，应向常某支付未续签劳动合同的双倍工资。

规则一：劳动合同期满后，如双方均有继续履行劳动合同的意思表示，用人单位依法应与劳动者续签书面劳动合同，其未与劳动者续签书面劳动合同，又未能举证证明存在劳动者拒绝签订情形的，应依法向劳动者支付未续签劳动合同的双倍工资。

——山东省高级人民法院、山东省人力资源和社会保障厅劳动人事争议十个典型案例之三（2020 年发布）

关于支付未续订劳动合同二倍工资差额的起算时间，实务中有两种观点。第一种观点认为，仍应给与用人单位一个月的宽限期，要求用人单位在劳动合同期满后一个月内与劳动者续订书面劳动合同，超过一个月仍未订立书面劳动合同需支付二倍工资差额。[①]

以上山东省高级人民法院、山东省人力资源和社会保障厅典型案例中裁决支付未续签书面劳动合同双倍工资差额 12320 元，相当于月工资为 1760 元的常某 7 个月的工资，而从 2015 年 2 月 1 日起至 9 月底，常某未签订劳动合同的时间长达 8 个月。可见典型案例中是从合同到期的第二个月为二倍工资的计算点。

第二种观点认为，用人单位对原劳动合同期满时和继续用工的法律后果均有预期，因此不需要给与一个月的宽限期，原劳动合同期满次日，即用人单位应当订立劳动合同之日及承担未订书面劳动合同的法律后果之日。最高人民法院民事审判第一庭的意见倾向于："我们同意上述第二种观点。"[②] 所以用人单位不可大意，应注意各地的不同的执行口径，特别是要避免劳动合同到期后形成事实劳动关系。

---

① 根据《上海市劳动人事争议若干问题处理指导意见》："原劳动合同到期后，劳动者仍在该用人单位工作的，双方当事人应当在一个月内订立书面劳动合同。因用人单位原因超过一个月未续签书面劳动合同的，用人单位应向劳动者支付未订立书面劳动合同期间的双倍工资。"即未依法续签劳动合同，既适用二倍工资的罚则，也适用二倍工资的宽限期。

② 最高人民法院民事审判第一庭编著：《最高人民法院新劳动争议司法解释（一）理解与适用》，人民法院出版社 2021 年版，第 387 页。

二、“视为无固定期限劳动合同”的处理

无固定期限劳动合同，是指用人单位与劳动者约定无确定终止时间的劳动合同。根据相关法律法规，无固定期限劳动合同可分为“协商订立”“应当订立”以及“视为订立”三种情形。

因事实劳动关系而产生的无固定期限合同实际上和因工作年限而产生的无固定期限合同一样，都不以双方同意续签为前提，对于用人单位来说具有强制性。《劳动合同法》第十四条第三款规定：“……用人单位自用工之日起满一年不与劳动者订立书面劳动合同的，视为用人单位与劳动者已订立无固定期限劳动合同。”《劳动合同法实施条例》第七条规定：“用人单位自用工之日起满一年未与劳动者订立书面劳动合同的，自用工之日起满一个月的次日至满一年的前一日应当依照劳动合同法第八十二条的规定向劳动者每月支付两倍的工资，并视为自用工之日起满一年的当日已经与劳动者订立无固定期限劳动合同，应当立即与劳动者补订书面劳动合同。”《劳动合同法》第八十二条第二款规定：“用人单位违反本法规定不与劳动者订立无固定期限劳动合同的，自应当订立无固定期限劳动合同之日起向劳动者每月支付二倍的工资。”

这里的“本法规定”，是指《劳动合同法》第十四条第二款规定的“除劳动者提出订立固定期限劳动合同外，应当订立无固定期限劳动合同”的三种情形。而《劳动合同法》第十四条第三款规定的“用人单位自用工之日起满一年不与劳动者订立书面劳动合同的，视为用人单位与劳动者已订立无固定期限劳动合同”，是对用人单位不签订书面劳动合同满一年的法律后果的拟制规定，并非有关应当订立无固定期限劳动合同的情形规定。《劳动合同法实施条例》第七条对于此种情形的法律后果也作了相同的分类规定。

规则二：“用人单位自用工之日起满一年不与劳动者订立书面劳动合同的，视为用人单位与劳动者已订立无固定期限劳动合同”是对用人单位不签订书面劳动合同满一年的法律后果的拟制规定，并非有关应当订立无固定期限劳动合同的情形规定。

——人力资源和社会保障部、最高人民法院关于联合发布第一批劳动人事争议典型案例之十一（2020 年发布）

本节案例 2 中，万某于 2016 年 8 月 1 日入职，食品公司一直未与其签订书面劳动合同，自 2017 年 8 月 1 日起，根据上述法律法规的规定，双方之间视为已订立了无固定期限劳动合同，而非《劳动合同法》第八十二条规定的用人单位违反本法规定不与劳动者订立无固定期限劳动合同的情形。因此，食品公司无须向万某支付未依法签订无固定期限劳动合同的二倍工资，故依法驳回万某的仲裁请求。

司法实践中，视为订立无固定期限劳动合同的，可以认定用人单位与劳动者已经存在无固定期限劳动合同关系的法律后果。劳动者据此要求用人单位支付二倍工资的诉求，不予支持。①

同时需注意，根据最高人民法院《关于审理劳动争议案件适用法律问题的解释（一）》第三十四条规定：

“劳动合同期满后，劳动者仍在原用人单位工作，原用人单位未表示异议的，视为双方同意以原条件继续履行劳动合同。一方提出终止劳动关系的，人民法院应予支持。

根据劳动合同法第十四条规定，用人单位应当与劳动者签订无固定期限劳动合同而未签订的，人民法院可以视为双方之间存在无固定期限劳动合同关系，并以原劳动合同确定双方的权利义务关系。”

用人单位还需留意目前各地因对法律法规不同解读已形成的当地特殊规定，如《北京市劳动合同规定》第四十五条第一款规定：“劳动合同期限届满，因用人单位的原因未办理终止劳动合同手续，劳动者与用人单位仍存在劳动关系的，视为续延劳动合同，用人单位应当与劳动者续订劳动合同。当事人就劳动合同期限协商不一致的，其续订的劳动合同期限从签字之日起不得少于 1 年；劳动者在用人单位连续工作满 10 年以上，劳动者要求续订无固定期限劳动合同的，用人单位应当与其续订无固定期限劳动合同……”

三、通过变更合同期限来规避签订无固定期限劳动合同的行为无效

从劳动合同续签出发，重新签署劳动合同延长劳动合同期限属于变更还是算再签订一次，各地的规定不一。

---

① 《长三角区域“三省一市”劳动人事争议疑难问题审理意见研讨会纪要》（2019 年 11 月 26 日）。

有观点认为，如果将劳动合同期限看作劳动合同内容的一部分，即从协商变更劳动合同内容角度看重新签署劳动合同延长劳动合同期限，法律没有禁止不能变更劳动合同期限。所以协商一致延长劳动合同期限是符合法律规定的。

有的地方则规定，用人单位与劳动者协商延长劳动合同期限累计超过6个月的，视为续订合同。此规定目的是避免用人单位滥用强势地位随意延期，规避签订无固定期限劳动合同，危害劳动者就业稳定权。如《江苏省劳动合同条例》第十七条规定，用人单位与劳动者协商延长劳动合同期限，累计超过六个月的，视为双方连续订立劳动合同。《深圳经济特区和谐劳动关系促进条例》第十八条规定，用人单位与劳动者协商延长劳动合同期限累计超过6个月的，视为续订合同。

有的地方则规定，即便是双方协商一致延长劳动合同期限，均视为用人单位与劳动者续订劳动合同，用人单位没有任何延期的空间。比如，《山东省劳动合同条例》第十六条规定，劳动合同期满，用人单位与劳动者协商一致延长劳动合同期限的，视为用人单位与劳动者续订劳动合同。

规则三：仅就劳动合同期限进行了变更，其他条款不变，且均在劳动合同期满前一个月内进行，应视为对原劳动合同的续订。

——青岛“十三五”时期劳动争议十大典型案例之二（2021年发布）

本节案例3中，当地仲裁委认为：青岛某网络通信公司于2016年7月1日与曲某订立了期限自2016年7月1日起至2017年6月30日止的劳动合同，后又针对该劳动合同与曲某签订了四次变更协议，仅就劳动合同期限进行了变更，其他条款不变，且均在劳动合同期满前一个月内进行，应视为对原劳动合同的续订。曲某在连续两次订立固定期限劳动合同后，已符合订立无固定期限劳动合同的条件，青岛某网络通信公司以劳动合同期满为由，不再与曲某续签劳动合同，不符合法律规定。对曲某要求撤销青岛某网络通信公司做出的《关于劳动合同到期不续签的通知函》、与其订立无固定期限劳动合同的仲裁请求，予以支持。

在当地仲裁委看来，对待事物应透过现象看本质，本案中，表面上看用人单位与劳动者签订了一次劳动合同，但在合同履行期间进行了四次合同期限延长的变更，其他条款（包括劳动者从事的岗位和工资标准等）均未变化，此变更与合同续订并无实质不同，这明显是用人单位以合法形式掩盖非法目的的规避行为，若这种行为得到认可，那么其他用人单位必将纷纷效仿，而劳动合同法中所规定的，连续订立两次固定期限劳动合同续订劳动合同的，用人单位就应与其订立无固定期限劳动合同的内容将失去意义。这显然有违立法宗旨，也不利于对劳动者合法权益的保护。

实践中，还有用人单位与劳动者在劳动合同约定“自动续签”条款，劳动者在劳动合同到期后仍在原岗位工作且合同工资未发生变化，劳动者是否还能主张未签订书面劳动合同二倍工资差额呢？

有判例认为，“劳动合同自动续签条款的约定，不违反法律、行政法规的强制性规定，符合双方意思自治原则，也不存在免除用人单位法定责任和排除劳动者权利的情形，可以视为已经签订书面劳动合同的情形，应当认定为有效”。还有一个考量因素，就是双方是否就续订事宜进行过协商或有变更合同的意思表示。[①]

【操作建议】

1. 设计不同的劳动合同签订方案

对于需要留用的核心类劳动者，可签固定期限劳动合同或无固定期限劳动合同；对于非核心类替代性较高的劳动者，只签一次固定期限劳动合同为宜。公司应当提前与员工就劳动合同续签的问题进行协商。

2. 公司不续签劳动合同应及时期满终止

如果用人单位确定劳动合同期满后无意续约，应在期满时及时终止劳动合同，并督促员工办理离职交接手续，尽量避免继续用工。建议用人单位尽量通过签订终止协议等方式来降低风险。

3. 尽量不要采用“补签”或“倒签”

各地的执法口径中，对于“补签”和“倒签”劳动合同是否仍需支付双倍工

① 案号：(2021) 京 03 民终 5561 号。

资的问题，有不同的执行口径。①

一般来说，即使补订的劳动合同的期限包含了未订书面劳动合同的期限，仍不能免除双倍工资的罚则。

【相关法规】

1. 劳动合同的内容

《劳动合同法》第十七条：劳动合同应当具备以下条款：

（一）用人单位的名称、住所和法定代表人或者主要负责人；

（二）劳动者的姓名、住址和居民身份证或者其他有效身份证件号码；

（三）劳动合同期限；

（四）工作内容和工作地点；

（五）工作时间和休息休假；

（六）劳动报酬；

（七）社会保险；

（八）劳动保护、劳动条件和职业危害防护；

---

① 北京市高级人民法院、北京市劳动争议仲裁委员会《关于劳动争议案件法律适用问题研讨会会议纪要（二）》第二十九条规定："……用人单位与劳动者建立劳动关系后，未依法自用工之日一个月内订立书面劳动合同，在劳动关系存续一定时间后，用人单位与劳动者在签订劳动合同时将日期补签到实际用工之日，视为用人单位与劳动者达成合意，劳动者主张二倍工资可不予支持，但劳动者有证据证明补签劳动合同并非其真实意思表示的除外。用人单位与劳动者虽然补签劳动合同，但未补签到实际用工之日的，对实际用工之日与补签之日间相差的时间，依法扣除一个月订立书面劳动合同的宽限期，劳动者主张未订立劳动合同二倍工资的可以支持。"浙江省高级人民法院民一庭《关于审理劳动争议纠纷案件若干疑难问题的解答》第二条规定："……用人单位超过一个月未与劳动者签订书面劳动合同，后在一年内又与劳动者补订了劳动合同，用人单位应向劳动者支付用工之日起满一个月的次日至补订劳动合同的前一日期间的二倍工资。实际补订日期，应根据补订的劳动合同落款日期及其他情形综合认定。"广州市中级人民法院《民事审判若干问题的解答（劳动争议部分）》（2010 年）第八条规定："……对于'倒签劳动合同'，常见有用人单位在用工之初未跟劳动者签订劳动合同，但在后来的劳动合同中约定工作期限不是从签订之日计算而是从用工之日开始计算，劳动者也同意按该时间签订的，应视为劳动者确认劳动合同期限已经涵盖未签劳动合同期限，属于劳动合同的一种追认，用人单位无需支付双倍工资。"深圳市中级人民法院《关于审理劳动争议案件的裁判指引》第六十六条规定："用人单位未按照法定期限与劳动者签订书面劳动合同，即使后来双方签订了劳动合同，劳动者要求用人单位支付二倍工资至签订之日的，应予支持。但双方将劳动合同的签订日期倒签在法定期限之内或者双方约定的劳动合同期间包含了已经履行的事实劳动关系期间的，应视为双方自始签订了劳动合同，劳动者要求用人单位支付二倍工资的，不予支持。"

（九）法律、法规规定应当纳入劳动合同的其他事项。

劳动合同除前款规定的必备条款外，用人单位与劳动者可以约定试用期、培训、保守秘密、补充保险和福利待遇等其他事项。

2. 无固定期限劳动合同

《劳动合同法》第十四条：无固定期限劳动合同，是指用人单位与劳动者约定无确定终止时间的劳动合同。

用人单位与劳动者协商一致，可以订立无固定期限劳动合同。有下列情形之一，劳动者提出或者同意续订、订立劳动合同的，除劳动者提出订立固定期限劳动合同外，应当订立无固定期限劳动合同：

（一）劳动者在该用人单位连续工作满十年的；

（二）用人单位初次实行劳动合同制度或者国有企业改制重新订立劳动合同时，劳动者在该用人单位连续工作满十年且距法定退休年龄不足十年的；

（三）连续订立二次固定期限劳动合同，且劳动者没有本法第三十九条和第四十条第一项、第二项规定的情形，续订劳动合同的。

用人单位自用工之日起满一年不与劳动者订立书面劳动合同的，视为用人单位与劳动者已订立无固定期限劳动合同。

《劳动合同法实施条例》第十一条：除劳动者与用人单位协商一致的情形外，劳动者依照劳动合同法第十四条第二款的规定，提出订立无固定期限劳动合同的，用人单位应当与其订立无固定期限劳动合同。对劳动合同的内容，双方应当按照合法、公平、平等自愿、协商一致、诚实信用的原则协商确定；对协商不一致的内容，依照劳动合同法第十八条的规定执行。

最高人民法院《关于审理劳动争议案件适用法律问题的解释（一）》第三十四条：劳动合同期满后，劳动者仍在原用人单位工作，原用人单位未表示异议的，视为双方同意以原条件继续履行劳动合同。一方提出终止劳动关系的，人民法院应予支持。

根据劳动合同法第十四条规定，用人单位应当与劳动者签订无固定期限劳动合同而未签订的，人民法院可以视为双方之间存在无固定期限劳动合同关系，并以原劳动合同确定双方的权利义务关系。

2.3 变更合同：如何确定调岗调薪的合意基础？

【案例索引】

序号	典型案例	裁判要旨	关键词
1	人力资源和社会保障部、最高人民法院关于联合发布第一批劳动人事争议典型案例之十四	仲裁和司法实务中，岗位或工作地点调整的合理性一般考虑以下因素：1. 是否基于用人单位生产经营需要；2. 是否属于对劳动合同约定的较大变更；3. 是否对劳动者有歧视性、侮辱性；4. 是否对劳动报酬及其他劳动条件产生较大影响；5. 劳动者是否能够胜任调整的岗位；6. 工作地点作出不便调整后，用人单位是否提供必要协助或补偿措施等。	变更劳动合同
2	重庆市人力资源和社会保障局劳动争议仲裁十大典型案例之五（2021 年发布）	用人单位根据生产经营需要，依照劳动合同约定，且未对劳动者的切身利益造成重大影响的情况下，调整劳动者的岗位，如该调岗行为具备正当性、合理性，应当尊重用人单位的生产经营权和用工自主权。劳动者收到调岗通知后拒不到新岗位提供劳动，构成旷工的，用人单位依照法定程序，根据《劳动合同法》第三十九条第（二）项的规定，以劳动者严重违反用人单位规章制度为由解除劳动合同，劳动者要求用人单位支付违法解除劳动合同赔偿金的，不予支持。	变更劳动合同

【规则精析】

劳动合同变更，是指劳动合同订立后，当事人在履行过程中因实际履行内容发生变化，与劳动合同的原来约定内容不一致，通过一定的方式对劳动合同中相应条款进行变更的行为。

根据《劳动合同法》的规定，变更劳动合同可以分为以下几种情形：

第一种类型是用人单位与劳动者协商一致变更。《劳动合同法》第三十五条规定：“用人单位与劳动者协商一致，可以变更劳动合同约定的内容。变更劳动合同，应当采用书面形式。变更后的劳动合同文本由用人单位和劳动者各执一份。”

《劳动合同法》第四十条第三项规定的情势变更，当订立劳动合同时所依据的客观情况发生重大变化，致使劳动合同无法履行的，用人单位可以与劳动者协商一致变更劳动合同。这种情况也以双方协商一致为条件。

当然双方协商一致未必一定采用书面形式。最高人民法院《关于审理劳动争议案件适用法律问题的解释（一）》第四十三条规定："用人单位与劳动者协商一致变更劳动合同，虽未采用书面形式，但已经实际履行了口头变更的劳动合同超过一个月，变更后的劳动合同内容不违反法律、行政法规且不违背公序良俗，当事人以未采用书面形式为由主张劳动合同变更无效的，人民法院不予支持。"据此，口头变更劳动合同的前提条件是：1. 用人单位与劳动者就变更劳动合同协商一致。2. 已经实际履行了口头变更的劳动合同超过一个月。3. 变更后的劳动合同内容不违反法律、行政法规且不违背公序良俗。

第二种类型是特殊情形下用人单位可以与劳动者变更劳动合同。《劳动合同法》第四十条第一项和第二项还分别规定了在劳动者"医疗期满不能从事原工作"和"不胜任工作"两种情形下，可以变更劳动合同。

对于其他情形企业是否有单方调岗权，《劳动合同法》及《劳动合同法实施条例》未作规定。但是有关法律未作规定，并不意味着一概禁止。

2020 年 9 月 25 日上午，山东省高级人民法院、山东省人力资源和社会保障厅召开劳动人事争议案件审判及仲裁工作新闻发布会，联合公布全省劳动人事争议十个典型案例。山东省高级人民法院、山东省人力资源和社会保障厅概括了调岗调薪的几种情形后认为：在实践中，也存在用人单位依据劳动合同约定或单位规章制度对劳动者进行调岗情形。若合同约定或者规章制度规定用人单位可单方调整劳动者岗位，该调岗行为也需具备合理性。合理性判断通常应综合劳动合同约定、调岗的原因、是否协商、是否有效告知、调岗前后的薪资是否差异较大、调岗前后劳动者岗位是否差异较大（包括工作内容、工作时间、工作环境、劳动保护等）以及劳动者自身的工作能力能否胜任等因素进行考量。

由此可见，司法实践中承认在协商（约定）变更和法定变更之外，若有合同约定或者规章制度规定，用人单位也享有合理调岗的权利。因为用人单位依法享有自主用人的权利。用人单位作为市场主体，根据自身生产经营需要而对劳动者的工作岗位、工作地点进行适当调整，是行使用工自主权的重要内容，对其正常生产经营不可或缺。法律允许用人单位根据自身生产经营需要，合理调整劳动者的工作岗位及工作地点。

那么，什么是合理调整工作岗位及工作地点呢？人力资源和社会保障部、最高人民法院联合发布的典型案例具有指导意义。

一、合理调整工作岗位及工作地点的判断

用人单位用工自主权的行使，必须在相关法律和政策的框架内，符合一定条件和范围，如用人单位须对岗位或工作地点的调整作出合理说明，防止用人单位借此打击报复或变相逼迫劳动者主动离职，也即防止其权利的滥用。

> **规则一：岗位或工作地点调整的合理性一般考虑以下因素：**1. **是否基于用人单位生产经营需要；**2. **是否属于对劳动合同约定的较大变更；**3. **是否对劳动者有歧视性、侮辱性；**4. **是否对劳动报酬及其他劳动条件产生较大影响；**5. **劳动者是否能够胜任调整的岗位；**6. **工作地点作出不便调整后，用人单位是否提供必要协助或补偿措施等。**
>
> ——人力资源和社会保障部、最高人民法院联合发布第一批劳动人事争议典型案例之十四

（一）是否基于用人单位生产经营需要

用人单位作出调岗决定必须是基于用人单位生产经营所必需，如企业内部结构调整、外部经济环境变化而导致用人单位不得不对劳动者的岗位进行调整。

若用人单位与劳动者约定可根据生产经营情况调整劳动者工作岗位的，经审查用人单位证明生产经营情况已经发生变化，调岗属于合理范畴，应支持用人单位调整劳动者工作岗位。[①]

实践中有关部门的一个考察点，就是看用人单位的调整是否针对被调整对象个人。比如，在本节案例 1 中，仲裁委员会之所以裁决驳回孙某的仲裁请求，其中一个因素就是考虑到了“模具公司根据生产经营需要，适当调整孙某的工作岗位、工作内容及工作地点是基于财务统一管理的需要，对孙某并无针对性”。

（二）是否属于对劳动合同约定的较大变更

黄越钦在其所著《劳动法新论》中写道：“如果是一般工作处所之调动，楼上楼下或生产组织上之秩序简单的调整均属于继续之契约关系之当然效力。又调动之内容虽为原来契约所没有，但并不逸出‘债之同一性’之范围，因此可以用契

---

① 北京市高级人民法院、北京市劳动人事争议仲裁委员会《关于审理劳动争议案件法律适用问题的解答》。

约解释之法理或衡量债权人指示命令权之范围作为效力判断之标准。”①

在本节案例 1 中，仲裁委员会驳回孙某的仲裁请求的另一个考量是：双方在劳动合同中约定孙某的工作岗位为“后勤辅助岗”，该岗位不属固定或专业岗位；且调整后的人事岗位与孙某的原先岗位性质相近。

（三）是否对劳动者有歧视性、侮辱性

在黄越钦看来，有三种情况已完全与“债之同一性”无关或完全违背诚实信用原则，其名为调动实为违约、违法或违反诚实信用原则，应不发生效力。一是权利滥用，以损害劳动者为目的；二是由于调动技能使劳动者的与尊严受损害，如果因为调动使劳动者过去的技能、学识突然被否定，行业中之尊严亦受损失，则此项调动即已违反雇主保护照顾义务；三是因为调动而影响劳动者之家庭生活与社会生活利益，劳动契约一方面维持劳动者之物质生活，但现代社会中劳动关系双方已是社会伙伴关系，劳动者之家庭生活与社会生活与雇主之家庭生活或社会生活同等重要。

用人单位调岗的目的必须是正当的，不得带有侮辱性，不得“行整人之调职”，不得有以调岗来降低劳动者工资、逼迫劳动者辞职等不正当的目的和动机。

本节案例 1 中，仲裁委员会认为，“该工作地点和工作内容的调整模具公司亦与孙某进行了沟通协商，给出了包括在原工作地点适当调整岗位等多种选择方案，体现了对孙某劳动权益的尊重”。

（四）是否对劳动报酬及其他劳动条件产生较大影响

判断调岗调薪是否合理，最重要的就是看调动是否对劳动者作不利变更，包括对劳动者的劳动报酬及其他劳动条件作不利变更。工资标准变更属劳动合同内容的重大变化，劳动关系双方对于薪资调整应有明确之意思表示。

司法实践中，调整工作岗位后劳动者的工资水平与原岗位基本相当。② 用人单位根据其规章制度作出对劳动者降级、降薪决定的，应当对该规章制度的合法性承担举证责任。用人单位不能证明规章制度经法定程序制定并向劳动者进行了公示或告知的，属于违法变更劳动合同，对劳动者不具有约束力。劳动者以用人单位未足额支付劳动报酬为由解除劳动合同并要求用人单位支付经济补偿金的，应

---

① 黄越钦：《劳动法新论》，中国政法大学出版社 2003 版。

② 广东省高级人民法院、广东省劳动人事争议仲裁委员会《关于审理劳动人事争议案件若干问题的座谈会纪要》（粤高法〔2012〕284 号）。

予支持。

（五）劳动者是否能够胜任调整后的岗位

用人单位调整后的岗位应为劳动者能力上所能胜任。本节案例 1 中，用人单位对于孙某的调岗，孙某也完全能够胜任。

（六）工作地点作出不便调整后，用人单位是否提供必要协助或补偿措施

本节案例 1 中，孙某调整后的工作地点也处于交通便利的城区，上下班时间虽有所增加，但该地点变更不足以认定对其产生较大不利影响，对其劳动权益也构不成侵害，故依法驳回孙某的仲裁请求。

二、劳动者拒绝服从合理调整工作岗位及工作地点的处理

用人单位根据生产经营需要，依照劳动合同约定，且未对劳动者的切身利益造成重大影响的情况下，调整劳动者的岗位，如该调岗行为具备正当性、合理性，应当尊重用人单位的生产经营权和用工自主权。对此劳动者应当予以配合，这也是劳动关系人身从属性的具体体现。如果劳动者拒绝服从如何处理？

规则二：劳动者收到调岗通知后拒不到新岗位提供劳动，构成旷工的，用人单位以劳动者严重违反用人单位规章制度为由解除劳动合同，劳动者要求用人单位支付违法解除劳动合同赔偿金的，不予支持。

——重庆市人力资源和社会保障局劳动争议仲裁十大典型案例之五（2021 年发布）

司法实践中，在合法、合理的前提下对劳动者岗位进行适当调整，如劳动者对调整工作岗位有异议，应当采用协商的方式解决，而不应当以消极怠工的方式进行抵制或对抗。故如劳动者既未到新的工作岗位报到也未到原岗位出勤的，按照用人单位规章制度规定确属严重违纪的，用人单位可以与劳动者解除劳动合同。

【操作建议】

1. 尽量通过协商变更方式调岗调薪

变更劳动合同要遵循合法、公平、平等自愿、协商一致、诚实信用的原则。对于用人单位来说，在生产经营或管理调整时，首先应当选择与劳动者充分协商，尽量通过变更或补充签订劳动合同方式完成调整，特别是工作量、工作时间的变

更直接影响劳动者休息权的实现，用人单位若对此进行大幅调整，应与劳动者充分协商，而不应采取强迫或者变相强迫的方式，更不得违反相关法律规定。

2. 用人单位不得无正当理由变更劳动者的工作地点

用人单位与劳动者在劳动合同中宽泛地约定工作地点是“全国”“北京”等，如无对用人单位经营模式、劳动者工作岗位特性等特别提示，属于对工作地点约定不明。劳动者在签订劳动合同后，已经在实际履行地点工作的，视为双方确定具体的工作地点。用人单位不得仅以工作地点约定为“全国”“北京”为由，无正当理由变更劳动者的工作地点。

3. 涉及薪随岗变的，最好留下书面证据

因为调岗职工可以说：“我只知道调岗，不知道降薪。”即使调岗职工签收了新工资，也可以说是未足额支付工资，并不能证明降低了工资标准。所以还是应注意留下书面证据。①

4. 不建议约定规章制度作为劳动合同的附件

虽然这是一种规章制度的告知方式，但是一旦规章制度的内容需要调整，由于与劳动合同的内容不一致，该规章制度对于劳动者而言可能会失去法律效力。②

【相关法规】

1. 协商一致变更劳动合同

《劳动合同法》第三十五条：用人单位与劳动者协商一致，可以变更劳动合同约定的内容。变更劳动合同，应当采用书面形式。

变更后的劳动合同文本由用人单位和劳动者各执一份。

最高人民法院《关于审理劳动争议案件适用法律问题的解释（一）》第四十三条：用人单位与劳动者协商一致变更劳动合同，虽未采用书面形式，但已经实际履行了口头变更的劳动合同超过一个月，变更后的劳动合同内容不违反法律、行政法规且不违背公序良俗，当事人以未采用书面形式为由主张劳动合同变更无

---

① 根据上海市高级人民法院 2009 年《关于适用〈劳动合同法〉若干问题的意见》第三条：……这里的书面形式要求，包括发给劳动者的工资单、岗位变化通知等等。因为随着劳动合同的持续履行，劳动合同双方的权利义务本身就必然会不断变化。如随着劳动者工作时间的增加，其休假、奖金标准发生的自然变化等等，都属于劳动合同的变更。因此，对于依法变更劳动合同的，只要能够通过文字记载或者其他形式证明的，可以视为“书面变更”。

② 最高人民法院《关于审理劳动争议案件适用法律问题的解释（一）》第五十条第二款：用人单位制定的内部规章制度与集体合同或者劳动合同约定的内容不一致，劳动者请求优先适用合同约定的，人民法院应予支持。

效的，人民法院不予支持。

2. 用人单位可以依法变更的情形

《劳动合同法》第四十条：有下列情形之一的，用人单位提前三十日以书面形式通知劳动者本人或者额外支付劳动者一个月工资后，可以解除劳动合同：

（一）劳动者患病或者非因工负伤，在规定的医疗期满后不能从事原工作，也不能从事由用人单位另行安排的工作的；

（二）劳动者不能胜任工作，经过培训或者调整工作岗位，仍不能胜任工作的；

（三）劳动合同订立时所依据的客观情况发生重大变化，致使劳动合同无法履行，经用人单位与劳动者协商，未能就变更劳动合同内容达成协议的。

第 3 章　工作时间和加班

3.1 标准工时：工作时间能超出法定工作时间吗？

【案例索引】

序号	典型案例	裁判要旨	关键词
1	人力资源和社会保障部、最高人民法院联合发布第二批劳动人事争议典型案例之一（2021 年发布）	为确保劳动者休息权的实现，我国法律对延长工作时间的上限予以明确规定。用人单位制定违反法律规定的加班制度，在劳动合同中与劳动者约定违反法律规定的加班条款，均应认定为无效。	工作时间
2	人力资源和社会保障部、最高人民法院联合发布第二批劳动人事争议典型案例之八（2021 年发布）	通过民主程序制定的规章制度，不违反国家法律、行政法规及政策规定，并已向劳动者公示的，可以作为确定双方权利义务的依据。	工作时间

【规则精析】

法定工作时间是指法律法规规定的劳动者在一定时间内从事生产或工作的时间。它包括每日工作的小时数和每周工作的天数和小时数。

现行工时制度分为标准工时制、综合工时制和不定时工时制。标准工作时间是指每日工作不超过 8 小时、平均每周工作不超过 40 小时、每周至少休息 1 日。

一、延长工作时间的上限

为确保劳动者休息权的实现，我国法律对延长工作时间的上限予以明确规定。《劳动法》第四十一条规定：“用人单位由于生产经营需要，经与工会和劳动者协商后可以延长工作时间，一般每日不得超过一小时；因特殊原因需要延长工作时间的，在保障劳动者身体健康的条件下延长工作时间每日不得超过三小时，但是每月不得超过三十六小时。”第四十三条规定：“用人单位不得违反本法规定延长劳动者的工作时间。”《劳动合同法》第二十六条规定：“下列劳动合同无效或者部分无效：……（三）违反法律、行政法规强制性规定的……”

规则一：为确保劳动者休息权的实现，我国法律对延长工作时间的上限予以明确规定。用人单位制定违反法律规定的加班制度，在劳动合同中与劳动者约定违反法律规定的加班条款，均应认定为无效。

——人力资源和社会保障部、最高人民法院联合发布第二批劳动人事争议典型案例之一（2021 年发布）

本节案例 1 中，某快递公司规章制度中“工作时间为早 9 时至晚 9 时，每周工作 6 天”的内容，严重违反法律关于延长工作时间上限的规定，应认定为无效。张某拒绝违法超时加班安排，系维护自己的合法权益，不能据此认定其在试用期间被证明不符合录用条件。仲裁委员会依法裁决某快递公司支付张某违法解除劳动合同赔偿金。

加班需要占用劳动者的休息时间，只有在劳动者自愿的情况下才可以安排加班。但根据法律法规，遇到下列 4 种情形，劳动者不得拒绝单位的加班安排：一是发生自然灾害、事故或者因其他原因，使人民生命健康安全和财产安全遭到严重威胁，需要紧急处理的；二是生产设备、交通运输线路、公共设施发生故障，影响生产和公众利益，必须及时抢修的；三是必须利用法定节假日或者公休日的停产期间进行设备检修、保养的；四是为完成国防紧急任务，或者完成国家在计划外安排的其他紧急生产任务，以及商业、供销企业在完成收购、运输、加工农副产品紧急任务的，以及法律、行政法规规定的其他情形。

员工不得拒绝加班的，都是威胁到人民生命安全和公共利益的紧急情形，是分秒必争，拖延不得的情形。这些情形下，企业可以安排员工加班加点，且可以有条件的突破加班时长的限制，员工应当服从加班安排。

另外，如因工作不能中断而不得不进行的加班，也属于员工不得拒绝加班的情形。比如，到了“下班时间”，公交车未达目的地，司机不能把乘客抛在半路上；医生手术做到一半，也不可以让病人“明天请早”。

劳动合同附随义务是基于诚实信用原则，即使在用人单位和劳动者之间没有约定，法律亦没有规定的情况下，劳动合同当事人亦应遵守的义务。合同附随义务包括通知义务、协助义务和保密义务等。如因工作不能中断而不得不进行的加班，实际上就是履行协助义务。

但是由于生产任务比较急迫，企业要求员工进行加班，生产任务即使能称得上是紧急，也是对企业信誉和经营状况构成的紧急，而不是对生命财产的紧迫情况。如果说一般的按期交货也算得上是紧急，企业的生产经营中一定处处是紧急，永远都是紧急。对此企业应有一定的预见性和计划性，不能仅仅因为生产任务比较急迫就强行安排职工加班。

二、工作时间由用人单位规定或双方约定

一般认为，工作时间不仅包括劳动者的实际工作时间，也包括劳动者从事生产或工作的准备时间、结束前的整理与交接时间，还包括工间休息时间、人体自然需要时间（如喝水、上厕所等）、女职工哺乳时间以及依据法规或行政领导要求离开工作岗位从事其他活动的时间（如工会活动时间、行政活动时间、出差时间、履行社会职责的时间等）。但就餐时间原则上属于法定工作时间以外劳动者自由支配的休息时间，可以不计入工作时间。

我国对就餐时间的长短尚无法律规定，应由用人单位与劳动者双方约定，或通过集体合同、用人单位的规章制度加以规定。双方约定或规定明确，且如果在企业规定的就餐时间段内，劳动者可以自由支配，如有些办公楼的员工，在午餐时间内可以外出就餐，顺便逛个街，或者还可以午睡等，这样的就餐时间就属于法定工作时间以外劳动者自行支配的休息时间，可以不计入工作时间。

但如果由于特定工作岗位的性质，劳动者在就餐时间段的自由支配度很低，如生产工作不容间断、当班员工相互调剂在工作中就餐等，这样的就餐时间就应当算作工作时间。

如在另一则劳动争议案中，最高人民法院再审认为，华润超市主张工作时间段中含有 1.5—2 小时吃饭时间，每周工作时间不超过 40 小时。但排班表上并未标注吃饭时间，也未有吃饭时间增加工作人员的安排，电子考勤卡亦未有吃饭时间刷卡记录，显示职工轮换吃饭，且吃饭期间的工作任务由其他人承担，每人工作任务并未因吃饭而减少，所以华润超市主张扣减 1.5—2 小时吃饭时间的主张无法支持。[①]

在双方对用餐时间各执一词的情况下，用人单位作为管理者，对其主张的用餐时间负有举证责任。对于用人单位来说，如将就餐时间不计入工作时间，应通

① 案号：最高人民法院（2017）最高法民再 21 号。

过劳动合同、规章制度等明确界定每天的工作时间、休息时间的时长等。否则一旦发生争议，或者用人单位关于吃饭时间不计入工作时间的主张得不到支持，或者由裁审机关酌情核定吃饭时间。

规则二：通过民主程序制定的规章制度，不违反国家法律、行政法规及政策规定，并已向劳动者公示的，可以作为确定双方权利义务的依据。

——人力资源和社会保障部、最高人民法院联合发布第二批劳动人事争议典型案例之八（2021 年发布）

本节案例 2 中，一方面，某网络公司的员工手册规定有加班申请审批制度，该规定并不违反法律规定，且具有合理性，在劳动者明知此规定的情况下，可以作为确定双方权利义务的依据。另一方面，某网络公司的员工手册规定 21：00 之后起算加班时间，并主张 18：00 至 21：00 是员工晚餐和休息时间，故自 21：00 起算加班。鉴于 18：00 至 21：00 时间长达 3 个小时，远超过合理用餐时间，且在下班 3 个小时后再加班，不具有合理性。在某网络公司不能举证证实该段时间为员工晚餐和休息时间的情况下，其规章制度中的该项规定不具有合理性，人民法院依法否定了其效力。人民法院结合考勤记录、工作系统记录等证据，确定了常某的加班事实，判决某网络公司支付常某加班费差额。

【操作建议】

1. 将具体的作息时间写进规章制度

用人单位在安排劳动者的工作时间时，一定要严格遵守法律的规定，并将具体的作息时间写进规章制度，并让员工签收。

2. 短暂的工间休息时间要计入工作时间

工作时间不仅包括作业时间，还包括准备工作时间、结束工作时间以及法定非劳动消耗时间。其中，法定非劳动消耗时间是指劳动者在工作日为完成生产任务或作业的准备和结束所消耗的时间、因自身的生理需要而必须中断正常工作的时间、在工作时间中因工艺技术特点的需要使工作必须中断的时间、依法或单位安排离岗从事其他活动的时间等。[①]

【相关法规】

1. 法定工作时间

《劳动法》第三十六条： 国家实行劳动者每日工作时间不超过八小时、平均每周工作时间不超过四十四小时的工时制度。

《劳动法》第三十八条： 用人单位应当保证劳动者每周至少休息一日。

《国务院关于职工工作时间的规定》第三条： 职工每日工作 8 小时，每周工作 40 小时。

2. 确保劳动者休息权

《劳动法》第四十一条： 用人单位由于生产经营需要，经与工会和劳动者协商后可以延长工作时间，一般每日不得超过一小时；因特殊原因需要延长工作时间的，在保障劳动者身体健康的条件下延长工作时间每日不得超过三小时，但是每月不得超过三十六小时。

《劳动法》第四十三条： 用人单位不得违反本法规定延长劳动者的工作时间。

《劳动合同法》第二十六条： 下列劳动合同无效或者部分无效：

……

（三）违反法律、行政法规强制性规定的

……

① 江苏省劳动和社会保障厅办公室《关于对企业职工三班制工作时间有关问题请示的答复》（劳社办函〔2000〕23 号）："生产、工作不容间断的三班制企业员工班中就餐是自身生理需要和工作需要，其短暂中断的用膳时间应算作工作时间。"

3.2 特殊工时：双方可自行约定不定时工作制吗？

【案例索引】

序号	典型案例	裁判要旨	关键词
1	人力资源和社会保障部、最高人民法院联合发布第二批劳动人事争议典型案例之十三（2021年发布）	用人单位不能仅凭与劳动者约定就实行不定时工作制，而应当及时报人力资源社会保障部门批准后实行。	工时审批
2	北京市劳动人事争议仲裁十大典型案例之一（2019年度）	用人单位不得“巧妙”地将此岗位的特殊工时审批“移植”到彼岗位，从而损害劳动者的相关权益。	工时审批

【规则精析】

特殊工时制度包括综合计算工时制和不定时工时制。

综合计算工时工作制是指因工作性质特殊或者受季节及自然条件限制，需在一段时间内连续作业，采取以周、月、季、年等为周期综合计算工作时间的一种工时制度，如建筑、旅游等岗位。适用范围主要分以下几类：一类是连续作业的行业，如交通、铁路、邮电等行业；第二类是季节性的行业，如地质、资源勘探、建筑、旅游等行业；第三类是生产任务不均衡的企业；第四类是可以集中工作、集中休息或轮班作业的行业。

综合计算工时制允许具体的某日（或某周）工作时间可以超过法定标准工作时间，但是其基础仍然是标准工时制，仍然要坚持一定周期内总的工作时间及平均工作时间都不能违反法定的标准，即每周工作时间不超过四十小时，每月工作时间20.83天/月×8小时/天=166.64小时；每季度工作时间250天/年÷4季/年×8小时/天=500小时/季；每年度工作时间250天/年×8小时/天=2000小时/年。

综合计算工时制度下的劳动者，如果工作日正好是法定节假日的，应依照规定享受300%加班费，且法定日工作不能进行补休、调休；如果工作日正好是标准工时制周休息日的，属于正常工作；如果一个综合计算工时周期内超过法定标准工作时间工作的就属于延时工作时间，延时部分应依照规定享受150%加班费。也就是说综合计算工时制度下，不存在休息日200%加班费的情形，只有300%法定假加班费和150%延时加班费的情形。

原劳动部《关于职工工作时间有关问题的复函》第七条规定："……实行综合计算工时工作制的企业，在综合计算周期内，如果劳动者的实际工作时间总数超过该周期的法定标准工作时间总数，超过部分应视为延长工作时间。如果在整个综合计算周期内的实际工作时间总数不超过该周期的法定标准工作时间总数，只是该综合计算周期内的某一具体日（或周、或月、或季）超过法定标准工作时间，其超过部分不应视为延长工作时间。"①

不定时工作制是指因生产特点、工作特殊需要或者职责范围无法按标准工作时间（每日八小时、每周四十小时）衡量、需要机动作业而采取不确定工作时间的一种工时制度。从企业的角度来说，适用不定时工作制有利于保持灵活的用工形式，并控制用工成本。

目前，实行不定时工作制员工是否执行加班费的规定，各地有不同的意见，用人单位在进行加班管理时应结合当地的政策规定制定相应管理制度。

根据《工资支付暂行规定》（劳部发〔1994〕489号）第十三条第一、二、三款分别就标准工时制、综合工时制项下加班费的支付进行了规定，而该条第四款明确规定，实行不定时工作制的劳动者，不执行上述规定，即用人单位可以不向适用不定时工作制的员工支付加班费。

目前大部分地区（如成都、北京、广东、江苏、重庆、深圳等地）规定，不

---

① 原劳动部《关于民航实行不定时工作制和综合计算工时制的批复》（劳部发〔1995〕458号）第二条规定："由于民航运输生产的特殊性，下列与保证航班正常运行和飞行安全密切相关的工作人员可实行综合计算工时工作制：……（三）民用航空运输服务人员……"

中国民用航空总局《民航实行不定时工作制和综合计算工时工作制暂行办法》（民航人发〔1996〕81号）第七条规定："由于民航运输生产的特殊性，下列与保证航班正常运行和飞行安全密切相关的工作人员可实行综合计算工时工作制：……（三）民用航空运输服务人员……"第十一条规定："实行综合计算工时工作制的工作时间的计算口径……（四）对于以下由于运输生产特点造成的看管或等待（间歇）时间的岗位，其实际消耗时间或等待时间根据实际工时利用率折算后的工时为工作时间。1. 具有看管性质且实行轮班的工种岗位，按照实际消耗工时的60%计算工作时间……"

针对烟草企业的生产、工作特点，原劳动部原则同意国家烟草专卖局所属企业部分工作岗位实行不定时工作制和综合计算工时工作制。对企业部分高级管理人员，从事烟草专卖的监督、检查人员；采购供销人员，专职司机，货物发运人员，企业中长途运输汽车司机、押车人员，烟叶、卷烟等仓库保管员，部分设备维修人员，部分非生产性值班、值勤人员，部分服务性人员，各类仓库的装卸人员，消防员以及因工作性质特殊，需要机动作业的人员等可实行不定时工作制。（参见原劳动部《关于国家烟草专卖局所属企业部分工作岗位实行不定时工作制和综合计算工时工作制的批复》劳部发〔1996〕222号）

定时工作制不适用加班工资的规定。但在部分地区（如上海），即便实行不定时工作制，用人单位在法定节假日安排加班的，仍应当支付加班工资。

实行特殊工时制是要经过劳动行政部门审批的。但是实践中有两个问题尚存争议，一是用人单位与劳动者自行约定实行特殊工作制是否有效；二是劳动部门审批特殊工时制的范围如何确定。

一、自行约定实行特殊工作制是否有效

实践中，基于审批具有难度，或缺乏申请意识等原因，部分企业可能并未按照上述规定经劳动行政部门批准，而是仅与劳动者进行约定。那么，双方自行约定适用特殊工时制，未经审批的，企业是否应当支付加班费？司法实践中存在两种观点。

第一种观点认为，用人单位对劳动者实行不定时工作制，有严格的适用主体和适用程序要求。只有符合国家规定的特殊岗位劳动者，并经过人力资源社会保障部门审批，用人单位才能实行不定时工作制，否则不能实行。

本节案例 1 中，张某与某物业公司劳动合同中，约定张某担任安全员，所在岗位实行不定时工作制。后仲裁委员会认为，张某所在的安全员岗位经审批实行不定时工作制的期间为 2018 年 5 月 1 日至 2019 年 4 月 30 日，此期间内根据《工资支付暂行规定》（劳部发〔1994〕489 号）第十三条规定，物业公司依法可以不支付张某休息日加班工资。2017 年 11 月至 2018 年 4 月，物业公司未经人力资源社会保障部门审批，对张某所在岗位实行不定时工作制，违反相关法律规定。因此，应当认定此期间张某实行标准工时制，物业公司应当按照《劳动法》第四十四条规定“休息日安排劳动者工作又不能安排补休的，支付不低于工资的百分之二百的工资报酬”支付张某休息日加班工资。

规则一：用人单位不能仅凭与劳动者约定就实行不定时工作制，而应当及时报人力资源社会保障部门批准后实行。

——人力资源和社会保障部、最高人民法院联合发布第二批劳动人事争议典型案例之十三（2021 年发布）

如在本案中，法院强调了用人单位对劳动者实行不定时工作制的，应当遵循严格的法定要求，企业未经人力资源社会保障部门审批对劳动者所在岗位实行不

定时工作制的属违反法律规定，企业应按标准工时制度向员工支付相应加班费。

由此可见，对劳动者是否实行特殊工时，不取决于双方在劳动合同中的约定或用人单位的单方告知，而在于劳动者所在的岗位实行特殊工时是否经过人力社保行政部门审批。

第二种观点则认为，申请特殊工时制的规定应属于管理性规范，企业未进行或未及时进行特殊工时审批的，属于违反了行政管理规范，应当由相关行政部门依法进行处理，并承担相应的行政责任，但并不当然导致此类特殊工时制约定无效。《劳动法》第三十九条规定属于管理性强制规定而非效力性强制规定，双方对适用不定时工作制有约定的，系其真实的意思表示，未违反法律、法规的强制性规定，应对双方均具有约束力。否则从将当事人利益与国家行政管理规范分解来看，难以体现管理性规范与效率性规范相区别的原则。故在实践中，尽管用人单位未按照规定办理特殊工时的行政审批手续，但基于部分工作岗位的特殊性质及双方均认可的轮班制工作情况，可以按照特殊工时制计算劳动时间及加班费。①

有的地方甚至直接取消了不定时工时制的行政审批要求，由企业对符合不定时工时岗位自行决定是否实行特殊工时制。②

除双方是否有约定外，裁审机构通常还会考量以下因素：1. 劳动者的岗位性质是否具有灵活性、机动性，难以通过标准工时制来衡量；2. 双方的实际履行情况，如是否实行严格的考勤管理等；3. 用人单位是否充分保障了劳动者的休息权，合理安排工作任务。

如深圳规定符合《公司法》规定的高级管理人员实行不定时工作制的，不需

① 甘肃省人力资源和社会保障厅、甘肃省高级人民法院关于印发《甘肃省劳动人事争议仲裁与诉讼衔接实施办法（试行）的通知》关于劳动报酬方面第八条规定：“用人单位虽未办理不定时工作制审批，但与用人单位约定的工作性质、工作岗位符合不定时工作制特点，以及难以用标准工时衡量工作时间、劳动报酬的劳动者，依据标准工时制计算加班工资明显不合理的，可以按不定时工作制处理，对其请求支付加班工资的主张不予支持。其他符合不定时工作岗位的，可参照上款执行”。

② 珠海市劳动和社会保障局转发《关于企业实行不定时工作制和综合计算工时工作制的审批管理办法的通知》（珠劳社办〔2009〕40 号）规定，不再受理企业实行不定时工作制和综合计算工时工作制的审批申请；企业部分岗位因生产特点或工作性质不能实行标准工时工作制，符合劳动部《关于企业实行不定时工时工作制和综合计算工时工作制的审批办法》（劳部发〔1994〕503 号）及广东省劳动和社会保障厅《关于企业实行不定时工作制和综合计算工时工作制的审批管理办法》中关于实施不定时工作制和综合计算工时工作制的有关规定的，可以实行不定时工作制和综合计算工时工作制。

办理审批手续，北京规定企业中的高级管理人员实行不定时工作制，可以不办理审批手续。

从司法实践来看，近年来对此问题处理的执行口径确有在一定条件下放宽的趋势。如在某案中，侨乐公司上诉提出尽管劳动合同约定的是标准工时制，但综合计算工时制未经行政审批手续并不违反法律、行政法规的强制性规定，司法实践中没有办理综合计算工时制行政审批手续，仍被认定综合计算工时制的案例也有很多。如企业受疫情影响的，可以实施灵活用工政策。根据上海市人民政府关于印发《上海市全力防控疫情支持服务企业平稳健康发展若干政策措施的通知》，因受疫情影响导致生产经营困难的企业，可通过调整薪酬、轮岗轮休、弹性工时、综合调剂使用年度内休息日等方式稳定工作岗位，具体方式由企业与员工协商确定。

还有的判例中，法院认为上级单位关于特殊工时制度的审批手续的效力可及于下级单位。如新世纪奉节商都与王娜签订的《劳动合同书》约定双方实行综合计算工时工作制，具体工作时间由新世纪奉节商都根据生产经营需要安排。王娜在该劳动合同签订及履行过程中均未提出异议。2021 年 4 月 8 日，重庆市第二中级人民法院判决：本案中，虽然新世纪奉节商都没有取得重庆市奉节县人力社保局的特殊工时制度行政审批，但其总公司重百公司取得了重庆市渝中区人力社保局的特殊工时制度行政审批，而重百公司属于新世纪奉节商都的上级单位，重百公司关于特殊工时制度的审批手续的效力及于新世纪奉节商都，故王娜主张双方并非实行综合计算工时制的上诉理由不能成立，本院不予支持。[①]

二、劳动部门审批特殊工时制的范围如何确定

规则二：用人单位不得“巧妙”地将此岗位的特殊工时审批“移植”到彼岗位，从而损害劳动者的相关权益。

——北京市劳动人事争议仲裁十大典型案例之一（2019 年发布）

在本节案例 2 中，汪某劳动合同约定的具体工作内容为“营建中心相关工作”，未约定汪某的具体工作岗位及执行何种工时制。入职当日，汪某在关于实行不定时工作制确认书上签字确认。后汪某向仲裁委提出仲裁申请，要求饮品公司

① 重庆市第二中级人民法院（2021）渝 02 民终 488 号。

支付工作期间的延时及休息日加班费。

庭审中，饮品公司认为，双方在劳动合同中约定了实行加班申请制，汪某亦在关于实行不定时工作制确认书上签字确认对其实行不定时工作制，且实行不定时工作制经过人力社保行政部门审批，故不同意向汪某支付加班费。

饮品公司提交了北京市企业实行综合计算工时工作制和不定时工作制审批表，证明对汪某实行不定时工作制已经过行政审批。北京市企业实行综合计算工时工作制和不定时工作制审批表显示，某区人力资源和社会保障局审批许可饮品公司对区域总经理（1 人）、区域副总经理（1 人）、门店拓展经理（4 人）、商务经理（4 人）及营建经理（4 人）实行不定时工作制，实行期限为 1 年。

饮品公司主张汪某即为营建经理岗位，但未能就此举证证明。汪某对此不予认可，主张其岗位为工程造价师，并提交了年休假审批表予以证明。该年休假审批表显示汪某的岗位为工程造价师，饮品公司对该年休假审批表的真实性不持异议。此外，针对其存在加班情形的主张，汪某提交了工作往来电子邮件、考勤打卡记录、与直接主管的通话录音等证据佐证。

仲裁委经审理后认为，汪某提交的年休假审批表佐证其岗位为工程造价师，该岗位并未经过人力社保行政部门审批实行不定时工作制，故即使汪某在关于实行不定时工作制确认书上签字确认，亦不能使饮品公司"移花接木"的行为产生法律效力。结合汪某对加班的举证情况，仲裁委裁决支持了汪某的仲裁请求。

对于用人单位来说，勿把特殊工时当作"筐"，任何岗位都可往里"装"。需指出的是，企业实行特殊工时制度申请说明书应说明涉及的岗位、人数，但批准企业实行不定时工作制的决定效力仅及于申请的工作岗位，并不及于具体人员。不过，用人单位对职工实行特殊工时制，应对其进行有效告知。

【操作建议】

1. 用人单位应按规定申请特殊工时制

企业申请实行特殊工时制度应当提交的材料中包含申请说明书，该申请说明书应重点说明不能实行标准工时制度需要实行特殊工时制度的具体原因，涉及的岗位、人数以及综合计算工时工作制的计算周期、工作方式和休息制度。

2. 涉及异地用工如何申请特殊工时制

涉及异地用工，应及时向注册地人力资源和社会保障行政部门进行特殊工时制度的申报。对于当地人力资源和社会保障行政部门要求在劳动合同履行地备案登记的，应及时办理备案登记手续。

3. 将有关部门批复在企业内公示

经批准实行不定时工作制和综合计算工时工作制的用人单位，应当将人力资源和社会保障行政部门出具的批复在企业内公示，严格按批复要求执行，并在实施过程中及时听取工会和职工的意见。

4. 提前在劳动合同中与员工进行约定

实践中也存在用人单位已与员工约定适用标准工时制，而后劳动行政部门许可该员工所在岗位为不定时工作制。用人单位可将该情况提前在劳动合同中与员工进行约定。

5. 用工单位申请的特殊工时制适用于劳务派遣员工

由于特殊工时制是针对岗位进行申请和批准的，因此，用工单位的岗位经批准实行特殊工时制的，被派遣员工在这些岗位上工作，就可以适用特殊工时制。

【相关法规】

1. 综合计算工时制

原劳动部《关于贯彻执行〈中华人民共和国劳动法〉若干问题的意见》第六十二条：实行综合计算工时工作制的企业职工，工作日正好是周休息日的，属于正常工作；工作日正好是法定节假日时，要依照劳动法第四十四条第（三）项的规定支付职工的工资报酬。

上海市人力资源和社会保障局《关于本市实行不定时工作制和综合计算工时工作制的行政许可办法》第四条：本办法所称的综合计算工时工作制是指用人单位因工作情况特殊或受季节和自然条件限制，需安排劳动者集中作业无法实行标准工时制度，而采用综合计算工作时间的工时制度。

用人单位对符合下列条件之一的岗位，可以申请实行以周、月、季、年等为周期综合计算工作时间的工时制度，其平均日工作时间和平均周工作时间应与法定标准工作时间基本相同，超出部分视为延长工作时间：

（一）交通、铁路、邮电、水运、航空、渔业等行业中因工作性质特殊需集中作业、集中休息的岗位；

（二）地质及资源勘探、建筑、制盐、制糖、旅游等受自然条件限制需集中作业、集中休息的岗位；

（三）瓜果蔬菜种植、食品加工、服装生产等受季节条件限制、淡旺季明显，需集中作业、集中休息的岗位；

（四）其他适合实行综合计算工时工作制的岗位。

2. 不定时工作制

原劳动部《关于企业实行不定时工作制和综合计算工时工作制的审批办法》（劳部发〔1994〕503 号）第四条：企业对符合下列条件之一的职工，可以实行不定时工作制：

（一）企业中的高级管理人员、外勤人员、推销人员、部分值班人员和其他因工作无法按标准工作时间衡量的职工；

（二）企业中的长途运输人员、出租汽车司机和铁路、港口、仓库的部分装卸人员以及因工作性质特殊，需机动作业的职工；

（三）其他因生产特点、工作特殊需要或职责范围的关系，适合实行不定时工作制的职工。

3. 特殊工时的审批

《劳动法》第三十九条：企业因生产特点不能实行本法第三十六条、第三十八条规定的，经劳动行政部门批准，可以实行其他工作和休息办法。

3.3 加班审批：未办审批手续一律不算加班吗？

【案例索引】

序号	典型案例	裁判要旨	关键词
1	人力资源和社会保障部、最高人民法院联合发布第二批劳动人事争议典型案例之三（2021 年发布）	符合“用人单位安排”“法定标准工作时间以外工作”情形的，用人单位应当依法支付劳动者加班费。	加班认定
2	人力资源和社会保障部、最高人民法院联合发布第二批劳动人事争议典型案例之六（2021 年发布）	主张加班费的劳动者有责任按照“谁主张，谁举证”的原则，就加班事实的存在提供证据，或者就相关证据属于用人单位掌握管理提供证据。用人单位应当提供而不提供有关证据的，可以推定劳动者加班事实存在。	加班举证

【规则精析】

一、企业安排加班的认定

《劳动法》第四十四条规定："有下列情形之一的，用人单位应当按照下列标准支付高于劳动者正常工作时间工资的工资报酬：（一）安排劳动者延长工作时间的，支付不低于工资的百分之一百五十的工资报酬；（二）休息日安排劳动者工作又不能安排补休的，支付不低于工资的百分之二百的工资报酬……"

《工资支付暂行规定》（劳部发〔1994〕489号）第十三条规定："用人单位在劳动者完成劳动定额或规定的工作任务后，根据实际需要安排劳动者在法定标准工作时间以外工作的，应按以下标准支付工资：……"

由此可见，用人单位须支付加班工资的前提是"根据实际需要安排劳动者在法定标准工作时间以外工作"。其中用人单位的安排，是认定加班的关键因素。非经用人单位安排，超过标准工时制或在法定节假日、周休日工作的，不属于法定意义上的加班，用人单位没有支付加班费的义务。

什么是经用人单位安排呢？用人单位发布的加班通知，或主管安排的临时性工作任务，固然可被认定为用人单位安排的"指令性"加班，同时在工作时间确实无法完成工作任务，经劳动者提出，且用人单位审批同意，亦可构成经用人单位批准的"非指令性"加班。

规则一：符合"用人单位安排""法定标准工作时间以外工作"情形的，用人单位应当依法支付劳动者加班费。

——人力资源和社会保障部、最高人民法院联合发布第二批劳动人事争议典型案例之三（2021年发布）

本节案例1中，吴某于2019年12月入职某医药公司，月工资为18000元。某医药公司加班管理制度规定："加班需提交加班申请单，按程序审批。未经审批的，不认定为加班，不支付加班费。"吴某入职后，按照某医药公司安排实际执行每天早9时至晚9时，每周工作6天的工作制度。其按照某医药公司加班管理制度提交了加班申请单，但某医药公司未实际履行审批手续。2020年11月，吴某与某医药公司协商解除劳动合同，要求某医药公司支付加班费，并出具了考勤记录、与部门领导及同事的微信聊天记录、工作会议纪要等。某医药公司虽认可上述证据的真实性但以无公司审批手续为由拒绝支付。吴某向劳动人事争议仲裁委员会申请仲裁，请求裁决某医药公司支付 2019 年 12 月至 2020 年 11 月加班费 50000 元。仲裁委员会裁决某医药公司支付吴某 2019 年 12 月至 2020 年 11 月加班费 50000 元。某医药公司不服仲裁裁决起诉，一审法院判决与仲裁裁决一致。

本案的争议焦点是某医药公司能否以无公司审批手续为由拒绝支付吴某加班费。本案中，吴某提交的考勤记录、与部门领导及同事的微信聊天记录、工作会议纪要等证据形成了相对完整的证据链，某医药公司亦认可上述证据的真实性。某医药公司未实际履行加班审批手续，并不影响对“用人单位安排”加班这一事实的认定。故仲裁委员会依法裁决某医药公司支付吴某加班费。

二、处理加班费争议，如何分配举证责任

我国劳动法律将保护劳动者的合法权益作为立法宗旨之一，在实体和程序方面都作出了相应规定。在加班费争议处理中，要充分考虑劳动者举证能力不足的实际情况，根据“谁主张，谁举证”原则、证明妨碍规则，结合具体案情合理分配用人单位与劳动者的举证责任。

本节案例 2 中，虽然林某提交的工资支付记录为打印件，但其与实名认证的应用程序打卡记录互相印证，能够证明某教育咨询公司掌握加班事实存在的证据。某教育咨询公司虽然不认可上述证据的真实性，但未提交反证或者作出合理解释，应承担不利后果。仲裁委员会依法裁决某教育咨询公司支付林某加班费。

规则二：主张加班费的劳动者有责任按照“谁主张，谁举证”的原则，就加班事实的存在提供证据，或者就相关证据属于用人单位掌握管理提供证据。用人单位应当提供而不提供有关证据的，可以推定劳动者加班事实存在。

——人力资源和社会保障部、最高人民法院联合发布第二批劳动人事争议典型案例之六（2021 年发布）

《劳动争议调解仲裁法》第六条规定：“发生劳动争议，当事人对自己提出的主张，有责任提供证据。与争议事项有关的证据属于用人单位掌握管理的，用人

单位应当提供；用人单位不提供的，应当承担不利后果。”

最高人民法院《关于审理劳动争议案件适用法律问题的解释（一）》（法释〔2020〕26号）第四十二条规定：“劳动者主张加班费的，应当就加班事实的存在承担举证责任。但劳动者有证据证明用人单位掌握加班事实存在的证据，用人单位不提供的，由用人单位承担不利后果。”

从上述条款可知，主张加班费的劳动者有责任按照“谁主张，谁举证”的原则，就加班事实的存在提供证据，或者就相关证据属于用人单位掌握管理提供证据。用人单位应当提供而不提供有关证据的，可以推定劳动者加班事实存在。

现实中劳动者主张加班事实，未必都掌握用人单位安排加班的直接证据，如果用人单位实行考勤制度、加班审批制度的，仲裁或审判机构一般会审查用人单位的规章制度和考勤执行情况。在用人单位规章制度中规定加班需经批准的情况下，劳动者称其存在加班，用人单位否认的，劳动者主张加班费用需要承担更多的举证责任，即在举证证明存在加班事实的基础上，需进一步提供证据证明劳动者的加班行为是由用人单位安排的，如相关打卡记录、领导安排加班的聊天记录、相关的录音证据等。

所以，实践中不少用人单位规定加班审批程序仍然是非常重要的。举个例子，假设本周五快下班时，主管对下属说：“你快把资料整理一下，明天一早交给我”，结果下属花了五个小时整理资料，那么不管公司有无经过加班审批程序，她只要有证据是主管通知安排的，那就算加班。

但是假设本周一上班时：“主管对下属说，你快把资料整理一下，本周内交给我”，结果下属每天晚上“自动加班”，一周内比平时多花了五个小时整理资料，那么如果没有经过加班审批程序，她可能就不算加班了。

【操作建议】

1. 考勤记录应由用人单位和劳动者签字确认

诉讼中，经用人单位和劳动者签字确认的考勤记录可以作为认定是否存在加班事实的依据。但是劳动者仅凭电子打卡记录要求认定加班的，一般不会得到支持。

2. 合理把握加班与值班的平衡

如果用人单位安排劳动者在周末加班的，应当及时安排劳动者调休，并做好相应的考勤记录的留存；对于法定节假日加班，应当支付加班费，不能以调休替代；对于劳动者在标准工作时间之外延长工作时间，一般也应当支付加班费，不能用调休替代，双方有约定的除外。

【相关法规】

1. 延长工作时间

《劳动法》第四十一条：用人单位由于生产经营需要，经与工会和劳动者协商后可以延长工作时间，一般每日不得超过一小时；因特殊原因需要延长工作时间的，在保障劳动者身体健康的条件下延长工作时间每日不得超过三小时，但是每月不得超过三十六小时。

第四十三条：用人单位不得违反本法规定延长劳动者的工作时间。

《劳动合同法》第二十六条：下列劳动合同无效或者部分无效：

……

（三）违反法律、行政法规强制性规定的。

……

第三十一条：用人单位应当严格执行劳动定额标准，不得强迫或者变相强迫劳动者加班……

2. 加班费支付

《劳动法》第四十四条：有下列情形之一的，用人单位应当按照下列标准支付高于劳动者正常工作时间工资的工资报酬：

（一）安排劳动者延长工作时间的，支付不低于工资的百分之一百五十的工资报酬；

（二）休息日安排劳动者工作又不能安排补休的，支付不低于工资的百分之二百的工资报酬。

……

《工资支付暂行规定》（劳部发〔1994〕489 号）第十三条：用人单位在劳动者完成劳动定额或规定的工作任务后，根据实际需要安排劳动者在法定标准工作时间以外工作的，应按以下标准支付工资：……

3. 超时加班的法律责任

《劳动法》第八十九条：用人单位制定的劳动规章制度违反法律、法规规定的，由劳动行政部门给予警告，责令改正；对劳动者造成损害的，应当承担赔偿责任。

第九十条：用人单位违反本法规定，延长劳动者工作时间的，由劳动行政部门给予警告，责令改正，并可以处以罚款。

《劳动合同法》第八十条： 用人单位直接涉及劳动者切身利益的规章制度违反法律、法规规定的，由劳动行政部门责令改正，给予警告；给劳动者造成损害的，应当承担赔偿责任。

3.4 加班待遇："待岗时间"属于加班时间吗？

【案例索引】

序号	典型案例	裁判要旨	关键词
1	人力资源和社会保障部、最高人民法院联合发布第二批劳动人事争议典型案例之二（2021年发布）	约定放弃加班费的协议免除了用人单位的法定责任、排除了劳动者权利，显失公平，应认定无效。	加班费协议
2	人力资源和社会保障部、最高人民法院联合发布第二批劳动人事争议典型案例之四（2021年发布）	用人单位可以依法自主确定本单位的工资分配方式和工资水平，并与劳动者进行相应约定，但不得违反法律关于最低工资保障、加班费支付标准的规定。	加班费协议
3	人力资源和社会保障部、最高人民法院联合发布第二批劳动人事争议典型案例之九（2021年发布）	既应尊重和保障双方基于真实自愿合法原则签订的终止或解除劳动合同的协议，也应对劳动者明确持有异议的、涉及劳动者基本权益保护的协议真实性予以审查，依法保护劳动者的合法权益。	加班费支付
4	广州市中级人民法院劳动争议十大典型案例之二（2018年发布）	劳动者在待岗期间具有一定的自由度，在此期间请假外出办理私事，不影响双方约定的劳动报酬收入，故不应将待岗时间视同加班时间。	待岗时间
5	人力资源和社会保障部、最高人民法院联合发布第二批劳动人事争议典型案例之十（2021年发布）	加班费属于劳动报酬，相关争议处理中应当适用特别仲裁时效。	仲裁时效

【规则精析】

一、劳动者与用人单位订立放弃加班费协议，能否主张加班费

本节案例 1 中，张某于 2020 年 6 月入职某科技公司，月工资为 20000 元。某科技公司在与张某订立劳动合同时，要求其订立一份协议作为合同附件，协议内容包括“我自愿申请加入公司奋斗者计划，放弃加班费”。半年后，张某因个人原因提出解除劳动合同，并要求支付加班费。某科技公司认可张某加班事实，但以其自愿订立放弃加班费协议为由拒绝支付。张某向劳动人事争议仲裁委员会申请仲裁，请求裁决某科技公司支付 2020 年 6 月至 12 月加班费 24000 元，获得支持。

《劳动合同法》第二十六条规定，“下列劳动合同无效或者部分无效：……（二）用人单位免除自己的法定责任、排除劳动者权利的……”。最高人民法院《关于审理劳动争议案件适用法律问题的解释（一）》（法释〔2020〕26 号）第三十五条规定：“劳动者与用人单位就解除或者终止劳动合同办理相关手续、支付工资报酬、加班费、经济补偿或者赔偿金等达成的协议，不违反法律、行政法规的强制性规定，且不存在欺诈、胁迫或者乘人之危情形的，应当认定有效。前款协议存在重大误解或者显失公平情形，当事人请求撤销的，人民法院应予支持。”加班费是劳动者延长工作时间的工资报酬，《劳动法》第四十四条、《劳动合同法》第三十一条明确规定了用人单位支付劳动者加班费的责任。

> **规则一：约定放弃加班费的协议免除了用人单位的法定责任、排除了劳动者权利，显失公平，应认定无效。**
>
> ——人力资源和社会保障部、最高人民法院联合发布第二批劳动人事争议典型案例之二（2021 年发布）

本案中，某科技公司利用在订立劳动合同时的主导地位，要求张某在其单方制定的格式条款上签字放弃加班费，既违反法律规定，也违背公平原则，侵害了张某工资报酬权益。故仲裁委员会依法裁决某科技公司支付张某加班费。

崇尚奋斗无可厚非，但不能成为用人单位规避法定责任的挡箭牌。谋求企业发展、塑造企业文化都必须守住不违反法律规定、不侵害劳动者合法权益的底线，应在坚持按劳分配原则的基础上，通过科学合理的措施激发劳动者的主观能动性

和创造性，统筹促进企业发展与维护劳动者权益。

二、用人单位与劳动者约定实行包薪制是否可行

包薪制是指在劳动合同中打包约定法定标准工作时间工资和加班费的一种工资分配方式，在部分加班安排较多且时间相对固定的行业中比较普遍。虽然用人单位有依法制定内部薪酬分配制度的自主权，但内部薪酬分配制度的制定和执行须符合相关法律的规定。

实践中，部分用人单位存在以实行包薪制规避或者减少承担支付加班费法定责任的情况。实行包薪制的用人单位应严格按照不低于最低工资标准支付劳动者法定标准工作时间的工资，同时按照国家关于加班费的有关法律规定足额支付加班费。

《劳动法》第四十七条规定："用人单位根据本单位的生产经营特点和经济效益，依法自主确定本单位的工资分配方式和工资水平。"第四十八条规定，"国家实行最低工资保障制度……"《最低工资规定》（劳动和社会保障部令第 21 号）第三条规定，"本规定所称最低工资标准，是指劳动者在法定工作时间或依法签订的劳动合同约定的工作时间内提供了正常劳动的前提下，用人单位依法应支付的最低劳动报酬……"

规则二：用人单位可以依法自主确定本单位的工资分配方式和工资水平，并与劳动者进行相应约定，但不得违反法律关于最低工资保障、加班费支付标准的规定。

——人力资源和社会保障部、最高人民法院联合发布第二批劳动人事争议典型案例之四（2021 年发布）

本节案例 2 中，周某与某汽车服务公司订立的劳动合同约定月工资为 4000 元（含加班费）。根据周某实际工作时间折算，即使按照当地最低工资标准认定周某法定标准工作时间工资，并以此为基数核算加班费，也超出了 4000 元的约定工资，表明某汽车服务公司未依法足额支付周某加班费。故仲裁委员会依法裁决某汽车服务公司支付周某加班费差额。

但是典型案例发布者并没有一概否认包薪制，只是认为："实行包薪制的用人单位应严格按照不低于最低工资标准支付劳动者法定标准工作时间的工资，同时按照国家关于加班费的有关法律规定足额支付加班费。"

包薪制是指在劳动合同中打包约定法定标准工作时间工资和加班费的一种工资分配方式，在部分加班安排较多且时间相对固定的行业中比较普遍。

对于工资中是否可以包含加班费，不少地方如江苏省高级人民法院和劳动仲裁机构均规定："用人单位实际支付劳动者的工资未明确区分正常工作时间工资和加班工资，但用人单位有证据证明已支付的工资包含正常工作时间工资和加班工资的，可以认定用人单位已支付的工资包含加班工资。但折算后的正常工作时间工资低于当地最低工资标准或者计件工资中的劳动定额明显不合理的除外。"

可见法律并不禁止在劳动合同中约定工资标准中包含加班费，但用人单位已支付的工资具有以下情形的，人民法院可认定其中不包含加班工资：折算后的正常工作时间工资低于当地最低工资标准的；计件工资有劳动定额且定额明显不合理的。

另外，建议约定工资中包含加班费的，应明确包含加班费的工时和数额。

约定每月工资标准中包含多少时间加班费的，约定的加班时间不得超过 36 小时，折算后的正常工作时间工资不能低于当地最低工资标准。如按上海市最低工资标准 2590 元和最低 1.5 倍加班费系数计算，工资中约定 36 小时加班费的，工资标准至少要达到约 3394 元，否则折算后的正常工作时间工资就会低于最低工资标准。

有的用人单位虽然约定了工资中包含加班费，但是如果是按照 1.5 倍系数计算的加班费，而劳动者实际上是休息日或法定节假日加班呢？折算后的正常工作时间工资是否还不低于最低工资标准？所以，约定工资中包含加班费的，应明确包含加班费的工时和数额，否则都可能产生争议。

如果对普通员工约定工资中包含加班费，即使折算后的正常工作时间工资并未低于当地最低工资标准，但是员工加班就没有积极性了，因为加不加班劳动报酬是一样的。但是高管等（有的还是拿年薪制的），他们可以比较自由安排工作时间，他们之所以有比较高的工资标准，工作业绩因素占了很大比重。

同时，高管等工资标准比较高，如 50000 元工资中包含 36 小时加班费，即使按照 3 倍系数计算的加班费，折算后的正常工作时间工资也不可能低于最低工资标准。

另外，对于一些制度性安排很强的轮休岗位也可以约定工资中包含一定数额的加班费。比如，对于有的"四班三运转"的职工，"早早中中晚晚休休"，即"做 3 休 1"，每天工作 8 小时，每周工作 42 小时。这就比法定工作时间每周 40 小时超出 2 小时，按规定超出的 2 小时就应支付加班费。有个很简单的办法，就是约定工资中包含每周 2 小时加班费，企业就不必再费心了。当然折算后的正常工作时间工资不低于最低工资标准。

三、离职文件上签字确认加班费已结清的效力

用人单位在终止或解除劳动合同时，经常会与劳动者就加班费、经济补偿或赔偿金等达成协议。部分用人单位利用其在后续工资发放、离职证明开具、档案和社会保险关系转移等方面的优势地位，借机变相迫使劳动者在用人单位提供的格式文本上签字，放弃包括加班费在内的权利，或者在未足额支付加班费的情况下让劳动者签字确认加班费已经付清的事实。劳动者往往事后反悔，提起劳动争议仲裁与诉讼。

本节案例 3 中，2017 年 7 月，肖某与某科技公司（已依法取得劳务派遣行政许可）订立劳动合同，被派遣至某快递公司担任配送员，月工资为基本工资加提成。肖某主张某快递公司在用工期间安排其双休日及法定节假日加班，并提交了工资表。工资表加盖有某科技公司公章，某科技公司和某快递公司均认可其真实性。该工资表显示，2017 年 7 月至 2019 年 10 月肖某存在不同程度的双休日加班及法定节假日加班情况，但仅获得少则 46.15 元、多则 115.40 元的出勤补款或节假日补助。2019 年 11 月，肖某向某科技公司提出离职，当日双方签署离职申请交接表。该表“员工离职原因”一栏显示：“公司未上社会保险，工作压力大、没给加班费。”“员工确认”一栏显示：“经说明，我已知悉《劳动合同法》上的权利和义务，现单位已经将我的工资、加班费、经济补偿结清，我与单位无其他任何争议。本人承诺不再以任何理由向某科技公司及用工单位主张权利。”员工签名处有肖某本人签名。肖某对离职申请交接表的真实性认可，但认为表中“员工确认”一栏虽系其本人签字，但并非其真实意思表示，若不签字，某科技公司就不让其办理工作交接，该栏内容系某科技公司逃避法律责任的一种方法。肖某不服仲裁裁决，诉至人民法院，请求判决某科技公司与某快递公司支付加班费 82261 元。

一审法院判决：驳回肖某加班费的诉讼请求。肖某不服，提起上诉。二审法院改判：某科技公司与某快递公司连带支付肖某加班费 24404.89 元。

本案的争议焦点是肖某是否与用人单位就支付加班费达成合法有效的协议。

本案中，肖某认为离职申请交接表“员工确认”一栏不是其真实意思表示，上面记载的内容也与事实不符。该表中“员工离职原因”与“员工确认”两处表述确实存在矛盾。两家公司均未提供与肖某就加班费等款项达成的协议及已向肖某支付上述款项的证据，且肖某否认双方就上述款项已达成一致并已给付。因此，离职申请交接表中员工确认的“现单位已将我的工资、加班费、经济补偿结清，

我与单位无其他任何争议”与事实不符，不能认定为肖某的真实意思表示。

最高人民法院《关于审理劳动争议案件适用法律问题的解释（一）》第三十五条规定：“劳动者与用人单位就解除或者终止劳动合同办理相关手续、支付工资报酬、加班费、经济补偿或者赔偿金等达成的协议，不违反法律、行政法规的强制性规定，且不存在欺诈、胁迫或者乘人之危情形的，应当认定有效……”本案情形并不符合最高人民法院《关于审理劳动争议案件适用法律问题的解释（一）》第三十五条之规定，故二审法院依法支持肖某关于加班费的诉讼请求。

司法实践中，既应尊重和保障双方基于真实自愿合法原则签订的终止或解除劳动合同的协议，也应对劳动者明确持有异议的、涉及劳动者基本权益保护的协议真实性予以审查，依法保护劳动者的合法权益。

规则三：既应尊重和保障双方基于真实自愿合法原则签订的终止或解除劳动合同的协议，也应对劳动者明确持有异议的、涉及劳动者基本权益保护的协议真实性予以审查，依法保护劳动者的合法权益。

——人力资源和社会保障部、最高人民法院联合发布第二批劳动人事争议典型案例之九（2021 年发布）

但是人力资源和社会保障部、最高人民法院联合发布的典型案例并不一概否认用人单位在终止或解除劳动合同时，会与劳动者就加班费等达成协议的有效性。实践中，双方达成的协议大致可以分为以下三种情况。

第一种情况是对于违反法律与行政法规效力性的强制性规定的免责条款无效。强制性规定包括效力性规定与管理性规定，并非所有违反法律和行政法规强制性规定的合同均一概无效，应判断该强制性规定是否构成效力性规定，只有违反效力性强制性规定的合同才当然无效。法律、法规规定违反该规定，将导致合同无效或不成立的，为当然的效力性规定；法律、法规虽然没有规定违反其规定，将导致合同无效或不成立。但违反该规定若使合同继续有效将损害国家利益和社会公共利益，这也属于效力性规定。合同无效是当然无效、自始无效。合同无效中，人民法院和仲裁机构有主动干预权。

离职协议中对于最低工资、劳动保护（包括工伤排除及伤残待遇等）、社会保险缴费等有明确的法定标准或者法律有明确的强制性规定，且涉及国家、集体或第三人利益，或者影响劳动者基本权益保障的，属于无效合同。即使协议中有明确指向，且劳动者已明示放弃，一般也不应认定协议中相关条款的效力。

第二种情况是对于存在重大误解或者显失公平情形的免责条款可撤销。与效力性规定不同的是：法律、法规没有规定违反其规定，将导致合同无效或不成立，虽然违反该规定，但若使合同继续有效并不损害国家利益和社会公共利益，而只是损害当事人利益的，属于取缔性规定（管理性规定）。可撤销合同产生的原因主要有重大误解、显失公平且不危害国家、集体或第三人利益。可撤销合同中，是撤销权人决定是否撤销合同，其他机关、团体、个人都无权干预。

离职协议中对于加班工资、经济补偿、赔偿金等虽有明确的法定标准或者法律有明确的强制性规定，但不涉及国家、集体或第三人利益，且不影响劳动者基本权益保障的，司法审查中除要求协议有明确指向外，还会审查劳动者是否已明示放弃，否则可能会支持劳动者行使撤销的权利。

所以离职协议免责条款中对于劳动者放弃的此类项目，应当指向明确，并且明示劳动者已经放弃。

第三种情况是对于不违反法律、行政法规的强制性规定，且不存在欺诈、胁迫或者乘人之危情形的免责条款，应当认定有效。离职协议中就解除或者终止劳动合同办理相关手续、支付工资报酬等免责条款，一般认定为有效。但还是建议用人单位书面记录协商过程，并让员工签字，以证明不存在欺诈、胁迫或者乘人之危等情形。

四、待岗、休息时间是否等同于加班时间的问题

规则四：对于待岗、休息时间是否等同于加班时间的问题，首先看劳动者的工作具有较长的间歇性，其次看劳动者在待岗期间具有一定的自由度，最后看劳动者对于其工作模式以及工资发放数额，是否提出异议。

——广州市中级人民法院劳动争议十大典型案例之二（2018 年发布）

本节案例 4 中，何二在某保安公司任职保安员，从事银行钱箱的押运工作。劳动合同约定双方按标准工时制，确定何二的工作时间：每周工作 6 天，每周至少休息一天。根据工资表显示，何二的工资构成为基本工资（最低工资标准）+工龄工资+岗位津贴+加班工资等，其离职前 12 个月每月应发工资超过 3000 元，何二每月均

签收工资表。何二刷门禁卡出入，无须打卡考勤。另外，工作日 19：30 后的加班工资，保安公司已按月支付给何二。2018 年 9 月 28 日，何二、保安公司双方签订解除劳动合同协议书，约定双方在同年 10 月 31 日解除劳动合同。何二起诉请求保安公司支付加班工资 898754.5 元。一审法院判决：驳回何二的全部诉讼请求。何二不服，提起上诉。广州市中级人民法院二审判决：驳回上诉，维持原判。

法院认为，对于何二的待岗、休息时间是否等同于加班时间的问题，首先，何二从事的是银行钱箱的押运工作，由于银行营业时间的限制，其主要的押运工作集中于早上 9：00 银行营业之前以及下午 17：00 银行关门之后，中间存在较长的待岗时间，在该段时间内何二可以在公司宿舍或者银行所在地休息并且可以请假外出，故何二的工作具有较长的间歇性，与需要连续生产、工作的其他行业劳动者确实存在明显区别。

其次，何二在待岗期间具有一定的自由度，在此期间请假外出办理私事，不影响双方约定的劳动报酬收入，故不应将何二的待岗时间视同加班时间。

最后，劳动关系虽然以用人单位与劳动者之间的管理与被管理关系为特征，但是劳动关系建立及长期履行本身亦系用人单位及劳动者双向选择的结果以及劳动力价格市场水平的反映。从何二的工资发放情况来看，对于何二待岗时间较长的岗位特点，保安公司已经通过岗位津贴等形式予以了补偿，何二在多年劳动用工过程中，对于其工作模式以及工资发放数额，均未提出异议。综上，法院对其加班费的请求不予支持。

这涉及加班与值班两个不同的概念。虽然两者都是法定的标准工作时间的延长，也都要经过一定的批准手续，但是工作性质不同，职工所分别享受的待遇也是有区别的。

加班是指用人单位安排劳动者在法定标准工作时间以外工作。值班是指用人单位因安全、消防、假日等需要，临时安排或根据制度安排与劳动者本职无关联的工作；或虽与劳动者本职工作有关联，但值班期间可以休息的、非生产性责任的工作。① 认

① 根据上海市高级人民法院《关于审理劳动争议案件若干问题的解答》（沪高法民一〔2006〕17 号）第三条规定，“关于单位值班的若干问题（一）以下情形中，劳动者要求单位支付加班待遇的，劳动争议处理机构不予支持：1. 因单位安全、消防、假日等需要担任单位临时安排或制度安排的与劳动者本职工作无关的值班；2. 单位安排劳动者从事与其本职工作有关的值班任务，但值班期间可以休息的；（二）上述情形中，劳动者可以要求单位按照规章制度、集体合同、单项集体协议、劳动合同或惯例等支付相应待遇”。

定值班与加班，一是看劳动者是否继续在原来的岗位上工作，或者是否有具体的生产、经营任务，二是看劳动者在值班期间是否可以休息。

具体来说，司法实践中有关机构首先会审查劳动者平时的岗位职责与值班职责是否有关联、值班守则中是否规定在处理完毕异常情况后可以睡值，值班室是否配有床铺被褥、值班的劳动者是否知晓相关规定等因素进行综合考量。

加班工资是法定的，不低于工资的150%至300%。值班待遇并无法定的最低标准，按规章制度、集体合同、单项集体协议、劳动合同或惯例等支付。一般而言，值班待遇会比加班待遇低很多，且值班时间亦无上限规定。

实践中还有一种情况，就是有的单位安排职工"值班"，一方面，他"值班"时继续在原来的岗位上工作，但是处于比较机动的状态，即也有休息的时间；另一方面，尽管有部分时间可以休息，却有具体的生产、经营任务，其工作强度毕竟比一般接接电话等"值班"人员要强。这到底算是"加班"还是"值班"呢？

在司法实践中，有关部门或酌情认定有效加班时间。① 如在一则案例中，一位要求支付加班费的职工白班的工作岗位是电工辅助工、水管门窗等维修工，晚上值班是看设备是否正常运转，是否停电，如果发生故障就通知别的部门检修，但一般这种情况一年发生一次。他值班时可以睡觉，本人对于值班和加班的区分也很清楚。他每月白班工作30—31天，晚上值班20—21天，如果值班与白班工作内容相同的话，相当于连续工作56小时才能休息，显然违反自然生理规律。

法院认为，根据该公用值班记录表，他值班的工作内容主要是检查、记录、监测等，与其陈述的白班工作内容明显不同，且公司为他安排了值班休息室，公司规章制度明确值班时无异常可以睡值，他亦认可在值班中可以休息打盹，故对他关于其值班实际上是加班的主张，不予采纳。

五、加班费的仲裁时效应当如何认定

时效是指权利人不行使权利的事实状态持续经过法定期间，其权利即发生效力减损的制度。作为权利行使尤其是救济权行使期间的一种，时效既与当事人的

---

① 根据南京市中级人民法院《关于积极应对和妥善审理宏观经济形势变化时期劳动争议案件的实施意见》（宁中法〔2009〕102号），"合理认定加班时间。因生产经营的需要，或工作岗位的特殊性，如经常处于长时间等待状态的劳动岗位、睡班等，用人单位与劳动者经协商确定对工作量进行合理的折算，如该约定无明显违法的情形，从其约定。如无约定，可酌情扣减合理的生理休息时间"。

实体权利密切相关，又与当事人通过相应的程序救济其权益密不可分。获取劳动报酬权是劳动权益中最基本、最重要的权益，考虑劳动者在劳动关系存续期间的弱势地位，法律对于拖欠劳动报酬争议设置了特别仲裁时效。

仲裁时效分为普通仲裁时效和特别仲裁时效，在劳动关系存续期间因拖欠劳动报酬发生劳动争议的，应当适用特别仲裁时效，即劳动关系存续期间的拖欠劳动报酬仲裁时效不受“知道或者应当知道权利被侵害之日起一年”的限制，但是劳动关系终止的，应当自劳动关系终止之日起一年内提出。加班费属于劳动报酬，相关争议处理中应当适用特别仲裁时效。

规则五：加班费属于劳动报酬，相关争议处理中应当适用特别仲裁时效。

——人力资源和社会保障部、最高人民法院联合发布第二批劳动人事争议典型案例之十（2021 年发布）

本节案例 5 中，张某于 2016 年 7 月入职某建筑公司从事施工管理工作，2019 年 2 月离职。工作期间，张某存在加班情形，但某建筑公司未支付其加班费。2019 年 12 月，张某向劳动人事争议仲裁委员会申请仲裁，请求裁决某建筑公司依法支付其加班费，某建筑公司以张某的请求超过仲裁时效为由抗辩。张某不服仲裁裁决，诉至人民法院。

人民法院认为，张某与某建筑公司的劳动合同于 2019 年 2 月解除，其支付加班费的请求应自劳动合同解除之日起一年内提出，张某于 2019 年 12 月提出仲裁申请，其请求并未超过仲裁时效。根据劳动保障监察机构在执法中调取的工资表上的考勤记录，人民法院认定张某存在加班的事实，判决某建筑公司支付张某加班费。

【操作建议】

1. 每周工作时间超过 40 小时加班费的计算

一般来说，如平时实行“双休”制，后因工作需要协商加班，属于休息日工作；如平时实行“单休”制，后因工作需要协商加班，则属于在日法定标准工作时间以外延长工作时间。

不过，直接在规章制度或劳动合同中规定违法超时加班制度（如“996”工作制）的，违反法律关于延长工作时间上限的规定，应认定为无效。司法机构会根据实际情况判决职工超出 40 小时的工作时间，按休息日加班工资标准支付，以避免现实中规避法律、显失公平的情况发生。

2. 对于特殊人员工作时间的合理安排

对于24小时吃住在单位的保安、传达室门卫、仓库保管等人员，如确因工作需要不能睡眠休息的，应认定为工作时间；如工作场所中同时提供了住宿或休息设施的，应通过制定规章制度合理扣除可以睡眠休息的时间，即在标准工作时间之外的工作时间分为加班时间和值班时间，分别支付加班费和值班费。

【相关法规】

1. 加班工资支付

《劳动法》第四十四条：有下列情形之一的，用人单位应当按照下列标准支付高于劳动者正常工作时间工资的工资报酬：

（一）安排劳动者延长工作时间的，支付不低于工资的百分之一百五十的工资报酬；

（二）休息日安排劳动者工作又不能安排补休的，支付不低于工资的百分之二百的工资报酬；

……

《工资支付暂行规定》（劳部发〔1994〕489号）第十三条：用人单位在劳动者完成劳动定额或规定的工作任务后，根据实际需要安排劳动者在法定标准工作时间以外工作的，应按以下标准支付工资：……

2. 加班费协议的效力

最高人民法院《关于审理劳动争议案件适用法律问题的解释（一）》第三十五条第一款：劳动者与用人单位就解除或者终止劳动合同办理相关手续、支付工资报酬、加班费、经济补偿或者赔偿金等达成的协议，不违反法律、行政法规的强制性规定，且不存在欺诈、胁迫或者乘人之危情形的，应当认定有效。

3. 仲裁时效

《劳动争议调解仲裁法》第二十七条：劳动争议申请仲裁的时效期间为一年。仲裁时效期间从当事人知道或者应当知道其权利被侵害之日起计算。

……

劳动关系存续期间因拖欠劳动报酬发生争议的，劳动者申请仲裁不受本条第一款规定的仲裁时效期间的限制；但是，劳动关系终止的，应当自劳动关系终止之日起一年内提出。

国家统计局《关于工资总额组成的规定》（国家统计局令第 1 号）第四条：工资总额由下列六个部分组成：

……

（五）加班加点工资；

……

第4章 带薪年休假

4.1 休假标准：当年工作满10年可以休几天？

【案例索引】

序号	典型案例	裁判要旨	关键词
1	北京市西城区人民法院涉劳动者带薪年休假纠纷典型案例之四（2021年发布）	职工享有年休假的权利受法律保护，但是应满足一定基本条件：一、对于未连续工作满12个月的劳动者，其不享有带薪年休假。二、对于连续工作满12个月的劳动者，需排除《职工带薪年休假条例》第四条及《企业职工带薪年休假实施办法》第八条所列情形才能享受带薪年休假。	年休假条件
2	重庆市人力资源和社会保障局劳动争议仲裁十大典型案例之三（2021年发布）	年休假天数根据职工累计工作时间确定，应将其在同一或不同用人单位的工作时间，包括视同工作时间累计计算。用人单位未举示证据证明已安排劳动者带薪年休假或已支付未休年休假工资报酬的，应承担相应不利后果。	年休假标准
3	北京市西城区人民法院涉劳动者带薪年休假纠纷典型案例之三（2021年发布）	用人单位在劳动合同中约定或规章制度中规定的年休假天数和未休年休假工资报酬可以高于法定标准，如果用人单位的标准高于法定标准，则应当优先适用高标准；如果低于法定标准，则合同约定或规章制度的规定无效，应当按法定标准执行。	年休假标准
4	江苏省高级人民法院劳动人事争议十大典型案例之九（2021年度）	劳动者依法享受的探亲假、婚丧假、产假等国家规定的假期不计入年休假假期。	休假标准

【规则精析】

带薪年休假作为劳动者行使休息权的重要表现形式，对保障劳动者身心健康具有重要现实意义。带薪年休假是《劳动法》赋予职工的法定权利。2008年1月1日，国务院《职工带薪年休假条例》正式施行。2008年2月15日，原人事部发布《机关事业单位工作人员带薪年休假实施办法》。2008年9月18日，人力资源和社会保障发布《企业职工带薪年休假实施办法》。

但据社科院研究中心的一份调查问卷显示，有近一半劳动者对年休假的法定条件不了解，有 4.91%的受访者称无法享受年休假，有 18.89%的受访者称不能掌握休假的主动权，只有 31.3%的受访者有休假的法律意识，认为自己“有带薪年休假，可以休，且可自主选择安排”。

北京市西城区人民法院曾专门发布过《涉劳动者带薪年休假纠纷典型案例》。在裁判文书网上以“年休假”“劳动争议”为关键词进行检索，可以查询到仅 2020 年此类案件就有 2.2 万余份裁判文书。经统计，2018—2020 年，西城区人民法院受理的涉劳动者带薪年休假纠纷案件分别为 213、248、200 件，占劳动争议纠纷案件整体比例分别为 4%、9%、11%，呈现逐年递增趋势。

一、职工享有年休假的基本条件

规则一：职工享有年休假的权利受法律保护，但是应满足一定基本条件：一、对于未连续工作满 12 个月的劳动者，其不享有带薪年休假。二、对于连续工作满 12 个月的劳动者，需排除《职工带薪年休假条例》第四条及《企业职工带薪年休假实施办法》第八条所列情形才能享受带薪年休假。

——北京市西城区人民法院涉劳动者带薪年休假纠纷典型案例之四（2021 年发布）

1. 对于未连续工作满 12 个月的劳动者，其不享有带薪年休假

职工享受带薪年休假首先必须符合休假资格。《职工带薪年休假条例》第二条规定，“机关、团体、企业、事业单位、民办非企业单位、有雇工的个体工商户等单位的职工连续工作 1 年以上的，享受带薪年休假……”《企业职工带薪年休假实施办法》第三条规定，“职工连续工作满 12 个月以上的，享受带薪年休假”。

至于“连续工作满 12 个月”是否指在现单位要干满 1 年，人力资源和社会保障部复函明确：《企业职工带薪年休假实施办法》第三条中的“职工连续工作满 12 个月以上”，既包括职工在同一用人单位连续工作满 12 个月以上的情形，也包括职工在不同用人单位连续工作满 12 个月以上的情形。

请注意，这里的所谓“连续工作一年以上”，指的是享受年休假的资格，即职

工不间断地工作满 12 个月以上。就是说只有“连续工作满 12 个月以上”的职工，才有权享受年休假，至于能够享受多少天，则是另一回事。

但是现实中仍然存在以下三种情形：一是职工在本单位连续工作满 12 个月以上。二是职工不间断地从其他单位到本单位单位工作且合并计算的工作时间满 12 个月以上，如某职工曾在 A 单位工作过 13 个月，然后跳槽到 B 单位工作，在这当中除了双休日外，基本没有中断过工作。三是职工曾经在其他单位不间断地工作满 12 个月以上，如某职工曾在 A 单位工作过 13 个月，然后失业了 3 个月，再跳槽到 B 单位。

以上三种情形是否都属于“职工连续工作满 12 个月以上”？目前各地口径解释不一，有的地方执法口径中只认可第一、第二种情形，但是也有的地方或单位对于以上三种情形都予以认可。

2. 排除《职工带薪年休假条例》第四条及《企业职工带薪年休假实施办法》第八条所列情形

《职工带薪年休假条例》第四条规定：“职工有下列情形之一的，不享受当年的年休假：（一）职工依法享受寒暑假，其休假天数多于年休假天数的；（二）职工请事假累计 20 天以上且单位按照规定不扣工资的；（三）累计工作满 1 年不满 10 年的职工，请病假累计 2 个月以上的；（四）累计工作满 10 年不满 20 年的职工，请病假累计 3 个月以上的；（五）累计工作满 20 年以上的职工，请病假累计 4 个月以上的。”

《企业职工带薪年休假实施办法》第八条规定：“职工已享受当年的年休假，年度内又出现条例第四条第（二）、（三）、（四）、（五）项规定情形之一的，不享受下一年度的年休假。”

本节案例 1 中，王先生于 2007 年参加工作，2019 年其休病假时工龄不满 20 年，其请病假时间已经超过 3 个月，其不再享受 2019 年年休假，故法院对王先生的请求未予支持。

二、职工享有年休假的标准

1. 职工全年可享受年休假天数的计算

在职工符合了连续工作满 12 个月以上条件的前提下，再看“本人累计工作年限”，这指的是享受年休假的标准，即累计工作满 12 个月以上。

《职工带薪年休假条例》第三条规定：“职工累计工作已满 1 年不满 10 年的，

年休假 5 天；已满 10 年不满 20 年的，年休假 10 天；已满 20 年的，年休假 15 天……”《企业职工带薪年休假实施办法》第四条规定：“年休假天数根据职工累计工作时间确定。职工在同一或者不同用人单位工作期间，以及依照法律、行政法规或者国务院规定视同工作期间，应当计为累计工作时间。”

规则二：年休假天数根据职工累计工作时间确定，应将其在同一或不同用人单位的工作时间，包括视同工作时间累计计算。用人单位未举示证据证明已安排劳动者带薪年休假或已支付未休年休假工资报酬的，应承担相应不利后果。

——重庆市人力资源和社会保障局劳动争议仲裁十大典型案例之三（2021 年发布）

人力资源和社会保障部复函明确：《企业职工带薪年休假实施办法》第四条中的“累计工作时间”，包括职工在机关、团体、企业、事业单位、民办非企业单位、有雇工的个体工商户等单位从事全日制工作期间，以及依法服兵役和其他按照国家法律、行政法规和国务院规定可以计算为工龄的期间（视同工作期间）。职工的累计工作时间可以根据档案记载、单位缴纳社保费记录、劳动合同或者其他具有法律效力的证明材料确定。

至于“其他具有法律效力的证明材料”究竟包括哪些范围，各地有不同规定。比如，四川规定除档案记载、社保缴费记录、劳动合同外，用人单位职工名册、职工以前工作单位书面证明等，也可作为计算累计工作时间的有效证明。浙江省的有关规定尽管没有列举“其他有效证明材料”，但是规定“对缺少档案材料的职工，应由职工提供在其他用人单位工作的有效证明，经用人单位调查核实后确定职工的累计工作时间”。苏州市法院系统的执行口径是“原则上应结合劳动手册、保险缴费等证据综合认定”。

鉴于目前单位大量使用外地劳动力，很多情况下还是通过中介机构使用外地劳动力，难以根据档案记载、单位缴纳社保费记录等确定其累计工作时间，对于其他证明材料更是难辨真伪，也不可能逐一调查核实。

对此，相关证明材料不一定非得指定机构出具，操作中也可由职工本人签字承诺所提供材料的真实性，同时用人单位保留审核的权利，如发现其所提供的材料与实际相悖的，可作严重违纪处理。

本节案例2中，田某某于1980年2月经原某农业局招聘为蚕桑员，工作至2001年2月被清退。2015年9月25日，田某某与綦江区某物业公司建立劳动关系。2018年10月27日，田某某因交通事故受伤后休病假3个月零7天。2019年8月31日，田某某与该物业公司解除劳动关系。田某某于2020年8月25日申请劳动仲裁，主张带薪年休假工资报酬。该物业公司辩称，田某某之前的工作经历与物业公司无关，不应作为累计工作时间计算，2018年10月发生交通事故，田某某承担主要责任，医疗期间休假3个月零7天，应抵扣年休假。

本案中，田某某1980年2月至2001年2月的工作期间应计入关于带薪年休假的累计工作年限。田某某累计工作满20年以上，年休假15天，其2018年请病假不足4个月，不属于不享受当年带薪年休假的相应情形，仍应享受带薪年休假15天。某物业公司未举证证明其已依法安排申请人休带薪年休假或已支付未休年休假工资报酬。综上，仲裁委裁决该物业公司承担相应的带薪年休假工资报酬支付责任。

2. 职工新进或离职当年可享受年休假计算

（1）新进职工的年休假天数折算

根据《企业职工带薪年休假实施办法》第五条的规定，职工新进用人单位且符合本办法第三条规定的，当年度年休假天数，按照在本单位剩余日历天数折算确定，折算后不足1整天的部分不享受年休假。前款规定的折算方法为：（当年度在本单位剩余日历天数÷365天）×职工本人全年应当享受的年休假天数。

（2）劳动者解除或终止劳动合同时应休未休年休假天数折算

根据《企业职工带薪年休假实施办法》第十二条的规定，用人单位与职工解除或者终止劳动合同时，当年度未安排职工休满应休年休假的，应当按照职工当年已工作时间折算应休未休年休假天数并支付未休年休假工资报酬，但折算后不足1整天的部分不支付未休年休假工资报酬。前款规定的折算方法为：（当年度在本单位已过日历天数÷365天）×职工本人全年应当享受的年休假天数－当年度已安排年休假天数。用人单位当年已安排职工年休假的，多于折算应休年休假的天数不再扣回。规定比较明确，不再赘述。

3. 自然年度内恰逢满10年、满20年的处理

实践中还会遇到一个问题，即“跨界”职工年休假天数如何确定。比如，某职工至2022年7月1日累计工作时间满10年，他当年应享受的年休假天数到底是5天还是10天呢？《职工带薪年休假条例》与《企业职工带薪年休假实施办法》均未有明确条款规定，实践中产生以下几种意见。

第一种意见是 2022 年度不变更天数，2023 年度予以变更。第一种意见对于自然年度内达到满 10 年（或 20 年）的情况视而不见，犹如做了限缩解释，不能使人信服。

第二种意见是分段折算，在本年度内分两次折算天数，但折算后少于 5 天的按 5 天计算。计算公式为：临界日前应休假天数÷365 天×临界日前日历天数+临界日后应休假天数÷365 天×临界日后日历天数。比如，前例职工 2022 年 7 月 1 日前日历天数为 181 天，后日历天数为 184 天，按照以上公式计算，他在当年应休假 7 天（折算后不足 1 整天的部分不享受年休假）。

第三种意见以职工正式开始休假的前一日为准进行折算。比如，前例职工在 2022 年 7 月 1 日前休假的，标准是 5 天，在 2022 年 7 月 1 日后休假的，标准是 10 天。[①]

第四种意见是参照机关事业单位工作人员带薪年休假处理的做法[②]，即只要当年度内任何一天达到满 10 年（或 20 年）的情况，当年度年休假天数即为 10 天（或 15 天）。

本节案例 3 即采用第四种意见。张女士提出其在 2018 年 3 月时已累计工作满 10 年，按规定每年应享受 10 天年休假。但公司则表示按照公司《员工手册》规定，员工每年应享有 5 天年休假，张女士对公司的休假制度是知晓并认可的，从未提出任何异议，也已按照规定进行休假，故不同意其请求。法院经审理认为，张女士在 2018 年时工龄已满 10 年，每年应享受 10 天年休假，因此张女士主张 2018 年至 2020 年剩余未休年休假的工资符合法律规定，予以支持。

规则三：用人单位在劳动合同中约定或规章制度中规定的年休假天数和未休年休假工资报酬可以高于法定标准，如果用人单位的标准高于法定标准，则应当优先适用高标准；如果低于法定标准，则合同约定或规章制度的规定无效，应当按法定标准执行。

——北京市西城区人民法院涉劳动者带薪年休假纠纷典型案例之三（2021 年发布）

---

① 浙江省劳动和社会保障厅《关于贯彻实施企业职工带薪休假制度的若干意见》第三条规定："计算职工累计工作时间的截止日，应以职工正式开始休假的前一日为准。"

② 原人事部《机关事业单位工作人员带薪年休假实施办法》第二条第二款规定："工作人员工作年限满 1 年、满 10 年、满 20 年后，从下月起享受相应的年休假天数。"

但也有观点认为第二种意见比较公平合理，因为折算天数既没有侵害劳动者的合法休假权，也没有增加用人单位的负担。对此应注意各地的不同执行口径。

本节案例3提示：《企业职工带薪年休假实施办法》第十三条规定，劳动合同、集体合同约定的或者用人单位规章制度规定的年休假天数、未休年休假工资报酬高于法定标准的，用人单位应当按照有关约定或者规定执行。即用人单位在劳动合同中约定或规章制度中规定的年休假天数和未休年休假工资报酬可以高于法定标准，如果用人单位的标准高于法定标准，则应当优先适用高标准；如果低于法定标准，则合同约定或规章制度的规定无效，应当按法定标准执行。

4. 不计入年休假的假期

规则四：劳动者因流产休假不计入年休假假期。

——江苏省高级人民法院劳动人事争议十大典型案例之九（2021年度）

根据《企业职工带薪年休假实施办法》的规定：职工依法享受的探亲假、婚丧假、产假等国家规定的假期以及因工伤停工留薪期间不计入年休假假期。

本节案例4中，法院认为，根据邢某的工作年限，其2018年法定年休假有5天，2019年的年休假根据邢某当年在职时间折算为3天。邢某在2019年3月系因流产休假，并非法定年休假，公司未提供证据证明邢某已休法定年休假，故法院判决公司支付邢某2018年及2019年未休年休假工资差额。

有人认为女职工流产不属于法定可以享受产假的情形，这是对法律规定的误读。按照《女职工劳动保护特别规定》，女职工正常生育享受的98天产假，产前可以休假15天；难产的增加产假15天；生育多胞胎的，每多生育1个婴儿，增加产假15天；怀孕未满4个月流产的，享受15天产假；怀孕满4个月流产的，享受42天产假。

另外，各地在国家规定的产假基础上，又各自规定了奖励生育性质的假期，（又称“延长的产假”“延长生育假”等），如北京有60日①，上海有60日②，广东有80日③，江苏不少于30天④，浙江一孩延长产假60天，二孩、三孩延长产假

① 《北京市人口与计划生育条例》。

② 《上海市人口与计划生育条例》。

③ 《广东省人口与计划生育条例》。

④ 《江苏省人口与计划生育条例》。

90 天[①]。

“延长的产假”虽然与国家规定的产假有所区别，但《实施办法》有关不计入年休假假期是不完全列举。而从奖励生育的立法目的来看，“延长的产假”亦不应替代年休假。

【操作建议】

1. 职工连续工作满 12 个月以上的，享受带薪年休假

职工连续工作满 12 个月以上，既包括职工在同一用人单位连续工作满 12 个月以上的情形，也包括职工在不同用人单位连续工作满 12 个月以上的情形。

员工满足连续工作 1 年（12 个月）以上，进入新单位后，其当年度的年休假天数经分别折算后，可以在前后两家用人单位分别享受。

2. 下家单位可以与劳动者就年休假问题充分沟通

沟通内容包括：（1）劳动者之前的工作经历属于连续工作满 12 个月；（2）确定劳动者在本单位可以享受年休假的具体起始日期。

3. 机关事业单位工作人员享受年休假的特殊规定

我国机关事业单位工作人员在年休假的享受条件不需要考虑上述连续工作的问题，只要符合工作年限满 1 年的条件即可。[②]

【相关法规】

1. 享受带薪年休假的资格

《职工带薪年休假条例》第二条：机关、团体、企业、事业单位、民办非企业单位、有雇工的个体工商户等单位的职工连续工作 1 年以上的，享受带薪年休假……

《企业职工带薪年休假实施办法》第三条：职工连续工作满 12 个月以上的，享受带薪年休假（以下简称年休假）。

2. 享受带薪年休假的天数

《职工带薪年休假条例》第三条：职工累计工作已满 1 年不满 10 年的，年休假 5 天；已满 10 年不满 20 年的，年休假 10 天；已满 20 年的，年休假 15 天。

---

① 《浙江省人口与计划生育条例》。

② 《机关事业单位工作人员带薪年休假实施办法》第二条规定：《条例》第二条中所称“连续工作”的时间和第三条、第四条中所称“累计工作”的时间，机关、事业单位工作人员均按工作年限计算。工作人员工作年限满 1 年、满 10 年、满 20 年后，从下月起享受相应的年休假天数。

国家法定休假日、休息日不计入年休假的假期。

《企业职工带薪年休假实施办法》第四条：年休假天数根据职工累计工作时间确定。职工在同一或者不同用人单位工作期间，以及依照法律、行政法规或者国务院规定视同工作期间，应当记为累计工作时间。

3. 当年享受带薪年休假的折算

《企业职工带薪年休假实施办法》第十二条：用人单位与职工解除或者终止劳动合同时，当年度未安排职工休满应休年休假的，应当按照职工当年已工作时间折算应休未休年休假天数并支付未休年休假工资报酬，但折算后不足1整天的部分不支付未休年休假工资报酬。

前款规定的折算方法为：（当年度在本单位已过日历天数÷365天）×职工本人全年应当享受的年休假天数－当年度已安排年休假天数。

……

4. 不计入年休假的假期

《企业职工带薪年休假实施办法》第六条：职工依法享受的探亲假、婚丧假、产假等国家规定的假期以及因工伤停工留薪期间不计入年休假假期。

5. 不享受当年带薪年休假

《职工带薪年休假条例》第四条：职工有下列情形之一的，不享受当年的年休假：

（一）职工依法享受寒暑假，其休假天数多于年休假天数的；

（二）职工请事假累计20天以上且单位按照规定不扣工资的；

（三）累计工作满1年不满10年的职工，请病假累计2个月以上的；

（四）累计工作满10年不满20年的职工，请病假累计3个月以上的；

（五）累计工作满20年以上的职工，请病假累计4个月以上的。

《企业职工带薪年休假实施办法》第八条：职工已享受当年的年休假，年度内又出现条例第四条第（二）、（三）、（四）、（五）项规定情形之一的，不享受下一年度的年休假。

4.2 休假安排：协商未果企业可否安排休年假？

【案例索引】

序号	典型案例	裁判要旨	关键词
1	人力资源和社会保障部、最高人民法院第一批劳动人事争议典型案例之六（2020年发布）	用人单位有权统筹安排劳动者带薪年休假，与劳动者协商是用人单位需履行的程序，但并未要求“必须协商一致”。无论劳动者是否同意，企业都可以在履行协商程序后统筹安排带薪年休假。	统筹安排
2	南京法院劳动人事争议十大典型案例之四（2020 年度）	用人单位受疫情影响在停工停产期间，可与劳动者协商优先抵扣带薪年休假。	优先抵扣

【规则精析】

《职工带薪年休假条例》第五条第一款规定：“单位根据生产、工作的具体情况，并考虑职工本人意愿，统筹安排职工年休假。”《企业职工带薪年休假实施办法》第九条规定，“用人单位根据生产、工作的具体情况，并考虑职工本人意愿，统筹安排年休假”。但需注意，与劳动者协商是用人单位需履行的程序，但并未要求“必须协商一致”。

但是，当两者意见不一致时怎么办？

一、用人单位有权单方面安排带薪年休假

本节案例 1 中，李某在某餐饮公司担任厨师，月工资为 8000 元，2019 年开始李某可以享受每年 5 天带薪年休假，其书面提出要求跨年休假并征得餐饮公司同意。2020 年 2 月 3 日，当地市政府要求全市所有非涉及疫情防控企业延迟复工复产至 2 月 17 日。餐饮公司即通知李某延迟复工，并要求李某 2 月 3 日至 14 日期间休完 2019 年、2020 年度的带薪年休假。李某表示不同意，餐饮公司要求李某服从安排并支付了李某 2 月 3 日至 14 日的工资。3 月 9 日，餐饮公司复工复产后，因李某多次旷工，餐饮公司与其解除劳动合同。李某提出餐饮公司未征得本人同意就安排休假不合法，该期间工资应当视为停工停产期间工资，并要求支付 2019

年、2020年度未休年休假工资报酬，餐饮公司拒绝。李某遂向劳动人事争议仲裁委员会申请仲裁。

规则一：用人单位有权统筹安排劳动者带薪年休假，与劳动者协商是用人单位需履行的程序，但并未要求“必须协商一致”。无论劳动者是否同意，企业都可以在履行协商程序后统筹安排带薪年休假。

——人力资源和社会保障部、最高人民法院第一批劳动人事争议典型案例之六（2020年发布）

本案中，餐饮公司在市政府要求延迟复工复产期间，主动与李某沟通后安排李某休带薪年休假符合法律和政策规定，而且李某2月3日至14日已依法享受2019年、2020年度带薪年休假并获得相应的工资。李某要求餐饮公司支付2019年、2020年度未休带薪年休假工资无事实依据，故依法驳回李某的仲裁请求。

现实中，用人单位在统筹安排劳动者休带薪年休假时，应依法履行协商程序，加强对劳动者的人文关怀，尽可能考虑、照顾到劳动者的实际情况，并及时足额支付劳动者休带薪年休假期间的工资报酬。

同时，劳动者也应准确理解法律和政策规定，积极接受用人单位的休假安排，不可仅凭个人意愿随意支配年休假。

当两者意见不一致时怎么办？

说到底，具体何时安排休假，最后还是由公司依法制定的规章制度说了算，员工应当予以服从。

另外，用人单位不但有权要求员工休假，还有权要求员工休假期间办理工作交接，而员工必须予以服从。

美国J. P. 摩根大通银行规定员工每年应休满4周假期，其中有2周还必须是连续性的休假；在员工连续休假期间，公司要安排审计。我国农商银行也把强制休假作为强化内部监控，防范内生性风险的有效手段，要求强制休假时间事先严格保密，当天通知，当天换人，“先移交后离岗，先稽核后上岗”。

二、停工停产期间，用人单位可与劳动者协商优先抵扣带薪年休假

因疫情防控的需要，部分用人单位延迟复工或部分停工停产，劳动者不能正

常提供劳动，用人单位和劳动者均陷入困境。为处理疫情防控期间的劳动关系，各级政府均出台相关规范性文件，动员企业与劳动者凝心聚力，共克时艰，全力支持企业复工复产，稳定劳动关系，鼓励双方尽量通过协商方式处理疫情期间有关劳动报酬、休息休假等事宜。

本节案例 2 中，王某于 2005 年 11 月 15 日入职某餐饮公司，双方签订劳动合同，岗位为常务副总经理，工资实行月薪制，基本工资 3500 元加绩效。因受疫情影响，该店于 2020 年 1 月 27 日至 2020 年 4 月 30 日未能正常营业，仅开展了零星的堂食、外卖、快餐等业务。王某 2020 年 2 月出勤 16 天、停工休息 4 天，2020 年 3 月出勤 27 天，2020 年 4 月出勤 23 天，某餐饮公司仅发放其基本工资。王某以某餐饮公司未足额发放劳动报酬为由解除劳动合同，并诉至法院，要求某餐饮公司支付工资差额、未休年休假工资、经济补偿金等。

法院认为，用人单位有权统筹安排劳动者带薪年休假，因受疫情影响，某餐饮公司南京分店于 2020 年 2 月至 4 月未能正常对外营业，并安排王某于 2020 年 2 月停工休息 4 天，主张在停工停产期间优先使用 2020 年带薪年休假，未违反法律规定，应予准许，依法判决驳回王某要求某餐饮公司支付未休年休假工资的诉讼请求。

规则二：用人单位受疫情影响在停工停产期间，可与劳动者协商优先抵扣带薪年休假。

——南京法院劳动人事争议十大典型案例之四（2020 年度）

本案例从疫情防控这一特殊背景出发，支持用人单位与劳动者协商优先抵扣带薪年休假，在兼顾企业和劳动者双方合法权益的基础上，帮助企业尽可能减少受疫情影响带来的损失，进一步稳定劳动关系，促进企业复工复产和持续发展。

但建议用人单位停工停产时，尽量在第一时间即与职工协商优先抵扣带薪年休假，不要“事先不说，事后抵扣”，这样容易引发争议。

【操作建议】

1. 原则上安排年休假应以天为计算单位

原则上安排年休假应以天为计算单位，除非双方达成谅解。有的单位强行要求劳动者将当年度年休假分散在每个工作日，以每天少工作半小时替代法定年休假，或直接要求劳动者在使用事假前先使用年休假等，并不妥当。

2. 用人单位可以平衡全年休假申请时间

为了防止出现职工集中休假，同时防止员工在年初就一次性把长假休完①，有的单位规定每次休假最多不得超过 1—2 天。但过分“碎片化”也不方便职工休假。可以把职工全年休假天数分散到上半年和下半年，兼顾各方利益。

3. 职工书面提出不休假才能视为放弃年休假

在企业规章制度中“劳动者不申请年休假即视为放弃年休假权利”的条款不具有合法性。单位要免除支付未休年休假工资的责任，必须拿出两方面的证明材料：一是单位对职工年休假已做出了安排；二是职工不休年休假是其本人原因，且提出了书面申请。即只有劳动者以积极的明示的方式表示其不休年休假的情况下，才能判定劳动者作出了放弃年休假权利的意思表示。

4. 企业可在年初核准职工当年休假天数

企业可在年初核准职工当年休假天数，并要求职工所在部门在平衡本部门工作休息时间的基础上，与每位职工本人一起商量制订其全年的休假计划，并按时考核部门执行情况。如果员工未按休假计划休假，则视为因本人原因放弃休假，企业可以只支付其正常工作期间的工资收入。

【相关法规】

1. 带薪年休假的安排

《职工带薪年休假条例》第五条：单位根据生产、工作的具体情况，并考虑职工本人意愿，统筹安排职工年休假。

年休假在 1 个年度内可以集中安排，也可以分段安排，一般不跨年度安排。单位因生产、工作特点确有必要跨年度安排职工年休假的，可以跨 1 个年度安排。

……

《企业职工带薪年休假实施办法》第九条：用人单位根据生产、工作的具体情况，并考虑职工本人意愿，统筹安排年休假。用人单位确因工作需要不能安排职工年休假或者跨 1 个年度安排年休假的，应征得职工本人同意。

人力资源社会保障部等四部门《关于做好新型冠状病毒感染肺炎疫情防控期间稳定劳动关系支持企业复工复产的意见》（人社部发〔2020〕8 号）：对不具备远程办公条件的企业，与职工协商优先使用带薪年休假、企业自设福利假等各

---

① 根据《企业职工带薪年休假实施办法》第十二条第三款规定，“用人单位当年已安排职工年休假的，多于折算应休年休假的天数不再扣回”。

类假。

2. 用人单位无须支付未休年休假工资报酬的情形

《企业职工带薪年休假实施办法》第十条：用人单位经职工同意不安排年休假或者安排职工年休假天数少于应休年休假天数，应当在本年度内对职工应休未休年休假天数，按照其日工资收入的300%支付未休年休假工资报酬，其中包含用人单位支付职工正常工作期间的工资收入。

用人单位安排职工休年休假，但是职工因本人原因且书面提出不休年休假的，用人单位可以只支付其正常工作期间的工资收入。

4.3 休假待遇：未休年假自行辞职可获补偿吗？

【案例索引】

序号	典型案例	裁判要旨	关键词
1	北京市西城区人民法院涉劳动者带薪年休假纠纷典型案例之二（2021 年发布）	享受年休假，是劳动者一项不容剥夺的重要休息权，也是劳动者的法定权利，只要其满足带薪年休假的条件就应当享受，此项权利不应因劳动者主动辞职或用人单位提出解除、终止而加以区别。	离职员工的年休假
2	北京市西城区人民法院涉劳动者带薪年休假纠纷典型案例之三（2021 年发布）	因带薪年休假工资不属于劳动报酬，故劳动者要求用人单位支付其未休带薪年休假工资补偿的仲裁时效期间应适用《劳动争议调解仲裁法》第二十七条第一款规定。	仲裁时效

【规则精析】

一、未休年假，自行辞职可获补偿吗？

《企业职工带薪年休假实施办法》第十二条规定，“用人单位与职工解除或者终止劳动合同时，当年度未安排职工休满应休年休假的，应当按照职工当年已工作时间折算应休未休年休假天数并支付未休年休假工资报酬，但折算后不足 1 整天的部分不支付未休年休假工资报酬”。

实践中，对“用人单位与职工解除或者终止劳动合同”的理解不同。

第一种意见认为，“用人单位与职工解除或者终止劳动合同”只包含用人单位主动提出与职工解除或者终止劳动合同的情形。

第二种意见则认为，“用人单位与职工解除或者终止劳动合同”，就其字面含义而言，并不能得出谁主动谁被动的判断，仅是对于劳动合同解除或者终止的一种状态描述。该条款规定的“解除或者终止劳动合同时”并未明确劳动合同解除或者终止的事由，即无论是哪方主动提出解除或终止，只要发生了劳动合同解除或终止的事实状态，用人单位便需要支付劳动者应休未休年休假工资。

本节案例 1 中，刘先生主动辞职后，以公司未支付 2019 年度未休年休假工资等事由申请仲裁。后因不服仲裁结果，诉至法院。庭审中，公司表示，刘先生主动提出辞职，公司不应支付其当年未休年休假工资。法院经审理认为，刘先生自行提出解除劳动关系，不影响其主张未休年休假工资，最终支持了刘先生的诉讼请求。

规则一：享受年休假，是劳动者一项不容剥夺的重要休息权，也是劳动者的法定权利，只要其满足带薪年休假的条件就应当享受，此项权利不应因劳动者主动辞职或用人单位提出解除、终止而加以区别。

——北京市西城区人民法院涉劳动者带薪年休假纠纷典型案例之二（2021 年发布）

对《企业职工带薪年休假实施办法》第十二条试作进一步分析：

第一种情况是对用人单位单方与劳动者解除劳动合同的情形分析。“用人单位与职工解除或者终止劳动合同”的情形包括以下两种情况。第一种是指用人单位依据《劳动合同法》第三十九条、第四十条、第四十一条单方解除劳动合同的情形，或依据第四十四条第（一）项、第（二）项、第（四）项、第（五）项终止劳动合同的情形。第二种是指用人单位未依据上述依据解除或终止劳动合同的情形（违法解除劳动合同）。用人单位在决定解除劳动合同之前，无论属于何种情况，均可以“根据生产、工作的具体情况，并考虑到职工本人意愿，统筹安排职工年休假”，一般不存在无法安排年休假的情况，故只要用人单位在“当年度未安排职工休满应休年休假的”，用人单位均需要向劳动者支付剩余未休年休假的工资报酬。

第二种情况是劳动者单方与用人单位解除劳动合同的情形分析。劳动者主动提出辞职的情形，也包括三种情况，第一种是指劳动者依据《劳动合同法》第三十七条的规定提前三十日书面形式通知用人单位解除劳动合同，此种情况下，用人单位可以在提前通知期内安排职工休假，用人单位可以安排而不安排的，用人单位应当支付劳动者当年度应休未休年休假的工资报酬。第二种是指劳动者依据《劳动合同法》第三十八条的规定行使单方即时解除劳动合同，劳动者无须提前通知，用人单位在此情况下因自身原因造成劳动者不能享受年休假，用人单位应当支付劳动者当年度应休未休年休假的工资报酬。第三种是劳动者未提前 30 天通知而行使即时解除权，也不存在《劳动合同法》第三十八条规定的当即解除事由，属于劳动者违法解除劳动合同。此时，如果劳动者违法解除劳动合同的行为造成用人单位无法安排年休假，参考《劳动合同法》第九十条的法律精神，则用人单位无须承担因劳动者违法解除劳动合同行为所造成的损失，即用人单位可以不再支付劳动者当年度应休未休年休假的工资报酬。

综上所述，无论是用人单位主动提出与劳动者解除或者终止劳动合同，还是劳动者主动且合法提出与用人单位解除或者终止劳动合同，用人单位都应当向劳动者支付应休未休年休假的折算工资报酬予以补偿。但是，若劳动者违法解除劳动合同，且确实导致用人单位无法安排年休假的，用人单位无须支付对应补偿。

二、年假工资有时效，逾期主张不支持

《劳动争议调解仲裁法》第二十七条第一款规定：“劳动争议申请仲裁的时效期间为一年。仲裁时效期间从当事人知道或者应当知道其权利被侵害之日起计算。”该规定即通常所谓的“劳动争议的一般仲裁时效”。该条第四款规定：“劳动关系存续期间因拖欠劳动报酬发生争议的，劳动者申请仲裁不受本条第一款规定的仲裁时效期间的限制；但是，劳动关系终止的，应当自劳动关系终止之日起一年内提出。”该规定即通常所谓的“追索劳动报酬的特殊仲裁时效”。那么，带薪年休假的工资报酬的申请仲裁时效适用属于上述“一般仲裁”还是“特殊时效”？

对此主要有两种意见，第一种意见是年休假工资属于劳动报酬，即“因拖欠劳动报酬发生争议”，劳动者申请仲裁不受普通时效限制，而可以延长至“劳动关系终止之日起一年内”。这种观点认为，年休假待遇属于劳动报酬，应当适用《劳动争议调解仲裁法》关于特殊仲裁时效的规定。

第二种意见是年休假工资属于福利待遇范畴，适用普通时效，即知道或者应当知道其权利被侵害之日起一年；这种观点认为，劳动报酬即工资，是劳动者所

付出劳动的对价。对于“年休假工资”的认定不应以名称而论，而应当以其法律性质来进行辨析认定。年休假是劳动者休息休假权利的体现，应休而未休年休假折算工资，即200%的工资报酬是因劳动者休息权不能享有而转化成的经济补偿，并非劳动者固有劳动报酬的一部分。

北京市高级人民法院、北京市劳动人事争议仲裁委员会《关于审理劳动争议案件法律适用问题的解答》将“未休带薪年休假工资报酬差额（200%部分）”定性为“经济补偿金”，而非“劳动报酬”，考虑年休假可以集中、分段和跨年度安排的特点，故劳动者每年未休带薪年休假应获得年休假工资报酬的时间从第二年的12月31日起算。

深圳市中级人民法院《关于审理劳动争议案件的裁判指引》（2015年9月2日深圳市中级人民法院审判委员会民事行政执行专业委员会第11次会议讨论通过）：“一百一十一、未休年休假工资的申请劳动仲裁时效期间应从第三个年度的1月1日当天开始计算。但双方劳动合同解除或终止的，应从劳动合同解除或终止之日起计算。”①

上海市劳动人事争议仲裁委员会《关于仲裁案件处理有关问题的指导意见（二）》：“十、劳动者要求用人单位补偿未休带薪年休假报酬，其时效如何掌握？我们认为，劳动者要求用人单位补偿未休带薪年休假报酬的，依据《劳动争议调解仲裁法》第二十七条第一款的规定，申请仲裁的时效按一年掌握。”

规则二：因带薪年休假工资不属于劳动报酬，故劳动者要求用人单位支付其未休带薪年休假工资补偿的仲裁时效期间应适用《劳动争议调解仲裁法》第二十七条第一款规定。

——北京市西城区人民法院涉劳动者带薪年休假纠纷典型案例之三（2021年发布）

---

① 深圳市中级人民法院《关于〈审理劳动争议案件的裁判指引〉的说明》：依据《企业职工带薪年休假实施办法》第九条的规定，年休假可以跨一个年度享受，故至第二年的12月31日用人单位既未安排年休假，又未支付年休假工资的，劳动者就应当知道其权利受到侵害，故关于未休年休假工资的申请仲裁时效期间应从第三个年度的1月1日开始计算。但双方劳动关系解除或终止的，根据《劳动争议调解仲裁法》第二十七条的规定，未休年休假工资申请仲裁时效期间则应从劳动关系解除或终止之日起算。

本节案例 2 中，李先生所在公司自 2020 年 2 月起未足额向其支付工资。2020 年 7 月 3 日，李先生以长期拖欠工资为由，向公司提出解除劳动合同。并于次日申请劳动仲裁，要求公司支付 2017 年至 2020 年未休年休假工资共计 4 万余元。公司则称，同意支付 2018 年至 2020 年的未休年假工资，但 2017 年未休年假工资已经超过仲裁时效，不同意支付。

法院经审理认为，因带薪年休假工资不属于劳动报酬，故劳动者要求用人单位支付其未休带薪年休假工资补偿的仲裁时效期间应适用一般时效的规定。考虑到年休假可以集中、分段和跨年安排的特点，本案中李先生 2017 年的年休假最迟可以在 2018 年 12 月 31 日享受，如其未休，应最迟于 2019 年 12 月 31 日主张未休年休假工资，其于 2020 年 7 月提起仲裁已经超过一年时效，故法院对其要求 2017 年度未休年休假工资的诉讼请求未予支持，仅支持了李先生 2018 年至 2020 年未休年假工资。

年休假工资适用一年的普通时效，并不意味着劳动者在仲裁时，仅能获得一个年度的年休假工资。比较北京、上海、深圳的规定，尽管三地都认为年休假工资属于福利待遇范畴，适用普通时效，但是三地的执行口径“同中存异”。

上海司法实践中倾向于：劳动者主张年休假工资，其上一年度年休假工资应当在上一年度最后一日由单位支付，故至诉讼时未经过一年的仲裁时效；而对于本年度的年休假，其依法有权主张，亦未经过仲裁时效。故劳动者在任何时间提起仲裁，其有权要求的年休假工资，应当为上一年度的年休假和本年度的年休假，即劳动者或可获得两年的年休假工资。而根据北京的规定，劳动者或可获得三年的年休假工资。深圳则区分离职职工和在职职工。

【操作建议】

1. 保留好未休年休假工资的发放明细

对于职工休年假的申请及销假要做好书面记录留存，如果的确没有安排年休假的，应保留好未休年休假工资的发放明细以备后查。

2. 离职协议上尽量注明“此外没有任何劳动争议”

用人单位在解除终止劳动合同时，应当对劳动者的工作时间（含休息休假）进行统计，并将未休年假、调休等在离职前作统一安排，或交接时按法定标准折现。在签订解除终止劳动合同协议时，应当尽量就相关事宜作出约定，或注明“此外没有任何劳动争议”。

【相关法规】

1. 年休假待遇

《职工带薪年休假条例》第五条第三款：……单位确因工作需要不能安排职工休年休假的，经职工本人同意，可以不安排职工休年休假。对职工应休未休年休假天数，单位应当按照该职工日工资收入的300%支付年休假工资报酬。

《企业职工带薪年休假实施办法》第十条：用人单位经职工同意不安排年休假或者安排职工年休假天数少于应休年休假天数，应当在本年度内对职工应休未休年休假天数，按照其日工资收入的300%支付未休年休假工资报酬，其中包含用人单位支付职工正常工作期间的工资收入。

用人单位安排职工休年休假，但是职工因本人原因且书面提出不休年休假的，用人单位可以只支付其正常工作期间的工资收入。

《企业职工带薪年休假实施办法》第十一条：计算未休年休假工资报酬的日工资收入按照职工本人的月工资除以月计薪天数（21.75天）进行折算。

前款所称月工资是指职工在用人单位支付其未休年休假工资报酬前12个月剔除加班工资后的月平均工资。在本用人单位工作时间不满12个月的，按实际月份计算月平均工资。

职工在年休假期间享受与正常工作期间相同的工资收入。实行计件工资、提成工资或者其他绩效工资制的职工，日工资收入的计发办法按照本条第一款、第二款的规定执行。

《企业职工带薪年休假实施办法》第十二条：用人单位与职工解除或者终止劳动合同时，当年度未安排职工休满应休年休假的，应当按照职工当年已工作时间折算应休未休年休假天数并支付未休年休假工资报酬，但折算后不足1整天的部分不支付未休年休假工资报酬。

前款规定的折算方法为：（当年度在本单位已过日历天数÷365天）×职工本人全年应当享受的年休假天数-当年度已安排年休假天数。

用人单位当年已安排职工年休假的，多于折算应休年休假的天数不再扣回。未休年休假工资的计算公式：未休年休假工资=（未休年休假工资报酬前12个月工资-加班工资）/12/21.75×应休未休年休假天数×200%

2. 仲裁时效

《劳动争议调解仲裁法》第二十七条第一款：劳动争议申请仲裁的时效期间为一年。仲裁时效期间从当事人知道或者应当知道其权利被侵害之日起计算。

第四款：劳动关系存续期间因拖欠劳动报酬发生争议的，劳动者申请仲裁不受本条第一款规定的仲裁时效期间的限制；但是，劳动关系终止的，应当自劳动关系终止之日起一年内提出。

第 5 章　薪酬支付

5.1 工资支付：最低工资包含个人社保费和公积金吗？

【案例索引】

序号	典型案例	裁判要旨	关键词
1	贵州省高级人民法院、省人力资源和社会保障厅联合发布8个劳动争议典型案例之三（2021年发布）	最低工资标准包含劳动者个人应缴纳的基本养老保险费、医疗保险费、失业保险费和住房公积金，不包含支付给劳动者的加班加点工资，中班、夜班、高温、低温、井下、有毒有害等特殊工作环境和条件下的津贴，以及法律、法规和国家规定的劳动者福利待遇等。	最低工资
2	成都市中级人民法院劳动争议案例之八（2018年度）	虽然绩效工资发放属于用人单位自主经营权的范畴，但如在合同中明确约定了绩效工资的具体金额，该绩效工资应认定属于固定工资的一部分，公司没有相应的考核办法，仅以“业绩不佳、表现不好”等各种理由减发甚至不发，不能得到支持。	绩效工资
3	《深圳法院劳动争议审判白皮书（2005—2020）》案例之六	在劳动者已证明存在年终奖约定或发放年终奖惯例的情况下，用人单位应当对年终奖的发放时间、发放条件、发放标准、发放金额等承担举证责任。	年终奖

【规则精析】

工资是指用人单位依据劳动合同的规定，以各种形式支付给劳动者的工资报酬。国家实行最低工资保障制度。用人单位支付劳动者的工资不得低于当地最低工资标准。

最低工资标准一般采取月最低工资标准和小时最低工资标准的形式。月最低工资标准适用于全日制就业劳动者，小时最低工资标准适用于非全日制就业劳动者。

从典型案例来看，最低工资方面的争议有两个关注点：最低工资标准的组成、最低工资和基本工资的区别。

一、最低工资标准是否包含个人缴纳“三险一金”和津贴

中国各省、自治区、直辖市人民政府均正式颁布实施了当地的最低工资标准。最低工资标准是国家为了保护劳动者的基本生活，在劳动者提供正常劳动的情况下，而强制规定用人单位必需支付给劳动者的最低工资报酬。

本节案例 1 中，根据贵州省人力资源和社会保障厅的规定，最低工资标准包含劳动者个人应缴纳的基本养老保险费、医疗保险费、失业保险费和住房公积金，不包含支付给劳动者的加班加点工资，中班、夜班、高温、低温、井下、有毒有害等特殊工作环境和条件下的津贴，以及法律、法规和国家规定的劳动者福利待遇等。在认定用人单位向劳动者发放的工资是否低于当地最低工资标准时，不应仅以应发工资或者实发工资简单的与最低工资标准作比较，应根据劳动者的工资组成对相应费用予以考虑和扣减。

规则一：最低工资标准包含劳动者个人应缴纳的基本养老保险费、医疗保险费、失业保险费和住房公积金，不包含支付给劳动者的加班加点工资，中班、夜班、高温、低温、井下、有毒有害等特殊工作环境和条件下的津贴，以及法律、法规和国家规定的劳动者福利待遇等。

——贵州省高级人民法院、省人力资源和社会保障厅联合发布 8 个劳动争议典型案例之三（2021 年发布）

最低工资标准要剔除一些常见的工资项目，如劳动者延长工作时间的加班费，不作为月最低工资标准的组成部分，由用人单位另行支付。但是对于是否包含劳动者个人应缴纳的基本养老保险费、医疗保险费、失业保险费和住房公积金，以及包含支付给劳动者的加班加点工资，中班、夜班、高温、低温、井下、有毒有害等特殊工作环境和条件下的津贴，各地作出了不同的规定。

首先，对于最低工资是否包含个人缴纳的社会保险费、住房公积金，各地规定不一。浙江、深圳、广州、陕西、海南等地规定，最低工资不需要扣除劳动者个人依法缴纳的社会保险费和住房公积金。江苏等地则规定，最低工资不需要扣除社会保险费，但需要扣除个人缴纳的公积金。上海、北京等地规定，月最低工资标准不包含个人应依法缴纳的社会保险费和住房公积金，此两项费用由用人单

位按规定另行支付。

上海还规定，企业支付职工疾病休假期间的病假工资或疾病救济费不得低于当年本市企业职工月最低工资标准的80%。企业职工疾病休假工资或疾病救济费最低标准不包括应由职工个人缴纳的养老、医疗、失业保险费和住房公积金。

其次，最低工资标准是否包括上下班交通费补贴、伙食补贴、住房补贴等。根据原劳动部《关于贯彻执行〈中华人民共和国劳动法〉若干问题的意见》，最低工资不包括"以货币形式支付的住房和用人单位支付的伙食补贴"。上海明确规定，最低工资不包括伙食补贴、上下班交通费补贴、住房补贴。即相比原劳动部的规定，上海将上下班交通费补贴也剔除在最低工资以外。但其他补贴如通信费补贴、工龄津贴等，则可计入最低工资。

最低月工资中五险一金构成速查表单①

地区	社保个人部分	公积金个人部分	文件依据
北京	不含	不含	京人社劳发〔2021〕77号
天津	包含	包含	津人社规字〔2021〕4号解读
上海	不含	不含	沪人社规〔2021〕18号
重庆	包含	包含	劳动关系处问题答复
安徽	不含	不含	皖政办秘〔2021〕102号解读
江西	包含	未明确	赣府厅字〔2021〕5号
江苏	未明确	不包括下限缴纳	苏人社发〔2021〕72号
浙江	包含	包含	浙劳社薪〔2004〕40号
福建	包含	包含	闽人社文〔2021〕148号
海南	未明确	未明确	未明确
广东	未明确	未明确	未明确
广西	包含	包含	桂政发〔2020〕1号解读
山东	包含	包含	鲁劳社函〔2006〕387号
山西	包含	包含	晋政办发〔2021〕81号解读
河北	包含	包含	冀人社字〔2016〕108号
河南	未明确	未明确	未明确

① 本表单为谭蔚整理。

续表

最低月工资中五险一金构成速查表单			
地区	社保个人部分	公积金个人部分	文件依据
湖北	未明确	未明确	未明确
湖南	包含	未明确	湘人社发〔2019〕56号
云南	包含	包含	云人社发〔2018〕16号
贵州	包含	包含	黔人社发〔2019〕16号
四川	包含	包含	川府发〔2018〕19号
陕西	未明确	未明确	未明确
甘肃	包含	包含	甘政发〔2021〕61号解读
宁夏	包含	未明确	宁政规发〔2021〕1号
青海	未明确	未明确	未明确
内蒙古	包含	包含	内政办发〔2021〕69号
西藏	未明确	未明确	未明确
新疆	包含	包含	新政发〔2021〕21号
黑龙江	未明确	未明确	未明确
吉林	未明确	未明确	未明确
辽宁	未明确	未明确	未明确

但最低工资规定并未剔除每月发放的奖金，所以奖金可包含在最低工资中。但不管工资奖金的比例如何规定，职工每月实际到手的钱不能低于最低工资标准。由于用人单位应当每月至少支付一次工资，且每月发放的工资不得低于最低工资标准，所以年底发放的一次性年终奖，不能再“分摊”在每月发放的最低工资里面。

需注意：支付最低工资的前提条件是提供正常劳动。有人认为，只要是用人单位的职工，用人单位每月支付给他的工资就不能低于最低工资标准，这种说法是不准确的。最低工资标准是指劳动者在法定工作时间或劳动合同约定的工作时间内提供了正常劳动，用人单位依法支付的最低劳动报酬。所谓劳动者“提供了正常劳动”，简单地讲，第一要保证出勤，第二要听从单位的工作指令。如果劳动者未提供正常劳动，如当月请过病事假，那么月工资就可能低于最低工资。

劳动者在法定工作时间内依法参加社会活动的，用人单位应视同其提供了正常劳动而支付工资。劳动者在依法享受婚假、丧假、探亲假、病假等假期期间，企业应当按规定支付假期工资。

二、绩效奖金的"实质性评价"条件

对于劳动者依法取得劳动报酬的约定应受到保护。在实践中，用人单位将本应发放的工资分为若干项目，并以基本工资、绩效工资等分项发放。

绩效工资是以对员工绩效的有效考核为基础，实现将工资与考核结果相挂钩的工资制度，它的理论基础就是"以绩取酬"。狭义的绩效工资是相对于固定的基本工资的浮动部分工资，对于这部分工资如何发放属于用人单位自主经营权的范畴。

广义的绩效工资是从原有的固定工资中拆分出一部分作为绩效工资。如果绩效工资属于在合同中明确约定的固定金额，也无相应考核办法，应视为双方对应发工资的约定，用人单位不能以其他理由进行扣减。

指导案例 182 号——彭宇翔诉南京市城市建设开发（集团）有限责任公司追索劳动报酬纠纷案中，城市建设开发（集团）有限责任公司（以下简称城开公司）《奖励办法》规定成功引进商品房项目的，城开公司将综合考虑项目规模、年化平均利润值合并表等综合因素，以项目审定的预期利润或收益为奖励基数，按照 0.1%—0.5%确定奖励总额。该奖励由投资开发部拟定各部门或其他人员的具体奖励构成后提出申请，经集团领导审议、审批后发放。

彭宇翔入职城开公司担任投资开发部经理后，投资开发部形成《会议纪要》，确定部门内部的奖励分配方案为总经理占部门奖金的 75%、其余项目参与人员占部门奖金的 25%。彭宇翔履职期间，其所主导的投资开发部成功引进六个项目，后针对上述六项目投资开发部先后向城开公司提交了六份奖励申请。直至彭宇翔自城开公司离职，城开公司未发放上述奖励。彭宇翔经劳动仲裁程序后，于法定期限内诉至法院，要求城开公司支付奖励 1689083 元。

案件审理过程中，城开公司认可案涉六项目初步符合《奖励办法》规定的受奖条件，但以无锡等三项目的奖励总额虽经审批但具体的奖金分配明细未经审批，及徐州等三项目的奖励申请未经审批为由，主张彭宇翔要求其支付奖金的请求不能成立。对于法院"如彭宇翔现阶段就上述项目继续提出奖励申请，城开公司是否启动审核程序"的询问，城开公司明确表示拒绝，并表示此后也不会再启动六项目的审批程序。

南京市秦淮区人民法院驳回彭宇翔的诉讼请求。彭宇翔不服，提起上诉。江苏省南京市中级人民法院改判城开公司支付彭宇翔奖励1259564.4元。

规则二：用人单位规定劳动者在完成一定绩效后可以获得奖金，其无正当理由拒绝履行审批义务，符合奖励条件的劳动者主张获奖条件成就，用人单位应当按照规定发放奖金的，人民法院应予支持。

——最高人民法院指导案例182号：彭宇翔诉南京市城市建设开发（集团）有限责任公司追索劳动报酬纠纷案

法院生效裁判认为：城开公司作为奖金的设立者，有权设定相应的考核标准、考核或审批流程。其中，考核标准系员工能否获奖的实质性评价因素，考核流程则属于城开公司为实现其考核权所设置的程序性流程。在无特殊规定的前提下，因流程本身并不涉及奖励评判标准，故而是否经过审批流程不能成为员工能否获得奖金的实质评价要素。城开公司也不应以六项目的审批流程未启动或未完成为由，试图阻却彭宇翔获取奖金的实体权利的实现。

这里裁判者借用了采购法中"实质性要求"与"非实质性要求"相区分的方法。所谓"实质性要求"是指采购人根据采购项目需求和具体特点，在招标文件中规定不允许偏离、须供应商实质性响应，否则其投标文件无效的具体要求。实质性要求为一票否决项，当投标文件不满足实质性要求时，投标无效。非实质性要求则通常设置为评分项，投标文件不满足非实质性要求时，扣掉相应分值，不会直接导致投标无效。

裁判者认为，在无特殊规定的前提下，审批流程不属于员工获得奖金的"实质性要求"。用人单位不能仅仅因为未经过审批流程就拒绝支付奖金。

所谓"特殊规定"包括公司高管其薪酬决定机制受公司法调整。尤其是兼任执行董事或法定代表人的高管，由于其对公司具有管理决策权，甚至具有实际控制权，其薪酬的确定或内含高管与公司间的利益冲突。

为保护公司及股东的利益免受不当侵害，应按照公司法的规定，审查高管薪酬的决定是否符合严格的程序条件，包括是否由董事会或薪酬考核委员会决定，是否有利害关系的董事参与表决，是否定期向股东披露薪酬。司法实践中，在用人单位针对公司高管的绩效工资等浮动薪酬作出制度规定，且高管对此知晓的情况下，应当按照具体规定处理。

即在特殊情况下，审批流程也未必不可属于员工获得奖金的“实质性要求”。但是这只是例外的情况。另外，《公司法》对高管人员薪酬待遇的程序性规定，不仅对高管人员有约束力，公司本身也受其规制。即公司也应遵守诚实信用的原则，不能滥用权利。

正如本案判决书所言：无论是基于诚实信用原则，还是基于按劳取酬原则，城开公司皆有义务启动审核程序对该奖励申请进行核查，以确定彭宇翔关于奖金的权利能否实现，如城开公司拒绝审核，应说明合理理由。

为保护公共利益和普通劳动者的权益，《劳动法》一直包含着较为明显的国家干预的因素。法院在必要时，可对用人单位制订的绩效奖金方案作进一步的适法性评价。除了应合理区分“实质性要求”和“非实质性要求”，用人单位不能以绩效奖金作为逃避用工风险和社会责任的理由，绩效奖金形式下的劳动者的最终所得不能低于最低工资等。

但是在确认员工获得奖金的“实质性要求”的前提下，用工双方就是否成就条件发生争议的，应当如何处理呢？在司法实践中，法院并无可能对于员工的工作业绩和绩效指标绩效对比并得出员工绩效考核是否合格的结论，因此用人单位认定考核结果的实体依据是否进行审查应当慎之又慎。但是鉴于考核程序所具有的重要价值、公开透明且便于第三方评判的属性，法院对绩效考核的审查原则应当确定为：程序审查为主，实体审查为辅。

如在国民信托有限公司诉胡某劳动争议案中，公司依据《2013 年度绩效考核实施方案》对全体员工的工作业绩进行考核，该考核结果用于 2013 年度奖金的计发，被评为不合格的员工不享有年终奖金。胡某不服公司的考核结果并诉诸于司法程序。由于公司提交的证据仅可证明其完成了七项考核程序中的三项，法院终审判决“其在程序有缺失的情况下得出的绩效考核结果之正当性应当予以否定”。

三、离职员工是否可获得年终奖

年终奖不是法定的固定待遇，属于用人单位用工自主权范畴，年终奖是否发放、发放的具体标准均应由用人单位结合自身经营情况、部门效益、个人表现等因素综合评定。但是用人单位在发放年终奖的过程中，不能违反劳动法律法规。

年终奖的举证责任分配一般为：劳动者就双方存在年终奖的约定或发放惯例承担举证责任，用人单位就不向劳动者支付年终奖或发放金额承担举证责任，最后裁决金额应根据双方举证及事实调查进行综合判断。

在一则劳动争议案中，法院认为，用人单位对年终奖具有一定的发放自主权，公司已对《关于取消华东区 2020 年度年终奖的通知》进行了公证，劳动者亦未向法院举证公司曾向华东地区其他员工发放 2020 年年终奖的证据，故法院对该份证据予以采信。2020 年餐饮行业受疫情影响较大，故公司以此为由作出不发放 2020 年年终奖决定具有一定正当性与合理性，法院予以支持。①

但是对于劳动者关于年终奖是否存在的事实这一举证责任，不能要求过于苛刻。只要劳动者举出初步证据使法官有理由相信有年终奖发放的事实，法官就应根据司法解释的规定，自由裁量将举证责任倒置给用人单位。

年终奖具体是否发放、发放条件、发放数额等虽然均与用人单位的效益相关，但仍应由用人单位通过规章制度决定，或者劳动合同予以约定。但很多用人单位与劳动者对于年终奖的发放约定并不明确，同时也未有规章制度对此有约束。用人单位对此负有举证责任，故在用人单位未能提供证据证明其规章制度或其与劳动者就年终奖的发放条件、发放标准、发放金额等存在明确规定的，应由用人单位承担举证不能的不利后果。②

本节案例 3 中，房玥原任中美联泰大都会人寿保险有限公司（以下简称大都会公司）战略部高级经理。2017 年 10 月，大都会公司对其组织架构进行调整，决定撤销战略部，房玥所任职的岗位因此被取消。12 月 29 日，大都会公司以客观情况发生重大变化、双方未能就变更劳动合同协商达成一致，向房玥发出解除劳动合同通知书。房玥对解除决定不服，经劳动仲裁程序后起诉诉求 2017 年度奖金等。大都会公司《员工手册》规定：年终奖金根据公司政策，按公司业绩、员工表现计发，前提是该员工在当年度 10 月 1 日前已入职，若员工在奖金发放月或之前离职，则不能享有。据查，大都会公司每年度年终奖会在次年 3 月左右发放。

一审法院认为，大都会公司的《员工手册》明确规定了奖金发放情形，房玥在大都会公司发放 2017 年度奖金之前已经离职，不符合奖金发放情形，故对房玥要求 2017 年度奖金之请求不予支持。但是二审法院改判：对房玥诉求大都会公司支付 2017 年度年终奖，应予支持。

---

① 案号：上海市第二中级人民法院（2021）沪 02 民终 10595 号。

② 根据《深圳市员工工资支付条例》第十四条第二款规定，劳动关系解除或者终止时，员工月度奖、季度奖、年终奖等支付周期未满的工资，按照员工实际工作时间折算计发。部分用人单位以劳动者在发放年终奖时已离职作为其拒绝发放年终奖的抗辩理由也是不成立的，劳动者离职的，用人单位应当按照劳动者实际工作时间进行折算计发。

本案中，大都会公司对其组织架构进行调整，双方未能就劳动合同的变更达成一致，导致劳动合同被解除。房玥在 2017 年度已在大都会公司工作满一年；在大都会公司未举证房玥的 2017 年度工作业绩、表现等方面不符合规定的情况下，可以认定房玥在该年度为大都会公司付出了一整年的劳动且正常履行了职责，为大都会公司做出了应有的贡献。基于上述理由，大都会公司关于房玥在年终奖发放月之前已离职而不能享有该笔奖金的主张缺乏合理性。故对房玥诉求大都会公司支付 2017 年度年终奖，应予支持。

本案一审和二审不同的判决结果，代表了司法实践中对于支付年终奖的观点差异。年终奖的发放在司法实践中，存有三种观点：

第一种强调“约定优先”的原则，如本案一审判决认为，年终奖是企业根据企业本年度的经济效益、结合员工的工作成绩，对员工进行奖励的一种制度，它由企业根据自身状况自行调整，企业对此具有一定的自主权。

第二种强调“同工同酬”的原则，如天津法院《劳动争议案件审理指南》第三十七条规定：“用人单位以规章制度、通知、会议纪要等规定有权利领取年终奖的劳动者范围为年终奖实际发放之日仍然在职的劳动者为由，拒绝向考核年度内已经离职的劳动者发放年终奖的，如该年终奖属于劳动报酬性质，劳动者请求给付年终奖的，应予支持……”

第三种观点则强调兼顾“效率”和“公平”。如本案二审判决认为，现行法律法规并没有强制规定年终奖应如何发放，用人单位有权根据本单位的经营状况、员工的业绩表现等，自主确定奖金发放与否、发放条件及发放标准，但是用人单位制定的发放规则仍应遵循公平合理原则，对于在年终奖发放之前已经离职的劳动者可否获得年终奖，应当结合劳动者离职的原因、时间、工作表现和对单位的贡献程度等多方面因素综合考量。

指导案例 183 号倾向于第三种观点。

规则三：年终奖发放前离职的劳动者主张用人单位支付年终奖的，人民法院应当结合劳动者的离职原因、离职时间、工作表现以及对单位的贡献程度等因素进行综合考量。用人单位的规章制度规定年终奖发放前离职的劳动者不能享有年终奖，但劳动合同的解除非因劳动者单方过失或主动辞职所导致，且劳动者已经完成年度工作任务，用人单位不能证明劳动者

的工作业绩及表现不符合年终奖发放标准，年终奖发放前离职的劳动者主张用人单位支付年终奖的，人民法院应予支持。

——最高人民法院指导案例 183 号：房玥诉中美联泰大都会人寿保险有限公司

发放年终奖固然要讲效率。按照签订合同的本意，雇主和雇员必须事先就合同达成共识。但是事实上很多条款事先并没有明确，而是隐蔽含蓄地为雇佣双方所认同。按照隐性契约理论，工人是风险规避者，不喜欢工资随市场条件的变化而变化；雇主是风险中性者，只关注企业的平均工资。因此，合约常常以一个稍低于平均水平的固定工资取代随机变化的工资，对签约双方都有利。

年终奖经常作为一种隐性契约并不出现或不完全出现在双方的正式契约中，而是作为一种双方心照不宣的、对双方有约束力的制度规则隐含在正式契约中。通常情况下，雇员会接受每月只领取一部分固定工资，同时期待雇主根据企业效益和自己的表现，以年终奖或者其他形式进行补偿。

隐性契约对于制度环境差异的敏感性较强，所以年终奖发放标准原则上应当依据劳动合同、集体合同的约定或者规章制度的规定。如果双方未明确约定发放年终奖，企业又发生了亏损等情况，那么企业不支付年终奖，亦无可厚非。再如，有的企业将个人表现的考核结果与发放年终奖挂钩，也符合隐性契约动态性较强的特征。

但是单位规章制度不能有悖于公平原则。公平原则是指民事主体在从事民事活动时应秉持公平理念，公正、平允、合理地确定各方的权利与义务。虽然我国《劳动法》和《劳动合同法》没有明确规定应遵循公平原则，但“法是公平正义之术”，无论法律如何变化，其终极目的总是实现社会的公平正义。何况“同工同酬”本来就是《劳动法》的一项基本原则，旨在消除劳动报酬分配中的各种歧视，维护公平的价值理念。年终奖本质上还是对员工一年来所付出相应时间劳动的对价。对于离职员工不能成就年终奖发放条件的，应根据不同的离职类型区别对待。

现实中，有的劳动合同约定或规章制度规定“劳动者因严重违纪被解除劳动合同或在发放奖金时已经离职的没有年终奖”，参照指导案例 183 号的裁判要点，法院应根据劳动关系消灭的原因适用不同的审理思路。一是因劳动者个人原因离职的，二是因单位依据《劳动合同法》第三十九条合法解除而劳动关系消灭的，由于提前离职系劳动者个人原因，不符合年终奖的发放条件。由于因劳动者单方过失提前离职系劳动者个人原因，不符合年终奖的发放条件。此外，一是因劳动合同终止（包括劳动者退休等）的，二是因是否协商一致解除的，三是因单位依据《劳动合同法》第四十条、第四十一条合法解除的，四是因单位违法解除终止的，皆为“非因劳动者单方过失或主动辞职所致”，只要劳动者符合年终奖发放标准时，劳动者主张用人单位支付年终奖的，人民法院应当予以支持。

但这并不意味着发放年终奖，一律应当按照劳动者实际工作时间占全年工作时间的比例确定。如有的单位明确规定年终奖发放条件是完成经营业绩目标，这就与员工是否在中途离职无关。

还有的单位发的不是年终奖而是“过节费”，可否规定只有发放时在编的员工才能享受？年终奖属于劳动报酬，应当实行同工同酬。而“过节费”属于自定福利，单位有更多的自主权。但既然是“过节费”，就不能再根据员工的考核结果发放，否则就是“挂羊头，卖狗肉”了。

【操作建议】

1. 实行年薪制也应按每月不低于最低工资标准支付工资

由于用人单位应当每月至少支付一次工资，且每月发放的工资不得低于最低工资标准，所以年底发放的一次性年终奖，不能再“分摊”在每月发放的最低工资里面。对实行年薪制或按考核周期兑现工资的劳动者，用人单位也应按每月不低于最低工资的标准支付工资，其他至年终或考核周期期满时结算。

2. 支付工资的具体日期由企业与劳动者约定

企业应当每月至少支付一次工资，支付工资的具体日期由企业与劳动者约定。企业应在劳动合同中，分别约定工资支付周期和工资支付时间。工资支付周期指的是支付的是何时发生的工资，工资支付时间指的是何时支付，只有分别约定清楚才能避免争议，如“工资支付周期为每月的 1 日至 31 日（自然月）。每月工资支付时间为工作次月的 15 日”。

建议约定工资支付周期尽量采用自然月。如当地每月 7 月调整最低工资，而如果约定的工资支付周期为每月的 16 日至次月的 15 日，在 7 月、8 月间，可能就会对如何执行最低工资标准产生争议。

3. 确因生产经营困难可以依法延期支付工资

企业确因生产经营困难，资金周转受到影响，暂时无法按时支付工资的，经与本企业工会或职工代表协商一致，可以延期在一个月内支付劳动者工资，延期支付工资的时间应告知全体劳动者。

4. 完善中途离职人员考核管理办法

中途离职人员考核管理办法需要细分离职原因，结合劳动者个人表现来综合进行考核，并履行相应的民主程序，甚至对劳动者进行培训、让劳动者签名确认同意遵守执行，以争取通过考核的方式来降低风险。

5. 公证是证据收集和保全的首选方式

除特殊情况下与劳动者约定了固定年终奖外，大多数用人单位的年终奖往往与业绩及考核挂钩，所以用人单位应在规章制度或劳动合同中与劳动者明确约定年终奖的发放时间、条件、标准等，以避免举证不能的风险。其中公证尽管不是唯一的证明办法，却是证据收集和保全的首选方式。[①]

【相关法规】

1. 工资的概念

原劳动部《工资支付暂行规定》第三条：本规定所称工资是指用人单位依据劳动合同的规定，以各种形式支付给劳动者的工资报酬。

原劳动部关于印发《关于贯彻执行〈中华人民共和国劳动法〉若干问题的意见》的通知（劳部发〔1995〕309 号）第五十三条：劳动法中的“工资”是指用人单位依据国家有关规定或劳动合同的约定，以货币形式直接支付给本单位劳动者的劳动报酬，一般包括计时工资、计件工资、资金、津贴和补贴、延长工作时间的工资报酬以及特殊情况下支付的工资等。“工资”是劳动者劳动收入的主要组成部分……

国家统计局《关于工资总额组成的规定》（1990 年 1 月 1 日国家统计局 1 号令）第三条：工资总额是指各单位在一定时期内直接支付给本单位全部职工的劳动报酬总额。

工资总额的计算应以直接支付给职工的全部劳动报酬为根据。

第四条：工资总额由下列六个部分组成：

（一）计时工资；

（二）计件工资；

（三）奖金；

---

① 公证是公证机构根据自然人、法人或者其他组织的申请，依照法定程序对民事法律行为、有法律意义的事实和文书的真实性、合法性予以证明的活动。

（四）津贴和补贴；

（五）加班加点工资；

（六）特殊情况下支付的工资。

2. 工资的支付形式

原劳动部《工资支付暂行规定》第五条：工资应当以法定货币支付。不得以实物及有价证券替代货币支付。

第六条：用人单位应将工资支付给劳动者本人。劳动者本人因故不能领取工资时，可由其亲属或委托他人代领。

用人单位可委托银行代发工资。

用人单位必须书面记录支付劳动者工资的数额、时间、领取者的姓名以及签字，并保存两年以上备查。用人单位在支付工资时应向劳动者提供一份其个人的工资清单。

3. 工资的支付时间

原劳动部《工资支付暂行规定》第七条：工资必须在用人单位与劳动者约定的日期支付。如遇节假日或休息日，则应提前在最近的工作日支付。工资至少每月支付一次，实行周、日、小时工资制的可按周、日、小时支付工资。

第八条：对完成一次性临时劳动或某项具体工作的劳动者，用人单位应按有关协议或合同规定在其完成劳动任务后即支付工资。

第九条：劳动关系双方依法解除或终止劳动合同时，用人单位应在解除或终止劳动合同时一次付清劳动者工资。

4. 最低工资保障制度

《劳动法》第四十八条：国家实行最低工资保障制度……

《最低工资规定》（劳动和社会保障部令第 21 号）第三条第一款：本规定所称最低工资标准，是指劳动者在法定工作时间或依法签订的劳动合同约定的工作时间内提供了正常劳动的前提下，用人单位依法应支付的最低劳动报酬。

5. 工资支付的举证责任

最高人民法院《关于审理劳动争议案件适用法律问题的解释（一）》第四十四条：因用人单位作出的开除、除名、辞退、解除劳动合同、减少劳动报酬、计算劳动者工作年限等决定而发生的劳动争议，用人单位负举证责任。

5.2 停工停产：如何理解“一个工资支付周期内”？

【案例索引】

序号	典型案例	裁判要旨	关键词
1	人力资源和社会保障部、最高人民法院劳动人事争议第一批典型案例之一（2020年发布）	企业停工停产在一个工资支付周期内的，企业应按劳动合同规定的标准支付职工工资。超过一个工资支付周期的，若职工提供了正常劳动，企业支付给职工的工资不得低于当地最低工资标准。	停工停产
2	人力资源和社会保障部、最高人民法院劳动人事争议第一批典型案例之四（2020年发布）	“一个工资支付周期”，该周期的性质应属缓冲期，主要目的是体现风险共担和疫情期间对劳动者基本权益的保护，只有理解为一个时间长度，才符合相关规定的内涵。	停工停产

【规则精析】

一、停工停产待遇

《工资支付暂行规定》（劳部发〔1994〕489 号）第十二条规定：“非因劳动者原因造成单位停工、停产在一个工资支付周期内的，用人单位应按劳动合同规定的标准支付劳动者工资。超过一个工资支付周期的，若劳动者提供了正常劳动，则支付给劳动者的劳动报酬不得低于当地的最低工资标准；若劳动者没有提供正常劳动，应按国家有关规定办理。”

根据上述规定，一般认为，停工停产是指企业因自身生产任务不足而非因劳动者本人或第三方原因造成的经营严重困难，导致企业无法安排员工进行有效生产，企业单方面决定暂时中止为劳动者提供劳动条件，劳动者不能按正常工作安排提供劳动的情形。

规则一：企业停工停产在一个工资支付周期内的，企业应按劳动合同规定的标准支付职工工资。超过一个工资支付周期的，若职工提供了正常劳动，企业支付给职工的工资不得低于当地最低工资标准。

——人力资源和社会保障部、最高人民法院劳动人事争议第一批典型案例之一（2020 年发布）

本节案例 1 中，物流公司主张疫情属不可抗力，双方劳动合同因此中止缺乏法律依据，仲裁委员会不予采信。物流公司自 2020 年 2 月 3 日停工，张某 2 月未提供劳动。仲裁委员会裁决物流公司按照劳动合同约定，支付张某 2020 年 2 月工资 5000 元。一审人民法院判决结果与仲裁裁决一致。

人力资源和社会保障部《关于妥善处理新型冠状病毒感染的肺炎疫情防控期间劳动关系问题的通知》（人社厅明电〔2020〕5 号）第二条规定，“……企业停工停产在一个工资支付周期内的，企业应按劳动合同规定的标准支付职工工资。超过一个工资支付周期的，若职工提供了正常劳动，企业支付给职工的工资不得低于当地最低工资标准。职工没有提供正常劳动的，企业应当发放生活费，生活费标准按各省、自治区、直辖市规定的办法执行。”上述政策的制定参照了《工资支付暂行规定》（劳部发〔1994〕489 号）第十二条。①

人力资源和社会保障部、最高人民法院等七部门《关于妥善处置涉疫情劳动关系有关问题的意见》（人社部发〔2020〕17 号）规定：“……导致企业延迟复工或劳动者不能返岗的，区分不同情况处理。……三是对企业未复工或者企业复工但劳动者未返岗且不能通过其他方式提供正常劳动的，企业参照国家关于停工停产期间工资支付相关规定与劳动者协商……”

就生活费的标准来说，多数省份或在原工资支付相关规定或在疫情用工规定

---

① 2022 年 4 月 28 日，上海市人社局官方发布《关于进一步维护当前劳动关系和谐稳定的工作指引》（沪人社关〔2022〕89 号），第三条规定：“（九）……三是对企业未复工或者劳动者未返岗且不能通过其他方式提供正常劳动的，企业参照国家关于停工停产期间工资支付相关规定与劳动者协商，在一个工资支付周期内的，按照劳动合同约定的标准支付工资；超过一个工资支付周期的，由企业发放生活费。”

中加以明确，但存在大差异，如广东不低于最低工资标准的80%①；北京不低于本市最低工资标准的70%②；天津不低于最低工资的80%；陕西规定不低于最低工资的75%；湖南不得低于失业保险待遇。而上海等地对生活费标准未进行明确。根据《上海市企业工资支付办法》，超过一个工资支付周期的，企业可根据劳动者提供的劳动，按双方新的约定支付工资，但不得低于本市规定的最低工资标准。因此，可以理解为，在无法达成协商的情形下的超过一个工资支付周期的生活费标准，不得低于上海市最低工资标准。

二、如何理解"一个工资支付周期"

规则二："一个工资支付周期"，该周期的性质应属缓冲期，主要目的是体现风险共担和疫情期间对劳动者基本权益的保护，只有理解为一个时间长度，才符合相关规定的内涵。

——人力资源和社会保障部、最高人民法院劳动人事争议第一批典型案例之四（2020年发布）

本节案例2中，机械公司实行按月支付工资的制度，工资支付周期为一个月。机械公司因疫情原因未复工，停工停产期间从2020年春节延长假期结束的次日（2月3日）起计算，2月底机械公司复工后丁某未返岗，经双方协商，丁某未返岗期间工资待遇参照停工停产标准支付，未返岗期间与机械公司停工期间应连续计算。因此，2020年2月3日至3月2日为丁某未返岗的第一个工资支付周期，2020年3月3日至3月9日则超过一个工资支付周期。故对于丁某2月10日至3

---

① 《广东省工资支付条例》第三十九条规定："非因劳动者原因造成用人单位停工、停产，未超过一个工资支付周期（最长三十日）的，用人单位应当按照正常工作时间支付工资。超过一个工资支付周期的，可以根据劳动者提供的劳动，按照双方新约定的标准支付工资；用人单位没有安排劳动者工作的，应当按照不低于当地最低工资标准的百分之八十支付劳动者生活费，生活费发放至企业复工、复产或者解除劳动关系。"

② 《北京市工资支付规定》第二十七条规定："非因劳动者本人原因造成用人单位停工、停业的，在一个工资支付周期内，用人单位应当按照提供正常劳动支付劳动者工资；超过一个工资支付周期的，可以根据劳动者提供的劳动，按照双方新约定的标准支付工资，但不得低于本市最低工资标准；用人单位没有安排劳动者工作的，应当按照不低于本市最低工资标准的70%支付劳动者基本生活费。国家或者本市另有规定的从其规定。"

月9日的工资待遇，应采取分段核算的方法，扣减机械公司已支付金额后，机械公司应支付工资待遇差额3227.8元（6000元÷21.75天×16天+1540元÷21.75天×5天-1540元）。

对于用人单位停工停产的起止日期计算，原来的司法实践中有分歧。

受疫情影响，上海浦东有一家企业从2022年3月开始“静默”，平时工资支付周期是每月15日支付上个月1日至30日的工资。企业先安排某职工休年休假、福利假，这些假期可以“抵扣”到4月10日。那么，在3月28日之后，这位职工的工资应当如何支付？

对此至少有四种意见：

第一种意见：按工资核算周期计算。即3月1日至3月31日为“一个工资支付周期”，单位停工在3月28日，在3月的工资支付周期内，4月1日起属于停工停产超过一个工资支付周期，可以不用支付正常工资。

第二种意见：按工资发放周期计算。[①] 即3月16日—4月15日为一个工资支付周期，该单位3月28日停工，在3月16日至4月15日的第一个工资周期内，4月16日起属于停工停产超过一个工资支付周期，可以不用支付正常工资。

第三种意见：从停工停产当日起至复工复产前一日止连续计算30天（不剔除休息日、法定节假日等各类假）[②]。即3月28日至4月27日为“一个工资支付周期”，4月28日起属于停工停产超过一个工资支付周期，可以不用支付正常工资。

第四种意见：原则同意第三种意见，但是应在抵扣完年休假等之后，再开始计算停工停产时间。即从4月11日至5月10日是第一个工资支付周期，应当支付劳动合同约定工资。5月11日起属于停工停产超过一个工资支付周期，可以不用

---

① 重庆市劳动和社会保障局《关于贯彻执行原劳动部〈工资支付暂行规定〉有关问题处理意见的通知》（渝劳社办发〔2001〕6号）第二条规定：“《工资支付暂行规定》第十二条所称‘一个工资支付周期’是指用人单位按规定支付劳动者工资的时间间隔。实行月薪制的，一个工资支付周期为1个月，实行周、日工资制的，一个工资支付周期为1周、1日。”

② 广东省高级人民法院《关于审理涉新冠肺炎疫情劳动人事争议案件若干问题的解答》（粤高法〔2020〕38号）规定：“用人单位停工停产的起止日期计算，从停工停产当日起至复工复产前一日止连续计算。其中，一个工资支付周期最长不超过30天（不剔除休息日、法定节假日等各类假）。用人单位发薪日期在此期间的，不影响按停工停产相关支付标准分段计算工资。用人单位停工停产后复工，复工后再次停工停产的，每中断一次需重新计算，不得将两次停工停产的时间累加计算”。

《湖南省工资支付监督管理办法》第二十三条规定：“非因劳动者原因造成用人单位停工、停产、歇业，未超过一个月的，用人单位应当按照国家规定或者劳动合同约定的工资标准支付工资；超过一个月，未安排劳动者工作的，用人单位应按不低于当地失业保险标准支付停工津贴。”

支付正常工资。

对于这个问题，法律法规没有明确规定。人力资源和社会保障部、最高人民法院和北京市发布的典型案例观点是：该周期的性质应属缓冲期，主要目的是体现风险共担和疫情期间对劳动者基本权益的保护，只有理解为一个时间长度，才符合相关规定的内涵。如果将“超过一个工资支付周期”理解为“跨越当前支付周期截止时间点”，则易引发用人单位停工时间相同，却仅因工资支付周期起算时间不同，而承担不同工资支付责任的问题。

如采用第一种、第二种意见，企业选在工资支付周期的最后一天停工，对企业比较有利，如采用第三种意见企业无论选在哪天停工都需要满 30 天后才视为停工停产超过一个工资支付周期。因此，从避免法律规定的漏洞来看，第三种意见似乎更为合理。但是毕竟法律没有明确规定，所以关键还是在于设置缓冲期。至于这个缓冲期是否非得要满 30 天，差一天也不行？那也未必。第四种意见也没有道理，因为一个工资支付周期最长不超过 30 天。

另需注意，用人单位停工停产后复工，复工后再次停工停产的，每中断一次是否需重新计算，国家有关部门没有统一规定。江苏、广东等地规定，不得将两次停工停产的时间累加计算。[①] 如某企业实行月薪制，从 3 月 3 日起停工停产一直延续到 3 月 20 日，则此期间为第一个工资支付周期，之后企业复工复产，但 4 月 1 日企业再次停工停产，第一个工资支付周期则要从 4 月 1 日重新计算，不得将 3 月 3 日至 3 月 20 日累计计算在内。

三、部分停工停产待遇

人力资源和社会保障部《关于妥善处理新型冠状病毒感染的肺炎疫情防控期间劳动关系问题的通知》（人社厅明电〔2020〕5 号，以下简称 5 号文件）第二条规定：“……企业停工停产在一个工资支付周期内的，企业应按劳动合同规定的标准支付职工工资。超过一个工资支付周期的，若职工提供了正常劳动，企业支付给职工的工资不得低于当地最低工资标准。职工没有提供正常劳动的，企业应当发放生活费，生活费标准按各省、自治区、直辖市规定的办法执行。”

---

① 江苏省高级人民法院、江苏省人力资源和社会保障厅、江苏省司法厅《关于做好涉新冠肺炎疫情劳动争议、调解和案件审理工作的指导意见》第八条，广东省高级人民法院、广东省人力资源和社会保障厅《关于审理涉新冠肺炎疫情劳动人事争议若干案件的解答》第十四条。

上述政策的制定参照了《工资支付暂行规定》（劳部发〔1994〕489 号）第十二条，即“非因劳动者原因造成单位停工、停产在一个工资支付周期内的，用人单位应按劳动合同规定的标准支付劳动者工资。超过一个工资支付周期的，若劳动者提供了正常劳动，则支付给劳动者的劳动报酬不得低于当地的最低工资标准；若劳动者没有提供正常劳动，应按国家有关规定办理”。

可见，上述规定只对用人单位停工停产期间劳动者能够提供正常劳动和无法提供正常劳动分别予以明确，但并未将适用条件限于用人单位的全部停工停产。

【操作建议】

1. 双方始终要坚持协商和调解优先的原则

用人单位应完善企业内部协商民主机制，畅通与劳动者对话渠道，通过多种方式稳定劳动关系和工作岗位。双方始终要坚持协商和调解优先的原则，尽可能将矛盾纠纷化解在用人单位内部。

2. 及时公布停工停产的起始日期

无论是因疫情的突发性停工停产，还是因经营困难有计划的停工停产，用人单位都应在停工停产之前或当日以书面或邮件形式明确停工停产的起始日期，完成用人单位告知义务。

3. 要求职工在收到停工停产通知后予以回复

可在通知中注明：请你于收到本通知之日起____工作日通过电子邮件形式回复至公司邮箱，公司邮箱为：____，如你逾期未回复的，视为你对本通知无异议。

【相关法规】

1. 停工停产工资待遇

《工资支付暂行规定》（劳部发〔1994〕489 号）第十二条：非因劳动者原因造成单位停工、停产在一个工资支付周期内的，用人单位应按劳动合同规定的标准支付劳动者工资。超过一个工资支付周期的，若劳动者提供了正常劳动，则支付给劳动者的劳动报酬不得低于当地的最低工资标准；若劳动者没有提供正常劳动，应按国家有关规定办理。

人力资源社会保障部办公厅《关于妥善处理新型冠状病毒感染的肺炎疫情防控期间劳动关系问题的通知》（人社厅明电〔2020〕5 号）第一条：对新型冠状病毒感染的肺炎患者、疑似病人、密切接触者在其隔离治疗期间或医学观察期间以及因政府实施隔离措施或采取其他紧急措施导致不能提供正常劳动的企业职工，企业应当支付职工在此期间的工作报酬……

第6章　规章制度与违纪处置

6.1 规章制度：关联企业的规章制度适用于本企业吗？

【案例索引】

序号	典型案例	裁判要旨	关键词
1	北京市劳动人事争议仲裁十大典型案例之五（2021年）	劳动关系具有较强的人身依附性，因此用人单位的规章制度也当然存在较强的“人身属性”，即只有本单位的规章制度才能对本单位劳动者有效，其他单位的规章制度对本单位劳动者不当然具有约束力。	规章制度制定主体
2	人力资源和社会保障部、最高人民法院联合发布第二批劳动人事争议典型案例之八（2021年发布）	公司的员工手册规定有加班申请审批制度，该规定并不违反法律规定，且具有合理性，在劳动者明知此规定的情况下，可以作为确定双方权利义务的依据。	规章制度制定内容
3	《深圳法院劳动争议审判白皮书（2005—2020）》案例之五	用人单位依法定程序修改规章制度中的薪酬规定，内容合法合理，劳动者诉请按照原规定支付相关款项差额不予支持。	规章制度制定内容
4	重庆市高级人民法院发布第六批劳动争议十大典型案例之四（2020年发布）	用人单位根据其规章制度作出对劳动者降级、降薪决定的，应当对该规章制度的合法性承担举证责任。用人单位不能证明规章制度经法定程序制定并向劳动者进行了公示或告知的，属于违法变更劳动合同，对劳动者不具有约束力。	规章制度制定程序

【规则精析】

用人单位根据《劳动合同法》第四条规定，通过民主程序制定的规章制度，不违反国家法律、行政法规及政策规定，并已向劳动者公示的，可以作为确定双方权利义务的依据。

但在实践中，会遇到不少争议性的问题。

一、规章制度制定主体界定

规章制度的制定主体应与劳动合同签订的主体相符。有权代表用人单位制定劳动规章制度的，通常是企业行政系统中处于最高层次，对企业的各个组成部分和全体劳动者有权实行全面和统一管理的机构，如董事会、董事长、总经理等。

上级集团公司制定的规章制度对本单位劳动者是否具有约束力？

关于公司制度在母公司、子公司间适用的问题，我国法律并未明确规定，司法实践中存有几种观点。

第一种观点认为，母公司的规章制度不能当然作为处理子公司员工的依据。因为从法律上来说，母、子公司应该是比较清楚的，属于不同的法律主体，分别具有法人资格。《公司法》第十四条第二款规定："公司可以设立子公司，子公司具有法人资格，依法独立承担民事责任。"因此，子公司可以作为独立法人与劳动者订立劳动合同、建立劳动关系。合同作为一种民事法律关系，其不同于其他民事法律关系（如物权法律关系）的重要特点就是合同关系的相对性，即合同关系只能发生在特定的合同当事人之间，只有合同当事人一方能够向另一方基于合同提出请求或提起诉讼。与合同当事人没有发生合同约定的权利义务关系的第三人，不能依据合同向合同当事人提出请求或提起诉讼，也不应承担合同的义务和责任，非依法律或合同规定，第三人不能主张合同上的权利。

由于子公司劳动者的用人单位是子公司而非母公司，因此，母公司并不对子公司劳动者拥有管理权。如果母公司的规章制度要作为子公司的处理依据，应当按照法律法规规定的程序，在子公司内部进行相应的民主程序。

本节案例1中，袁某于2018年3月20日入职某金融服务公司，担任高级产品经理。双方订立了为期3年的劳动合同，约定袁某月工资标准为2.5万元，由基本工资1万元、岗位工资1万元及绩效工资5千元构成。2020年9月1日，某金融服务公司在微信工作群中通知，因经营出现困难，依据其上级集团公司制定的《绩效管理办法》的相关规定，决定自即日起停发绩效工资。袁某对停发绩效工资有异议，故向仲裁委提出仲裁申请，要求某金融服务公司支付2020年9月至10月的绩效工资1万元。仲裁委裁决支持了袁某的仲裁请求。

仲裁委认为，劳动关系具有较强的人身依附性，因此用人单位的规章制度也当然存在较强的"人身属性"，即只有本单位的规章制度才能对本单位劳动者有效，其他单位的规章制度对本单位劳动者不当然具有约束力。本案中，某金融服务公司对上级集团公司制定的《绩效管理办法》，未经过法定程序转化即直接适用，故未能获得仲裁委认可。

规则一：劳动关系具有较强的人身依附性，因此用人单位的规章制度也当然存在较强的“人身属性”，即只有本单位的规章制度才能对本单位劳动者有效，其他单位的规章制度对本单位劳动者不当然具有约束力。

——北京市劳动人事争议仲裁十大典型案例之五（2021 年）

第二种观点认为，对于母公司制定的规章制度或者员工手册等其他重要规定能否适用于子公司，应当区别为以下情况：如果母公司在制定规章制度和其他重要决定时，已经向包括子公司职工在内的全体员工履行了民主协商和公示、告知程序，且规章制度的内容合法、合理，该规章制度对于子公司职工产生法律效力；如果母公司的规章制度和其他重要决定没有经过包括子公司在内的民主协商和公示、告知程序，则该规章制度对于子公司职工没有约束力，子公司职工没有遵守总公司规章制度的义务。[①] 这里有一个非常关键的考量点，就是要看子公司的职工，是否参与了母公司规章制度的制定。

第三种观点可能更加“开放”。尽管不是说母公司的规章制度当然适用于子公司，但即便母公司在制定规章制度履行民主程序时没有子公司代表参加，如母公司较于子公司拥有更加规范的规章制度体系，且基于控制关系，为便于管理，子公司与母公司在企业文化、管理制度上保持一致，亦未严重损害劳动者利益，子公司将母公司的规章制度进行公示或告知，且被子公司员工所认可，适用母公司的规章制度并无不可。

实践中，由于集团内各关联企业均是独立的法人，为了避免争议，建议在适用集团统一制定的规章制度时，履行法定民主协商和公示、告知等程序。如果母公司制定的规章制度需要适用于分公司，则应当向包括子公司员工在内的全体员

① 2017 年成都市中级人民法院《民商事审判工作会会议纪要》认为，母公司制定的劳动规章制度不能直接适用于子公司。若要适用，仍须依照《劳动合同法》的规定经子公司职工代表大会或者全体职工讨论，并依法在子公司内部公示或告知劳动者。2009 年江苏省《高级人民法院劳动争议案件审理指南》规定，有独立法人资格的子公司执行母公司的规章制度，如子公司履行了《劳动合同法》第四条规定的民主程序，或母公司履行了《劳动合同法》第四条规定的民主程序且在子公司内向劳动者公示或告知的，母公司的规章制度可以作为处理子公司劳动争议的依据。

工或员工代表履行民主协商和公示、告知等程序，避免规章制度因存在程序瑕疵而造成用工管理上的缺失。

二、规章制度内容的合理性审查

根据最高人民法院《关于审理劳动争议案件适用法律问题的解释（一）》第五十条第一款的规定，用人单位根据《劳动合同法》第四条规定，通过民主程序制定的规章制度，不违反国家法律、行政法规及政策规定，并已向劳动者公示的，可以作为确定双方权利义务的依据。

法律和司法解释均没有提及劳动仲裁机构和法院需对用人单位规章制度进行合理性审查，但是在法律把企业规章制度的制定的权利授予用人单位后，判断规章制度的合法性，必然会涉及合理性。如《劳动合同法》规定，劳动者严重违反用人单位规章制度、给用人单位的利益造成重大损害的，用人单位可以解除劳动合同。而何谓“严重”违纪、“重大”损害，法律没有作出具体的规定，需要用人单位在规章制度中作出明确、具体的界定。

本节案例 2 中，某网络公司的员工手册规定有加班申请审批制度，该规定并不违反法律规定，且具有合理性，在劳动者明知此规定的情况下，可以作为确定双方权利义务的依据。但是员工手册规定 21：00 之后起算加班时间，并主张 18：00 至 21：00 是员工晚餐和休息时间，故自 21：00 起算加班。鉴于 18：00 至 21：00 时间长达 3 个小时，远超过合理用餐时间，且在下班 3 个小时后再加班，不具有合理性。在某网络公司不能举证证实该段时间为员工晚餐和休息时间的情况下，其规章制度中的该项规定不具有合理性，人民法院依法否定了其效力。人民法院结合考勤记录、工作系统记录等证据，确定了常某的加班事实，判决某网络公司支付常某加班费差额。

规则二：公司的员工手册规定有加班申请审批制度，该规定并不违反法律规定，且具有合理性，在劳动者明知此规定的情况下，可以作为确定双方权利义务的依据。

——人力资源和社会保障部、最高人民法院联合发布第二批劳动人事争议典型案例之八（2021 年发布）

合理的规章制度既能规范用人单位用工自主权的行使，又能保障劳动者参与用人单位民主管理，实现构建和谐劳动关系的目的。不合理的规章制度则会导致用人单位的社会声誉差、认同感低，最终引发人才流失，不利于用人单位的长远发展。

“明显”缺失合理性的规章制度内容包括：

（一）超越劳动过程和劳动管理的范畴。如规定职工在休息时间“打黑车”。用人单位对劳动者行为的规范原则上应当限定与工作相关，在工作时间和工作地点。当然，限定在工作时间和工作地点也不是绝对，还要综合考虑是否与工作相关等各种因素。

（二）规章制度制定的标准必须符合正常人的一般性评判标准。如用人单位规定迟到一次即解除劳动合同，该内容虽并无法律所禁止，但其条款对劳动者而言明显过于严苛，涉嫌滥用企业管理权。一般来说，对偶尔迟到不应视为严重违纪，但是长期消极怠工，或者屡教不改，则属于严重违纪。但是迟到影响重大任务的另当别论。

（三）规章制度内容不应违反公平的原则，并符合公共秩序和善良风俗的基本原则。如规定未享受育儿假的职工，可以享受公司自定的福利假，显然对已依法享受育儿假的职工不公。

（四）规章制度的内容存在隐形不公之处。如规定了提供正常的休假、实行同工同酬等制度，但事实上并未向职工提供正常的休假制度，也没有做到同工同酬，发生纠纷后用人单位找各种理由予以解释，并称规章制度的解释权归单位。

用人单位应当根据单位实际，制定人性化的规章制度，增强劳动者对规章制度的认同感，激发劳动者的工作积极性，从而进一步减少劳动纠纷。处理劳动争议时，除合法性证据的准备外，合理性证据的准备同样重要，如结合行业特点和管理程序、员工过错、是否多次作为等。

但是裁审机关审查用人单位规章制度的合理性有一个“度”的问题。用人单位是制定规章制度的主体，也拥有用工自主权，规章制度内容的合理性，主要是通过用人单位制定规章制度的民主程序进行完善的。由于每一个行业每一个用人单位，甚至于同一个单位不同岗位，都存在不同的差异性，合理不合理的“度”，不可能有什么统一的国家标准或地方标准。严重不严重，都是因时因地相对而言的。如一般企业门卫吸烟行为不可与化工类企业员工的同类行为同日而语，平日里职工随地吐痰行为也不比“防疫”期间的同类行为。

根据《劳动合同法》第四条的规定，用人单位在制定、修改或者决定有关劳动报酬、工作时间、休息休假、劳动安全卫生、保险福利、职工培训、劳动纪律以及劳动定额管理等直接涉及劳动者切身利益的规章制度或者重大事项时，应当经职工代表大会或者全体职工讨论，提出方案和意见，与工会或者职工代表平等协商确定。在规章制度和重大事项决定实施过程中，工会或者职工认为不适当的，有权向用人单位提出，通过协商予以修改完善。制定规章制度的民主程序也为规章制度内容的合理性提供了保证。

所以，在司法实践中，对于不违反国家法律、行政法规及政策规定、通过民主程序制定、已向劳动者公示的规章制度，一般可以作为裁审的依据，只有当规章制度“明显”缺失合理性，才可行使自由裁量权否定其效力。

但是用人单位制定规章制度未经过《劳动合同法》第四条第二款规定的民主程序的，应当加重对规章制度合理性的审查。

部分地区裁审机关明确规定，用人单位在制定、修改直接涉及劳动者切身利益的规章制度或者重大事项时，未经过《劳动合同法》第四条第二款规定的民主程序的，原则上不能作为用人单位用工管理的依据。但规章制度或者重大事项的内容未违反法律、行政法规及政策规定，不存在明显的不合理情形，并已向劳动者公示或告知，可以作为劳动仲裁和人民法院裁判的依据①。广东省高级人民法院在此基础上，再加上劳动者没有异议这一条件②。

司法解释	广东省高级人民法院规则（2008 前）	广东省高级人民法院规则（2008 后）
通过民主程序制定	未通过民主程序制定	未通过民主程序制定
不违反国家法律、行政法规及政策规定	不违反国家法律、行政法规及政策规定	不违反国家法律、行政法规及政策规定
		不存在明显不合理的情形

---

① 河北省高级人民法院《关于我省劳动争议案件若干疑难问题处理的参考意见》第十六条、浙江省高级人民法院《关于审理劳动争议案件若干问题的意见（试行）》第二十四条。

② 广东省高级人民法院、广东省劳动争议仲裁委员会《关于适用劳动争议仲裁法、劳动合同法若干问题的指导意见》第二十条：用人单位在《劳动合同法》实施前制定的规章制度，虽未经过《劳动合同法》第四条第二款规定的民主程序，但内容未违反法律、行政法规及政策规定，并已向劳动者公示或告知的，可以作为用人单位用工管理的依据。《劳动合同法》实施后，用人单位制定、修改直接涉及劳动者切身利益的规章制度或者重大事项时，未经过《劳动合同法》第四条第二款规定的民主程序的，原则上不能作为用人单位用工管理的依据。但规章制度或者重大事项的内容未违反法律、行政法规及政策规定，不存在明显不合理的情形，并已向劳动者公示或告知，劳动者没有异议的，可以作为劳动仲裁和人民法院裁判的依据。

续表

<table>
<tr><th>司法解释</th><th>广东省高级人民法院规则（2008 前）</th><th>广东省高级人民法院规则（2008 后）</th></tr>
<tr><td rowspan="2">已向劳动者公示</td><td rowspan="2">已向劳动者公示</td><td>劳动者公示或告知</td></tr>
<tr><td>劳动者没有异议</td></tr>
</table>

三、规章制度制定程序

根据《劳动合同法》第四条规定，用人单位在制定、修改有关劳动报酬、工作时间、劳动纪律以及劳动定额管理等直接涉及劳动者切身利益的规章制度时，应当将直接涉及劳动者切身利益的规章制度公示或者告知劳动者。

在本节案例 3 中，法院认为，用人单位依照法定程序修改的薪酬制度对劳动者具有约束力。用人单位依法定程序修改规章制度中的薪酬规定，内容合法合理，劳动者诉请按照原规定支付相关款项差额不予支持。

而在本节案例 4 中，某科技公司以文某“连续两个季度绩效评级为 C”为由，根据《绩效考核管理制度》（2016 年版）的规定，决定对文某作降级、降薪处理，但某科技公司未举证证明该规章制度系经法定程序制定并向包括文某在内的员工进行了公示或告知，故应认定某科技公司的决定属于违法减少劳动报酬，对文某不具有约束力。

规则三：用人单位根据其规章制度作出对劳动者降级、降薪决定的，应当对该规章制度的合法性承担举证责任。用人单位不能证明规章制度经法定程序制定并向劳动者进行了公示或告知的，属于违法变更劳动合同，对劳动者不具有约束力。

——重庆市高级人民法院第六批劳动争议十大典型案例之四(2021 年发布)

针对规章制度的“全体讨论程序”和“平等协商程序”，在实际操作中应特别重视二者的主体差异，具体如下：

法定程序	第一顺位	第二顺位
全体讨论程序	职工代表大会	全体职工
平等协商程序	工会	职工代表

不能通过工会进行全体讨论程序，也不能通过职工代表大会进行平等协商程序，则该民主程序可能被认定为无效；平等协商中的“职工代表”并非“职工代表大会代表”，应按照集体协商代表的选举办法进行选举；两个民主程序可以分别进行，也可以合并进行，但应对相关主体和内容进行记录并保存备查；原则上规章制度只需要职工代表大会讨论即可，但特殊情况下的规章制度需要职工代表大会通过，在国有企业和国有控股企业中，涉及职工切身利益的规章制度和企业规章制度，必须由职工代表大会或是职工大会“审查同意”。

在司法实践中，上海等地侧重审查规章制度的送达程序，以及双方是否在诚实信用的基础上有效地履行了规章制度或劳动合同中的相关内容，在送达程序完备且双方切实履行的情况下，不轻易否定规章制度的效力。① 但江苏等对规章制度的民主程序却较为看重，在劳动者对制定程序提出异议的情况下，一旦用人单位无法充足举证，即面临规章制度无法作为定案依据的结果，甚至劳动者对规章制度的制定程序未提出异议或者主张，有关部门依然会主动全面地审查规章制度的制定程序是否符合法律规定。②

【操作建议】

1. 公告规章制度可以通过网络形式进行公示

公司网站公布规章制度应告知职工需在网上阅读该文件。规章制度的培训应该有培训的签到记录，规章制度考试应该将试卷作为档案材料保存。公告栏张贴的，应告知职工相关规章制度将通过公告栏方式公布，并将相关情形拍摄下来照片保存。

2. 在员工手册中设置专门的签收页

建议在员工手册中设置专门的签收页，由员工签字确认收到员工手册并按照所载明的内容执行；如使用电子邮件发送告知员工，应进行公证。

---

① 2009年上海市高级人民法院《关于适用〈劳动合同法〉若干问题的意见》第十一条：“……劳动合同的履行应当遵循依法、诚实信用的原则……在规章制度无效的情况下，劳动者违反必须遵守的合同义务，用人单位可以要求其承担责任。劳动者以用人单位规章制度没有规定为由提出抗辩的，不予支持。但在规范此类行为时，应当仅对影响劳动关系的重大情况进行审核，以免过多干涉用人单位的自主管理权。”

② 2010年江苏省高级人民法院《劳动争议案件审理指南》第三章第三节之二、2. 规章制度制定程序存在瑕疵时的效力认定：“……在劳动争议案件审理中，应当将该民主程序的经过作为认定规章制度生效的强制性要件，以此发挥裁判本身具有的行为规范功能，促使用人单位主动发展与劳动者的协商机制……”

3. 关联公司制定规章制度须因地制宜

考虑到集团型企业的公司往往分布于中国的不同城市。因此照搬照抄母（总）公司的规章制度显然是不合适的，正确的做法是各地子（分）公司在吸收母（总）公司各项规章制度之精华的同时，依据当地的劳动法律法规或政策性规定，因地制宜地制定属于自己的规章制度。

【相关法规】

1. 规章制度制定

《劳动合同法》第四条：用人单位应当依法建立和完善劳动规章制度，保障劳动者享有劳动权利、履行劳动义务。

用人单位在制定、修改或者决定有关劳动报酬、工作时间、休息休假、劳动安全卫生、保险福利、职工培训、劳动纪律以及劳动定额管理等直接涉及劳动者切身利益的规章制度或者重大事项时，应当经职工代表大会或者全体职工讨论，提出方案和意见，与工会或者职工代表平等协商确定。

在规章制度和重大事项决定实施过程中，工会或者职工认为不适当的，有权向用人单位提出，通过协商予以修改完善。

用人单位应当将直接涉及劳动者切身利益的规章制度和重大事项决定公示，或者告知劳动者。

2. 规章制度的效力

最高人民法院《关于审理劳动争议案件适用法律问题的解释（一）》第五十条：用人单位根据劳动合同法第四条规定，通过民主程序制定的规章制度，不违反国家法律、行政法规及政策规定，并已向劳动者公示的，可以作为确定双方权利义务的依据。

用人单位制定的内部规章制度与集体合同或者劳动合同约定的内容不一致，劳动者请求优先适用合同约定的，人民法院应予支持。

3. 规章制度的监督检查

《劳动法》第八十九条：用人单位制定的劳动规章制度违反法律、法规规定的，由劳动行政部门给予警告，责令改正；对劳动者造成损害的，应当承担赔偿责任。

《劳动保障监察条例》第十一条：劳动保障行政部门对下列事项实施劳动保障监察：

（一）用人单位制定内部劳动保障规章制度的情况；

……

《劳动合同法》第七十四条：县级以上地方人民政府劳动行政部门依法对下列实施劳动合同制度的情况进行监督检查：

（一）用人单位制定直接涉及劳动者切身利益的规章制度及其执行的情况；

……

6.2 经济处罚：企业是否可以通过规章制度规定罚款？

【案例索引】

序号	典型案例	裁判要旨	关键词
1	南京市中级人民法院劳动人事争议十大典型案例之十（2020年度）	劳动者因违反职业规范给用人单位造成经济损失的，应当承担赔偿责任。	赔偿损失
2	北京市劳动人事争议仲裁十大典型案例之六（2021年发布）	劳动者在工作中由于故意或重大过失等原因给用人单位造成经济损失，应承担赔偿责任。确定劳动者赔偿责任时，应结合权利义务相一致的原则，根据劳动关系的从属性、劳动者的工作性质、薪酬待遇、用人单位的经营利益以及双方的过错程度和对风险的承受能力等因素综合考虑。	赔偿损失
3	重庆市高级人民法院第七批劳动争议十大典型案例之七（2021年发布）	劳动规章制度是用人单位的内部治理规范，用人单位依据经法定程序制定的规章制度对员工进行处罚，系用人单位行使自主管理权的行为，但人民法院仍应对规章制度内容的合法性、合理性进行审查。	员工罚款

【规则精析】

一、劳动者重大过失造成用人单位损失应赔偿

劳动者在履行职务行为过程中给用人单位造成损失，应当承担相应的责任。劳动者特别是从事专业性较强工作（诸如财务工作）的劳动者，在履行职务过程中，应具备较强专业素养、职业敏感、危机意识，尽到合理、审慎的注意义务，并遵守用人单位的工作制度。如果劳动者是出于故意或重大过失，给用人单位造

成重大经济损失而不承担赔偿责任，可能造成劳动者疏于执行职务，蔑视用人单位的规章制度，不但有违公平合理的原则，也不利于促进劳动者提高注意义务。

劳动者在履职过程中因“故”造成用人单位损害，应否承担以及如何承担相应责任，应从以下几个方面进行分析。

首先是劳动者的过错程度。用人单位请求劳动者赔偿损失应当建立在劳动者过错的基础上，即劳动者主观上存在故意不履行或者因重大过失未能履行的过错状态。劳动者明知或应当知道其行为构成侵权或违约，且可能会给用人单位的合法权益带来损害，但在主观上追求或者放任侵权或违约后果的发生，应在其过错范围内对用人单位的经济损失承担赔偿责任。

从劳动者的工作岗位、工作性质、职业特点看，其是否已尽到合理、审慎的注意义务，是否有意识的防范了职业风险。一般来说，如果劳动者故意造成用人单位损失的，可要求全额赔偿全部损失；如果劳动者因重大过失造成用人单位损失的，可要求限额赔偿；如仅系一般性工作失误，属于用人单位可以预见的日常经营、管理风险，此时不能将该类风险转嫁给劳动者，即劳动者不应承担责任。

至于何谓“重大过失”，有法官认为，劳动者未能尽到工作岗位的最基本职责而造成损失的或者只要善意人尽到最基本的注意义务就可以轻易察觉避免损失而却没有避免的，均可以认为是达到了“重大过失”的程度，需要对损失承担相应的赔偿责任。①

其次是劳动者和用人单位的过错对比。有的用人单位本身并未建立健全的工作机制，劳动者的行为并无相关制度约束，导致其相关事项审批程序缺失，进而造成用人单位重大损失的，应充分考虑用人单位的过错，从而减轻劳动者的责任。

如系用人单位违章指挥或强令冒险作业的，系用人单位自行制定的岗位要求或岗位操作规范但未对劳动者进行培训或让劳动者知悉等用人单位负有责任的情形下，应当免除劳动者的责任；系接受用人单位的临时工作指派或强令下超越职务范围作业的，可以免除劳动者的责任；系多名劳动者或多种因素共同作用的结果，应当结合劳动者过错的主客观原因，合理确定劳动者应当承担的赔偿责任份额。

最后是劳动者对于损失承担的承受能力。劳动者和用人单位的法律地位不同，

---

① 刘洁：《劳动者履职中因受网络诈骗造成单位损失如何赔偿》，载《中国法院 2019 年度案例：劳动纠纷》，中国法制出版社 2019 年版，第 251 页。

用人单位既是企业财产的所有人、管理人，又是企业内部的管理者和监督者，用人单位的运行风险不能转嫁给劳动者承担。劳动者的职务行为是为了用人单位的利益，职务风险也应当归于利益享有者。根据收益与风险对等的原则，由员工承担远远高于其劳动报酬的风险是不公平的，也可能会给其日常生活带来较大负担。因此，应当考虑劳动者承担赔偿责任与用人单位承担经营责任之间的平衡，结合劳动者工资适当降低其责任比例。

规则一：劳动者在工作中由于故意或重大过失等原因给用人单位造成经济损失，应承担赔偿责任。确定劳动者赔偿责任时，应结合权利义务相一致的原则，根据劳动关系的从属性、劳动者的工作性质、薪酬待遇、用人单位的经营利益以及双方的过错程度和对风险的承受能力等因素综合考虑。

——北京市劳动人事争议仲裁十大典型案例之六（2021 年发布）

本节案例 1 中，龙某于 2017 年 2 月入职南京某公司担任会计一职，月工资为 4500 元。2018 年 5 月 31 日，一个头像为某公司法定代表人的 QQ 用户问龙某“在不在”，龙某回答“在”。该 QQ 用户建立一个群，群里成员的名称包括法定代表人在内的其他高管及龙某，群名称为“某公司资金”。在群里的公司法定代表人安排龙某汇款 60 万元给深圳某公司。龙某立即通过公司账户向深圳某公司汇款 60 万元。当日经与法定代表人电话核实无此事后，龙某立刻报警，公安机关立案侦查，但未追回被骗款项。2018 年 7 月，龙某提出离职。后南京某公司经仲裁后向法院提起诉讼，要求龙某赔偿损失 60 万元。

法院经审理认为，某公司的日常财务管理中长期存在先付款后签字或者无签字审批的情况，没有规范的财务规章制度，也没有严格按照规章制度执行。某公司的法定代表人经常使用 QQ 与龙某就工作进行沟通。龙某系长期从事财务类工作且获得了相关的行业资格证书的专业人员，对一般的财务流程有比较详细的了解。龙某作为一名长期从事财务工作的专业人员没有尽到审慎的义务，导致用人单位的财产遭受损失，应对用人单位的损失进行相应的赔偿。综合双方的过错程度、经济收入的差异等因素，判决龙某向某公司赔偿损失 9 万元。

本节案例 2 中，邱某于 2019 年 4 月 1 日入职某建筑设计公司，担任会计并兼任财务主管，月工资为 6000 元。某建筑设计公司未建立规范的财务制度，平时对外付款流程为出纳出示付款申请单，交由邱某审核确认后，再由出纳与邱某共同操作 U 盾协作完成付款。2019 年 6 月 13 日，某建筑设计公司出纳的 QQ 账号接到与公司经理姓名一致的 QQ 账号发来的付款信息，出纳向邱某出具付款申请单，告知邱某公司经理指示付款，两人均未通过其他途径向公司经理核实确认，随后两人操作 U 盾对外付款 42 万元。付款后邱某得知公司经理未发送上述付款信息，向出纳发送付款信息的 QQ 账号系伪造。某建筑设计公司向公安机关报案后未能追回损失。2019 年 6 月 19 日，邱某签署财务主管失职检讨书，自认失职，并表示愿意赔偿公司的经济损失。2020 年 4 月，双方未能就赔偿金额达成一致，某建筑设计公司向仲裁委提出仲裁申请，要求邱某赔偿因其重大过失造成的经济损失 20 万元。仲裁委裁决邱某赔偿某建筑设计公司经济损失 2 万元。

《北京市劳动合同规定》[①]（北京市人民政府令第 91 号）第三十条第（三）项规定，严重失职、营私舞弊，对用人单位利益造成重大损害的，用人单位可以解除劳动合同；第五十条规定，因劳动者存在本规定第三十条第（二）项、第（三）项规定的情形，被用人单位解除合同，且给用人单位造成损失的，应当承担赔偿责任。因此，劳动者在工作中由于故意或重大过失等原因给用人单位造成经济损失，应承担赔偿责任。确定劳动者赔偿责任时，应结合权利义务相一致的原则，根据劳动关系的从属性、劳动者的工作性质、薪酬待遇、用人单位的经营利益以及双方的过错程度和对风险的承受能力等因素综合考虑。某建筑设计公司遭受诈骗，对外付款损失 42 万元，实施欺诈行为的主体应为主要承担赔偿责任人，但在付款过程中，邱某作为会计及财务主管，应具备职务所需的专业知识技能并负有岗位所需的审慎义务，其仅凭出纳的口头告知公司经理要求付款即审核汇款行为，不符合会计工作的审慎性要求，存在重大过失，对其失职行为造成的损失应承担赔偿责任。某建筑设计公司无健全的财务管理制度，对受诈骗产生的损失也应承担相应责任。同时，考虑到邱某非涉案付款行为的发起人，以及邱某的收入情况，故酌情裁决邱某赔偿某建筑设计公司损失 2 万元。

---

① 2021 年 12 月 13 日北京市人民政府第 302 号令最新修改，但本段落提及条款内容无变化。

二、用人单位对劳动者的经济处罚

规则二：劳动规章制度是用人单位的内部治理规范，用人单位依据经法定程序制定的规章制度对员工进行处罚，系用人单位行使自主管理权的行为，但人民法院仍应对规章制度内容的合法性、合理性进行审查。

——重庆市高级人民法院第七批劳动争议十大典型案例之七（2021 年发布）

本节案例 3 中，2020 年 4 月 28 日，廖某进入某文化传媒公司从事市场总监工作，双方签订《员工劳动合同》，约定合同期限 3 年，如廖某违反劳动纪律和规章制度，某文化传媒公司有权要求廖某赔偿经济损失等内容。同日，廖某签署《员工手册》，约定迟到或早退 30 分钟以内者，总监每次罚款现金 1000 元；工作未完成或未按标准完成者，总监每次罚款现金 1000 元等内容。2020 年 5 月 4 日，某文化传媒公司制定《市场部门管理制度》，载明当周工作计划未完成者，总监罚款 1000 元，每次倍增；迟到 30 分钟以内的，总监罚款现金 1000 元，每次倍增等内容。廖某在该制度上签字并捺印。依据上述《市场部门管理制度》，2020 年 5 月，某文化传媒公司以廖某开会迟到、工作任务未完成为由多次对廖某进行罚款。6 月 6 日，廖某因个人原因自愿申请离职，某文化传媒公司出具《终止（解除）劳动合同决定书》，双方劳动关系解除。廖某经仲裁后提起诉讼，要求某文化传媒公司返还罚款。

本案中，某文化传媒公司依据公司规章制度对廖某处以罚款的数额高于廖某在试用期工作期间所获得的劳动报酬，明显违反了上述法律的规定；廖某虽未完成工作计划，但某文化传媒公司在取消其绩效工资基础上，还按照《市场部门管理制度》进行罚款和倍增罚款，实行双重处罚，明显有违公平原则，不具有合理性。尽管用人单位享有通过制定规章制度规范企业管理和员工行为的自主管理权，但其权利不得滥用，某文化传媒公司的倍增罚款制度，既不合法也不合理，不能作为对廖某进行处罚的依据。

《劳动法》第五十条规定："工资应当以货币形式按月支付给劳动者本人。不得克扣或者无故拖欠劳动者的工资。"

说到企业罚款的法律渊源，不能不提及 1982 年国务院发布的《企业职工奖惩条例》（已失效），其中第十二条规定："对职工的行政处分分为：警告，记过，记大过，降级，撤职，留用察看，开除。在给予上述行政处分的同时，可以给予一次性罚款。"第十六条规定："对职工罚款的金额由企业决定，一般不要超过本人月标准工资的百分之二十。"可见当时的法规是授予了企业罚款的权利。

但是，2008 年 1 月 15 日，国务院公布《关于废止部分行政法规的决定》（国务院令第 516 号），明确规定《企业职工奖惩条例》已被《劳动法》《劳动合同法》代替。《企业职工奖惩条例》中包括对职工罚款在内的内容因此而被废止。而《劳动合同法》等新颁布的法律法规，对于企业是否有权对员工罚款亦未作规定。

对此，一种意见是按照现行有效的劳动法律，用人单位不能对职工处予罚款。这种认为，《立法法》和《行政处罚法》规定：对财产的处罚只能由法律、法规和规章设定。罚款属于财产罚范畴，所以此项规定只能由国家立法机关和政府行政部门制定。企业是以营利为目的经济组织，不是国家立法机关和政府行政部门，无权在规章制度中设定罚款条款。

用人单位不能仅仅为了处罚职工就订立规章制度，而应当依据劳动法依法建立和完善规章制度，保障劳动者享有劳动权利和履行劳动义务。劳动者如有一般性违纪情况，应主要通过批评教育等来解决。如职工严重违反劳动纪律或用人单位规章制度的，用人单位可依法解除其劳动合同。

另一种意见是各种用人单位均有权按照经过本单位制定通过的规章制度、管理规定对职工处予罚款。这种意见认为，企业罚款权是完全不同于行政罚款权的，企业罚款权应该是劳动合同双方当事人的一种约定，是一种契约的体现。

倘若仅有规章制度而无相应的惩戒措施，那么制度就会变成一纸空文，尤其是对于还未到"严重违反规章制度"的员工，震慑力更是微乎其微，而在一定范围内的合情合理的经济性处罚却能获得较好的效果。只要企业内部的规章制度内容不违法、通过民主程序产生并进行公示后制定的，就可以根据其进行罚款，但罚款后发给员工的工资数额不能低于最低工资标准。

对于用人单位能否对劳动者进行经济处罚，在各地规定中也有不同的意见。在部分地方性法规中，仍然可以找到企业罚款的依据。如根据《深圳市员工工资支付条例》第三十四条[①]规定："用人单位可以从员工工资中扣减下列费用：……

---

① 2022 年修正的《深圳市员工工资支付条例》（2022 年 8 月 4 日施行）已去掉第三十四条第一款第二项。

（二）用人单位按照依法制定的规章制度对员工进行的违纪经济处罚；……用人单位每月扣减前款第一项费用前应当书面告知员工，每月扣减后的员工工资余额不得低于本市最低工资标准。”

但根据《广东省劳动保障监察条例》第五十条规定：“用人单位的规章制度规定了罚款内容，或者其扣减工资的规定没有法律、法规依据的，由人力资源社会保障行政部门责令改正，给予警告。用人单位对劳动者实施罚款或者没有法律、法规依据扣减劳动者工资的，由人力资源社会保障行政部门责令限期改正；逾期未改正的，按照被罚款或者扣减工资的人数每人二千元以上五千元以下的标准处以罚款。”

由此可见，深圳市的规定认可用人单位的经济处罚权，但规定罚款后的劳动者工资余额不得低于最低工资；广东省的规定则明确否定了用人单位的经济处罚权。

《上海市企业工资支付办法》第十七条规定：“劳动者违反劳动纪律或规章制度，企业降低其工资的，降低后的工资不得低于本市规定的最低工资标准。”

《江苏省工资支付条例》第十二条规定：“……劳动者有下列特殊情形之一，但提供了正常劳动的，用人单位支付给劳动者的工资不得低于当地最低工资标准，其中非全日制劳动者的工资不得低于当地小时最低工资标准：……（三）违反用人单位依法制定的规章制度，被用人单位扣除当月部分工资的；……前款第（三）项规定的情形，用人单位扣除劳动者当月工资的部分并不得超过劳动者当月应发工资的百分之二十；……”

尽管上海、江苏等地只是规定符合用人单位规章制度的，用人单位可以降低或扣除劳动者部分工资，并没有使用“经济处罚”或“罚款”等表述，但实质上仍是一种经济处罚。

从上海市法院的审判实践来看，因单位处分员工发生争议的，单位处分虽涉及经济扣罚等内容，但属于特定性、阶段性的，不涉及劳动合同的解除、变更的，单位有权对劳动者进行管理，一般不作为劳动争议案件；用人单位做出的处分涉及劳动合同的变更或解除的，或者经济扣罚影响劳动者基本生活的，则可作为劳动争议案件。这实际上是在一定程度上默认了用人单位对违纪的劳动者的经济惩诫权。

但即便有些地方肯定了用人单位的经济处罚权，用人单位行使该权利也是有边界的。

首先，职工必须存在违纪行为，即在主观过错方面，表现为故意，而不是一般的过失；在客观方面，表现为违反用人单位的规章制度。

其次，经济处罚或扣减部分工资应当有合法的规章制度为依据。规章制度中有对违纪的明确定义并做具体列举，同时还必须规定相应的罚款和降低工资的办法（包括各种违纪行为相对应的具体数额），并与工会和职工平等协商、分享权利。

再次，遵循“小额合理、有奖有罚”的原则。处罚不得超过为维护用人单位正常生产秩序所必需的限度。尽管《企业职工奖惩条例》已被废止，但在新的规定出台之前，它仍会产生影响。建议用人单位进行罚款时，也应掌握罚款总额不超过员工收入的20%，且罚款后员工工资须不低于当地最低工资标准的原则。另外，规章制度中明确罚款款项的合理用途，才是公平合理的。降低后的工资不得低于本市规定的最低工资标准。

最后，处罚的内容、程度不得超过为维护用人单位正常生产秩序所必需的限度。对于经济处罚或扣减工资的金额限制应当合理、合法。

【操作建议】

1. 如何计算经济损失

用人单位要求劳动者承担赔偿责任，其前提是由于劳动者的过错给用人单位造成了直接经济损失，且这种损失必须是实际已经发生的、可以计算出具体数额的经济损失。用人单位要求劳动者赔偿经济损失的，有关机构会审查用人单位损失的计算方式、计算明细和计算依据；该损失系直接经济损失还是间接经济损失；该损失是否已经实际发生及其具体金额。①

2. 采取复合式的薪资结构

对于用人单位来说，只要变作“减法”为作“加法”，变“扣发工资”为“不予奖励”，就可以既符合国家法律规定，又取得良好的激励效果。这种办法的关键是采取复合式的薪资结构。由于法律未对薪资结构作出规定，用人单位可以

---

① 如在某案中，乐女士在网站发布在线销售电池组促销信息时，将售价每套8134日元错标为115日元。错标价格运行期间共成交609套，其中258套已派送，未派送的351套，成功取消31套，合计578套取消失败。法院认为，鉴于公司未能从产品购置成本、储运及营销人力成本等方面就其销售成本予以核算，根据乐女士主张成本价酌情认定销售成本为原告售价的55%，即2585798.6日元［（8249日元-115日元）×578套×0.55］，按成交日的汇率折算，公司损失为158343.98元。另，公司已提交发票证明支出公证费4000元、翻译费1800元。结合双方过错程度，法院酌情认定由乐女士承担公司损失的10%，即16414.4元。［广东省深圳市宝安区人民法院（2019）粤0306民初11066号民事判决书］

自行设计。复合工资制工资包括多个组成部分，有相对固定的，如岗位、职务、技能工资等；也有相对浮动的，如提成工资、绩效工资、各种奖金等，注重及时考核，强调对员工激励。

3. 慎用扣减工资

对于用微信讨论工作员工罚款，不如不发给他们“保密奖”；对于迟到员工罚款，不如不发给他们“全勤奖”；对于在厂区抽烟员工罚款，不如不发给他们“禁烟奖”；对于出工伤车间员工罚款，不如不发给他们“安全奖”……

【相关法规】

1. 赔偿经济损失

《劳动法》第一百零二条：劳动者违反本法规定的条件解除劳动合同或者违反劳动合同中约定的保密事项，对用人单位造成经济损失的，应当依法承担赔偿责任。

原劳动部《关于贯彻执行〈中华人民共和国劳动法〉若干问题的意见》第三十二条：……如果劳动者违法解除劳动合同给原用人单位造成经济损失，应当承担赔偿责任。

第三十三条：劳动者违反劳动法规定或劳动合同的约定解除劳动合同（如擅自离职），给用人单位造成经济损失的，应当根据劳动法第一百零二条和劳动部《违反〈劳动法〉有关劳动合同规定的赔偿办法》（劳部发〔1995〕223号）的规定，承担赔偿责任。

《工资支付暂行规定》第十六条：因劳动者本人原因给用人单位造成经济损失的，用人单位可按照劳动合同的约定要求其赔偿经济损失。经济损失的赔偿，可从劳动者本人的工资中扣除。但每月扣除的部分不得超过劳动者当月工资的20%。若扣除后的剩余工资部分低于当地月最低工资标准，则按最低工资标准支付。

2. 代扣工资

原劳动部《工资支付暂行条例》第十五条：用人单位不得克扣劳动者工资。有下列情况之一的，用人单位可以代扣劳动者工资：

（一）用人单位代扣代缴的个人所得税；

（二）用人单位代扣代缴的应由劳动者个人负担的各项社会保险费用；

（三）法院判决、裁定中要求代扣的抚养费、赡养费；

（四）法律、法规规定可以从劳动者工资中扣除的其他费用。

3. 克扣工资

原劳动部《对〈工资支付暂行规定〉有关问题的补充规定》第三条：《规定》

第十五条中所称“克扣”系指用人单位无正当理由扣减劳动者应得工资（即在劳动者已提供正常劳动的前提下用人单位按劳动合同规定的标准应当支付给劳动者的全部劳动报酬）。不包括以下减发工资的情况：(1) 国家的法律、法规中有明确规定的；(2) 依法签订的劳动合同中有明确规定的；(3) 用人单位依法制定并经职代会批准的厂规、厂纪中有明确规定的；(4) 企业工资总额与经济效益相联系，经济效益下浮时，工资必须下浮的（但支付给劳动者工资不得低于当地的最低工资标准）；(5) 因劳动者请事假等相应减发工资等。

4. 无故拖欠工资

原劳动部《对〈工资支付暂行规定〉有关问题的补充规定》第四条：《规定》第十八条所称“无故拖欠”系指用人单位无正当理由超过规定付薪时间未支付劳动者工资。不包括：(1) 用人单位遇到非人力所能抗拒的自然灾害、战争等原因、无法按时支付工资；(2) 用人单位确因生产经营困难、资金周转受到影响，在征得本单位工会同意后，可暂时延期支付劳动者工资，延期时间的最长限制可由各省、自治区、直辖市劳动行政部门根据各地情况确定。其他情况下拖欠工资均属无故拖欠。

6.3 过错性解除：违反职业道德、公序良俗可以解除吗？

【案例索引】

序号	典型案例	裁判要旨	关键词
1	《深圳法院劳动争议审判白皮书（2005—2020）案例之八》	严重违纪的考量因素不仅限于给用人单位造成损失的严重程度。即使员工违纪行为未给用人单位造成太大损失，但如果用人单位已在规章制度中将严重影响企业文化理念或生产秩序等行为规定为严重违纪时，也可据此解除劳动合同。	违纪情节
2	北京市劳动人事争议仲裁十大典型案例之六（2021 年发布）	劳动者应当本着诚实信用、勤勉谨慎、善意合作等原则履行劳动合同义务，除了应当自觉遵守用人单位依法制定的规章制度之外，还应当根据基本职业道德、公序良俗等对自己的履职行为作出判断和取舍，切勿以未签收规章制度或规章制度未作出明确规定作为自己不当行为的“挡箭牌”。	违纪情节

续表

序号	典型案例	裁判要旨	关键词
3	上海市静安区人民法院劳动争议审判十大典型案例之九（2018年度）	劳动者的职业行为不能违背所在国家的公共秩序、善良风俗以及职业道德。若有违背，即使公司规章制度未对此作出明确规定，用人单位亦可依法解除劳动合同。	违纪情节
4	最高人民法院指导案例181号：郑某诉霍尼韦尔自动化控制（中国）有限公司劳动合同纠纷案	用人单位的管理人员对被性骚扰员工的投诉，应采取合理措施进行处置。管理人员未采取合理措施或者存在纵容性骚扰行为、干扰对性骚扰行为调查等情形，用人单位以管理人员未尽岗位职责，严重违反规章制度为由解除劳动合同，管理人员主张解除劳动合同违法的，人民法院不予支持。	违纪情节

【规则精析】

过错性解除在劳动法上也称为过失性解除、即时解除，用人单位采用此种方式解除和劳动者的劳动合同时，以劳动者出现了符合用人单位行使过错性解除权的情形为前提，并且无须提前通知劳动者，也无须向劳动者支付经济补偿金。

1. 试用期解除

按照《劳动合同法》规定，劳动者在试用期间被证明不符合录用条件的，用人单位可以解除劳动合同。用人单位以此为由解除劳动合同，需举证证明劳动者的行为不符合录用条件。

2. 严重违纪解除

按照《劳动合同法》规定，劳动者严重违反用人单位的规章制度的，用人单位可以解除劳动合同。按照《劳动法》规定，劳动者严重违反劳动纪律或者用人单位规章制度的，用人单位可以解除劳动合同。

不过，某些地方规定，即使用人单位没有规章制度，或是规章制度对某个具体的违纪行为未进行规定，或是规章制度未经过民主程序、公示程序而无法成为裁审的依据，用人单位仍然可以依据“诚实信用”的原则来认定劳动者的行为属于严重违纪。[1]

3. 严重失职解除

按照《劳动合同法》规定，劳动者严重失职，营私舞弊，给用人单位造成重大损害的，用人单位可以解除劳动合同。

严重失职、营私舞弊是指劳动者在履行劳动合同期间，没有按照岗位职责要求履行自己的义务，违反其忠于职守、维护用人单位利益的义务，有未尽职责的严重过失行为或者利用职务之便谋取私利的故意行为，使用人单位有形财产、无形财产遭受重大损害，但不够刑罚处罚的程度。[2]

4. 利益冲突解除

按照《劳动合同法》规定，劳动者同时与其他用人单位建立劳动关系，对完成本单位的工作任务造成严重影响，或者经用人单位提出，拒不改正的，用人单位可以解除劳动合同。

利益冲突解除必须符合两个条件：一是劳动者必须与其他用人单位建立了法律上的劳动关系；二是对完成本单位的工作任务造成严重影响，或经用人单位提出拒不改正。

5. 欺诈解除

按照《劳动合同法》规定，劳动者以欺诈、胁迫的手段或者乘人之危，使对方在违背真实意思的情况下订立或者变更劳动合同的，用人单位可以解除劳动合同。

用人单位与劳动者订立劳动合同时，劳动合同可以由用人单位拟定，也可以由劳动者拟定，或双方当事人共同拟定，但必须经双方当事人协商一致后才能签订，必须为双方意思的真实表示。若因劳动者的过错，造成用人单位签订劳动合

---

① 如上海市高级人民法院《关于适用〈劳动合同法〉若干问题的意见》（沪高法〔2009〕73 号）第十一条：“……在规章制度无效的情况下，劳动者违反必须遵守的合同义务，用人单位可以要求其承担责任。劳动者以用人单位规章制度没有规定为由提出抗辩的，不予支持……”

② 如果劳动者的行为已经构成犯罪，用人单位则无须适用该条解除条款进行解除，直接依据《劳动合同法》第三十九条第（六）项解除劳动合同即可。

同的行为不是真实的意思表示，用人单位也就有权解除这份劳动合同。

6. 刑事责任解除

按照《劳动合同法》规定，劳动者被依法追究刑事责任的，用人单位可以解除劳动合同。

刑事责任解除必须符合三个法定条件：一是被依法追究了刑事责任；二是被追究刑事责任必须发生在劳动合同期限内；三是用人单位在劳动者承担刑事责任期间行使该解雇权；上述三个条件缺一不可。

所谓“被依法追究刑事责任”，根据原劳动部《关于〈中华人民共和国劳动法〉若干条文的说明》（劳办发〔1994〕289号）的解释，具体指：①被人民检察院免予起诉的；②被人民法院判处刑罚（刑罚包括：主刑：管制、拘役、有期徒刑、无期徒刑、死刑；附加刑：罚金、剥夺政治权利、没收财产）的；③被人民法院依据《刑法》第三十二条免予刑事处分的。但由于我国刑事诉讼法在1996年和2012年都进行了修订，目前已经由原先的“免予起诉”制度改成了“不予起诉”的相关制度。

过错性解除相较于其他解除方式而言，具有明显的低成本优势，但在适用情形上认定更严、要求更高，裁审也通常借此来严格防控用人单位对过错性解除权利的滥用。

从典型案例看，过失性解除除试用期解除（本书以下章节将作详细介绍）、欺诈解除（前文已经介绍）外，主要涉及以下几个裁判规则：

一、用人单位应当举证证明解除符合法定的要件

我国法律对于用人单位的过错性解除强调非经法定情形不得解除的原则，用人单位如若要采用此种解除方式，就必须以能证实劳动者确实出现了某种法律规定的过错行为为前提。

根据《劳动法》和《劳动合同法》用人单位可以即时行使单方解除权的条件有：一、劳动者在试用期被证明不符合录用条件；二、劳动者严重违反用人单位的规章制度；三、严重失职、营私舞弊，给用人单位造成重大损害；四、劳动者兼职对本职工作造成严重影响或拒不改正；五、劳动者的过错致使劳动合同无效；六、被依法追究刑事责任。

本节案例1中，法院生效判决认为：某公司深圳分公司已经充分举证证实了

王某 2015 年 2 月至 6 月进行虚假报销，次数多，金额大，获得不当利益，违反了旧版《工作守则》第 10.6 条规定以及新版《员工手册》第 10.3.B22 的规定。王某的行为已经严重违反企业的规章制度，某公司深圳分公司依据《劳动合同法》第三十九条第（二）项的规定，单方作出解除与王某劳动合同的行为，并在作出解除决定之前征求工会的意见，符合法律的规定，无须支付解除劳动合同赔偿金。

规则一：用人单位行使单方即时解除权，应当举证证明解除符合法定的要件。

——《深圳法院劳动争议审判白皮书（2005—2020）》案例之八

本案涉及劳动者严重违反用人单位的规章制度被用人单位行使单方即时解除权。根据最高人民法院《关于审理劳动争议案件适用法律问题的解释（一）》第四十四条规定："因用人单位作出的开除、除名、辞退、解除劳动合同、减少劳动报酬、计算劳动者工作年限等决定而发生的劳动争议，用人单位负举证责任。"故用人单位对合法行使解除权应当举证证明。

从本案来看，法院认为用人单位应从以下几个方面证明合法行使了解除权：

首先，对劳动者的违纪事实进行处罚的依据包括依据是否合法、劳动者是否知晓进行举证。本案中，在王某 2001 年 1 月 1 日、2012 年 4 月 9 日知晓《工作守则》，2015 年 5 月 19 日知晓《员工手册》的情况下，新版《员工手册》作为旧版《工作守则》的修订版以及延续，可以作为处罚的依据。

这里有几个问题需注意：其一，合法的规章制度必须经过民主程序制定，内容不得违反国家现行的法律、行政法规及政策性规定；其二，劳动者的行为为用人单位的规章制度所禁止；其三，劳动者的违纪行为在劳动合同或规章制度中被列为应当解除劳动合同的行为；其四，劳动者知晓处罚的依据或者规章制度已经进行或公示。

其次，就劳动者的违纪事实是否成立进行举证。用人单位不仅要证明劳动者具有违纪事实，且要证明其行为达到"严重"的程度。

本案中，公司提供了王某未如实提供真实的出差酒店住宿费报销，伪造费用报销以及提供虚假发票的证据。王某上诉主张其虽有违纪行为，但虚假报销所得均用在工作上，且该行为达不到足以解除劳动合同的程度，对此，法院认为，王某虚假报销行为虽然并没有给某公司深圳分公司造成太大损失，但是某公司深圳分公司此前已在规章制度中反复告知员工不得欺诈，在员工有欺骗公司行为后，对员工的不诚信行为采取零容忍态度，单方解除亦不违反法律规定，故王某的主张缺乏依据，法院不予支持。

典型案例肯定了劳动者存有“虚假报销”这种严重违反诚信的行为，用人单位可以按严重违纪解除劳动合同。当然实践中用假发票申请报销与伪造假发票毕竟还不能划等号，关键是劳动者是否有违纪的主观故意。一般而言，用人单位的财务人员在鉴定发票真伪方面应比劳动者有更高的技能，如果用人单位在对劳动者的报销进行审核时，并未辨别出虚假发票，对于劳动者而言其对商户开具的发票的真实性更难以辨别真伪。

如在某劳动争议案中，Z公司以汪某提供虚假发票报销及纵容下属虚假报销的行为，属于严重违法公司规章制度为由，从而解除双方劳动合同。但从公司报销的流程来看，作为需要报销的员工，在公司内网系统提交发票扫描件，注明用途，由该员工的直线上级进行形式上的审核，该审核也仅限于该报销是否属于工作范畴，不对发票真伪进行实质性审核。

汪某作为公司主管销售的高管，所发生的餐饮、交通费用属于其职责范畴，其直线上级已进行形式审核。对于汪某下属发生所需要报销的费用，其作为上级，也仅是承担形式审核的职责，现Z公司要求汪某承担发票真伪审核职能，属于超越其职责范围，故Z公司以此解除双方劳动合同，可以认定为违法解除劳动合同，应当依法支付违法解除劳动合同赔偿金。

在实践中，员工什么样的“虚报发票”行为才可以开除呢？

考量一：报销基础事实是否真实。在现实生活中，劳动者进行虚假报销的情形多种多样，有员工虚拟报销事实进行报销、多张发票连号等；有报销基础事实真实，但发票开出单位不存在、发票金额与实际发生数额不一致、发票对应的明细单虚假等；也有发票真实，但违反报销制度，如购买违规物品、报销事由与发票不一致等。而其中报销基础事实是否真实，是一个重要的考量因素。

在用人单位能够充分举证证明报销基础事实虚假的情况下，即便劳动者提出诸如报销已被批准、报销款已经支付、持发票冲抵等主张，但该等主张不足以消除虚假报销的严重违纪性质，裁审机关一般都会支持解除劳动合同。

如果劳动者报销的基础事实真实存在，确属因公支出，但所提供的发票系虚假、不同报销批次或发票连号、发票号码与报销顺序不一致等，则还要结合其他因素，如劳动者是否伪造发票、用人单位财务报销审核程序等进行综合考量。

考量二：劳动者是否伪造发票。报销发票的来源也很重要。考虑到社会实践中发票开具、管理尚不规范，发票容易丢失等现实因素，劳动者如提出发票系商家提供、不能辨认发票真伪等主张，法院一定程度上能够听取劳动者主观状态的抗辩。但如果用人单位能证明，劳动者主观存有恶意，即明知发票虚假仍然申请报销，或者故意购买假发票等，可以认定为严重违反诚信，一般可按严重违纪处理。

考量三：虚假报销情节是否严重。在实践中，员工虚假报销的情节也有较大区别。现实中有企业明示或默示允许员工在报销时使用同等或更高金额的同类型冲抵发票，在该类报销经过公司审批的情况下，司法机构一般倾向于不认定员工严重违反诚信。

而有的报销事项尽管真实发生，公司财务审核通过了报销事项，也无证据证明劳动者故意伪造发票，但是否查明员工提交的是虚假发票，用人单位就应当予以容忍呢?

这还要看劳动者的虚假报销情节是否严重。首先劳动者在劳动合同履行中应遵循的诚实信用原则、劳动纪律及用人单位的合法规章制度，应当负有提交真实、有效、合法的差旅费发票的义务。尽管劳动者一般来说辨别能力有限，但用人单位在审核过程中是否存在疏漏或瑕疵，并不影响劳动者相应行为的违规性质。其次如果虚假发票数量较多、期间较长且累计金额较大，该等累积足以反驳劳动者关于不能判断发票真伪的主张，否定其不存在恶意的主观状态，还是可以认定劳动者严重违反诚信，用人单位未必不能据此解除劳动合同。

再次，对事先已将解除理由通知工会进行举证。根据《劳动合同法》第四十三条的规定，用人单位单方解除劳动合同，应当事先将理由通知工会。用人单位违反法律、行政法规规定或者劳动合同约定的，工会有权要求用人单位纠正。用人单位应当研究工会的意见，并将处理结果书面通知工会。在用人单位成立工会的情况下，用人单位应履行在作出解除决定之前征求工会的意见的义务，如果用人单位不履行此义务在起诉之前未予补正，应当视为程序违法而被认定为违法解除。

本案中，某公司深圳分公司单方作出解除与王某劳动合同的行为，并在作出解除决定之前征求工会的意见，符合法律的规定，无须支付解除劳动合同赔偿金。

最后，对于已将解除通知书送达给劳动者进行举证。本案中，2015 年 9 月 7 日，某公司深圳分公司向王某发出解除劳动合同通知书。

二、规章制度未作出明确规定下的违纪处理

在规章制度未作出明确规定、劳动合同亦未明确约定的情况下，劳动者违反了诚实信用、职业道德、忠诚义务、公序良俗，用人单位是否可以解除劳动合同？各地司法实践做出了一些突破。

上海市高级人民法院规定：劳动合同的履行应当首要遵循依法、诚实信用的原则。劳动合同的当事人之间除了规章制度的约束之外，实际上也存在很多约定的义务和依据诚实信用原则而应承担的合同义务。如《劳动法》第三条第二款关于“劳动者应当……遵守劳动纪律和职业道德”等规定，就是类似义务的法律基础。因此，在规章制度无效的情况下，劳动者违反必须遵守的合同义务，用人单位可以要求其承担责任。劳动者以用人单位规章制度没有规定为由提出抗辩的，不予[①]支持。但在规范此类行为时，应当仅对影响劳动关系的重大情况进行审核，以免过多干涉用人单位的自主管理权。

北京市高级人民法院、北京劳动仲裁委亦规定：《劳动法》第三条第二款中规定：“劳动者应当……遵守劳动纪律和职业道德。”上述规定是对劳动者的基本要求，即便在规章制度未作出明确规定、劳动合同亦未明确约定的情况下，如劳动者存在严重违反劳动纪律或职业道德的行为，用人单位可以依据《劳动法》第三条第二款的规定与劳动者解除劳动合同。[②]

重庆市高级人民法院则倾向认为，用人单位依法制定并公示的规章制度中对劳动纪律有明确规定的，用人单位只能依据规章制度之规定解除劳动合同。用人单位没有制定规章制度或者规章制度未依法定程序制定、公示，但劳动者存在严重违反劳动纪律的行为，且该行为依据通常情理判断属于严重违背社会主义核心价值观、公序良俗、诚实信用原则的行为，用人单位可以以劳动者严重违反劳动纪律为由解除劳动合同。在用人单位没有制定规章制度或者规章制度未依法定程序制定、公示的情况下，对劳动者旷工达到何种程度属于严重违反劳动纪律的行

---

① 上海市高级人民法院、上海市人力资源和社会保障局《关于适用〈劳动合同法〉若干问题的意见》（沪高法〔2009〕73 号）。

② 北京市高级人民法院、北京市劳动人事争议仲裁委员会《关于审理劳动争议案件法律适用问题的解答》（2017 年 4 月 24 日发布）。

为，可以按照无正当理由连续旷工时间超过 15 天，或者一年以内累计旷工时间超过 30 天为标准进行掌握。[①]

宁波市中级人民法院认为，对于用人单位没有建立规章制度或规章制度对具体违纪行为规定不明确，若劳动者存在多次旷工、工作中多次打架斗殴等情形的，用人单位以“严重违反劳动纪律”为由与劳动者解除劳动合同是否合法的问题，如劳动者明显违反职业操守等行为确实存在且情节严重的，应当认定用人单位的解除行为合法，但对于“情节严重”的认定，应当从事实、证据及世俗、情理等角度从严把握。[②]

北京市 2019 年劳动人事争议仲裁十大典型案例指出：劳动者应当本着诚实信用、勤勉谨慎、善意合作等原则履行劳动合同义务，除了应当自觉遵守用人单位依法制定的规章制度之外，还应当根据基本职业道德、公序良俗等对自己的履职行为作出判断和取舍。

本节案例 2 中，虽然杨某提出本人未签收《员工手册》的抗辩，楼宇服务公司亦未能提供证据证明已将《员工手册》公示或告知杨某，但杨某制作虚假考勤侵占工资的行为既构成营私舞弊，给用人单位造成重大损害，也违背诚实信用原则和基本职业操守，故裁决驳回杨某的仲裁请求。

上海市静安区人民法院的典型案例也是如此。英国文化教育协会总部收到匿名举报邮件，其中有 David 与网友的微信聊天记录，涉及淫秽信息及泄题等不正当交易，David 承认举报内容。教育公司以 David 的行为违反了考官聘用条款、员工行为规范、雅思考官执业准则、纪律政策、雅思考官保密承诺等规定，构成严重违纪，且以 David 的行为丧失职业道德，违背公序良俗为由，与其解除劳动关系。David 则认为上述规章制度均是教育公司的投资方或相关行业的规范，并没有经过法定的程序制定为教育公司的规章制度，构成违法解除，要求公司支付违法解除劳动合同赔偿金。

---

① 重庆市高级人民法院《关于审理劳动争议案件适用法律问题的会议纪要》（2018 年 1 月 15 日）。

② 宁波市中级人民法院《关于审理劳动争议案件若干疑难问题的解答（三）》（2013 年 10 月 15 日）第八问。

规则二：劳动者的职业行为不能违背所在国家的公共秩序、善良风俗以及职业道德。若有违背，即使公司规章制度未对此作出明确规定，用人单位亦可依法解除劳动合同。

——上海市静安区人民法院劳动争议审判十大典型案例之九（2018年度）

当然，对于这种情况，用人单位承担了更重的举证责任，需要对处罚行为的合理性进行充分说明，否则难以被裁审部门所认可。如员工擅自离岗超过 10 天，用人单位是否可以开除？可能每个人的判断存在差异。如果有依法制定的规章制度，就按规章制度的规定界定违纪行为，否则就由法官或仲裁员进行界定，这对于用人单位来说，就有较大的法律风险。[①]

有判决书指出：即便用人单位的规章制度中未作出明确规定，如果劳动者存在的违反劳动纪律或职业道德的行为达到一定的严重程度，仍可以视为对用人单位规章制度的严重违反，用人单位得类推适用《劳动合同法》第三十九条第（二）项的规定解除劳动合同。只不过这种类推适用，应当基于公平原则和诚实信用原则，在充分考虑劳动者的主观过错程度、影响的严重程度，用人单位管理行为的必要性、妥当性以及是否存在激化矛盾等不当情形的基础上，对劳动者违反劳动纪律或职业道德的行为做审慎的审查，以期在平衡保护劳动者合法权益与用人单位用工自主权的同时，避免对《劳动合同法》第三十九条第（二）项的类推适用被泛化。[②]

建议用人单位在规章制度中对于违纪行为可以用“列举+概括”形式表述，并且对于各种违纪行为的处罚措施要有相应的规定。违纪理由的设计可以从违反生产秩序、违反经营秩序和违反社会秩序三个方面展开，全面列举违纪行为的具体表现，最后使用兜底条款，如“企业认定的其他×类违纪行为”。

违纪行为一般可分成轻微违纪行为、一般违纪行为、较重违纪行为和严重违

① 浙江省高级人民法院民事审判第一庭《关于审理劳动争议案件若干问题的意见（试行）》（浙法民一〔2009〕3 号）第四十五条：对劳动者无正当理由未办理请假手续，擅自离岗连续超过十五日，用人单位规章制度已有规定的，按相关规定执行；用人单位规章制度无规定的，用人单位可以劳动者严重违反劳动纪律为由，解除劳动合同。

② 案号：北京市第一中级人民法院（2021）京 01 民终 8826 号。

纪行为，并规定相应的行政措施或纪律处分种类，如口头警告、书面警告、严重警告、解除劳动合同等几类。口头警告是对员工轻微违纪行为的处罚，书面警告是对员工一般违纪行为的处罚，严重警告是对员工较重违纪行为或一年内重复犯有一般违纪行为员工的处罚，解除劳动合同是对犯有严重违纪行为或一年内重复犯有较重违纪行为员工的处罚。

对《劳动合同法》第三十九条等法律已经明确规定处理方式的行为不必列入规章制度。对于原来由法律法规明确规定但现在由用人单位自行规定内容可以列入规章制度，对于法律法规只有原则性规定的应当在规章制度中予以细化。

三、用人单位对于解除类型的选择

本节案例 4 即指导案例 181 号“郑某诉霍尼韦尔自动化控制（中国）有限公司劳动合同纠纷案”，明确了用人单位的管理人员对被性骚扰员工的投诉没有采取合理措施，或者存在纵容性骚扰行为、干扰对性骚扰行为调查等情形，用人单位以管理人员未尽岗位职责，严重违反规章制度为由解除劳动合同，管理人员主张解除劳动合同违法的，人民法院不予支持。

该案例对于民法典施行后用人单位合理构建性骚扰防范处置机制，切实提升全员防范意识，有效防范职场性骚扰行为，具有一定的示范指导意义。

也许有人会问，骚扰女职工任某的是郑某的上级邓某，郑某作为管理人员存有失职行为，但公司却选择按严重违纪解除郑某的劳动合同，这是为什么呢？

此案中，郑某因认为下属女职工任某与郑某上级邓某（已婚）之间的关系有点僵，为“疏解”二人关系而找任某谈话。谈话中，任某强调邓某是在对其进行性骚扰，邓某要求与其发展男女关系，并在其拒绝后继续不停骚扰，郑某不应责怪其不搭理邓某，也不要替邓某来对其进行敲打。郑某则表示“你如果这样干工作的话，让我很难过”“你越端着，他越觉得我要把你怎么样”“他这么直接，要是我的话，先靠近你，摸摸看，然后聊聊天”。后郑某以任某不合群等为由向霍尼韦尔公司人事部提出与任某解除劳动合同，但未能说明解除任某劳动合同的合理依据。人事部为此找任某了解情况。任某告知人事部其被间接上级邓某骚扰，郑某有意无意撮合其和邓某，其因拒绝骚扰行为而受到打击报复。

霍尼韦尔公司对郑某进行调查，并制作了调查笔录。后公司出具单方面解除函，以郑某未尽经理职责，在下属反映遭受间接上级骚扰后没有采取任何措施帮助下属不再继续遭受骚扰，反而对下属进行打击报复，在调查过程中就上述事实做虚假陈述为由，与郑某解除劳动合同。

郑某申请仲裁，要求违法解除劳动合同赔偿金，未得到支持。郑某遂诉至法院。一审法院驳回郑某的诉讼请求。郑某提起上诉。二审驳回上诉，维持原判。

《劳动合同法》第三十九条规定："劳动者有下列情形之一的，用人单位可以解除劳动合同：（一）在试用期间被证明不符合录用条件的；（二）严重违反用人单位的规章制度的；（三）严重失职，营私舞弊，给用人单位造成重大损害的；（四）劳动者同时与其他用人单位建立劳动关系，对完成本单位的工作任务造成严重影响，或者经用人单位提出，拒不改正的；（五）因本法第二十六条第一款第一项规定的情形致使劳动合同无效的；（六）被依法追究刑事责任的。"

如用人单位选择按以上第（三）项解除劳动合同，首先要证明郑某严重失职行为的存在。违反注意义务可以认定为失职，但是如何认定严重性，立法并未就严重失职的标准予以明确，在适法的过程中需要法官自由裁量，确定劳动者行为后果预见义务和行为后果避免义务。

在司法实践中，认定有严重失职的事实要考虑两方面内容，一是没有明确的规章制度的，是否严重失职，应当根据劳动者岗位职责、工作内容等，采用一般人的注意义务进行认定。二是有规章制度的，按规章制度办理。用人单位对本单位的各工作岗位，结合该岗位的一些特点，明确哪些行为属于严重失职的行为，即用人单位有证据表明劳动者负有更高标准的注意义务，应采用更高标准的注意义务。

此案中，公司建立有工作场所性骚扰防范培训机制，郑某亦接受过相关培训。规定要求经理、主管等管理人员在下属提出担忧或问题时能够专业并及时帮助解决，但是郑某的行为显然有悖其作为部门主管应尽之职责，或可认定其严重失职。

但用人单位即便能证明员工严重失职，不等于可以解除劳动合同，还要证明重大损害的发生。所谓重大损害一般是指经济损失，当然也包括重大声誉损害等，但一般是指实际损失，通常预期的负收益可能不会被认定。另外，严重失职与重大损害之间还要存有因果关系，即因为郑某的严重失职行为导致了用人单位重大损害的发生。这在举证上确实存在一定的难度。

相比之下，严重违纪解除就比较简单，只需要证明严重违纪行为的存在，不需要证明重大损害的发生。其实两者本来就是"你中有我、我中有你"。在违纪行为和失职行为中，劳动者都存在过错，但违纪是一种故意行为，劳动者明知规章制度但故意违反，失职则是一种过失行为，表现为劳动者未履行工作职责；违纪行为和失职行为程度严重都将导致解除劳动合同，严重违纪主要是指违纪的情节严重，侧重于从主观恶劣程度去判断，严重失职主要是指造成的损失严重，侧重于从客观后果去判断。

公司规章制度中，要求经理、主管等管理人员在下属提出担忧或问题时能够专业并及时帮助解决，不能进行打击报复，还将违反这种规定的行为列为会导致立即辞退的严重违纪行为范围。而郑某确实存有对相关女职工进行打击报复，且存在虚假陈述等行为。故公司最终选择按严重违纪解除劳动合同，并得到了法律的支持。

规则三：用人单位的管理人员对被性骚扰员工的投诉，应采取合理措施进行处置。管理人员未采取合理措施或者存在纵容性骚扰行为、干扰对性骚扰行为调查等情形，用人单位以管理人员未尽岗位职责，严重违反规章制度为由解除劳动合同，管理人员主张解除劳动合同违法的，人民法院不予支持。

——最高人民法院指导案例 181 号：郑某诉霍尼韦尔自动化控制（中国）有限公司劳动合同纠纷案

本案给企业预防和处理性骚扰带来什么启示？首先，用人单位应当完善规章制度，严惩性骚扰行为。涉及职场中的性骚扰可分为三种情形：一是行政机关、企业事业单位内，上级对下级、雇主对员工或同事之间的性骚扰行为，包括双方有从属关系和没有从属关系的；二是员工在为单位工作中，与客户之间发生的性骚扰行为；三是职工在公共场所，与陌生人之间发生的性骚扰行为。三种情形都违反了公序良俗的原则，前两种情形还违反了职业道德。用人单位可在依法制定的规章制度中，将这些行为列为严重违纪。

其次，用人单位应当完善工作职责，加强对相关责任人员的培训。根据《民法典》第一千零一十条第二款规定，机关、企业、学校等单位应当采取合理的预防、受理投诉、调查处置等措施，防止和制止利用职权、从属关系等实施性骚扰。可见用人单位负有管理责任的重点，应当是以上第一类中有从属关系的那种性骚扰行为。对此不仅要追究侵害人的违纪行为，同时要追究相关管理责任人的失职行为。

最后，用人单位处理性骚扰事件时，可以结合具体案情，妥善选择不同的解除类型。一般来说，除了对于加害人可以按严重违纪解除外，对于相关责任人员，亦可先调查其是否存有严重违纪行为。凡是可按严重违纪解除的，可优先考虑按严重违纪解除。当然，对于故意违纪行为不明显，同时有证据表明因未履行管理工作职责给单位造成重大损害的，亦可按严重失职解除。

【操作建议】

1. 在获知劳动者解除事由后应在合理期限内行使解除权

我国已经废止的《企业职工奖惩条例》第二十条第一款曾规定："审批职工处分的时间，从证实职工犯错误之日起，开除处分不得超过五个月，其他处分不得超过三个月。"虽然因条例的整体失效，该条款已不再适用，但对于劳动者违反用人单位规章制度的，单位还是应及时作出处理。

2. 避免"双重处罚"

用人单位应避免双重处罚，即已经对一项过错实施了非解除类处分，又以同一事由实施解除处分。

3. 建立完善规章制度中的违纪处罚累进制度

注意把握"处罚累进制度"不是简单的累计过失行为，其中的批评处罚环节不能省略，否则既不利于员工改正错误，在法律上也存在风险。

4. 通过规章制度对严重失职进行界定

用人单位可以事先列明失职行为的种类，并且事先明确重大损害的标准。重大损害可以从经济损失，如造成5000元以上的损失，还可以从单位名誉损害、管理损害等多方面进行界定。

5. 注意区分违纪行为与不能胜任工作

"违纪行为"更重视的是劳动者的主观态度问题，而"不能胜任工作"则更侧重于劳动者的能力问题。简言之，前者是劳动者能做到却不愿意做；后者是劳动者愿意做好却做不到。在进行违纪情形设置时，应充分考虑每个行为的特性，合理对其进行安排。

【相关法规】

1. 劳动纪律和职业道德

《劳动法》第三条第二款：劳动者应当完成劳动任务，提高职业技能，执行劳动安全卫生规程，遵守劳动纪律和职业道德。

2. 过失性解除

《劳动法》第二十五条：劳动者有下列情形之一的，用人单位可以解除劳动合同：

（一）在试用期间被证明不符合录用条件的；

（二）严重违反劳动纪律或者用人单位规章制度的；

（三）严重失职，营私舞弊，对用人单位利益造成重大损害的；

（四）被依法追究刑事责任的。

《劳动合同法》第三十九条：劳动者有下列情形之一的，用人单位可以解除劳动合同：

（一）在试用期间被证明不符合录用条件的；

（二）严重违反用人单位的规章制度的；

（三）严重失职，营私舞弊，给用人单位造成重大损害的；

（四）劳动者同时与其他用人单位建立劳动关系，对完成本单位的工作任务造成严重影响，或者经用人单位提出，拒不改正的；

（五）因本法第二十六条第一款第一项规定的情形致使劳动合同无效的；

（六）被依法追究刑事责任的。

3. 举证责任

最高人民法院《关于审理劳动争议案件适用法律问题的解释（一）》第四十四条：因用人单位作出的开除、除名、辞退、解除劳动合同、减少劳动报酬、计算劳动者工作年限等决定而发生的劳动争议，用人单位负举证责任。

第 7 章　健康管理

7.1 医疗期管理：医疗期内劳动合同到期可以终止吗？

【案例索引】

序号	典型案例	裁判要旨	关键词
1	江苏省高级人民法院劳动人事争议典型案例之八（2021年发布）	劳动者享有医疗期需要具备一定的条件：首先，劳动者患病的病情状况或者非因工负伤的严重程度达到了需要治疗休息的客观要求，其判断标准一般以医疗机构出具的“病假单”为依据；其次，劳动者按照用人单位规章制度的要求履行请假手续。	病假审核
2	上海市劳动争议十大典型案例之三(2016—2018 年)	关于病假工资的计算，根据本市相关规定，职工疾病或非因工负伤待遇高于本市上年度月平均工资的，用人单位可按本市上年度月平均工资计发。	病假工资
3	《公报》案例：梁介树诉南京乐府餐饮管理有限公司劳动争议案	患有癌症、精神病等难以治疗的特殊疾病的劳动者，应当享受 24 个月的医疗期。医疗期内劳动合同期满，劳动合同应当延续至医疗期满时终止。用人单位在医疗期内违法解除或者终止劳动合同，劳动者起诉要求继续履行劳动合同的，人民法院应当判决撤销用人单位的解除或者终止通知书。	医疗期管理
4	扬州法院劳动争议十大典型案例之十(2020 年度)	祝某经鉴定被确认为完全丧失劳动能力，遂要求公司给付增加部分医疗补助费 40326 元，最终获得了支持。	医疗补助费

【规则精析】

作为一个自然人，生病与受伤是在所难免的。若因工负伤或发生职业病，那么将进入工伤关系的法律体系；若非因工负伤或患有疾病，法律要求用人单位承担起一定的社会责任，即支付病假工资等，且在医疗期内不得非过失性解除或到期终止劳动关系。

对于病假和医疗期，各地发布的典型案例明确了以下几个裁判规则：

一、劳动者享有医疗期需要具备一定的条件

病假是指劳动者因疾病或非因工受伤，企业批准停止工作进行治病休息的期间。病假的设立初衷是为了保障劳动者的因病休息权。在履行劳动合同期间，用人单位与劳动者均应当遵循合法、诚实信用的原则。用人单位作为独立的经营主体，依法拥有对员工的管理自主权。用人单位在员工病假期间负有支付病假工资的义务，但员工病假期间，亦应遵守劳动纪律，配合公司执行相关规章制度。

劳动法中所称“医疗期”的规定，体现的是保护劳动者合法权益的立法理念，但因医疗期中劳动者不能到岗上班，涉及用人单位对工作的统筹安排。

劳动者主张医疗期须证明病情达到需要治疗休息的严重程度，并应遵守用人单位的请假制度，即享受病假待遇还要履行病假手续，用人单位不能以此解除终止的前提是劳动者应提供病假证明。

本节案例 1 中，曹某提供了某医院抑郁自评量表，该表载明参考诊断为有（轻度）抑郁症状，但未提供病假证明。法院认为，曹某病假到期后，在未能及时履行请假手续的情况下无正当理由未出勤上班，公司在多次催促通知无果后，以其旷工并严重违反公司规章制度为由解除劳动合同，具有事实依据。

规则一：劳动者享有医疗期需要具备一定的条件：首先，劳动者患病的病情状况或者非因工负伤的严重程度达到了需要治疗休息的客观要求，其判断标准一般以医疗机构出具的“病假单”为依据；其次，劳动者按照用人单位规章制度的要求履行请假手续。

——江苏省高级人民法院劳动人事争议十大典型案例之八（2021 年发布）

有人问：要求请病假的抑郁症职工提供病假证明是否侵犯职工的隐私权？《劳动合同法》赋予了用人单位的知情权：“用人单位有权了解劳动者与劳动合同直接相关的基本情况，劳动者应当如实说明。”何谓“与劳动合同直接相关的基本情况”，目前没有相关的条款或者司法解释加以界定。但没有一种权利是完全自由行使和不受限制的，用人单位的用工管理权当然也不是毫无边界的，当用工管理权遇到劳动者人格权时，两种权利必然要受到相互牵制。

在劳动关系领域的病假审核环节中，如何把握职工“隐私权”与用人单位的

"知情权"之间的界限？典型案例中的判决显示：用人单位有要求请病假职工包括罹患抑郁症员工提供病假证明的权利。

总之，企业有权对病假证明进行审核，确认其真实性，但是这种审核仅限于形式上的审核。由于员工是否生病、疾病严重程度、是否需要停工休息治疗必须是具备资格的专业人员才能判定而非用人单位，因此医生开具的病假单是员工休病假的依据。患病员工也有权根据病情轻重和医院的远近选择合适的医院就诊。只要能证明员工病情属实、请病假手续合法，即在没有证据表明员工存在不诚信或其他严重违纪行为的情况下，就应当对员工的病假申请予以认可。

另外，办理病假手续不仅是指医院出具的病假证明，也包括公司规定的请假手续。即在一般情况下，用人单位要求职工进一步提供就诊病史、疾病所需化验证明复印件等，并向其就诊和开具病假证明的医院进行复核，这也是企业用工自主权的体现，而非用工管理权之滥用，并未侵犯其隐私。

但根据《精神卫生法》的规定，精神障碍患者的合法权益受法律保护，医院应当对精神障碍患者的病历资料等信息予以保密。单位的管理要求，如超过必要和合理的限度，就涉嫌侵犯职工隐私权。

二、病假工资的支付

原劳动部《企业职工患病或非因工负伤医疗期规定》第五条规定：企业职工在医疗期内，其病假工资、疾病救济费和医疗待遇按照有关规定执行。

原劳动部《关于贯彻执行〈中华人民共和国劳动法〉若干问题的意见》第五十九条：职工患病或非因工负伤治疗期间，在规定的医疗期间内由企业按有关规定支付其病假工资或疾病救济费，病假工资或疾病救济费可以低于当地最低工资标准支付，但不能低于最低工资标准的80%。

在1953年颁布实施的《劳动保险条例实施细则》中曾规定了三条制度：1. 工人职员疾病或非因工负伤停止工作连续医疗期间在6个月以内者，根据《劳动保险条例》第十三条乙款的规定，应由该企业行政方面或资方按下列标准支付病伤假期工资：本企业工龄不满2年者，为本人工资60%；已满2年不满4年者，为本人工资70%；已满4年不满6年者，为本人工资80%；已满6年不满8年者，为本人工资90%；已满8年及8年以上者，为本人工资100%。2. 工人职员疾病或非因工负伤停止工作连续医疗期间超过6个月时，根据《劳动保险条例》第十三条乙款的规定，病伤假期工资停发，改由劳动保险基金项下，按月付给疾病或非因工负伤救济费，其标准如下：本企业工龄不满 1 年者，为本人工资 40%；已满 1 年未满 3 年者，为本人工资 50%；3 年及 3 年以上者，为本人工资 60%。此项救济费付至能工作或确定为残废或死亡时止。3. 工人职员的本人工资低于该企业的平均工资者，领取疾病或非因工负伤救济费时，如其所得救济费数额低于该企业的平均工资 40%，应按平均工资 40%发给，但不得高于本人工资。

由于《劳动保险条例实施细则》颁布已久，许多条款已经被当地的病假工资支付办法所取代，用人单位在适用时，还应当依据当地的具体规范。

如根据《深圳市员工工资支付条例》，员工患病或者非因工负伤停止工作进行医疗，在国家规定的医疗期内的，用人单位应当按照不低于本人标准工资的百分之六十支付员工病伤假期工资，但不得低于最低工资的百分之八十。

上海规定的疾病休假工资标准：职工疾病或非因工负伤连续休假在 6 个月以内的，企业应按下列标准支付疾病休假工资：1. 连续工龄不满 2 年的，按本人工资的 60%计发；2. 连续工龄满 2 年不满 4 年的，按本人工资 70%计发；3. 连续工龄满 4 年不满 6 年的，按本人工资的 80%计发；4. 连续工龄满 6 年不满 8 年的，按本人工资的 90%计发；5. 连续工龄满 8 年及以上的，按本人工资的 100%计发。疾病救济费标准：职工疾病或非因工负伤连续休假超过 6 个月的，由企业支付疾病救济费：1. 连续工龄不满 1 年的，按本人工资的 40%计发；2. 连续工龄满 1 年不满 3 年的，按本人工资的 50%计发；3. 连续工龄满 3 年及以上的，按本人工资的 60%计发。①

医疗期是法律对患病劳动者进行“解雇保护”的一种具体表现形式，体现了国家对用人单位用工自主权的一种适当限制。与此同时，为了平衡双方利益，上海也对高收入劳动者医疗期待遇在数额上作出了一定的限制。

规则四：关于病假工资的计算，根据本市相关规定，职工疾病或非因工负伤待遇高于本市上年度月平均工资的，用人单位可按本市上年度月平均工资计发。

——上海市劳动争议十大典型案例之三（2016—2018 年）

---

① 原上海市劳动局《关于加强企业职工疾病休假管理保障职工疾病休假期间生活的通知》（沪劳保发〔1995〕83 号）第五条。

故本节案例2中，鲁某主张按离职前月收入12400元的标准计算病假工资，但该标准高于本市上年度月平均工资标准，法院遂依职权判定物业公司与鲁某恢复劳动关系并按上年度月平均工资标准支付鲁某相应期间的病假工资。

三、劳动者医疗期满劳动关系的处置

医疗期建立在病假基础上，当职工因患病或非因工负伤停止工作治病休息时，虽然其不能上班工作，但用人单位在一定期间内不仅不得解除劳动合同，还要给予法定的病假待遇，这个不得解除劳动合同的时限就是医疗期。

医疗期不同于病假期。病假是一个事实概念，病假的程度根据病情确定，病越重则休假时间越长；医疗期是一个法律概念，一般依据本单位的工作年限确定，工作年限越长则医疗期时限越长。

原劳动部《企业职工患病或非因工负伤医疗期规定》第三条规定：企业职工因患病或非因工负伤，需要停止工作医疗时，根据本人实际参加工作年限和在本单位工作年限，给予3个月到24个月的医疗期：

（一）实际工作年限10年以下的，在本单位工作年限5年以下的为3个月；5年以上的为6个月。

（二）实际工作年限10年以上的，在本单位工作年限5年以下的为6个月；5年以上10年以下的为9个月；10年以上15年以年的为12个月；15年以上20年以下的为18个月；20年以上的为24个月。

第四条规定：医疗期3个月的按6个月内累计病休时间计算；6个月的按12个月内累计病休时间计算；9个月的按15个月内累计病休时间计算；12个月的按18个月内累计病休时间计算；18个月的按24个月内累计病休时间计算；24个月的按30个月内累计病休时间计算。

简单讲，医疗期标准根据员工实际工作年限和本单位工作年限确定为3—24个月，医疗期可在一定周期内循环计算。30个月内只要6个月是工作的，医疗期就没有问题，30个月满了以后又可以重新计算医疗期。

实际工作年限	本单位工作年限	医疗期	计算医疗期的时间	病假工资待遇	
				180天内	超过180天
10年以下	5年以下	3个月	6个月	70%	——
	5年以上	6个月	12个月	70%	——

续表

实际工作年限	本单位工作年限	医疗期	计算医疗期的时间	病假工资待遇	
				180 天内	超过 180 天
10 年以上	5 年以下	6 个月	12 个月	70%	60%
	5 年—10 年	9 个月	15 个月	70%	60%
	10 年—15 年	12 个月	18 个月	70%	60%
	15 年—20 年	18 个月	24 个月	70%	60%
	20 年以上	24 个月	30 个月	70%	60%

各地的医疗期制度多按原劳动部的规定执行，但是也有一些地区自行制定了医疗期计算办法。如上海市人民政府《关于本市劳动者在履行劳动合同期间患病或者非因工负伤的医疗期标准的规定》（沪府发〔2015〕40 号文）第二条规定：医疗期按劳动者在本用人单位的工作年限设置。劳动者在本单位工作第 1 年，医疗期为 3 个月；以后工作每满 1 年，医疗期增加 1 个月，但不超过 24 个月。但该规定施行前已经履行的劳动合同，其医疗期按照当时本市的相关规定执行。①

需注意的是，上海规定累计计算医疗期，仅依据劳动者在本单位的工作年限计算，不受本单位外工作年限的影响，自入职后的病假天数累计计算。医疗期的计算应从病休第一天开始累计计算，具体按规定的月工作时间计算，即劳动者累计病休满 20.83 天为一个月，连续休假期内含有休息日、节假日的应予剔除。

《劳动合同法》第四十条第一项规定，劳动者患病或者非因工负伤，在规定的医疗期满后不能从事原工作，也不能从事由用人单位另行安排的工作的，用人单位提前三十日以书面形式通知劳动者本人或者额外支付劳动者一个月工资后，可以解除劳动合同。

《劳动合同法》第四十五条规定，劳动合同期满，如果劳动者在规定的医疗期内，劳动合同应当续延至相应的情形消失时终止。

从用人单位的权益视角看，劳动者医疗期满后的处置分为以下几种情形：

① 所谓“以后工作每满 1 年”，指的是第 1 年结束以后每满 1 年。也就是说，第 1 年和第 2 年医疗期均为 3 个月，第 3 年开始医疗期为 4 个月，以此类推。这个计算办法可用 N+2 的公式表示，其中 N 表示已满的本单位工作年限。但是在司法实践中，也有部分法官倾向于 N+3。

1. 某些患特殊疾病（如癌症、精神病、瘫痪等）的职工，在24个月内尚不能痊愈的，经企业和劳动主管部门批准，可以适当延长医疗期。[①]

本节案例3是《公报》案例。案例判决认为，患有癌症、精神病等难以治疗的特殊疾病的劳动者，应当享受24个月的医疗期。医疗期内劳动合同期满，劳动合同应当延续至医疗期满时终止。用人单位在医疗期内违法解除或者终止劳动合同，劳动者起诉要求继续履行劳动合同的，人民法院应当判决撤销用人单位的解除或者终止通知书。

规则五：患有癌症、精神病等难以治疗的特殊疾病的劳动者，应当享受24个月的医疗期。医疗期内劳动合同期满，劳动合同应当延续至医疗期满时终止。用人单位在医疗期内违法解除或者终止劳动合同，劳动者起诉要求继续履行劳动合同的，人民法院应当判决撤销用人单位的解除或者终止通知书。

——《公报》案例：梁介树诉南京乐府餐饮管理有限公司劳动争议案

关于医疗期问题，法院根据梁介树的病情，认定病情严重，属特殊疾病，应当享受24个月的医疗期，符合原劳动部《关于贯彻〈企业职工患病或非因工负伤医疗期规定〉的通知》（劳部发〔1995〕236号）的内容。梁介树患病尚在规定的医疗期内，劳动合同的期限应自动延续至医疗期满为止。乐府餐饮公司于2011年3月7日通知梁介树劳动合同终止，违反《劳动合同法》第四十五条的规定。

但有意见认为，该文件制定的背景是“一些企业和地方劳动部门反映，《企业职工患病或非因工负伤医疗期规定》（劳部发〔1994〕479号）中医疗期最长为24个月，时间过短，限制较死，在实际执行中遇到一定困难，要求适当延长医疗期”，且该文件又同时“允许各省、自治区、直辖市在实施《企业职工患病或非因工负伤医疗期规定》时，可根据当地实际情况，制定具体细则”。

如上海规定延长医疗期需经劳动能力鉴定委员会鉴定为完全丧失劳动能力但

---

① 根据原劳动部《关于贯彻〈企业职工患病或非因工负伤医疗期规定〉的通知》第二条。

不符合退休、退职条件。①

在上海卿庆公司与职工程某的劳动争议案中，法院认为，劳动者患精神类疾病有轻有重、有长期性有间隙性、有痊愈的有未痊愈，其精神健康状态的判定也会因判断人认知能力和医疗水平的不同而出现不同判定结果。根据程某的工作年限，正常可享受3个月医疗期待遇。有关因精神疾病就医的相关材料，仅能反映其患有精神类疾病，但是患精神类疾病的劳动者并不一定就是完全丧失劳动能力，其可能是完全丧失劳动能力、也可能是大部分丧失劳动能力或者部分丧失劳动能力。故对患精神类疾病的劳动者而言，应按法定程序提出劳动能力鉴定申请，未经法定程序确认，不能当然认定就是完全丧失劳动能力，并不当然符合医疗期延长的条件。医疗期满后卿庆公司曾要求程某进行劳动能力鉴定，且经法院告知后，仍未在指定的期间向劳动能力鉴定委员会申请鉴定。据此，法院认为程某并不符合延长医疗期的条件。②

2. 劳动者在医疗期满后能够从事原工作的，双方应继续履行劳动合同。

3. 劳动者在医疗期满后不能从事原工作的，用人单位应另行安排工作，如劳动者可以胜任的，双方继续履行劳动合同。

4. 劳动者在医疗期满后不能从事原工作，也不能从事用人单位另行安排工作的，按照《劳动合同法》的规定，用人单位可以解除劳动合同，并按规定支付经济补偿金和医疗补助费。但是部分地区执行原劳动部的规定，需进行劳动能力鉴定。③ 被鉴定为一级至四级的，应当退出劳动岗位，解除劳动关系，办理退休、退职手续，享受退休、退职待遇；被鉴定为五级至十级的，用人单位可以解除劳动合同，并按规定支付经济补偿金和医疗补助费。

---

① 上海市人民政府颁布的《关于本市劳动者在履行劳动合同期间患病或者非因工负伤的医疗期标准的规定》（沪府发〔2015〕40号文）：劳动者经劳动能力鉴定委员会鉴定为完全丧失劳动能力但不符合退休、退职条件的，应当延长医疗期。延长的医疗期由用人单位与劳动者具体约定，但约定延长的医疗期与前条规定的医疗期合计不得低于24个月。下列情形中关于医疗期的约定长于上述规定的，从其约定：（一）集体合同对医疗期有特别约定的；（二）劳动合同对医疗期有特别约定的；（三）用人单位内部规章制度对医疗期有特别规定的。

② 案号：上海市第一中级人民法院（2020）沪01民终7539号。

③ 原劳动部《企业职工患病或非因工负伤医疗期规定》第七条规定："企业职工非因工致残和经医生或医疗机构认定患有难以治疗的疾病，医疗期满，应当由劳动鉴定委员会参照工伤与职业病残程度鉴定标准进行劳动能力的鉴定。被鉴定为一级至四级的，应当退出劳动岗位，解除劳动关系，并办理退休、退职手续，享受退休、退职待遇。"

四、医疗补助费的支付

用人单位依据《劳动合同法》第四十条第（一）项与劳动者解除劳动合同的，需支付经济补偿和不低于6个月工资的医疗补助费，不提前30天通知解除的还要支付1个月工资的代通知金。

其中医疗补助费是指用人单位与劳动者解除或终止劳动合同时，对于医疗期满尚未痊愈或者已经丧失劳动能力的劳动者，除经济补偿外，另行向劳动者支付的用于继续治疗的费用。医疗补助费不是《劳动合同法》的规定，但是大多数地方性规定都有相关规定。设立医疗补助费的目的是给予丧失或者部分丧失劳动能力的劳动者后续治疗更多的保障。

规则六：劳动者经鉴定被确认为完全丧失劳动能力，按规定要求公司给付增加部分医疗补助费，应当予以支持。

——扬州法院劳动争议十大典型案例之十（2020年度）

本节案例4中，祝某经鉴定被确认为完全丧失劳动能力，遂要求公司给付增加部分医疗补助费40326元，最终获得了支持。

如果劳动合同期届满，医疗期未满，劳动合同应当顺延至医疗期满。只有当两个期限都满了，劳动合同才能终止。那么，医疗期满劳动合同终止，劳动者能否主张医疗补助费？

根据原劳动部《关于实行劳动合同制度若干问题的通知》（劳部发〔1996〕354号）第二十二条规定："劳动者患病或者非因工负伤，合同期满终止劳动合同的，用人单位应当支付不低于六个月工资的医疗补助费；对患重病或绝症的，还应适当增加医疗补助费。"

劳动部办公厅关于《对劳部发〔1996〕354号文件有关问题解释的通知》（劳办发〔1997〕18号）又进一步明确规定："《通知》第22条：'劳动者患病或者非因工负伤，合同期满终止劳动合同的，用人单位应当支付不低于六个月工资的医疗补助费'是指合同期满的劳动者终止劳动合同时，医疗期满或者医疗终结被劳动鉴定委员会鉴定为五至十级的，用人单位应当支付不低于六个月工资的医疗补助费。鉴定为一至四级的，应当办理退休、退职手续，享受退休、退职待遇。"

由此可见，医疗期满劳动合同终止，劳动者能够主张医疗补助费的情形，仅限于“被劳动鉴定委员会鉴定为五至十级”。一般情况下用人单位与劳动者终止合同后无须支付医疗补助费。若劳动者被鉴定为一级至四级，则办理退休、退职手续，也无须支付其医疗补助费。

司法实践中也有劳动合同期满终止，劳动者的劳动能力鉴定结论为大部分丧失劳动能力，法院判决支持支付劳动者医疗补助费的判例。①

其实对于在员工医疗期内的病假工资支付问题，争议还比较少。目前争议比较大的一个问题是：在员工医疗期满后继续休病假，公司没有和员工解除劳动合同，是否还要支付病假工资呢?

有人认为，根据原劳动部的规定，只有在“在医疗期内”“在规定的医疗期间内”，企业才有支付病假工资的义务。对此需注意各地有不同的执行口径。

第一类如江苏、天津、广东、辽宁、深圳等地，在员工医疗期满后继续休病假，企业无须再支付病假工资。类似的还有。西安、成都等地没有相关规定，就直接适用原劳动部的规定。②

第二类如京沪等地的病假工资规定中，并无“在国家规定的医疗期内”这样的限制，认为在员工医疗期满后继续休病假，企业仍需支付支付病假工资。③ 因为医疗期和病假是两个不同的概念，病假工资的发放是针对劳动者的病假，而非仅针对医疗期。医疗期是指企业职工因患病或非因工负伤停止工作治病休息，企业不得解除劳动合同的时限，故医疗期满仅是意味着法律赋予用人单位可以行使单方解除权，但并不代表其可以此为由拒付劳动者病假待遇。

第三类如青岛规定，并非超过医疗期就不需支付病假工资，但是其待遇比在

---

① 案号：上海市杨浦区人民法院（2019）沪 0110 民初 9817 号、上海市第二中级人民法院（2019）沪 02 民终 9884 号。

② 《江苏省工资支付条例》第二十七条规定：“劳动者患病或者非因工负伤停止劳动，且在国家规定医疗期内的，用人单位应当按照工资分配制度的规定以及劳动合同、集体合同的约定或者国家有关规定，向劳动者支付病假工资或者疾病救济费。”

③ 根据上海市劳动局《关于加强企业职工疾病休假管理保障职工疾病休假期间生活的通知》（沪劳保发〔95〕83 号）、上海市劳动和社会保障局《关于本市企业职工疾病休假工资或疾病救济费最低标准的通知》（沪劳保保发〔2000〕14 号）、2004 年上海市劳动和社会保障局发布的《关于病假工资计算的公告》《上海市企业工资支付办法》等几个涉及病假工资的有效文件，都没有规定只有在“国家规定的医疗期”内才需支付病假工资。《北京市工资支付规定》第二十一条规定：“劳动者患病或者非因工负伤的，在病休期间，用人单位应当根据劳动合同或集体合同的约定支付病假工资。用人单位支付病假工资不得低于本市最低工资标准的 80%。”

规定的医疗期内的要低一些。①

若地方上规定的病假待遇既然高于原劳动部规定的待遇，就应按地方上的规定执行。

【操作建议】

1. 企业应制定切实可行的病假管理制度

用人单位可规定一般情况下，员工只需将病假单提交给用人单位即可，无须提供挂号单、医药费单据和诊断证明等附属材料。但员工请长病假或用人单位有疑问时，可要求职工提交附属材料，职工有义务予以配合。

用人单位可以在规章制度中规定：（1）员工必须本人亲自填写《病假申请表》，并亲自向经理/主管递交相关证明材料，报人力资源部批准备案，方可视为病假。未能及时以书面形式递交申请表和相关证明材料的，应以口头或电子邮件形式先行通知经理/主管，并于返回单位工作时补缴申请表和相关证明材料。员工在病假结束时疾病未愈，需要继续申请病假的，应当按照程序在病假结束前续假。（2）申请人必须亲自就诊，禁止委托他人代为就诊，或代开病假单。特殊情况下确需委托他人代为就诊，或代开病假单的，必须如实向单位书面说明，否则视为严重违纪。（3）无论事前请病假，还是特殊情况事后补请病假，原则上都应当由劳动者本人亲自到单位申请办理病假手续，禁止其他同事或亲友随意代为请病假。除非有特殊情况，如人不能动弹等。如员工事先未有任何通知或情况说明有无特殊情况的，将视为旷工处理；无故旷工累计 3 天以上（含 3 天），将视为员工严重违反公司的规章制度，公司有权解除其劳动合同。

2. 劳动者病假期间外出旅游要作出合理判断

不能一律认为患病劳动者在病假期间不得外出，而应该根据其病情（病因、诊断情况、建议休假天数等）、岗位性质、工作强度等因素综合判断其外出行为是否合情合理。

3. 遇到病假纠纷应多了解情况，不要贸然解除劳动合同

如果公司对病假证明提出异议，法院会核实劳动者的就诊记录，还会结合挂号单、医疗费发票、就诊病名等确认病假证明的真实性。在劳动纠纷中，如果劳

---

① 《青岛市企业工资支付规定》第二十条规定："……（一）在规定的医疗期内，停工医疗累计不超过 6 个月的，由用人单位发给本人工资 70% 的病假工资；（二）在规定的医疗期内，停工医疗累计超过 6 个月的，发给本人工资 60% 的疾病救济费；（三）超过医疗期，用人单位未按规定组织劳动能力鉴定的，按不低于当地最低工资标准的 80% 支付疾病救济费……"

动者只有一张病假证明，就诊记录等内容无法对应，那么证据就存在瑕疵，在诉讼中就会处于不利地位。

4. 医疗补助费没有“三倍封顶”

计算经济补偿时，劳动者月工资高于用人单位所在直辖市、地区的市级人民政府公布的本地区上年度职工月平均工资三倍的，向其支付经济补偿的标准按职工月平均工资三倍的数额支付，向其支付经济补偿的年限最高不超过十二年；但是计算医疗补助费并无“平均工资三倍封顶”的限制。

【相关法规】

1. 病假工资

病假是指劳动者因疾病或非因工受伤，企业批准停止工作进行治病休息的期间。

原劳动部《企业职工患病或非因工负伤医疗期规定》第五条：企业职工在医疗期内，其病假工资、疾病救济费和医疗待遇按照有关规定执行。

原劳动部《关于贯彻执行〈中华人民共和国劳动法〉若干问题的意见》第五十九条：职工患病或非因工负伤治疗期间，在规定的医疗期间内由企业按有关规定支付其病假工资或疾病救济费，病假工资或疾病救济费可以低于当地最低工资标准支付，但不能低于最低工资标准的80%。

2. 医疗期

原劳动部《企业职工患病或非因工负伤医疗期规定》（劳部发〔1994〕479号）第二条：医疗期是指企业职工因患病或非因工负伤停止工作治病休息不得解除劳动合同的时限。

第三条：企业职工因患病或非因工负伤，需要停止工作医疗时，根据本人实际参加工作年限和在本单位工作年限，给予三个月到二十四个月的医疗期：

（一）实际工作年限十年以下的，在本单位工作年限五年以下的为三个月；五年以上的为六个月。

（二）实际工作年限十年以上的，在本单位工作年限五年以下的为六个月；五年以上十年以下的为九个月；十年以上十五年以年的为十二个月；十五年以上二十年以下的为十八个月；二十年以上的为二十四个月。

第四条：医疗期三个月的按六个月内累计病休时间计算；六个月的按十二个月内累计病休时间计算；九个月的按十五个月内累计病休时间计算；十二个月的按十八个月内累计病休时间计算；十八个月的按二十四个月内累计病休时间计算；

二十四个月的按三十个月内累计病休时间计算。

3. 医疗期满解除

《劳动合同法》第四十条：有下列情形之一的，用人单位提前三十日以书面形式通知劳动者本人或者额外支付劳动者一个月工资后，可以解除劳动合同：

（一）劳动者患病或者非因工负伤，在规定的医疗期满后不能从事原工作，也不能从事由用人单位另行安排的工作的；……

原劳动部《关于〈中华人民共和国劳动法〉若干条文的说明》第二十六条：有下列情形之一的，用人单位可以解除劳动合同，但是应当提前三十日以书面形式通知劳动者本人：

（一）劳动者患病或者非因工负伤，医疗期满后，不能从事原工作也不能从事由用人单位另行安排的工作的；

……

本条第（一）项指劳动者医疗期满后，不能从事原工作的，由原用人单位另行安排适当工作之后，仍不能从事另行安排的工作的，可以解除劳动合同……

4. 医疗补助费

原劳动部《关于实行劳动合同制度若干问题的通知》第二十二条：劳动者患病或者非因工负伤，合同期满终止劳动合同的，用人单位应当支付不低于六个月工资的医疗补助费；对患重病或绝症的，还应适当增加医疗补助费。

原劳动部办公厅《关于对劳部发〔1996〕354号文件有关问题解释的通知》（劳办发〔1997〕18号）第二条：“《通知》第22条劳动者患病或者非因工负伤，合同期满终止劳动合同的，用人单位应当支付不低于六个月工资的医疗补助费”是指合同期满的劳动者终止劳动合同时，医疗期满或者医疗终结被劳动鉴定委员会鉴定为5—10级的，用人单位应当支付不低于六个月工资的医疗补助费。鉴定为1—4级的，应当办理退休、退职手续，享受退休、退职待遇。

7.2 女职工“三期”：是否可安排孕期女职工长途出差？

【案例索引】

序号	典型案例	裁判要旨	关键词
1	广州市中级人民法院女职工权益保护典型案例之三（2020 年发布）	女职工在劳动期间内进行产前检查，虽未向用人单位提供劳动，但应算作劳动时间，即按出勤对待，不能按病假、事假或旷工处理，用人单位应当按照正常工资标准向女职工发放产检期间的工资，更不能以女职工产检旷工为由解除劳动关系。	产前检查
2	无锡市中级人民法院女职工“三期”保护劳动争议典型案例之四（2021 年发布）	研究所将姜某哺乳时间作为事假扣发工资不当，应予返还。	哺乳时间
3	广州市中级人民法院女职工权益保护典型案例之一（2020 年发布）	违法解除，应依法支付违法解除劳动合同的赔偿金。另外，因用人单位原因导致女职工“三期”待遇损失的，用人单位还应支付女职工原本在正常劳动关系下依法可获得的产假工资、奖励假工资和部分哺乳期工资。	奖励产假
4	上海市静安区人民法院发布劳动争议审判白皮书暨十大典型案例之五（2018 年度）	用人单位在审核是否批准女职工哺乳假申请时还需审查相关病历材料是否真实有效，如对女职工请假事由及病历存有异议，用人单位可以向医院核实相关事实。但在病历真实有效的情况下，用人单位应对照法律法规和卫生管理部门相关规定核实女职工是否具有法定严重影响母婴身体健康疾病的情形，对于符合法定情形的，则应当批准女职工的哺乳假申请。	哺乳假
5	广州市中级人民法院女职工权益保护典型案例之二（2020 年发布）	本案中，根据皮革公司提交的检测报告，曾某工作岗位的环境中确实存在苯、甲苯、二甲苯、非甲浣总烃等有毒物质，若上述有毒物质的浓度超过了国家职业卫生标准，则属于女职工在孕期禁忌从事的劳动范围，并不适合怀孕后的曾某工作，故曾某请求皮革公司调整岗位具有合理性。	工作环境
6	无锡市中级人民法院女职工“三期”保护劳动争议典型案例之八（2021 年发布）	哺乳期的女职工在履行劳动义务过程中受到法律的特别保护。用人单位安排哺乳期女职工工作、确定女职工工作地点，应考虑方便女职工可以占用 1 小时的劳动时间用于哺乳。	工作安排

续表

序号	典型案例	裁判要旨	关键词
7	无锡市中级人民法院女职工“三期”保护劳动争议典型案例之三（2021 年发布）	女职工怀孕期间属于履行劳动关系的特殊时期，用人单位对怀孕女职工的管理指挥权受到限制，不得对怀孕女职工工作地点、工作环境、工作内容、工作时间等事项做随意安排。	工作安排
8	广州市中级人民法院女职工权益保护典型案例（2019 年）	黄某于 2008 年 6 月 11 日生产，至 2009 年 6 月 11 日（小孩一周岁之日）之前，为黄某的哺乳期。依照上述法律法规，双方劳动合同期满后并非当然终止，而是应续延至其哺乳期满。	到期顺延
9	上海市虹口区人民法院与虹口区劳动人事争议仲裁院涉解除、终止类劳动争议审裁白皮书暨十大典型案例之八（2018 年）	用人单位能够举证证明女职工存在严重违反用人单位的规章制度，严重失职、营私舞弊，给用人单位造成重大损害等过失性等情形的，即使女职工处在孕期、产期、哺乳期，用人单位还是有权利行使单方解除权。	严重违纪解除
10	上海市静安区人民法院劳动争议审判十大典型案例之十（2018 年度）	金某尚处哺乳期，从其每日签到情况看，并不存在旷工的主观故意。	严重违纪解除
11	广州市中级人民法院女职工权益保护典型案例（2019 年）	如果女职工产假期间，应用人单位的要求，向用人单位提供了正常劳动，应当得到正常工资，但该工资是女职工提供劳动的报酬，不能因此而免除用人单位应向女职工发放生育津贴的义务。	生育津贴

【规则精析】

“三期”分别为孕期、产期、哺乳期。孕期：又称妊娠期，是怀孕周数。医学上的孕期是指从末次月经的第一天开始到分娩结束的期间。产期：是指休产假的期间。哺乳期是女职工哺乳未满一周岁的婴儿期间。[①]

随着我国“二孩”到“三孩”政策的放开，涉女职工因孕期、产期、哺乳期“三期”待遇而产生的纠纷逐年增加。

2019 年 6 月 18 日，广州市中级人民法院举行女职工权益保护典型案例新闻发

① 满周岁是从周岁生日的第二天起算，所以哺乳期应是指婴儿从出生到周岁生日的时间，即 366 天。

布会，公布了八大典型案例。2021 年 3 月 3 日上午，广州市中级人民法院再次召开“女职工权益保护典型案例”新闻发布会，公布了 2019 年—2020 年女职工权益案件处理情况及 8 个涉女职工劳动权益的典型案例。

据介绍，随着妇女维权意识的增强，广州法院女职工维权案件数量呈现增长趋势，主要体现在有的用人单位在女职工休完产假后，既不安排到原有岗位上班，也不提供新的岗位给女职工；有的用人单位未依法为女职工购买生育保险；有的用人单位降岗降薪无充分依据；有的用人单位以生产经营困难为由解除与“三期”女职工劳动关系；有的用人单位剥夺合法生育的女职工休奖励假期权利等。从维权重心来看，从“三期”待遇逐渐往岗位调整转变。

此外，2021 年 4 月 27 日，无锡市中级人民法院开展集中采访活动，向社会公布无锡法院从 2019 年以来处理的“三期”女职工劳动争议典型案例。北京市总工会女职工委员会、权益工作部、法律服务中心评选出“2021 年北京工会维护女职工权益十大案例”，并邀请案件代理人、调解员逐一评析案件。

一、“三期”休息休假权

1. 全国通用的“三期”假期

全国通行的女职工“三期”中假期及其待遇包括：

· 产前检查

产前检查是每一个女性在妊娠期间都必须要经历的一个步骤，产前检查可以保障孕妇和胎儿的健康、提高优生优育的几率、及时识别一些异常生理变化等，因此，怀孕妇女应按卫生部门的要求进行产前检查。

我国《女职工劳动保护特别规定》第六条第三款规定，怀孕女职工在劳动时间内进行产前检查，所需时间计入劳动时间。根据该条规定，女职工在劳动期间内进行产前检查，虽未向用人单位提供劳动，但应算作劳动时间，即按出勤对待，不能按病假、事假或旷工处理，用人单位应当按照正常工资标准向女职工发放产检期间的工资，更不能以女职工产检旷工为由解除劳动关系。

· 产前工间休息

怀孕 7 个月以上的女职工，用人单位不得延长劳动时间或者安排夜班劳动，并应当在劳动时间内安排一定的休息时间。

哺乳未满 1 周岁婴儿的女职工，用人单位不得延长劳动时间或者安排夜班劳动。

· 产假

《女职工劳动保护特别规定》第七条第一款规定："女职工生育享受 98 天产假，其中产前可以休假 15 天；难产的，增加产假 15 天；生育多胞胎的，每多生育 1 个婴儿，增加产假 15 天。"

· 哺乳期

按照现行劳动法律规定，哺乳期是专指女性生产后至婴儿满周岁期间，在此期间用人单位按规定对女职工实行特殊保护，如解除或终止劳动合同都应符合《劳动合同法》的限制性条款。

· 哺乳时间

女职工不仅是劳动者，还肩负着繁衍、哺育下一代的重任。《女职工劳动保护特别规定》第九条规定："对哺乳未满 1 周岁婴儿的女职工，用人单位不得延长劳动时间或者安排夜班劳动。用人单位应当在每天的劳动时间内为哺乳期女职工安排 1 小时哺乳时间；女职工生育多胞胎的，每多哺乳 1 个婴儿每天增加 1 小时哺乳时间。"

规则一：女职工在劳动期间内进行产前检查，虽未向用人单位提供劳动，但应算作劳动时间，即按出勤对待，不能按病假、事假或旷工处理，用人单位应当按照正常工资标准向女职工发放产检期间的工资，更不能以女职工产检旷工为由解除劳动关系。

——广州市中级人民法院女职工权益保护典型案例之三（2020 年发布）

本节案例 1 中，孙某于 2019 年 3 月 20 日入职某司，任前台兼行政、档案管理员。2020 年 4 月 14 日，孙某前往医院进行孕期检查，于当天下午通过微信向行政主管告知因需要再次抽血检查，要求 2020 年 4 月 15 日请假，并称已向公司法定代表人电话请示，请假单及相关证明于 2020 年 4 月 15 日提交。行政主管表示同意。2020 年 4 月 16 日上午孙某通过微信向行政主管发送请假条及病假证明书照片，并通过其他同事将请假条及病假证明书原件交给行政主管。2020 年 4 月 16 日 17 时左右，行政主管向孙某发送微信，内容为"……由于你 2020 年 4 月 14 日下午及 15 日未按规定办理请假手续无故旷工……根据本司规定，决定自 2020 年 4 月 16 日起对你做辞退处理……"。经劳动仲裁，某司不服诉至法院。

法院认为，孙某在 2020 年 4 月 14 日及 4 月 15 日两天前往医院产检，已及时通过微信向行政管理人员报告，并提交请假单及病假证明书照片，已尽告知及请假义务。《女职工劳动保护特别规定》第六条第三款规定，怀孕女职工在劳动时间内进行产前检查，所需时间计入劳动时间。因此，孙某4月14、15日产检应计入劳动时间。某司对孙某产检情况知悉的情况下认为孙某该两天属于旷工缺乏依据，法院不予采纳。某司以此为由解除与孙某的劳动关系没有依据，属于违法解除，应向孙某支付违法解除劳动关系赔偿金。

规则二：将姜某哺乳时间作为事假扣发工资不当，应予返还。

——无锡市中级人民法院女职工“三期”保护劳动争议典型案例之四（2021年发布）

本节案例2中，姜某于2010年6月入职某研究所，双方签订劳动合同明确了工资待遇。2016年11月至2017年4月姜某休产假，2017年6月至11月为姜某哺乳期，姜某采取上午提前半小时下班、下午提前半小时下班的方式进行哺乳。研究所在计发姜某哺乳期工资时，以事假为由扣发姜某每天1小时的工资。本案中，研究所将姜某哺乳时间作为事假扣发工资不当，应予返还。

2. 地方立法规定的“三期”假期

· 奖励产假

奖励产假是地方政府对符合法律、法规规定生育子女的夫妻的优惠政策，在规定假期内照发工资，不影响福利待遇和全勤评奖。各地在国家规定的产假基础上，又各自规定了奖励生育性质的假期（又称“延长的产假”“延长生育假”等），规定生育符合法律法规和计划生育政策的，在奖励假期内，无须向用人单位提供劳动，用人单位应正常发放该期间的工资待遇，用人单位不得降低其工资，予以辞退，与其解除劳动和聘用合同。奖励假期北京有60日①，上海有60日②，广东有80日③，江苏不少于30天④，浙江一孩延长产假60天，二孩、三孩延长产假90天⑤。

① 《北京市人口与计划生育条例》。
② 《上海市人口与计划生育条例》。
③ 《广东省人口与计划生育条例》。
④ 《江苏省人口与计划生育条例》。
⑤ 《浙江省人口与计划生育条例》。

本节案例3中，钟某于2012年12月17日入职某电气公司，双方签订有书面劳动合同。电气公司向钟某支付工资至2019年4月。钟某于2019年5月8日顺产生育一孩，并于2019年5月5日至2019年8月10日休产假。2019年8月20日，电气公司以钟某已连续旷工六天为由，向钟某发出《解除劳动合同通知书》，解除双方劳动关系。经查，钟某曾于2019年8月1日向电气公司人事经理申请奖励假休假。双方发生纠纷后，钟某请求电气公司向其支付产假、奖励假、哺乳期工资损失、违法解除劳动关系赔偿金。仲裁支持了钟某的请求。电气公司不服诉至法院。

规则三：违法解除除依法支付违法解除劳动合同的赔偿金外，因用人单位原因导致女职工“三期”待遇损失的，用人单位还应支付女职工原本在正常劳动关系下依法可获得的产假工资、奖励假工资和部分哺乳期工资。

——广州市中级人民法院女职工权益保护典型案例之一（2020年发布）

法院认为，钟某合法生育，依法享有2019年8月11日至2019年10月29日的80天奖励假，且已提前向电气公司申请奖励假休假，故电气公司以钟某2019年8月12日至8月20日连续旷工6天为由解除双方的劳动关系，属违法解除，应依法支付违法解除劳动合同的赔偿金。另外因用人单位原因导致女职工“三期”待遇损失的，用人单位还应支付女职工原本在正常劳动关系下依法可获得的产假工资、奖励假工资和部分哺乳期工资。故判决电气公司向钟某支付产假、奖励假、哺乳假工资损失、违法解除劳动关系赔偿金。

· 哺乳假和产前假

除全国规定的“三期”假期待遇外，上海等地还有哺乳假和产前假的规定。

产前假分可以批准和应当批准两种情况：（1）可以批准情形：女职工妊娠七个月以上（按二十八周计算），应给予每天工间休息一小时，不得安排夜班劳动。如工作许可，经本人申请，单位批准，可请产前假两个半月。[①]（2）应当批准情形：经二级以上医疗保健机构证明有习惯性流产史、严重的妊娠综合症、妊娠合并症等可能影响正常生育的，本人提出申请，用人单位应当批准其产前假。[②] 产前

① 《上海市女职工劳动保护办法》。

② 《上海市实施〈中华人民共和国妇女权益保障法〉办法》。

假为期两个半月。在此期间，女职工工资不得低于其原工资性收入的 80%；调整工资时，产前假视作正常出勤。

哺乳假也分可以批准和应当批准两种情况：（1）可以批准情形：女职工生育后，若有困难且工作许可，由本人提出申请，经单位批准，可休哺乳假。[①]（2）应当批准情形：经二级以上医疗保健机构证明患有产后严重影响母婴身体健康疾病的，本人提出申请，用人单位应当批准其哺乳假。[②] 哺乳假为期 6 个半月。其间，女职工工资不得低于其原工资性收入的 80%；调整工资时，哺乳假视作正常出勤。

根据原上海市卫生局《关于本市医疗机构依法开具产前假和哺乳假有关疾病证明的通知》：所谓产后严重影响母婴身体健康疾病包括：（1）产后抑郁症；（2）全子宫切除术后；（3）有前述所列的产前严重的妊娠合并症，产后未缓解的；（4）产时曾经历危重抢救，目前仍存在重要脏器功能损害；（5）婴儿有先天缺陷致喂养困难：早产儿、唇腭裂、先天性心脏病等；（6）双胎及以上；（7）婴儿患有中重度营养不良、贫血、佝偻病；（8）婴儿曾患有严重感染性疾病：如败血症、脑膜炎、肺炎等；（9）婴儿患有遗传代谢性疾病。以上可能影响正常生育和严重影响母婴健康的疾病，均须副主任及以上技术职称的相关专业医师确诊，并由其所在的二级及以上医疗保健机构医务处（科）盖章证明。

> **规则四：用人单位在审核是否批准女职工哺乳假申请时还需审查相关病历材料是否真实有效，如对女职工请假事由及病历存有异议，用人单位可以向医院核实相关事实。但在病历真实有效的情况下，用人单位应对照法律法规和卫生管理部门相关规定核实女职工是否具有法定严重影响母婴身体健康疾病的情形，对于符合法定情形的，则应当批准女职工的哺乳假申请。**
>
> ——上海市静安区人民法院发布劳动争议审判白皮书暨十大典型案例之五（2018 年度）

本节案例 4 中，贾某生育早产双胞胎，就符合了享受哺乳假的条件。此外，

① 《上海市女职工劳动保护办法》。
② 《上海市实施〈中华人民共和国妇女权益保障法〉办法》。

用人单位享有对女职工的请假申请进行审核的权利。用人单位在审核是否批准女职工哺乳假申请时还需审查相关病历材料是否真实有效，如对女职工请假事由及病历存有异议，用人单位可以向医院核实相关事实。但在病历真实有效的情况下，用人单位应对照法律法规和卫生管理部门相关规定核实女职工是否具有法定严重影响母婴身体健康疾病的情形，对于符合法定情形的，则应当批准女职工的哺乳假申请。

一般来说，哺乳假须在产假结束后的哺乳期内使用。但是如有相关医疗机构出具证明，哺乳假和哺乳期也是可以延长的。[①] 但哺乳假不得超过一年，哺乳期最长可以达到婴儿一周岁半。

二、“三期”女职工的工作安排

1. 用人单位应向孕期女职工提供适宜健康妊娠的工作环境

《女职工劳动保护特别规定》第六条第一款规定：“女职工在孕期不能适应原劳动的，用人单位应当根据医疗机构的证明，予以减轻劳动量或者安排其他能够适应的劳动。”同时上述规定附录第三条第（一）项规定，“女职工在孕期禁忌从事的劳动范围包括：（一）作业场所空气中铅及其化合物、汞及其化合物、苯、镉、铍、砷、氰化物、氮氧化物、一氧化碳、二硫化碳、氯、己内酰胺、氯丁二烯、氯乙烯、环氧乙烷、苯胺、甲醛等有毒物质浓度超过国家职业卫生标准的作业”。为保障怀孕女职工的身心健康，我国法律对孕期女职工禁忌从事的劳动范围予以明确规定，用人单位应提供适宜女职工健康妊娠的工作环境。

女职工怀孕后，肌体发生的变化比较大，身体各系统的负担加重，工作生产环境中的各种因素都可能对胎儿产生不利影响，为了保护女职工身体健康以及胎儿正常发育，女职工在“三期”阶段，用人单位有权也有义务将女职工从禁忌工作岗位上

---

① 根据原上海市劳动局的规定，女职工六个半月哺乳假期满后，确有困难，要求继续请假为婴儿哺乳的，根据生产和女职工的实际情况，哺乳假可酌情延长，但不得超过一年。《上海市女职工劳动保护办法》第十五条第二款规定：“婴儿满一周岁后，经区、县级以上医疗保健机构确诊为体弱儿的，可适当延长女职工授乳时期，但最多不超过六个月。”其中“体弱儿”是指满一周岁的婴儿患有佝偻病（除临床体格症状外，需作血生化或腕骨摄片证实），贫血（Hb 小于等于 9 克）、营养不良、严重先天性畸型（如先天性心脏病、脑发育不全、兔唇、裂腭等）以及一年内住院三次的等情况。

调整到非禁忌岗位[①]。对于非禁忌岗位，用人单位也应根据女职工提供的医学证明材料对该女职工的工作岗位或工作量作出一定程度的调整。

本节案例 5 中，在曾某与广州某皮革公司劳动争议纠纷案中，曾某于 2007 年 8 月 13 日入职广州某皮革公司，后负责操作开布机，其主张该岗位所在车间的气味较浓。

2018 年初，曾某怀孕，因担心工作环境影响胎儿发育，就工作岗位是否适合孕妇工作以及调岗问题与皮革公司进行沟通，提出需询问专业机构其工作场所中存在的化学物质对孕妇是否存在危害，并向皮革公司申请调岗，皮革公司对此未进行回应和解释。曾某于 2018 年 7 月 3 日提出休假，皮革公司未予批准，并于 2018 年 7 月 5 日以曾某未回来上班属自动离职为由，强制其搬离公司宿舍，解除双方的劳动关系。

皮革公司在诉讼中提供了有关大气污染物排放的五份检测报告，但该检测报告未向曾某出示过，且检测标准和检测方法与国家职业卫生标准的相关规定也不一致。2018 年 11 月 18 日，曾某生产一男婴。双方发生争议后，曾某请求皮革公司向其支付违法解除劳动关系的赔偿金 138600 元和少发的工资 5500 元等。仲裁裁决皮革公司向曾某支付少发的工资 102.51 元，未支持其余的仲裁请求。曾某不服，向法院提起诉讼。

一审法院判决：皮革公司向曾某支付少发的工资 4702.51 元，驳回其余诉讼请求；二审法院判决：皮革公司向曾某支付违法解除劳动关系的赔偿金 136400 元，以及少发的工资 4702.51 元。

规则五：根据用人单位提交的检测报告，劳动者工作岗位的环境中确实存在苯、甲苯、二甲苯、非甲烷总烃等有毒物质，若上述有毒物质的浓度超过了国家职业卫生标准，则属于女职工在孕期禁忌从事的劳动范围，并不适合怀孕后的劳动者工作，故劳动者请求用人单位调整岗位具有合理性。

——广州市中级人民法院女职工权益保护典型案例之二（2020 年发布）

---

① 《上海市女职工劳动保护办法》的有关规定似乎更加严格：对妊娠期的女职工，不应延长其劳动时间；对从事频繁弯腰、攀高、下蹲、抬举、搬运等容易引起流产、早产的工作，或者经区、县级以上医疗机构证明不宜从事原工作的，应暂时调做其他适当工作或酌情减轻工作量。女职工在哺乳期间，不得延长其劳动时间，一般不得安排其从事夜班劳动。

该公司未能证明涉案工作场所空气中的有毒物质浓度符合国家职业卫生标准，也未同意曾某的调岗请求，明显不当。曾某未到岗上班，且提供请假条请假，不存在过错。皮革公司不予批准且以曾某未到岗上班为由解除双方的劳动关系，应被认定为违法解除，并承担相应的法律责任。

2. “三期”女职工工作地点的调整应遵循公平及诚实信用原则

工作地点的调整涉及劳动者的切身利益，用人单位即便是在劳动合同约定范围内调岗，亦应与劳动者友好协商，并遵循公平及诚实信用原则。哺乳期女职工属于特殊群体，理应得到社会更多的关爱，如果用人单位对劳动者工作地点的调整无明显的必要性，亦非基于成本考虑，对用人单位而言并无明显的益处，但却极大地增加了劳动者的不便。则应认定用人单位“损人不利己”的调岗行为严重有违公平及诚信原则，即便是在合同自由范围内行使亦不应得到鼓励和提倡。

规则六：女职工怀孕期间属于履行劳动关系的特殊时期，用人单位对怀孕女职工的管理指挥权受到限制，不得对怀孕女职工工作地点、工作环境、工作内容、工作时间等事项做随意安排。

——无锡市中级人民法院女职工“三期”保护劳动争议典型案例之三（2021 年发布）

本节案例 6 中，李某于 2016 年 4 月 1 日入职某公司无锡站点工作，工作岗位为综合岗，劳动合同期限至 2020 年 3 月 31 日。李某于 2020 年 1 月 8 日开始休产假至 2020 年 5 月 29 日。公司于 2020 年 2 月份关闭无锡站点。李某产假结束后，公司于同年 6 月先后两次通知李某到南京或北京上班并续签劳动合同。李某因常住无锡且在哺乳期内，未能到岗，公司以李某严重违纪为由于 2020 年 6 月底解除劳动合同。李某遂提起仲裁，要求公司支付违法解除劳动关系赔偿金。仲裁机构对李某的部分请求予以支持。李某诉至法院，法院判决：公司支付李某违法解除劳动合同赔偿金。

3. 安排“三期”女职工出差的合理性判断

在本节案例 7 中，因王某有流产征兆医生建议休假保胎。但工程公司决定抽调包括王某在内的几名人员支援在浙江 A 地的项目，要求在当地工作两天，王某告知公司其身体不适，未前往。一周后，工程公司又通知王某在浙江 B 地召开另一个项目的现场评审会，要王某作为报告的主编制人参加会议。王某告知公司，约7小时的长途汽车恐影响胎儿，其将请同事代为参会，并向同事详细讲解了项目情况、进行了汇报预演，最后该同事代其参会，且未影响项目汇报效果。工程公司以两次不服从工作安排为由与王某解除劳动合同。

规则七：哺乳期的女职工在履行劳动义务过程中受到法律的特别保护。用人单位安排哺乳期女职工工作、确定女职工工作地点，应考虑方便女职工可以占用1小时的劳动时间用于哺乳。

——无锡市中级人民法院女职工“三期”保护劳动争议典型案例之八（2021年发布）

法院认为，王某并非A地项目组的成员，工程公司要求其在孕期到外地工作，不符合法律关于酌情减轻孕期女职工工作量的规定。王某虽然在B项目组承担工作，但其提供的替代方案具有可行性，并不影响工作效果。工程公司以王某不服从工作安排解除劳动合同违反法律规定，应当支付违法解除赔偿金。

1. “三期”女职工的解除终止

《女职工劳动保护特别规定》第五条规定：用人单位不得因女职工怀孕、生育、哺乳降低其工资、予以辞退、与其解除劳动或者聘用合同。

《劳动合同法》第四十二条规定：“劳动者有下列情形之一的，用人单位不得依照本法第四十条、第四十一条的规定解除劳动合同：……（四）女职工在孕期、产期、哺乳期的……”第四十五条规定：“劳动合同期满，有本法第四十二条规定情形之一的，劳动合同应当续延至相应的情形消失时终止……”

1. “三期”女职工劳动合同的顺延

根据法律规定，用人单位不得以怀孕、产假、哺乳等为由辞退女职工。劳动合同期满，女职工在孕期、产期、哺乳期的，劳动合同应当续延至相应的情形消失时终止。

本节案例8中，黄某于2000年2月25日入职广州某原料制品有限公司，双方曾签订一份期限自2008年1月1日至同年12月31日的《劳动合同》，约定黄某工资1030元/月（实发工资2100元/月、综合奖200元/月至400元/月，住宿补贴50元/月）。黄某于2008年5月29日开始休产假，2008年6月11日合法生育一小孩，于2008年8月29日恢复上班。2008年12月30日，在黄某哺乳期间，制品公司通知黄某终止劳动合同，次日为黄某办理离职手续。黄某2008年1月至12月的月平均工资为2507.33元。双方由此发生纠纷，黄某要求制品公司支付违法终止劳动合同的赔偿金54000元等。

仲裁机构裁决制品公司向黄某支付违法终止劳动合同的赔偿金5014.66元等。一审法院判决制品公司向黄某支付违法终止劳动合同的赔偿金5014.66元等；二审法院判决：因计算年限问题，改判上述赔偿金等共计19866.4元。

根据法律规定，劳动合同期满，女职工在孕期、产期、哺乳期的，劳动合同应当续延至相应的情形消失时终止。本案中，黄某劳动合同到期时，正处于哺乳期，而公司却终止了劳动合同，应按规定支付赔偿金。

也许有人会问：如果女职工哺乳期满，还能继续请病假吗？法定续延期间双方是否应续签劳动合同？

《劳动合同法》第四十二条规定："劳动者有下列情形之一的，用人单位不得依照本法第四十条、第四十一条的规定解除劳动合同：……（四）女职工在孕期、产期、哺乳期的……"第四十五条规定："劳动合同期满，有本法第四十二条规定情形之一的，劳动合同应当续延至相应的情形消失时终止……"

规则八：黄某于2008年6月11日生产，至2009年6月11日（小孩一周岁之日）之前，为黄某的哺乳期。依照上述法律法规，双方劳动合同期满后并非当然终止，而是应续延至其哺乳期满。

——广州市中级人民法院女职工权益保护典型案例（2019年）

本案中，双方劳动合同至2008年12月31日到期，如无特殊情况，双方劳动关系因期满而终止。但黄某于2008年6月11日生产，至2009年6月11日（小孩一周岁之日）之前，为黄某的哺乳期。但制品公司在2008年12月30日通知黄某终止双方劳动合同，应向黄某支付违法终止劳动合同的赔偿金。

哺乳期是对于女职工在哺乳未满一周岁的婴儿期间的劳动保护。而满周岁是从周岁生日的第二天起算，所以哺乳期应是指婴儿从出生到周岁生日的时间，即366天。但这并不意味着黄某在哺乳期满之后，就肯定不能继续请病假。因为劳动合同法定续延的情形包括以下八种：

第一，从事接触职业病危害作业的劳动者未进行离岗前职业健康检查，或者疑似职业病病人在诊断或者医学观察期间的。

第二，在本单位患职业病或者因工负伤并被确认丧失或者部分丧失劳动能力的。这是指鉴定结论出来之前，鉴定结论出来之后应分类处理，其中经劳动能力鉴定委员会鉴定为七级至十级伤残的，用人单位可以终止劳动合同。

第三，患病或者非因工负伤，在规定的医疗期内的。

第四，女职工在孕期、产期、哺乳期的。

第五，在本单位连续工作满十五年，且距法定退休年龄不足五年的。

第六，基层工会主席、副主席或者委员自任职之日起，其劳动合同自动延长，延长期限相当于其任职期间，延长期限自任职期限届满之日起计算；非专职主席、副主席或者委员自任职之日起，其尚未履行的劳动合同期限短于任期的，劳动合同期限自动延长至任职期满。但任职期间个人严重过失或达到法定退休年龄的除外。

第七，集体协商代表。协商代表履行代表职责的期限，由被代表方确定，但最长至集体合同期满时为止；因集体协商达不成一致或者未能签订集体合同的，协商代表履行代表职责的期限为自担任协商代表起六个月。

第八，约定的服务期长于劳动合同期限的。劳动合同到期，但用人单位与劳动者约定的服务期尚未到期的，劳动合同应当续延至服务期满；双方另有约定的，从其约定。

“三期”女职工的产前检查时间、产假、产前假、哺乳假不计入医疗期，病假则仍计入医疗期。但用人单位不能以医疗期满为由解除“三期”女职工劳动合同；如果女职工哺乳期已满，但其规定的医疗期未满，还需停止工作治病休息，仍可凭有效证明请病假直至医疗期满，用人单位也不得因此解除劳动合同。

有人认为，既然法律规定了女职工在“三期”内劳动合同届满，用人单位不得单方终止，企业就必须与其续签劳动合同。其实这种说法是不对的。

根据《劳动合同法》第四十五条的规定，在这种情况下，用人单位必须做的事情是通知劳动者续延原合同至法定情形消失，而不是双方再协商一致签订一个新合同。

尽管在一般情况下，孕期、产期、哺乳期是接续发生的，以最终期限届满即哺乳期结束为准即可，但也不排除终止妊娠、婴儿未满1岁死亡等情况。女职工流产的，公司应当将合同期限顺延至流产假期结束。婴儿夭折也使女职工“三期”发生断档，由此将直接导致《劳动合同法》第四十二条所规定的特殊情形灭失，不得解除或终止劳动合同的因素不再存在，用人单位与员工也就不需要继续履行和延续原劳动合同。

“续签”与“续延”的法律后果也是不同的。前者意味着多订立一次有固定期限劳动合同。根据《劳动合同法》第十四条的规定，连续订立二次固定期限劳动合同，且劳动者没有本法第三十九条和第四十条第（一）项、第（二）项规定的情形，续订劳动合同的劳动者提出或者同意续订、订立劳动合同的，除劳动者提出订立固定期限劳动合同外，应当订立无固定期限劳动合同。而法定“续延”还是延续了上一次订立的劳动合同。

至于“因法定顺延事由，使得劳动者在同一单位工作时间超过十年的，是否作为签订无固定期限合同的理由”，各地有不同的执行口径。广东等地的执行口径对此持肯定态度，而根据上海市高级人民法院《关于适用〈劳动合同法〉若干问题的意见》规定，“合同期限的续延只是为了照顾劳动者的特殊情况，对合同终止的时间进行了相应的延长，而非不得终止。……在法律没有对终止的情况做出特别规定的情况下，不能违反法律关于合同终止的有关规定随意扩大解释，将订立无固定期限合同的后果纳入其中。因此，法定的续延事由消失时，合同自然终止。”但是，如果因续签劳动合同，使得劳动者在同一单位工作时间超过十年的，自然另当别论。

2. “三期”女职工的违纪解除

当然，女职工也不能把“三期”当作“保险箱”，滥用权益，甚至违规违纪。用人单位不得依照《劳动合同法》第四十条、第四十一条的规定解除“三期”女职工的劳动合同，但是仍然可以第三十九条过失性条款解除。

规则九：如果用人单位能够举证证明女职工存在严重违反用人单位的规章制度，严重失职、营私舞弊，给用人单位造成重大损害等过失性等情形的，即使女职工处在孕期、产期、哺乳期，用人单位还是有权利行使单方解除权。

——上海市虹口区人民法院与虹口区劳动人事争议仲裁院涉解除、终止类劳动争议审裁白皮书暨十大典型案例之八（2018 年）

本节案例 9 中，员工王女士存在 40 余次考勤时间与实际上下班时间不符，实际情形为上班迟到、下班早退、旷工等情况。王女士对考勤机监控视频均不予认可，还认为其托人代打卡是因为处于哺乳期到隔壁关联公司医务室吸奶，部门主管照顾其安排人员为其打卡。由于用人单位提供了长达三个月的视频记录以及一系列相关证据，事实还是十分清晰的。最后法院判决：王女士要求公司支付违法解除劳动合同赔偿金的诉讼请求，不予支持。

但是用人单位因劳动者严重违纪等解除劳动合同，应当特别谨慎，应就劳动者主观上存有违纪的故意承担举证责任，否则将承担不利后果。

本节案例10中，某科技公司以哺乳期女职工金某所在部门解散为由，将其安排至公司二楼仓库待岗，并向金某提供纸质员工签到登记表手工考勤，无工作内容，无办公设备。后科技公司以其在待岗期间无故长时间脱岗，累计旷工达7天为由解除劳动合同。但金某尚处哺乳期，从其每日签到情况看，并不存在旷工的主观故意。且科技公司安排金某在二楼仓库待岗，既未提供劳动条件，亦未安排工作内容。因此，科技公司以金某长时间脱岗视为旷工，并以此作出解除劳动合同的决定，系违法解除。法院判决：某科技公司应当支付金某违法解除劳动合同的赔偿金。

三、生育津贴的支付

生育保险是社会保险中的一种，是国家通过立法对怀孕和分娩暂时中断劳动时的女职工给予收入补偿、医疗服务和生育休假的社会保障制度。为更好落实该制度，我国先后制定了一系列法律、法规，从立法层面上保障妇女生育期间的合法权益。

《社会保险法》第五十三条规定：职工应当参加生育保险，由用人单位按照国家规定缴纳生育保险费，职工不缴纳生育保险费。

《女职工劳动保护特别规定》第八条规定："女职工产假期间的生育津贴，对已经参加生育保险的，按照用人单位上年度职工月平均工资的标准由生育保险基金支付；对未参加生育保险的，按照女职工产假前工资的标准由用人单位支付。女职工生育或者流产的医疗费用，按照生育保险规定的项目和标准，对已经参加生育保险的，由生育保险基金支付；对未参加生育保险的，由用人单位支付。"

（一）女职工产假期间提供劳动，用人单位应支付工资及生育津贴

本节案例11中，何某于2010年10月25日入职某商行，岗位为文员。2017年8月4日，何某通过剖宫产生育两小孩。生育小孩一个月后，某商行要求何某返岗上班。何某同意回去上班，某商行也正常发放何某工资，何某并领取某商行发放的生育津贴18930.34元。后双方解除劳动关系。何某要求某商行按原工资水

平支付其生育津贴差额。

法院认为，女职工按照规定享受产假期间，不需要向用人单位提供劳动，但用人单位仍应按照职工原工资标准向其支付生育津贴。何某在产假期间回某商行上班，某商行除向其支付其正常工资外，同时还应按照规定向何某支付生育津贴。某商行主张何某已领取工资，从而认为何某的生育津贴已实际支付的主张没有依据，不予采纳。遂根据何某可享受产假223天，何某原工资标准11252.25元/月计算生育津贴为83641.73元，扣减何某已领取生育津贴18930.34元，判决某商行向何某支付生育津贴差额64711.39元。

本案主要涉及女职工产假期间的生育津贴问题，依照相关规定，女职工生育小孩后，享有规定期间的产假，产假期间无须向用人单位提供劳动，但可享受生育津贴，生育津贴应在女职工分娩后向相关主管部门申领。

规则十：如果女职工产假期间，应用人单位的要求，向用人单位提供了正常劳动，应当得到正常工资，但该工资是女职工提供劳动的报酬，不能因此而免除用人单位应向女职工发放生育津贴的义务。

——广州市中级人民法院女职工权益保护典型案例（2019年发布）

根据广州市劳动人事争议仲裁委员会、广州市中级人民法院民事审判庭《关于劳动争议案件座谈会的意见综述》规定：劳动者享受提供停工留薪期工资、产假津贴的前提是因工伤、生育需要暂停工作接受治疗、休息，如果职工在此期间已经开始上班，说明其伤情、身体状况已经不需要停工治疗、休息，不符合享受停工留薪期、生育津贴的条件，用人单位根据劳动者提供的劳动支付工资即可；但其工资低于停工留薪期工资、生育津贴的，用人单位应补足，即实际工作的工资与停工留薪期工资（产假津贴）不可兼得，两者采取就高不就低的原则，但劳动者有证据证明用人单位要求劳动者恢复工作的除外。

请注意，“劳动者有证据证明用人单位要求劳动者恢复工作的除外”，这句话非常重要，就是说按照广州市的规定，不是单位要求劳动者提前上班，而是劳动者自己主动上班的，两者不可以兼得；但如果是单位要求劳动者提前上班的，那么两者还是可以兼得的。

享受产假和生育津贴是女职工的法定权利。产假制度是保障女职工生育后休息康复的权益，生育津贴制度则是保障女职工在因生育无法或不宜继续工作的情况下可以获得经济保障。女职工应用人单位要求未休完产假提前上班，不应视为女职工已放弃产假的权利，并不能因此免除用人单位支付产假工资的法定义务。

还有的地方明确规定，生育津贴和产假工资可以兼得。如根据浙江省劳动争议仲裁委员会《关于劳动争议案件处理若干问题的指导意见（试行）》（2009年）："37. 女职工产假期间，用人单位经本人同意安排女职工工作的，按以下情形支付工资：（1）已参加生育保险的，女职工领取生育保险外，用人单位应支付正常上班的工资；（2）未参加生育保险的，用人单位应参照生育保险待遇支付生育津贴，同时支付正常上班的工资。"

如上所述，生育津贴是女职工享受产假期间的应得待遇，而提前上班期间的工资是女职工放弃休假的额外劳动报酬。未经女职工本人同意，用人单位不得提前安排女职工上班；因特殊情况安排女职工提前上班的，对于女职工的额外劳动付出，用人单位理应另行支付工资。那么，这个工资应按什么标准支付呢？

对此法律法规没有明确规定。有人说，应按法定的加班费标准支付。但是这个说法并无法律依据，因为不符合《劳动法》规定的需支付加班费的情形。也有的地方规定，对已经参加生育保险的，按照用人单位上年度职工月平均工资的标准支付；对未参加生育保险的，按照女职工产假前工资的标准支付。

上海等地的有关部门在实际执法过程中倾向于：双方有专门约定的，按约定标准支付；无专门约定的，按产假前工资标准支付。所谓产假前工资标准是指女职工生育或者流产前 12 个月内的平均工资性收入。

在此建议用人单位：首先，在规章制度中规定女职工产假期间提前上班的审批程序，必须由单位有关负责人和女职工本人签字同意。其次，对于因特殊情况安排女职工产假期间提前上班的，用人单位可就提前上班期间的工资等待遇问题，与女职工订立专项协议，明确双方的权利义务。但是没有专门约定的，用人单位一般应按产假前工资标准支付。

（二）生育津贴低于本人工资标准的，差额部分由企业补足。

本案中法院还认为，其中，生育津贴低于本人工资标准的，差额部分由企业补足。

规则十一：生育津贴低于本人工资标准的，差额部分由企业补足。

——广州市中级人民法院女职工权益保护典型案例（2019 年发布）

产假、生育假期间女职工享受生育生活津贴，一般用人单位不再另外支付工资。但未依法缴纳生育保险的用人单位应负担女职工的生育保险待遇。

另外，上海、北京、广东等地还有用人单位“补差”的规定。

根据《广东省职工生育保险规定》，广东职工按照规定享受的生育津贴，由用人单位按照职工原工资标准先行垫付，再由医疗保障经办机构按照规定拨付给用人单位。有条件的地级以上市可以由医疗保障经办机构委托金融机构将生育津贴直接发放给职工。职工已经享受生育津贴的，视同用人单位已经支付相应数额的工资。生育津贴高于职工原工资标准的，用人单位应当将生育津贴余额支付给职工；生育津贴低于职工原工资标准的，差额部分由用人单位补足。这里所称职工原工资标准，是指职工依法享受产假或者计划生育手术休假前12个月的月平均工资。职工依法享受假期前参加工作未满12个月的，按其实际参加工作的月份数计算。

上海市人民政府《关于贯彻实施〈社会保险法〉调整本市现行有关生育保险政策的通知》（沪府发〔2011〕35号）规定：自2011年7月1日起，从业妇女的月生育生活津贴标准，为本人生产或者流产当月所在用人单位上年度职工月平均工资。从业妇女生产或者流产时所在用人单位的上年度职工月平均工资高于本市上年度全市职工月平均工资300%以上的，高出部分由用人单位补差。

上海市人民政府《关于贯彻实施〈女职工劳动保护特别规定〉调整本市女职工生育保险待遇有关规定的通知》（沪府发〔2013〕5号）规定：2011年7月1日以后生育或者流产的女职工，已计发的生育生活津贴低于本人产假前工资标准的，根据《妇女权益保障法》第二十七条第一款①规定，由其生育或者流产时所在用人单位予以补差。

简单讲，上海规定就是：已计发的生育生活津贴低于单位上年度职工月平均工资的，补足到单位上年度职工月平均工资，如果个人的产假前工资标准还高于单位上年度职工月平均工资的，再补足到个人的产假前工资标准。

这里的“产假前工资标准”是指女职工生育或者流产前12个月内的平均工资性收入，包括不同用人单位发放的工资性收入。根据北京市人力资源和社会保障局《关于调整本市职工生育保险政策有关问题的通知》（京人社医发〔2011〕334号），生育津贴即为产假工资，生育津贴高于本人产假工资标准的，用人单位不得

---

① 《妇女权益保障法》已于2022年10月30日修订，现为第四十八条第一款。

克扣；生育津贴低于本人产假工资标准的，差额部分由用人单位补足。

【操作建议】

1. 女职工产后恢复上班，原则上应当恢复原岗位原待遇

女职工产后恢复上班，原则上还应恢复原岗位。如果确因客观情况发生重大变化，致使原劳动合同无法履行，如女职工产假期间公司专门招用了替代人员等，可以适当调整女职工的工作岗位，但调整岗位应当合理。

2. 运用“加减乘除”安排哺乳时间

加法，是指单位允许女职工延迟 1 小时上班。减法，是指单位安排女职工提早一小时下班。乘法，是指部分单位实行除法定的休息时间外，允许哺乳期女职工每 8 个工作日可集中休一天假（每工作 7 天再休息一天）的做法。除法，则是指将 1 小时的时间分散到工作时间内休息。当然，以上四种方案都不是强制性的规定，应由劳动关系双方经过平等协商后，由用人单位在规章制度中予以明确。

3. 女职工三期届满之后继续请病假的处理

尽管“三期”女职工的产前检查时间、产假、产前假、哺乳假不计入医疗期，病假则仍计入医疗期，但用人单位不能以医疗期满为由解除“三期”女职工劳动合同。

4. “三期”女职工劳动合同到期处理

女职工在孕期、产期、哺乳期内劳动合同到期的，应当顺延至相应情形结束。但在这种情况下，用人单位必须做的事情是通知劳动者续延原合同至法定情形消失，而没有必要双方再协商一致签订一个新合同。

5. 企业破产后“三期”女职工劳动合同处理

企业依法破产、解散后，“三期”女职工劳动合同依法终止。从适当照顾和合理补偿的角度出发，企业是否应给予“三期”的女职工法定经济补偿金以外的补偿，除个别地区如江苏等对此作了特别规定①外，并非法律强制性规定，用人单位可以酌情处理。

【相关法规】

1. “三期”中的工作安排

《女职工劳动保护特别规定》第六条：女职工在孕期不能适应原劳动的，用人

---

① 根据《江苏省劳动仲裁案件研讨会纪要》，因企业解散而终止劳动合同的，企业应一次性支付女职工三期内的生活费、产假工资、生育费用等。

单位应当根据医疗机构的证明，予以减轻劳动量或者安排其他能够适应的劳动。

对怀孕7个月以上的女职工，用人单位不得延长劳动时间或者安排夜班劳动，并应当在劳动时间内安排一定的休息时间。

2. 生育津贴和产假工资

《社会保险法》第五十三条：职工应当参加生育保险，由用人单位按照国家规定缴纳生育保险费，职工不缴纳生育保险费。

《女职工劳动保护特别规定》第八条：女职工产假期间的生育津贴，对已经参加生育保险的，按照用人单位上年度职工月平均工资的标准由生育保险基金支付；对未参加生育保险的，按照女职工产假前工资的标准由用人单位支付。

女职工生育或者流产的医疗费用，按照生育保险规定的项目和标准，对已经参加生育保险的，由生育保险基金支付；对未参加生育保险的，由用人单位支付。

3. “三期”中劳动关系处理

《妇女权益保障法》第四十八条第一款：用人单位不得因结婚、怀孕、产假、哺乳等情形，降低女职工的工资和福利待遇，限制女职工晋职、晋级、评聘专业技术职称和职务，辞退女职工，单方解除劳动（聘用）合同或者服务协议。

《女职工劳动保护特别规定》第五条：用人单位不得因女职工怀孕、生育、哺乳降低其工资、予以辞退、与其解除劳动或者聘用合同。

《劳动合同法》第四十二条：劳动者有下列情形之一的，用人单位不得依照本法第四十条、第四十一条的规定解除劳动合同：

……

（四）女职工在孕期、产期、哺乳期的；

……

第四十五条：劳动合同期满，有本法第四十二条规定情形之一的，劳动合同应当续延至相应的情形消失时终止……

第 8 章　绩效管理

8.1 试用期管理：试用期不合格解除需要哪些要件？

【案例索引】

序号	典型案例	裁判要旨	关键词
1	上海市静安区人民法院劳动争议审判十大典型案例之四（2018 年度）	用人单位因劳动者试用期表现不佳需延长试用期的，需经劳动者同意，且延长后总试用期间不得超过法定标准，延长试用期间的工资亦按转正后标准支付，则用人单位延长试用期应认定为合法。	试用期延长
2	北京市涉新冠肺炎疫情劳动争议仲裁十大典型案例之二（2020 年发布）	受新冠肺炎疫情影响，部分劳动者可能在较长时间内无法正常向用人单位提供劳动，用人单位无法在试用期内考察劳动者的知识水平、业务素养、履职能力、职业道德等，违背了法律设置试用期的初衷。故在此情形下，应当允许用人单位扣除因疫情影响无法考察劳动者的期间，即适当延长试用期，但延长的试用期不应超过受新冠肺炎疫情影响劳动者无法提供正常劳动的期间。	试用期延长
3	天津市人力资源和社会保障局劳动人事争议五大典型案例之三（2021 年度）	用人单位以试用期间不符合录用条件为由与劳动者解除劳动合同应具备以下几个要件：第一，用人单位作为劳动用工管理的主体，应在发布招聘信息时，明确录用条件、岗位职责等信息，入职约定试用期的，应明确试用期内的考核标准；第二，录用条件应当符合劳动合同目的，与工作岗位、工作能力相联系，不能设定明显不能完成或超过一般劳动者平均水平、歧视性、违反法律法规规定等录用条件；第三，用人单位认为劳动者不符合录用条件，应在试用期满之前明确通知劳动者并解除劳动合同。	试用期解除
4	人力资源和社会保障部、最高人民法院联合发布第二批劳动人事争议典型案例之一（2021 年发布）	用人单位制定的加班制度、在劳动合同中与劳动者约定的加班条款违反法律强制性规定的，均应认定为无效。	试用期解除

【规则精析】

试用期是用人单位与劳动者双方互相了解、确定对方是否符合自己招聘条件或求职条件进行进一步考察的时间期限。

一、用人单位延长试用期的合法性认定

规则一：用人单位若因劳动者试用期表现不佳需延长试用期，经劳动者同意，且延长后总试用期间不超过法定标准，延长试用期间的工资亦按转正后标准支付，则用人单位延长试用期应认定为合法。

——上海市静安区人民法院劳动争议审判十大典型案例之四（2018年度）

本节案例1中，张某于2017年9月6日入职服装公司，双方签订2017年9月6日至2020年9月5日的劳动合同，试用期三个月。试用期间，服装公司对张某的工作表现评价为："工作效率一般，质量一般，试用2个月内请假3次、迟到一次，在重要看样期间，团队意识欠佳、积极性不高，故作延期转正处理或不予转正。"此后，服装公司决定将张某试用期延长至2018年3月4日，张某在内勤员工转正审批表中签字确认。2018年1月，服装公司再次对张某的绩效进行了考核，并于2018年1月31日通知张某解除劳动合同。张某认为劳动合同只能约定一次试用期，故要求服装公司赔偿2个月工资损失。

《劳动合同法》第十九条第一款、第二款规定："合同期限三个月以上不满一年的，试用期不得超过一个月；劳动合同期限一年以上不满三年的，试用期不得超过二个月；三年以上固定期限和无固定期限的劳动合同，试用期不得超过六个月。同一用人单位与同一劳动者只能约定一次试用期。"至于如何理解相关规定，有很多误区需要厘清。如对于"劳动合同期限不满一年的，试用期不得超过一个月"，有人理解为：劳动合同期限订立1年的，试用期不得订立2个月；而劳动合同期限订立1年零1天的，试用期就可以订立2个月。其实参照《民法典》《刑法》等法律的规定，"以上""以下""以内""届满"，包括本数；所称的"不满""超过""以外"，不包括本数。所以正确的理解是：无论是劳动合同期限为1年整或1年零1天，试用期都是不得超过二个月。

但是约定劳动合同期限为 1 年零 1 天，以后届满终止劳动合同时，可能在计算经济补偿问题上产生争议。因为劳动合同期满，除用人单位维持或者提高劳动合同约定条件续订劳动合同，劳动者不同意续订的情形外，用人单位应当向劳动者支付经济补偿。

而这个经济补偿是怎么计算的呢？《劳动合同法》第四十七条第一款规定："经济补偿按劳动者在本单位工作的年限，每满一年支付一个月工资的标准向劳动者支付。六个月以上不满一年的，按一年计算；不满六个月的，向劳动者支付半个月工资的经济补偿。"

就是说，如果劳动者在本企业工作 1 年整，经济补偿为 1 个月的工资；而如果劳动者在本企业工作 1 年零 1 天，经济补偿为一个半月的工资，即多干 1 天，企业要多支付半个月的工资。

回到本案。根据相关法律规定，三年以上固定期限的劳动合同，试用期不得超过 6 个月。本案中，双方原先约定的试用期为 3 个月，此后虽进行了延长，但延长的原因系张某的工作表现不佳而需进一步考察，而延长后的试用期未超出法定期限，试用期内也未降低张某的工资待遇，且已征得张某本人同意。因此，该行为没有侵犯张某的合法权益。张某要求服装公司赔偿延长试用期损失的诉请，不予支持。

但在现实生活中，延长后的试用期是否一律不得超出《劳动合同法》第十九条第一款规定的期限？如有的企业刚与新员工签订 1 年期限的劳动合同，并约定了 2 个月的试用期，但员工一入职就因病需请 3 个月的病假。一方面，员工要求享受 3 个月的医疗期；另一方面，企业在原来约定的试用期内也无法对他进行考核。在这种特殊情况下，是否可以相应延长试用期？

对此有的地方可以依法中止试用期。如《江苏省劳动合同条例》第十五条规定："试用期包含在劳动合同期限内。劳动者在试用期内患病或者非因工负伤须停工治疗的，在规定的医疗期内，试用期中止。"天津市《贯彻落实〈劳动合同法〉若干问题实施细则》第十三条规定："……劳动者在试用期内患病或者非因工负伤的，经劳动关系双方协商一致，试用期可以中止。"

还有的地方规定病假期间可从试用期中扣除。如浙江省高级人民法院民事审判第一庭、浙江省劳动人事争议仲裁院《关于审理劳动争议案件若干问题的解答（四）》第二条规定："……试用期是用人单位与劳动者的相互考察期间。劳动者在此期间请病假，影响到考察目的的实现，故该病假期间可从试用期中扣除。"

上海在司法实践中更倾向于：员工在试用期内可以享受医疗期，医疗期结束后，根据合理性角度判断，试用期应予相应延长。

如在上海某印务公司与唐某劳动争议案中，二审法院认为："劳动者的实际工作能力是否如其应聘时所言是否符合岗位要求，用人单位的工作条件等是否如其招聘时承诺，都需要在劳动权利义务的实际履行过程中加以考察。一个员工如果入职后即请病假，在约定的试用期满后再上班，如此时认为双方试用期已满，不得对其再行考察，显然不符合立法本意，因此试用期应当是劳动权利义务，实际履行过程中的考察期也应当存在可以终止的情形。而本案当事人在劳动合同中也约定试用期两个月，如遇请假或节假日可以顺延，该约定亦符合上述立法精神。"

二审法院判决：某印务公司以唐某试用期不符合录用条件为由解除双方劳动合同，并已提供相应依据，故并不受《劳动合同法》第四十二条规定的医疗期内不得解除劳动合同的限制。某印务公司在试用期内以唐某不符合录用条件为由解除双方劳动合同并无不可，唐某要求恢复劳动关系依据不足。原审法院判决不当，本院予以纠正。

另外，如果劳动者重新入职，是否可以再次约定试用期？

对此司法实践中存有争议，有观点认为《劳动合同法》规定的"同一劳动者与同一用人单位只能约定一次试用期"的前提条件是：在"同一段劳动关系中"。劳动者离职后的工作技术和能力可能因身体条件、主观意愿等发生变化，因此在两段不同的劳动关系中，同一用人单位面对同一劳动者可以再次约定试用期。

实践中有判决认为，虽然《劳动合同法》第十九条第二款规定"同一用人单位与同一劳动者只能约定一次试用期"。根据上述规定，法院认为用人单位如对同一劳动者在同一劳动合同项下多次约定试用期违反该法律条款对于劳动者同工同酬、维护劳动者稳定就业的初衷，但法律并未禁止用人单位与劳动者重新建立劳动关系后对试用期进行重新约定。[①] 但需要注意，劳务派遣员工更换用工单位时，劳务派遣公司与劳务派遣员工不可以再次约定试用期。[②]

---

① 案号：北京市第三中级人民法院（2019）京03民终5472号。

② 《劳务派遣暂行规定》第六条规定："劳务派遣单位可以依法与被派遣劳动者约定试用期。劳务派遣单位与同一被派遣劳动者只能约定一次试用期。"第二十三条规定："劳务派遣单位违反本规定第六条规定的，按照劳动合同法第八十三条规定执行。"

规则二：受新冠肺炎疫情影响，部分劳动者可能在较长时间内无法正常向用人单位提供劳动，用人单位无法在试用期内考察劳动者的知识水平、业务素养、履职能力、职业道德等，违背了法律设置试用期的初衷。故在此情形下，应当允许用人单位扣除因疫情影响无法考察劳动者的期间，即适当延长试用期，但延长的试用期不应超过受新冠肺炎疫情影响劳动者无法提供劳动的期间。[①]

——北京市涉新冠肺炎疫情劳动争议仲裁十大典型案例之二（2020 年发布）

本节案例 2 中，北京市劳动人事争议仲裁委员会提示：关于试用期延长的规定，仅适用于受新冠肺炎疫情等原因影响客观上导致劳动者无法提供劳动、用人单位无法对其进行考察的特殊情形，延长的试用期不得超过受疫情影响劳动者无法提供劳动的期间。否则，劳动者有权就超过的期间要求用人单位支付试用期工资差额及以试用期满月工资为标准支付该期间的赔偿金。在正常情况下，用人单位不得延长劳动者的试用期或与劳动者两次约定试用期。

首先，劳动者在试用期内因客观原因不能返岗上班，用人单位可以采取灵活的试用考察方式考核劳动者是否符合录用条件的，不适用上述规定。有的企业录用条件上规定，出勤率不到一定比例，一律视为不符合录用条件，这是欠缺合理性的。

其次，用人单位无法采取灵活考察方式实现试用期考核目的的，可与劳动者协商顺延试用期。劳动者因上述原因导致无法正常提供劳动的期间不应计算在原约定的试用期内，顺延试用期不应视为是对原约定试用期的延长。

最后，扣除受疫情影响期间后实际履行的试用期不能超过原约定试用期。否则劳动者要求用人单位以试用期满月工资为标准支付超出原约定试用期之后实际履行期间的工资差额，并根据《劳动合同法》第八十三条的规定要求用人单位以试用期满月工资为标准支付该期间赔偿金的，可能会得到支持。

如果用人单位单方面决定顺延，可能存在被认定为违法延长试用期的风险，

① 北京市高级人民法院、北京市劳动人事争议仲裁委员会《关于审理新型冠状病毒感染肺炎疫情防控期间劳动争议案件法律适用问题的解答》（京高法发〔2020〕187 号）第五条。

用人单位应当与劳动者协商一致顺延试用期。同时，为避免争议，建议双方通过企业微信、钉钉、工作邮箱等方式保留就顺延试用期协商一致的相关证据。

二、用人单位以“试用期不合格”为由解除劳动合同

有的用人单位认为在试用期可以随时解除员工的劳动合同。的确，劳动者在试用期内只要提前三日通知用人单位，就可解除劳动合同，用人单位不得加以限制；但用人单位以劳动者“在试用期被证明不符合录用条件”为由解除劳动合同的，应当由用人单位对其具体的录用条件和劳动者不符合录用条件的事实承担举证责任。如果用人单位没有证据证明劳动者在试用期间不符合录用条件，则不能以上述理由与劳动者解除劳动合同，否则需承担违法解除劳动合同的法律后果。

规则三：用人单位以试用期间不符合录用条件为由与劳动者解除劳动合同应同时具备以下要件：第一，用人单位作为劳动用工管理的主体，应在发布招聘信息时，明确录用条件、岗位职责等信息，入职约定试用期的，应明确试用期内的考核标准；第二，录用条件应当符合劳动合同目的，与工作岗位、工作能力相联系，不能设定明显不能完成或超过一般劳动者平均水平、歧视性、违反法律法规规定等录用条件；第三，用人单位认为劳动者不符合录用条件，应在试用期满之前明确通知劳动者解除劳动合同。

——天津市人力资源和社会保障局发布劳动人事争议五大典型案例之三（2021 年度）

1. 明确录用条件和考核标准

录用条件是用人单位确定所要招用的劳动者的最终条件。招工条件可以相对简单，以吸引更多的求职者到用人单位面试。录用条件则应尽量严谨、完善，并重点注重对劳动者能力的考核。招工条件不应替代录用条件，在只有招工条件而没有明文规定录用条件时，执法机关可能将招工条件视为录用条件。为使录用条件具有操作性，最好同时制定相应的考核办法和考核流程。

本节案例 3 中，劳动人事争议仲裁委员会认为，A 公司招聘信息中只提及要求本科学历、2 年以上同行业从业经验，入职后对刘某的考核标准并未明确，不能适用试用期间不符合录用条件的相关规定，因此，A 公司构成违法解除劳动合同。

2. 录用条件和考核标准应公平合理

天津市人力资源和社会保障局还提示：录用条件应当符合劳动合同目的，与工作岗位、工作能力相联系，不能设定明显不能完成或超过一般劳动者平均水平、歧视性、违反法律法规规定等录用条件。

本节案例 4 中，张某拒绝违法超时加班安排，系维护自己合法权益，不能据此认定其在试用期间被证明不符合录用条件。

现实中有的用人单位规定，劳动者试用期出勤率不满 90% 的，属于不符合录用条件，单位可以解除劳动合同，这种规定是否合法呢？

录用条件一般是指用人单位在招录新员工时对应聘人员的学历、年龄、职业技能、身体状况等方面所提的要求。对于员工试用期内职工请病假超过一定的出勤率，用人单位是否可以解除劳动合同，不能光看出勤率，关键是看单位能否举证其不符合所从事岗位的体能要求。这就既要看出勤率，也要看病况，其中看病况更加重要。如劳动者的病况不涉及招聘岗位条件的要求，用人单位不能以试用期内病假超过出勤率为由解除劳动合同。

建议用人单位除了针对不同的岗位制定相应的录用条件，并在劳动合同或录用通知中给予明确以外，还应要求员工就包括本人健康在内的相关个人情况作出书面说明。这比将“试用期期间出勤率低于 N%”作为“不符合录用条件”的情形之一，要更加合理。

3. 解除劳动合同应在试用期满之前明确通知

根据劳动和社会保障部办公厅《对〈关于如何确定试用期内不符合录用条件可以解除劳动合同的请示〉的复函》的规定：对试用期内不符合录用条件的劳动者，企业可以解除劳动合同；若超过试用期，则企业不能以试用期内不符合录用条件为由解除劳动合同。故用人单位解除决定必须在试用期届满之前作出，解除通知应在试用期届满前有效送达给员工本人。

【操作建议】

1. 双方要依法签订劳动合同并约定试用期

不少用人单位习惯先与职工签订“试用期合同”，并约定“试用期满或试用期内工作突出并经考核合格者，将在当月内与公司签订正式劳动合同，并享受正式员工待遇”。其中这种做法是违法的。如果没有约定试用期或约定试用期不合法的，用人单位就不能以员工不符合录用条件为由解除劳动合同。同时，只约定了“试用期”的劳动合同，该期间将被认定为劳动合同的期限。

2. 用人单位证明已告知劳动者录用条件

用人单位可在其员工手册等劳动规章制度中针对岗位要求规定录用条件，也可以在劳动合同中对某一岗位的录用条件进行明确约定。用人单位在招聘时或录用后，有义务向劳动者明确“录用条件”，所以用人单位要做好必要的签收手续。

3. 劳动者职务调动不可再次约定试用期

用人单位在任命职务或安置新岗位时所规定的“试用期”，与劳动者订立劳动合同时所约定的试用期，是两个不同的概念。职工虽然工作岗位发生了变化，但是此前用人单位已经在实际工作中，对劳动者的精神状态、个人品质、工作能力等进行过考察，所以从法律上讲，即使劳动者工作岗位发生变化，也不能再在劳动合同中约定试用期。

4. 用人单位在试用期届满之前要有具体的考核行为，且得出客观的考核结果

用人单位在进行试用期员工的考核过程中，不单单是要把试用期考核表制作出来，更重要的是让新员工在公平公正的环境下完成考核。

5. 违法约定试用期的赔偿金和工资差额可以兼得

违法约定试用期的赔偿金和工资差额可以兼得，但劳动者主张违法约定试用期赔偿金，所提供的证据应证明其与用人单位约定的试用期违法并已经实际履行完毕。当然，这里的实际履行，一般认为是指劳动关系存续的期间，并不以劳动者提供正常劳动为前提。但如果违法试用期未履行的，则不需要支付赔偿金，劳动行政部门应责令用人单位改正即可。

【相关法规】

1. 试用期约定

《劳动合同法》第十九条：劳动合同期限三个月以上不满一年的，试用期不得超过一个月；劳动合同期限一年以上不满三年的，试用期不得超过二个月；三年以上固定期限和无固定期限的劳动合同，试用期不得超过六个月。

同一用人单位与同一劳动者只能约定一次试用期。

以完成一定工作任务为期限的劳动合同或者劳动合同期限不满三个月的，不得约定试用期。

试用期包含在劳动合同期限内。劳动合同仅约定试用期的，试用期不成立，该期限为劳动合同期限。

《劳务派遣暂行规定》第六条：劳务派遣单位可以依法与被派遣劳动者约定试用期。劳务派遣单位与同一被派遣劳动者只能约定一次试用期。

第二十三条： 劳务派遣单位违反本规定第六条规定的，按照劳动合同法第八十三条规定执行。

2. 试用期工资

《劳动合同法》第二十条： 劳动者在试用期的工资不得低于本单位相同岗位最低档工资或者劳动合同约定工资的百分之八十，并不得低于用人单位所在地的最低工资标准。

3. 试用期内解除劳动合同

《劳动合同法》第二十一条： 在试用期中，除劳动者有本法第三十九条和第四十条第一项、第二项规定的情形外，用人单位不得解除劳动合同。用人单位在试用期解除劳动合同的，应当向劳动者说明理由。

4. 违法约定试用期的法律责任

《劳动合同法》第八十三条： 用人单位违反本法规定与劳动者约定试用期的，由劳动行政部门责令改正；违法约定的试用期已经履行的，由用人单位以劳动者试用期满月工资为标准，按已经履行的超过法定试用期的期间向劳动者支付赔偿金。

8.2 不胜任工作：考核排列末位是否属于不胜任？

【案例索引】

序号	典型案例	裁判要旨	关键词
1	最高人民法院指导性案例 18 号：中兴通讯（杭州）有限责任公司诉王鹏劳动合同纠纷案	劳动者在用人单位等级考核中居于末位等次，不等同于“不能胜任工作”，不符合单方解除劳动合同的法定条件，用人单位不能据此单方解除劳动合同。	不胜任解除
2	《公报》案例（2021 年第 2 期）：戴为军诉台玻长江玻璃有限公司追索劳动报酬纠纷案	用人单位依据末位淘汰制对员工实行奖优惩劣，对排名靠后的员工采取调岗调薪等措施，是企业经营自主权的重要内容，只要该调岗调薪行为是基于企业生产经营管理的合理需要，且不违反法律规定和单位依法制定的规章制度，劳动者主张该调岗调薪行为违法的，人民法院不予支持。	不胜任调岗

续表

序号	典型案例	裁判要旨	关键词
3	重庆市高级人民法院发布第七批劳动争议十大典型案例之十（2021 年发布）	用人单位依据末位淘汰制对员工实行奖优惩劣，对排名靠后的员工采取调岗调薪等措施，是企业经营自主权的重要内容，只要该调岗调薪行为是基于企业生产经营管理的合理需要，且不违反法律规定和单位依法制定的规章制度，劳动者主张该调岗调薪行为违法的，人民法院不予支持。	不胜任调岗

【规则精析】

法律上用人单位以“不能胜任工作”解除劳动合同，必须满足三个条件：（1）劳动者不胜任本职工作；（2）对劳动者进行了重新培训或调岗；（3）重新培训后仍不能胜任原工作或者调整岗位后不能胜任新岗位。

只有在满足这样的一个前提下，用人单位才能以不胜任工作为由主张单方面解除劳动合同。同时还需要履行提前 30 日通知的程序义务。

然而在司法实践中，当用人单位依据上述规定对员工作出解除决定时，往往被裁审机构判定违法解除，在仲裁或者诉讼中面临败诉的局面。

一、“不胜任工作”的认定

指导性案例 18 号和《公报》案例都涉及员工“末位淘汰”制度，但是判决结果却不同。对此，我们能够获得的基本结论是：在胜任工作的基础上，即使劳动者在内部考核中处于末位，用人单位依然不能主张直接解除劳动合同，而只能作出其他处理决定，如培训、降职、降薪或者降级等。①

“末位淘汰制”这一绩效管理方式，由杰克·韦尔奇首先提出，20 世纪 90 年代传入中国。这个制度的核心内容是企业让所有员工参与竞争，然后通过某种形式的考核或者选拔后，对排名末位或者靠后的予以淘汰。

劳动者不胜任工作，用人单位就无法实现与劳动者签订劳动合同的目的。依据《劳动合同法》规定，用人单位可以在劳动者“不能胜任工作”的情况下单方与劳动者解除劳动关系。

---

① 孙光宁：《“末位淘汰”的司法应对——以指导性案例 18 号为分析对象》，载《法学家》2014 年第 4 期。

什么是法律上的不胜任工作？原劳动部《关于〈中华人民共和国劳动法〉若干条文的说明》（劳办发〔1994〕289 号）的解释是指劳动者不能按要求完成劳动合同中约定的任务或者同工种、同岗位人员的工作量。在司法实践中，一般以双方劳动合同约定为判断标准。劳动合同未约定的，以依法制定的规章制度的有关规定为标准。这就要求企业在与劳动者签订劳动合同时，应明确员工的工作内容，特定行业的还需要明确工作量。如果签订劳动合同时没有明确工作量的，只能参照同工种同岗位人员的工作量来确定。一般来讲，应参照同工种同岗位人员的平均工作量，不能参照同工种同岗位人员的最高工作量。

另外，还应考虑到导致员工不能胜任工作的原因是员工个人的主观因素而非客观因素，员工是否胜任工作要有具体的标准来衡量。一般来说，公司需要提供下列证据证明劳动者不胜任工作：劳动者所在岗位职责和要求、劳动者的日常工作业绩、考核标准、考核流程、考核结果等。如果缺少这些证明文件，劳动者不能胜任工作的说法常常很难得到佐证。

其实，末位淘汰制与法律意义上的不胜任工作不是一回事。前者是人力资源管理的一种制度，后者则是用人单位单方变更或解除劳动合同的一种法定情形。尽管二者都需设定一定的考核标准，而且都通过考核进行人员的流动与重新配置，但是末位淘汰制通过考核后只是将企业内部现有人员的能力进行从上到下的有序排列，处于末位的员工将被淘汰；而不能胜任工作的考核则需是设定一个合格标准，经考核后超过该标准的即为胜任工作，未超过的则为不胜任工作。

劳动者在用人单位等级考核中居于末位等次，不等同于“不能胜任工作”，不符合单方解除劳动合同的法定条件，用人单位不能据此单方解除劳动合同。按照末位淘汰制，胜任工作的员工也可能处于末位而被淘汰掉，而不能胜任工作的员工也有可能不处于末位而不一定会被淘汰。所以，对业绩排名靠后，但业绩目标已经完成的员工不能认定为不能胜任工作。对业绩排后，又没完成工作任务的员工才可以认定为不能胜任工作。

2016 年 11 月 30 日，最高人民法院公布《第八次全国法院民事商事审判工作会议（民事部分）纪要》，明确用人单位在劳动合同期限内通过“末位淘汰”或“竞争上岗”等形式单方解除劳动合同，劳动者可以用人单位违法解除劳动合同为由，请求用人单位继续履行劳动合同或者支付赔偿金。

最高人民法院民事审判第一庭负责人表示，“末位淘汰”与解除劳动合同之间不能等同，解除劳动合同必须要依法进行。从劳动合同法来看，我国法律没有允许用人单位与劳动者在劳动合同中约定以“末位淘汰”为由解除劳动合同，因此企业管理考核中的末位员工被“淘汰”的情形，缺乏法律依据。

规则一：劳动者在用人单位等级考核中居于末位等次，不等同于“不能胜任工作”，不符合单方解除劳动合同的法定条件，用人单位不能据此单方解除劳动合同。

——最高人民法院指导性案例18号：中兴通讯（杭州）有限责任公司诉王鹏劳动合同纠纷案（最高人民法院审判委员会讨论通过2013年11月8日发布）

本节案例1中，法院生效裁判认为：原告中兴通讯以被告王鹏不胜任工作，经转岗后仍不胜任工作为由，解除劳动合同，对此应负举证责任。根据《员工绩效管理办法》的规定，“C（C1、C2）考核等级的比例为10%”，虽然王鹏曾经考核结果为C2，但是C2等级并不完全等同于“不能胜任工作”，中兴通讯仅凭该限定考核等级比例的考核结果，不能证明劳动者不能胜任工作，不符合据此单方解除劳动合同的法定条件。虽然2009年1月王鹏从分销科转岗，但是转岗前后均从事销售工作，并存在分销科解散导致王鹏转岗这一根本原因，故不能证明王鹏系因不能胜任工作而转岗。因此，中兴通讯主张王鹏不胜任工作，经转岗后仍然不胜任工作的依据不足，存在违法解除劳动合同的情形，应当依法向王鹏支付经济补偿标准二倍的赔偿金。

由于劳动者排名末位与劳动者不能胜任工作岗位之间并无必然联系，故用人单位根据末位淘汰制解除劳动关系违反法律规定。但在除解除劳动关系情形外，末位淘汰制并非当然违法。

本节案例2中，法院认为，戴为军调岗前担任的职务为台玻长江玻璃有限公司包装股课长，该岗位具有一定的管理性质，要求劳动者具备更优秀、全面的职业技能。用人单位根据劳动者的工作业绩，安排相对更为优秀的劳动者担任该职务，既符合用人单位对于保证和提高产品质量的要求，亦能较大程度激发劳动者的工作积极性，故用人单位依据末位淘汰制调整劳动者工作岗位在一定条件下应予以支持。

本案中台玻长江玻璃有限公司与戴为军的劳动合同中明确约定台玻长江玻璃有限公司根据工作需要，按照诚信原则，可依法变动原告的工作岗位，公司根据公告及考绩汇总表对戴某军的工作岗位进行了调整，调岗后戴某军并未提出异议，应视为戴某军对本次调岗的认可。综上可见，本次调岗及引起的薪资变动不违反双方劳动合同的约定，亦符合法律规定。

同是运用员工“末位淘汰”制度，为何两案判决截然不同？简单讲，前者是走的是法定调岗模式，即应按“认定不胜任工作——培训或调整工作岗位——再次认定不胜任工作”运行，但是员工考核排列末位不等于不胜任工作，所以此路不通。而后者走的是约定调岗模式，在调岗之前不需要在法律上认为员工不胜任工作，只需要按绩效考核结果即可进行调岗。

由此可见，尽管绩效考核的结果往往与“不能胜任”工作关联度较高，但是绩效考核标准与胜任工作考核标准还是有所区别。企业绩效考核的标准比胜任工作考核标准更加宽泛，形式也更加多样。（绩效考核不应是“不能胜任工作”的基础，鉴于导致绩效考核不达标可能出于客观因素，而不胜任则更倾向于劳动者本人原因的角度分析）

所谓绩效考核不合格，顾名思义就是指经考核后，劳动者因能力欠缺或其他原因完全或部分不能达到既定的考核目标，如劳动者不能及时的完成工作任务、未充分履行岗位职责等。用人单位可以在劳动合同中约定，如果员工绩效考核不合格，用人单位可以进行调岗或降薪。由于这种调岗不属于法定的“不胜任调岗”，经过调岗后仍然不胜任，亦不能依据《劳动合同法》第四十条第二项解除劳动合同。

二、“不胜任工作”后的处理

劳动者不能胜任工作，经过培训或者调整工作岗位，仍不能胜任工作的，用人单位可以根据《劳动合同法》第四十条的规定，单方解除劳动合同。

就是说在认定劳动者不能胜任工作之后，用人单位有一个选择权，或者培训，或者调整工作岗位，二者选一。

规则二：劳动者不能胜任工作，经过培训或者调整工作岗位，仍不能胜任工作的，用人单位可以根据《劳动合同法》第四十条的规定，单方解除劳动合同。此处，“经过培训”或者“调整工作岗位”属于可选择性条件，对于经培训不合格的劳动者，用人单位可单方解除劳动合同，无须再经过对劳动者进行工作岗位调整的程序。

——重庆市高级人民法院发布第七批劳动争议十大典型案例之十（2021 年发布）

本节案例3中，李某某因停薪留职而脱离工作一线长达十余年，因客观形势变化，锅炉工岗位早已不存在，国网某公司组织李某某参加返岗培训，确有必要性、合理性。李某某在返岗培训后，经过多次考试仍不合格，不能胜任当前工作要求。前述法律规定中的“经过培训”或者“调整工作岗位”是可选择性的条件，本案即属于“经过培训”仍不能胜任工作的情形。因此，国网某公司在履行法定程序后，解除与李某某的劳动合同不属于违法解除劳动合同的情形。

当然培训也要注意方式方法，培训的方式既可以是主管进行培训，也可以让员工参加外部培训机构的培训，但培训的内容一定是围绕着员工待改进事项进行。

调岗也应注意前后两个岗位的关联性。用人单位的调岗需根据员工的工作经验，工作能力，调岗前工作内容进行设定。只要用人单位的调岗具有合理性，对于员工拒绝调岗或培训的行为，用人单位可以根据依法制定的规章制度予以处理。用人单位可以将员工拒绝调岗的行为列为严重违纪，予以解除劳动合同。

【操作建议】

1. 结合岗位特点设立相应考核的考核标准

包括考核的程序、人员组成、考核结果等，做到能量化的尽量量化，不能量化的尽量细化和外化。量化是指以数量、质量、成本和时间作为衡量标准。细化是指找出该职位所承担的关键职责，对于每个工作步骤进行分拆，并有具体的文字描述。外化是指让被考核者的工作或服务对象对被考核者进行评价。

2. 考核方案的制定应经过民主程序并告知考核对象

考核方案往往涉及劳动者切身的利益，所以在制定时，企业应当经过相应民主程序。相关材料需员工当面签收，留下书面材料存档。

3. 企业考核的过程应当客观公正

考核的过程应客观公正，并让员工知晓考核流程和结果。考核流程中应充分保障被考核员工的陈述申辩权利；用人单位还应做好会议记录，参会人员签字确认。用人单位对员工最终是否胜任工作应作出书面认定。

4. 对于不胜任员工的调岗不要机械处理

认定劳动者不能胜任工作可以和制定员工绩效改进计划同时进行。在认定不胜任工作的同时，应把他的注意力引导到如何改进绩效上面来，要让他看到改进绩效的希望。

【相关法规】

1. 不胜任工作解除的适用

《劳动合同法》第四十条： 有下列情形之一的，用人单位提前三十日以书面形式通知劳动者本人或者额外支付劳动者一个月工资后，可以解除劳动合同：

……

（二）劳动者不能胜任工作，经过培训或者调整工作岗位，仍不能胜任工作的；

……

原劳动部《关于〈中华人民共和国劳动法〉若干条文的说明》（劳办发〔1994〕289 号）第二十六条： 有下列情形之一的，用人单位可以解除劳动合同，但是应当提前三十日以书面形式通知劳动者本人：

……

（二）劳动者不能胜任工作，经过培训或者调整工作岗位，仍不能胜任工作的；

……

本条第（二）项中的"不能胜任工作"，是指不能按要求完成劳动合同中约定的任务或者同工种，同岗位人员的工作量。用人单位不得故意提高定额标准，使劳动者无法完成。

……

2. 不胜任解除的禁止性条款

《劳动合同法》第四十二条： 劳动者有下列情形之一的，用人单位不得依照本法第四十条、第四十一条的规定解除劳动合同：

（一）从事接触职业病危害作业的劳动者未进行离岗前职业健康检查，或者疑似职业病病人在诊断或者医学观察期间的；

（二）在本单位患职业病或者因工负伤并被确认丧失或者部分丧失劳动能力的；

（三）患病或者非因工负伤，在规定的医疗期内的；

（四）女职工在孕期、产期、哺乳期的；

（五）在本单位连续工作满十五年，且距法定退休年龄不足五年的；

（六）法律、行政法规规定的其他情形。

第 9 章　裁减人员

9.1 情势变更解除：提供面试机会算协商变更吗？

【案例索引】

序号	典型案例	裁判要旨	关键词
1	北京市劳动人事争议仲裁十大典型案例之二（2019 年发布）	企业的生产部门发生迁移，确因政府政策变化所致，是其在订立劳动合同时无法预见的客观情况，故在双方不能就变更劳动合同达成一致时，企业可行使单方解除权。	因政策导致部门迁移
2	北京市涉新冠肺炎疫情劳动争议仲裁十大典型案例之八（2020 年发布）	新冠肺炎疫情属于不可抗力，用人单位虽不能以不可抗力为由逃避社会责任、中止劳动合同的履行，但受疫情影响导致生产经营严重困难，虽经采取各种措施稳定工作岗位但仍需裁减人员的，用人单位可依据《劳动合同法》第四十条第（三）项规定，依法与劳动者解除劳动合同。	受疫情影响导致生产经营严重困难
3	苏州工业园区人民法院涉外劳动争议案件审判白皮书（2016—2020）案例之三	劳动者岗位的撤销系用人单位主观上的经营政策调整，并非劳动合同订立时依据的客观情况发生重大变化。	岗位撤销
4	《公报》案例 2020 年第 9 期（总第 287 期）：吴继威与南京搏峰电动工具有限公司劳动合同纠纷案	因用人单位整体搬迁导致劳动者工作地点变更、通勤时间延长的，是否属于《劳动合同法》第四十条第（三）项规定的“劳动合同订立时所依据的客观情况发生重大变化，致使劳动合同无法履行”的情形，需要考量搬迁距离远近、通勤便利程度，结合用人单位是否提供交通工具、是否调整出勤时间、是否增加交通补贴等因素，综合评判工作地点的变更是否给劳动者的工作和生活带来严重不便并足以影响劳动合同的履行。如果用人单位已经采取适当措施降低了搬迁对劳动者的不利影响，搬迁行为不足以导致劳动合同无法履行的，劳动者不得以此为由拒绝提供劳动。	企业搬迁

续表

序号	典型案例	裁判要旨	关键词
5	成都法院劳动争议十大典型案例之一(2018年度)	在劳动合同期限内，用人单位以单方通知或决定的方式组织员工进行内部岗位竞聘，并将竞聘失败的员工调整至明显不合理的岗位，劳动者拒绝接受新岗位，用人单位以此为由解除劳动合同，应认定为违法解除。	协商变更

【规则精析】

广义的裁员指的是裁减人员，本身不是法律术语，对应是劳动合同解除或终止的法律概念。狭义的裁员是劳动法中的“经济性裁员”的规定。但平时大家说的裁员，更多不是指法律意义上的“经济性裁员”，而是泛指劳动合同解除、终止的情形。

劳动合同履行过程中，如果发生不可抗力或出现致使劳动合同全部或部分条款无法履行的情况，也就是“客观情况发生重大变化”，致使劳动合同无法履行的情形，用人单位可以解除与劳动者之间签订的劳动合同。

在民事合同法领域，客观情况发生重大变化理论上被称之为“情势变更”，是指合同有效成立后，因不可归责于双方当事人的原因发生情势变更，致合同之基础动摇或丧失，若继续维持合同原有效力显失公平，允许变更合同内容或者解除合同。情势变更原则是诚实信用原则的具体适用，目的在于消除合同因情势变更产生的不公平结果。

对于何谓“劳动合同订立时所依据的客观情况发生重大变化”，原劳动部《关于〈中华人民共和国劳动法〉若干条文的说明》第二十六条第四款作出了解释，即发生不可抗力或出现致使劳动合同全部或部分条款无法履行的其他情况，如企业迁移、被兼并、企业资产转移等，并且排除用人单位濒临破产进行法定整顿期间或者生产经营状况发生严重困难，确需裁减人员的情况。

实践中，对“客观情况发生重大变化”的认定应当具备以下几点：(1) 变化应当具有实质性，是客观存在的；(2) 变化在劳动合同订立时是不可预见的；(3) 变化的出现不可归责于双方当事人，且双方当事人主观上不存在过错；(4) 变化已导致劳动合同全部或部分无法履行。

“客观情况发生重大变化”，致使劳动合同无法履行时，用人单位应当从合理、善意的角度出发与劳动者就劳动合同的变动进行协商，尽到诚实磋商义务，协商不成才能行使解除权。

一、“劳动合同订立时所依据的客观情况发生重大变化”的界定

1. 因政策导致部门迁移

> **规则一：企业的生产部门发生迁移，确因政府政策变化所致，是其在订立劳动合同时无法预见的客观情况，故在双方不能就变更劳动合同达成一致时，企业可行使单方解除权。**
>
> ——北京市劳动人事争议仲裁十大典型案例之二（2019 年发布）

本节案例 1 中，唐某于 2012 年 8 月 1 日入职某电子企业担任电焊工，工作地点位于北京市某郊区，双方订立了 5 年期限的劳动合同。2018 年 1 月，根据北京市疏解整治促提升计划和该区具体实施政策要求，电子企业决定将生产部门全部迁移至河北某市。当月，公司向生产部门全体员工发出生产部门搬迁员工意向调查表征询意见。唐某表示愿意随公司迁往新的工作地点，并提出工资待遇上浮 40%，安排住宿补贴等要求，电子企业则表示可在两地安排班车接送上下班，工资待遇可上涨 10%。此后，双方就搬迁、解除等事宜进行多次协商，但均未能达成一致。2018 年 3 月 12 日，电子企业向唐某发出解除劳动合同通知书，以客观情况发生重大变化、双方未能就变更劳动合同达成一致为由，与唐某解除劳动合同，并向其支付了解除劳动合同经济补偿。随后，唐某提出仲裁申请，要求电子企业支付违法解除劳动合同赔偿金（差额）。

仲裁委经审理后认为，电子企业与唐某解除劳动合同的情形符合《劳动合同法》第四十条第（三）项的规定，故裁决驳回了唐某的仲裁请求。

《劳动法》和《劳动合同法》规定，劳动合同订立时所依据的客观情况发生重大变化，致使原劳动合同无法履行，经当事人协商不能就变更劳动合同达成协议的，用人单位可以解除劳动合同，但是应当提前 30 日以书面形式通知劳动者本人，或以额外支付劳动者一个月工资来代替提前 30 日的通知期。而如何认定客观情况发生重大变化，并未作出详细的界定。

根据 1994 年原劳动部《关于〈中华人民共和国劳动法〉若干条文的说明》，致使劳动合同无法履行的客观情况是指发生不可抗力或者出现使劳动合同全部或

者部分条款无法履行的其他情况，如企业迁移、被兼并、企业资产转移等。该条文以列举、概括的方式对客观情况发生重大变化的情形进行了规定，但是该规定并未涵盖客观情况发生重大变化的全部情形。

司法实践中，有法官认为，解释法律，不仅仅要依从立法者当其立法时的意思，更是要依从立法者如其在今日立法所应有的意思。《劳动法》于 1994 年 7 月 5 日公布，1994 年 9 月 5 日，原劳动部办公厅下发了《关于〈中华人民共和国劳动法〉若干条文的说明》对《劳动法》中表述不够明确具体的条文作了进一步的解释。随着我国社会经济发展的变化，尤其是近年来我国经济进入了新常态，产业结构和产业政策不断调整变化，导致企业经营环境也受到较大影响。因此，对于客观情况发生变化不能机械地拘泥于劳动部 1994 年的解释，而是需要根据个案的具体情况作出更为客观准确的解释，以适应社会经济发展的变化。[①]

北京市高级人民法院、北京市劳动人事争议仲裁委员会出台的《关于审理劳动争议案件法律适用问题的解答》规定："12. 哪些情形属于《劳动合同法》第四十条第三项规定的'劳动合同订立时所依据的客观情况发生重大变化'？

'劳动合同订立时所依据的客观情况发生重大变化'是指劳动合同订立后发生了用人单位和劳动者订立合同时无法预见的变化，致使双方订立的劳动合同全部或者主要条款无法履行，或者若继续履行将出现成本过高等显失公平的状况，致使劳动合同目的难以实现。

下列情形一般属于'劳动合同订立时所依据的客观情况发生重大变化'：（1）地震、火灾、水灾等自然灾害形成的不可抗力；（2）受法律、法规、政策变化导致用人单位迁移、资产转移或者停产、转产、转（改）制等重大变化的；（3）特许经营性质的用人单位经营范围等发生变化的。"

与劳动部的原解释相比，它列举的"劳动合同订立时所依据的客观情况发生重大变化"的外延，有所缩小，也有所扩大。一方面，企业被兼并不再作为客观情况发生重大变化，因为被"兼并"已经被《劳动合同法》重新定位。[②] 另一方面，"受法律、法规、政策变化导致用人单位迁移、资产转移或者停产、转产、转（改）制等重大变化的"等情况都被明确列入"劳动合同订立时所依据的客观情况发生重大变化"。

---

① 案号：上海市第一中级人民法院（2018）沪 01 民终 14408 号（2019 年 3 月 5 日）。

② 《劳动合同法》第三十四条规定：用人单位发生合并或者分立等情况，原劳动合同继续有效，劳动合同由继其权利和义务的用人单位继续履行。

本案中，电子企业的生产部门发生迁移，确因政府政策变化所致，是其在订立劳动合同时无法预见的客观情况，故在双方不能就变更劳动合同达成一致时，电子企业可行使单方解除权。

2. 受疫情影响导致生产经营严重困难

在普通民法领域对于情势变更的适用是相当审慎的。最高人民法院曾再三发文明确对情势变更原则需审慎。最高人民法院《关于正确适用〈中华人民共和国合同法〉若干问题的解释（二）服务党和国家的工作大局的通知》（法〔2009〕165 号）第二条明确规定各级法院务必正确理解、慎重适用（情势变更原则）。如果根据案件的特殊情况，确需在个案中适用的，应当由高级人民法院审核。

在普通民商事案件中，法院更多是以诚实信用原则为基础要求当事人遵守契约约定，侧重保护守约方的合法利益。相较于一般民商事合同，劳动法律对于用人单位对劳动合同的解除权作了极为严格的限制。这要求我们在司法实践中对相关条款的解读上更为严格、谨慎。

诚然，审慎的裁判态度不代表摒弃情势变更原则在劳动法领域的适用。恰恰相反，劳动法律对用人单位的合同解除权作了极为严苛的限制，虽然这是倾斜保护弱势劳动者的立法考量，但在特定情形下劳动合同的继续履行客观上的确会对用人单位的权益造成显失公平的伤害，或者该劳动合同的履行完全没有必要。

如确受疫情影响导致生产经营严重困难，虽经采取各种措施稳定工作岗位但仍需裁减人员的，用人单位可依据《劳动合同法》第四十条第（三）项规定，依法与劳动者解除劳动合同，但必须给劳动者相应的经济补偿。①

本节案例 2 中，邓某于 2017 年 1 月 9 日入职某销售公司，双方订立了期限为 5 年的书面劳动合同，约定邓某的工作内容为销售，月工资由基本工资 6000 元、外勤补助 1000 元及销售提成构成。该销售公司主要经营智能货柜业务，主要在办公楼宇内进行铺设销售。疫情对智能货柜的销售产生极大影响，根据销售数据统计，销售公司 2020 年 2 月货柜内商品销售仅为日常销量的 10%，新增智能货柜销售业绩几近停摆。由于生产经营发生严重困难，销售公司决定对劳动合同岗位、工作内容及工资标准等情况进行协商变更，但未能与邓某达成一致。

---

① 广东省人力资源和社会保障厅、高级人民法院联合下发的《关于审理涉新冠肺炎疫情劳动人事争议案件若干问题的解答》中明确，如双方未能协商一致，用人单位根据《劳动合同法》第四十条、第四十一条规定解除劳动合同，应当依照《劳动合同法》第四十六条、第四十七条规定向劳动者支付经济补偿。

2020 年 4 月 10 日，销售公司向邓某发出解除劳动关系通知书，以客观情况发生重大变化致使劳动合同无法履行，双方未能就变更劳动合同内容达成一致为由，决定当日与其解除劳动合同。邓某对销售公司生产经营出现严重困难不持异议，但不认可销售公司的解除理由。当月，邓某向仲裁委提出仲裁申请，要求销售公司支付违法解除劳动合同赔偿金 77000 元（离职前 12 个月平均工资 11000 元×3.5 个月×2 倍）。

经仲裁委释明，邓某同意将违法解除劳动合同赔偿金变更为解除劳动合同经济补偿和未提前 30 日书面通知解除劳动合同的额外 1 个月工资，仲裁委裁决予以支持。

规则二：新冠肺炎疫情属于不可抗力，用人单位虽不能以不可抗力为由逃避社会责任、中止劳动合同的履行，但受疫情影响导致生产经营严重困难，虽经采取各种措施稳定工作岗位但仍需裁减人员的，用人单位可依据《劳动合同法》第四十条第（三）项规定，依法与劳动者解除劳动合同。

——北京市涉新冠肺炎疫情劳动争议仲裁十大典型案例之八（2020 年发布）

至于生产经营严重困难的认定标准，绝大多数法院要求企业至少是出现了亏损。对于亏损数额的高低、时间的长短则各不相同。学者王倩认为，如果企业生产经营出现了亏损、停产等问题以后，已经采取了停止招聘、清退劳务派遣工、减少加班、协商降薪等措施，一段时间之后仍然没有渡过难关的，可以认定生产经营发生严重困难。①

在司法实践中，双方为此发生争议的，法院有时会要求用人单位提供近年财务报表乃至行业分析。

3. 劳动者所在部门、岗位的撤并

本节案例 3 中，张某于 2013 年 7 月进入 A 电器有限公司工作，双方签订了为期 5 年的劳动合同，合同约定张某的工作岗位为管理，实际在 A 公司的企划部工作。2017 年 2 月，A 公司董事会决定撤销公司企划部，将企划部并入公司的总经办。相对应地对企划部的人员进行了分流和解除劳动合同处理，企划部的大部分

---

① 王倩：《经济性裁员法律制度》，上海人民出版社 2021 年版，第 29 页。

员工进入了总经办或者其他部门工作，而张某和另一名员工收到了公司的解除劳动合同通知书。张某要求公司支付违法解除劳动合同赔偿金。仲裁委认定A公司属违法解除劳动合同，支持了张某的请求。

规则三：劳动者岗位的撤销系用人单位主观上的经营政策调整，并非劳动合同订立时依据的客观情况发生重大变化。

——苏州工业园区人民法院涉外劳动争议案件审判白皮书（2016—2020）案例之三

首先，A公司解除劳动合同依据的事实是公司撤销张某所在的工作部门，导致张某的实际工作岗位消失。而导致张某所在工作部门撤销的原因是由于公司董事会作出的部门撤并决定，这属于用人单位主观的行为，而并非用人单位意志以外的客观因素，A公司并无任何客观理由。因此A公司的解除情形不能被认定为“客观情况发生重大变化”。

其次，虽然张某在A公司的企划部工作，但其与A公司的劳动合同中约定的工作岗位为管理岗位。因此，企划部的撤销并不导致双方的劳动合同无法继续履行，即使企划部并入总经办后没有适合张某的工作，A公司也可以在单位内部的其他管理部门合理安排张某工作。因此，劳动合同解除的客观条件并不成立。

最后，即使出现了“客观情况发生重大变化导致原劳动合同无法履行”的情形，根据《劳动合同法》第四十条第（三）项的规定，用人单位还需与劳动者协商变更合同，只有在协商不成的情况下，才能解除劳动合同。本案中A公司在解除劳动合同前并未与张某协商变更合同，显然也是违反劳动合同解除程序的。

综上，A公司的解除行为属违法解除劳动合同，应依法向张某支付违法解除劳动合同赔偿金。

司法实践中，劳动者所在部门、岗位的撤并等，是否属于“订立劳动合同的客观情况发生重大变化，致使原劳动合同无法履行”？

首先，要就劳动者所在部门、岗位的撤并等情况的客观性进行审查。“重大变化”应该是实质性的变化，切实订立劳动合同时用人单位不可预见的变化，而不是形式上的变化。

有法官认为，公司内部组织架构的调整，是企业的可控情形，在此过程中产生的人员变动不构成法定的客观情况发生重大变化。[①]

还有法官认为：对于客观情况的判断，我们不应仅仅局限于劳动者所在的用工部门而对用工部门外其他职能机构的表意行为均视作“客观情况”。我们应当将用人单位作为整体的表意主体来看待，在实践中着重审查“情势变更”原因力来源。只有用人单位之外的事由、且该事由对劳动力交换条件的变动产生主要影响的方可构成“客观情况”，否则用人单位能够轻易地以不同部门互为条件突破法律规定，这对劳动法律的价值原则必然是个绝对的伤害。[②] 但如被上级公司撤并等企业不能控制的情况，则另当别论。

对于单位部门裁撤、人员调整等情形，用人单位应当提供相关证据，证明其作出的调整有充分的事实和理由，避免其为了裁减人员而规避法律。如果用人单位随意找出一些如部门、岗位裁撤等“客观情况”的理由，不应属于客观原因，而是用人单位的主观故意。

其次，要结合原部门的职能是否保留进行综合考量。如果企业在撤销部门的同时，原来这个部门的职能也被撤销了，那就属于客观情况发生重大变化；如果原来职能并未被撤销，只是并入了其他部门，不影响劳动合同的履行。

再次，“客观情况发生重大变化”，致使劳动合同无法履行时，用人单位与劳动者双方应先就变更劳动合同进行协商；在协商后不能就变更劳动合同内容达成一致的情况下，用人单位才可以依据劳动合同法的相关规定解除双方之间的劳动合同。

在实践中，用人单位与劳动者协商变更劳动合同内容的方式通常是与劳动者协商变更工作地点、工作岗位，有些情况下在变更工作岗位的同时也会相应地变更劳动报酬。如果用人单位与劳动者就变更劳动合同达成了协议，双方则按照新的约定履行变更后的劳动合同。

最后，法律不鼓励用人单位直接与劳动者解除劳动合同，为了维持劳动关系的稳定，法律赋予用人单位与劳动者协商变更原劳动合同的法定义务，如果用人单位不经过该协商程序而直接解除，就构成了违法解雇，需要承担违法解雇的法律后果。

4. 企业搬迁

本节案例 4 中，2013 年 9 月 23 日，吴继威入职搏峰公司从事生产工作。双方签订的最后一期劳动合同期限至 2019 年 9 月 30 日，约定工作地点在将军大道 159

① 白星晖：《情势变更原则在劳动合同过程中的适用》，载《中国法院 2019 年度案例：劳动纠纷》，中国法制出版社 2019 年版。

② 案号：上海市第一中级人民法院（2018）沪 01 民终 14408 号（2019 年 3 月 5 日）。

号搏峰公司，涉及劳动者切身利益的条款内容或重大事项变更时，应协商一致。2017 年 5 月 4 日，搏峰公司召开职工代表大会，审议修订员工手册。其中规定，连续旷工 3 个工作日，或连续 12 个月内累计旷工 5 个工作日，给予解除合同处分。吴继威签收了员工手册。

2019 年 3 月，搏峰公司因经营需要决定由原办公地点将军大道 159 号整体搬迁至将军大道 529 号。包括吴继威在内的员工得知后，以距离太远为由拒绝到新厂址上班。2019 年 3 月 9 日，搏峰公司组织人员拆除生产线时，包括吴继威在内的员工大面积停工，自此每日到原厂址打卡后，不再提供劳动。2019 年 3 月 11 日，搏峰公司发布《关于厂区搬迁的通知》，声明自 2019 年 4 月 1 日起，厂区将从将军大道 159 号（14000 平方米）整体搬迁至距离约 4.5 千米的将军大道 529 号（17000 平方米），全程骑行约 20 分钟，均在地铁 S1 号线沿线，有 864 路、874 路公交可乘，生产车间提供中央空调，食宿更加便利，搏峰公司将安排车辆携全员前往新厂区参观，给予每人 500 元搬迁奖励，交通补贴在每月 100 元基础上增加 50 元，要求员工通过合理渠道沟通，必须于 2019 年 3 月 12 日 8：30 回岗正常劳动。员工拒绝返岗。2019 年 3 月 13 日，搏峰公司再次发布公告，重申员工的岗位、工作内容和福利待遇不变，增发 50 元交通补助。员工仍然拒绝返岗。2019 年 3 月 15 日，搏峰公司向吴继威发出督促回岗通知，告知吴继威其行为已严重违反规章制度，扰乱破坏生产秩序，要求吴继威于 2019 年 3 月 18 日 8：30 到生产主管处报到，逾期未报到将解除劳动合同。吴继威未按要求报到。2019 年 3 月 18 日，搏峰公司在通知工会后，以严重违反规章制度为由决定与吴继威解除劳动合同。

2019 年 3 月 25 日，吴继威向南京市江宁区劳动人事争议仲裁委员会申诉，后不服裁决，提起诉讼。

江宁经济技术开发区人民法院一审认为：搏峰公司拟将厂区整体迁移，是基于生产运作情况作出的经营决策，不改变劳动者的岗位和待遇，并非滥用用工权利刻意为难劳动者的行为。厂区迁移后，确实可能对劳动者产生一定的通勤压力，但搬迁距离并不遥远，也在公共交通、共享单车可达之处，将军大道本身具备较好的通行条件，搏峰公司也承诺增发交通补助，总体而言，迁移对劳动者的影响是有限的，不构成双方继续履行劳动合同的根本障碍。同时，争议发生后，双方均应当采取正当手段维护自身权利。吴继威不愿意调整工作地点，可以提出相关诉求，但其自身仍然负有继续遵守规章制度、继续履行劳动合同的义务。吴继威在搏峰公司的再三催告下，仍然拒绝返回原岗位工作，已经构成旷工，违反基本的劳动纪律，并且达到员工手册中规定的可被解除劳动合同的严重程度，故搏峰公司在通知工会后作出的解除劳动合同决定，并无违法之处，故对吴继威要求搏峰公司支付违法解除劳动合同赔偿金的请求不予支持。

规则四：因用人单位整体搬迁导致劳动者工作地点变更、通勤时间延长的，是否属于《劳动合同法》第四十条第（三）项规定的“劳动合同订立时所依据的客观情况发生重大变化，致使劳动合同无法履行”的情形，需要考量搬迁距离远近、通勤便利程度，结合用人单位是否提供交通工具、是否调整出勤时间、是否增加交通补贴等因素，综合评判工作地点的变更是否给劳动者的工作和生活带来严重不便并足以影响劳动合同的履行。如果用人单位已经采取适当措施降低了搬迁对劳动者的不利影响，搬迁行为不足以导致劳动合同无法履行的，劳动者不得以此为由拒绝提供劳动。

——《公报》案例 2020 年第 9 期（总第 287 期）：吴继威与南京搏峰电动工具有限公司劳动合同纠纷案

企业搬迁对于劳动合同的履行、变更、解除非常重要，关键在于是否属于《劳动合同法》第四十条第（三）项规定的“劳动合同订立时所依据的客观情况发生重大变化，致使劳动合同无法履行”。

如果符合这个前提的话，经用人单位与劳动者协商，未能就变更劳动合同内容达成协议的，用人单位可以提前 30 日以书面形式通知劳动者本人或者额外支付劳动者 1 个月工资后，解除劳动合同，同时支付经济补偿。当然即便符合这个前提，用人单位也可以不解除劳动合同，但应继续支付工资。

在这种情况下，劳动者没有必须履行或者变更劳动合同的义务。劳动者拒绝到新岗位工作的，用人单位不能按违纪处理。但是如果不符合以上前提的话，劳动者就有继续履行劳动合同的义务，如劳动者拒绝继续履行劳动合同，用人单位可按依法制定的规章制度处理。

对于因用人单位整体搬迁导致劳动者工作地点变更、通勤时间延长，是否属于“客观情况发生重大变化，致使劳动合同无法履行”，司法实践中，裁判者主要通过几个角度进行综合评判：

考量一：搬迁距离远近和通勤便利程度。法律或裁判口径没有统一规定多少公里以上属于“搬迁距离远”，主要还是依据一般人的判断标准，判断是否影响劳动合同的履行。如《公报》案例中企业整体搬迁至距离约 4.5 千米，肯定不会影响劳动合同的履行。

司法实践中，用人单位搬迁是否足以迫使劳动者提出解除劳动合同或足以导致劳动合同无法履行，对于每一个劳动者来说，个案的情况是不同的。如果根据个案情况进行酌情处理，可能造成裁判标准的不统一，容易出现“同案不同判”的现象。所以，对这一问题的裁判标准进行统一规定是十分必要的。但从搬迁的路程远近、上班所需时间长短的角度难以作出合理的划定，故以是否在同一行政区域内为标准进行区分是比较妥当且便于执行的方法。

故有些地方还是规定了一些具体的衡量尺度，如深圳要看是否跨深圳市行政区域搬迁。① 上海企业在市中心区内搬迁，不作为客观情况发生重大变化，即劳动合同可以正常履行。在此情况下，用人单位书面要求至新地点上班，员工拒绝履行原合同的，用人单位以员工连续旷工为由解除劳动合同的，予以支持。

考量二：用人单位是否采取了弥补措施，如提供交通工具或者增加交通补贴，是否调整出勤时间。如上海规定，上海企业企业从中心区搬到郊区，或从郊区搬到郊区，凡是明确安置方案（如安排班车、发放交通费、推迟到岗时间等）的，也不作为客观情况发生重大变化。即员工应当继续履行合同；未明确安置方案的，则作为客观情况发生重大变化。

考量三：是否搬出同一行政区域。企业搬迁对于劳动者影响不仅体现在上下班的通勤上面，还体现在一些职工户籍、子女学籍、最低工资标准、社会保障等社会利益上面。

如深圳市中级人民法院认为，“对我市而言，我市最低工资标准、社会保障程度总体上通常高于周边城市，若用人单位从我市搬迁至周边其他城市，虽然可能搬迁路程相对较近，但对于劳动者的劳动基准保护力度可能有所降低，因此，不考虑劳动基准保护力度，而仅以路程远近作为确定标准统一划分，反而更不利于劳动者合法权益的保障”。②

也是由于这个原因，上海规定“上海企业从本市搬到外省市的，则作为客观情况发生重大变化”。尽管从上海花桥搬到江苏花桥，但是距离比从上海郊区搬到

---

① 深圳市中级人民法院《关于审理劳动争议案件的裁判指引》：深圳市行政区域内搬迁用人单位在深圳市行政区域内搬迁，劳动者要求用人单位支付经济补偿的，不予支持。用人单位由深圳市行政区域内向深圳市行政区域外搬迁，劳动者要求支付经济补偿的，应予支持。

② 深圳市中级人民法院《关于〈审理劳动争议案件的裁判指引〉的说明》第十九条。

上海市区要近得多。

二、用人单位与劳动者就变更劳动合同进行协商

本节案例 5 中，2016 年 8 月，四川某建设公司向其内部各机构发布、公示了《公开竞聘通知》《公开竞聘补充通知》《竞聘实施方案》等材料，对机关管理岗位实行公开竞聘。《公开竞聘补充通知》中规定“没有竞聘到机关管理岗位的员工，公司将安排到近期新中标的项目工作”。李某获悉上述通知后报名参加竞聘，竞聘岗位为办公室一级部员，工作地点位于成都市高新西区。

后经民主测评，李某并未获得其参加竞聘的岗位。2016 年 9 月 30 日，四川某建设公司向李某下发了《调岗通知》，决定将其调至位于凉山州项目监理部工作，并要求李某于 2016 年 10 月 10 日报到。接到调岗通知后李某拒绝至新岗位报到，2017 年 4 月 11 日，四川某建设公司向李某发出《劳动合同解除通知书》，以李某自 2016 年 10 月 10 日起一直无故旷工，严重违反公司规章制度为由解除双方劳动关系。法院经审理认为，李某所在部门的原岗位被公司全部设置为竞聘目标岗位，意味着李某在劳动合同期限内已实质丧失了原有岗位，在此条件下李某参加竞聘并不代表其认可“落选后调整至新项目岗位”的竞聘前置条件，且结合李某参加竞聘的部门是办公室的管理岗位，工作地点仍在原岗位地点来综合分析，李某有按照原劳动合同约定的岗位职责与工作地点履行劳动合同的意愿。工作岗位和工作地点是劳动合同的核心要素，其中，工作地点对劳动者尤为重要，其直接影响劳动者的生活利益与家庭关系、人际交往等社会需求。

李某劳动合同约定工作地点在成都市，竞聘落选后被安排至凉山州甘洛县，两地相距过远，劳动者没有履行的现实性，且该工作地点与劳动合同约定相悖。同时，公司对李某前往新岗位所履行的职责告知不清，李某未到岗期间一直与公司进行协商，此期间不宜认定为旷工。四川某建设公司以其旷工为由解除劳动合同，缺乏事实和法律依据，属于违法解除。

规则五：在劳动合同期限内，用人单位以单方通知或决定的方式组织员工进行内部岗位竞聘，并将竞聘失败的员工调整至明显不合理的岗位，劳动者拒绝接受新岗位，用人单位以此为由解除劳动合同，应认定为违法解除。

——成都法院劳动争议十大典型案例之一（2018 年度）

实践中，用人单位与劳动者协商变更劳动合同内容的方式通常是与劳动者协商变更工作地点、工作岗位，有些情况下在变更工作岗位的同时也会相应地变更劳动报酬。如果用人单位与劳动者就变更劳动合同达成了协议，则双方按照新的约定履行变更后的劳动合同。

从《劳动合同法》第四十条第（三）项规定来看，用人单位履行诚实协商义务可以分为以下几个步骤：第一，用人单位提供明确、具体、较为合理的岗位变更要约；第二，双方就用人单位提出的变更方案进行协商；第三，双方经协商后就变更方案达成或未达成协议。

现实中，有的公司给职工提供内部转岗的面试机会，但由于工作机会的不确定性，并非提供邀约，所以还不能说是完成了以上第一步骤。当然如果劳动者应聘成功了，双方可就变更劳动合同内容达成协议。如果劳动者应聘未成功，用人单位还应提供一个具体的岗位以供选择。

但是如果劳动者一开始就拒绝用人单位提供的面试机会，这是否意味着劳动者拒绝与用人单位协商变更劳动合同内容？公司可能会说，我已经给了你面试的机会，说明我愿意与你协商变更，但是你自己一开始就放弃了，当然后面我们当然就无法达成协议了。在此情况下，还是应结合个案情况综合判断用人单位履行诚实协商变更义务的情况。一般来说，用人单位提出的变更内容尽量保持原工作地点、工资待遇及工作条件（至少不应存在大幅度降低）。

总之，协商变更从提供面试机会开始无可厚非，但是用人单位后面还要有一连串的动作，以充分证明自己完成了诚实协商变更的法定义务。

【操作建议】

1. 在劳动合同中对“客观情况发生重大变化”进行约定

在劳动合同中对客观情况发生重大变化的情形作出明示细化，如用人单位跨地区迁移、兼并、分立、合资、转（改）制、转产、进行重大技术改造等致使劳动合同所确定的生产、工作岗位消失；劳动者自身身体原因或从事某种岗位的资质丧失导致不能从事劳动合同约定工作的；双方约定的劳动条件诸如工作时间、工作地点等发生改变的；等等。

2. 企业不介意支付经济补偿，可制订多种人员安置方案灵活选用

（1）协商一致解除，企业给予经济补偿。这种方案风险最小，但是需职工本人同意，双方签订协商一致解除协议。（2）双方签订内退协议，企业支付一定的生活费，员工退出工作岗位，劳动关系维持到退休或劳动合同期满。（3）有条件

地选择生产性停工。但此方案一般适用于资产重组企业，如果企业仍在正常生产经营，则不宜采用。

3. 企业不愿意支付经济补偿，可引导职工签订三方协议

（1）用工三方平等协商签订劳动关系转移协议，然后由新单位与职工重新签订劳动合同，保留本单位连续工龄，平稳过渡。但是必须职工同意签订。（2）如果以上方案都无法实施，转移员工一定要拿经济补偿，而公司不愿支付经济补偿，只能合并相关公司。①

4. 必要时企业可办理协商变更的证据保全公证

与员工协商变更劳动合同内容的证据，除了常见证据形式如电子邮件、谈话记录（有谈话对象的签名）通知书之外，微信、钉钉截图和谈话录音等，均可作为辅助证据。

【相关法规】

1. 劳动合同继续履行

《劳动合同法》第三十三条：用人单位变更名称、法定代表人、主要负责人或者投资人等事项，不影响劳动合同的履行。

第三十四条：用人单位发生合并或者分立等情况，原劳动合同继续有效，劳动合同由承继其权利和义务的用人单位继续履行。

2. 客观情况发生重大变化解除的法律适用

《劳动合同法》第四十条：有下列情形之一的，用人单位提前三十日以书面形式通知劳动者本人或者额外支付劳动者一个月工资后，可以解除劳动合同：

……

（三）劳动合同订立时所依据的客观情况发生重大变化，致使劳动合同无法履行，经用人单位与劳动者协商，未能就变更劳动合同内容达成协议的。

原劳动部《关于〈中华人民共和国劳动法〉若干条文的说明》第二十六条：有下列情形之一的，用人单位可以解除劳动合同，但是应当提前三十日以书面形式通知劳动者本人：

……

本条中的“客观情况”指：发生不可抗力或出现致使劳动合同全部或部分条

① 《劳动合同法》第三十四条规定：用人单位发生合并或者分立等情况，原劳动合同继续有效，劳动合同由承继其权利和义务的用人单位继续履行。

款无法履行的其他情况，如企业迁移、被兼并、企业资产转移等，并且排除本法第二十六条所列的客观情况。

3. 客观情况发生重大变化解除的禁止性条款

《劳动合同法》第四十二条：劳动者有下列情形之一的，用人单位不得依照本法第四十条、第四十一条的规定解除劳动合同：

（一）从事接触职业病危害作业的劳动者未进行离岗前职业健康检查，或者疑似职业病病人在诊断或者医学观察期间的；

（二）在本单位患职业病或者因工负伤并被确认丧失或者部分丧失劳动能力的；

（三）患病或者非因工负伤，在规定的医疗期内的；

（四）女职工在孕期、产期、哺乳期的；

（五）在本单位连续工作满十五年，且距法定退休年龄不足五年的；

（六）法律、行政法规规定的其他情形。

9.2 经济性裁员：经济性裁员合法性的认定标准

【案例索引】

序号	典型案例	裁判要旨	关键词
1	广州市中级人民法院发布劳动争议十大典型案例之五（2021年发布）	通信公司实施经济性裁员，是基于客观经济情况的变化和公司面临的经营形势而调整经营方式的需要，通信公司对此已提供了审计报告及相关年报公告佐证其公司根据经济环境变化调整经营方式的必要。通信公司符合可以经济性裁员的法定情形，但是经济性裁员制度在保障用人单位生存权的同时，也要保障劳动者的就业权利。对于本应优先留用而未能被留用的劳动者，用人单位应承担举证责任证明未留用该劳动者的充分理由。	经济性裁员

【规则精析】

经济性裁员，是指因发生面临破产进行重整或者生产经营陷入严重困难等情形，用人单位为改善自身的生产经营状况而与一定数量的劳动者解除劳动合同的行为。

广州市中级人民法院发布的典型案例聚焦企业盈亏与经济性裁员合法性的判断及适用优先留用条款的举证责任负担。

李五（化名）在某通信公司担任系统工程师，双方于 2011 年 8 月 2 日签订无固定期限劳动合同。2018 年 8 月 21 日，该公司向李五发出裁员通知书称，“基于公司当前的业务经营状况，根据《劳动合同法》第四十一条规定并经劳动部门备案确认，决定自 2018 年 8 月 31 日起解除李五的劳动合同”。李五主张，通信公司对其实施经济性裁员属于违法解除劳动关系，应向其支付违法解除劳动关系的赔偿金。理由如下：一、通信公司尚未处于亏损状态，只是利润下滑，不符合经济性裁员关于“生产经营发生严重困难”的前提条件。二、李五签订了无固定期限劳动合同，属于优先留用人员，不应被裁员。一审法院判决：通信公司向李五支付解除劳动合同经济补偿金 249768.75 元。李五不服，提起上诉。广州市中级人民法院二审判决：通信公司向李五支付违法解除劳动关系的赔偿金 499537.5 元（两倍补偿金）。

通信公司实施经济性裁员解除李五的劳动关系是否合法，涉及两个方面的判断。一是通信公司是否具备经济性裁员的实质条件，二是通信公司有无违反经济性裁员的优先留用规则。通信公司实施经济性裁员，是基于客观经济情况的变化和公司面临的经营形势而调整经营方式的需要，通信公司对此已提供了审计报告及相关年报公告佐证其公司根据经济环境变化调整经营方式的必要。通信公司符合可以经济性裁员的法定情形，但是经济性裁员制度在保障用人单位生存权的同时，也要保障劳动者的就业权利。我国《劳动合同法》第四十一条明确了经济性裁员时应当优先留用人员的范围，用人单位实施经济性裁员应当依法保障相关人员的优先留用权利。对于本应优先留用而未能被留用的劳动者，用人单位应承担举证责任证明未留用该劳动者的充分理由。

本案中，通信公司虽称已考虑了李五的工作、学习、家庭等方面的因素，但并未提供相应的证据证实。通信公司未能举证证实其没有优先留用李五的合理性，应视为其对李五实施经济性裁员构成违法解除，故通信公司应向李五支付违法解除劳动关系的赔偿金。

一、企业盈亏与经济性裁员合法性的判断

规则一：用人单位实施经济性裁员，基于客观经济情况的变化和公司面临的经营形势而调整经营方式的需要，对此已提供了审计报告及相关年报公告佐证其公司根据经济环境变化调整经营方式的必要，符合可以经济性裁员的法定情形。

——广州市中级人民法院发布劳动争议十大典型案例之五（2021 年发布）

经济性裁员的许可条件包括三个方面。

第一，用人单位不得随意进行裁员，必须符合以下四个条件之一：

第一个条件是企业破产法规定进行重整的。根据《企业破产法》的相关规定，破产企业主要有如下几种情形：企业法人不能清偿到期债务，并且资产不足以清偿全部职务的；企业法人不能清偿到期债务，并明显缺乏清偿能力的；企业法人不能清偿到期债务，并有明显丧失清偿能力可能的。

第二个条件是生产经营发生严重困难的。一般认为，生产经营发生严重困难分为管理困难和经营困难。管理困难主要指公司的股东会、董事会等公司机关处于僵持状态，有关经营决策无法作出，公司日常运作陷入停顿与瘫痪。① 经营困难主要是指经营状况发生严重亏损的情形。②

第三个条件是企业转产、重大技术革新或者经营方式调整，经变更劳动合同

---

① 最高人民法院《关于适用〈中华人民共和国公司法〉若干问题的规定（二）》第一条规定："单独或者合计持有公司全部股东表决权百分之十以上的股东，以下列事由之一提起解散公司诉讼，并符合公司法第一百八十二条规定的，人民法院应予受理：（一）公司持续两年以上无法召开股东会或者股东大会，公司经营管理发生严重困难的；（二）股东表决时无法达到法定或者公司章程规定的比例，持续两年以上不能做出有效的股东会或者股东大会决议，公司经营管理发生严重困难的；（三）公司董事长期冲突，且无法通过股东会或者股东大会解决，公司经营管理发生严重困难的；（四）经营管理发生其他严重困难，公司继续存续会使股东利益受到重大损失的情形。股东以知情权、利润分配请求权等权益受到损害，或者公司亏损、财产不足以偿还全部债务，以及公司被吊销企业法人营业执照未进行清算等为由，提起解散公司诉讼的，人民法院不予受理。"

② 原劳动部《关于〈中华人民共和国劳动法〉若干条文的说明》（劳办发〔1994〕289 号）第二十七条："……'生产经营状况发生严重困难'可以根据地方政府规定的困难企业标准来界定……"由此可见，经营困难有一定的地域性标准。

后，仍需裁减人员的。企业生产经营过程中，企业为了寻求生存和更大发展空间，在必要的情况下，可能要进行结构调整和整体功能优化。这些方式包括企业转产、重大技术革新和经营方式调整。

当然，企业转产、重大技术革新和经营方式调整并不必然导致经济性裁员，所以法律要求用人单位在此情形下，先作变更劳动合同。经变更劳动合同后，不能适应企业转产、重大技术革新和经营方式调整需要，或者企业转产、重大技术革新和经营方式调整后岗位及部门发生撤并，而仍需要裁员的，法律允许用人单位作经济性裁员。

第四个条件是其他因劳动合同订立时所依据的客观经济情况发生重大变化，致使劳动合同无法履行的。

第二，需要裁减人员必须在20人以上或者裁减不足20人但占企业职工总数百分之十以上。如果人数未达到法定标准，用人单位只能通过其他方式解除，不得进行经济性裁员。

第三，在解除通知上实行“三重”通知制度：

首先是提前30日说明情况。提前告知说明情况的内容，就是裁员的方案。该方案的内容至少应包含：被裁减人员名单、裁减时间及实施步骤，符合法律、法规规定和集体合同约定的被裁人员的经济补偿办法等。

其次是听取工会或者全体职工的意见①。用人单位在解除与劳动者的劳动合同时，应事先将理由通知给工会；用人单位违反法律法规的规定时，工会可以要求用人单位纠正，并提交书面反馈意见。同时，用人单还要根据工会或全体职工的意见，对裁员方案进行修改和完善。这一制度设计的目的就是让用人单位、劳动者和工会一起参与到经济性裁员中，形成三方沟通协调机制防止和限制企业在裁员的过程中滥用裁员权，以保护劳动者的合法权益。

最后是向人力资源社会保障行政部门报告。虽然严格按照法律规定，政府部门并没有拒绝接受企业裁员报告的权力，但实践中可能出于维护稳定等原因，要求企业尽量通过协商方式解除劳动关系。根据一些地区的政策，政府部门在接受备案或批准时，必须出具书面回执。而许多地方政府部门即使接收了报告材料，也不愿意向企业出具书面回执。实践中，受理经济性裁员报告事项的政府部门还会将回复抄送同级劳动争议仲裁机构、社保经办机构或就业服务管理机构等，体

① 根据《劳动合同法》第四十三条。

现较强的联动管理。上海还要求用人单位提供企业制订的书面裁员方案、企业向工会或职工方说明情况、听取意见的材料等，用人单位向工会或职工方说明情况至报告送达劳动行政部门应不少于30日。

其中如何理解“客观经济情况发生重大变化，致使劳动合同无法履行”？

《劳动合同法》对于“客观经济情况发生重大变化”未作定义，但是“客观经济情况”应不包括因政策原因导致的“客观情况发生重大变化”。

客观情况发生重大变化并不局限于经济性事务，如办公场所租赁到期无法续签，且根据客观因素只能搬迁至较远办公地造成履行不变的情形；而经济性裁员，必须是由于法定的经营性调整需要而进行的。

“客观经济情况发生重大变化”侧重于外因，即指发生不可抗力或出现致使劳动合同全部或者部分条款无法履行的其他情况，企业的自主决定权相对较弱。经济性裁员则更多考虑企业本身的生产经营状况，即企业在生产经营困难等情况下可以裁减人员，避免冗员的包袱，以适应社会主义市场经济的要求。因此，裁员是企业根据自身生产经营状况而选择的自主化调整，决定权相对较强。

如劳动合同订立时所依据的客观经济情况发生重大变化，即由于外界客观因素导致企业生产经营危机而别无选择引发的解除劳动合同。

本案中，法院认为：通信公司实施经济性裁员，是基于客观经济情况的变化和公司面临的经营形势而调整经营方式的需要，通信公司对此已提供了审计报告及相关年报公告佐证其公司根据经济环境变化调整经营方式的必要。

二、适用优先留用条款的举证责任负担

经济性裁员的限制条件包括优先留用和优先录用。

首先是用人单位在选择裁员对象或安排裁员顺序时，基于一定的价值取向将特定类型的人员优先留用。当然，优先留用具有相对性，即相对于其他人员具有优先留用的可能，而并非不可裁减。根据规定，经济性裁员时优先留用人员包括以下几种：第一，与本单位订立较长期限的固定期限劳动合同的；第二，与本单位订立无固定期限劳动合同的；第三，家庭无其他就业人员、有需要扶养的老人或者未成年人的。

其次是在6个月内重新招用人员的，应当通知被裁减的人员，并在同等条件下优先招用被裁减的人员。但如果应聘者条件比裁员人员好，企业不受“优先录用权”的约束，可以招用新应聘者。

最后是法律规定以下几类人员禁止进行经济性裁员：

第一，从事接触职业病危害作业的劳动者未进行离岗前职业健康检查，或者疑似职业病病人在诊断或者医学观察期间的。此项规定仅适用于在劳动过程中可能接触职业病的劳动者。

第二，在本单位患职业病或者因工负伤并被确认丧失或部分丧失劳动能力的。职业病或者工伤都发生在劳动者为企业创造效益的过程中，因此不论从法理还是道德情感上，企业都应对这类劳动者进行特殊保护。

第三，患病或者非因公负伤，在规定的医疗期的。出于人道主义考虑，企业即便在困难时期，也不得解除在医疗期内的劳动者。

第四，女职工在孕期、产期、哺乳期的。以此作为禁止性条件，立法宗旨是保护妇女儿童的特殊权益，保障人类再生产的条件。

第五，在本单位连续工作满 15 年，且距法定退休年龄不足 5 年的。这样的规定，是因为这类劳动者一般在企业已有相当长的工作年限，对企业有很多的贡献积累，更为重要的是由于年龄的增大而再就业困难。

第六，法律、行政法规规定的其他情形。这是一项兜底条款。

规则二：对于本应优先留用而未能被留用的劳动者，用人单位应承担举证责任证明未留用该劳动者的充分理由。

——广州市中级人民法院发布劳动争议十大典型案例之五（2021 年发布）

本案中，通信公司符合可以经济性裁员的法定情形，但是经济性裁员制度在保障用人单位生存权的同时，也要保障劳动者的就业权利。我国《劳动合同法》第四十一条明确了经济性裁员时应当优先留用人员的范围，用人单位实施经济性裁员应当依法保障相关人员的优先留用权利。

通信公司虽称已考虑了李五的工作、学习、家庭等方面的因素，但并未提供相应的证据证实。通信公司未能举证证实其没有优先留用李五的合理性，应视为其对李五实施经济性裁员构成违法解除，故通信公司应向李五支付违法解除劳动关系的赔偿金。

《劳动合同法》第四十一条第二款规定：“裁减人员时，应当优先留用下列人员：（一）与本单位订立较长期限的固定期限劳动合同的；（二）与本单位订立无固定期限劳动合同的；（三）家庭无其他就业人员，有需要扶养的老人或者未成年人的……”

在诉讼中，应由用人单位举证证明其适用经济性裁员符合法定许可条件和程序条件，但对“劳动者是否符合优先留用条件”举证责任的分配，以及是否会对用人单位主张的“不存在同等条件”进行实质性审查，观点并不一致。

一种观点认为，对于在裁减过程中，用人单位是否严格按照法律规定对员工实行优先留用，应由用人单位承担举证责任。如本典型案例认为，对于本应优先留用而未能被留用的劳动者，用人单位应承担举证责任证明未留用该劳动者的充分理由。

另一种观点认为，《劳动合同法》第四十一条第二款所列明的情况，属于用人单位裁员时对员工在同等情况下的优先留用，并非对用人单位用工自主权的绝对禁止。若劳动者未提交任何证据证明其属于《劳动合同法》第四十二条所列明的禁止被裁员的情形之一，用人单位根据劳动者的工资标准、工作情况以及公司自身发展经营等方面考虑，将劳动者列为被裁员对象，属于用人单位用工自主权的合理形式，并未违反法律的强制性规定。①

司法实践中，既有将涉及优先留用的证明责任留给劳动者的判例②，也有相反的判例③。但是建议用人单位在操作中，尽量保存优先留用的证据。

【操作建议】

1. 尽量采用协商解除劳动合同的形式

在符合经济性裁员的情况下，首先尽可能采用协商解除的形式与劳动者解除劳动合同。当然，协商解除时不能存在欺诈、胁迫、乘人之危或者显失公平等情形，还需要在诚信基础上尽可能维护劳动者的权利，提出略高于法定的补偿标准。这样做的优势是争取了更多宝贵的时间，减轻了程序负担。

2. 及时与政府部门有关部门进行沟通

知会政府相关部门，如人力资源社会保障行政部门、公安部门、总工会。如涉及大规模裁减员工，尤其在敏感时期，与有关政府部门进行简要的沟通，取得其理解并获得更多建议对计划的执行是有必要的，但应注重与其沟通的方式及口径，避免演变成新的执行阻力，同时还应在安置方案实施前在劳动行政部门进行备案。

---

① 案号：广东省东莞市第二人民法院（2014）东二法厚民一初字第219号。

② 案号：江苏省常州市中级人民法院（2014）常民终字第726号。

③ 案号：上海市第一中级人民法院（2009）沪一中一（民）终字第4887号至第4902号。

3. 设定明确的裁减人员的具体方案

包括制定所裁减人员的概括性的标准，如裁减企业冗余人员则可以列明为“裁减企业/各部门冗余人员，冗余人员判定标准是……”；明确符合优先留用的条件和范围。可先明确法定三类优先留用人员的具体判别标准，对较长期限的固定期限劳动合同、无固定期限劳动合同以及困难家庭情况进行内部调查，筛选并制定合适的标准和人员范围。

4. 注意裁员的时间

如果一次性裁员人数过多，则在大的裁员方案和原则下可以选择各阶段的具体裁员标准以分批报送审查。尽量避免在重大喜庆日子进行规模性裁员；尽量避免在被裁人员重要日子（如员工本人生日、家人生日等）通知人家被裁。

5. 安置方案与员工进行直接沟通或协商

用人单位应视情况确定合适的时机向员工宣布用人单位裁减决定与安置方案，工作小组在直接面对员工时，应注意以恰当的方式与员工沟通。因此，用人单位在对工作小组成员培训时要强调方式方法与工作流程，避免特殊事件的发生，其间如发生意外，应及时启动应急预案。

6. 方案应注重签约程序的设置

建议每一场地由数名执行人员共同完成，将整个签约行为分为数个步骤，每人各司其职，有利于快速地完成签约，如分为法律问题咨询、补偿金核算、签署协议等步骤。

【相关法规】

经济性裁员，是指因发生面临破产进行重整或者生产经营陷入严重困难等情形，用人单位为改善自身的生产经营状况而与一定数量的劳动者解除劳动合同的行为。

1. 经济性裁员的许可条件

《劳动合同法》第四十一条：有下列情形之一，需要裁减人员二十人以上或者裁减不足二十人但占企业职工总数百分之十以上的，用人单位提前三十日向工会或者全体职工说明情况，听取工会或者职工的意见后，裁减人员方案经向劳动行政部门报告，可以裁减人员：

（一）依照企业破产法规定进行重整的；

（二）生产经营发生严重困难的；

（三）企业转产、重大技术革新或者经营方式调整，经变更劳动合同后，仍需裁减人员的；

（四）其他因劳动合同订立时所依据的客观经济情况发生重大变化，致使劳动合同无法履行的。

裁减人员时，应当优先留用下列人员：

（一）与本单位订立较长期限的固定期限劳动合同的；

（二）与本单位订立无固定期限劳动合同的；

（三）家庭无其他就业人员，有需要扶养的老人或者未成年人的。

用人单位依照本条第一款规定裁减人员，在六个月内重新招用人员的，应当通知被裁减的人员，并在同等条件下优先招用被裁减的人员。

原劳动部《企业经济性裁减人员规定》第四条：用人单位确需裁减人员，应按下列程序进行：

（一）提前三十日向工会或者全体职工说明情况，并提供有关生产经营状况的资料；

（二）提出裁减人员方案，内容包括：被裁减人员名单，裁减时间及实施步骤，符合法律、法规规定和集体合同约定的被裁减人员经济补偿办法；

（三）将裁减人员方案征求工会或者全体职工的意见，并对方案进行修改和完善；

（四）向当地劳动行政部门报告裁减人员方案以及工会或者全体职工的意见，并听取劳动行政部门的意见；

（五）由用人单位正式公布裁减人员方案，与被裁减人员办理解除劳动合同手续，按照有关规定向被裁减人员本人支付经济补偿金，出具裁减人员证明书。

原劳动部《关于〈中华人民共和国劳动法〉若干条文的说明》（劳办发〔1994〕289号）第二十七条：用人单位濒临破产进行法定整顿期间或者生产经营状况发生严重困难，确需裁减人员的，应当提前三十日向工会或者全体职工说明情况，听取工会或者职工的意见，经向劳动行政部门报告后，可以裁减人员。

用人单位依据本条规定裁减人员，在六个月内录用人员的，应当优先录用被裁减的人员。

本条中的“法定整顿期间”指依据《中华人民共和国破产法》和《民事诉讼法》的破产程序进入的整顿期间。“生产经营状况发生严重困难”可以根据地方政府规定的困难企业标准来界定。“报告”仅指说明情况，无批准的含义。“优先录用”指同等条件下优先录用。

2. 经济性裁员的禁止解除条款

《劳动合同法》第四十二条：劳动者有下列情形之一的，用人单位不得依照本法第四十条、第四十一条的规定解除劳动合同：

（一）从事接触职业病危害作业的劳动者未进行离岗前职业健康检查，或者疑似职业病病人在诊断或者医学观察期间的；

（二）在本单位患职业病或者因工负伤并被确认丧失或者部分丧失劳动能力的；

（三）患病或者非因工负伤，在规定的医疗期内的；

（四）女职工在孕期、产期、哺乳期的；

（五）在本单位连续工作满十五年，且距法定退休年龄不足五年的；

（六）法律、行政法规规定的其他情形。

第10章　挽留人才

10.1 预告性辞职：劳动者是否可以撤回离职申请？

【案例索引】

序号	典型案例	裁判要旨	关键词
1	北京市涉新冠肺炎疫情劳动争议仲裁十大典型案例之七（2020年发布）	除非有确切的证据证明自身受到欺诈、胁迫等，辞职信一经送达用人单位，即产生法律效力，劳动者无权单方撤销辞职信。	辞职的法律效力
2	南京市中级人民法院劳动人事争议十在典型案例之九（2020年度）	预告期是劳动者的义务，也是用人单位的权利。用人单位如果认为无须相应的缓冲期，可以要求劳动者提前离职，这是对权利的处分，并不改变对劳动合同解除方式的认定。	辞职的提前通知期
3	上海市静安区人民法院劳动争议审判十大典型案例之七（2018年度）	若用人单位与劳动者约定解除劳动合同的脱密期，且脱密期未超过法定期限，该约定具有法律效力，应视为劳动者放弃《劳动合同法》赋予的单方解除劳动合同的30日提前通知期。	辞职的提前通知期
4	苏州工业园区人民法院涉外劳动争议案件审判白皮书案例之四（2016—2020）	如果劳动者擅自离职，违反劳动合同的约定给原用工单位造成损失的，劳动者仍应承担赔偿责任。	违约辞职的法律后果
5	山东省高级人民法院、省人力资源和社会保障厅联合召开劳动人事争议案件审判及仲裁发布会仲裁案件之三（2020年发布）	因劳动者本人原因给用人单位造成损失，如用人单位以工资抵扣损失，不应超出《工资支付暂行规定》的上限。	违约辞职的法律后果

【规则精析】

《劳动合同法》第三十七条赋予了劳动者的“辞职权”，这种权利是一种“形成权”，即法律赋予权利人通过单方意思表示对另一方的法律状况予以影响的权能，无须用人单位作出承诺，自送达用人单位后即发生法律效力。

简单讲，就是只要员工提前30日以书面形式通知企业，哪怕企业不批准，劳动关系照样解除。当然这是指劳动法调整的劳动关系，公务员和建立聘用关系的事业单位职工除外。

一、辞职的法律效力

《劳动合同法》第三十七条规定："劳动者提前三十日以书面形式通知用人单位，可以解除劳动合同。劳动者在试用期内提前三日通知用人单位，可以解除劳动合同。"

从上述规定可知，劳动者只要提前30日以书面形式通知用人单位就可以解除劳动合同，劳动者的辞职信并不需要经过用人单位的批准或者同意。劳动者递交辞职信单方解除劳动合同行为所指向的权利内容，属于解除劳动合同的形成权。

辞职信一经送达用人单位，即产生法律效力。根据一般法理，撤回针对未生效的法律行为，撤销针对已生效的法律行为。除劳动者撤回辞职信的声明同时或早于辞职信到达用人单位，不可撤回辞职信。民法理论认为形成权的行使不可撤销，即该意思表示已经达到相对人，为相对人所知悉后，该单方法律行为即已生效，形成权已实现。除非有确切的证据证明自身受到欺诈、胁迫等，劳动者无权单方撤销辞职信。当然，若劳动者与用人单位重新协商，用人单位同意留用则另当别论。

本节案例1中，2020年1月10日，孔某向物业公司提交辞职信，表示因个人原因将于2020年2月10日离职。2020年1月23日，孔某回到家乡吉林过春节。回到家乡后，孔某觉得自己辞职过于鲁莽，于2月13日向物业公司人力资源部发出电子邮件，表示收回此前提交的辞职信，其将继续履行劳动合同至合同期限终止。物业公司人力资源部回复称，公司已招聘新员工将于近期到岗并将与孔某办理工作交接手续，故不同意孔某撤销辞职信。孔某则认为其尚未离职，也未办理工作交接，劳动合同尚在有效期内，其有权要求物业公司继续履行劳动合同。双方因此发生争议。2020年5月，孔某从家乡返回物业公司。因双方未能就继续履行劳动合同达成一致，孔某于当月向仲裁委提出仲裁申请：1. 要求物业公司继续履行劳动合同；2. 要求物业公司支付2020年2月10日至5月9日的基本生活费4620元（1540元×3个月）。仲裁委裁决驳回孔某的仲裁请求。

规则一：除劳动者撤回辞职信的声明同时或早于辞职信到达用人单位可撤回辞职信，或是用人单位同意劳动者撤销辞职信外，劳动者本身并不享有单方撤销辞职信的权利。

——北京市涉新冠肺炎疫情劳动争议仲裁十大典型案例之七（2020年发布）

本案中，孔某虽因疫情影响未办理离职工作交接，但并不影响其辞职行为发生效力，故仲裁委裁决驳回其仲裁请求。

二、辞职的提前通知期

法律赋予劳动者单方解除劳动合同的权利，一方面是保护劳动者择业自主权，维护其自由流动，从而实现劳动力资源的合理配置，另一方面是为矫正劳动关系的不平衡，弥补劳动者在劳动关系中的相对弱势的地位，故对劳动者辞职行为的限制较少。但是，劳动者在单方解除劳动合同时，应当遵守法定程序，必须提前30日以书面形式通知用人单位，以利于用人单位招用新人和调整岗位，缓解生产经营活动受到的不利影响。

问题是：当劳动者以书面形式提出辞职，但未按规定提前通知用人单位，劳动合同的解除时间应当如何确定？在司法实践中存有争议。

一种观点认为，劳动者辞职在意思表达到达用人单位后，该辞职行为成立但还未必生效。“提前30日”或“提前3日”的要求是预告解除权的体现，是附加在该形成权之上的条件，预告期满时解除劳动合同的行为才发生法律效力。

重庆市高级人民法院民一庭《关于沙坪坝区法院劳动争议法律适用问题研讨会会议综述》第六条规定：“对于劳动者向用人单位递交辞职申请后即离职的情况，用人单位同意劳动者辞职的，劳动合同在用人单位同意之日解除；用人单位未同意或者劳动者递交辞职申请后仍在单位工作直至30日届满的，劳动合同于30日期满之时解除。”

另一种则观点认为，劳动者辞职在意思表达到达用人单位后，即发生法律效力，除非该等辞职文件中明确需要用人单位的批准。“提前30日”或“提前3日”是基于保障用人单位正常经营的需求，赋予用人单位的权利，是劳动者形成权实现后的附随义务，“提前30日”或“提前3日”的要求并不影响劳动者解除劳动合同的意思表示一经送达用人单位即生效的形成权特质。

江苏省高级人民法院《劳动争议案件审理指南（2010）》规定，“《劳动法》第 31 条和《劳动合同法》第 37 条规定的是劳动者的辞职权，即依照劳动者单方的意思表示即可发生解除劳动合同的效力。提前 30 日以书面形式通知用人单位是劳动者行使辞职权所应遵循的程序，违反该程序的法律后果是赔偿用人单位因此而遭受的损失，如不能及时找到替代者所造成的损失，用人单位的经济损失等，但不能否定劳动合同解除的效力”。

本节案例 2 中，2019 年 3 月，赵某入职某技术公司任高级工程师。双方签订了 3 年期劳动合同，约定因赵某担任关键岗位，离职需提前 3 个月书面通知单位。2019 年 12 月 11 日，赵某向技术公司发送电子邮件，声明因个人原因无法继续服务，正式提出辞职，希望尽快安排交接。当日，技术公司同意赵某辞职，暂定离职时间为 12 月底。2019 年 12 月 16 日，技术公司告知赵某即日起可以办理交接，不得晚于 2020 年 1 月 10 日。次日，赵某声明其按照劳动合同的要求提前 3 个月辞职，最后工作日应为 2020 年 3 月 11 日，双方因此发生争议。赵某认为某技术公司提前要求其离职是单方违法解除劳动合同，遂申请仲裁，提起诉讼，要求某技术公司支付赔偿金。

规则二：预告期是劳动者的义务，也是用人单位的权利。用人单位如果认为无须相应的缓冲期，可以要求劳动者提前离职，这是对权利的处分，并不改变对劳动合同解除方式的认定。

——南京市中级人民法院劳动人事争议十大典型案例之九（2020 年度）

法院认为，赵某任职某技术公司内接触商业秘密的关键岗位，双方因此在劳动合同中明确约定辞职需提前 3 个月书面通知。此处的 3 个月预告期是对赵某设定的义务，以便于某技术公司在该期间内安排脱密、调岗和招新事务，保护的是某技术公司的权利。技术公司没有向赵某承诺必须在预告辞职后继续履行劳动合同满 3 个月，故其在预告期内提前要求办理离职交接，属于处分合法权利的正当行为。双方之间的劳动合同是基于赵某辞职而解除的，某技术公司不存在单方解除劳动合同的行为，无须支付违法解除劳动合同赔偿金。

虽然江苏执行口径和发布的典型案例倾向于可以立即解除，但是对此劳动法毕竟没有明确规定。司法实践中，也有法官认为，对附了条件或期限的形成权的认定，应以全面核查当事人真实意思为前提，充分尊重其意思自治，但所附的条件或期限如果是不可能成就的条件、不确定期限的，所附的条件、期限均为无效。①

从公平和鼓励诚实信用的角度来看，建议用人单位还是与劳动者就离职日期达成一致意见。

三、“脱密期”法律效应

本节案例3涉及“脱密期”的问题。法院认为：自伍某2017年8月29日提出辞职至2018年1月2日，双方处于劳动关系存续期间。某银行于2018年1月5日办理了退工备案登记，于2018年1月16日将退工单交给伍某，并不存在迟延办理退工手续的情形。

“脱密期”一词最早来源于《保守国家秘密法》第三十八条：“涉密人员离岗离职实行脱密期管理。涉密人员在脱密期内，应当按照规定履行保密义务，不得违反规定就业，不得以任何方式泄露国家秘密。”但该法所称脱密期涉及的是国家秘密。

至于在保守商业秘密方面，国家法律上并无规定严格意义上的脱密期制度，但原劳动部和部分地方性法规有相关规定。这种脱密期是指用人单位是否可以约定掌握商业秘密人员在离职之前必须提前通知用人单位，并为用人单位再工作一定期限，该期限届满，员工才可以正式离职。在这段时间之内，用人单位可以把员工调动至不需保密的部门工作，以确保员工不再接触新的商业秘密，因此脱密期的实质为提前通知期。

根据原劳动部《关于企业职工流动若干问题的通知》（劳部发〔1996〕355号）第二条规定，“用人单位与掌握商业秘密的职工在劳动合同中约定保守商业秘密有关事项时，可以约定在劳动合同终止前或该职工提出解除劳动合同后的一定时间内（不超过六个月），调整其工作岗位，变更劳动合同中相关内容……”。《上海市劳动合同条例》第十五条第二款规定：“对负有保守用人单位商业秘密义务的劳动者，劳动合同当事人可以就劳动者要求解除劳动合同的提前通知期在劳动合同或者保密协议中作出约定，但提前通知期不得超过六个月……”其他如

① 李军：《劳动合同协商解除时所附“条件”或“期限”的效力认定——高某诉甲骨文公司劳动争议案》，载《中国法院2021年度案例：劳动纠纷》，中国法制出版社2021年版，第71页。

《浙江省劳动合同办法》《江苏省劳动合同条例》《北京市劳动合同规定》等均有类似规定。

但《劳动合同法》第三十七条明确规定，劳动者提前 30 日以书面形式通知用人单位，可以解除劳动合同。一种观点认为，这里的预告解除是不应该附加其他条件的，而脱密期将提前通知期延长到了最长 6 个月，有违上位法规定，故在《劳动合同法》施行之后应予以废除。

如深圳市中级人民法院在《关于审理劳动争议案件若干问题的指导意见（试行）》第八十条中规定，“劳动者提前三十日以书面形式通知用人单位，可以解除劳动合同，用人单位不得以特别约定排除或限制劳动者的解除权……”。

另一种观点则认为，《劳动合同法》并未禁止企业与员工约定脱密期，第三十七条所规定的提前 30 日通知期是下限而非上限，且员工有权处分自己的解除权。上海有关部门倾向于后一种意见。

规则三：若用人单位与劳动者约定解除劳动合同的脱密期，且脱密期未超过法定期限，该约定具有法律效力，应视为劳动者放弃《劳动合同法》赋予的单方解除劳动合同的 30 日提前通知期。

——上海市静安区人民法院劳动争议审判十大典型案例之七（2018 年度）

本节案例 3 中上海市静安区人民法院经审理认为：双方签订的《保密协议》明确约定，具有资产业务的客户经理在提出解除劳动合同时应履行双方约定的 6 个月的脱密管理。伍某签署《保密协议》应视为放弃《劳动合同法》赋予的关于单方解除劳动合同的 30 日提前通知期。该《保密协议》系双方当事人真实意思表示，且未违反法律法规强制性规定，双方均应按约履行。故伍某提出解除劳动合同，应履行 6 个月脱密期的规定。

当然，脱密期协议也不是随便订立的。按照《上海市劳动合同条例》第十六条第二款的规定：“劳动合同双方当事人约定竞业限制的，不得再约定解除劳动合同的提前通知期。”另外，脱密期的适用对象是有限制的，仅对负有保密义务的劳动者，用人单位才能与其约定脱密期。用人单位可与劳动者另行订立保密协议，在保密协议中约定脱密期，以便区分负有保密义务的劳动者与普通劳动者，以免日后就相关事宜发生争议。此外，双方还可就脱密期的期限、脱密措施、违反脱密期的赔偿办法、脱密期的起算时间等作出明确约定。

双方可通过损失赔偿的方式约定违约责任。《劳动合同法》第二十五条规定，除劳动者违反服务期约定或竞业限制约定，用人单位可以设定违约金外，其他情形用人单位一律不得与劳动者约定由劳动者承担违约金。用人单位如要求劳动者承担违反脱密期的违约金，在《劳动合同法》施行之后该条款可能因违反法律强制性规定而被判无效。用人单位可在协议中说明由于员工提前离职将给企业造成哪些方面的损失，预计损失额会有多少，如员工违反约定应当向企业赔偿此损失等。但用人单位主张相应损害赔偿责任，需证明相应损害的实际发生及与劳动者违约行为的因果关系。

四、违约辞职的法律后果

员工只要提前 30 天书面通知用人单位（试用期提前 3 天通知），即可解除劳动关系。现实中，有的员工合同期未满提前辞职，甚至连 30 天的提前通知期也没有，让企业措手不及。

《劳动合同法》第九十条规定："劳动者违反本法规定解除劳动合同，或者违反劳动合同中约定的保密义务或者竞业限制，给用人单位造成损失的，应当承担赔偿责任。"

规则四：如果劳动者擅自离职，违反劳动合同的约定给原用工单位造成损失的，劳动者仍应承担赔偿责任。

——苏州工业园区人民法院涉外劳动争议案件审判白皮书（2016—2020）案例之四

本节案例 4 中，被告 R 某系 A 国国籍，其与原告 A 国际学校签订《外籍教师聘用合同》，办理就业许可。约定聘用期为 2016 年 9 月 1 日至 2018 年 6 月 30 日，并约定工作时间、工作内容、工资待遇、住房、签证申请、违约责任等内容。2018 年 3 月 4 日，原告收到被告发送要求单方面辞职的电子邮件，原告立即通过电话、短信、邮件等诸多形式与被告联系，但均无法联系到被告。原告听其他外教反映，被告已于 2018 年 3 月 5 日返回 A 国。

原告认为，被告毫无契约精神，擅自解除《外籍教师聘用合同》的违约行为严重影响原告学校的正常教学秩序，依照双方签订的《外籍教师聘用合同》约定，被告应当依约支付原告违约金合计 2000 加币；双方签订的是 2 学年合同，包含寒暑假，但原告因为考虑到外教教学的稳定性，即使每年 2 月为寒假休假期、无教学工作，但也会向签订长期合同的外教支付 2 月工资。被告违约行为严重破坏教学的稳定性，且其在 2 月并未提供劳务，故应当向原告退还 2018 年 2 月工资 4200 加币，并赔偿因其违约给原告造成的直接经济损失 6050 元，包括提前终止租房合同违约金损失 3500 元，租房中介费 1750 元，原告为被告办理居留许可费用 800 元。以上费用共计金额 37050 元。

法院认为，原被告签订聘用合同，双方在聘用合同中约定的违约金已违反劳动合同法的规定，属无效条款，原告据此主张违约金，缺乏法律依据，本院不予支持。关于 2018 年 2 月工资，双方在劳动合同中明确约定聘用期间的工资待遇及支付时间，2018 年 2 月为寒假期间，被告未实际为原告提供劳动，而根据双方签订的合同期限，被告获得寒假期间工资以被告在第二学期开学后仍为原告继续提供劳动为条件，而本案被告在第二学期开学前明确告知原告不再返校提供劳动，故原告要求被告返还寒假期间工资，有相应的事实依据，本院予以支持。被告应返还原告寒假期间工资人民币 20790 元。关于损失，被告作为外籍教师，无合理事由未提前通知原告单方解除劳动合同，且发出邮件即不再提供劳动，原告系学校，外籍教师的突然离职势必影响学校的教学任务，被告的行为给原告造成损失，应当承担赔偿责任。被告提前离职，导致原告租赁房屋产生违约损失，被告应支付原告租赁房屋违约金损失人民币 3200 元。另外，原告主张的租房中介费及居留许可费用，系双方在合同履行期间原告应当支出的费用，并非因被告行为导致的损失，故原告的该项主张，本院不予支持。

法院认为，《劳动合同法》规定只有在劳动者违反服务期约定和竞业限制约定时，才需要支付违约金。除上述两种情况外，任何要求劳动者支付违约金的约定都属于无效条款。但是，如果劳动者擅自离职，违反劳动合同的约定给原用工单位造成损失的，劳动者仍应承担赔偿责任。

实践中，单位要求劳动者承担赔偿责任，必须证明：（1）员工是违约辞职；（2）企业造成了经济损失；（3）员工的违约辞职行为和企业经济损失之间有直接的关系。

该案中，实际损失主要体现在租赁房屋产生违约损失。由于 R 某突然离职，公司的实际损失包括为其办理出境手续及购买机票的费用。

此外，现实中企业的实际损失可能还包括由于不能及时找到替代者所造成的损失等。如某案中，劳动仲裁庭认为，A公司主张易先生未提前通知的当即解除行为给公司造成了经济损失，同时提供了与客户签订的合同、临时聘用专业人员调试音响设备的合同和向临时聘用专业人员支付报酬的凭证等证据。这些证据足以证明由于易先生的当即辞职行为，使得A公司为如期完成施工项目，不得以临时聘用专业人员并承担了额外的费用，该费用的承担确与易先生未依法提前通知的解除行为相关，故对于A公司要求易先生赔偿经济损失的请求予以支持。[①]

劳动报酬权是劳动者不可侵犯的权利。劳动者付出劳动，即应当获得相应的劳动报酬，劳动报酬权应与普通债权区别看待，用人单位无权将其实际损失和劳动者的劳动报酬自行抵销。

原劳动部印发的《工资支付暂行规定》第十六条规定，因劳动者本人原因给用人单位造成经济损失的，用人单位可按照劳动合同的约定要求其赔偿经济损失。经济损失的赔偿，可从劳动者本人的工资中扣除。但每月扣除的部分不得超过劳动者当月工资的20%。若扣除后的剩余工资部分低于当地月最低工资标准，则按最低工资标准支付。

上述条款对劳动者在何种情形下应当承担赔偿责任及工资抵扣损失数额上限作出了明确规定。根据上述规定，如用人单位以工资抵扣损失，应以劳动者当月工资的20%为限，且扣除后的剩余工资不得低于当地月最低工资标准。因此，对于劳动者给用人单位造成的损失赔偿，除劳动者自愿将工资全部用于冲抵的情形外，用人单位无权直接将工资全部扣除。

规则五：因劳动者本人原因给用人单位造成损失，如用人单位以工资抵扣损失，不应超出《工资支付暂行规定》的上限。

——山东省高级人民法院、省人力资源和社会保障厅联合召开劳动人事争议案件审判及仲裁发布会仲裁案件之三（2020年发布）

本节案例5争议焦点为员工离职给用人单位造成了经济损失，用人单位是否可以全额扣除其工资。劳动者为用人单位工作一天，用人单位就要依法支付其一天的工资，即使劳动者违约辞职，用人单位不能扣发其应得的工资，也不能要求

① 上海市人力资源和社会保障局法宣办编撰：《劳动争议仲裁案例选编》。

劳动者支付未提前30天书面通知的“代通知金”。员工辞职未按规定提前通知，公司不可以扣发工资，但是可以另案主张因未提前通知而带来的实际损失。

【操作建议】

1. 对于员工辞职报告要注意审查辞职原因

由于对于解除劳动合同的形式，用人单位负举证责任，员工填写统一格式的辞职申请表，便于企业保存解除劳动合同的证据。《劳动合同法》规定，用人单位对已经解除或者终止的劳动合同的文本，至少保存2年备查。

尽管员工辞职不需要任何理由，但是如果员工以《劳动合同法》第三十八条为由提出辞职，用人单位是要支付经济补偿的。所以用人单位一定要认真审核职工的辞职理由，必要时及时进行释明。

2. 审查职工的辞职日期，并妥善安排工作

辞职报告的落款日期与提交日期相一致，并要求辞职人当面签字。

从形式要件上判断，双方协商一致解除以协商解除协议为准；劳动者单方解除以辞职报告为准；用人单位单方解除以离职通知或解除终止劳动关系证明为准。

员工填写统一格式的辞职申请表，便于企业批准员工的具体离职日期。《劳动合同法》第三十七条规定，劳动者提前30日以书面形式通知用人单位，可以解除劳动合同。这也是给予用人单位以必要时间填补因劳动者辞职而造成的职位空缺，保证用人单位工作的连贯性。

3. 熟悉当地的执法口径

如果当地执法口径允许，企业可以在依法制定的规章制度中规定：对于“违约辞职”员工按违纪处理。[①] 但需注意，员工提出当即离职，还不等于“违约辞职”，只有当员工提出的当即离职不被批准，但仍然实施了当即离职的行为，这才属于“违约辞职”。

---

① 重庆市高级人民法院民一庭《关于沙坪坝区法院劳动争议法律适用问题研讨会会议综述》第六条规定：“对于劳动者向用人单位递交辞职申请后即离职的情况，用人单位同意劳动者辞职的，劳动合同在用人单位同意之日解除；用人单位未同意或者劳动者递交辞职申请后仍在单位工作直至30日届满的，劳动合同于30日期满之时解除。”江苏省高级人民法院《劳动争议案件审理指南（2010）》第四节之一、1：“《劳动法》第三十一条和《劳动合同法》第三十七条规定的是劳动者的辞职权，即依照劳动者单方的意思表示即可发生解除劳动合同的效力。提前30日以书面形式通知用人单位是劳动者行使辞职权所应遵循的程序，违反该程序的法律后果是赔偿用人单位因此而遭受的损失，如不能及时找到替代者所造成的损失，用人单位的经济损失等，但不能否定劳动合同解除的效力。”

【相关法规】

1. 劳动者预告性解除劳动合同

《劳动合同法》第三十七条：劳动者提前三十日以书面形式通知用人单位，可以解除劳动合同。劳动者在试用期内提前三日通知用人单位，可以解除劳动合同。

劳动部办公厅《关于劳动者解除劳动合同有关问题的复函》（劳办发〔1995〕324号）：……劳动者提前三十日以书面形式通知用人单位，既是解除劳动合同的程序，也是解除劳动合同的条件。劳动者提前三十日以书面形式通知用人单位，解除劳动合同，无需征得用人单位的同意。超过三十日，劳动者向用人单位提出办理解除劳动合同的手续，用人单位应予以办理……

2. 劳动者即时性解除劳动合同

《劳动合同法》第三十八条：用人单位有下列情形之一的，劳动者可以解除劳动合同：

（一）未按照劳动合同约定提供劳动保护或者劳动条件的；

（二）未及时足额支付劳动报酬的；

（三）未依法为劳动者缴纳社会保险费的；

（四）用人单位的规章制度违反法律、法规的规定，损害劳动者权益的；

（五）因本法第二十六条第一款规定的情形致使劳动合同无效的；

（六）法律、行政法规规定劳动者可以解除劳动合同的其他情形。

用人单位以暴力、威胁或者非法限制人身自由的手段强迫劳动者劳动的，或者用人单位违章指挥、强令冒险作业危及劳动者人身安全的，劳动者可以立即解除劳动合同，不需事先告知用人单位。

3. 举证责任

最高人民法院《关于审理劳动争议案件适用法律问题的解释（一）》第四十四条：因用人单位作出的开除、除名、辞退、解除劳动合同、减少劳动报酬、计算劳动者工作年限等决定而发生的劳动争议，用人单位负举证责任。

4. 赔偿责任

《劳动合同法》第九十条：劳动者违反本法规定解除劳动合同，或者违反劳动合同中约定的保密义务或者竞业限制，给用人单位造成损失的，应当承担赔偿责任。

10.2 培训服务期：专项培训费用与工资有何区别？

【案例索引】

序号	典型案例	裁判要旨	关键词
1	重庆市人力资源和社会保障局劳动争议仲裁十大典型案例之七（2020 年发布）	专业技术培训是用人单位出于生产经营需要，对部分岗位或特殊岗位人员就专项技能或专项知识提供的专业性培训，区别于一般的职业培训。用人单位以劳动者违反服务期约定为由请求劳动者支付违约金的，应就其完成了专业技术培训负举证责任。	专业技术培训
2	上海市高级人民法院发布上海市劳动争议十大典型案例之四（2016—2018 年）	劳动合同、服务期协议具有人身属性，不同主体签订的劳动合同产生的权利义务不当然转让给另一方，除非当事人之间另有约定。	服务期协议
3	人力资源和社会保障部、最高人民法院联合发布第一批劳动人事争议典型案例之九（2020 年发布）	专项培训费用与工资存在明显区别：（1）从性质上看，专项培训费用是用于培训的直接费用，工资是劳动合同履行期间用人单位支付给劳动者的劳动报酬；（2）从产生依据看，专项培训费用是因用人单位安排劳动者参加培训产生，工资是依据国家有关规定或劳动合同约定产生；（3）从给付对象看，专项培训费用由用人单位支付给培训服务单位等，工资由用人单位支付给劳动者本人。	专项培训费用

【规则精析】

一、专业技术培训

用人单位可以与劳动者约定专业技术培训服务期，保障用人单位对劳动者技能培训投入的相应收益，这既有利于劳动者人力资源的开发，也有利于用人单位提升市场竞争力，对增强劳动关系的稳定性具有积极意义。

专业技术培训是用人单位出于生产经营需要，对部分岗位或特殊岗位人员就专项技能或专项知识提供的专业性培训，区别于一般的职业培训。

规则一：专业技术培训是用人单位出于生产经营需要，对部分岗位或特殊岗位人员就专项技能或专项知识提供的专业性培训，区别于一般的职业培训。用人单位以劳动者违反服务期约定为由请求劳动者支付违约金的，应就其完成了专业技术培训负举证责任。

——重庆市人力资源和社会保障局劳动争议仲裁十大典型案例之七（2020 年发布）

本节案例 1 中，何某是渝中区某科技公司员工，任高级文员。双方订立了期限为 2019 年 9 月 16 日至 2022 年 9 月 16 日的《劳动合同》。2019 年 9 月 16 日，双方签订《员工专项培训协议》，约定某科技公司向何某提供健康管理师的专业技术培训，培训时间为 2019 年 9 月 23 日至 27 日，专项培训费用为 24000 元。培训期间，某科技公司委托其法定代表人担任培训师，通过让何某抄写其认为重要的健康管理师知识的方式完成培训。2019 年 10 月 9 日，何某提交辞职申请书，劳动合同解除。

专业技术培训的目的是使劳动者能胜任更高层次或更加专业的工作，培训具有专业性和个体性。一般来讲，用人单位应当委托具有培训和教育资格的第三方进行培训，并且有第三方出具的货币支付凭证。

法院认为，何某的岗位是高级文员，日常工作不涉及健康咨询、指导，参加健康管理师培训不能为其带来与工作内容相关的特殊知识和技能；某科技公司的法定代表人作为培训师不具有培训和教育资格，未取得健康管理师证书，也不清楚考试日期、科目以及合格认定方式；在仲裁庭调查培训方式时，该法定代表人称“我觉得书上有用的知识就让何某抄在笔记本上”，亦未系统地向何某讲解传授知识。综上，某科技公司虽提交了员工专项培训协议、某科技公司向其工会支付培训费的凭证、何某抄写的载有健康管理师相关内容的笔记本予以证明培训费用及内容，但亦不足以证明其完成了健康管理师培训。故仲裁裁决驳回了某科技公司违约金的仲裁请求。

实践中，如何认定“专业技术培训”，可从以下几个因素进行综合考量。

考量一是培训的目的和内容。用人单位是否只要对员工进行过培训，就可以约定服务期和违约金呢？答案是否定的。职工接受培训有多种多样，可以约定服务期和违约金的培训必须符合规定条件：一是提供专项培训费用，二是进行专业技术培训。

一般的职业技能培训，其目的是使员工能基本上适应企业的生产要求，也间接提高劳动者的技术素质。《劳动法》第六十八条第二款规定：“从事技术工种的劳动者，上岗前必须经过培训。”① 此外，专业技术人员经用人单位同意，脱产或者半脱产参加继续教育活动的，用人单位应当按照国家有关规定或者与劳动者的约定，支付工资、福利等待遇。用人单位安排专业技术人员在工作时间之外参加继续教育活动的，双方应当约定费用分担方式和相关待遇。无正当理由不参加继续教育或在学习期间违反纪律和管理制度的，用人单位可视情节给予批评教育、不予报销或者要求退还学习费用。

而专业技术培训并非企业的义务性培训，而是一种权利性培训，是在职工满足了本企业的基本要求情况下，企业为提高职工技术素质所提供的职业发展培养。这是企业的一种高层次投资行为，是为了留住和培养人才，进一步提升企业的竞争力的措施。

一般来说，用人单位要求劳动者熟悉用人单位运作的基本操作流程、规章制度等岗位培训、从事技术工种的劳动者适应性培训、常规的特殊工种培训、继续教育、企业富余职工转岗转业培训等，不属于专业技术培训。而用人单位基于特定专业对劳动者的特殊技能要求，所进行的有计划、系统的培训，则属于专业技术培训。

有的劳动者接受的操作机器的培训，可能也有一定的技术含量，但是换一个单位就没有什么用了，这个一般不属于专业技术培训。但是如本案中飞机维修员几次出国接受的培训，即便如李林本人所称，只是了解了几种机型的维修，但是有关知识和技能不仅有助于他的本职工作，还有益于他的职业发展，也许他接受培训后，再重新找工作“身价”就不一样了。对于那些能够提高职工在劳动力市场价值的培训，会被认定为专业技术培训。

考量二是培训的对象。一般职业技能培训的范围没有特殊限制，可能包括单

---

① 原劳动部《企业职工培训规定》（已失效）第八条规定：“企业应建立健全职工培训的规章制度，根据本单位的实际对职工进行在岗、转岗、晋升、转业培训，对学徒及其他新录用人员进行上岗前的培训。”第十三条规定：“国有大中型企业高层管理人员应按照国家有关规定参加职业资格培训，并在规定的期限内取得职业资格证书。从事技术工种的职工必须经过技术等级培训，参加职工技能鉴定，取得职业资格证书（技术等级证书）方能上岗。从事特种作业的职工，必须按照国家规定经过培训考核，并取得特种作业资格证书方能上岗。”

位的全体劳动者或从事某一工种的全体职工，是一种普及型的培训。而“专业技术培训”的对象是用人单位经过挑选后的特定专业人员。

考量三是培训的形式。现实中，用人单位派遣劳动者出国，是属于工作还是专业技术培训，经常会发生争议。如单位将职工派到海外去纯粹是一种劳务输出或者派遣工作，将其定性为专业技术培训显然不合理。

但培训的形式并不局限于课堂教育。通常来说，培训是用人单位开展的为提高劳动者素质、能力、工作绩效等而实施的有计划、有系统的培养和训练活动。如用人单位送员工到海外工作的目的主要是“能力培养”，且单位的确为此出了资，双方在培训协议上也有明确约定，那么认定为专业技术培训也未尝不可。

但是一般来说，职业技能培训一般无须安排全脱产进行，而是利用工作之余时间进行，或者边工作边接受训练，占用工作时间比较少。而专业技术培训由于培训的内容比较复杂，往往需要劳动者全脱产进行学习，安排的时间也比较长。换言之，专业技术培训未必是全脱产的课堂教学，但是全脱产的课堂教学更容易被认定为专业技术培训。

考量四是培训的费用。职业技能培训的费用应由用人单位纳入日常的职工教育经费中支出。[①] 尽管专业技术培训的费用可从日常的职工教育经费中支出，但是职业技能培训的费用具体分摊到每一员工的金额一般不会太高，而专业技术培训所支出的培训费用通常较高。专业技术培训培训费用来源应当为用人单位全部或部分提供的专项培训费用。其中，由用人单位提供的，其在全部培训费用中应当占有较高的比重。

考量五是双方的约定。服务期由用人单位和劳动者双方约定。对于职工接受专项技术培训以及设立服务期和违约金，双方应在劳动合同或相关协议予以明确。当然签订了相关协议的未必就合法有效，但未签订相关协议的，一般不被认定为专业技术培训。

---

① 国务院《关于大力推进职业教育改革与发展的决定》指出：一般企业按照职工工资总额的1.5%足额提取教育培训经费，从业人员技术要求高、培训任务重、经济效益较好的企业，可按2.5%提取，列入成本开支。

规则二：劳动合同、服务期协议具有人身属性，不同主体签订的劳动合同产生的权利义务不当然转让给另一方，除非当事人之间另有约定。

——上海市高级人民法院发布上海市劳动争议十大典型案例之四（2016—2018 年）

本节案例 2 中，王某于 2016 年 10 月 12 日进入案外人 A 公司工作，双方签订了期限至 2019 年 10 月 11 日的劳动合同。2017 年 2 月 15 日，王某与 A 公司签订《公司培训服务协议》，约定王某参加未来领导人项目培训，其间培训课程费、交通费、签证费、食宿费等由 A 公司承担；培训结束后王某需为 A 公司服务 3 年，若 A 公司因内部变更，需缩减合同期限，则以 A 公司变更为准；服务期自培训项目结束日之后第一天起算；如由 A 公司主动与王某解除劳动合同，王某无须退还未履行服务期的培训费；如王某在服务期内辞职，A 公司有权要求员工按比例退还相应培训费用。

2017 年 2 月 19 日，王某赴泰国培训，于 2017 年 8 月 17 日取得培训结业证书。2018 年 4 月 2 日，王某、A 公司、某发展公司（以下简称 B 公司，系 A 公司关联企业）签订三方协议约定：王某由 A 公司转至 B 公司工作，劳动合同主体发生变更，由 B 公司与王某签订新的劳动合同，王某在 A 公司和 B 公司的工作年限连续计算；经协商一致，A 公司与王某原劳动合同于 2018 年 2 月 28 日解除，该解除双方互不承担任何责任，且双方互不通过任何渠道向对方主张任何费用、补偿及赔偿。同日，B 公司与王某签订劳动合同。后王某提出辞职申请，明确因个人原因于 2018 年 5 月 7 日与 B 公司解除劳动合同。

B 公司以王某违反服务期协议约定为由，提出仲裁申请，要求王某支付违约金 4 万余元。王某认为，其与案外人 A 公司签订了培训服务期协议，但双方已解除劳动合同，故无须退还培训期的培训费，且双方在协议中规定，双方劳动关系结束后不再承担任何赔偿责任。

法院经审理后认为，首先，三方协议约定 A 公司与王某解除劳动合同后，A 公司和王某互不承担任何责任，双方互不通过任何渠道向对方主张任何费用、补偿及赔偿。即 A 公司放弃向王某主张包括服务期违约金在内的任何费用。其次，A 公司与 B 公司虽为关联企业，但仍系各自独立的法人，A 公司对王某的合同权利义务在两方或三方没有另行约定的情况下并不当然转让给 B 公司。现 B 公司以 A

公司与王某签订的服务期协议为据要求王某支付违约金缺乏依据。综上，对B公司要求王某支付违反培训服务协议违约金的请求不予支持。

将劳动者在不同关联企业之间转换工作在实务中经常发生，通过签订三方协议的方式将原用人单位的劳动合同权利义务转移至新用人单位的情况不在少数。

本案中，A公司与王某签订了服务期协议，双方就履行服务期协议相关权利义务进行了约定。然而，本案的申请人为B公司，B公司虽为A公司的关联企业，但两家公司分别系独立法人，系不同的权利义务主体，故B公司无权要求王某继续履行其与A公司的服务期协议。如B公司要求王某履行其与A公司之间约定的剩余服务期，需要在三方协议或B公司与王某另行签订的劳动合同或其他协议中就服务期事宜进行明确约定。另外，劳动合同、服务期协议具有人身属性，不同主体签订的劳动合同产生的权利义务不当然转让给另一方，除非当事人之间另有约定。

二、专项培训费用

《劳动合同法》第二十二条第二款规定的培训费用，包括用人单位为了对劳动者进行专业技术培训而支付的有凭证的培训费用、培训期间的差旅费用以及因培训产生的用于该劳动者的其他直接费用。

专业技术培训的目的是使劳动者能胜任更高层次或更加专业的工作，培训具有专业性和个体性。一般来讲，用人单位应当委托具有培训和教育资格的第三方进行培训，并且有第三方出具的货币支付凭证。

本节案例3中，2013年6月1日，张某与某体检公司签订无固定期限劳动合同，到体检公司工作。2014年7月3日，张某与体检公司签订培训协议，该公司安排张某到外地参加一年专业技术培训。培训协议约定：由体检公司支付培训费、差旅费，并按照劳动合同约定正常支付张某培训期间工资；张某培训完成后在体检公司至少服务5年；若张某未满服务期解除劳动合同，应当按照体检公司在培训期间所支出的所有费用支付违约金。培训期间，体检公司实际支付培训费47000元、差旅费5600元，同时支付张某工资33000元。培训结束后，张某于2015年7月3日回体检公司上班。2018年3月1日，张某向体检公司递交书面通知，提出于2018年4月2日解除劳动合同。体检公司要求张某支付违约金85600元（47000元+5600元+33000元），否则拒绝出具解除劳动合同的证明。为了顺利入职新用人单位，张某支付了违约金，但认为违约金数额违法，遂向劳动人事争议仲裁委员会申请仲裁，请求裁决体检公司返还违法收取的违约金 85600 元。仲裁委员会裁决体检公司返还张某 61930 元（85600 元-23670 元）。

张某参加脱产培训是在劳动合同履行期间，由体检公司安排，目的是提升其个人技能，使其能够创造更大的经营效益，张某参加培训的行为，应当视为履行对体检公司的劳动义务。综合前述法律规定，体检公司支付给张某培训期间的 33000 元工资不属于专项培训费用。仲裁委员会结合案情依法计算得出：培训期间体检公司支付的专项培训费用为 52600 元（47000 元+5600 元）；培训协议约定张某培训结束后的服务期为 5 年（60 个月），张某已实际服务 33 个月，服务期尚未履行部分为 27 个月。因此，张某依法应当支付的违约金为 23670 元（52600 元÷60 个月×27 个月），体检公司应当返还张某 61930 元（85600 元-23670 元）。

《劳动法》第五十条规定："工资应当以货币形式按月支付给劳动者本人。不得克扣或者无故拖欠劳动者的工资。"原劳动部《关于贯彻执行〈中华人民共和国劳动法〉若干问题的意见》（劳部发〔1995〕309 号）第五十三条规定："劳动法中的'工资'是指用人单位依据国家有关规定或劳动合同的约定，以货币形式直接支付给本单位劳动者的劳动报酬……"

规则三：专项培训费用与工资存在明显区别：（1）从性质上看，专项培训费用是用于培训的直接费用，工资是劳动合同履行期间用人单位支付给劳动者的劳动报酬；（2）从产生依据看，专项培训费用是因用人单位安排劳动者参加培训产生，工资是依据国家有关规定或劳动合同约定产生；（3）从给付对象看，专项培训费用由用人单位支付给培训服务单位等，工资由用人单位支付给劳动者本人。

——人力资源和社会保障部、最高人民法院联合发布第一批劳动人事争议典型案例之九（2020 年发布）

但笔者注意到，关于用人单位支付给劳动者培训期间的工资是否属于专项培训费用，实践中有不同观点。

有人认为，该期间为劳动者参加规培期间，用人单位系基于培训后劳动者为其提供不低于一定的服务之愿景而在劳动者未向其提供任何劳动的情况下支付劳动者该期间工资、奖金、年终奖，该费用系用人单位用于劳动者之培训成本，劳动者违约行为使得用人单位愿景之落空，该费用属于《劳动合同法实施条例》第十六条因培训产生的用于该劳动者的其他直接费用，故此期间的工资、奖金及年终奖属于培训费用。故司法实践中，亦有判决专项培训期间的工资、奖金及年终奖属于培训费用的判例。[①]

实践中，用人单位在与劳动者订立服务期协议时，应当注意依法对服务期限、违约金等事项进行明确约定。特别要注意的是，协议约定的违约金不得超过用人单位提供的专项培训费用、实际要求劳动者支付的违约金数额不得超过服务期尚未履行部分所应分摊的培训费用等问题。劳动者参加了用人单位提供的专业技术培训，并签订服务期协议的，应当尊重并依法履行该约定，一旦违反，应当依法承担违约责任。

用人单位以劳动者违反服务期约定为由请求劳动者支付违约金的，应就其完成了专业技术培训负举证责任。

【操作建议】

1. 可先签订一个综合培训合同

实践中，如双方两次约定服务期和违约金都是有效的，但是当两次服务期重叠时，应当如何计算已履行的服务期则仍会产生分歧。很多用人单位都存在这样的误解，认为这样连续签订的培训和服务期协议中，前后约定的服务期和违约金是会自动累加的，但这种理解未必被有关审裁机关所接受。

由于服务期从本质上来讲是特殊的劳动合同期限，因此对于在同一对劳动者和用人单位之间，不可能同时存在两个有效的劳动合同期限，实践中有的审裁机关或认为，后一个服务期可以覆盖前一个服务期协议，除非在后签订的服务期协议中对于之前没有履行完毕的服务期作出约定。

可见双方的有关约定没有歧义是很关键的因素。用人单位可在签订培训专项协议之前，先签订一个综合培训合同，预先列明企业培训的种类和双方权利义务，在员工接受有关培训时自动适用，并明确约定“参加多次培训的，服务期不累计，违约赔偿分别折算”。如果约定不明确的，有关部门可能会按有利于劳动者的原则处理。

2. 保障用人单位劳动合同到期的灵活处理空间

由于劳动合同法允许用人单位在存在服务期的情况下就劳动合同期满时是续延还是终止与员工进行约定。[②] 所以建议在培训协议中约定“劳动合同期满时，用

---

① 案号：最高人民法院（2018）民申4632号、四川省高级人民法院（2018）川10民终506号。

② 虽然《劳动合同法实施条例》第十七条规定劳动合同期满服务期未满的应当续延至服务期满，但是也规定了除外条款，“双方另有约定的，从其约定”。

人单位同意继续保持劳动关系的，则劳动合同期续延至服务期满；如用人单位无意继续保持劳动关系的，则劳动合同期满终止时服务期亦同时结束”。

【相关法规】

1. 服务期和违约金的设定

《劳动合同法》第二十二条：用人单位为劳动者提供专项培训费用，对其进行专业技术培训的，可以与该劳动者订立协议，约定服务期。

劳动者违反服务期约定的，应当按照约定向用人单位支付违约金。违约金的数额不得超过用人单位提供的培训费用。用人单位要求劳动者支付的违约金不得超过服务期尚未履行部分所应分摊的培训费用。

用人单位与劳动者约定服务期的，不影响按照正常的工资调整机制提高劳动者在服务期期间的劳动报酬。

2. 培训费用的计算

《劳动合同法实施条例》第十六条：劳动合同法第二十二条第二款规定的培训费用，包括用人单位为了对劳动者进行专业技术培训而支付的有凭证的培训费用、培训期间的差旅费用以及因培训产生的用于该劳动者的其他直接费用。

3. 劳动合同期满服务期未满的处理

《劳动合同法实施条例》第十七条：劳动合同期满，但是用人单位与劳动者依照劳动合同法第二十二条的规定约定的服务期尚未到期的，劳动合同应当续延至服务期满；双方另有约定的，从其约定。

10.3 特殊待遇：为员工落户购房可约定违约金吗？

【案例索引】

序号	典型案例	裁判要旨	关键词
1	北京市顺义区人民法院劳动争议案件审判白皮书案例之三（2020年发布）	用人单位为其招用的劳动者办理北京户口，双方据此约定了服务期，劳动者本应恪守诚实信用原则，全面兑现合同承诺，因劳动者违约提前离职，给用人单位造成损失的，劳动者应当予以赔偿。	帮助落户 违约责任
2	苏州市相城区人民法院发布十大民生典型案例之六（2020年）	根据诚实信用原则，洪某应当严格遵守《补充协议》的约定，否则应当将其不当享受的优惠款予以返还。	补贴购房 违约责任

【规则精析】

一、帮助落户违约责任

根据《劳动合同法》第二十五条的规定："除本法第二十二条和第二十三条规定的情形外，用人单位不得与劳动者约定由劳动者承担违约金。"也就是说，除了培训服务期和保密与竞业限制项下可以约定违约金之外，劳动关系存续期间任何其他关于违约金的约定都为法律所禁止。

但是《劳动合同法》第九十条也规定了特定情况下劳动者的损害赔偿责任。实践中，员工在办理完落户就辞职的行为也确实给公司造成了损失，如果劳动者和用人单位事先就"损失赔偿"进行约定，或产生纠纷后用人单位有证据证明确因为劳动者办理落户手续而有损失的，法院就有可能会判决劳动者应向用人单位支付损失。

司法实践中，用人单位与劳动者因办理落户进而约定的服务期与违约金是否有效的问题，一直以来有着两种不同的观点：一是认为即使劳动者与用人单位就落户的事宜签订的补充协议系双方意思自治协商订立，但其中的违约金条款违反了法律的禁止性规定，这部分当属无效，此时的违约金诉求不能获得仲裁和司法机构的支持。二是认为若劳动者违反诚信原则，给用人单位造成了人才资源的损失，可以要求劳动者承担赔偿责任，而合理的违约金是承担赔偿责任的方式之一。近年来，在北京、上海、广州、深圳等一线城市，由于户籍资源相对稀缺，后一种观点越来越被认可。

本节案例 1 中，赵某于 2016 年 8 月入职某航空公司，2018 年 9 月以公司不适合自己发展为由提出解除劳动关系。入职时，赵某向某航空公司提交户籍办理申请，内容为"……本人充分理解公司应届毕业生进京指标的紧缺性和进京指标对公司人才引进的重要性。经慎重考虑，本人愿意在公司工作至少 5 年以上，希望公司为本人办理户口进京手续，若本人在户口进京 5 年内提出离职，将自愿向公司支付人民币 10 万元，用于弥补公司户口指标申请、办理、保管费用，以及对公司人才引进造成的不良影响……"某航空公司为赵某办理了落户登记。赵某离职时向某航空公司支付户口违约金 10 万元，但其认为某航空公司收取前述款项无法律依据，应当返还。最终，法院经审理判决驳回赵某的诉讼请求。

用人单位为其招用的劳动者办理北京户口，双方据此约定了服务期，劳动者本应恪守诚实信用原则，全面兑现合同承诺。诚信原则是指社会经济活动中的当事人在从事经营活动时，应从善意出发，正当的行使权利和承担义务，以维持当事人之间以及与企业利益之间的平衡关系。它要求人们在市场活动中讲究诚信，恪守诺言，诚实不欺，在不损害他人利益和社会利益的前提下追求自己的利益。对于民事法律关系中产生的难以规制之问题，法律规则无法可依时，诚实信用原则可以对其进行填补。

因劳动者违约提前离职，给用人单位造成损失的，劳动者应当予以赔偿。赵某书写的户籍办理申请已经就落户及违约金等问题作出承诺，属于赵某自愿签署。根据该户籍办理申请的内容，某航空公司为赵某办理户口进京手续确实存在一定成本支出，因赵某个人原因，双方劳动关系于 2018 年 9 月 20 日解除，其离职行为必然导致某航空公司在引进优秀人才、落实工作计划等方面造成一定的损失，且其行为亦违背诚实信用原则，应当予以赔偿。赵某主动选择离职并向某航空公司实际支付落户违约金，其在实际履行后又反悔要求返还，法院不予支持。

规则一：用人单位为其招用的劳动者办理北京户口，双方据此约定了服务期，劳动者本应恪守诚实信用原则，全面兑现合同承诺，因劳动者违约提前离职，给用人单位造成损失的，劳动者应当予以赔偿。

——北京市顺义区人民法院劳动争议案件审判白皮书案例之三（2020 年发布）

上海也有这样的判例。上海市第一中级人民法院二审认为，劳动合同及附随协议的订立履行，用人单位与劳动者均应秉持诚实信用原则。为员工办理落户申请虽非胜帮公司作为用人单位的劳动合同义务，但胜帮公司基于入职信任投入额外成本为林某办理了相关手续，并成功使林某获得上海户籍。然而林某落户后迅速离职的行为，确实对胜帮公司后续招聘、人事安排管理及落户申请资质造成一定的不利影响，故林某理应赔偿胜帮公司相应的损失。鉴于林某的行为给该公司所造成的损害后果难以使用具体数字来衡量，一审法院综合本案在案证据、双方当事人的陈述、当事人的违约情节、损害后果等因素酌定由林某赔偿胜帮公司损失金额 12000 元，尚属合理，本院予以认同。[①]

---

① 案号：上海市第一中级人民法院（2021）沪 01 民终 2227 号。

虽然就户籍本身而言只是一个身份及居住地证明，没有可直接确定的经济利益。但依据现行的政策，一线城市的户籍在诸多方面与非户籍人员所享有的条件、待遇均有所不同，其内含的隐性价值是客观存在的。并且在非本地生源地应届普通高校毕业生申报办理本地户籍的过程中，除对毕业生的学历、毕业院校、学习成绩、能力水平等个人条件进行评分外，用人单位也是必备的要素和考量内容之一。在此情况下，劳动者为办理本地户籍而向用人单位出具承诺书，对服务期以及违约金进行承诺，用人单位予以认可和接受，该约定系双方真实意思表示，内容不违反法律法规的强制性规定，在服务期的期限及违约金的标准无明显不当的情况下，应属有效。

“办理落户”虽然不能视为一种特殊待遇，但一线城市“户籍”隐形价值的客观性却逐渐得到了认可，这种价值虽然非定量化，但确实客观存在。故笔者认为，这种一线城市“户籍”资源价值的客观存在，是约定有效的条件之一。而如果其他中小城市的户籍，一般不具有这样的价值，故不适宜以此约定违约金。

二、补贴购房违约责任

随着优秀人才的重要价值逐渐被认知，用人单位开始采取各种新颖的形式吸引人才、稳定人才、挽留人才。比如，用人单位在员工满足或承诺满足一定服务期限情况下向员工赠与现金、房产、车辆、股权等各种大额财产。

根据《劳动合同法》第二十五条的规定：“除本法第二十二条和第二十三条规定的情形外，用人单位不得与劳动者约定由劳动者承担违约金。”但并未规定其法律后果。员工获得的这种财产既与通常的劳动者提供劳动而获得的劳动报酬存在一定区别，也与通常基于一些情感动因而具有无偿性或者低对价性的受赠与财产存在一定区别。从社会效果上看，如果认定专项技术培训之外的服务期一概无效，不仅会造成与此相关的劳动关系的不稳定性，而且会导致劳动者需要承担全额返还特殊待遇的后果，反而不利于劳动者权益的保护，也不符合《劳动合同法》第三条所规定的公平原则。

所以在司法实践中，有的法官认为，在用人单位为劳动者提供足以与专业技术培训相对等的特殊待遇的情况下，应当参考适用《劳动合同法》第二十二条之规定，并据此确定用人单位与劳动者的权利义务。[①]

本节案例 2 中，洪某系一家房地产公司的工程师，其以内部员工的优惠价格认购了该公司的另一家关联公司开发的一套热销商品房。双方当时还签订了一份《补充协议》，其中约定了员工享受优惠购房后应自购房之日起最少服务两年以上（劳动合同期限内），否则应返还优惠款。洪某在正式签订了《商品房买卖合同》并以优惠价格支付了购房款后不久，即以自身发展为由辞职。该公司以洪某违反服务期约定为由起诉要求其返还优惠的购房款。

仲裁委及区法院经审理后认为，《补充协议》约定购房后最低服务期限为两年，洪某在以优惠价购房后即申请离职，违反了《补充协议》的约定，其应当按照该约定返还其享受的购房优惠款。最终，法院判决洪某按照其实际未履行的服务期按比例折抵返还购房优惠款。

规则二：根据诚实信用原则，劳动者应当严格遵守购房优惠协议的约定，否则应当将其不当享受的优惠款予以返还。

——苏州市相城区人民法院发布十大民生典型案例之六（2020 年）

《劳动合同法》第二十二条规定的服务期仅限于用人单位提供了专项培训费用，同时以约定对劳动者课以额外的违约金为后果。涉案《补充协议》虽然也载明服务期限，但该服务期限并未附随约定违约金，而是约定劳动者违反服务期限则应将其较之普通购房者而额外享受的优惠返还，并未要求劳动者额外再支付违约金。因此《补充协议》的约定与法律规定并不冲突，也并不因此而无效。根据诚实信用原则，洪某应当严格遵守《补充协议》的约定，否则应当将其不当享受的优惠款予以返还。

应当努力实现保护用人单位和劳动者的合法权益，促进人才价值的发掘、提升，推动和谐劳工关系构建的积极效果，并尽量避免用人单位和劳动者的利益严重失衡。

有的劳动者提出离职，并非其故意违反合同就服务年限的特别约定，而是用人单位拒不纠正不符合劳动法规定的用工行为所致，因此不属于《服务合同》约

① 窦江涛：《“基于特殊待遇而设定的服务期”的司法认定》，载《中国法院 2020 年度案例：劳动纠纷》，中国法制出版社 2020 年版，第 188 页。

定退还房屋的情形。

如在一起劳动争议案中，法院判决："吕某某虽未服务满九年，但服务年限并非退还房屋的唯一标准，某科技有限公司以吕某某未履行服务满 9 年的义务为由，提出撤销赠与的诉请不符合双方合同的约定，法院不予支持。"①

【操作建议】

1. 以落户为由约定的违约金必须"适当合理"

这里的适当合理，是指和用人单位遭受的人才损失相当，和用人单位为此付出的人力资源损失相当。反之，若此种违约金约定得畸高，不具备合理性，则可能被认为是用人单位利用优势地位所强加于劳动者的约定，使其丧失有效性。

2. 注意综合手段的运用

现实中仅仅通过经济赔偿还不足以遏制违约行为，有的人宁愿承担一点经济损失，也不愿按约定履行劳动（聘用）合同。为了进一步营造诚实守信的良好环境，2021 年上海市在对于落户后未履行就业协议或劳动（聘用）合同、情节严重的毕业生，作出了"用人单位可提出撤销户籍的申请"的新规定。对于毕业生而言，确实应该重新掂量一下利害关系，一定要把诚实守信放在第一位，不要轻易违约，否则很可能落得"鸡飞蛋打"的结局。

【相关法规】

1. 民事法律中违约责任

《合同法》② 第一百一十四条：当事人可以约定一方违约时应当根据违约情况向对方支付一定数额的违约金，也可以约定因违约产生的损失赔偿额的计算方法。

约定的违约金低于造成的损失的，当事人可以请求人民法院或者仲裁机构予以增加；约定的违约金过分高于造成的损失的，当事人可以请求人民法院或者仲裁机构予以适当减少。

……

北京市高级人民法院和北京市劳动争议仲裁委员会《关于劳动争议案件法律适用问题研讨会会议纪要》第三十三条：用人单位为其招用的劳动者办理了本市户口，双方据此约定了服务期和违约金，用人单位以双方约定为依据要求劳动者

---

① 成都法院劳动争议十大典型案例之三（2020 年度）。

② 该条现为《民法典》第五百八十五条。2020 年 5 月 28 日，十三届全国人大三次会议表决通过了《民法典》，自 2021 年 1 月 1 日起施行。《合同法》同时废止。

支付违约金的，不应予以支持。确因劳动者违反了诚实信用原则，给用人单位造成损失的，劳动者应当予以赔偿。

上海市高级人民法院《关于适用〈劳动合同法〉若干问题的意见》第七条：……用人单位给予劳动者价值较高的财物，如汽车、房屋或住房补贴等特殊待遇的，属于预付性质。劳动者未按照约定期限付出劳动的，属于不完全履行合同。根据合同履行的对等原则，对劳动者未履行的部分，用人单位可以拒绝给付；已经给付的，也可以要求相应返还。因此，用人单位以劳动者未完全履行劳动合同为由，要求劳动者按照相应比例返还的，可以支持。

2. 劳动法中的违约金约定

《劳动合同法》第二十五条：除本法第二十二条和第二十三条规定的情形外，用人单位不得与劳动者约定由劳动者承担违约金。

第 11 章　离职管理

11.1 离职类型：从事接触职业病危害作业如何解除？

【案例索引】

序号	典型案例	裁判要旨	关键词
1	无锡市中级人民法院女职工"三期"保护劳动争议典型案例之二（2021 年发布）	本案中，机械公司与施某签订结算单，确认双方系协商一致解除。劳动合同解除后施某发现自己怀孕系施某对自身客观情况判断有误，机械公司无法预知。即使机械公司在双方劳动关系存续期间已知施某怀孕，机械公司亦可以与施某协商一致解除劳动关系。	协商一致解除劳动合同
2	《公报》案例：张某与上海敬豪劳务服务有限公司、中海工业有限公司劳动合同纠纷案	从事接触职业病危害的作业的劳动者未进行离岗前职业健康检查的，用人单位不得解除或终止与其订立的劳动合同。即使用人单位与劳动者已协商一致解除劳动合同，解除协议也应认定无效。	协商一致解除劳动合同

【规则精析】

离职类型是指劳动合同的结束原因。劳动合同的结束分为解除和终止两种。

劳动合同解除又分为协商解除劳动合同和单方解除劳动合同。单方解除劳动合同又分劳动者提出解除和用人单位提出解除。劳动者提出解除又分劳动者提前通知解除劳动合同和劳动者单方解除劳动合同。用人单位提出解除又分过失性辞退、无过失性辞退和经济性裁员。劳动合同的终止也可分为到期终止和法定终止。

同时，《劳动合同法》第四十二条规定了用人单位不得解除劳动合同的情形。

劳动合同期满，有第四十二条规定情形之一的，劳动合同应当续延至相应的情形消失时终止。但是，第四十二条第（二）项规定丧失或者部分丧失劳动能力劳动者的劳动合同的终止，按照国家有关工伤保险的规定执行。

本书其他章节对于典型案例涉及的单方解除劳动合同和终止劳动合同都有介绍，本节重点介绍典型案例中涉及协商解除的内容。

所谓协商解除劳动合同指的是用人单位或者劳动者提出解除动议，获得对方同意，双方达成一致意见后解除劳动合同。

典型案例中涉及协商解除的主要内容包括：

一、女职工协商解除劳动合同后发现怀孕是否可以要求撤销？

规则一：双方协商一致解除劳动合同后，劳动者发现自己怀孕系劳动者对自身客观情况判断有误，用人单位无法预知。即使用人单位在双方劳动关系存续期间已知劳动者怀孕，用人单位亦可以与劳动者协商一致解除劳动关系。

——无锡市中级人民法院女职工“三期”保护劳动争议典型案例之二（2021 年发布）

本节案例 1 中，2018 年 4 月施某进入某机械公司工作，劳动合同期限至 2018 年 12 月 31 日。同年 11 月 30 日，机械公司书面通知施某劳动合同到期后不再续签。12 月 12 日，施某与机械公司就工资、补偿金、借款、社会保险等进行结算，并确认双方劳动关系于 12 月 12 日协商一致解除，机械公司结清工资，施某对结算单进行签字确认。2019 年 1 月，施某确诊怀孕，施某认为机械公司与其解除劳动关系时其实际已怀孕，机械公司与其解除劳动关系违法。施某申请仲裁，要求机械公司支付违法解除劳动合同赔偿金。仲裁机构裁决后，施某不服，诉至法院。法院判决：驳回施某的诉讼请求。

最高人民法院《关于审理劳动争议案件适用法律问题的解释（一）》第三十五条规定：“劳动者与用人单位就解除或者终止劳动合同办理相关手续、支付工资报酬、加班费、经济补偿或者赔偿金等达成的协议，不违反法律、行政法规的强制性规定，且不存在欺诈[①]、胁迫[②]或者乘人之危情形的，应当认定有效。前款协

① 欺诈是指以使他人陷于错误认识而为意思表示为目的，故意陈述虚假事实或隐瞒真实情况的行为。

② 胁迫是指行为人通过威胁、恐吓等不法手段对他人思想上施加强制，由此使他人产生恐惧心理并基于恐惧心理作出意思表示的行为。

议存在重大误解[①]或者显失公平[②]情形，当事人请求撤销的，人民法院应予支持。”

本案的焦点问题为：女职工签署协商解除劳动合同后发现怀孕是否可以重大误解为由要求撤销？对此司法实践中存在争议。

第一种意见，同济大学法学院王倩副教授认为：女职工在不知道自己怀孕的状态下与用人单位协商一致解除了劳动合同，应该认定存在重大误解。虽然女职工不存在意思表示内容错误和意思表示行为错误，但是却存在着应当视为重大误解的动机错误，即女职工在签订解除协议时不知道自己怀有身孕，而劳动者怀孕与否这种属性对于劳动合同的解除意义重大。

第二种意见，胡燕来律师认为，不管是《劳动合同法》还是《劳动法》或者其他劳动法律或行政法规，均没有用人单位禁止与处于怀孕、产假和哺乳期的员工协商解除劳动关系。只是禁止用人单位适用《劳动合同法》第四十条、第四十一条规定单方解除“三期”女职工的劳动关系，即禁止用人单位对“三期”女职工使用单方解除权。对非单方解除方式如双方协商一致解除，则没有限制或禁止，并且不存在免除用人单位责任或排除劳动者权利的情况。所以，用人单位在裁员过程中或裁员前后与用人单位协商解除并不违法。

目前大多数人赞成第二种观点。本案中，法院认为，机械公司与施某签订结算单，确认双方系协商一致解除。尽管劳动合同解除后施某发现自己怀孕系施某对自身客观情况判断有误，但是机械公司无法预知。即使机械公司在双方劳动关系存续期间已知施某怀孕，机械公司亦可以与施某协商一致解除劳动关系。

“重大误解”必须基于行为性质、对方当事人等错误认识，使自己的行为后果与本意相反，而不含对自身情况认知错误或偏差。最高人民法院《关于贯彻执行〈中华人民共和国民法通则〉若干问题的意见》（已废止）第七十一条规定：“行为人因对行为的性质、对方当事人、标的物的品种、质量、规格和数量等错误认识，使行为的后果与自己的意思相悖，并造成较大损失的，可以认定为重大误解。”女职工在合同解除后发现怀孕属于对自身客观情况判断有误，用人单位更无法预知这一情况，因此女职工主张重大误解的理由不能成立。

北京市高级人民法院、北京市劳动争议仲裁委员会《关于劳动争议案件法律

① 重大误解是指行为人对民事行为构成的主要方面发生了根本错误认识。

② 显失公平一方面着眼于实施民事法律行为的结果，要求当事人之间的利益关系在民事法律行为成立时明显失衡。另一方面，显失公平要求当事人之间的利益关系严重失衡并非当事人自愿的结果，而是由于一方当事人利用对方处于危困状态、缺乏判断能力等情形。

适用问题研讨会会议纪要（二）》第四十五条第二款明确：“女职工与用人单位协商解除劳动合同后，发现自己怀孕后又要求撤销协议或者要求继续履行原劳动合同的，一般不予支持。”

但需注意，若女职工在签订终止劳动合同协议后发现自己已经怀孕的，如主张撤销协议则有可能获得法律的支持。

这里再说一个案例。2006 年 11 月，小吴进上海某发展公司工作，双方签署了期限自 2008 年 5 月 1 日起至 2011 年 4 月 30 日止的劳动合同。2011 年 4 月 29 日，双方签署《终止劳动关系协议书》，约定双方劳动关系于 2011 年 4 月 30 日起正式终止，由公司支付小吴经济补偿金 5788 元。

2011 年 5 月 27 日，经上海东方医院妇产科超声检查，小吴被诊断为早孕。就诊中，小吴自述停经日为 2011 年 4 月 8 日。同年 6 月 20 日，小吴向劳动仲裁委员会申请仲裁，要求撤销公司退工协议，恢复双方劳动关系。8 月中旬，该仲裁委的裁决支持了小吴的请求。公司起诉到法院。法院对该公司的诉请判决不支持，公司恢复与小吴的劳动关系至哺乳期届满。

此案中，尽管双方签署了终止劳动关系协议书，但是协议书的性质不符合《劳动合同法》解除劳动合同协商一致的情形，而属双方对劳动合同终止后相关事宜进行的协商，应按照《劳动合同法》中涉及劳动合同终止的规定处理。根据《劳动合同法》第四十五条的规定，劳动合同期满，女职工在孕期、产期、哺乳期的，劳动合同应当续延至相应的情形消失时终止。

由此可见，女职工终止劳动合同后发现怀孕且怀孕日期在双方劳动合同存续期间内，要求恢复劳动关系还是可能得到支持的。但是由于用人单位在终止后才知晓当时存在不得解除终止、限制解除或续延终止等情形的，应根据公平合理原则支付合理工资，甚至可以不支付恢复期间的工资。

为了尽量减少争议，建议用人单位与劳动者在于“三期”女职工等特殊员工签订协议时，列明该员工存在的特殊情况，以体现协商解除不违背当事人的真实意思表示。同时列明签约的背景情况是企业受疫情影响，生产经营严重困难等，而非企业歧视“三期”女职工等特殊人员。

二、从事接触职业病危害作业者离岗前未有职业健康检查，可以协商解除劳动合同吗?

规则二：从事接触职业病危害的作业的劳动者未进行离岗前职业健康检查的，用人单位不得解除或终止与其订立的劳动合同。即使用人单位与劳动者已协商一致解除劳动合同、解除协议也应认定无效。

——《公报》案例：张某与上海敬豪劳务服务有限公司、中海工业有限公司劳动合同纠纷案

本节案例2中，张某与上海敬豪劳务服务有限公司（以下简称敬豪公司）于2010年1月建立劳动关系后被派遣至中海工业（上海长兴）有限公司担任电焊工。2014年1月13日，敬豪公司与张某签订协商解除劳动合同协议书，双方一致同意劳动关系于2014年1月13日解除，敬豪公司向张某一次性支付人民币48160元。

2014年4月，张某经上海市肺科医院诊断为电焊工尘肺一期。2014年12月10日，张某经上海市劳动能力鉴定委员会鉴定为职业病致残程度七级。张某称，签订协议期间要求进行离职前职业健康检查，敬豪公司承诺签订后安排张某体检，但第二天即反悔。经向有关部门投诉后，敬豪公司才安排进行体检。张某认为与敬豪公司签订的协商解除劳动合同协议书系敬豪公司提供的格式合同，协议书虽称系张某提出解除劳动关系，实则是敬豪公司提出解除劳动关系，也未给张某做离职体检。故提起仲裁、诉讼，要求张某与敬豪公司自2014年1月13日起恢复劳动关系。

上海市崇明县人民法院一审认为，从事接触职业病危害作业的劳动者未进行离岗前职业健康检查，或者疑似职业病病人在诊断或者医学观察期间的，用人单位不得依照《劳动合同法》第四十条、第四十一条的规定解除劳动合同。现双方协商一致解除劳动关系，不属该法第四十条、第四十一条规定的情形，且双方的解除行为系真实意思表示。张某为职业病致残程度七级，双方劳动合同也已到期，现敬豪公司不同意恢复劳动关系，张某要求自2014年1月13日起恢复与敬豪公司的劳动关系，于法无据，不予支持。故判决：张某要求与上海敬豪劳务服务有限公司自2014年1月13日起恢复劳动关系的诉讼请求不予支持。一审判决后，张某

不服，遂提起上诉。

二审认为，本案的争议焦点为从事接触职业病危害作业的劳动者未进行离岗前职业健康检查的，用人单位与劳动者协商一致解除劳动合同是否当然有效。根据《劳动合同法》第四十二条第一款的规定，从事解除职业病危害作业的劳动者未进行离岗前职业健康检查的，用人单位不得依照该法第四十条、第四十一条的规定解除劳动合同。此款规定虽然没有排除用人单位与劳动者协商一致解除劳动合同的情形，但根据《职业病防治法》第三十六条的规定，用人单位安排从事接触职业病危害的作业的劳动者进行离岗职业健康检查是其法定义务，该项义务并不因劳动者与用人单位协商一致解除劳动合同而当然免除。

本案中，双方签订的《协商解除劳动合同协议书》并未明确张某已经知晓并放弃了进行离岗前职业健康检查的权利，且张某于事后亦通过各种途径积极要求敬豪公司为其安排离岗职业健康检查。因此，张某并未放弃对该项权利的主张，敬豪公司应当为其安排离岗职业健康检查。在张某的职业病鉴定结论未出之前，双方的劳动关系不能当然解除。2014 年 12 月 10 日，张某被鉴定为“职业病致残程度七级”。根据《工伤保险条例》第三十七条的规定，职工因工致残被鉴定为七级至十级伤残的，劳动、聘用合同期满终止，或者职工本人提出解除劳动、聘用合同的，由工伤保险基金支付一次性工伤医疗补助金，由用人单位支付一次性伤残就业补助金。因此，鉴于双方签订的劳动合同原应于 2014 年 6 月 30 日到期，而张某 2014 年 12 月 10 日被鉴定为“职业病致残程度七级”，依据《工伤保险条例》的规定，用人单位可以终止到期合同，故张某与敬豪公司的劳动关系应于 2014 年 12 月 10 日终止。故判决：撤销上海市崇明县人民法院（2015）崇民一（民）初字第 1021 号民事判决，张某与敬豪公司自 2014 年 1 月 13 日起恢复劳动关系至 2014 年 12 月 10 日止。

职业病，是指企业、事业单位和用人单位的劳动者在职业活动中，因接触粉尘、放射性物质和其他有毒、有害物质等因素而引起的疾病。劳动者必须是在从事职业活动的过程中产生的，且必须是国家公布的职业病分类和目录所列的职业病才能称作职业病。

用人单位安排从事接触职业病危害的作业的劳动者进行离岗职业健康检查是其法定义务，进行离岗前职业健康检查是劳动者的合法权利。本案明确了劳动者未进行离岗前职业健康检查情况下解除劳动合同的法律效力及劳动合同的处理方式。

按照这种说法，员工提前解除、用人单位因员工过失性解除、用人单位破产、提前解散等，用人单位都有安排从事解除职业病危害作业的劳动者进行离岗前职业健康检查的法定义务，未安排的一律不得解除或终止。

从事职业病危害因素作业的劳动者，能否被违纪解除？即当《劳动合同法》第三十九条规定与《职业病防治法》第三十五条的规定相冲突时，应优先适用哪个法条？对此上海市静安区劳动人事仲裁员金晶认为，首先，从适用范围、调整对象的不同来看，《劳动合同法》属于一般法，《职业病防治法》属于特殊法，而根据特殊法优于一般法的适用顺位，应当优先适用特殊法。其次，从职业病的认定来看，劳动者必须是在从事职业活动的过程中产生的，若未做离职体检即中断劳动关系，可能会影响其后续职业病的认定，从而导致劳动者无法享有职业卫生保护的基本权利。最后，从职业病的性质来看，劳动者的职业病系用人单位的工作环境等因素所致，其性质相当于因工负伤，故用人单位理应对劳动者可能造成的身体损害承担法律责任。①

当然，实践中只要用人单位有证据证明自己已经履行了法定义务，就不应承担有关责任。如上海中集冷藏箱有限公司已在解除双方劳动关系之前通知过许云鹏在规定时间集合统一前往相关医院进行职业病筛查，已经尽到法定义务，许云鹏自行放弃，现再要求上海中集冷藏箱有限公司为其进行离岗前职业病筛查，于法无据，法院不予支持。②

这是对于集体解除职工的安排办法，至于对个别解除职工的安排就更简单了，可以直接通知他自己在指定时间内去指定地点检查，相关费用单位报销即可。如2014 年 3 月 17 日，安普泰科公司向方维民送达了体检告知书及上海市职业健康检查表，告知方维民于 2014 年 3 月 24 日之前至上海市化工职业病防治院进行特殊工种体检，体检费由安普泰科公司报销，如果方维民逾期不检，视为拒绝并放弃体检，由此所造成的一切后果与安普泰科公司无关；方维民未进行职业健康检查。事后方维民提起诉讼，法院也没说公司违法解除。③

对于从事接触职业病危害作业的劳动者，用人单位还需注意要履行离岗时职业健康检查的义务，因各地进行职业健康检查均需要较长时间且不可控，常导致

---

① 金晶：《从事职业病危害因素作业的劳动者，能否被违纪解除?》，载《上海人力资源社会保障》2022 年第 5 期。

② 案号：上海市第二中级人民法院（2016）沪 02 民终 3007 号。

③ 案号：上海市徐汇区人民法院（2014）徐民五（民）初字第 483 号。

用人单位无法在劳动合同期满前完成劳动者的离岗职业健康检查，从而影响劳动合同终止。

建议用人单位应在职工离岗前 30 日内，通知其参加职业健康检查，并注意保存通知的证据。当然，离岗前 90 天内进行的职业健康体检可以视为离岗体检。《用人单位职业健康监护监督管理办法》第十五条规定，劳动者离岗前 90 日内的在岗期间的职业健康检查可以视为离岗时的职业健康检查。因此，建议用人单位在劳动合同期满前提前安排合理时间进行职业健康检查，尽量减少离岗职业健康检查对终止时间的影响。

【操作建议】

1. 提前掌握是否存在限制终止情形

对于劳动合同期满拟不再续签的劳动者，用人单位需提前掌握或了解其相关的各方面情况，以判断是否存在法律所规定的限制终止的情形。如果存在，无法在劳动合同期满日终止劳动合同的，需要提前和用人部门做好沟通，妥善安置相关员工。

2. 明确申诉流程的严格按照流程进行

如果公司的规章制度中明确了员工处理的流程，则需要严格按照流程进行；如果明确了员工的申诉流程，在员工申诉后也应按照规定进行调查与回应，否则都可能因程序违法或违规导致违法解除。

用人单位在职工离岗前 30 日内，通知有关离岗职工参加职业健康检查，并注意保存通知的证据（这一点非常重要）。当然，离岗前 90 天内进行的职业健康体检可以视为离岗体检。具体来说，对于集体解除职工来说，用人单位可以安排在规定时间集合统一前往相关医院进行职业病筛查。

3. 离职协议重要条款缺少或约定不明的处理

离职协议部分条款的缺失或不明，并不影响离职协议的整体效力。双方对于未约定内容发生争议的，裁判者会要求当事人遵循诚实信用原则，先就未约定或者约定不明确的内容补充协商，未能就争议点达成一致意见，则会充分考虑协议整体履行等因素来确定权利义务。

【相关法规】

1. 协商解除劳动合同

《劳动合同法》第三十六条：用人单位与劳动者协商一致，可以解除劳动合同。

2. 劳动者提前通知解除劳动合同

《劳动合同法》第三十七条：劳动者提前三十日以书面形式通知用人单位，可以解除劳动合同。劳动者在试用期内提前三日通知用人单位，可以解除劳动合同。

3. 劳动者单方解除劳动合同

《劳动合同法》第三十八条：用人单位有下列情形之一的，劳动者可以解除劳动合同：

（一）未按照劳动合同约定提供劳动保护或者劳动条件的；

（二）未及时足额支付劳动报酬的；

（三）未依法为劳动者缴纳社会保险费的；

（四）用人单位的规章制度违反法律、法规的规定，损害劳动者权益的；

（五）因本法第二十六条第一款规定的情形致使劳动合同无效的；

（六）法律、行政法规规定劳动者可以解除劳动合同的其他情形。

用人单位以暴力、威胁或者非法限制人身自由的手段强迫劳动者劳动的，或者用人单位违章指挥、强令冒险作业危及劳动者人身安全的，劳动者可以立即解除劳动合同，不需事先告知用人单位。

4. 用人单位单方解除劳动合同（过失性辞退）

《劳动合同法》第三十九条：劳动者有下列情形之一的，用人单位可以解除劳动合同：

（一）在试用期间被证明不符合录用条件的；

（二）严重违反用人单位的规章制度的；

（三）严重失职，营私舞弊，给用人单位造成重大损害的；

（四）劳动者同时与其他用人单位建立劳动关系，对完成本单位的工作任务造成严重影响，或者经用人单位提出，拒不改正的；

（五）因本法第二十六条第一款第一项规定的情形致使劳动合同无效的；

（六）被依法追究刑事责任的。

5. 无过失性辞退

《劳动合同法》第四十条：有下列情形之一的，用人单位提前三十日以书面形式通知劳动者本人或者额外支付劳动者一个月工资后，可以解除劳动合同：

（一）劳动者患病或者非因工负伤，在规定的医疗期满后不能从事原工作，也不能从事由用人单位另行安排的工作的；

（二）劳动者不能胜任工作，经过培训或者调整工作岗位，仍不能胜任工作的；

（三）劳动合同订立时所依据的客观情况发生重大变化，致使劳动合同无法履行，经用人单位与劳动者协商，未能就变更劳动合同内容达成协议的。

6. 经济性裁员

《劳动合同法》第四十一条：有下列情形之一，需要裁减人员二十人以上或者裁减不足二十人但占企业职工总数百分之十以上的，用人单位提前三十日向工会或者全体职工说明情况，听取工会或者职工的意见后，裁减人员方案经向劳动行政部门报告，可以裁减人员：

（一）依照企业破产法规定进行重整的；

（二）生产经营发生严重困难的；

（三）企业转产、重大技术革新或者经营方式调整，经变更劳动合同后，仍需裁减人员的；

（四）其他因劳动合同订立时所依据的客观经济情况发生重大变化，致使劳动合同无法履行的。

裁减人员时，应当优先留用下列人员：

（一）与本单位订立较长期限的固定期限劳动合同的；

（二）与本单位订立无固定期限劳动合同的；

（三）家庭无其他就业人员，有需要扶养的老人或者未成年人的。

用人单位依照本条第一款规定裁减人员，在六个月内重新招用人员的，应当通知被裁减的人员，并在同等条件下优先招用被裁减的人员。

7. 用人单位不得解除劳动合同的情形

《劳动合同法》第四十二条：劳动者有下列情形之一的，用人单位不得依照本法第四十条、第四十一条的规定解除劳动合同：

（一）从事接触职业病危害作业的劳动者未进行离岗前职业健康检查，或者疑似职业病病人在诊断或者医学观察期间的；

（二）在本单位患职业病或者因工负伤并被确认丧失或者部分丧失劳动能力的；

（三）患病或者非因工负伤，在规定的医疗期内的；

（四）女职工在孕期、产期、哺乳期的；

（五）在本单位连续工作满十五年，且距法定退休年龄不足五年的；

（六）法律、行政法规规定的其他情形。

8. 劳动合同的终止

《劳动合同法》第四十四条：有下列情形之一的，劳动合同终止：

（一）劳动合同期满的；

（二）劳动者开始依法享受基本养老保险待遇的；

（三）劳动者死亡，或者被人民法院宣告死亡或者宣告失踪的；

（四）用人单位被依法宣告破产的；

（五）用人单位被吊销营业执照、责令关闭、撤销或者用人单位决定提前解散的；

（六）法律、行政法规规定的其他情形。

9. 劳动合同的逾期终止

《劳动合同法》第四十五条：劳动合同期满，有本法第四十二条规定情形之一的，劳动合同应当续延至相应的情形消失时终止。但是，本法第四十二条第二项规定丧失或者部分丧失劳动能力劳动者的劳动合同的终止，按照国家有关工伤保险的规定执行。

11.2 离职通知：用人单位解除劳动合同何时生效？

【案例索引】

序号	典型案例	裁判要旨	关键词
1	南通市海门区人民法院劳动争议典型案例之四（2018 年度）	公司发出通知明确对陈某予以辞退处理，属单方解除劳动合同，该意思表示到达陈某即生效。	解除时间
2	最高人民法院指导案例 180 号：孙贤锋诉淮安西区人力资源开发有限公司劳动合同纠纷案	人民法院在判断用人单位单方解除劳动合同行为的合法性时，应当以用人单位向劳动者发出的解除通知的内容为认定依据。在案件审理过程中，用人单位超出解除劳动合同通知中载明的依据及事由，另行提出劳动者在履行劳动合同期间存在其他严重违反用人单位规章制度的情形，并据此主张符合解除劳动合同条件的，人民法院不予支持。	解除通知

续表

序号	典型案例	裁判要旨	关键词
3	重庆市高级人民法院发布第六批劳动争议十大典型案例之八(2020 年发布)	某开发公司举示的证据亦不足以证明其在解除合同前，依法履行了通知工会的义务。	解除程序
4	成都市中级人民法院劳动争议十大典型案例之五(2019 年发布)	在某公司先后五次通过微信向侯某某发送返岗通知并明确告知相关制度规定，侯某某仍未按要求报到上班的情况下，经工会同意，某公司根据《奖惩管理制度》的规定解除了与侯某某的劳动关系，不违反法律规定，故对侯某某主张某公司支付经济补偿金的诉讼请求，不予支持。	解除程序

【规则精析】

离职是劳动争议的高发期。无论是用人单位还是劳动者解除、终止劳动合同，都需要经过一定的离职程序。离职通知可以从通知本人、通知工会和报告行政部门几个方面进行审视。

一、劳动合同解除时间的确认

首先，协商解除是一种双方行为，用人单位和劳动者均无提前通知双方的义务。

其次，根据《劳动合同法》第三十七条规定，劳动者解除劳动合同，需提前 30 日以书面形式通知用人单位。劳动者在试用期内解除劳动合同，需提前 3 日通知用人单位。

但根据《劳动合同法》第三十八条规定，劳动者被动离职时，可以随时解除劳动合同，无须提前通知。用人单位以暴力、威胁或者非法限制人身自由的手段强迫劳动者劳动的，或者用人单位违章指挥、强令冒险作业危及劳动者人身安全的，劳动者可以立即解除劳动合同，不需事先告知用人单位。

再次，对于劳动合同的到期终止和法定终止，《劳动合同法》没有规定用人单位和劳动者有提前通知双方的义务，但是部分地方性规定给用人单位设置了提前通知的义务。① 不过，即便部分地方性规定给用人单位设置了提前通知的义务，而用人单位没有提前通知的，劳动合同也自然终止。这个提前通知义务的设置是为了给劳动者一个月的重新就业准备的时间，而与劳动合同终止效力无关。

最后，用人单位因劳动者过失解除劳动合同时，可以随时通知劳动者解除劳动合同，而不需要提前通知。用人单位因劳动者非过失解除劳动合同时，根据《劳动合同法》第四十条的规定，应当提前 30 日以书面形式通知劳动者本人或者额外支付劳动者 1 个月工资。

本节案例 1 中，陈某于 2007 年 4 月入职某公司。2017 年 7 月，公司以陈某在工作中存有重大错误和失误为由，对其作出辞退决定，并给予 10 日的申诉期。在陈某提起申诉后。公司明确对陈某仍予以辞退处理。陈某仍不服该决定，再次提起申诉，要求留在公司继续工作。经公司领导层层审批，同意其申诉，其申诉仍在复核阶段。2017 年 9 月，陈某以公司违法解除劳动合同为由，向仲裁委申请仲裁，要求公司支付违法解除劳动合同赔偿金，仲裁委裁决支持陈某请求。公司对裁决不服，遂起诉至法院。

法院经审理后认为，公司发出通知明确对陈某予以辞退处理，属单方解除劳动合同，该意思表示到达陈某即生效，而陈某发起的申诉实质是陈某向公司发出了要求撤销辞退决定的新要约。本案中，陈某向公司发出了要求撤销辞退决定的要约，公司签署“收到”，并未明确表示是否同意撤销辞退决定，且此时陈某已经向仲裁委申请仲裁，要求公司支付违法解除劳动合同赔偿金。因公司未在合理期限内作出的承诺与要约内容不一致，且陈某以申请仲裁的方式撤销了其要求撤销辞退决定的要约，故应认定双方未能就撤销辞退决定达成合意，双方的劳动关系于公司发出通知时解除。公司单方解除与陈某的劳动合同时未事先将理由通知工会，为违法解除，应当支付赔偿金。

① 《北京市劳动合同规定》第四十条规定：“劳动合同期限届满前，用人单位应当提前 30 日将终止或者续订劳动合同意向以书面形式通知劳动者，经协商办理终止或者续订劳动合同手续。”第四十七条规定：“用人单位违反本规定第四十条规定，终止劳动合同未提前 30 日通知劳动者的，以劳动者上月日平均工资为标准，每延迟 1 日支付劳动者 1 日工资的赔偿金。”《辽宁省劳动合同规定》第二十七条第一款规定：“劳动合同期限届满前，用人单位应当提前 30 日将终止或者续订劳动合同意向以书面形式通知劳动者，经协商办理终止或者续订劳动合同手续……”

规则一：用人单位发出通知明确对劳动者予以辞退处理，属单方解除劳动合同，该意思表示到达劳动者即生效。

——南通市海门区人民法院劳动争议典型案例之四（2018 年度）

这句话如何理解？司法机关在审理解除终止劳动合同争议时，首先要确定当事人劳动关系是否已解除以及解除的日期。因解除与否及解除时间发生争议的，按谁主张谁举证处理。一般来说，解除劳动合同日期应以用人单位送达通知的日期为准。但是这不是绝对的。

如在某案中，9 月 29 日下午公司工作人员找某职工谈话，决定辞退他，当天送达给他解除劳动合同通知，但他拒收，工作人员又邮寄了一份解除劳动合同通知。后这位职工称自己 10 月 8 日才收到解除劳动合同通知，所以解除劳动合同日期应为 10 月 8 日，故要求确认 9 月 30 日至 10 月 8 日存在劳动关系，但是法院不予支持。[①] 因为在 9 月 29 日用人单位单方解除劳动合同的意思表示已经送达劳动者。

二、单方解除理解的确认

本节案例 2 案情大致如下：孙贤锋根据淮安西区人力资源开发有限公司（以下简称西区公司）安排，负责江苏省灌南县堆沟港镇区域的顺丰快递收派邮件工作。2017 年 10 月 30 日，西区公司出具解除劳动合同通知书，载明孙贤锋在未履行请假手续也未经任何领导批准情况下，自 2017 年 10 月 20 日起无故旷工 3 天以上，依据国家的相关法律法规及单位规章制度，经单位研究决定自 2017 年 10 月 20 日起与孙贤锋解除劳动关系。之后，孙贤锋向江苏省灌南县劳动人事争议仲裁委员会申请仲裁，仲裁裁决后孙贤锋不服，遂诉至法院，要求西区公司支付违法解除劳动合同赔偿金。

西区公司在案件审理过程中提出，孙贤锋在职期间存在未按规定着工作服、代人打卡、谩骂主管以及未按照公司规章制度及时上交营业款项等违纪行为，严重违反用人单位规章制度；自 2017 年 10 月 20 日起，孙贤锋在未履行请假手续且未经批准的情况下无故旷工多日，依法自 2017 年 10 月 20 日起与孙贤锋解除劳动

---

① 案号：上海市嘉定区人民法院（2017）沪 0114 民初 12558 号。

关系，符合法律规定。

江苏省灌南县人民法院判决西区公司支付孙贤锋经济赔偿金。西区公司不服，提起上诉。江苏省连云港市中级人民法院驳回上诉，维持原判。

规则二：人民法院在判断用人单位单方解除劳动合同行为的合法性时，应当以用人单位向劳动者发出的解除通知的内容为认定依据。在案件审理过程中，用人单位超出解除劳动合同通知中载明的依据及事由，另行提出劳动者在履行劳动合同期间存在其他严重违反用人单位规章制度的情形，并据此主张符合解除劳动合同条件的，人民法院不予支持。

——最高人民法院指导案例 180 号：孙贤锋诉淮安西区人力资源开发有限公司劳动合同纠纷案

法院生效裁判认为：用人单位单方解除劳动合同是根据劳动者存在违法违纪、违反劳动合同的行为，对其合法性的评价也应以作出解除劳动合同决定时的事实、证据和相关法律规定为依据。用人单位向劳动者送达的解除劳动合同通知书，是用人单位向劳动者作出解除劳动合同的意思表示，对用人单位具有法律约束力。

解除劳动合同通知书明确载明解除劳动合同的依据及事由，人民法院审理解除劳动合同纠纷案件时应以该决定作出时的事实、证据和法律为标准进行审查，不宜超出解除劳动合同通知书所载明的内容和范围。否则，将偏离劳动关系双方所争议的解除劳动合同行为的合法性审查内容，导致法院裁判与当事人诉讼请求以及争议焦点不一致；同时，也违背民事主体从事民事活动所应当秉持的诚实信用这一基本原则，造成劳动关系双方权益保障的失衡。

我国法律对于用人单位的单方解除，强调非经法定情形不得解除的原则。用人单位行使单方即时解除权，应当举证证明解除符合法定的理由（《劳动合同法》第三十九条、第四十条、第四十一条），并应当事先将理由通知工会（《劳动合同法》第四十三条）。对于用人单位已经作出的各种类型的解除决定，是否可以视庭审中的情况再做变更呢？因为劳动者的申诉是针对企业已经作出的决定来进行的，企业的这种行为已经发生效力，所以无法撤销或者变更。

故以上指导性案例中的裁判规则，在司法实践中还是比较统一的。如浙江省高级人民法院民事审判第一庭、浙江省劳动人事争议仲裁院《关于审理劳动争议若干问题的解答（三）》（浙高法民一〔2018〕9 号）第八条规定："……对用人单位是否构成违反解除劳动合同的审查，应当围绕用人单位在解除劳动合同当时所提出的事由或情形，用人单位事后补充的劳动者存在用人单位可单方解除劳动合同的其他事由或情形，均不纳入审查范围。"

但如用人单位未送达有解除理由的书面通知，又应当如何处理呢？从《劳动合同法》第三十九条和第四十条的文义来看，用人单位只需要有单方解除劳动合同的合法理由，并通知劳动者解除劳动合同（履行劳动合同附属义务）即可，而无须告知劳动者具体的解除理由。当然，有一种情形例外，就是根据《劳动合同法》第二十一条的规定，用人单位在试用期解除劳动合同的，应当向劳动者说明理由。

不管怎么说，必须存在合法的解除理由与必须说明合法的解除理由还是有区别的。但当劳动者要求用人单位说明解除理由时，用人单位有义务通知解除的理由。《德国民法典》第二百四十二条规定了其请求权的基础。在我国司法实践中，未送达有解除理由的书面通知，被认为其行为确有瑕疵，但未告知解除理由不等于无理由解除甚至违法解除。

但需注意的是，用人单位行使解除权时已说明理由，在裁诉阶段变更解除理由的，应以行使解除权时的理由为准。但如用人单位未送达有解除理由的书面通知，其行为确有瑕疵，但未告知解除理由不等于无理由解除。如用人单位在裁诉阶段补强说明解除理由的，应以其在首次仲裁庭审中关于解除理由的表述为准。用人单位行使解除权时有多个解除理由的，需对多个解除理由逐一审查，只要其中有一个理由符合解除条件，即可认定用人单位的解除行为合法。

尽管用人单位解除劳动合同时，未告知解除理由不等于无理由解除，但是仍存有一定的法律风险。

首先，用人单位行使单方解除权却"师出无名"，容易激化双方的矛盾。其次，用人单位难以固定解除的类型。如用人单位发送的解除通知书上只写"双方解除劳动关系"，事后用人单位主张是"违纪解除"（不必支付经济补偿），而劳动者主张是"用人单位提出协商解除劳动合同，双方协商一致解除"（应支付经济补偿），就容易引发争议。最后，尽管法律没有规定用人单位应将解除理由通知工会，但毕竟还规定了用人单位单方解除劳动合同，应当事先将理由通知工会。

故建议用人单位在发出《解除通知书》时，还是要写明解除理由并列举违纪事实，但可作兜底性的表述，如"本公司依据《劳动合同法》第三十九条第

（二）项规定解除您的劳动合同。您的违纪事实包括但不限于如下严重违纪事实……”

三、单方解除劳动合同程序

用人单位单方解除劳动合同，还应当事先将理由通知工会。用人单位违反法律、行政法规规定或者劳动合同约定的，工会有权要求用人单位纠正。用人单位应当研究工会的意见，并将处理结果书面通知工会。对于协商解除和劳动者解除、合同终止则无须通知工会。

最高人民法院《关于审理劳动争议案件适用法律问题的解释（一）》第四十七条规定："建立了工会组织的用人单位解除劳动合同符合劳动合同法第三十九条、第四十条规定，但未按照劳动合同法第四十三条规定事先通知工会，劳动者以用人单位违法解除劳动合同为由请求用人单位支付赔偿金的，人民法院应予支持，但起诉前用人单位已经补正有关程序的除外。"

规则三：用人单位举示的证据不足以证明其在解除合同前，依法履行了通知工会的义务，应认定用人单位解除劳动合同违法。

——重庆市高级人民法院发布第六批劳动争议十大典型案例之八（2020年发布）

本节案例2中，重庆某开发公司以劳动者“在试用期被证明不符合录用条件”为由解除劳动合同，但是法院认为，重庆某开发公司举示的证据亦不足以证明其在解除合同前，依法履行了通知工会的义务，遂认定某开发公司解除劳动合同违法，并判决某开发公司承担相应的法律责任。

对于依法履行通知工会的义务，用人单位负有举证责任。对于试用期员工，很多单位都认为可以随时解除劳动合同，忽略了通知工会程序。其实这是错误的想法，通知工会程序是针对所有的用人单位单方解除劳动合同行为而言的，并不因员工是否系试用期而有所区别。

还需注意，很多用人单位仅仅书面通知工会将要解除某员工的劳动合同，却没有说明解除的理由。根据法律规定，用人单位应当将解除理由通知工会。

本节案例3中，2019年8月15日，某公司向工会发送解除劳动合同通知工会函，载明：侯某某已连续旷工 7 天，严重违反公司制度，违反劳动合同约定，拟给予侯某某开除处分，即日起无偿解除劳动合同。2019 年 8 月 16 日，工会回函某公司，同意开除侯某某、无偿解除与侯某某的劳动合同。2019 年 8 月 16 日，某公司作出了（2019）016 号关于开除侯某某的处罚决定通知，并向侯某某进行了送达。最后法院判决："经工会同意，某公司根据《奖惩管理制度》的规定解除了与侯某某的劳动关系，不违反法律规定，故对侯某某主张某公司支付经济补偿金的诉讼请求，不予支持。"

尽管法律没有规定单方解除劳动合同一定要经过工会同意，但是实践中目前很多企业工会会在收到企业的解除通知后予以签章确认或者送达回执。这是一种比较稳妥的通知工会的方式，有利于企业举证。

另外，是否只有建立了工会组织的用人单位，在单方解除劳动合同时才有通知工会的义务，没有建立工会组织的用人单位则没有这项义务？实践中，有三种理解口径。

第一种意见认为，用人单位尚未建立工会的，应通知用人单位所在地工会。[①]

第二种意见认为，用人单位尚未建立基层工会，可告知并听取职工代表意见或者向当地工会组织（行业工会组织）征求意见。[②]

第三种意见认为，对尚未建立工会的用人单位并无通知工会的明确要求。用人单位解除劳动合同事先通知工会，并不是需要得到工会同意或者批准。通知工会并不是对用人单位的解除行为作出的合法性背书。解除劳动合同的合法性仍需要劳动仲裁和法院在劳动争议处理程序中依法确认。

此外，一般理解这里的工会仅指内部的工会组织，而不包括区县总工会、市总工会或者全国总工会。因此，已经建立工会的用人单位单方解除劳动合同的，

---

① 《江苏省劳动合同条例》第三十一条第二款规定："用人单位单方解除劳动合同，应当事先将理由通知工会；用人单位尚未建立工会的，通知用人单位所在地工会。"

② 宁波市中级人民法院《关于审理劳动争议案件若干疑难问题的解答（三）》第五条规定：对于尚未建立工会组织的用人单位作出解除劳动合同决定的，最高人民法院《关于审理劳动争议案件适用法律若干问题的解释（四）》第十二条未作出明确规定。但从《劳动合同法》第四十三条避免用人单位随意解除劳动合同、保障职工劳动权利和生存权利的立法意旨来看，即使用人单位尚未建立基层工会，也可通过告知并听取职工代表意见或者向当地工会组织（行业工会组织）征求意见等变通方式来履行告知义务，否则就会助涨用人单位抵制成立工会之风，对已经成立工会的用人单位也不公平。

需要通知工会；对尚未建立工会的用人单位并无明确要求。[①]

虽然部分地方没有要求规定未组建工会的用人单位，在单方解除劳动合同时，一定要通知地区工会，但是一旦因此发生劳动争议，用人单位应就没有组建工会提供证明。

用人单位与其在发生争议后再花工夫证明其未组建工会，不如在单方解除劳动合同时，主动提前通知其所在的注册地或经营地工会或者行业工会，并对已经履行通知工会义务的证据留存，如快递单、通知书、盖有工会公章的回执等书面证据。

另外，如果在作出解雇决定时未通知任何工会，也未听取职工代表意见的，最好在劳动者提起仲裁、诉讼前补正程序，通知相关工会。

【操作建议】

1. 按照规定或约定及时提前通知

建议用人单位在劳动者劳动合同期满前 30 日提前与劳动者口头沟通劳动合同终止事宜，同时准备好《劳动合同终止协议书》。如果沟通时劳动者同意终止，则建议双方立即签订书面协议确认劳动合同期满时终止。这一做法，一方面可以固定劳动者同意终止的意见，另一方面签订书面协议的行为也可以理解为公司履行了提前通知义务，还可以化解劳动关系项下其他问题的法律风险。

2. 书面通知续延劳动合同

用人单位可在劳动合同期满日前或当日发出书面通知，通知劳动者劳动合同依法续延。但不建议同时通知续延期满时终止该劳动合同，以免激化矛盾，同时也保留变化余地。

3. 遇到特殊情况不可强行终止

用人单位善意提前通知后确实有劳动者以患病甚至怀孕等办法给用人单位制造终止障碍。这种情况下，用人单位只能面对并依法处理，不可强行终止，否则

---

① 天津法院《劳动争议案件审理指南》第二十一条规定："……未建立工会的用人单位根据《劳动合同法》第三十九条、第四十条规定解除劳动合同，劳动者以用人单位未通知所在地工会或者行业工会为由主张违法解除劳动合同的，不予支持。"山东省烟台市中级人民法院、山东省烟台市人力资源和社会保障局《关于劳动争议案件裁审衔接问题的处理意见》第十条规定："没有建立工会组织的用人单位，解除劳动合同符合《劳动合同法》第三十九条、第四十条规定，劳动者以用人单位未按照该法第四十三条规定事先通知工会为由主张用人单位违法解除劳动合同，要求支付赔偿金，不予支持。"

构成违法终止。对于签订了二次固定期限劳动合同的情况，用人单位更要小心应对，不可随意通知终止。

【相关法规】

1. 协商解除劳动合同

《劳动合同法》第三十六条： 用人单位与劳动者协商一致，可以解除劳动合同。

2. 劳动者提前通知解除劳动合同

《劳动合同法》第三十七条： 劳动者提前三十日以书面形式通知用人单位，可以解除劳动合同。劳动者在试用期内提前三日通知用人单位，可以解除劳动合同。

3. 劳动者单方解除劳动合同

《劳动合同法》第三十八条： 用人单位有下列情形之一的，劳动者可以解除劳动合同：

（一）未按照劳动合同约定提供劳动保护或者劳动条件的；

（二）未及时足额支付劳动报酬的；

（三）未依法为劳动者缴纳社会保险费的；

（四）用人单位的规章制度违反法律、法规的规定，损害劳动者权益的；

（五）因本法第二十六条第一款规定的情形致使劳动合同无效的；

（六）法律、行政法规规定劳动者可以解除劳动合同的其他情形。

用人单位以暴力、威胁或者非法限制人身自由的手段强迫劳动者劳动的，或者用人单位违章指挥、强令冒险作业危及劳动者人身安全的，劳动者可以立即解除劳动合同，不需事先告知用人单位。

4. 用人单位单方解除劳动合同（过失性辞退）

《劳动合同法》第三十九条： 劳动者有下列情形之一的，用人单位可以解除劳动合同：

（一）在试用期间被证明不符合录用条件的；

（二）严重违反用人单位的规章制度的；

（三）严重失职，营私舞弊，给用人单位造成重大损害的；

（四）劳动者同时与其他用人单位建立劳动关系，对完成本单位的工作任务造成严重影响，或者经用人单位提出，拒不改正的；

（五）因本法第二十六条第一款第一项规定的情形致使劳动合同无效的；

（六）被依法追究刑事责任的。

5. 无过失性辞退

《劳动合同法》第四十条：有下列情形之一的，用人单位提前三十日以书面形式通知劳动者本人或者额外支付劳动者一个月工资后，可以解除劳动合同：

（一）劳动者患病或者非因工负伤，在规定的医疗期满后不能从事原工作，也不能从事由用人单位另行安排的工作的；

（二）劳动者不能胜任工作，经过培训或者调整工作岗位，仍不能胜任工作的；

（三）劳动合同订立时所依据的客观情况发生重大变化，致使劳动合同无法履行，经用人单位与劳动者协商，未能就变更劳动合同内容达成协议的。

6. 经济性裁员

《劳动合同法》第四十一条：有下列情形之一，需要裁减人员二十人以上或者裁减不足二十人但占企业职工总数百分之十以上的，用人单位提前三十日向工会或者全体职工说明情况，听取工会或者职工的意见后，裁减人员方案经向劳动行政部门报告，可以裁减人员：

（一）依照企业破产法规定进行重整的；

（二）生产经营发生严重困难的；

（三）企业转产、重大技术革新或者经营方式调整，经变更劳动合同后，仍需裁减人员的；

（四）其他因劳动合同订立时所依据的客观经济情况发生重大变化，致使劳动合同无法履行的。

裁减人员时，应当优先留用下列人员：

（一）与本单位订立较长期限的固定期限劳动合同的；

（二）与本单位订立无固定期限劳动合同的；

（三）家庭无其他就业人员，有需要扶养的老人或者未成年人的。

用人单位依照本条第一款规定裁减人员，在六个月内重新招用人员的，应当通知被裁减的人员，并在同等条件下优先招用被裁减的人员。

7. 工会在劳动合同解除中的监督作用

《劳动合同法》第四十三条：用人单位单方解除劳动合同，应当事先将理由通知工会。用人单位违反法律、行政法规规定或者劳动合同约定的，工会有权要求用人单位纠正。用人单位应当研究工会的意见，并将处理结果书面通知工会。

11.3 离职手续：单位未出具解除证明应如何赔偿？

【案例索引】

序号	典型案例	裁判要旨	关键词
1	广东省高级人民法院发布劳动争议十大典型案例之七（2022年发布）	用人单位与劳动者解除劳动合同后，劳动合同中约定的权利义务虽已终止，但双方当事人仍应依法履行劳动关系结束后的附随义务，以免影响劳动者再就业和企业正常生产经营。	劳动合同附随义务
2	重庆市高级人民法院发布第八批劳动争议十大典型案例之十（2022 年发布）	建造师执业资格证书是专属劳动者个人的档案材料，是劳动者以自己的专业就业的资格证明。解除劳动合同后，劳动者要求原用人单位返还执业资格证书并解除注册的，应予支持。	档案
3	《公报》案例：蔡玉龙诉南京金中建幕墙装饰有限公司劳动合同纠纷案	关于赔偿标准，原告蔡玉龙在被告金中建公司的工资标准是其工资能力和工作业绩的真实反映，其损失以该工资作为计算依据较为客观合理，因此赔偿标准认定为蔡玉龙在金中建公司离职前 12 个月平均工资为 13975 元，计算期间酌定为 4 个月。	离职证明
4	北京市劳动人事争议仲裁十大典型案例之七（2019 年发布）	房地产经纪公司在《离职证明》中写明离职原因无相关依据，故对姜某要求重新开具《离职证明》的请求予以支持。	离职证明

【规则精析】

劳动合同本质为债，诚实信用原则为其附随义务的法理基础。劳动合同是劳动者与用人单位之间签订的，以劳动者一方提供劳动力，用人单位一方支付相应报酬为标的的合同。但是劳动合同义务除了给付义务之外，还有附随义务。

劳动合同附随义务是基于诚实信用原则，即使在用人单位和劳动者之间没有约定，法律亦没有规定的情况下，劳动合同当事人亦应遵守的义务。劳动合同解除终止后，合同当事人还应维护给付效果或者妥善处理合同解除终止的通知、协助、保密等义务。违反附随义务给对方当事人造成损失的，应当承担赔偿责任。

一、双方当事人应依法履行劳动关系结束后的附随义务

根据《劳动合同法》第五十条第一款规定：用人单位应当在解除或者终止劳

动合同时出具解除或者终止劳动合同的证明，并在十五日内为劳动者办理档案和社会保险关系转移手续。

这是劳动关系的强制性的附随义务（后合同义务），并非建立在互负给付义务的双务合同之上，而是基于对劳动弱势群体的保护。该义务在劳动关系中具有一定的独立性，不受其他因素的制约，不因员工的过错而免除。

规则一：用人单位与劳动者解除劳动合同后，劳动合同中约定的权利义务虽已终止，但双方当事人仍应依法履行劳动关系结束后的附随义务，以免影响劳动者再就业和企业正常生产经营。

——广东省高级人民法院发布劳动争议十大典型案例之七（2022 年发布）

本节案例 1 中，张某在某医院担任副主任医师，在劳动合同履行期间，张某向医院递交辞职报告满一个月后自行离职。其后，医院作出除名决定，以张某旷工、严重违反规章制度为由给予其除名处分，解除双方签订的《聘用合同》。张某向法院起诉，请求医院解除对其医通卡的绑定。

广东省高级人民法院经审理认为：医通卡是张某作为医疗卫生行业的专业技术人员进行后续职业教育的依据，关系到张某的再就业。在双方劳动合同关系解除后，为张某办理医通卡解除绑定手续属于医院应履行的后合同义务，并不以张某是否完成离职手续为转移。张某请求医院解除对其医通卡的绑定，有事实和法律依据，应予支持。

需注意，《劳动合同法》第五十条第一款立法目的在于充分保障劳动者后期再就业的权利。对于条款中的“档案”，应做扩大意义的理解，除了人事档案，劳动者的执业资格证书、医通卡、飞行员的飞行经历记录本等，都属于“档案”的范畴。

建造师执业资格证书是专属劳动者个人的档案材料，是劳动者以自己的专业就业的资格证明。解除劳动合同后，劳动者要求原用人单位返还执业资格证书并解除注册的，应予支持。

本节案例 2 中，邓某与某建筑工程公司于 2018 年 8 月 13 日签订《解聘合同书》，双方劳动关系解除。该合同约定某建筑工程公司归还邓某建造师执业资格证书、注册证书、资格章等物品。建造师执业资格证书是专属劳动者个人的档案材料，是劳动者能依凭自己的专业所长就业的资格证明，用人单位拒不交还，不仅违反了双方约定并且对劳动者再次就业造成妨碍，侵犯了劳动者权益。某建筑工程公司应当遵循诚实信用原则，按约定履行相关义务，故对邓某要求返还资格证书并从重庆市建设工程施工安全管理网（官网）解除注册，应予支持。

当然从劳动者方面来讲，也有遵循诚实信用的原则办理工作交接的附随义务。根据《劳动合同法》第五十条的规定：劳动者应当按照双方约定，办理工作交接。大多数情况下，对于工作交接的内容，可以按约定内容进行。

如劳动者需要及时将自己的办公桌腾空，以便留给未来的接替者；返还公司的财物以及相关经营资料，包括：租赁房、公务用车、经营借款、笔记本电脑、手机、平板电脑、工作制服等，还包括存储在电脑硬盘上的相关数据及文件。

还有工作内容的交接，包括：某零件供应商联系名册、某服务客户名单、某网站功能代码、内部员工清册、某测试产品模型、经营款等。

但是实践中，用人单位基于强势性地位，在劳动者离职时，对于工作交接的内容作出了较多的约定，有些事项甚至无法继续履行，因此对于办理工作交接的实质意思，需要予以明确。故有法官认为，工作交接指的是劳动者就其工作状况及进展情况与公司确定的交接人进行说明，将其未完成的工作内容和已完成的工作成果转移给他人。①

二、用人单位未出具解除证明的赔偿责任

离职证明虽然不属于合同内容，但法律规定合同当事人必须履行。离职证明对单位而言，是对用人单位和劳动者之间终结劳动关系的最明确的证据，是对其他用人单位和社会的公示。对离职员工而言，是转移社保和申领失业保险金的证明和必要材料。

需要说明的是，出具离职证明是用人单位的法定义务，即使离职员工不配合工作交接，公司也必须为其开具离职证明。

《劳动合同法实施条例》第二十四条规定：离职证明必须写明劳动合同期限、解除或者终止劳动合同的日期、工作岗位、在本单位的工作年限。

离职证明必须注明以上法律条例中注明的必备项，同时还应写明开具证明的具体日期，并加盖公司公章。除此之外，离职证明也可作为产生劳资纠纷时的重

---

① 龚莉婷：《劳动关系解除后的后合同义务的范围》，载《中国法院 2019 年度案例：劳动纠纷》，中国法制出版社 2019 年版，第 118 页。

要凭证。基于其用途，离职证明还应该包含一些可备项：员工姓名、身份证号码、入职日期、离职日期、所在部门、担任职务及其他竞业协议需交代的事项。

用人单位不及时为劳动者办理离职手续应如何赔偿？

规则二：关于赔偿标准，劳动者在原公司的工资标准是其工资能力和工作业绩的真实反映，其损失以该工资作为计算依据较为客观合理，因此赔偿标准认定为劳动者在原公司离职前12个月平均工资。

——《公报》案例：蔡玉龙诉南京金中建幕墙装饰有限公司劳动合同纠纷案

本节案例3中，法院认为：蔡玉龙入职时将自己的档案、就业证、一级建造师证及印章、一级建造师注册证书、高工证和注册安全工程师证及资格证、安全B证交给金中建公司。双方劳动关系于2015年4月28日解除后，金中建公司未在法律规定的期限内为蔡玉龙办理离职手续，金中建公司于11月30日才归还相关证件，庭审时证件转出手续仍未办理，远超过合理期限，蔡玉龙在证件未归还和证件手续未转出时无法向新用人单位出示，严重影响新用人单位对其职业能力的判断，必然影响其再次就业。故对蔡玉龙要求金中建公司出具离职证明，协助办理建造师转出、社会保险和公积金转移等离职手续的诉讼请求，予以支持。

金中建公司未及时为蔡玉龙办理离职手续，已经影响蔡玉龙再次就业的权益，应给予蔡玉龙赔偿。关于赔偿标准，蔡玉龙在金中建公司的工资标准是其工资能力和工作业绩的真实反映，其损失以该工资作为计算依据较为客观合理，因此赔偿标准认定为蔡玉龙在金中建公司离职前12个月平均工资13975元，计算期间酌定为4个月。

《劳动合同法》第八十九条规定：用人单位未向劳动者出具该证明的，不仅可能会被劳动行政部门责令改正，给劳动者造成损害的，还应当承担赔偿责任。

用人单位不及时办理上述事项，致使劳动者在再次就业时无法办理相关入职手续，或者无法出示相关证件，严重影响新用人单位对劳动者工作态度和职业能力的判断，从而导致劳动者不能顺利就业，损害劳动者再就业权益的，应对劳动者的未就业损失进行赔偿。

对于具体的赔偿标准，各地有不同的规定。如《关于实施〈上海市劳动合同条例〉若干问题的通知（二）》第五条规定，“（一）劳动合同关系已经解除或者终止，用人单位未按《条例》规定出具解除或者终止劳动合同关系的有效证明或未及时办理退工手续，影响劳动者办理失业登记手续造成损失的，用人单位应当按照失业保险金有关规定予以赔偿；给劳动者造成其他实际损失的，用人单位应当按照劳动者的请求，赔偿其他实际损失，但不再承担法定失业保险金的赔偿责任。（二）因劳动者原因造成用人单位未能及时办理退工手续的，其损失由劳动者承担”。

根据以上规定，用人单位在解除或者终止劳动合同后未出具有效证明或未及时办理退工手续给劳动者造成的损失分为两类：一是影响办理失业登记手续的损失；二是其他实际损失。实践中，有关部门结合审理查明的事实和有关实体规定，确定用人单位需要承担的责任，作出处理。其中劳动者要求用人单位承担延误退工损失，但未提供有效证据证明其实际损失的，应裁决用人单位应按劳动者可以领取的失业金标准赔偿损失。如有的劳动者主张与新用人单位口头约定了工资标准，但在无其他证据佐证的情况下，有关部门难以以此作为经济损失的计算基数，而应以失业保险金为计算基数。

司法实践中，对于劳动者要求用人单位赔偿为出具离职证明造成损失的赔偿责任，双方各自承担的证明义务以及举证责任的分配问题，有法官认为，对于存在损害责任的证明义务，当劳动者完成了证明其与用人单位已经解除终止了劳动关系的举证责任后，如果用人单位抗辩称已经为劳动者出具了离职证明，则其应当承担确已向劳动者出具离职证明的证明义务。对于存在损害后果的证明义务，劳动者应举证新用人单位招聘流程真实存在、录用中载明录用的岗位、薪资标准、终止录用通知书。此外，劳动者还要证明终止录用与原单位未出具离职证明存在因果关系。[①]

三、离职证明中是否可以写明离职原因

本节案例 4 中，房地产经纪公司向姜某出具的离职证明中载明，双方解除劳动合同的原因系姜某严重违反公司规章制度。姜某认为房地产经纪公司属于违法解除，要求支付赔偿金，并不同意离职证明中写明离职原因，要求重新出具离职证明。仲裁委经审理后认为，房地产经纪公司在离职证明中写明离职原因无相关

---

① 易晶晶：《未出具离职证明造成损失的举证责任分配》，载《中国法院 2021 年度案例：劳动纠纷》，中国法制出版社 2021 年版，第 153 页。

依据，故对姜某要求重新开具离职证明的请求予以支持。

规则三：用人单位在《离职证明》中写明离职原因无相关依据，故对劳动者要求重新开具《离职证明》的请求予以支持。

——北京市劳动人事争议仲裁十大典型案例之七（2019年发布）

北京市劳动人事争议仲裁委员会认为：首先，劳动者是否严重违反公司规章制度、以及公司是否合法解除，均属于双方存在较大争议的事项，对于双方争议的事项，只有仲裁机构或人民法院有权依法作出认定，公司作为争议一方，无权就双方之间的争议事项向离职劳动者将来的供职单位作出有利于己方的、带有主观倾向的、结论性的认定。

其次，为防范用人单位违背诚实信用原则，利用出具解除劳动合同证明的机会，变义务为“权力”，《劳动合同法实施条例》第二十四条专门对解除劳动合同证明的内容进一步作出明确限定：“用人单位出具的解除、终止劳动合同的证明，应当写明劳动合同的期限、解除或终止劳动合同的日期、工作岗位、在本单位的工作年限。”显然，上述法定内容均属关于劳动合同履行的基本信息，具有客观性，不带有主观性，且易于证明、不容易起争议。

用人单位及时依法向劳动者出具解除劳动合同证明，系法律课以用人单位的后合同义务，而公司利用信息的不透明，向离职劳动者将来的供职单位作含有价值评判性质的、不属于法定内容的、不利于劳动者的记载，给劳动者的再就业制造障碍，该行为违背了诚实信用原则，也是对法定义务的违反。

但是对于离职证明中包含对劳动者不利事项，劳动者是否可以要求重开，司法实践中有不同的观点。

2016年4月8日，广州某公司向某职工出具《解除（终止）劳动合同证明书》，其中第二条解除劳动合同的原因写了两条：（1）严重违反用人单位的规章制度；（2）劳动者不能胜任工作。该职工提出劳动仲裁，要求公司删除解除（终止）劳动合同证明书第二条后重新出具解除劳动合同证明文件。广州市劳动人事争议仲裁委员会裁决驳回关某仲裁请求。

一审法院认为：《劳动合同法实施条例》第二十四条并没有排除解除劳动合同证明书上记载解除劳动合同的原因，故该职工以此为由要求公司删除解除（终止）劳动合同证明书第二条后重新出具解除劳动合同证明文件，本院不予支持。

二审法院认为：公司出具的解除（终止）劳动合同证明书虽记载了解除劳动合同的原因，但也不构成违背《就业促进法》中“劳动者依法享有平等就业和自主择业的权利。劳动者就业，不因民族、种族、性别、宗教信仰等不同而受歧视”的规定。最后广东省高级人民法院裁定：驳回该职工的再审申请。[①]

比较而言，笔者还是认为本节案例 4 的判决更具合理性。这不仅是因为《劳动合同法实施条例》第二十四条是完全例举，更是由于该条款的立法目的是保障劳动者再就业的权利。而不利于劳动者再就业的记载既无法律依据，也与该条款的立法目的相悖。

另外，在实际操作中，这个解除或者终止劳动合同的证明，是否指的就是解除终止劳动合同通知书呢？各地也有不同的规定。如上海的用人单位在通常情况下，只要按规定出具了退工单，就视为履行了法定的“出具解除或者终止劳动合同的证明”义务。而这个退工单上只有“合同解除”或“合同终止”两个选项，并没有细化解除的类型。

即便是用人单位自己出具离职证明，也可以不写解除的类型。因为一旦写上了“严重违纪解除”或“不胜任解除”等解除类型，用人单位就需承担举证责任。在司法实践中，当用人单位依据上述规定对员工作出解除决定时，往往被裁审机构判定违法解除，在劳动仲裁或者诉讼中面临败诉风险。

【操作建议】

1. 要求劳动者根据双方约定办理工作交接

用人单位有责任建立工作工具的领取登记制度，对于房子、车子这种价值高的东西，有必要签署协议，确保劳动者离职后，可以如约归还。在工具的归属上发生疑问时，用人单位需要拿出证据证明自己确实提供了这些工具。

2. 劳动者在离职之后，仍然可以再办理工作交接

用人单位认为劳动者有某项工作内容未交接，但是劳动者认为已交接的，用人单位需要证明存在这项内容。有时候，用人单位为了履行某些诸如离职审计之类的手续，并不积极接收，此时并不影响劳动者事先确定的离职时间。劳动者在离职之后，仍然可以再办理工作交接，但是因此产生的费用可以要求用人单位承担。

---

① 案号：广东省高级人民法院（2019）粤民申 3686 号。

3. 离职职工私删公司资料的处理

保证公司财物和相关经营数据文件的完整性是劳动者理应遵守的基本义务，在未得到公司许可下，员工不得擅自删除公司经营文件。由此给公司造成损失的，公司可以要求赔偿，包括要求过错方承担密码解锁及数据恢复等费用。如果因此构成经济损失或重大经济损失还可能属于违法行为或犯罪行为，需要承担违法责任或刑事责任。①

4. 归还《就业创业证》

现在国家在推广《就业创业证》（《劳动手册》）作为劳动者工作的记录，有用人单位时，登记证交给单位保管，离职时依法应当由用人单位记载内容后交还给劳动者的手续，用人单位不要遗漏。

【相关法规】

1. 劳动合同解除或者终止后双方的义务

《劳动合同法》第五十条：用人单位应当在解除或者终止劳动合同时出具解除或者终止劳动合同的证明，并在十五日内为劳动者办理档案和社会保险关系转移手续。

劳动者应当按照双方约定，办理工作交接。用人单位依照本法有关规定应当向劳动者支付经济补偿的，在办结工作交接时支付。

用人单位对已经解除或者终止的劳动合同的文本，至少保存二年备查。

2. 不出具解除、终止书面证明的法律责任

《劳动合同法》第八十九条：用人单位违反本法规定未向劳动者出具解除或者终止劳动合同的书面证明，由劳动行政部门责令改正；给劳动者造成损害的，应当承担赔偿责任。

---

① 《刑法》第二百八十六条第一款至第三款：“违反国家规定，对计算机信息系统功能进行删除、修改、增加、干扰，造成计算机信息系统不能正常运行，后果严重的，处五年以下有期徒刑或者拘役；后果特别严重的，处五年以上有期徒刑。违反国家规定，对计算机信息系统中存储、处理或者传输的数据和应用程序进行删除、修改、增加的操作，后果严重的，依照前款的规定处罚。故意制作、传播计算机病毒等破坏性程序，影响计算机系统正常运行，后果严重的，依照第一款的规定处罚……”最高人民法院、最高人民检察院《关于办理危害计算机信息系统安全刑事案件应用法律若干问题的解释》相关规定，破坏计算机信息系统功能、数据或者应用程序，违法所得五千元以上或者造成经济损失一万元以上的，应当认定为《刑法》第二百八十六条第一款和第二款规定的“后果严重”；数量或者数额达到以上规定标准五倍以上的，应当认定为破坏计算机信息系统“后果特别严重”。

3. 劳动者的赔偿责任

《劳动合同法》第九十条： 劳动者违反本法规定解除劳动合同，或者违反劳动合同中约定的保密义务或者竞业限制，给用人单位造成损失的，应当承担赔偿责任。

11.4 离职待遇：自愿放弃缴社保后辞职算被迫辞职吗？

【案例索引】

序号	典型案例	裁判要旨	关键词
1	成都市中级人民法院劳动争议案件审理状况白皮书及十大典型案例之八(2018 年度)	劳动合同期满后，用人单位维持原劳动合同约定的条件续订劳动合同，劳动者提高条件而未与用人单位续订劳动合同达成一致，劳动关系解除，用人单位无须支付经济补偿金或赔偿金。	经济补偿类型
2	天津市人力资源和社会保障局劳动人事争议典型案例之五(2021 年度)	该餐饮单位虽与小张签订自愿放弃缴纳社会保险费的协议，但因违反法律规定，故双方签订的协议无效。根据《劳动合同法》第三十八条、第四十六条的规定，劳动人事争议仲裁委员会支持小张因单位未缴纳社会保险费提出解除劳动合同并要求支付经济补偿的仲裁请求。	经济补偿类型
3	北京市劳动人事争议仲裁十大典型案例之九（2019 年发布）	由于法人单位从业人员平均工资取代了原职工平均工资，故按照《劳动合同法》第四十七条的规定，施某解除劳动合同经济补偿计算基数应为 31776 元，其在投资公司工作 3 年 7 个月，故投资公司应当支付其相当于 4 个月工资的经济补偿金。	经济补偿基数
4	《公报》案例：包利英诉上海申美饮料食品有限公司劳动合同纠纷案	劳动者仍在原工作场所、工作岗位工作，劳动合同主体由原用人单位变更为新用人单位的，应当认定属于“劳动者非因本人原因从原用人单位被安排到新用人单位工作”，工作年限应当连续计算。劳动者用人单位发生变动，对于如何界定是否因劳动者本人原因，不应将举证责任简单地归于新用人单位，而应从该变动的原因着手，查清是哪一方主动引起了此次变动。劳务派遣公司亦不应成为工作年限连续计算的阻却因素。	经济补偿年限

续表

序号	典型案例	裁判要旨	关键词
5	重庆市人力资源和社会保障局劳动争议仲裁十大典型案例之四（2020年度）	虽然劳动者仍在原工作场所、工作岗位工作，但系劳动者主动从原单位辞职后重新入职到新单位，不应认定为《劳动合同法实施条例》第十条所规定的劳动者非因本人原因从原用人单位被安排到新用人单位工作的情形，新用人单位向劳动者提出解除、终止劳动合同，在计算支付经济补偿的工作年限时，劳动者请求把在原用人单位的工作年限合并计算为新用人单位工作年限的，不予支持。	经济补偿年限

【规则精析】

一、经济补偿类型

根据《劳动合同法》《劳动合同法实施条例》等，劳动者离职后用人单位应支付经济补偿的主要是以下几种类型：

第一种类型是“被迫离职”。一般来说，劳动者主动解除劳动合同是没有经济补偿的，但当用人单位存在某些违法情形，包括未按劳动合同约定提供劳动保护或劳动条件；未及时足额支付劳动报酬；未依法为劳动者缴纳社会保险费；用人单位的规章制度违反法律、法规的规定，损害劳动者权益；因用人单位原因致使劳动合同无效；用人单位以暴力、威胁或非法限制人身自由的手段强迫劳动者劳动；用人单位违章指挥、强令冒险作业危及劳动者人身安全等，用人单位应向劳动者支付经济补偿。

第二种类型是用人单位提前提出解约。在协商一致解除劳动合同时，若解除劳动合同的请求是由用人单位提出，应依法支付经济补偿金。

第三种类型是非过失性解约。用人单位提前30日以书面形式通知劳动者本人或者额外支付劳动者1个月工资后，可以解除劳动合同，但需支付经济补偿。

第四种类型是经济性裁员。用人单位应当支付经济补偿。

第五种类型是用人单位不续约。劳动合同期满终止，除用人单位维持或者提高劳动合同约定条件续订劳动合同，劳动者不同意续订的情形外，用人单位应当向劳动者支付经济补偿。

第六种类型是用人单位破产等原因解约。用人单位被依法宣告破产、吊销营业执照、责令关闭、撤销或提前解散的，以及因用人单位经营期限届满不再继续经营导致劳动合同不能继续履行劳动合同依法终止，用人单位应向劳动者支付经济补偿。

第七种类型是用人单位解聘拒绝订约劳动者。用人单位自用工之日起超过 1 个月不满 1 年未与劳动者订立书面劳动合同的，应当与劳动者补订书面劳动合同；劳动者不与用人单位订立书面劳动合同的，用人单位应当书面通知劳动者终止劳动关系，并支付经济补偿金。①

第八种类型是以完成一定工作任务为期限。以完成一定工作任务为期限的劳动合同因任务完成而终止的，用人单位约定向劳动者支付经济补偿金。需注意，这与固定期限劳动合同期满终止，是否应当支付经济补偿的规定不同。劳动合同期满终止，除用人单位维持或者提高劳动合同约定条件续订劳动合同，劳动者不同意续订的情形外，用人单位应当向劳动者支付经济补偿。而以完成一定工作任务为期限的劳动合同因任务完成而终止的，不管双方是否愿意续签，用人单位都应当向劳动者支付经济补偿金。

规则一：劳动合同期满后，用人单位维持原劳动合同约定的条件续订劳动合同，劳动者提高条件而未与用人单位续订劳动合同达成一致，劳动关系解除，用人单位无须支付经济补偿金或赔偿金。

——成都市中级人民法院劳动争议案件审理状况白皮书及十大典型案例之八（2018 年度）

根据《劳动合同法》第四十六条第（五）项，除用人单位维持或者提高劳动合同约定条件续订劳动合同，劳动者不同意续订的情形外，依照本法第四十四条第（一）项规定终止固定期限劳动合同的，用人单位应当向劳动者支付经济补偿。

但是如何判定劳动合同约定条件的维持、提高或降低？法律条款原则性较强，缺少相应的司法解释，且没有公认的客观标准。

司法实践中，有法官认为，判断维持或降低劳动合同约定条件，可以遵循三

① 因劳动者拒绝订立书面劳动合同并拒绝继续履行的，根据上海市高级人民法院《关于〈适用劳动合同法〉若干问题的意见》，“视为劳动者单方终止劳动合同”。这种情形下，用人单位应当支付劳动者已实际工作期间的相应报酬，但无须支付经济补偿金。

个原则。一是比较分析原则。如果用人单位续订劳动合同时，增加了劳动者的义务或者减少了劳动者的权益，就应当认定为降低了劳动合同约定条件。二是全面性原则。从有利于保护劳动者权益出发，当有些条件降低、有些条件提高时，仍应认定为降低了劳动合同约定条件。三是合理性原则。劳动合同约定条件是否降低，应考察条件的变更是否具备合理性。①

本节案例 1 中，胡某与某公司多次签订固定期限劳动合同。2017 年 11 月 2 日，最后一份劳动合同到期。2017 年 11 月 3 日，该公司向胡某邮寄了一份劳动合同续约再次通知书，通知决定与其签订无固定期限劳动合同，要求胡某 2 个工作日内到人事部门办理劳动合同续签手续，如超过时限，公司将视为不同意续签合同，劳动合同终止。

2017 年 11 月 18 日，胡某收到上述通知书及《劳动合同》。次日，胡某将《劳动合同》签字后寄回给该公司，但同时通过手写方式将《劳动合同》上填写的工作地点由“四川省省内”改为“四川省绵阳市”，将每月基本工资由 2480 元改为 3980 元等。

该公司收到胡某寄回的经其修改的《劳动合同》后，于 2017 年 11 月 21 日再次向胡某邮寄一份通知，通知胡某按原劳动合同条款拟订的无固定期限劳动合同文本上签字后（不得修改内容），于 2017 年 11 月 24 日前交至人事部，若到期未交或者对劳动合同条款进行修改，则视为不同意续签劳动合同，双方劳动关系即日起终止。

2017 年 11 月 23 日，胡某收到了上述通知和《劳动合同》文本。胡某再次以手写方式对合同文本作出了与上次完全一致的修改并寄回。该公司收到前述被修改后的《劳动合同》后，于 2017 年 11 月 28 日再次发出通知，通知胡某与公司签订的劳动合同已于 2017 年 11 月 2 日到期，因胡某两次拒绝按照原劳动合同约定条件续签无固定期限劳动合同，故与公司未能建立新的劳动关系，通知胡某于 2017 年 11 月 30 日前办理离职手续。

2017 年 12 月 27 日，胡某向成都市劳动人事争议仲裁委员会申请仲裁，请求裁决该公司支付违法解除劳动关系的双倍赔偿金 177012 元。2018 年 2 月 5 日，该委作出仲裁裁决书，裁决驳回胡某的仲裁请求。胡某不服仲裁裁决起诉到法院，

---

① 范楷强：《续签劳动合同降低条件的认定》，载《中国法院 2019 年度案例：劳动纠纷》，中国法制出版社 2019 年版，第 71 页。

提出前述诉讼请求。

从审理查明的事实可知，导致胡某与公司劳动关系解除的原因并非该公司违法解除劳动关系，而是双方在续签劳动合同过程中就续签的合同内容未协商一致，导致续签失败，劳动关系终止。故胡某要求该公司支付双倍赔偿金的诉讼请求没有事实依据和法律依据，法院据此判决驳回胡某的诉讼请求。

劳资双方符合订立无固定期限劳动合同的条件，劳动者提出续签无固定期限劳动合同的，用人单位应当与其订立无固定期限劳动合同。在双方续签合同时，可参照最后一份固定期限劳动合同来确定合同条款，双方协商一致变更的除外。

而本案中，胡某将该公司提供的续签合同文本中的工作地点、基本工资等核心条款进行了修改，并添加了部分内容；但该合同文本对工作地点、基本工资的约定是与双方最后一份固定期限劳动合同约定相符或者高于相关标准的，胡某如需对条款进行变更和添加，仍应就变更和添加的内容与该公司协商一致。在该公司明确表示不接受上述修改内容的情况下，胡某最终未签订该劳动合同，即双方并未就新的合同内容达成一致意见，双方劳动关系自胡某离职时即解除。上述情况下，用人单位不应支付经济补偿金或赔偿金。

规则二：用人单位单位虽与劳动者签订自愿放弃缴纳社会保险费的协议，但因违反法律规定，故双方签订的协议无效。根据《劳动合同法》第三十八条、第四十六条的规定，劳动人事争议仲裁委员会支持劳动者因单位未缴纳社会保险费提出解除劳动合同并要求支付经济补偿的仲裁请求。

——天津市人力资源和社会保障局劳动人事争议典型案例之五（2021 年度）

本节案例 2 中，小张于 2019 年春节后入职一家餐饮业单位从事服务员工作，双方签订 3 年期限劳动合同，合同期限为 2019 年 2 月至 2022 年 1 月，约定薪酬为每月 2500 元。单位同时要求小张提供相关身份证明，由该单位为其在津缴纳社会保险。小张觉得若由企业为其缴纳社会保险，每个月要从其工资中扣除几百元的个人缴纳部分，实得工资就低了。于是，小张向单位提出，自愿放弃社会保险费的缴纳，并愿意与企业签订协议书。该餐饮单位考虑到若不为小张缴纳社会保险费同样可以节约企业的人力成本支出，遂同意与之订立协议，约定小张自愿放弃单位为其办理社会保险。2020 年 12 月，小张以未依法为其缴纳社会保险费为由向公司提出解除劳动合同，并向劳动人事争议仲裁委员会提出仲裁申请，要求公司支付其经济补偿。劳动人事争议仲裁委员会裁决支持申请人的仲裁请求。

劳动仲裁认为，本案中，该餐饮单位虽与小张签订自愿放弃缴纳社会保险费的协议，但因违反法律规定，故双方签订的协议无效。根据《劳动合同法》第三十八条、第四十六条的规定，劳动人事争议仲裁委员会支持小张因单位未缴纳社会保险费提出解除劳动合同并要求支付经济补偿的仲裁请求。

一般来说，劳动者主动解除劳动合同是没有经济补偿的，但按《劳动合同法》第三十八条规定，当用人单位存在某些违法情形时，劳动者可以单方随时解除劳动关系。这种情况下，虽然是劳动者提出解除劳动合同，用人单位仍应向劳动者支付经济补偿。

单位与小张签订的协议是否有效？小张能否以未依法为其缴纳社会保险为由解除劳动合同并得到经济补偿？

根据天津市人社局关于印发《天津市贯彻落实〈劳动合同法〉若干问题实施细则的通知》（津人社规字〔2018〕14号）第十五条的规定：用人单位应当按照法律规定为劳动者缴纳社会保险费，因用人单位原因导致未缴纳或未足额缴纳社会保险费的，劳动者可以依据《劳动合同法》第三十八条规定解除劳动合同，并要求用人单位支付经济补偿。用人单位与劳动者约定不缴纳或少缴纳社会保险费的，双方约定无效，应视为因用人单位原因导致未缴纳或未足额缴纳社会保险费。

但是各地有不同的执行口径。也有观点认为：用人单位依法为劳动者缴纳社会保险费用，是用人单位的法定义务。但是社会保险费的申报、审核和征缴在实际操作中往往比较复杂。《劳动合同法》第三十八条规定的目的是要促使用人单位诚信履行其基本义务，对于用人单位存在有悖诚信，并由此导致劳动者被迫辞职的行为，才属于立法所要规制的对象。

因此，用人单位因主观恶意未为劳动者建立社保账户，未履行缴纳社会保险费义务的，劳动者依据《劳动合同法》第三十八条的规定以用人单位未依法缴纳社会保险费为由提出解除劳动合同并主张经济补偿的，应予支持。其他非因用人单位单方原因导致社会保险缴费年限不足，或者未足额缴纳，或者未参加单项险种等，劳动者可以向社保经办机构或劳动行政部门投诉举报维护社保权益。在此情形下劳动者以此为由解除劳动合同并主张支付经济补偿的，一般不予支持。

劳动者要求用人单位不为其缴纳社会保险，尽管属于违法行为且这种约定也是无效的，但是这毕竟符合劳动者本人的意愿。劳动者由此提出解除劳动合同，不能作为“非因本人意愿中断就业”。要求用人单位按照《劳动合同法》第三十八条的规定支付经济补偿，这在法理上是说不通的。

劳动者要求用人单位不为其缴纳社会保险，用人单位按其要求不缴纳社会保险，双方的违法行为，都应当受到惩罚，纠正的办法就是双方都补缴社会保险，而不是一方解除劳动合同，另一方向其支付经济补偿。按照这种办法，未依法缴纳社会保险的违法行为未得到纠正，劳动者一方反而因自己的违法行为而得益，不但损害了公众利益，而且鼓励了不诚信的行为，甚至可能引发部分劳动者“钓鱼式维权”。

各地不依法缴纳社保费的处理		
地区	规定	出处
江苏	因劳动者自身不愿缴纳等不可归责于用人单位的原因，导致用人单位未为其缴纳或未足额缴纳社会保险费，或者未参加某项社会保险险种，劳动者请求解除劳动合同并主张用人单位支付经济补偿的，不予支持。	江苏省高级人民法院、江苏省劳动争议仲裁委员会印发《关于审理劳动争议案件的指导意见》的通知（苏高法审委〔2009〕47 号）
浙江	劳动者不愿意缴纳社会保险费，并书面承诺放弃参加社会保险的法律后果是什么？劳动者不愿意缴纳社会保险费，并书面承诺放弃参加社会保险的，该书面承诺无效。劳动者可以以此为由解除劳动合同，但要求用人单位支付经济补偿金的，不予支持。	浙江省高级人民法院民一庭《关于审理劳动争议纠纷案件若干疑难问题的解答》（2012 年）
广东	用人单位与劳动者约定无须办理社会保险手续或将社会保险费直接支付给劳动者，劳动者事后反悔并明确要求用人单位为其办理社会保险手续及缴纳社会保险费的，如用人单位在合理期限内拒不办理，劳动者以此为由解除劳动合同并请求用人单位支付经济补偿，应予支持。	广东省高级人民法院、劳动人事争议仲裁委员会《关于审理劳动人事争议案件座谈会纪要》（2012 年）
北京	依法缴纳社会保险是《劳动法》规定的用人单位与劳动者的法定义务，即便是因劳动者要求用人单位不为其缴纳社会保险，劳动者按照《劳动合同法》第三十八条的规定主张经济补偿的，仍应予支持。	北京市高级人民法院、北京市劳动人事争议仲裁委员会《关于审理劳动争议案件法律适用问题的解答》

二、经济补偿计算基数

经济补偿金=基数×年限

经济补偿基数：每满一年支付一个月工资的标准。所谓月工资是指劳动者在劳动合同解除或者终止前十二个月的平均工资。劳动者工作不满12个月的，按照实际工作的月数计算平均工资。

经济补偿的月工资按照劳动者应得工资计算，包括计时工资或者计件工资以及奖金、津贴和补贴等货币性收入。其中计时工资是指按计时工资标准（包括地区生活费补贴）和工作时间支付给个人的劳动报酬。计件工资是指对已做工作按计件单价支付的劳动报酬。奖金是指支付给职工的超额劳动报酬和增收节支的劳动报酬。津贴和补贴是指为了补偿职工特殊或额外的劳动消耗和因其他特殊原因支付给职工的津贴，以及为了保证职工工资水平不受物价影响支付给职工的物价补贴。

需注意：经济补偿的月工资按照劳动者应得工资计算，包括计时工资或者计件工资以及奖金、津贴和补贴等货币性收入。既然是应得工资，也包括社会保险和公积金的个人缴纳部分。

对于确定经济补偿金基数，是否应将加班工资包括在内，长期以来执法部门存在不同的意见。一种意见认为，经济补偿金计算基数应包括加班工资。国家统计局颁发的《关于工资总额组成的规定》第四条规定，工资总额由下列六个部分组成：（一）计时工资；（二）计件工资；（三）奖金；（四）津贴和补贴；（五）加班加点工资；（六）特殊情况下支付的工资。既然加班工资也是工资总额组成部分，确定经济补偿金计算基数就不应将加班工资剔除在外。

另一种意见认为，经济补偿金计算基数不应包括加班工资。《劳动合同法》第四十七条规定的经济补偿的月工资按照劳动者应得工资计算，包括计时工资或者计件工资以及奖金、津贴和补贴等货币性收入。即已经将《关于工资总额组成的规定》第（五）项加班加点工资剔除在外。①

经济补偿的基数不低于最低工资。劳动者在劳动合同解除或者终止前12个月的平均工资低于当地最低工资标准的，按照当地最低工资标准计算。

---

① 上海市高级人民法院在《民事法律适用问答》（2013年第一期）中提出，第一，经济补偿从性质上看系用人单位与劳动者解除或终止劳动关系后，为弥补劳动者损失或基于用人单位所承担的社会责任而给予劳动者的补偿，故经济补偿金应以劳动者的正常工作时间工资为计算基数。第二，加班工资系劳动者提供额外劳动所获得的报酬，不属于正常工作时间内的劳动报酬。但是一些用人单位加班已经成为常态，劳动者的劳动报酬一般由最低工资和加班工资组成，如在确定经济补偿金计算基数不应将加班费计算在内，则可能导致用人单位支付的经济补偿金过低的问题。如有证据证明用人单位恶意将本应计入正常工作时间工资的项目计入加班工资，以达到减少正常工作时间工资和经济补偿金计算标准的，则应将该部分“加班工资”计入经济补偿金的计算基数。

经济补偿的基数不高于三倍平均工资。根据《劳动合同法》规定，劳动者月工资高于用人单位所在直辖市、设区的市级人民政府公布的本地区上年度职工月平均工资三倍的，向其支付经济补偿的标准按职工月平均工资三倍的数额支付，向其支付经济补偿的年限最高不超过十二年。

另外，如何执行跨新法执行期的经济补偿计算口径，应注意各地的执法口径。①

规则三：由于法人单位从业人员平均工资取代了原职工平均工资，故按照《劳动合同法》第四十七条第一款的规定，劳动者解除劳动合同经济补偿计算基数应为上年度法人单位从业人员平均工资。

——北京市劳动人事争议仲裁十大典型案例（2019 年发布）

本节案例 3 中，施某于 2016 年 1 月 4 日入职某投资公司，从事分析师工作，双方订立了无固定期限劳动合同。自 2017 年 3 月起，施某的月工资增长为每月 5 万元。2019 年 8 月 30 日，由于劳动合同订立时所依据的客观情况发生重大变化，致使劳动合同无法履行，经投资公司与施某协商，双方未能就变更劳动合同内容达成协议，故投资公司决定与施某解除劳动合同。双方就解除劳动合同经济补偿的计算标准发生争议，施某遂提出劳动争议仲裁申请。

仲裁委经审理后认为，施某所主张的金额 20 万元（计算方法为：5 万元×4 个月）与投资公司所主张的金额 101604 元（计算方法为：8467 元×3 倍×4 个月）均不符合规定，并裁决投资公司向施某支付解除劳动合同经济补偿 127104 元（计算方法为：10592 元×3 倍×4 个月）。

由于法人单位从业人员平均工资取代了原职工平均工资，故按照《劳动合同法》第四十七条的规定，施某解除劳动合同经济补偿计算基数应为 31776 元，其在投资公司工作 3 年 7 个月，故投资公司应当支付其相当于 4 个月工资的经济补偿金。

三、经济补偿计算年限

《劳动合同法》第四十七条第一款规定："经济补偿按劳动者在本单位工作的

---

① 如上海市高级人民法院《关于适用〈劳动合同法〉若干问题的意见》，广东省高级人民法院、广东省劳动人事争议仲裁委员会《关于劳动人事争议仲裁与诉讼衔接若干意见》。

年限，每满一年支付一个月工资的标准向劳动者支付。六个月以上不满一年的，按一年计算；不满六个月的，向劳动者支付半个月工资的经济补偿。”

《劳动合同法》规定本法施行前按照当时有关规定，用人单位应当向劳动者支付经济补偿的，按照当时有关规定执行。由于《劳动合同法》实施前，劳动合同期满终止一般没有经济补偿，所以对跨新法执行期的劳动合同期满终止的经济补偿年限，自《劳动合同法》施行之日即2008年1月1日起计算，而不是从用工之日起计算。

最高人民法院《关于审理劳动争议案件适用法律问题的解释（一）》第四十六条第一款规定：劳动者非因本人原因从原用人单位被安排到新用人单位工作，原用人单位未支付经济补偿，劳动者依照《劳动合同法》第三十八条规定与新用人单位解除劳动合同，或者新用人单位向劳动者提出解除、终止劳动合同，在计算支付经济补偿或赔偿金的工作年限时，劳动者请求把在原用人单位的工作年限合并计算为新用人单位工作年限的，人民法院应予支持。

据此，工作年限应当连续计算的要件是：（1）劳动者非因本人原因。（2）劳动者从原用人单位被安排到新用人单位工作。（3）原用人单位未支付经济补偿。（4）新单位依法应支付经济补偿。

那么，什么是劳动者非因本人原因呢？根据最高人民法院《关于审理劳动争议案件适用法律问题的解释（一）》第四十六条第二款的规定：用人单位符合下列情形之一的，应当认定属于“劳动者非因本人原因从原用人单位被安排到新用人单位工作”：（一）劳动者仍在原工作场所、工作岗位工作，劳动合同主体由原用人单位变更为新用人单位；（二）用人单位以组织委派或任命形式对劳动者进行工作调动；（三）因用人单位合并、分立等原因导致劳动者工作调动；（四）用人单位及其关联企业与劳动者轮流订立劳动合同；（五）其他合理情形。

本节案例4中，包利英于2006年4月4日至2010年3月一直在上海申美饮料食品有限公司（以下简称申美公司）从事销售工作。

2006年4月4日至2010年1月29日，包利英一直由派遣公司派遣至申美公司工作，其间派遣公司先后分别为人资、支点、安普三家公司。

2010年2月1日，包利英与申美公司签订劳动合同期限至2013年3月31日，自2013年3月25日起，包利英因患病开始休病假，未再上班。

后包利英因病假工资和疾病救济费等向劳动仲裁委提起劳动仲裁，主张申美公司支付病假工资和疾病救济费的计算年限应自2006年4月4日起算，劳动仲裁委和一审法院均认可包利英该主张。申美公司不服，上诉至上海一中法院。

上海市第一中级人民法院经审理认为，申美公司主张用人单位主体的变更是由劳动者本人造成，但未提供充分证据予以证明，包利英劳动关系中用人单位经历四次变化但工作场所不变且一直从事销售工作，申美公司亦承认由于公司人员需要，从 2010 年 2 月 1 日起与包利英建立劳动关系。

上海市第一中级人民法院据此认定，本案情形属于"劳动者非因本人原因从原用人单位被安排到新用人单位工作"，依照《劳动合同法实施条例》第十条的规定，确认包利英在申美公司的工作年限应自 2006 年 4 月 4 日起算，故维持一审判决。

规则四：劳动者仍在原工作场所、工作岗位工作，劳动合同主体由原用人单位变更为新用人单位的，应当认定属于"劳动者非因本人原因从原用人单位被安排到新用人单位工作"，工作年限应当连续计算。劳动者用人单位发生变动，对于如何界定是否因劳动者本人原因，不应将举证责任简单地归于新用人单位，而应从该变动的原因着手，查清是哪一方主动引起了此次变动。劳务派遣公司亦不应成为工作年限连续计算的阻却因素。

——《公报》案例：包利英诉上海申美饮料食品有限公司劳动合同纠纷案

此案的裁判者认为，劳动者用人单位发生变动，对于如何界定是否因劳动者本人原因，不应将举证责任简单地归于新用人单位，而应从该变动的原因着手，查清是哪一方主动引起了此次变动。劳务派遣公司亦不应成为工作年限连续计算的阻却因素。

对于最高人民法院《关于审理劳动争议案件适用法律问题的解释（一）》第四十六条第二款的"认定"，有法官认为实为"推定"。实践中，只要出现四种情形之一的，绝大多数都属于用人单位的安排，先"推定"为"非因劳动者本人原因"，原则上由用人单位对"因劳动者本人原因"的事实承担举证责任即可。[①] 用人单位不能提出反证或者反证不成立，即可确认"非因劳动者本人原因"与劳动

① 程新桐：《"非因劳动者本人原因"的判断标准》，载《中国法院 2018 年度案例：劳动纠纷》，中国法制出版社 2018 年版，第 179 页。

者单位变动的因果关系成立。

这种看法实际上还是要求裁判机构积极发挥能动作用，根据公平原则和灵活原则，综合当事人举证能力等因素确定举证责任的分配。

当然，如果虽然劳动者仍在原工作场所、工作岗位工作，但系劳动者主动从原单位辞职后重新入职到新单位，不应认定为《劳动合同法实施条例》第十条所规定的劳动者非因本人原因从原用人单位被安排到新用人单位工作的情形，新用人单位向劳动者提出解除、终止劳动合同，在计算支付经济补偿的工作年限时，劳动者请求把在原用人单位的工作年限合并计算为新用人单位工作年限的，不予支持。

规则五：虽然劳动者仍在原工作场所、工作岗位工作，但系劳动者主动从原单位辞职后重新入职到新单位，不应认定为《劳动合同法实施条例》第十条所规定的劳动者非因本人原因从原用人单位被安排到新用人单位工作的情形，新用人单位向劳动者提出解除、终止劳动合同，在计算支付经济补偿的工作年限时，劳动者请求把在原用人单位的工作年限合并计算为新用人单位工作年限的，不予支持。

——重庆市人力资源和社会保障局劳动争议仲裁十大典型案例之四（2020 年度）

本节案例 5 中，2010 年 8 月 10 日至 2014 年 12 月，邓某某与某人力资源公司建立劳动关系，由某人力资源公司派遣到某机械公司工作。2014 年 12 月，通过竞争应聘，邓某某成功通过某机械公司的应聘考核。随后，邓某某为了成为某机械公司的正式员工，以个人原因为由提出与某人力资源公司解除劳动关系，并于 2015 年 1 月 1 日起与某机械公司建立劳动关系，签订劳动合同。虽然邓某某的工作场所、工作岗位在这过程中没有变化，但邓某某系以个人原因为由主动提出与某人力资源公司解除劳动关系，属于劳动者主动从原单位辞职后重新入职到新单位，并非《劳动合同法实施条例》第十条所规定的非因本人原因从原用人单位被安排到新用人单位工作。因此，邓某某 2010 年 8 月 10 日至 2014 年 12 月在某人力资源公司工作年限不应合并计算为某机械公司的工作年限，故对邓某某的仲裁请求不予支持。

【操作建议】

1. 核实月平均工资

建议用人单位将劳动者劳动合同终止前 12 个月薪资数据按上述规定汇总统计并进行平均计算，核算其经济补偿基数是否超过了三倍“社平工资”（现在各地多称为“城镇非私营单位在岗职工年平均工资”，但习惯上仍称为“社平工资”），如未超过则以劳动者平均应发工资作为计算基数。

2. 别误解了经济补偿的“N+1”

对于协商一致解除或劳动合同期满终止等情形的经济补偿，按照法定标准，用人单位可以不支付“N+1”中的“1”。但现实中用人单位为了息事宁人，顺利办妥交接，也往往会以优于法律规定的“N+1”待遇与员工协商解除/终止劳动合同。但是对于劳动者主动辞职，用人单位既没有义务支付任何补偿，也无须提前通知，就不存在“N”和“N+1”的问题。

3. 及时向劳动者发出劳动合同续签通知书

不管劳动者是否愿意续订，用人单位让劳动者在以上劳动合同续签通知书回执上标明意见，并做好回收和保存。只有这样，用人单位才能真正免除支付经济补偿的义务。

【相关法规】

1. 经济补偿的类型

《劳动合同法》第三十八条：用人单位有下列情形之一的，劳动者可以解除劳动合同：

（一）未按照劳动合同约定提供劳动保护或者劳动条件的；

（二）未及时足额支付劳动报酬的；

（三）未依法为劳动者缴纳社会保险费的；

（四）用人单位的规章制度违反法律、法规的规定，损害劳动者权益的；

（五）因本法第二十六条第一款规定的情形致使劳动合同无效的；

（六）法律、行政法规规定劳动者可以解除劳动合同的其他情形。

用人单位以暴力、威胁或者非法限制人身自由的手段强迫劳动者劳动的，或者用人单位违章指挥、强令冒险作业危及劳动者人身安全的，劳动者可以立即解除劳动合同，不需事先告知用人单位。

《劳动合同法》第四十条：有下列情形之一的，用人单位提前三十日以书面形式通知劳动者本人或者额外支付劳动者一个月工资后，可以解除劳动合同：

（一）劳动者患病或者非因工负伤，在规定的医疗期满后不能从事原工作，也不能从事由用人单位另行安排的工作的；

（二）劳动者不能胜任工作，经过培训或者调整工作岗位，仍不能胜任工作的；

（三）劳动合同订立时所依据的客观情况发生重大变化，致使劳动合同无法履行，经用人单位与劳动者协商，未能就变更劳动合同内容达成协议的。

第四十一条：有下列情形之一，需要裁减人员二十人以上或者裁减不足二十人但占企业职工总数百分之十以上的，用人单位提前三十日向工会或者全体职工说明情况，听取工会或者职工的意见后，裁减人员方案经向劳动行政部门报告，可以裁减人员：

（一）依照企业破产法规定进行重整的；

（二）生产经营发生严重困难的；

（三）企业转产、重大技术革新或者经营方式调整，经变更劳动合同后，仍需裁减人员的；

（四）其他因劳动合同订立时所依据的客观经济情况发生重大变化，致使劳动合同无法履行的。

裁减人员时，应当优先留用下列人员：

（一）与本单位订立较长期限的固定期限劳动合同的；

（二）与本单位订立无固定期限劳动合同的；

（三）家庭无其他就业人员，有需要扶养的老人或者未成年人的。

用人单位依照本条第一款规定裁减人员，在六个月内重新招用人员的，应当通知被裁减的人员，并在同等条件下优先招用被裁减的人员。

第四十四条：有下列情形之一的，劳动合同终止：

（一）劳动合同期满的；

（二）劳动者开始依法享受基本养老保险待遇的；

（三）劳动者死亡，或者被人民法院宣告死亡或者宣告失踪的；

（四）用人单位被依法宣告破产的；

（五）用人单位被吊销营业执照、责令关闭、撤销或者用人单位决定提前解散的；

（六）法律、行政法规规定的其他情形。

第四十六条：有下列情形之一的，用人单位应当向劳动者支付经济补偿：

（一）劳动者依照本法第三十八条规定解除劳动合同的；

（二）用人单位依照本法第三十六条规定向劳动者提出解除劳动合同并与劳动者协商一致解除劳动合同的；

（三）用人单位依照本法第四十条规定解除劳动合同的；

（四）用人单位依照本法第四十一条第一款规定解除劳动合同的；

（五）除用人单位维持或者提高劳动合同约定条件续订劳动合同，劳动者不同意续订的情形外，依照本法第四十四条第一项规定终止固定期限劳动合同的；

（六）依照本法第四十四条第四项、第五项规定终止劳动合同的；

（七）法律、行政法规规定的其他情形。

《劳动合同法实施条例》第五条：自用工之日起一个月内，经用人单位书面通知后，劳动者不与用人单位订立书面劳动合同的，用人单位应当书面通知劳动者终止劳动关系，无需向劳动者支付经济补偿，但是应当依法向劳动者支付其实际工作时间的劳动报酬。

第六条第一款：用人单位自用工之日起超过一个月不满一年未与劳动者订立书面劳动合同的，应当依照劳动合同法第八十二条的规定向劳动者每月支付两倍的工资，并与劳动者补订书面劳动合同；劳动者不与用人单位订立书面劳动合同的，用人单位应当书面通知劳动者终止劳动关系，并依照劳动合同法第四十七条的规定支付经济补偿……

第二十二条：以完成一定工作任务为期限的劳动合同因任务完成而终止的，用人单位应当依照劳动合同法第四十七条的规定向劳动者支付经济补偿。

《企业破产法》第一百一十三条第一款：破产财产在优先清偿破产费用和共益债务后，依照下列顺序清偿：

（一）破产人所欠职工的工资和医疗、伤残补助、抚恤费用，所欠的应当划入职工个人账户的基本养老保险、基本医疗保险费用，以及法律、行政法规规定应当支付给职工的补偿金；

（二）破产人欠缴的除前项规定以外的社会保险费用和破产人所欠税款；

（三）普通破产债权。

……

《劳务派遣暂行规定》第十七条：劳务派遣单位因劳动合同法第四十六条或者本规定第十五条、第十六条规定的情形，与被派遣劳动者解除或者终止劳动合同的，应当依法向被派遣劳动者支付经济补偿。

最高人民法院《关于审理劳动争议案件适用法律问题的解释（一）》第四十八条：劳动合同法施行后，因用人单位经营期限届满不再继续经营导致劳动合同不能继续履行，劳动者请求用人单位支付经济补偿的，人民法院应予支持。

2. 经济补偿的计算

《劳动合同法》第四十七条：经济补偿按劳动者在本单位工作的年限，每满一年支付一个月工资的标准向劳动者支付。六个月以上不满一年的，按一年计算；不满六个月的，向劳动者支付半个月工资的经济补偿。

劳动者月工资高于用人单位所在直辖市、设区的市级人民政府公布的本地区上年度职工月平均工资三倍的，向其支付经济补偿的标准按职工月平均工资三倍的数额支付，向其支付经济补偿的年限最高不超过十二年。

本条所称月工资是指劳动者在劳动合同解除或者终止前十二个月的平均工资。

第九十七条第三款：本法施行之日存续的劳动合同在本法施行后解除或者终止，依照本法第四十六条规定应当支付经济补偿的，经济补偿年限自本法施行之日起计算；本法施行前按照当时有关规定，用人单位应当向劳动者支付经济补偿的，按照当时有关规定执行。

《劳动合同法实施条例》第二十七条：劳动合同法第四十七条规定的经济补偿的月工资按照劳动者应得工资计算，包括计时工资或者计件工资以及奖金、津贴和补贴等货币性收入。劳动者在劳动合同解除或者终止前12个月的平均工资低于当地最低工资标准的，按照当地最低工资标准计算。劳动者工作不满12个月的，按照实际工作的月数计算平均工资。

3. 代通知金

《劳动合同法实施条例》第二十条：用人单位依照劳动合同法第四十条的规定，选择额外支付劳动者一个月工资解除劳动合同的，其额外支付的工资应当按照该劳动者上一个月的工资标准确定。

11.5 离职责任："恢复"或"赔偿"应当如何取舍？

【案例索引】

序号	典型案例	裁判要旨	关键词
1	成都市中级人民法院劳动争议十大典型案例（2020 年度）	至于某食材供应公司称其深圳办事处已经撤除，劳动合同已经不能继续履行的主张，因卢某某目前正处于产假期间，虽然某食材供应公司深圳办事处已撤除，但某食材供应公司也可以在卢某某产假结束后与卢某某就合同履行进行协商，劳动合同并非已经不能履行。	恢复劳动关系
2	广州市中级人民法院女职工权益保护典型案例（2019 年）	本案中，黄某劳动合同到期时，正处于哺乳期，而公司却终止了劳动合同，应按规定支付赔偿金。	违法解除赔偿金

【规则精析】

根据《劳动合同法》第四十八条，用人单位违反本法规定解除或者终止劳动合同，劳动者要求继续履行劳动合同的，用人单位应当继续履行；劳动者不要求继续履行劳动合同或者劳动合同已经不能继续履行的，用人单位应当依照本法第八十七条规定支付赔偿金。

从法条的文字表述来看，违法解除或终止劳动合同的救济途径可以分为三种方式：

第一，劳动者要求继续履行劳动合同的，原则上应当判令继续履行。第二，劳动者不要求继续履行劳动合同的，用人单位应当支付违法解除劳动合同赔偿金。第三，不论劳动者是否要求继续履行劳动合同的，但原劳动合同已经不能继续履行的，用人单位应当支付违法解除劳动合同赔偿金。

众所周知，劳动关系与民事合同关系不同，劳动关系有一个显著的特点就是人身隶属关系。劳动关系双方当事人之间存在管理与被管理的关系，劳动者接受用人单位的安排与指挥从事工作、获取劳动报酬，双方之间具有"人合性"。

当用人单位作出解雇劳动者的决定后，即使这种解除的行为被认定为违法，但因其作出的解雇行为是真实意思的表示，并不影响"人合性"的瓦解。而恢复劳动关系，由于劳动者单方面作出选择要求继续“被管理、被安排与指挥”，而用人单位不管是否情愿还得接受，这违背了劳动关系人身属性的显著特征，这显然不合理。

所以，对于劳动合同不能继续履行的审查，应当基于用人单位的抗辩而启动。审查时既要考量用人单位主观不愿继续履行的意思表示，还要审查劳动合同不能继续履行的客观情形。[①]

那么，到底在何种情况下会判决支付违法解除劳动合同赔偿金，又在何种情况下会判决继续履行劳动合同呢？从各地裁审口径[②]上看，司法实践中通常会结合以下几个因素进行考量。

考量一：双方履行劳动合同的主观愿望。

司法机关认定用人单位违法解除或终止劳动合同后，判决用人单位支付违法解除劳动合同赔偿金，或者继续履行劳动合同，首先要考量劳动者在主观意愿上，是否愿意继续履行劳动合同。如果劳动者不要求继续履行劳动合同的，一般会判决用人单位应当支付违法解除劳动合同赔偿金。

如劳动者存在已入职新单位，或者在仲裁和诉讼过程中，用人单位向劳动者送达复工通知，要求劳动者继续工作，但劳动者拒绝等情形，也说明其主观并不愿意继续履行劳动合同，一般应判决用人单位应当支付违法解除劳动合同赔偿金。

认定“劳动合同已经不能继续履行”的情形，固然要考虑劳动者继续履行的主管愿望，是否也有要考虑到用人单位的主管意愿？司法实践中，也有法官提出，应“考虑到企业所处的行业背景、岗位对于人才要求及岗位变化情况、劳动者自身履职能力以及双方是否还存在互信基础等因素予以综合评定，其中互信基础往往是劳动合同能否继续履行的关键”[③]。

---

① 江苏省《劳动人事争议疑难问题研讨会纪要》（苏劳人仲委〔2017〕1号）。

② 北京市高级人民法院、北京市劳动人事争议仲裁委员会《关于审理劳动争议案件法律适用问题的解答》、深圳市中级人民法院《关于审理劳动争议案件的裁判指引》。

③ 李淼、高赫南：《劳动合同能否继续履行需考虑行业特殊性及互信基础》，载《中国法院2020年度案例：劳动纠纷》，中国法制出版社2020年版，第59页。

考量二：客观上劳动合同是否可以继续履行。

对于劳动合同不能继续履行的审查，一般情况下，应当基于用人单位的主动抗辩而启动，并要求用人单位提供充分有效的证据。审查时既要考量用人单位主观不愿继续履行的意思表示，还要审查劳动合同不能继续履行的客观情形。司法实践中，经审查发现有以下客观情况的，原则上可以认定为“劳动合同确实无法继续履行”。

首先，在仲裁或者诉讼过程中，用人单位被依法宣告破产、吊销营业执照、责令关闭、撤销，用人单位决定提前解散或者经营期限届满不再继续经营的。以上情形双方继续履行原劳动合同已经没有意义。

其次，劳动者在仲裁或者诉讼过程中达到法定退休年龄，或者劳动合同在仲裁或者诉讼过程中即将届满或已经届满且不存在《劳动合同法》第十四条规定应当订立无固定期限劳动合同情形的。在司法实践中，因劳动争议案件的特殊性，需要经过仲裁前置程序，审理周期较长，造成在诉讼阶段案件尚未生效时原劳动合同的期限已经届满而客观上无法继续履行。

再次，劳动者原岗位对用人单位的正常业务开展具有较强的不可替代性和唯一性（如总经理、财务负责人等高管），且劳动者原岗位已被他人替代，双方不能就新岗位达成一致意见的。需注意，劳动者原岗位已被他人替代的，用人单位仅以此为由进行抗辩，一般不宜认定为“劳动合同确实无法继续履行的”情形。但如用人单位的确就相同岗位招聘了新员工来替代，若强制恢复劳动关系、继续履行原劳动合同，从而导致用人单位不得不解除与新招聘员工的劳动合同，显然也不合理。实践中，需综合各方面因素来判断新员工是否真正与用人单位建立劳动关系，且其已替代原劳动者的工作岗位。

最后，在用人单位违法解除劳动合同前后，劳动者的原岗位被撤销。组织架构的调整属于用人单位的经营自主权。如原来约定的工作岗位不存在了，双方就无法继续履行原劳动合同，从而无法恢复劳动关系。

但司法实践中可能会从严审查，包括用人单位撤销该岗位有无正当理由，比如有无经过股东会决议、董事会决议等，是否向劳动者告知过岗位被撤销的事实，以及是否还有其他相同或相似的岗位可以提供给劳动者等，从而综合判断劳动合同是否可以继续履行，避免用人单位以此侵犯劳动者合法权益。

考量三：劳动者有无须特殊保护的例外情形。

《劳动合同法》以保护劳动者合法权益为立法宗旨，在用人单位违法解除劳动合同时，赋予劳动者请求继续履行劳动合同的权利是对劳动者最充分的救济保护。特别是对处于女职工“三期”、医疗期、工伤停工留薪期这些法定禁止非过失性解除期间内的劳动者，只要他们本人选择恢复劳动关系的，一般会优先考虑支持双方恢复劳动关系、继续履行原劳动合同，以进一步维护弱势劳动者的合法权益。

考量四：根据个案的具体情况进行利益衡量。

判决用人单位支付违法解除的赔偿金还是恢复劳动关系，还需综合劳动者和用人单位两方面的情况来作出价值评判，并根据具体案情合理平衡双方的利益，以维持基本的公平公正。

如现实中，有的用人单位以劳动者不胜任工作、经过调岗或培训仍然不胜任为由解除劳动合同后，劳动者发现自己已经怀孕，且怀孕时间在用人单位解除劳动合同之前。而根据《劳动合同法》第四十条规定，此种情况用人单位不得进行非过失性解除。但是对此用人单位并无主观过错，如果判决违法解除劳动合同的赔偿金，显然对于用人单位来说并不公平。

所以，尽管在一般情况下，如果劳动者不要求继续履行劳动合同的，会判决用人单位应当支付违法解除劳动合同赔偿金，但用人单位在解除后才知晓当时存在不得解除终止、限制解除或续延终止等情形的，一般应引导当事人请求恢复劳动关系。劳动者请求恢复劳动关系的，可以恢复劳动关系并根据公平合理原则支付合理工资，甚至可以不支付恢复期间的工资。

有的地方还规定，女职工不要求恢复劳动关系但要求支付违法解除劳动合同赔偿金的，应举证证明在解除劳动合同前其已告知用人单位怀孕的事实。① 如广州市中级人民法院女职工权益保护典型案例，黄某劳动合同到期时，正处于哺乳期，而公司却终止了劳动合同，用人单位被确认违法解除后，本人要求按规定支付赔偿金，也获得了法律的支持。

---

① 浙江省高级人民法院民事审判第一庭、浙江省劳动人事争议仲裁院《关于审理劳动争议案件若干问题的解答（四）》。

成都法院发布的典型案例中，2018 年卢某某与某食材供应公司签订《劳动合同》，约定合同期限为 3 年，自 2018 年 6 月 6 日起至 2021 年 12 月 6 日止。卢某某从事市场推广主管工作，工作地点为深圳。2019 年 5 月，在卢某某怀孕期间，某食材供应公司暂停了深圳办事处的相关业务。2019 年 9 月，某食材供应公司向卢某某发出解除劳动关系通知书，载明因客观情况发生重大变化致使双方合同无法履行，卢某某拒绝接受某食材供应公司的调解方案，某食材供应公司决定与卢某某解除劳动关系。2019 年 12 月 12 日，卢某某顺产一婴儿。2019 年 10 月，卢某某申请劳动仲裁，请求恢复劳动关系，继续履行劳动合同。

成都市锦江区法院经审理认为，根据《劳动合同法》第四十二条的规定，女职工在孕期、产期、哺乳期的，用人单位不得以“劳动合同订立时所依据的客观情况发生重大变化，致使劳动合同无法履行，经用人单位与劳动者协商，未能就变更劳动合同内容达成协议”为由解除劳动合同。卢某某于 2019 年 12 月 12 日生育一婴儿，表明在某食材供应公司作出解除劳动合同决定时即 2019 年 9 月，卢某某处于孕期，某食材供应公司单方解除双方劳动关系的行为系违法解除。

根据《劳动合同法》第四十八条的规定，某食材供应公司违法解除劳动合同，卢某某要求继续履行劳动合同，某食材供应公司应当继续履行。至于某食材供应公司称其深圳办事处已经撤除，劳动合同已经不能继续履行的主张，因卢某某目前正处于产假期间，虽然某食材供应公司深圳办事处已撤除，但某食材供应公司也可以在卢某某产假结束后与卢某某就合同履行进行协商，劳动合同并非已经不能履行。故判决卢某某与某食材供应公司继续履行劳动合同。

普通劳动者被违法解除劳动合同后，用人单位的用工自主权高于劳动者继续履行原劳动合同的利益，可用赔偿金代替继续履行原劳动合同，且可以避免用人单位安排劳动者返回原工作岗位后引发的后续纠纷。但是对于特殊情形需做例外对待，如工伤、职业病、职工及“三期（孕期、产期、哺乳期）”女职工等劳动者被违法解除劳动合同后，其恢复劳动关系的利益优先于用人单位的用工自主权。对这类劳动者被违法解除劳动合同的，可根据客观情况来综合判断双方是否仍有恢复劳动关系的可能，在没有特殊情况发生的前提下，应判决双方恢复劳动关系、继续履行原劳动合同，进一步维护弱势劳动者的合法权益。

还需注意：劳动者要求继续履行劳动合同，恢复劳动关系的，一般会随带另外一项请求，即要求支付恢复劳动关系期间的劳动报酬。恢复劳动关系的补发工资计算，可用一个公式表示：工资=工资标准×期限×责任比例。

对于补发的工资标准，第一种意见是按劳动者应得工资标准。① 第二种意见是企业解除劳动合同前12个月劳动者本人的月平均应得工资。② 对于补发工资的期间，第一种意见是恢复劳动关系支付工资期间是从决定解除或终止劳动合同之日起补发。③ 第二种意见是补发工资的期限是劳动者在调解、仲裁、诉讼期间的工资仲裁、诉讼期间的工资。④ 对于按过错大小体现赔偿的比例原则，第一种意见是根据公平合理、过错分担的原则。⑤ 第二种意见是根据用人单位过错性质的原则。⑥

---

① 北京市劳动争议仲裁委员会《关于劳动争议案件法律适用问题研讨会会议纪要》第二十四条规定："用人单位作出的与劳动者解除劳动合同的处理决定，被劳动仲裁委或人民法院依法撤销后，如劳动者主张用人单位给付上述处理决定作出后至仲裁或诉讼期间的工资，应按以下原则把握：(1) 用人单位作出的处理决定仅因程序方面存在瑕疵而被依法撤销的，用人单位应按最低工资标准向劳动者支付上述期间的工资；(2) 用人单位作出的处理决定因在实体方面存在问题而被依法撤销的，用人单位应按劳动者正常劳动时的工资标准向劳动者支付上述期间的工资。"

② 天津法院《劳动争议案件审理指南》：本条规定的工资损失，是指用人单位违法解除劳动合同之日前劳动者十二个月的月平均应得工资，劳动者在该用人单位工作不满十二个月的，按照实际工作月数计算月平均工资。该工资数额高于本市公布的上年度职工月平均工资三倍的，应当按照职工月平均工资三倍的数额确定。上述工资数额无法查明的，以劳动者所在行业平均工资为准。《上海市企业工资支付办法》第二十三条规定："企业解除劳动者的劳动合同，引起劳动争议，劳动人事争议仲裁部门或人民法院裁决撤销企业原决定，并且双方恢复劳动关系的，企业应当支付劳动者在调解、仲裁、诉讼期间的工资。其标准为企业解除劳动合同前12个月劳动者本人的月平均工资乘以停发月数。双方都有责任的，根据责任大小各自承担相应的责任"《广东省工资支付条例》第二十九条规定：用人单位解除劳动关系的决定被裁决撤销或者判决无效的，应当支付劳动者在被违法解除劳动关系期间的工资，其工资标准为劳动者本人前十二个月的平均正常工作时间工资；劳动者已领取失业保险金的，应当全部退回社会保险经办机构。

③ 原劳动部办公厅《关于处理劳动争议案件几个问题的复函》（劳办发〔1997〕15号）：在处理解除或终止劳动合同的劳动争议时，如果仲裁委员会的裁决或人民法院的判决撤销了企业解除或终止劳动合同的决定，企业应从决定解除或终止劳动合同之日起补发职工工资。

④ 根据《上海市企业工资支付办法》的规定，当员工被企业违法解除的，员工主张恢复劳动关系并要求支付违法解除期间的工资被司法机构支持的，企业应当支付劳动者在调解、仲裁、诉讼期间的工资。

⑤ 江苏省《劳动人事争议疑难问题研讨会纪要》规定：劳动者主张用人单位支付解除劳动合同决定作出后至仲裁期间的原工资待遇的，裁决时应根据公平合理、过错分担的原则对赔偿责任进行合理裁定。《上海市企业工资支付办法》二十天条明确规定："双方都有责任的，根据责任大小各自承担相应的责任"。

⑥ 北京市劳动争议仲裁委员会《关于劳动争议案件法律适用问题研讨会会议纪要》第二十四条规定，"(1) 用人单位作出的处理决定仅因程序方面存在瑕疵而被依法撤销的，用人单位应按最低工资标准向劳动者支付上述期间的工资；(2) 用人单位作出的处理决定因在实体方面存在问题而被依法撤销的，用人单位应按劳动者正常劳动时的工资标准向劳动者支付上述期间的工资"。

企业在具体执行时，应注意不同的执行口径。

【操作建议】

1. 尽量协商解决劳动争议

对于符合以上情形而没有把握打赢官司，对方又要求恢复劳动关系的，应及时争取协商解决。因为恢复劳动关系期间的补发工资，会根据诉讼时间的增加而增加，越到后面对方就越有条件提出更多的补偿作为调解解决的对价，这对于用人单位来说是非常不利的。

2. 善于选择无法恢复劳动关系的理由

用人单位主张的无法恢复劳动关系、不能继续履行原劳动合同的抗辩理由主要包括：岗位已由他人替代、岗位已经被撤销、劳动者已在其他用人单位就业、劳动合同期限即将届满或已经届满、用人单位经营期限届满不再继续经营等。

其中证明岗位已由他人替代可提供签订劳动合同、办理招工登记、缴纳社会保险、发放工资、提供劳动等证据，并注意新员工的工作岗位与原劳动者的工作岗位完全一致。证明岗位已经被撤销可从撤销该岗位正当理由，如经过股东会决议、董事会决议，向劳动者告知过岗位被撤销的事实等入手，并说明无其他相同或相似岗位。提供劳动者已经在其他单位就业的证据包括劳动者与其他单位签订劳动合同，为劳动者办理招工登记或为劳动者缴纳社会保险、发放工资等。

【相关法规】

1. 违法解除或者终止劳动合同的法律后果

《劳动合同法》第四十八条：用人单位违反本法规定解除或者终止劳动合同，劳动者要求继续履行劳动合同的，用人单位应当继续履行；劳动者不要求继续履行劳动合同或者劳动合同已经不能继续履行的，用人单位应当依照本法第八十七条规定支付赔偿金。

第四十七条：经济补偿按劳动者在本单位工作的年限，每满一年支付一个月工资的标准向劳动者支付。六个月以上不满一年的，按一年计算；不满六个月的，向劳动者支付半个月工资的经济补偿。

劳动者月工资高于用人单位所在直辖市、设区的市级人民政府公布的本地区上年度职工月平均工资三倍的，向其支付经济补偿的标准按职工月平均工资三倍的数额支付，向其支付经济补偿的年限最高不超过十二年。

本条所称月工资是指劳动者在劳动合同解除或者终止前十二个月的平均工资。

第八十七条：用人单位违反本法规定解除或者终止劳动合同的，应当依照本法第四十七条规定的经济补偿标准的二倍向劳动者支付赔偿金。

2. 违法解除终止劳动合同赔偿金的计算

《劳动合同法实施条例》第二十五条：用人单位违反劳动合同法的规定解除或者终止劳动合同，依照劳动合同法第八十七条的规定支付了赔偿金的，不再支付经济补偿。赔偿金的计算年限自用工之日起计算。

3. 恢复劳动关系期间工资的计算

原劳动部《违反〈劳动法〉有关劳动合同规定的赔偿办法》（劳部发〔1995〕233号）第三条第（一）项：造成劳动者工资收入损失的，按劳动者本人应得工资收入支付给劳动者，并加付应得工资收入25%的赔偿费用。

原劳动部办公厅《关于用人单位违反劳动合同规定有关赔偿问题的复函》：《违反〈劳动法〉有关劳动合同规定的赔偿办法》（劳部发〔1995〕233号）第三条第一项中的“劳动者本人应得工资收入”，是指因用人单位违反国家法律法规或劳动合同的约定，解除劳动合同造成劳动者不能提供正常劳动而损失的工资收入。

第 12 章　竞业限制

12.1 竞业限制范围：可以进入亲友开设的企业吗?

【案例索引】

序号	典型案例	裁判要旨	关键词
1	南京市中级人民法院劳动人事争议十大典型案例之七（2020 年度）	劳动者通过外包或劳务派遣等方式在新用工单位从事与原单位同类业务的，应认定为其违反竞业限制义务。	竞业限制主体
2	上海市第一中级人民法院劳动争议案件中竞业限制纠纷典型案例之五(2018 年发布)	外国人与用人单位就保密和竞业限制问题进行约定，不违反强制性法律法规规定的，应属合法有效。	竞业限制主体
3	最高人民法院指导案例 184 号：马筱楠诉北京搜狐新动力信息技术有限公司竞业限制纠纷案	用人单位与劳动者在竞业限制条款中约定，因履行竞业限制条款发生争议申请仲裁和提起诉讼的期间不计入竞业限制期限的，属于《劳动合同法》第二十六条第一款第（二）项规定的“用人单位免除自己的法定责任、排除劳动者权利”的情形，应当认定为无效。	竞业限制期限
4	最高人民法院指导案例 190 号：王山诉万得信息技术股份有限公司竞业限制纠纷案	人民法院在审理竞业限制纠纷案件时，审查劳动者自营或者新入职单位与原用人单位是否形成竞争关系，不应仅从依法登记的经营范围是否重合进行认定，还应当结合实际经营内容、服务对象或者产品受众、对应市场等方面是否重合进行综合判断。劳动者提供证据证明自营或者新入职单位与原用人单位的实际经营内容、服务对象或者产品受众、对应市场等不相同，主张不存在竞争关系的，人民法院应予支持。	竞业限制范围
5	上海市第一中级人民法院劳动争议案件中竞业限制纠纷典型案例之二(2018 年发布)	若用人单位超出经营范围但实际经营该业务，亦可与劳动者就该业务的竞业限制进行约定，该约定合法有效。用人单位应承担其实际经营该业务的举证证明责任。	竞业限制范围

续表

序号	典型案例	裁判要旨	关键词
6	苏州市中级人民法院涉竞业限制劳动争议十大典型案例之二（2021年发布）	若用人单位对劳动者设定竞业限制，无论对竞业限制主体抑或商业秘密认定均有所泛化，不符合竞业限制立法宗旨与规制目的，不当限制就业自由，司法不宜支持。	违反竞业限制行为
7	上海市第一中级人民法院涉高管劳动争议案件白皮书典型案例之八（2021年发布）	劳动者系用人单位的唯一股东并担任法定代表人，不能违反竞业限制义务。	违反竞业限制行为
8	苏州市中级人民法院涉竞业限制劳动争议十大典型案例之七（2021年发布）	若劳动者名义上将其社保交由与原用人单位无竞争关系的企业代缴，实则进入亲友开设的竞争性企业提供劳务服务，以规避竞业限制义务，对原用人单位要求劳动者继续履行竞业限制义务、支付违反竞业限制违约金等诉讼请求依法应予支持。	违反竞业限制行为

【规则精析】

竞业限制是指限制劳动者到与用人单位生产或者经营同类产品、从事同类业务的有竞争关系的其他用人单位，或者自己开业生产或者经营同类产品、从事同类业务。

《劳动合同法》创设竞业限制制度的目的，在于保护用人单位的商业秘密和与知识产权相关的秘密，同时亦对该种保护设置一定条件的限制，以平衡劳动者的就业权和劳动权。

保密义务是指保守用人单位商业秘密和与知识产权相关保密事项的义务。保守用人单位商业秘密是劳动者应尽的法定义务，不受时间、地域和范围的限制，且不以用人单位支付保密费为前提和对价。任何知晓用人单位商业秘密的人员，在未获得用人单位同意前，都不应当向外泄漏商业秘密。除双方另有竞业限制约定外，劳动者负有的保密义务并不必然等同于竞业限制义务。

竞业限制是用人单位对特定劳动者（高级管理人员、高级技术人员和其他负有保密义务的人员）离职后工作权利的限制。为了弥补特定劳动者的经济损失，用人单位应当在竞业限制期限内支付相应的经济补偿。

竞业限制制度的立法目的是保护用人单位的商业秘密与竞争优势，但对商业秘密和竞业限制主体的准确界定是正确适用竞业限制规则的前提。

2019 年，上海市第一中级人民法院发布竞业限制纠纷案件的审理思路和裁判要点，上海市青浦区人民法院发布《2016—2018 年竞业限制纠纷案件审判白皮书》。北京市第一中级人民法院也曾召开“涉竞业限制劳动争议十大典型案例”新闻发布会。

一、竞业限制的主体

关于竞业限制的主体，学界有“业务说”和“任职说”。简单地讲，前者只禁止员工从事与竞争业务相关的工作，而后者则一律禁止员工到有竞争关系的单位工作。

美国发生过著名的微软诉李开复违反竞业限制案，华盛顿州国王县高等法院作出裁决：李开复可以在 Google 的中国研究中心招募员工，并可以为 Google 开展中国业务提供一般性和非技术性的建议，但他不能从事某些工作，诸如不能从事在微软做过的产品、服务和项目，包括计算机搜索技术，也不可以为 Google 在中国的研究中心设置预算和工资标准或者定义研究项目。显然，当地立法采用的是“业务说”。

与此不同的是，我国立法采用“任职说”。现实中员工在新单位到底从事什么工作，原单位实际上是难以掌握的。所以，哪怕劳动者在新单位从事的工作与原公司完全不同，也不能成为可不履行竞业限制协议的理由。

根据《劳动合同法》的规定，竞业限制的人员限于用人单位的高级管理人员、高级技术人员和其他负有保密义务的人员。高级管理人员一般是指用人单位从事决策和管理事务的人，包括经理、副经理、财务负责人、上市公司董事会秘书以及公司章程规定的其他人员。

高级技术人员一般是指在用人单位处于关键技术岗位的人员，如工程师、技术总监、高级研发人员。对于其他知悉用人单位商业秘密的人员，法律界定不是很清晰，实践中一般包括文秘人员、档案保管人员、财务人员、市场计划与营销人员、公关人员、法务人员等。典型案例对于竞业限制的特殊主体明确了以下规则：

规则一：劳动者通过外包或劳务派遣等方式在新用工单位从事与原单位同类业务的，应认定为其违反竞业限制义务。

——南京市中级人民法院劳动人事争议十大典型案例之七（2020 年度）

在雇佣主体与使用主体相统一的用工情形下，竞业限制协议的签订主体应为用人单位和与之建立劳动关系的劳动者。但在劳务派遣用工形式的特殊性，出现雇佣与使用相分离的情形下，商业秘密和与知识产权相关秘密的所有者和知悉者通常为实际的用工单位和被派遣劳动者，用工单位为实现对用人单位商业秘密的保护，通过直接与派遣员工签订竞业限制协议来保障自己的合法权益，符合竞业限制制度的设置初衷。案例 1 中，法院明确：劳动者通过外包或劳务派遣等方式在新用工单位从事与原单位同类业务的，应认定为其违反竞业限制义务。

规则二：外国人与用人单位就保密和竞业限制问题进行约定，不违反强制性法律法规规定的，应属合法有效。

——上海市第一中级人民法院劳动争议案件中竞业限制纠纷典型案例之五（2018 年发布）

外国人在中国就业的，除在最低工资、工作时间、休息休假、劳动安全卫生等方面适用国家有关规定外，当事人履行其他劳动权利义务，可按当事人之间的书面劳动合同、单项协议等予以确定。

还需注意的是，外国人即使未办理就业证，竞业限制条款对其仍具有法律约束力。

二、竞业限制的期限

法律虽然允许用人单位可以与劳动者约定竞业限制义务，但同时对双方约定竞业限制义务的内容作出了强制性规定，即以效力性规范的方式对竞业限制义务所适用的人员范围、竞业领域、限制期限均作出明确限制，且要求竞业限制约定不得违反法律、法规的规定，以期在保护用人单位商业秘密、维护公平竞争市场秩序的同时，亦防止用人单位不当运用竞业限制制度对劳动者的择业自由权造成过度损害。

劳动者的竞业限制期限最长不能超过两年。在司法实践中，通常认为超过两年的竞业限制期限，超过部分无效。

本节案例 3 中，2014 年 2 月 1 日，搜狐新动力公司（甲方）与高级总监马筱楠（乙方）签订《不竞争协议》，该协议第 3.3 款约定："竞业限制期限从乙方离职之日开始计算，最长不超过 12 个月，具体的月数根据甲方向乙方实际支付的竞业限制补偿费计算得出。但如因履行本协议发生争议而提起仲裁或诉讼时，则上述竞业限制期限应将仲裁和诉讼的审理期限扣除；即乙方应履行竞业限制义务的期限，在扣除仲裁和诉讼审理的期限后，不应短于上述约定的竞业限制月数。”

2017 年 2 月 28 日劳动合同到期，双方劳动关系终止。2017 年 3 月 24 日，搜狐新动力公司向马筱楠发出关于要求履行竞业限制义务和领取竞业限制经济补偿费的告知函，要求其遵守《不竞争协议》，全面并适当履行竞业限制义务。马筱楠自搜狐新动力公司离职后，于 2017 年 3 月中旬与优酷公司开展合作关系，后于 2017 年 4 月底离开优酷公司，违反了《不竞争协议》。经过劳动仲裁，马筱楠向法院提起诉讼。

2018 年 3 月 15 日，法院一审判决：一、马筱楠向搜狐新动力公司双倍返还 2017 年 3 月、4 月竞业限制补偿金共计 177892 元；二、确认马筱楠无须继续履行对搜狐新动力公司的竞业限制义务。搜狐新动力公司不服一审判决，提起上诉。二审法院驳回上诉，维持原判。

规则三：用人单位与劳动者在竞业限制条款中约定，因履行竞业限制条款发生争议申请仲裁和提起诉讼的期间不计入竞业限制期限的，属于《劳动合同法》第二十六条第一款第（二）项规定的“用人单位免除自己的法定责任、排除劳动者权利”的情形，应当认定为无效。

——最高人民法院指导案例 184 号：马筱楠诉北京搜狐新动力信息技术有限公司竞业限制纠纷案

生效判决书中指出，约定马筱楠的竞业限制期限应扣除仲裁和诉讼的审理期限，这实质上造成了劳动者的择业自由权在一定期间内处于待定状态。对于劳动者一方，如果提起仲裁和诉讼，仲裁及诉讼审理期间劳动者仍需履行竞业限制义务，即出现其竞业限制期限被延长的结果。而对于用人单位一方，即可通过提起仲裁和诉讼的方式单方地、变相地延长劳动者的竞业限制期限，一定程度上免除了其法定责任。

原来学界对于诉讼或仲裁期间是否可扣除存有争议。有观点认为，如果诉讼或仲裁结果认定劳动者违约，则此种后果应由劳动者承担，诉讼或仲裁所耗费的时间不应计算竞业限制期限，即自劳动者违约行为发生之日至诉讼或仲裁终结之日，竞业限制期限中止计算，诉讼或仲裁终结之日恢复起算；反之，则此种后果应由用人单位承担，不仅需要立即向劳动者支付竞业限制经济补偿金，诉讼或仲裁所耗费的时间，依然计入竞业限制期限，不发生期限中止问题。

但是，如果允许诉讼或仲裁期间竞业限制协议可以中止，那么劳动者在此期间亦无须遵守竞业限制义务，完全可以从事竞业行为，势必造成用人单位设立竞业限制协议的目的落空。所以无论诉讼或仲裁结果是否认定劳动者违约，必须明确在依法约定的竞业限制期内包括诉讼或仲裁期间，劳动者都有履行原协议的义务。故不应将仲裁诉讼的期间扣除。

指导案例 184 号明确，仲裁诉讼的期间不计入竞业限制期限的约定无效。尽管劳动者被确认在 2017 年 3 月、4 月违反了竞业限制约定，但这两个月亦不中止竞业限制期限的计算。

但这并不意味着在劳动者违约期间，用人单位仍应支付经济补偿金。本案中，搜狐新动力公司之所以继续支付经济补偿金，是因为 2017 年 4 月 30 日马筱楠即与优酷公司终止了合作关系，停止了违约行为。

当劳动者竞业限制期限内违约时，用人单位可以暂停竞业限制经济补偿的支付。如违约的劳动者停止了竞业行为，可以要求用人单位支付重新履行竞业限制义务期间的经济补偿金。但如果劳动者在此期间仍然继续从事竞业行为，则无权主张。

至于用人单位是否可以违反竞业限制为由要求劳动者返还已支付的经济补偿金，应注意各地的司法口径。

根据浙江省高级人民法院民事审判第一庭、浙江省劳动人事争议仲裁院《关于印发〈关于审理劳动争议案件若干问题的解答（三）〉的通知》："劳动者违反竞业限制约定，用人单位要求劳动者返还违反竞业限制约定期间用人单位向其支付的经济补偿的，应予支持。对劳动者履行竞业限制约定期间用人单位向其支付的经济补偿，用人单位要求返还的，不予支持。用人单位向劳动者一次性支付经济补偿的，应当将经济补偿数额进行折算，对劳动者违反竞业限制约定期间相对应的经济补偿予以返还。"

司法实践中，如果双方在竞业限制协议中对返还补偿金进行约定，法院应当予以支持；如果双方未作上述约定，法院应以协议明确违约所应承担的责任范围为限综合考量个案情形；劳动者就其竞业行为已经承担了相当数量的违约责任且并未因违约获益的，则一般可不支持用人单位要求劳动者返还补偿金的要求。

毋庸讳言，相对于最长 2 年的竞业限制期（现实中有的用人单位只与劳动者约定半年甚至 3 个月的竞业限制期），仲裁诉讼周期可能较长，如果二审判决生效时员工的竞业限制期限已经到期，即便员工确实存在违反竞业限制的行为，企业也无法要求员工延长竞业限制期限，那么如何防止仲裁诉讼期内劳动者继续实施违约行为，从而导致用人单位胜诉但诉讼目的落空的结果？

有人提出是否可引入禁止令制度。新《民事诉讼法》已经增设的行为保全制度，目的是及时制止被申请人即将发生或持续性的侵权行为，防止损失即将发生或进一步扩大。但目前劳动争议案中还未有支持禁止令的裁决。上海市第一中级人民法院法官蒋克勤、叶佳认为："劳动争议中的竞业限制纠纷案件，其诉请基础在于双方是否存在合法有效竞业限制的约定及劳动者是否存在违约行为，而违约行为所对应的法律责任仅限继续履行、采取补救措施或者赔偿损失。故禁止令无论在明文规定还是在法理分析上均不宜在劳动争议案件中适用。"[①]

不过，竞业限制纠纷涉及违约和侵权的竞合，禁止令即便不宜在劳动争议案件中适用，也未必不能在侵权纠纷中适用。这也算是此案留给我们的一个思索吧。

三、竞业限制的范围

竞业限制条款限制了劳动者的就业权，因此不能任意扩大竞业限制的范围，虽然《劳动合同法》第二十四条规定：用人单位与劳动者可以约定竞业限制的范围、地域和期限。不过，原则上竞业限制的范围、地域，应当以能够与用人单位形成实际竞争关系的范围、地域为限。经营范围重叠并非认定竞争关系的唯一因素。

判断劳动者是否违反竞业限制义务的，不应仅根据劳动者在新任职单位所约定的工作岗位进行判定，而应从劳动者新任职的单位经营范围是否与原单位存在竞争关系，其实际工作内容是否与原单位工作内容相近或类似等方面综合考查。

---

① 黄祥青：《劳动争议典型案例及裁判观点》，人民法院出版社 2019 年版，第 290 页。

规则四：人民法院在审理竞业限制纠纷案件时，审查劳动者自营或者新入职单位与原用人单位是否形成竞争关系，不应仅从依法登记的经营范围是否重合进行认定，还应当结合实际经营内容、服务对象或者产品受众、对应市场等方面是否重合进行综合判断。劳动者提供证据证明自营或者新入职单位与原用人单位的实际经营内容、服务对象或者产品受众、对应市场等不相同，主张不存在竞争关系的，人民法院应予支持。

——最高人民法院指导案例190号：王山诉万得信息技术股份有限公司竞业限制纠纷案

竞业限制制度的设置系为了防止劳动者利用其所掌握的原用人单位的商业秘密为自己或为他人谋利，从而抢占了原用人单位的市场份额，给原用人单位造成损失。所以考量劳动者是否违反竞业限制协议，最为核心的是应评判原用人单位与劳动者自营或者入职的单位之间是否形成竞争关系。该案中，上海市第一中级人民法院推翻了一审法院以营业执照经营字样重合认定两公司具有竞争关系的判决，认为某公司与某站不构成竞争关系，王某跳槽至某站的行为不违反竞业限制约定。[①]

由于我国公司注册登记时，除行政许可事项外，工商部门对该公司是否实际经营申请人在清单中所勾选业务不做特别审查，营业执照上登记的事项不实际经营，实际经营的事项未必登记在营业执照上的情况时有发生；同时劳动者的弱势地位决定其未必具备证明两公司不具有竞争关系的能力，所以在司法实践中，"竞争关系的审查，不应拘泥于营业执照登记的营业范围，否则对劳动者亦或是对用人单位都有可能造成不公平。故在具体案件中，还可以从两家企业实际经营的内容是否重合、服务对象或者所生产产品的受众是否重合、所对应的市场是否重合等多角度进行审查，以还原事实之真相，从而兼顾用人单位和劳动者的利益，以达到最终的平衡。"[②]

---

① 案号：上海市第一中级人民法院（2021）沪01民终12282号。

② 案号：上海市第一中级人民法院（2021）沪01民终12282号。

规则五：如果用人单位超出经营范围但实际经营该业务，亦可与劳动者就该业务的竞业限制进行约定，该约定合法有效。用人单位应承担其实际经营该业务的举证证明责任。

——上海市第一中级人民法院劳动争议案件中竞业限制纠纷典型案例之二（2018 年发布）

另外，用人单位与劳动者约定的竞业限制范围超出用人单位工商注册的经营范围亦不必然导致该约定无效。本节案例 5 中，如果用人单位超出经营范围但实际经营该业务，亦可与劳动者就该业务的竞业限制进行约定，该约定合法有效。用人单位应承担其实际经营该业务的举证证明责任。

四、违反竞业限制行为的认定

本节案例 6 中，法院查明，游某并非某法律咨询服务公司高级管理人员或高级技术人员，其在该法律咨询服务公司工作，主要为遭遇交通事故的受害方提供咨询服务，相关客户信息基本上通过到医院蹲点问询的方式取得，认定其在提供岗位服务过程中亦不掌握公司的商业秘密。

该法律咨询服务公司所指“商业秘密”即客户信息具有一定的特殊性，咨询服务群体以一次性交易居多，并不具有长期性、稳定性和重复性，无法与公司建立长期合作关系并多次进行商业交易，所谓的“商业秘密”不具有商业价值特征，同时该客户信息从公共场所获取，“门槛”较低，容易获得，且公司对客户信息本身未采取过保密措施，员工使用具有一定开放性。

因此，该法律咨询服务公司对游某设定竞业限制，无论对竞业限制主体抑或商业秘密认定均有所泛化，不符合竞业限制立法宗旨与规制目的，不当限制就业自由，司法不宜支持。

但是，高管应诚信履行竞业限制约定，否则应承担违约责任。本节案例 6 中，王某作为 L 公司唯一股东和法定代表人可认定其违反了竞业限制义务，应当继续履行，并按约返还竞业限制补偿、支付违约金。

规则六：如果劳动者名义上将其社保交由与原用人单位无竞争关系的企业代缴，实则进入亲友开设的竞争性企业提供劳务服务，以规避竞业限制义务，对原用人单位要求劳动者继续履行竞业限制义务、支付违反竞业限制违约金等诉讼请求依法应予支持。

——苏州市中级人民法院涉竞业限制劳动争议十大典型案例之七（2021 年发布）

本节案例 8 中，蔡某配偶张某设立了一家包装公司，并担任企业法定代表人。蔡某离职后，遂为其配偶所设公司向原包装公司的客户推销同类竞争产品，同时，由某运输公司代蔡某缴纳社保。蔡某原所在的某包装公司获悉后，要求蔡某继续履行竞业限制义务，并支付违反竞业限制违约金，获得法律支持。

【操作建议】

1. 竞业限制协议应单独签订

用人单位支付给劳动者竞业限制补偿的前提是双方有竞业限制的约定，用人单位应当在竞业限制期限内支付相应的经济补偿。《员工手册》属于用人单位规章制度的一种，不具有劳动合同的属性，凡属劳动合同调整的事项，应由法律有专门的规定或者当事人双方依法作出约定。竞业限制条款，属于劳动合同约定内容，且竞业限制的对象、地点、补偿等事项因人而异，不应通过一般的方式来事先约定。因此，用人单位依据规章制度的方式规定的竞业限制条款对劳动者不具有拘束力。

2. 在约定竞业限制义务的同时，签订保密协议

劳动者能接触或掌握用人单位的商业秘密，是用人单位与劳动者订立竞业限制协议并要求其履行协议的基本前提。签订保密协议不但可以进一步明确商业秘密的内容和范围，细化履行保密义务的具体要求，有利于全方位保护企业的商业秘密，而且可以锁定员工属于竞业限制适用主体。

3. 竞业限制的行业和地域应当约定明确

实践中，用人单位可以采取明确列举+兜底条款的约定，明确限定劳动者不得入职的具有明确竞争关系的单位名单，也约定其范围还包括其他经营“同类、相似、相关等”业务的单位，以尽可能周延竞业限制的保护范围。

4. 授权用人单位对于员工就业情况的知情权

《竞业限制协议》注明："员工授权并同意用人单位在竞争限制期内对于员工就业情况有知情权，并可进行必要的调查取证以确保本协议得以履行。"

【相关法规】

1. 保密义务和竞业限制

《劳动合同法》第二十三条：用人单位与劳动者可以在劳动合同中约定保守用人单位的商业秘密和与知识产权相关的保密事项。

对负有保密义务的劳动者，用人单位可以在劳动合同或者保密协议中与劳动者约定竞业限制条款，并约定在解除或者终止劳动合同后，在竞业限制期限内按月给予劳动者经济补偿。劳动者违反竞业限制约定的，应当按照约定向用人单位支付违约金。

2. 竞业限制的范围和期限

《劳动合同法》第二十四条：竞业限制的人员限于用人单位的高级管理人员、高级技术人员和其他负有保密义务的人员。竞业限制的范围、地域、期限由用人单位与劳动者约定，竞业限制的约定不得违反法律、法规的规定。

在解除或者终止劳动合同后，前款规定的人员到与本单位生产或者经营同类产品、从事同类业务的有竞争关系的其他用人单位，或者自己开业生产或者经营同类产品、从事同类业务的竞业限制期限，不得超过二年。

3. 董事、高管人员的禁止行为

《公司法》第一百四十八条：董事、高级管理人员不得有下列行为：

（一）挪用公司资金；

（二）将公司资金以其个人名义或者以其他个人名义开立账户存储；

（三）违反公司章程的规定，未经股东会、股东大会或者董事会同意，将公司资金借贷给他人或者以公司财产为他人提供担保；

（四）违反公司章程的规定或者未经股东会、股东大会同意，与本公司订立合同或者进行交易；

（五）未经股东会或者股东大会同意，利用职务便利为自己或者他人谋取属于公司的商业机会，自营或者为他人经营与所任职公司同类的业务；

（六）接受他人与公司交易的佣金归为己有；

（七）擅自披露公司秘密；

（八）违反对公司忠实义务的其他行为。

董事、高级管理人员违反前款规定所得的收入应当归公司所有。

《合伙企业法》第三十二条：合伙人不得自营或者同他人合作经营与本合伙企业相竞争的业务。

除合伙协议另有约定或者经全体合伙人一致同意外，合伙人不得同本合伙企业进行交易。

合伙人不得从事损害本合伙企业利益的活动。

《个人独资企业法》第二十条：投资人委托或者聘用的管理个人独资企业事务的人员不得有下列行为：

（一）利用职务上的便利，索取或者收受贿赂；

（二）利用职务或者工作上的便利侵占企业财产；

（三）挪用企业的资金归个人使用或者借贷给他人；

（四）擅自将企业资金以个人名义或者以他人名义开立帐户储存；

（五）擅自以企业财产提供担保；

（六）未经投资人同意，从事与本企业相竞争的业务；

（七）未经投资人同意，同本企业订立合同或者进行交易；

（八）未经投资人同意，擅自将企业商标或者其他知识产权转让给他人使用；

（九）泄露本企业的商业秘密；

（十）法律、行政法规禁止的其他行为。

4. 用人单位的连带赔偿责任

《劳动合同法》第九十条：劳动者违反本法规定解除劳动合同，或者违反劳动合同中约定的保密义务或者竞业限制，给用人单位造成损失的，应当承担赔偿责任。

12.2 竞业限制补偿金：在职约定预付补偿是否有效？

【案例索引】

序号	典型案例	裁判要旨	关键词
1	苏州中级人民法院涉竞业限制劳动争议十大典型案例之六（2021年发布）	用人单位采取在劳动者在职期间预付竞业限制经济补偿的做法，将相关款项所有权、支配权提前交与劳动者，相较于离职后逐月给付竞业限制经济补偿，并未侵害劳动者合法权益和违背竞业限制制度宗旨。但是，在这种情况下，一方面要严格审查预付款项的性质，以免用人单位将工资中的一部分变相拆分成所谓的“补偿”，来规避劳动关系终止后竞业限制补偿金的支付义务；另一方面要防止经济补偿数额过低而不足以弥补劳动者离职后的生存与再就业权益。	经济补偿支付
2	北京市劳动人事争议仲裁十大典型案例之九：发放保密费不等同于已支付竞业限制补偿（2021 年发布）	竞业限制经济补偿是用人单位因限制劳动者离职后的就业范围而对劳动者作出的补偿，该补偿以劳动者在离职后不从事与用人单位相竞争的业务为支付前提，通常自劳动者离职之日起按月支付。	经济补偿支付
3	上海市第一中级人民法院劳动争议案件中竞业限制纠纷典型案例之一（2018 年发布）	劳动合同约定报酬体系中的 200 元/月为不竞争义务的补偿费，并不违反法律的强制性规定。	经济补偿支付
4	苏州中级人民法院涉竞业限制劳动争议十大典型案例之一（2021年发布）	即使竞业限制补偿数额约定缺失的，仍可依法填补，而不宜径行认定竞业限制协议无效。	竞业限制协议效力
5	北京市劳动人事争议仲裁十大典型案例之五（2019 年发布）	用人单位在劳动者履行竞业限制义务后否认竞业限制协议效力的行为不应得到支持。	竞业限制协议效力

【规则精析】

根据《劳动合同法》第二十三条第二款的规定，对负有保密义务的劳动者，用人单位可以在劳动合同或者保密协议中与劳动者约定竞业限制条款，并约定在解除或者终止劳动合同后，在竞业限制期限内按月给予劳动者经济补偿。

若竞业限制协议中未约定竞业限制补偿金金额，双方可根据最高人民法院《关于审理劳动争议案件适用法律问题的解释（一）》第三十六条：当事人在劳动合同或者保密协议中约定了竞业限制，但未约定解除或者终止劳动合同后给予劳动者经济补偿，劳动者履行了竞业限制义务，要求用人单位按照劳动者在劳动合同解除或者终止前十二个月平均工资的30%按月支付经济补偿的，人民法院应予支持。前款规定的月平均工资的30%低于劳动合同履行地最低工资标准的，按照劳动合同履行地最低工资标准支付。

同时，各地规定的经济补偿标准高于以上司法解释规定的标准，劳动者有权根据该地方性法规规定的竞业限制补偿标准提出相应主张。

例如，《江苏省劳动合同条例》规定，用人单位对处于竞业限制期限内的离职劳动者应当按月给予经济补偿，月经济补偿额不得低于该劳动者离开用人单位前十二个月的月平均工资的三分之一。

上海市高级人民法院《关于适用〈劳动合同法〉若干问题的意见》规定，补偿金数额不明的，双方可以继续就补偿金的标准进行协商；协商不能达成一致的，用人单位应当按照劳动者此前正常工资的20%—50%支付。协商不能达成一致的，限制期最长不得超过两年。

北京市高级人民法院、北京市劳动争议仲裁委员会《关于劳动争议案件法律适用问题研讨会会议纪要》规定，双方在劳动关系存续期间或在解除、终止劳动合同时，可以通过协商予以补救，经协商不能达成一致的，可按照双方劳动关系终止前最后一个年度劳动者工资的20%—60%确定补偿费数额。

《浙江省技术秘密保护办法》规定，竞业限制补偿费的标准由权利人与相关人员协商确定。没有确定的，年度补偿费按合同终止前最后一个年度该相关人员从权利人处所获得报酬总额的三分之二计算。

《宁波市企业技术秘密保护条例》规定，年补偿费不得低于该员工离职前一年从该企业获得的年报酬总额的二分之一。

《深圳经济特区企业技术秘密保护条例》规定，竞业限制协议约定的补偿费，按月计算不得少于该员工离开企业前最后十二个月月平均工资的二分之一。约定补偿费少于上述标准或者没有约定补偿费的，补偿费按照该员工离开企业前最后十二个月月平均工资的二分之一计算。

一、在职约定预付竞业限制补偿合法，人为拆分固定工资收入结构无效

规则一：用人单位采取在劳动者在职期间预付竞业限制经济补偿的做法，将相关款项所有权、支配权提前交与劳动者，相较于离职后逐月给付竞业限制经济补偿，并未侵害劳动者合法权益和违背竞业限制制度宗旨。但是，在这种情况下，一方面要严格审查预付款项的性质，以免用人单位将工资中的一部分变相拆分成所谓的"补偿"，来规避劳动关系终止后竞业限制补偿金的支付义务；另一方面要防止经济补偿数额过低而不足以弥补劳动者离职后的生存与再就业权益。

——苏州中级人民法院涉竞业限制劳动争议十大典型案例之六（2021年发布）

《劳动合同法》第二十三条第二款规定，对负有保密义务的劳动者，用人单位可以在劳动合同或者保密协议中与劳动者约定竞业限制条款，并约定在解除或者终止劳动合同后，在竞业限制期限内按月给予劳动者经济补偿。劳动者违反竞业限制约定的，应当按照约定向用人单位支付违约金。然针对在职期间是否可以约定违反竞业限制违约金，目前存在截然相反的两种解释。

一种意见认为，劳动合同法将劳动者竞业限制违约金的适用范围明确限定在劳动合同解除或终止后的一定期限内，应当予以严格遵守。保密义务是劳动合同的附随义务，在法律未明确对劳动者在职期间竞业限制违约金作出相关规定的前提下，如果劳动者在职期间有违反行为，用人单位可以就相关损失主张侵权责任。

另一种意见则认为，在职竞业限制义务是劳动关系存续期间劳动者对用人单位负有依据诚实信用所产生的义务。法律并未排除在职期间适用竞业限制违约金的可能性。劳动者在职期间负有竞业限制义务，且应适用违反竞业限制违约金。

本节案例 1 指出：在这种情况下，一方面要严格审查预付款项的性质，以免用人单位将工资中的一部分变相拆分成所谓的"补偿"，来规避劳动关系终止后竞业限制补偿金的支付义务；另一方面要防止经济补偿数额过低而不足以弥补劳动者离职后的生存与再就业权益。

该案中，2011 年李某进入某工业化住宅制造公司工作。《竞业限制协议》约定：公司在李某在职期间，按月预先支付竞业限制经济补偿金。如果该制造公司不支付或无正当理由故意克扣竞业限制补偿的，该协议约定的李某的竞业限制义务自行终止。但制造公司未依约实际预付竞业限制经济补偿。2013 年 7 月起，李某的工资结构中出现“竞业限制补偿”一项，工资构成明细为“基本工资+岗位工资+绩效工资+竞业限制补偿”，但薪资水平较此前并无变化。

2016 年 12 月 28 日，李某离职。后制造公司因以李某违反竞业限制义务为由，要求李某返还该制造公司已支付的竞业限制经济补偿并支付竞业限制违约金，为此提出仲裁并诉至法院。

法院认为，《竞业限制协议》签订后，制造公司并未按约预付竞业限制经济补偿，而当 2 年过后，在李某薪资水平未发生变化的情况下，出示工资构成明细及其中的竞业限制补偿项目，若由此认定制造公司已依约预付“竞业限制补偿”，事实依据并不充分。从保护劳动者合法权益角度，应当视为用人单位对劳动者既有固定收入进行结构性拆分，仍作为工资收入的一部分，未实质性履行其竞业限制补偿义务，李某即可终止履行。当然，李某在离职前即参与了竞争性公司的筹办，并未得到制造公司的同意，一定程度上违反了劳动合同履行期间劳动者对用人单位的忠实义务，该义务源于诚信原则与劳动伦理，用人单位权益为此受到侵害造成损失的，可以依法主张损害赔偿。

本节案例 2 中，某软件开发公司与严某签署的协议中约定，将严某在职期间的保密费随同工资一同发放，并不考虑严某离职后的就业情况，且保密费的发放与考勤挂钩。此外，严某提供了某软件开发公司的门卫刘某的工资条及银行转账记录佐证公司员工均享有保密费。上述情形均不符合竞业限制经济补偿的基本特征，该保密费应属于工资范畴，而非对竞业限制的补偿。现严某主张已履行竞业限制义务，而某软件开发公司未对此提供反证，故仲裁委对严某离职后履行了竞业限制义务的主张予以采纳。因双方缺少对竞业限制经济补偿标准的明确约定，故按照法定标准即解除或者终止前 12 个月平均工资的 30%，对严某的仲裁请求予以支持。

但在司法实践中，不少地区的执法机构并不一概否认用人单位采取在劳动者在职期间预付竞业限制经济补偿的法律效力，认为将相关款项所有权、支配权提前交与劳动者，相较于离职后逐月给付竞业限制经济补偿，并未侵害劳动者合法权益和违背竞业限制制度宗旨。

用人单位在劳动者在职期间给付经济补偿的，一般不认可其效力；用人单位在劳动者离职时一次性给付的，一般也不认可其效力。但当事人有明确约定，且名目清晰、金额合理的，可以认定其效力。

如在本节案例 3 中，上海市第一中级人民法院认为："劳动合同约定报酬体系中的 200 元/月为不竞争义务的补偿费"，并不违反法律的强制性规定。而且，协议书明确约定，由海舟公司的母公司授予余某限制性股票作为对价。请注意这里限制性股票作为对价很重要，否则或涉嫌"经济补偿数额过低而不足以弥补劳动者离职后的生存与再就业权益"。

二、约定的经济补偿低于法定标准，不必然影响竞业限制效力

规则二：即使竞业限制补偿数额约定缺失的，仍可依法填补，而不宜径行认定竞业限制协议无效。

——苏州中级人民法院涉竞业限制劳动争议十大典型案例之一（2021 年发布）

实践中，有的用人单位与劳动者在竞业限制协议中约定，在竞业限制协议生效前，用人单位可以放弃对劳动者竞业限制的要求。对此曾有一种观点认为，"未约定给予劳动者竞业禁止经济补偿，或者约定的竞业禁止经济补偿数额过低、不符合相关规定的，该竞业禁止条款对劳动者不具有约束力"。①

但从最高人民法院《关于审理劳动争议案件适用法律问题的解释（一）》第三十六条规定来看，即使由于用人单位的原因导致未支付经济补偿，在劳动者请求解除竞业限制约定前，相关的竞业限制约定仍对双方有约束力。

竞业限制的实质，是法律为保护用人单位的商业秘密而赋予其的一项权利。作为权利的享有者，用人单位有权行使该项权利，也有权放弃该项权利。

按照合同法理论，合同通常自成立时生效，但为了应对不断变化的情况，也可以对合同生效设立一定的条件，竞业限制协议通常是附生效期限的合同，一般是把劳动者离职的日期作为竞业限制协议生效的日期。在竞业限制协议生效前，

---

① 《公报》2009 年第 11 期：王云飞诉施耐德电气（中国）投资有限公司上海分公司劳动争议纠纷案。

由于经济生活和用人单位情况的变化，原用人单位认为需要保护的商业秘密和与知识产权有关的保密事项不需要再保密了，用人单位当然有权解除竞业限制协议。

在竞业限制协议有效的情况下，用人单位未按照约定支付竞业限制补偿金，劳动者可以要求用人单位支付离职后的竞业限制补偿金，也可以以用人单位三个月未支付经济补偿为由，向相关机构请求解除竞业限制约定，而不能自然认为竞业限制协议直接无效而不再履行竞业限制义务。

所以，另一种观点认为，在竞业限制协议中，除非双方另有约定，用人单位支付补偿金的义务与劳动者履行竞业限制的义务在性质上应属于同时履行义务，劳动者并不享有后履行抗辩权，补偿金数额约定与否并不构成劳动者是否应当履行竞业限制义务之先决条件，竞业限制条款对双方仍有约束力。[①]

本节案例4中，法院认为，史某是竞业限制义务适格主体。电子公司与史某约定的竞业限制补偿金标准虽低于其离职前12个月的月平均工资的30%，但根据最高人民法院劳动争议司法解释精神，即使竞业限制补偿数额约定缺失的，仍可依法填补，而不宜径行认定竞业限制协议无效。竞业限制权利义务调整，一方面可以通过史某在自身履行竞业限制义务前提下请求用人单位补足来弥补，另一方面不宜支持史某以履行抗辩权为由拒绝履行竞业限制义务或免除其违约责任。

但需注意的是：通常情况下，竞业限制协议或条款由用人单位主动提出与劳动者订立，订立该协议或条款即应作为用人单位认可劳动者能接触、掌握其商业秘密的初步证据。如果允许用人单位随意改变其主张，则用人单位可以在劳动者离职时，以劳动者负有竞业限制义务为由要求劳动者履行该义务，而待劳动者履行了竞业限制义务后，又以其不属于负有保密义务人员为由，拒不履行其自身应当承担的支付竞业限制补偿金，势必导致双方权利义务严重失衡。故用人单位在劳动者履行竞业限制义务后否认竞业限制协议效力的行为不应得到支持。

本节案例5中，魏某于2015年11月9日入职当日签订了《竞业限制协议》，但未约定向魏某支付竞业限制经济补偿。2018年1月8日，魏某因个人原因离职，医疗科技公司并未告知魏某可以不履行竞业限制义务。此后，魏某履行了《竞业限制协议》中的义务，但医疗科技公司未支付竞业限制经济补偿。2018年5月，魏某提出仲裁申请，要求医疗科技公司支付竞业限制经济补偿。庭审中，医疗科技公司

---

① 根据上海市劳动和社会保障局《关于实施〈上海市劳动合同条例〉若干问题的通知（二）》（沪劳保关发〔2004〕4号），“因用人单位原因不按协议约定支付经济补偿金，经劳动者要求仍不支付的，劳动者可以解除竞业限制协议”。

却称，因魏某在其单位工作期间并不接触商业秘密，不属于负有保密义务的人员，故主张双方签订的《竞业限制协议》无效，其无须支付竞业限制经济补偿。

劳动仲裁认为，医疗科技公司与魏某签订了《竞业限制协议》，解除劳动合同时没有告知魏某无须履行竞业限制义务，且在庭审中不能提供证据证明魏某不掌握其商业秘密。因此，对于医疗科技公司关于魏某不掌握其商业秘密的主张仲裁委没有采信。在魏某履行竞业限制义务后，医疗科技公司应支付魏某竞业限制补偿金，故裁决医疗科技公司按照劳动合同解除前 12 个月平均工资的 30%按月向魏某支付经济补偿。

可见，尽管竞业限制协议中有关用人单位可免除或要求劳动者履行竞业限制义务的条款，但是用人单位应当提前书面告知劳动者。

【操作建议】

1. 为避免员工拒签禁业限制协议，可以利用“延迟生效条款”

约定竞业限制是劳动者的合同义务，而不是法定义务，即使是负有保密义务的劳动者，也有权拒签竞业限制协议。所以很多用人单位不能等到职工离职时，才要求他签竞业限制协议，而是在签订劳动合同或者职工到保密岗位工作时，就签订相关协议，同时在协议中注明用人单位可以单方放弃。

如：“甲方（用人单位）可以选择不要求乙方（劳动者）履行竞业限制义务。如果甲方这样选择，则甲方就没有义务支付补偿金，但是对于不要求履行竞业限制的选择甲方可以在劳动合同期满或解除时或之前通知乙方其选择。”

2. 尽量在解除或终止劳动合同后按月给付竞业限制经济补偿

尽管用人单位在劳动者在职期间给付经济补偿的，未必不认可其效力，但我们还是建议用人单位尽量在解除或终止劳动合同后按月给付竞业限制经济补偿，以免发生争议。

【相关法规】

1. 竞业限制的经济补偿补偿

《劳动合同法》第二十三条：用人单位与劳动者可以在劳动合同中约定保守用人单位的商业秘密和与知识产权相关的保密事项。

对负有保密义务的劳动者，用人单位可以在劳动合同或者保密协议中与劳动者约定竞业限制条款，并约定在解除或者终止劳动合同后，在竞业限制期限内按月给予劳动者经济补偿。劳动者违反竞业限制约定的，应当按照约定向用人单位支付违约金。

最高人民法院《关于审理劳动争议案件适用法律问题的解释（一）》第三十六条：当事人在劳动合同或者保密协议中约定了竞业限制，但未约定解除或者终止劳动合同后给予劳动者经济补偿，劳动者履行了竞业限制义务，要求用人单位按照劳动者在劳动合同解除或者终止前十二个月平均工资的30%按月支付经济补偿的，人民法院应予支持。

前款规定的月平均工资的30%低于劳动合同履行地最低工资标准的，按照劳动合同履行地最低工资标准支付。

2. 竞业限制的效力

最高人民法院《关于审理劳动争议案件适用法律问题的解释（一）》第三十七条：当事人在劳动合同或者保密协议中约定了竞业限制和经济补偿，当事人解除劳动合同时，除另有约定外，用人单位要求劳动者履行竞业限制义务，或者劳动者履行了竞业限制义务后要求用人单位支付经济补偿的，人民法院应予支持。

12.3 竞业限制违约金：如何判断违约金公平合理？

【案例索引】

序号	典型案例	裁判要旨	关键词
1	北京市第一中级人民法院发布涉竞业限制劳动争议十大典型案例之七（2019年发布）	审判实践中会全面考虑劳动者的岗位、薪酬水平、掌握商业秘密的程度、过错程度、竞业限制补偿标准等因素确定违约金数额。	竞业限制违约金
2	上海市第一中级人民法院涉高管劳动争议案件白皮书之八（2021年发布）	结合王某离职前担任岗位的涉密程度、竞业限制经济补偿所占王某月基本工资的比例、王某违约的方式及时间等，一审法院判定王某返还竞业限制补偿金89万多元，并酌情判决其支付竞业限制违约金260万元。	竞业限制违约金
3	上海市浦东新区人民法院发布上海某企业管理有限公司与姚某竞业限制案	法院可结合劳动者违约的主观恶意程度、实际违约事实、劳动者竞业限制补偿金数额、劳动者违约的获益情况（新单位的工资标准）以及劳动者违约给用人单位造成的损失等因素来综合判断。	竞业限制违约金

续表

序号	典型案例	裁判要旨	关键词
4	北京海淀法院发布十大竞业限制典型案例之六（2017 年发布）	劳动者与用人单位约定了竞业限制条款，但当约定的违约金数额过高时，法院可以根据竞业限制协议中约定的用人单位向劳动者支付的竞业限制补偿金数额、劳动者在用人单位任职期间的工资标准、劳动者在用人单位工作的时间、劳动者的违约行为造成用人单位的损失等情况，综合酌情认定违约金的数额。	竞业限制 违约金
5	苏州市中级人民法院发布涉竞业限制劳动争议十大典型案例之十（2021 年发布）	因某新材料公司并未举证其损失数额，法院参照葛某在某新材料公司创造的劳动价值，即以其工资收入情况作为认定某新材料公司损失的参考金额，同时综合考虑双方约定、竞业限制补偿金数额、葛某违约情节等因素，并适度体现对劳动者违约行为的惩罚性，酌情对葛某应当支付的违约金进行了调低。	竞业限制 违约金
6	《深圳法院劳动争议审判白皮书》(2005—2020)	劳动者在职期间违反竞业限制义务，应当根据双方合同的约定承担违约责任。	竞业限制 违约金

【规则精析】

根据《劳动合同法》第二十三条的规定，劳动者违反竞业限制约定的，应当按照约定向用人单位支付违约金。

根据 2016 年 11 月 21 日最高人民法院《关于印发〈第八次全国法院民事商事审判工作会议（民事部分）纪要〉的通知》（法〔2016〕399 号）规定："28. 用人单位和劳动者在竞业限制协议中约定的违约金过分高于或者低于实际损失，当事人请求调整违约金数额的，人民法院可以参照《最高人民法院关于适用〈中华人民共和国合同法〉若干问题的解释（二）》第二十九条的规定予以处理。"

最高人民法院《关于适用〈中华人民共和国合同法〉若干问题的解释（二）》第二十九条：当事人主张约定的违约金过高请求予以适当减少的，人民法院应当以实际损失为基础，兼顾合同的履行情况、当事人的过错程度以及预期利益等综合因素，根据公平原则和诚实信用原则予以衡量，并作出裁决。当事人约定的违约金超过造成损失的百分之三十的，一般可以认定为合同法第一百一十四条第二款规定的"过分高于造成的损失"。

需注意的是，双方当事人都可约定竞业限制的违约责任。上海市第一中级人民法院发布的《滕某与锋亚公司竞业限制纠纷上诉案》显示：该司法解释赋予劳动者相应的解除权，但“劳动者依据法律规定，解除了双方的竞业限制协议后，并不丧失按约定主张违约金的权利”。

一、如何判断竞业限制违约金公平合理

《民法典》合同编第五百八十五条规定：“当事人可以约定一方违约时应当根据违约情况向对方支付一定数额的违约金，也可以约定因违约产生的损失赔偿额的计算方法。约定的违约金低于造成的损失的，人民法院或者仲裁机构可以根据当事人的请求予以增加；约定的违约金过分高于造成的损失的，人民法院或者仲裁机构可以根据当事人的请求予以适当减少。当事人就迟延履行约定违约金的，违约方支付违约金后，还应当履行债务。”这里所说的实际损失包括了可得利益的损失。

民事案件审理中，在判断约定违约金是否过高以及调低的幅度时，一般应当以对债权人造成的损失为基准。司法实践中对此掌握的标准一般是，当事人约定的违约金超过造成损失的30%，一般认定为“过分高于造成的损失”，但对此不应当机械适用，避免导致实质上的不公平。

劳动者违反竞业限制约定的，应当按照约定向用人单位支付违约金。约定的违约金过分高于或者低于实际损失，当事人请求调整违约金数额的，人民法院应当以实际损失为基础，兼顾合同的履行情况、当事人的过错程度以及预期利益等综合因素，根据公平原则和诚实信用原则予以衡量，并作出裁决。

本节案例1中，饶某于2009年11入职某公司，双方约定饶某违反竞业禁止约定的，应当向甲方支付违约金500000元。双方于2014年3月解除劳动关系。2014年6月，饶某入职与某公司存在竞争关系的A公司，某公司要求饶某支付竞业限制违约金，法院经审理后认为饶某违反了竞业限制义务，综合考量各项因素，最终判决其应向某公司支付违反竞业限制义务的违约金300000元。

规则一：法院可结合劳动者违约的主观恶意程度、实际违约事实、劳动者竞业限制补偿金数额、劳动者违约的获益情况（新单位的工资标准）以及劳动者违约给用人单位造成的损失等因素来综合判断。

——上海市浦东新区人民法院发布上海某企业管理有限公司与姚某竞业限制案

那么，应当从哪些角度来衡量当事人主张约定的违约金数额是否过高呢？从各地发布的典型案例来看，判断竞业限制违约金是否过高的综合因素包括：

考量一：劳动者违约的主观恶意程度

本节案例3中，法院认为姚某离职后一周内即从事竞业限制行为，且在不同单位持续从事竞业限制行为，体现了其主观恶意程度。

考量二：竞业限制经济补偿补偿金数额

从理论上讲，竞业限制约定的违约金与经济补偿是没有直接关系的。但是，如果竞业限制违约金的数额与经济补偿数额相比，明显存在权利义务不对等的情形，也是违反公平合理和诚实信用原则的。

本节案例5中，法院考虑到竞业禁止合同中约定某新材料公司向葛某支付的补偿金标准不低于葛某前12个月平均工资的三分之一，虽不违反法律规定，但与葛某应承担的“离职前一年工资三倍”的违约金相比，存在权利义务不对等的情形。竞业限制毕竟是对劳动者择业自由的限制，违约金应当以补偿性为主，允许进行调整。从劳动合同性质而言，除非涉及劳动基准底线部分，由劳动法上作出特别规定，民事合同原理仍有适用空间，公司要求葛某以约定标准支付违约金，对其实际损失应当举证，以免劳动者负担过高的违约金。

因某新材料公司并未举证其损失数额，最后法院参照葛某在某新材料公司创造的劳动价值，即以其工资收入情况作为认定某新材料公司损失的参考金额，同时综合考虑双方约定、竞业限制补偿金数额、葛某违约情节等因素，并适度体现对劳动者违约行为的惩罚性，酌情对葛某应当支付的违约金进行了调低。

当然，若实付竞业限制补偿略低法定标准，法院亦可酌情减轻劳动者违约责任。

考量三：劳动者违约的实际损失（获益情况）

竞业限制约定的违约金是否过高，在传统意义上是根据劳动者给单位造成直接经济损失来衡量的。[①] 用人单位实际损失是衡量违约金数额是否合理最重要的因素。如果约定的违约金数额低于实际损失，用人单位请求赔偿损失的，可按用人单位证明的实际损失要求劳动者赔偿。同时，还应适度体现对劳动者不诚信行为的法律惩戒。司法实践中，法院或根据经营获利情况等酌情认定用人单位的实际损失，而劳动者违约的获益情况可以参考劳动者到新单位的工资标准。

需注意的是，在处理民事案件时，法官在考虑违约金是否过分高于造成的损失时，只能考虑损失的数额。例如，最高人民法院《关于适用〈中华人民共和国合同法〉若干问题的解释（二）》（已失效）第二十九条第二款规定："当事人约定的违约金超过造成损失的百分之三十的，一般可以认定为合同法第一百一十四条第二款规定的'过分高于造成的损失'。"

但从近年来竞业限制的争议案例看，这可能已经不是法院审查的主要问题。例如，腾讯员工跳槽到了字节跳动，因违反竞业限制义务而由法院判决，要求该员工向腾讯返还竞业限制补偿金，支付违约金共 110 多万元，员工工资是 5 万元。再如，前联想副总裁跳槽小米，被判赔偿联想违约金 525 万元。宅急送总裁就任不到一年被判赔偿前东家 224 万元违约金，腾讯起诉离职员工徐某违反竞业限制条款，获赔 1940 万元。

劳动者一方往往会提出约定的违约金标准过高，要求法院应当予以调解，这是常规抗辩。而法院则认为，应当基于公平原则，结合劳动者违约情节、竞业限制补偿金支付情况、劳动者收入能力，以及当事人的过错等综合认定。对此，胡泉律师与笔者交谈时认为：法院已经不再将用人单位实际损失作为主要考量因素，何况原单位也无证据证明损失是多少，有何关联性。

二、在职竞业限制的违约责任

通常情况下，竞业限制是指用人单位通过约定的方式，限制劳动者在解除或者终止劳动合同后一定期限内不得从事与原用人单位有竞争关系的工作。

目前，就在职期间的竞业限制义务及违约金约定的效力问题，尚未形成统一

---

① 原上海市劳动和社会保障局《关于实施〈上海市劳动合同条例〉若干问题的通知（二）》（沪劳保关发〔2004〕4 号）规定："双方当事人约定的违约金数额高于因劳动者违约给用人单位造成实际损失的，劳动者应当按双方约定承担违约金；约定的违约金数额低于实际损失，用人单位请求赔偿的，劳动者应按实际损失赔偿。约定的违约金数额畸高的，当事人可以要求适当减少。双方当事人因违约金发生争议的，可以按劳动争议处理程序解决。"

的法律法规规范，但案例 6 显示：

规则二：劳动者在职期间违反竞业限制义务，应当根据双方合同的约定承担违约责任。

——《深圳法院劳动争议审判白皮书（2005—2020）》

用人单位与劳动者就在职期间竞业限制达成约定，由于《劳动合同法》第二十三条并未作出局限于劳动合同解除或终止后的限定，且负有保密义务的劳动者在职期间，尚自用人单位领取劳动报酬，密切接触用人单位的商业秘密或知识产权，在职期间相较于离职后从事竞业行为的情形更为严重，故从竞业限制的立法本意上考量，用人单位可以和劳动者约定在职期间的竞业限制义务，该约定合法有效，受法律保护；劳动者未履行竞业限制义务应支付违约金。

此外，公司的董事、监事、高级管理人员违反忠实义务，需要承担赔偿责任，主要包括以下：

（1）直接的赔偿责任。根据《公司法》第二十一条、第一百四十九条的规定，公司的董事、监事、高级管理人员利用其关联关系损害公司利益，执行公司职务时违反法律、行政法规或者公司章程的规定，给公司造成损失的，需要承担赔偿责任；

（2）违法收入归公司所有。公司的董事、高级管理人员违反《公司法》第一百四十八条的规定，其所得的收入应当归公司所有；

（3）补充赔偿责任。根据最高人民法院《关于适用〈中华人民共和国公司法〉若干问题的规定（三）》第十三条的规定，股东在公司增资时未履行或者未全面履行出资义务，如果是因为高级管理人员未尽到忠实义务而使出资未缴足的，该高级管理人员应在未出资本息范围内对公司债务不能清偿的部分承担补充赔偿责任。该高级管理人员承担责任后，可以向被告股东追偿。

此外，上市公司的高级管理人员违反忠实义务，还可能面临刑事责任，如可能构成我国《刑法》第一百六十九条规定的构成背信损害上市公司利益罪。

【操作建议】

1. 合理约定竞业限制赔偿的方案

根据《劳动合同法》，劳动者违反竞业限制约定的，应承担违约金，给用人单位造成损失的，还需承担赔偿责任。

2. 将限制性股票作为竞业限制义务对价的应尽量约定详尽

现实中，当涉及股权激励与竞业限制交叉时，往往会有比较高的涉案金额，当事人违约将面临较高的违约成本。对于竞业限制协议中涉及股权激励条款，双方应尽量约定详尽，以免发生争议。

【相关法规】

1. 支付违约金

《劳动合同法》第二十三条：……劳动者违反竞业限制约定的，应当按照约定向用人单位支付违约金。

2. 继续履行竞业限制协议

最高人民法院《关于审理劳动争议案件适用法律问题的解释（一）》第四十条：劳动者违反竞业限制约定，向用人单位支付违约金后，用人单位要求劳动者按照约定继续履行竞业限制义务的，人民法院应予支持。

3. 赔偿损失

《劳动合同法》第九十条：劳动者违反本法规定解除劳动合同，或者违反劳动合同中约定的保密义务或者竞业限制，给用人单位造成损失的，应当承担赔偿责任。

12.4 竞业限制解除：解除竞业限制协议需明示吗?

【案例索引】

序号	典型案例	裁判要旨	关键词
1	人力资源和社会保障部、最高人民法院联合发布第一批劳动人事争议典型案例之十二（2020年发布）	根据公平原则，劳动合同解除或终止后，因用人单位原因未支付经济补偿达3个月，劳动者此后实施了竞业限制行为，应视为劳动者以其行为提出解除竞业限制约定，用人单位要求劳动者承担违反竞业限制违约责任的不予支持。	竞业限制解除
2	苏州市中级人民法院涉竞业限制劳动争议十大典型案例之九（2021年发布）	3个月不付经济补偿金仍需履行竞业限制义务、3个月以后的时间劳动者才能解除竞业限制协议。双方当事人约定2个月未付经济补偿，劳动者可以解除，更有利于保护劳动者合法权益，应按约支持劳动者请求。	竞业限制解除

续表

序号	典型案例	裁判要旨	关键词
3	苏州中级人民法院涉竞业限制劳动争议十大典型案例之七(2021年发布)	用人单位向劳动者发出的通知函中已明确告知劳动合同中的竞业限制条款对其不再有效，劳动者可以不受相关限制，因此自通知到达日，劳动者可以不再履行竞业限制义务，用人单位应当依法一次性支付解除竞业限制协议额外 3 个月的经济补偿。	竞业限制解除
4	上海市静安区人民法院劳动争议审判十大典型案例之八（2018年度）	当《竞业限制协议》已明确劳动者在整个聘用期以及聘用期终止后 18 个月内均需履行竞业限制义务，公司若免除员工的竞业限制义务，应以明示方式为之；未作明示，员工应履行竞业限制义务。	竞业限制解除

【规则精析】

竞业限制协议的解除可以分为三种：协商一致解除、劳动者解除和用人单位解除。

一、劳动者解除竞业限制协议

根据最高人民法院《关于审理劳动争议案件适用法律问题的解释（一）》第三十八条的规定，当事人在劳动合同或者保密协议中约定了竞业限制和经济补偿，劳动合同解除或者终止后，因用人单位的原因导致 3 个月未支付经济补偿，劳动者请求解除竞业限制约定的，人民法院应予支持。

规则一：根据公平原则，劳动合同解除或终止后，因用人单位原因未支付经济补偿达 3 个月，劳动者此后实施了竞业限制行为，应视为劳动者以其行为提出解除竞业限制约定，用人单位要求劳动者承担违反竞业限制违约责任的不予支持。

——人力资源和社会保障部、最高人民法院联合发布第一批劳动人事争议典型案例之十二（2020 年发布）

竞业限制义务，是关于劳动者在劳动合同解除或终止后应履行的义务。双方当事人在劳动合同中约定了竞业限制条款，劳动合同解除后，竞业限制约定对于双方当事人发挥约束力。

用人单位未履行竞业限制期间经济补偿支付义务并不意味着劳动者可以“有约不守”，但劳动者的竞业限制义务与用人单位的经济补偿义务是对等给付关系，用人单位未按约定支付经济补偿已构成违反其在竞业限制约定中承诺的主要义务。

本节案例 1 中，2013 年 7 月乐某入职某银行，在贸易金融事业部担任客户经理。该银行与乐某签订了为期 8 年的劳动合同，明确其年薪为 100 万元。该劳动合同约定了保密与竞业限制条款，约定乐某须遵守竞业限制协议约定，即离职后不能在诸如银行、保险、证券等金融行业从事相关工作，竞业限制期限为两年。同时，双方还约定了乐某如违反竞业限制义务应赔偿银行违约金 200 万元。2018 年 3 月 1 日，银行因乐某严重违反规章制度而与乐某解除了劳动合同，但一直未支付乐某竞业限制经济补偿。2019 年 2 月，乐某入职当地另一家银行依旧从事客户经理工作。2019 年 9 月，银行向劳动人事争议仲裁委员会申请仲裁。申请人请求裁决乐某支付违反竞业限制义务违约金 200 万元并继续履行竞业限制协议。仲裁委员会裁决驳回银行的仲裁请求。

银行在竞业限制协议履行期间长达 11 个月未向乐某支付经济补偿，造成乐某遵守竞业限制约定却得不到相应补偿的后果。根据公平原则，劳动合同解除或终止后，因用人单位原因未支付经济补偿达 3 个月，劳动者此后实施了竞业限制行为，应视为劳动者以其行为提出解除竞业限制约定，用人单位要求劳动者承担违反竞业限制违约责任的不予支持，故依法驳回银行的仲裁请求。

规则二：双方当事人约定 2 个月未付经济补偿，劳动者可以解除，更有利于保护劳动者合法权益，应按约支持劳动者请求。

——苏州市中级人民法院涉竞业限制劳动争议十大典型案例之九（2021 年发布）

本节案例 2 中，2014 年 8 月 1 日，某动力技术公司与蒯某签订了一份无固定期限劳动合同，约定：员工和公司的劳动关系解除或终止后一年内，劳动者应履行竞业限制义务，公司则按照相关标准向员工支付竞业限制补偿。同时约定，离职后 2 个月未付经济补偿的，劳动者可以解除竞业限制约定。后双方劳动合同解除，但该公司未向蒯某支付经济补偿。

2 个月后，蒯某向该公司发出《终止履行竞业限制义务通知函》，理由是该公司 2 个月未支付竞业限制补偿金，符合竞业限制条款解除条件，通知该公司不再履行竞业限制义务。该动力技术公司遂委托律师复函，表示 2 个月内未收到过蒯某要求支付竞业限制经济补偿的催告，现该公司已研究同意在蒯某履行竞业限制义务前提下按期足额支付补偿金。同时表示该公司已了解到蒯某有可能已实施了违反竞业限制义务的行为，所以要求蒯某限期向该公司提供其未违反竞业限制义务的证据，保留追究其法律责任的权利。

后纠纷经仲裁后诉至法院，法院查明事实后，对蒯某关于其对该动力技术公司所负竞业限制义务已终止的事实予以了确认，并驳回了该公司要求蒯某承担违约责任并继续履行竞业限制义务的诉讼请求。

根据最高人民法院劳动争议司法解释精神，劳动者获得竞业限制经济补偿，是其履行竞业限制的对价，也是竞业限制期间劳动者的生活来源。双方在劳动合同中约定竞业限制条款，蒯某离职后，动力技术公司应当按照法律规定支付竞业限制经济补偿。如因公司原因导致其未按照约定支付补偿款，公司的行为构成根本违约，蒯某享有法定解除权，未支付经济补偿的期限为 3 个月。3 个月法定期限能否约定变更，其实质是判断超出法定条件的竞业限制约定条款的效力问题。应认为，3 个月不付经济补偿金仍需履行竞业限制义务、3 个月以后的时间劳动者才能解除竞业限制协议。双方当事人约定 2 个月未付经济补偿，劳动者可以解除，更有利于保护劳动者合法权益，应按约支持劳动者请求。

二、用人单位解除竞业限制协议

根据最高人民法院《关于审理劳动争议案件适用法律问题的解释（一）》第三十九条的规定，在竞业限制期限内，用人单位请求解除竞业限制协议的，人民法院应予支持。在解除竞业限制协议时，劳动者请求用人单位额外支付劳动者 3 个月的竞业限制经济补偿的，人民法院应予支持。

1. 单位提前解除竞业限制协议，应额外支付 3 个月经济补偿

规则三：用人单位向劳动者发出的通知函中已明确告知劳动合同中的竞业限制条款对其不再有效，劳动者可以不受相关限制，因此自通知到达日，劳动者可以不再履行竞业限制义务，用人单位应当依法一次性支付解除竞业限制协议额外 3 个月的经济补偿。

——苏州市中级人民法院涉竞业限制劳动争议十大典型案例之七（2021 年发布）

本节案例 3 中，吴某于 2007 年 3 月 26 入职某汽车系统公司担任生产主管。双方劳动合同约定，终止劳动合同之日起 24 个月内实行竞业限制，同时约定了竞业限制补偿金的计算方式。2015 年 7 月 6 日，该汽车系统公司以吴某在工作中给公司造成严重损失等为由，单方面解除劳动合同。同年 7 月 24 日，该公司向吴某发函表示，其劳动合同中的竞业限制条款对其无效，公司不受竞业限制补偿条款的限制。后吴某因竞业限制协议有效为由，提起仲裁并诉至法院，要求该汽车系统公司支付竞业限制补偿金、违约金等。

法院支持吴某部分诉请。用人单位未履行竞业限制期间经济补偿的支付义务，并不意味着劳动者可以“有约不守”，但劳动者竞业限制义务与用人单位经济补偿义务呈现对等给付关系。最高人民法院《关于审理劳动争议案件适用法律若干问题的解释（四）》[①] 第九条规定，用人单位在竞业限制期内可以要求解除竞业限制协议，但要额外支付劳动者 3 个月的竞业限制经济补偿，为劳动者重新寻找工作岗位提供一定时间。

本案中，某汽车系统公司向吴某发出的通知函中已明确告知劳动合同中的竞业限制条款对其不再有效，吴某可以不受相关限制，因此自通知到达日，吴某可以不再履行竞业限制义务，公司应当依法一次性支付解除竞业限制协议额外 3 个月的经济补偿。从公司单方面解除劳动合同，至通知吴某无须履行竞业限制约定，此期间吴某已实际履行竞业限制义务，公司应当给付此期间的经济补偿。

---

① 已废止，现参见《最高人民法院关于审理劳动争议案件适用法律问题的解释（一）》（2021 年 1 月 1 日）。

2. 用人单位解除竞业限制协议需要明示

规则四：公司若免除员工的竞业限制义务，应以明示方式为之；未作明示，员工应履行竞业限制义务。

——上海市静安区人民法院劳动争议审判十大典型案例之八（2018 年度）

本节案例 4 中，葛某于 2011 年 4 月 13 日入职日用品公司。劳动合同履行期间，双方签订《竞业限制协议》，明确葛某系“骨干员工”，可接触保密信息。另约定：“如合同终止，用人单位有权选择是否要求员工在限制期内履行禁止竞争义务。如用人单位选择不要求员工在限制期履行禁止竞争义务，用人单位不支付禁止竞争经济补偿金。限制期为从本协议生效之日起，到员工与公司的整个聘用期，以及终止日期之后的 18 个月。”2017 年 11 月 15 日，葛某辞职。2018 年 1 月 8 日，葛某加入日用品公司的竞争对手。2018 年 3 月 20 日葛某申请仲裁，认为其离职后，日用品公司从未告知需履行竞业限制义务，亦未支付竞业限制补偿，故要求确认无须履行竞业限制义务并解除《竞业限制协议》。法院判决：葛某的诉讼请求，均不予支持。

葛某与日用品公司签订的《竞业限制协议》明确约定葛某系负有保密义务的骨干员工，应在整个聘用期及聘用终止后的 18 个月内履行竞业限制义务，同时亦对竞业限制的内容和竞争对手的范围进行了明确。该协议系双方真实意思表示，内容亦不违反法律法规的强制性规定，应自双方签署之日即发生法律效力。该协议另约定，日用品公司在合同终止时有权选择是否要求员工履行竞业限制义务，对于不要求履行的员工不支付竞业限制补偿，对此双方理解不一，但综观本案，对葛某的意见不予采纳。

首先，相关法律并不禁止用人单位单方解除劳动者的竞业限制义务；其次，该约定的内容仅明确了日用品公司选择不要求葛某履行竞业限制义务的后果，即免除公司在竞业限制期内支付经济补偿的义务，无法反向推出若公司未支付经济补偿则表示其选择不要求葛某履行竞业限制义务；最后，在《竞业限制协议》已明确葛某在整个聘用期以及聘用期终止后 18 个月内均需履行竞业限制义务的前提下，日用品公司若免除葛某的竞业限制义务，应以明示行为作出明确的意思表示。故对葛某请求确认无须履行竞业限制义务的诉请不予支持。

葛某再诉称，日用品公司自其离职至劳动争议仲裁裁决时，已超过三个月未向其支付竞业限制补偿，故竞业限制协议应予解除。葛某于2017年11月15日从日用品公司离职，2018年1月即加入《竞业限制协议》中载明的竞争公司，在三个月内已违反了竞业限制的约定。此后，双方为此产生争议并进行了诉讼和仲裁。因此，日用品公司在上述期间未支付经济补偿，系因葛某的违约行为所致，不符合可以解除竞业限制协议的规定，对葛某的该项请求亦不予支持。

《竞业限制协议》约定，公司在合同终止或解除时有权选择是否要求员工履行竞业限制义务，对于不要求履行的员工不支付竞业限制补偿。当《竞业限制协议》已明确劳动者在整个聘用期以及聘用期终止后18个月内均需履行竞业限制义务，公司若免除员工的竞业限制义务，应以明示方式为之；未作明示，员工应履行竞业限制义务。

【操作建议】

1. 严格按约定向劳动者支付经济补偿

在用人单位未按时支付经济补偿的情况下，竞业限制约定并不会自然终止。在劳动合同解除时，对于是否要求劳动者履行竞业限制协议，一定要按约定与劳动者确认，同时应当严格按照劳动合同的约定向劳动者履行竞业限制期间的经济补偿支付义务，否则劳动者至少可以在3个月之后提出解除竞业限制的协议。

2. 解除竞业限制协议应当明示

竞业限制协议相对独立于劳动合同，不论是劳动合同解除还是劳动合同终止，都不会影响竞业限制条款或协议的效力，即竞业限制条款或协议不随劳动合同同时解除或终止。如果用人单位与劳动者对于竞业限制的启动条件或解除条件未作特别约定，在劳动者离职时用人单位需要同时解除劳动者的竞业限制义务，并应当通过明示的方式通知劳动者。

3. 应否履行竞业限制义务与离职原因无关

不管用人单位解除劳动合同是否违法，双方依法约定的竞业限制协议仍然有效。劳动合同解除实行的是法定制度，而竞业限制实行的是约定制度，竞业限制具有相对独立性，其与解除劳动合同属于并列关系，而非逻辑递进关系。当用人单位违反不同的义务时，劳动者可以依据不同的法律规定获得相应的救济。

4. 招聘新入职员工应审查竞业限制情况

应了解应聘者是否曾经是原企业的高级技术（管理）人员或者是负有保密义务的竞业限制人员。通过查阅简历或谈话等方式，了解应聘者是否与原企业签订“竞业限制”协议；认真分析应聘者与原企业签订的“竞业限制”是否合法。与应聘者签订书面承诺书，要求其承诺所提供的个人情况全部属实，并约定情况不实时应聘者应承担的法律责任。

【相关法规】

1. 劳动者解除

最高人民法院《关于审理劳动争议案件适用法律问题的解释（一）》第三十八条：当事人在劳动合同或者保密协议中约定了竞业限制和经济补偿，劳动合同解除或者终止后，因用人单位的原因导致三个月未支付经济补偿，劳动者请求解除竞业限制约定的，人民法院应予支持。

2. 用人单位解除

最高人民法院《关于审理劳动争议案件适用法律问题的解释（一）》第三十九条：在竞业限制期限内，用人单位请求解除竞业限制协议的，人民法院应予支持。

在解除竞业限制协议时，劳动者请求用人单位额外支付劳动者三个月的竞业限制经济补偿的，人民法院应予支持。

第 13 章　特殊职工的劳动管理

13.1 企业高管：法定代表人或股东兼高管有劳动关系吗？

【案例索引】

序号	典型案例	裁判要旨	关键词
1	北京市第一中级人民法院涉公司高管劳动争议十大典型案例之二（2020 年发布）	公司高管未与用人单位订立书面劳动合同，依据《劳动合同法》第八十二条向用人单位主张二倍工资的，可予支持，用人单位能够证明高管的职责范围包括管理订立劳动合同的除外，但对有证据证明公司高管曾向用人单位提出订立劳动合同而被拒绝的，仍可支持该公司高管未订立书面劳动合同二倍工资的请求。	高管
2	上海市第一中级人民法院涉高管劳动争议案件白皮书案例之一（2021 年发布）	法定代表人同时作为用人单位的高管，身份具有双面代表的特殊性。对于法定代表人与用人单位之间不能一概否定劳动关系，仍需从双方劳动力交换的实际情况，依据从属性特征作出判断。解除法定代表人的职务并不等同解除其劳动关系，法定代表人职务被解除后，若因用人单位原因导致高管客观不能继续提供劳动，则用人单位仍需支付相应劳动薪酬。需要提示的是，对于企业的现任法定代表人要求企业支付薪酬的纠纷，劳动争议处理机构不予受理。	法定代表人
3	北京市第一中级人民法院涉公司高管劳动争议十大典型案例之一（2020 年发布）	股东基于股东间约定兼任公司高管，参与用人单位经营管理的，其与用人单位之间不存在劳动关系。	股东
4	北京市第一中级人民法院涉公司高管劳动争议十大典型案例之五（2020 年发布）	对于公司高管要求支付加班工资的，应当在尊重双方当事人约定的基础上，参考工时制度、工资明细等内容合理确认加班工资的支付。	加班费
5	北京市第一中级人民法院涉公司高管劳动争议十大典型案例之六（2020 年发布）	在用人单位针对公司高管的绩效工资等浮动薪酬作出制度规定，且高管对此知晓的情况下，应当按照具体规定处理。	薪酬

续表

序号	典型案例	裁判要旨	关键词
6	上海市第一中级人民法院涉高管劳动争议案件之三（2021 年发布）	高管仅凭存疑的盖有用人单位公章的协议向用人单位主张权利的，还应就协议的磋商过程、合意结果等事宜承担进一步举证的责任，否则需承担举证不能的法律后果。	薪酬
7	北京市第一中级人民法院涉公司高管劳动争议十大典型案例之九（2020 年发布）	公司高管辞职是其对自身职务的处分行为，且用人单位与公司高管均未就新的工作岗位、工作内容、劳动报酬达成一致意见，故双方之间未就变更或订立新的劳动合同达成合意，公司高管辞去职务的行为，必然导致对劳动关系一并处分的法律效果，发生解除劳动合同的法律效力。	辞职
8	北京市第一中级人民法院涉公司高管劳动争议十大典型案例之十（2020 年发布）	劳动合同违法解除后不能继续履行的，公司高管可主张违法解除劳动合同赔偿金。	违法解除 法律后果

【规则精析】

传统的劳动纠纷案件中，劳动者身份单一，多为制造业的普通基层员工。近年来，劳动者一方身份类型开始复杂多样。有企业高管、业务销售、行政管理人员、甚至法定代表人、股东。

《深圳法院劳动争议审判白皮书（2005—2020）》显示：从劳动者在企业中所属层级看，基层员工比例接近 75%；部门主管、分店经理等中层管理人员占 20% 左右；正副总经理、董事会秘书等高级管理人员则在 5%左右。5%左右占比不算高，但是涉高管劳动争议案件具有鲜明的特点。

高管是指由董事会或总经理聘任的，对内执行日常经营管理业务，对外代表公司的行政首脑或负责人。高管分为"法定高管"和"约定高管"。前者是指公司的总经理、副总经理、财务负责人、上市公司董事会秘书等，后者是指公司章程规定的其他人员。

一般认为，公司高级管理人员的核心特点是肩负公司经营管理职责，了解公司核心商业模式和商业秘密，故高级管理人员的认定不能局限于公司法的规定以及公司章程的记载，应当对其是否实际履行了高级管理人员的权力进行实质审查。

2020 年 12 月 4 日，北京市第一中级人民法院召开"平衡保护公司与高管权益构建劳资共赢的用工环境”新闻发布会，介绍了近年来审理涉公司高管劳动争议案件的具体情况，并发布了十大典型案例。

2015 年至 2020 年 6 月，北京市第一中级人民法院共审结涉公司高管劳动争议二审案件 122 件。平均年结案 24 件，整体呈稳中有增趋势。从上诉主体来看，用人单位上诉 74 件，占比 60.66%；高管上诉 41 件，占比 33.6%；双上诉 7 件，占比 5.74%。从胜诉主体来看，用人单位全部或部分胜诉 51 件，占比 41.8%；高管全部或部分胜诉 71 件，占比 58.2%。

上海市第一中级人民法院《涉高管劳动争议案件审判白皮书》显示：2019 年 1 月 1 日至 2021 年 3 月 31 日，该院以判决方式审结涉高管劳动争议案件 134 件，2020 年审结数较 2019 年增加了 44.2%。其中，二审维持原判 122 件，改判 12 件，改判率是 10%。

综合以上几个城市发布的白皮书，现阶段涉高管劳动争议案件主要存在如下特点：

特点一是诉讼请求复合化。当事人在提起诉讼时一般会同时主张多项权利，涉及多项内容，除了常见的工资差额、加班工资、未休年休假工资以外，还有名目繁多的奖金、股权期权以及经济补偿金、恢复劳动关系等。

特点二是涉诉标的金额较高，相较于普通劳动者，高管的收入除工资、绩效奖金、津补贴外，还可能有股票期权、风险奖金等浮动收入，因此涉诉标的金额较高。上海二中院公布的白皮书显示：57.5%的案件标的额超过人民币 20 万元，23 件案件标的额为 100 万元以上，明显高于其他劳动争议案件。

特点三是高管应诉能力较强，高管通常具备较强的维权意识和证据意识，更加了解用人单位经营情况，便于接触、收集、掌握证据，举证能力较强，形成与用人单位方的平衡对抗。从上诉情况上看，双方上诉比例高于其他劳动争议案件。

特点四是岗位恢复困难，高管劳动关系的恢复要考虑到高管工作岗位的特定性和紧迫性，双方信任关系的重建也更加困难。

特点五是法律适用存在交叉。此类案件审理中既涉及《劳动法》，又涉及《公司法》《反不正当竞争法》等多个部门法。高管人员与企业之间双重甚至多重法律关系的存在，用人单位在解雇高级管理人员时，针对不同法律关系的解除应当适用不同的法律。

一、高管、法定代表人、股东等是否建立劳动关系

京沪两地发布的典型案例中，分别涉董事、监事、高管、法定代表人、股东、合伙人等与公司确认劳动关系的争议。

高管又可细分为身兼法定代表人（或董事）职务的高管和不兼任上述职务的高管。

（一）高管的劳动关系确认和“二倍工资差额”

“高管”是《公司法》上的概念。《劳动法》中只有“劳动者”的概念，且对“劳动者”未作进一步的划分。即与用人单位建立劳动关系的都是劳动者，不管是“高管”还是普通劳动者。

根据原劳动部《实施劳动法中有关劳动合同问题的解答》（劳部发〔1995〕202 号），按照劳动部《关于全面实行劳动合同制的通知》（劳部发〔1994〕360 号，1994 年 8 月 24 日）的规定，厂长、经理是由其上级部门聘任（委任）的，应与聘任（委任）部门签订劳动合同。实行公司制的企业厂长、经理和有关经营管理人员，应根据《公司法》中有关经理和经营管理人员的规定与董事会签订劳动合同。[①] 该通知显然是把“高管”当作劳动者看待的，要求聘任部门或董事会与“高管”签订劳动合同。

由于现行立法没有将高管排除出劳动者范畴，原则上高管享受劳动者在劳动法上的所有权益。但是高管代表的是用人单位的利益，具有指挥和监督劳动者的权力，从事的不是从属性劳动，不符合“从属性”劳动的认定标准。[②] 所以司法实践中基于法理和公平正义的理念对于高管与用人单位的劳动争议或作出灵活处理。

有法官总结道：对于高管人员未签劳动合同双倍工资的诉讼请求，目前的司法态度是，如果该高管人员负责公司的人事管理，而且公司其他人员都已经签订了劳动合同，该高管人员的未签劳动合同难以做出合理的解释，其双倍工资的诉求显然有违诚实信用原则和工作职责，不应得到法院的支持。如果该高管人员不负责公司的人事管理，其只要与公司存在聘用协议、入职登记手续或薪酬、工作

---

① 按照劳动部劳办发〔1995〕19 号和 33 号文件的规定，党委书记、工会主席等党群专职人员也是职工的一员，按照《劳动法》的规定，应当与用人单位签订劳动合同。对于有特殊规定的，可以按有关规定办理。

② 黄越钦：《劳动法新论》，中国政法大学出版社 2003 年版，第 94 页。

职责的约定都可以认定存在劳动合同，不轻易适用双倍工资的惩罚性条款。①

规则一：公司高管未与用人单位订立书面劳动合同，依据《劳动合同法》第八十二条向用人单位主张二倍工资的，可予支持，用人单位能够证明高管的职责范围包括管理订立劳动合同的除外，但对有证据证明公司高管曾向用人单位提出订立劳动合同而被拒绝的，仍可支持该公司高管未订立书面劳动合同二倍工资的请求。

——北京市第一中级人民法院涉公司高管劳动争议十大典型案例之二（2020年发布）

本节案例1中，温某于2010年8月1日入职某公司任副总经理。2011年10月15日，双方签订无固定期限劳动合同。2012年1月11日，某公司作出人事变动通知，双方解除劳动关系。后温某诉至法院要求某公司支付2010年至2011年未订立书面劳动合同二倍工资。某公司提交了面试成绩评定表、保险办理申请表、员工离职申请表及员工离职交接表等证据用于证明温某作为副总经理主管人事工作，与员工签订劳动合同是其工作职责。法院经审理后认为，温某作为负责人事管理工作的副总经理，其应当知道不签订劳动合同的法律后果，故未支持温某的诉讼请求。

（二）法定代表人是否建立劳动关系

法定代表人即公司营业执照或其他法人证照上登记的负责人、代表人，其行为直接代表公司。

法定代表人是否能与公司建立劳动关系，应具体区分不同情况。法定代表人的身份定性与普通劳动者不同，前者与公司之间不是从属管理，而是投资关系、代表关系和控制关系。故在司法实践中，有法官认为，兼任法定代表人的股东对公司具有全面控制权的情况下，应认定双方不存在劳动关系。若法定代表人并不具备股东身份，而为公司对外聘请的职业经理人的，应当认定存在劳动关系。② 但

① 李立军、程立武：《张萍诉中航文化股份有限公司劳动争议案》，载《中国法院2013年度案例：劳动纠纷》，中国法制出版社2013年版，第157页。

② 苏银华：《股东兼任公司法定代表人的，与该公司之间是否存在劳动关系》，载《中国法院2019年度案例：劳动纠纷》，中国法制出版社2019年版，第17页。

也有法官认为，公司作为独立的法人与公司的法定代表分属不同的主体，法定代表人虽然对外代表公司从事公司行为但不能将二者混同，亦不能以此否认二者建立劳动关系的可能性。除在国有公司和企业中，法定代表人本身是国家公务人员的身份时与公司企业不构成劳动关系外，其他情况下，公司的法定代表人都可以与公司建立劳动关系。[①] 有的法定代表人、董事、执行董事还同时兼任公司高管。这类人员与公司之间通常存在双重法律关系，即职务上的聘任关系与劳动关系。

本节案例 2 中，一审法院认为，赵某担任 A 公司法定代表人和董事长，其身份具有特殊性，法定代表人基于股东会任命而产生，对外代表公司，对内受股东会委托管理公司，赵某与 A 公司之间并非管理与被管理的关系，并不符合劳动关系的本质特征，故驳回赵某全部诉请。

但是二审法院则认为，赵某基于法定代表人、总经理的身份，实际履行了公司的日常经营管理职责，并非仅仅是挂名法定代表人，A 公司也按月支付其工资，每月为其缴纳社保，还为其办理了退工手续，双方之间的法律关系符合劳动关系的特征，故应当认定双方已形成劳动关系。赵某先后被免去董事长、总经理、法定代表人职务后，A 公司并未同时解除双方的劳动关系，而是直至开具退工单时才真正解除双方的劳动关系。此期间，赵某未提供劳动并非其主观上拒绝履行劳动义务，而是客观上 A 公司不提供劳动条件所致，属被动缺勤，故 A 公司仍应向赵某支付劳动报酬。上海市第一中级人民法院遂改判支持赵某要求 A 公司支付工资的诉请。

规则二：法定代表人同时作为用人单位的高管，身份具有双面代表的特殊性。对于法定代表人与用人单位之间不能一概否定劳动关系，仍需从双方劳动力交换的实际情况，依据从属性特征作出判断。

——上海市第一中级人民法院涉高管劳动争议案件白皮书案例之一（2021 年发布）

解除法定代表人的职务并不等同解除其劳动关系，法定代表人职务被解除后，若因用人单位原因导致高管客观不能继续提供劳动，则用人单位仍需支付相应劳

① 王黎：《法定代表人可以与公司建立劳动关系，并享受相关劳动权益保障》，载《中国法院 2018 年度案例：劳动纠纷》，中国法制出版社 2018 年版，第 34 页。

动薪酬。需要提示的是，对于企业的现任法定代表人要求企业支付薪酬的纠纷，劳动争议处理机构不予受理。

在司法实践中，用人单位法定代表人依据《劳动合同法》第八十二条规定向用人单位主张二倍工资的，一般不予支持。因为法定代表人身份本身并不意味着建立劳动关系，即便是兼任公司高管的法定代表人，代表法人行事，对于法人的一应事务均关注、督导以及作出决定。从这个意义上说，与所有员工签订劳动合同也是法定代表人的职责之一。

（三）股东、监事等是否建立劳动关系

我国法律并未禁止股东与其投资的公司建立劳动关系，但应注意区分投资经营行为与劳动关系。股东身份本身与劳动关系无关，但是股东可以同时是用人单位的职工。

司法实践中，当股东请求确认与公司存在劳动关系时，应抓住劳动关系的从属性特征这个主要矛盾，做到具体问题具体分析。①

本节案例3中，胡某自称其于2018年3月1日入职某食品公司任CEO，双方于2018年2月15日签订劳动合同。某食品公司对此不予认可，主张胡某是作为公司的股东进入公司，双方之间并非劳动关系。后胡某诉至法院要求确认双方存在劳动关系。法院经审理后认为，胡某主张签订的劳动合同系其利用职务之便自行签订，其通过股东之间的约定在某食品公司担任CEO职务，双方并未形成建立劳动关系的合意，故胡某与某食品公司之间不存在劳动关系。

规则三：股东基于股东间约定兼任公司高管，参与用人单位经营管理的，其与用人单位之间不存在劳动关系。

——北京市第一中级人民法院涉公司高管劳动争议十大典型案例之一（2020年发布）

法院认为，公司股东依法享有资产收益、参与重大决策等权利，股东间协商担任公司管理职务，也是常见的公司内部组织管理形式。从选任的角度看，股东担任公司高管系基于股东之间的约定，其与公司之间并无建立劳动关系的合意；

① 张玉贤：《公司股东请求确认劳动关系的认定标准》，载《中国法院2020年度案例：劳动纠纷》，中国法制出版社2020年版，第29页。

从风险负担的角度看，胡某持有某食品公司股份，参与经营管理，理应承担经营风险，不能因公司未获利，而主张其应获得劳动法的保护，使得风险收益转化为一般劳动者固定的劳动报酬。仅从股东参与公司的日常行政事务管理和决策等外在特征不能判断其与用人单位之间必然存在劳动关系。

监事通常由股东代表和职工代表组成，且不得兼任董事或经理。监事的权利义务是由公司法规范的。判断双方之间是否存在劳动关系，不能以监事身份来判断。如果是股东担任的外部监事，则不存在劳动关系；如果是职工代表担任的内部监事，则存在劳动关系。

合伙人与劳动者也属于两个概念。合伙人和合伙企业之间的权利义务主要约定于合伙协议中，调整的法律基础是《合伙企业法》。而劳动者和用人单位以劳动合同的形式来规范双方之间的权利义务关系，调整的法律基础是《劳动法》。

从表面上看，合伙人是企业的出资人，享有收益权，类似于公司的股东。但其实二者又有不同，合伙人一般参与单位的管理（有限合伙人除外），与单位的关系较之股东更紧密。这种情况下，合伙人的劳动关系认定问题，较之公司而言更加复杂。[①] 比如说，合伙人经常会选择在本单位缴纳社会保险费。实践中还是要结合劳动合同签订和实际履行的情况进行综合判断。

二、高管的工时认定和加班费支付

我国《劳动合同法》并未将公司高管人员排除于劳动者之外，高管的身份具有双重属性，而《劳动合同法》的立法本意在于倾向性的对弱势劳动者进行保护，高管虽系特殊的劳动者，但与普通劳动者无论是自主性，还是获取的劳动报酬金额都有着巨大差别，如果将高管人员无差别的适用劳动法等法律法规，将违背法律的立法本意，也不利于公司的经营管理。

在一些法官看来，一般普通劳动者的劳动成果可以用时间来衡量，然而公司高级管理人员所从事的经营管理活动并非一般的体力劳动，而是一种更为复杂的脑力劳动，因此他们的劳动成果便很难被量化处理。[②]

对于高管主张加班费的诉求，一般很难得到法院支持。高管的职责需要其不

---

① 陈元、何力：《民法典背景下劳动人事法律操作指引》，法律出版社 2021 年版，第 459 页。

② 蒋慧：《未经劳动者同意的公司内部会议纪要不得擅自变更工时制度》，载《中国法院 2019 年度案例：劳动纠纷》，中国法制出版社 2019 年版，第 94 页。

定时地在正常工作时间之外处理一些公司事务，这也是与其作为高薪的管理工作人员的权利义务相适应的，公司不应额外支付加班费。

本节案例4中，法院经审理后认为，葛某系某软件公司总经理，属于高级管理人员。在适用不定时工作制的前提下，即使其有延时或休息日工作的情况，也不能当然视为加班，故对葛某要求加班工资的请求未予支持。

公司高管负责企业日常经营管理事务，由于随时处理各种突发事务和管理之需，工作时间具有不确定性和灵活性。对于公司高管要求支付加班工资的，应当在尊重双方当事人约定的基础上，参考工时制度、工资明细等内容合理确认加班工资的支付。如果用人单位与公司高管约定实行不定时工作制，公司高管要求用人单位支付加班工资的，不应予以支持。

规则四：对于公司高管要求支付加班工资的，应当在尊重双方当事人约定的基础上，参考工时制度、工资明细等内容合理确认加班工资的支付。

——北京市第一中级人民法院涉公司高管劳动争议十大典型案例之五（2020年发布）

司法实践中，针对未经审批的不定时工时工作制的效力认定，部分省市将企业的高级管理人员的适用单独分离出来，规定此类人员可直接实行不定时工时制，无须审批。

执行口径	地区	摘要	出处
不需办理不定时审批	北京	企业中的高级管理人员实行不定时工作制，不办理审批手续。	《北京市企业实行综合计算工时工作制和不定时工作制的办法》（京劳社资发〔2003〕157号）
	深圳	用人单位中符合《公司法》规定的高级管理人员实行不定时工作制的，不需办理审批手续。	《深圳市实行不定时工作制和综合计算工时工作制审批管理工作试行办法》（深劳社规〔2009〕13号）

续表

执行口径	地区	摘要	出处
不支持支付加班费	江苏	高级管理人员与用人单位发生加班工资争议，用人单位虽未办理不定时工作制审批手续，但高级管理人员的工作性质、工作岗位符合不定时工作制特点，依据标准工时制计算加班工资明显不合理，或者工作时间无法根据标准工时制进行计算的，可以认定高级管理人员实行的是不定时工作制，对其请求支付加班工资的主张不予支持。	江苏省高级人民法院与省劳动人事争议仲裁委员会联合制定的《关于审理劳动人事争议案件的指导意见（二）》（2011）
	宁波	对于企业高级管理人员，因其一般薪酬较高且大多实行年薪制，应当认为已经包含了工作时间弹性较大等因素，因此即使双方未在劳动合同中明确约定或虽约定但未向劳动行政部门申报审批不定时工作制，用人单位亦无须再另行支付加班工资。	宁波市中级人民法院《关于印发民事审判若干问题解答（第二辑）》（2011）
	中山	对与用人单位已约定较高年薪制的企业高级管理人员、高级技术人员等，以及难以用标准工时衡量工作时间、劳动报酬而与用人单位约定实行较高年薪制的劳动者，其主张加班工资的，一般不予支持。	《中山市中级人民法院关于审理劳动争议案件若干问题的参考意见》（2011）
	惠州	对与用人单位已约定较高年薪制的企业高级管理人员、高级技术人员等，以及难以用标准工时衡量工作时间、劳动报酬而与用人单位约定实行较高年薪制的劳动者，其主张加班工资的，一般不予支持。	惠州市中级人民法院、惠州市劳动人事争议仲裁委员会《关于审理劳动争议案件若干问题的会议纪要（试行）》（2012）
	江门	对与用人单位已约定较高的薪资的企业高级管理人员、高级技术人员等，以及难以用标准工时衡量工作时间、劳动报酬而与用人单位约定实行较高的年薪制的劳动者，如双方无明确约定，其主张加班工资的，一般不予支持。	江门市中级人民法院、江门市劳动人事争议仲裁委员会《关于审理劳动人事争议案件若干问题的座谈会纪要》（2014）

三、高管的薪酬决定和支付

由于普通劳动者与高管的身份差异，法律对于两者劳动报酬的确定方式和要求作了不同的规定。对于普通劳动者而言，工资作为提供劳动的对价，可由劳动者与用人单位进行约定。但是高管其薪酬决定机制受公司法调整，尤其是兼任（执行董事）或法定代表人的人员，由于其对公司具有管理决策权，甚至具有实际控制权，其薪酬的确定或内含高管与公司间的利益冲突。

为保护公司及股东的利益免受不当侵害，司法实践中应按照公司法的规定，审查高管薪酬的决定是否符合严格的程序条件，包括是否由董事会或薪酬考核委员会决定①，是否有利害关系的董事参与表决②，是否定期向股东披露薪酬③。

对于基本薪酬的支付，法律给予高管人员的保障与普通劳动者并无不同。但对于高管提成工资或绩效奖金的诉求，司法实践中，首先，应尊重双方的约定，只要双方的约定是合理的，原则上按照双方约定的提成条件、比例、基数等来执行；其次，高管人员毕竟不同于普通劳动者，普通劳动者只要提供了劳动就应获得相应报酬，不承担经营风险，但是对于高管人员，出于激励和约束机制的考虑，可以将提成工资、奖金与工作实绩、公司业绩挂钩。④

另外，有法官认为，高管基本薪酬之外的激励薪酬，由于不涉及劳动者的基本生活需要，可以允许双方对其附加条件或期限，待条件成就或期限届至后再行支付。⑤

用人单位与公司高管相互依存，一方面，公司高管对用人单位的经营管理方式以及具体措施可能直接决定用人单位的经营成果及经济效益；另一方面，用人

---

① 《公司法》第四十六条第（九）项："决定聘任或者解聘公司经理及其报酬事项，并根据经理的提名决定聘任或者解聘公司副经理、财务负责人及其报酬事项。"

② 《公司法》第一百二十四条："上市公司董事与董事会会议决议事项所涉及的企业有关联关系的，不得对该项决议行使表决权，也不得代理其他董事行使表决权。该董事会会议由过半数的无关联关系董事出席即可举行，董事会会议所作决议须经无关联关系董事过半数通过。出席董事会的无关联关系董事人数不足三人的，应将该事项提交上市公司股东大会审议。"

③ 《公司法》第一百一十六条："公司应当定期向股东披露董事、监事、高级管理人员从公司获得报酬的情况。"

④ 李立军、程立武：《高级管理人员在劳动法上的地位》，载《中国法院2013年度案例：劳动纠纷》，中国法制出版社2015年版，第158页。

⑤ 童蕾：《高管薪酬约定效力的司法审查》，载《中国法院2014年度案例：劳动纠纷》，中国法制出版社2014年版，第63页。

单位给予公司高管高额报酬的目的也在于激励他们作出更大贡献，获取更高经营收益。

本节案例 5 中，李某于 2014 年 3 月 31 日入职某电信公司担任副总经理，入职材料中列明了绩效工资考核制度。2016 年 3 月 21 日，某电信公司与李某解除劳动关系，后李某以要求某电信公司支付绩效工资为由诉至法院。李某主张，绩效工资不受公司经营情况的影响，公司以处于亏损状态而拒发其绩效工资没有道理和依据。法院经审理后认为，李某属于企业的高级管理人员，职务明显有别于普通劳动者，其履职行为的成效与企业的经营效益之间相关联具有正当性，故驳回了李某的诉讼请求。

规则五：在用人单位针对公司高管的绩效工资等浮动薪酬作出制度规定，且高管对此知晓的情况下，应当按照具体规定处理。

——北京市第一中级人民法院涉公司高管劳动争议十大典型案例之六（2020 年发布）

对于兼任股份有限公司董事（长）职务的公司高管所涉追索劳动报酬纠纷，应注意：合理把握劳动争议案件处理范围，不扩大至处理董事（长）职务对应报酬；结合案件实际情况，判断高管主张的劳动报酬标准是否为用人单位真实意思表示；即便高管的薪酬标准经过董事会决议，但如相关决议内容存在违反法律、行政法规之无效情形的，也不能作为非善意高管主张薪酬的依据。

四、高管提供存疑的盖有公章的书证如何处理

与自然人签字即可推定为其本人真实意思表示不同，高管基于特殊权限，具有代替用人单位进行意思表示之便利。当高管自身的利益与用人单位利益相冲突时，用人单位之印章并非当然代表该拟制主体之意思表示。因此，高管仅凭存疑的盖有用人单位公章的协议向用人单位主张权利的，还应就协议的磋商过程、合意结果等事宜承担进一步举证的责任，否则需承担举证不能的法律后果。

规则六：高管仅凭存疑的盖有用人单位公章的协议向用人单位主张权利的，还应就协议的磋商过程、合意结果等事宜承担进一步举证的责任，否则需承担举证不能的法律后果。

——上海市第一中级人民法院涉高管劳动争议案件之三（2021年发布）

本节案例6中，2013年6月17日，孙某入职C公司，双方签订三年期劳动合同，约定孙某任C公司总经理、法定代表人，年薪为240万元。2014年12月1日，C公司唯一股东以书面方式免去孙某各项职务并于次日解除与孙某的劳动合同。孙某申请仲裁，要求C公司支付未履行劳动合同期间工资等，仲裁未予支持。一审中，孙某提供一份加盖C公司原公章印文的补充协议，上约定：如C公司提前解除劳动合同，C公司应向孙某支付剩余劳动合同期间的工资等。C公司对该协议不予认可，称公章为孙某私自加盖。经鉴定：该协议上公章印文与C公司原公章印文相符，形成于2013年10月8日之后。孙某自认其于2014年11月28日之后保管C公司原公章。而C公司曾对孙某提起公司证照返还纠纷之诉，要求孙某返还原公章、营业执照。

一审法院认为，补充协议上公章印文经鉴定是真实的，且于2013年10月8日之后形成。而孙某系于2014年11月28日起才占有C公司原公章，因此不能排除该公章印文形成于2013年10月9日至2014年11月27日的可能性。现C公司未能证明孙某私自加盖公章，故该协议真实有效，C公司应按约履行。一审法院判决C公司支付孙某尚未履行劳动合同期间的工资。上海市第一中级人民法院另查明：孙某在申请仲裁时称补充协议于2013年6月17日签订；仲裁庭审陈述签订时间为2013年6月，具体时间不清楚，一审第一次庭审时又表示协议于2013年6月17日签订；第二次庭审时，称协议是在2013年6月17日后一个星期签订，C公司盖章的时间肯定是在其签字之后。

上海市第一中级人民法院认为，孙某就补充协议的签署日期多次陈述不一，虽经鉴定补充协议上C公司公章印文属真实，但鉴定的加盖时间为2013年10月8日之后，与孙某的陈述不一致，亦不能排除该公章印文于2014年11月28日之后形成的可能性。孙某曾担任C公司法定代表人及高管，且曾与该公司就公章返还事宜产生诉讼。在存在诸多疑点的情况下，该补充协议难以作为判定本案双方权利义务的唯一依据。综上，孙某未能提供充分证据证明补充协议属其与C公司达成的真实意思表示，故其仅依据补充协议所主张的相关期间的工资，难以支持。上海市第一中级人民法院遂改判无须支付孙某未履行劳动合同期间的工资。

五、公司高管辞去职务的行为，必然导致对劳动关系一并处分的法律效果

解聘高管人员是《公司法》赋予董事会的法定职权之一。聘用、解聘高管人员的职务属于公司的内部事务，只要董事会有关解除高管职务的会议在召集程序、表决方式方面未违反法律法规、公司章程的规定，其解聘高管职务的决议一经做出即产生解聘高管职务的法律效果。

在劳动关系解除方面，《劳动合同法》并未针对高管人员的特殊身份对解除其劳动关系作出特别规定。因此，关于解除高管人员的劳动关系，应当与普通员工一样适用《劳动合同法》关于解除劳动关系的规定。

规则七：公司高管辞职是其对自身职务的处分行为，且用人单位与公司高管均未就新的工作岗位、工作内容、劳动报酬达成一致意见，故双方之间未就变更或订立新的劳动合同达成合意，公司高管辞去职务的行为，必然导致对劳动关系一并处分的法律效果，发生解除劳动合同的法律效力。

——北京市第一中级人民法院涉公司高管劳动争议十大典型案例之九（2020 年发布）

本节案例 7 中，罗某于 2008 年 12 月 1 日入职某公司任总经理，同时，罗某系该公司股东和董事会成员。2018 年 3 月 10 日该公司召开董事会。会上，罗某请求辞去总经理职务并获同意。3 月 12 日，该公司董事会作出人事令予以确认。随后公司收回了罗某的办公电脑、取消了其门禁卡和微信群权限。罗某主张其系依据董事长黄某的要求而辞去职务，并非解除劳动关系的意思表示，后罗某诉至法院要求认定公司属于违法解除劳动合同。法院经审理后认为，罗某辞去总经理职务并获得同意，发生解除劳动合同的法律效力，公司不属于违法解除劳动合同。

劳动者的职务决定了工作内容、劳动报酬等劳动关系中的核心要素。对职务的取得、履职和处分是判断劳动关系建立、履行、解除（终止）的重要指标。公司高管辞职是其对自身职务的处分行为，且用人单位与公司高管均未就新的工作岗位、工作内容、劳动报酬达成一致意见，故双方之间未就变更或订立新的劳动

合同达成合意，公司高管辞去职务的行为，必然导致对劳动关系一并处分的法律效果，发生解除劳动合同的法律效力。

六、高管主张违法解除劳动合同赔偿金

本节案例8中，范某于2014年6月8日入职某游戏公司任运营总监。2017年5月19日，某游戏公司向其送达解聘通知书。后范某诉至法院，要求与某游戏公司继续履行劳动合同。法院审理后认为，某游戏公司属于违法解除劳动合同，但鉴于范某与公司董事长就公司经营存在严重分歧，且仍有其他纠纷在诉讼过程中，双方缺乏继续履行劳动合同的信任基础，故双方劳动关系于2017年5月19日解除，范某可就违法解除劳动合同赔偿金的请求另案主张权利。

规则八：公司高管可以通过另行主张违法解除劳动合同赔偿金的方式，维护自己的合法权益。

——北京市第一中级人民法院涉公司高管劳动争议十大典型案例之十（2020年发布）

公司高管接触并掌握用人单位的核心业务、技术内容等重要信息，其工作内容和工作性质对用人单位具有较强的唯一性和不可替代性，其与用人单位之间劳动关系的履行也要在双方互信的基础上才能达到良好的效果。在双方合作基础较为薄弱，不能建立充分信任时，继续履行劳动合同也不利于和谐劳动关系的构建。此时，公司高管可以通过另行主张违法解除劳动合同赔偿金的方式，维护自己的合法权益。

虽然《公司法》规定，董事会有权解聘高管职务，且无须任何理由。但此并不代表用人单位可以随意解除高管的劳动合同，高管劳动合同的解除事项仍然须严格执行《劳动合同法》的规定，如以严重违纪为由解雇，用人单位应当举证严重违纪事实的存在以及履行法定的解除程序。

通常高管的职务一旦被免除，其劳动合同客观上即无法继续履行，此时用人单位可以与高管协商变更劳动合同，如双方无法达成一致的，用人单位再实施解除劳动合同，其法律风险要小于直接解除劳动合同。

【操作建议】

1. 担任高管的必须明确告知当事人

对于是否属高级管理人员，应由公司根据工作人员的工作性质，所承担的责任及享有的薪资等作综合判定。另外，根据公司内部规定担任高管的必须明确告知当事人。

2. 建立多元化、人性化的考勤管理方式

企业可根据岗位情况、员工工作内容等定制不定时工作制员工的考勤管理制度，通过多元化的考勤管理方式实现不定时工作制员工的有效管理。比如，建立早晚会制度、定期例会制度、工作报告制度、弹性打卡制度、对下达的任务完成情况进行周期性的考核、根据提交的工作计划考核完成的进度、拜访客户的结果进行反馈等。

3. 企业重要财物的提前掌控

高管人员作为企业的管理者，在行使经营管理权的过程中通常掌握了企业的重要财物，如公章、营业执照、财务账簿等。企业应当在公布解雇决定前通过合法有效的途径提前取得重要财物的掌控权。在日常管理过程中也应建立严格的内控制度（如公章申请及使用制度等），并通过重要财物多人分管。

【相关法规】

1. 高管的界定

《公司法》第二百一十六条：……

（一）高级管理人员，是指公司的经理、副经理、财务负责人，上市公司董事会秘书和公司章程规定的其他人员。

……

2. 高管与公司的双重法律关系

《公司法》第四十六条：董事会对股东会负责，行使下列职权：

……

（九）决定聘任或者解聘公司经理及其报酬事项，并根据经理的提名决定聘任或者解聘公司副经理、财务负责人及其报酬事项

……

《公司法》第四十九条：有限责任公司可以设经理，由董事会决定聘任或者解聘。经理对董事会负责，行使下列职权：

……

（六）提请聘任或者解聘公司副经理、财务负责人；

（七）决定聘任或者解聘除应由董事会决定聘任或者解聘以外的负责管理人员；

……

第一百一十三条第一款：股份有限公司设经理，由董事会决定聘任或者解聘。

第二百一十六条：本法下列用语的含义：

（一）高级管理人员，是指公司的经理、副经理、财务负责人，上市公司董事会秘书和公司章程规定的其他人员。

……

3. 解聘高管适用不同的法律

最高人民法院《关于适用〈中华人民共和国公司法〉若干问题的规定（五）》第三条：董事任期届满前被股东会或者股东大会有效决议解除职务，其主张解除不发生法律效力的，人民法院不予支持。

董事职务被解除后，因补偿与公司发生纠纷提起诉讼的，人民法院应当依据法律、行政法规、公司章程的规定或者合同的约定，综合考虑解除的原因、剩余任期、董事薪酬等因素，确定是否补偿以及补偿的合理数额。

13.2 涉外用工：未办理就业许可是否构成劳动关系？

【案例索引】

序号	典型案例	裁判要旨	关键词
1	苏州工业园区人民法院涉外劳动争议案件审判白皮书（2016—2020）案例之一	用人单位聘用外国人须为该外国人申请就业许可，经批准并取得就业许可证后方可聘用。外国人未依法取得就业证件即与中国境内的用人单位签订劳动合同，双方不存在劳动关系。	就业许可
2	重庆市人力资源和社会保障局劳动争议仲裁十大典型案例之八（2021 年发布）	双方依法订立的《劳动合同》为审核获批中华人民共和国外国人工作许可证的必要条件。故，该外籍劳动者称双方未签订书面劳动合同，不符合相关行政审批程序。	未签书面劳动合同
3	苏州工业园区人民法院涉外劳动争议案件审判白皮书（2016—2020）案例之三	用人单位解除与劳动者的劳动合同应当有相应的事实依据，并履行相应的程序性义务，否则构成违法解除劳动合同，劳动合同不能继续履行的，用人单位支付违法解除劳动合同赔偿金。	违法解除

【规则精析】

外籍员工在华就业日益增多。用人单位使用外籍员工究竟有哪些注意事项呢？

一、未办理就业许可不构成劳动关系

本节案例 1 中，2015 年 3 月，被告 A 公司聘请原告外籍人 T 某担任公司总经理，双方签订劳动合同，合同中约定每月薪酬人民币 7 万元，并约定每年两次回国机票、租房补贴等待遇。入职以来，被告未为原告办理就业许可证。

2015 年 4 月 20 日，被告向原告出具解雇终止劳动合同证明，被告单方解除原告的劳动合同，该证明加盖被告公司公章、财务专用章及法定代表人章。被告对上述证明的真实性认可。另，原告提供加盖被告公司公章、财务专用章及法定代表人章的《单方解雇终止劳动合同补偿协议》，其中明确被告单方解除，并同意支付 T 某 4.5 个月工资 45 万人民币（其中 1.5 个月工资是公司拖欠的 3 月 8 日至 4 月 20 日的工资），并提供回国机票。被告认为仅盖章无个人确认，属无效。原告表示其并不保管公章。

就原告主张的劳动报酬，被告已予以确认并同意支付，法院亦予以确认。被告未提供证据证实被告的公章管理制度以及被告公章、法人章、财务章均由原告保管。法院采纳原告提供的加盖被告公章、财务专用章和法定代表人章的《单方解雇终止劳动合同补偿协议》，认定被告应按照协议约定支付原告拖欠工资及补偿金合计 45 万元，以及回国机票费用 15000 元。双方均不服一审判决，提起上诉，二审判决驳回上诉，维持原判。

规则一：外国人在用人单位工作期间，未依法取得就业证件，双方虽签订劳动合同，但未办理外国人就业证已违反强制性规定，劳动合同应属无效劳动合同。劳动合同被认定无效的，劳动者已经提供劳动的，用人单位应当向劳动者支付劳动报酬。

——苏州工业园区人民法院涉外劳动争议案件审判白皮书（2016—2020）案例之一

我国对外国人实行就业许可及登记备案制度。确认外国人与用人单位间存在劳动关系需以外国人依法取得就业许可证为前提。《外国人在中国就业管理规定》

第五条规定，用人单位聘用外国人须为该外国人申请就业许可，经批准并取得外国人就业许可证书后方可聘用。

最高人民法院《关于审理劳动争议案件适用法律问题的解释（一）》中第三十三条规定："外国人、无国籍人未依法取得就业证件即与中华人民共和国境内的用人单位签订劳动合同，当事人请求确认与用人单位存在劳动关系的，人民法院不予支持。持有《外国专家证》并取得《外国人来华工作许可证》的外国人，与中华人民共和国境内的用人单位建立用工关系的，可以认定为劳动关系。"

按照司法解释的规定，未取得相应就业证件的外国人、无国籍人员不能与用人单位之间建立合法的劳动关系，因而其不能受到我国劳动法律的保护，相应的劳动法律法规规定的劳动者法定权益均不能享受。但是对他们已经付出的劳动，是否能够基于民事法律的公平原则，获得相应的报酬，存在较大争议。

在目前法律没有作出统一规定的情况下，最高人民法院民一庭著文指出：我们认为，应当在个案中区分具体情况处理，由于用人单位在办理相关证件上负有重要的法律责任，对于那些劳动者本身确实无任何过错的情况，不应一律驳回其合理的报酬的请求。"[①]

本典型案例显然对此持肯定态度。该案中法院认为，外国人在中国就业应依法取得工作许可和工作类居留证件。原告在被告处工作期间，未依法取得就业证件，双方虽签订劳动合同，但未办理外国人就业证已违反强制性规定，劳动合同应属无效劳动合同。劳动合同被认定无效的，劳动者已经提供劳动的，用人单位应当向劳动者支付劳动报酬。劳动合同被确认无效，给对方造成损害的，有过错的一方应当承担赔偿责任。

就原告主张的合同解除补偿金、竞业限制补偿金、房租费，因双方签订的劳动合同属无效劳动合同，故原告依据劳动合同法主张的解除合同经济补偿金、竞业限制补偿金缺乏事实及法律依据，法院不予支持。办理就业许可系用人单位的义务，因被告未为原告办理就业证，导致双方签订的劳动合同无效，被告存在过错应对原告承担赔偿责任。

另需注意的是，司法实践中，关于未办理外国人就业证但持有外国人永久居留证的外籍人员主张其与用人单位存在劳动关系的，该诉请是否支持的问题，根

---

① 最高人民法院民一庭编著：《最高人民法院新劳动争议司法解释（一）理解与适用》，人民法院出版社 2021 年版，第 375 页。

据中共中央组织部、人力资源社会保障部、公安部等 25 部门《关于印发〈外国人在中国永久居留享有相关待遇的办法〉的通知》（人社部发〔2012〕53 号）的规定，凡持有中国外国人永久居留证的外籍人员，除政治权利和法律法规规定不可享有的特定权利和义务外，原则上和中国公民享有相同权利，承担相同义务；无须另外办理签证手续、免办外国人就业证、可以外国人永久居留证作为有效身份证件参加各项社会保险、享受社会保险待遇、办理社会保险关系转移接续、终止手续，等等。故倾向认为，对于持有外国人永久居留证但未办理外国人就业证的外籍人员，如在中国境内就业的，可以认定其与用人单位存在劳动关系。①

二、外籍劳动者要求未签劳动合同二倍工资能否得到支持

根据《外国人在中国就业管理规定》第十五条第一款规定："用人单位应在被聘用的外国人入境后 15 日内，持许可证书、与被聘用的外国人签订的劳动合同及其有效护照或能代替护照的证件到原发证机关为外国人办理就业证，并填写《外国人就业登记表》。"

> **规则二：经审核获得中华人民共和国外国人工作许可证的，可以综合推定劳动者已与用人单位签订书面劳动合同。**
>
> ——重庆市人力资源和社会保障局劳动争议仲裁十大典型案例八（2021 年发布）

本节案例 2 中，该外籍劳动者于 2019 年 8 月 15 日经发证机关审核通过，领取中华人民共和国外国人工作许可证。双方依法签订的《劳动合同》为审核获批中华人民共和国外国人工作许可证的必要条件。故，该外籍劳动者称双方未签订书面劳动合同，不符合相关行政审批程序。某健身俱乐部举示有双方当事人于 2019 年 7 月 1 日签订的《劳动合同》扫描打印件，并称原件留存于发证机关。虽然该外籍劳动者陈述劳动合同上签字非本人所签，但未按照《劳动争议调解仲裁法》第六条之规定举示相应证据反驳，应承担相应的不利后果。综合该外籍劳动者来华工作事实及关于外国人在中国就业的相关规定，可以推定双方当事人已于 2019 年 7 月 1 日订立书面劳动合同。故其要求某健身俱乐部支付未订立书面劳动合同

① 上海市高级人民法院民一庭《关于外国人就业相关问题的处理意见（2014 年）》第一条。

二倍工资差额，缺乏事实依据，依法不予支持。

三、用人单位违法解除劳动合同，应当支付赔偿金

规则三：用人单位解除与劳动者的劳动合同应当有相应的事实依据，并履行相应的程序性义务，否则构成违法解除劳动合同，劳动合同不能继续履行的，用人单位支付违法解除劳动合同赔偿金。

——苏州工业园区人民法院涉外劳动争议案件审判白皮书（2016—2020）案例之三

本节案例3中，原告AJ系C国国籍，其自2010年与被告B公司的集团总公司签订聘用合同，后AJ被派至被告处工作，担任副总裁、亚洲区负责人等职务，在苏州工作期间，原告与被告签订劳动合同，办理就业许可，双方签订的薪酬方案约定原告每年税后工资、奖金、福利、C国养老公积金、医疗保险、住房补贴、小孩教育津贴等合计人民币250多万元，部分项目每年重新评估。2015年1月，被告发出劳动合同解除通知，以公司重大经营管理结构调整、岗位不存在为由解除双方劳动合同。原告认为系违法解除，应当恢复双方劳动关系、支付相应的工资、奖金、房屋补贴、车辆租金、医疗保险费、C国公积金、子女教育费用等200余万元。

被告B公司辩称，解除劳动合同符合法律规定，系因劳动合同订立时依据的客观情况发生重大变化，致使原劳动合同无法履行，因集团组织架构调整，原告所在的亚洲卓越运营部门撤销，导致合同无法继续履行；解除程序合法，双方劳动关系无法继续履行，请求驳回原告诉讼请求。

法院认为，原告岗位的撤销系被告主观上的经营政策调整，并非劳动合同订立时依据的客观情况发生重大变化。被告所属集团公司撤销原告的岗位，属单方变更劳动合同内容，被告应与原告协商变更劳动合同内容，但被告并未提供充分证据证实其就变更合同内容与原告进行过协商。据此，被告以原告所在部门撤销为由，解除与原告的劳动合同，事实依据不足，已构成违法解除劳动合同。

关于能否继续履行劳动合同，原告的工作岗位为亚洲区卓越运营主管，直接向集团业务服务主管汇报，属公司高级管理人员，原告与被告在劳动关系纠纷中

互相丧失信任，缺乏继续履行劳动关系的信任基础，且被告已明确表示坚决不同意继续履行劳动合同，双方的劳动合同已不适宜实际继续履行。为避免讼累，本院认定被告应向原告支付违法解除劳动合同赔偿金。

用人单位违法解除劳动合同，劳动者可以要求继续履行劳动合同或违法解除劳动合同赔偿金。因外籍人员职位较高，多为公司的高管，考虑双方在劳动关系纠纷中互相丧失信任，缺乏继续履行劳动关系的信任基础，双方的劳动合同已不适宜实际继续履行，用人单位应当支付违法解除劳动合同赔偿金。劳动者月工资高于用人单位所在地直辖市、设区的市级人民政府公布的本地区上年度职工月平均工资三倍的，补偿标准按职工月平均工资三倍的数额计算，补偿年限最高不超过十二年。

依据中国法律，违法解除劳动合同的用人单位将承担支付赔偿金或恢复劳动关系的责任。但对于外籍员工，在用人单位已注销就业证或就业证到期的情况下，一般不支持恢复劳动关系。

被聘用的外国人与用人单位的劳动合同被解除后，该用人单位应及时向人力资源和社会保障行政部门、公安部门备案，同时交还相关证件，并到公安部门办理外国人出境手续。

【操作建议】

1. 及时申办就业许可

为更好保护外籍人士在国内作为劳动者应有的合法权益，建议应及时依法申办就业许可。

2. 外国人劳务派遣的处理

如外国人系由总部派遣，用人单位无须与该员工签订劳动合同，而是由境外派遣单位出具相应的证明材料，并注明聘雇期限。如相应的证明材料是外文的，需同时提供中文翻译件，翻译件由用人单位盖章。

3. 外籍员工缴纳社保允许“双边互免”

根据《在中国境内就业的外国人参加社会保险暂行办法》的规定，在境内合法就业的外国人（包括直接雇佣和境外派遣）均应当由境内雇主缴纳社会保险，但是对于与中国签署社会保险双边互勉协定的国家，其所在国公民在中国就业，社会保险费的缴纳按照有关协定办理（通常可免缴养老保险和失业保险）。

4. 加强外籍实习生的管理

现行法律并不禁止企业招用在境内高校在读的外籍学生，但需要满足以下三个条件：（1）该实习生为尚未毕业的境内高校在读学生；（2）实习需要经所在学校同意；（3）该实习生的居留证件需要加注勤工助学或实习地点、期限等信息。[①]但一般来说，对于境外高校的外国学生，用人单位不得采取实习用工。如境外高校外籍学生持X2短期学习签证入境“实习”，或构成非法就业行为，公司聘用行为亦将构成“非法用工”[②]。

【相关法规】

1. 外国人就业许可

《外国人在中国就业管理规定》第二条：本规定所称外国人，指依照《中华人民共和国国籍法》规定不具有中国国籍的人员。本规定所称外国人在中国就业，指没有取得定居权的外国人在中国境内依法从事社会劳动并获取劳动报酬的行为。

第五条：用人单位聘用外国人须为该外国人申请就业许可，经获准并取得《中华人民共和国外国人就业许可证书》（以下简称许可证书）后方可聘用。

第七条：外国人在中国就业须具备下列条件：

（一）年满18周岁，身体健康；

（二）具有从事其工作所必须的专业技能和相应的工作经历；

（三）无犯罪记录；

（四）有确定的聘用单位；

（五）持有有效护照或能代替护照的其他国际旅行证件（以下简称代替护照的证件）。

第二十三条第一款：外国人在中国就业的用人单位必须与其就业证所注明的单位相一致。

《出境入境管理法》第八十条：外国人非法就业的，处五千元以上二万元以下罚款；情节严重的，处五日以上十五日以下拘留，并处五千元以上二万元以下

① 《外国人入境出境管理条例》第二十二条：“持学习类居留证件的外国人需要在校外勤工助学或者实习的，应当经所在学校同意后，向公安机关出入境管理机构申请居留证件加注勤工助学或者实习地点、期限等信息。持学习类居留证件的外国人所持居留证件未加注前款规定信息的，不得在校外勤工助学或实习。”

② 2016年3月1日，公安部支持北京地区构建起了中关村、朝阳区、顺义区三个区域实施的境外高校外籍学生实习规定。2016年12月9日，公安部支持上海科创中心建设出入境政策“新十条”正式实施。2017年，公安部提炼出了实际需求高、社会反响好的7项出入境政策，实施区域包括：天津、辽宁、浙江、河南、湖北、重庆、四川、陕西自贸区，京津冀和安徽省、广东省、四川省及沈阳市、武汉市、西安市。

罚款。

介绍外国人非法就业的，对个人处每非法介绍一人五千元，总额不超过五万元的罚款；对单位处每非法介绍一人五千元，总额不超过十万元的罚款；有违法所得的，没收违法所得。

非法聘用外国人的，处每非法聘用一人一万元，总额不超过十万元的罚款；有违法所得的，没收违法所得。

最高人民法院《关于审理劳动争议案件适用法律问题的解释（一）》第三十三条：外国人、无国籍人未依法取得就业证件即与中华人民共和国境内的用人单位签订劳动合同，当事人请求确认与用人单位存在劳动关系的，人民法院不予支持。

持有《外国专家证》并取得《外国人来华工作许可证》的外国人，与中华人民共和国境内的用人单位建立用工关系的，可以认定为劳动关系。

《外国人入境完成短期工作任务的相关办理程序（试行）》：二、以下情形不视为完成短期工作任务：

……

（三）派往境内分公司、子公司、代表处完成短期工作的；

……

具有（一）（二）（三）（四）情形，且停留时间不超过 90 日的，应当申请办理 M 字签证；具有（五）（六）情形，且停留时间不超过 90 日的，应当申请办理 F 字签证。

2. 外国人签订劳动合同

《外国人在中国就业管理规定》第十七条：用人单位与被聘用的外国人应依法订立劳动合同。劳动合同的期限最长不得超过五年。劳动合同期限届满即行终止，但按本规定第十八条的规定履行审批手续后可以续订。

3. 外国人的劳动报酬

《外国人在中国就业管理规定》第二十一条：用人单位支付所聘用外国人的工资不得低于当地最低工资标准。

4. 外国人的社会保障

《外国人在中国就业管理规定》第二十二条：在中国就业的外国人的工作时间、休息、休假劳动安全卫生以及社会保险按国家有关规定执行。

《在中国境内就业的外国人参加社会保险暂行办法》第三条：在中国境内依法

注册或者登记的企业、事业单位、社会团体、民办非企业单位、基金会、律师事务所、会计师事务所等组织（以下称用人单位）依法招用的外国人，应当依法参加职工基本养老保险、职工基本医疗保险、工伤保险、失业保险和生育保险，由用人单位和本人按照规定缴纳社会保险费。

与境外雇主订立雇用合同后，被派遣到在中国境内注册或者登记的分支机构、代表机构（以下称境内工作单位）工作的外国人，应当依法参加职工基本养老保险、职工基本医疗保险、工伤保险、失业保险和生育保险，由境内工作单位和本人按照规定缴纳社会保险。

5. 劳动争议适用法律

《涉外民事关系法律适用法》第四十三条：劳动合同，适用劳动者工作地法律；难以确定劳动者工作地的，适用用人单位主营业地法律。劳务派遣，可以适用劳务派出地法律。

《外国人在中国就业管理规定》第二十五条：用人单位与被聘用的外国员工发生劳动争议，应按照《中华人民共和国劳动法》和《中华人民共和国劳动争议调解仲裁法》处理。

第 14 章　灵活用工

14.1 劳务派遣：劳务协议期满用人单位可以解除劳动合同吗?

【案例索引】

序号	典型案例	裁判要旨	关键词
1	江苏省高级人民法院劳动人事争议十大典型案例之一（2021年发布）	用工单位可以按照《劳动合同法》第三十九条规定的严重违反规章制度事由，对劳动者作退工处理。劳务派遣公司则基于劳动者在防疫打卡期间多次填报虚假信息、提供虚假病假单，不仅严重违反规章制度，而且导致统计出现重大错误，对防疫安全造成隐患的行为，与其解除劳动合同，于法有据，属于合法解除。	严重违纪解除
2	广东省高级人民法院劳动争议十大典型案例之五（2021年发布）	用人单位与用工单位的《劳务派遣协议》期满且未续签，不属于法律规定用人单位可解除劳动合同的情形。在双方未能就变更劳动合同达成一致意见的情况下，用人单位单方解除劳动合同，属于违法解除，应当向劳动者支付违法解除劳动合同的赔偿金。	劳动派遣协议期满
3	人力资源和社会保障部、最高人民法院联合发布第二批劳动人事争议典型案例之七（2021年发布）	劳务派遣用工中，劳动者超时加班发生工伤，用工单位和劳务派遣单位对劳动者的损失均负有责任，应承担连带赔偿责任。	连带责任

【规则精析】

劳务派遣又称劳动派遣、劳动力派遣等，即劳务派遣单位根据用人单位需要，派遣符合用人单位条件的人员到用人单位工作。劳务派遣涉及三方关系，至少有两份以上的协议，即劳务派遣单位与用工单位签署的派遣协议、劳务派遣单位与被派遣劳动者签订的劳动合同，此外有时用工单位还会与被派遣劳动者签订用工协议（劳务协议）。它使本为一体的雇佣、使用相分离，形成派遣公司、用工单位、受派员工三方关系。它的特点是劳务派遣企业“招人不用人”，用人单位“只用人不招人”。

典型案例涉及劳动者被退回后的劳动关系处理和劳务派遣员工的工伤赔偿连带责任。

一、劳动者被退回后的劳动关系的处理

退回制度是专门为劳务派遣而设计的制度。常规的直接雇佣型劳动关系，用人单位是唯一的单位主体，劳动合同关系只能继续履行或者中止、解除、终止，不存在模糊状态。但是劳务派遣关系中，用人单位和用工单位是不同的两家单位，因为某些特殊情形，用工单位无法继续履行自己的职责时，还有劳务派遣单位可以承担用人单位职能。

《劳务派遣暂行规定》第十二条对退回情形作了部分列举式规定，主要可分为两类。①

第一类是因劳动者个人原因被退回。这类退回是用工单位退回劳务派遣单位后，劳务派遣单位可以解除劳动关系，包括：

（一）被派遣劳动者在试用期间被证明不符合录用条件的；

（二）被派遣劳动者严重违反用人单位或用工单位的规章制度的；

（三）被派遣劳动者严重失职，营私舞弊，给用人单位或用工单位造成重大损害的；

（四）被派遣劳动者同时与其他用人单位建立劳动关系，对完成用工单位的工作任务造成严重影响，或者经劳务派遣单位或用工单位提出，拒不改正的；

（五）因被派遣劳动者以欺诈、胁迫的手段或者乘人之危，使用人单位在违背真实意思的情况下订立或者变更劳动合同致使劳动合同无效的；

（六）因违反法律、行政法规强制性规定致使劳动合同无效的；

（七）被派遣劳动者被依法追究刑事责任的；

（八）被派遣劳动者患病或者非因工负伤，在规定的医疗期满后不能从事原工

---

① 有观点认为，此外还有因三方事前约定或者事后达成合意等的退回，但不得与《劳务派遣暂行规定》第十三条相冲突。上海市人力资源和社会保障局、上海市高级人民法院《关于劳务派遣适用法律若干问题的会议纪要》（2014.12.31）认为《劳务派遣暂行规定》第十二条属于提示性条款，实践中，还存在法律规定的退回情形、派遣单位主动撤回劳动者、协商一致退回等情况。劳动者被退回，派遣单位依据劳动合同约定等对劳动者进行合理重新派遣而劳动者不同意的，派遣单位可按规章制度、劳动纪律或者劳动合同等相关规定处理。派遣单位依照《劳动合同法》第四十条第（三）项规定与不接受重新派遣的劳动者解除劳动合同，劳动者要求派遣单位支付经济补偿的，应予支持。

作，也不能从事由用工单位另行安排的工作的；

（九）被派遣劳动者不能胜任工作，经过培训或者调整工作岗位，仍不能胜任工作的。

上述情形中，第（八）项和第（九）项劳务派遣单位解除劳动合同时，需要提前 30 天书面通知或者支付额外 1 个月的工资，同时必须支付经济补偿金。

被派遣劳动者有《劳动合同法》第三十九条和第四十条第（一）项、第（二）项规定情形的，用工单位可以将劳动者退回劳务派遣单位，劳务派遣单位依照本法有关规定，可以与劳动者解除劳动合同。但劳动者属于第四十条第（一）项、第（二）项规定情形的，应支付经济补偿。

规则一：用工单位可以按照《劳动合同法》第三十九条规定的严重违反规章制度事由，对劳动者作退工处理。劳务派遣公司则基于劳动者在防疫打卡期间多次填报虚假信息、提供虚假病假单，不仅严重违反规章制度，而且导致统计出现重大错误，对防疫安全造成隐患的行为，与其解除劳动合同，于法有据，属于合法解除。

——江苏省高级人民法院劳动人事争议十大典型案例之一（2021 年发布）

本节案例 1 是一起劳务派遣员工严重违反规章制度和防疫期间政策要求被解除劳动关系是否属于违法解除的争议。根据《劳动合同法》第六十五条第二款规定，被派遣劳动者有本法第三十九条和第四十条第（一）项、第（二）项规定情形的，用工单位可以将劳动者退回劳务派遣单位，劳务派遣单位依照本法有关规定，可以与劳动者解除劳动合同。

第二类是因用人单位原因被退回。这类退回是用工单位将劳动者退回劳务派遣单位后，劳务派遣单位不能够因此解除劳动关系，包括：

（一）劳动合同订立时所依据的客观情况发生重大变化，致使劳动合同无法履行，经劳务派遣单位和用工单位与劳动者协商，未能就变更劳动合同内容达成协议的；

（二）用工单位依照企业破产法规定进行重整的；

（三）用工单位生产经营发生严重困难的；

（四）用工单位转产、重大技术革新或者经营方式调整，经变更劳动合同后，仍需裁减人员的；

（五）不属于（二）、（三）、（四），但因劳动合同订立时所依据的客观经济情况发生重大变化，致使劳动合同无法履行的；

（六）用工单位被依法宣告破产、吊销营业执照、责令关闭、撤销、决定提前解散或者经营期限届满不再继续经营的；

（七）劳务派遣协议期满终止的。

但是，根据《劳务派遣暂行规定》第十三条规定，如果被派遣劳动者有《劳动合同法》第四十二条规定的患病或者非因公负伤在规定的医疗期内以及女职工在孕期、产期、哺乳期等情形的，在派遣期限届满前，用工单位不得依据《劳务派遣暂行规定》第十二条第一款第（一）项规定将被派遣劳动者退回劳务派遣单位。派遣期限届满的，应当延续至相应情形消失时方可退回。被派遣劳动者退回后在无工作期间，劳务派遣单位应当按照不低于所在地人民政府规定的最低工资标准，向其按月支付报酬。

规则二：用人单位与用工单位的《劳务派遣协议》期满且未续签，不属于法律规定用人单位可解除劳动合同的情形。在双方未能就变更劳动合同达成一致意见的情况下，用人单位单方解除劳动合同，属于违法解除，应当向劳动者支付违法解除劳动合同的赔偿金。

——广东省高级人民法院劳动争议十大典型案例之五（2021 年发布）

本节案例 2 中，廖某与某服务公司签订《劳动合同》，服务公司将其派遣至某通信公司工作。劳动合同履行期间，服务公司以其与某通信公司的《劳务派遣协议》合同期满、双方未再续签为由，向廖某提出两个方案，即由新劳务派遣单位与廖某签订新的劳动合同或双方协商解除劳动合同。廖某对上述方案均不接受，在服务公司解除劳动合同后起诉请求服务公司支付赔偿金。深圳市中级人民法院判令服务公司向廖某支付违法解除劳动合同的赔偿金。

深圳市中级人民法院认为：本案是劳务派遣合同引发的劳动争议。用人单位单方解除劳动合同应当遵循法律规定。用人单位与用工单位的《劳务派遣协议》期满且未续签，不属于法律规定用人单位可解除劳动合同的情形。在双方未能就变更劳动合同达成一致意见的情况下，用人单位单方解除劳动合同，属于违法解除，应当向劳动者支付违法解除劳动合同的赔偿金。

对被用工单位退回的劳动者，法律给予了多种保护，如退回期间，派遣单位可以另行派遣；不得违法解除劳动关系等。用工单位以此将被派遣劳动者退回劳务派遣单位，如劳务派遣单位重新派遣时维持或者提高劳动合同约定条件，劳动者不同意的，劳务派遣单位可以解除劳动合同；如劳务派遣单位重新派遣时降低劳动合同约定条件，劳动者不同意的，劳务派遣单位不得解除劳动合同。就是说允许派遣员工有权选择。但是用人单位在这种情形下解除也需要支付经济补偿。

此外，在被派遣劳动者退回后无工作期间，劳务派遣单位应按照不低于所在地人民政府规定的最低工资标准，向其按月支付报酬。但需注意的是，《劳务派遣暂行规定》第十二条规定，用工单位将劳动者退回劳务派遣单位后，劳务派遣单位可按最低工资支付报酬的情形为用工单位客观情况发生重大变化、经济性裁员、被依法宣告破产、吊销营业执照、责令关闭等情形。

例如，在某劳动争议案中，在违法解除成立的情形下，劳务公司主张仅按最低工资标准支付王某工资，法院不予采纳。劳务公司应按约定的工资标准向王某支付工资。

二、劳务派遣员工发生工伤的连带责任

针对被派遣劳动者发生工伤后，劳务派遣单位和用工单位谁来承担工伤责任的问题上，法律法规做了明确的责任区分。

劳务派遣单位与被派遣劳动者形成的是劳动关系，劳务派遣单位是劳动关系中的用人单位。发生工伤事故的，劳务派遣单位是工伤认定中的用人单位，履行用人单位的义务。

由于劳务派遣单位是劳动关系中的用人单位，认定为工伤后，应当由劳务派遣单位依据《工伤保险条例》的规定承担用人单位的工伤保险责任。最高人民法院《关于审理工伤保险行政案件若干问题的规定》（法释〔2014〕9 号）第三条第一款第（二）项对此有相关规定，其规定：“（二）劳务派遣单位派遣的职工在用工单位工作期间因工伤亡的，派遣单位为承担工伤保险责任的单位。”

用工单位作为实际的管理者，履行工伤认定过程中的协助调查、提供资料等义务。根据《劳务派遣暂行规定》第十条的规定，用工单位在工伤认定中有以下义务：1. 用工单位应当协助工伤认定的调查核实工作。2. 被派遣劳动者在申请进行职业病诊断、鉴定时，用工单位应当负责处理职业病诊断、鉴定事宜，并如实提供职业病诊断、鉴定所需的劳动者职业史和职业危害接触史、工作场所职业病危害因素检测结果等资料。

那么，派遣单位为承担工伤保险责任的单位，用工单位需要承担什么责任呢？

《劳务派遣暂行规定》第二十条规定："劳务派遣单位、用工单位违反劳动合同法和劳动合同法实施条例有关劳务派遣规定的，按照劳动合同法第九十二条规定执行"。《劳动合同法》第九十二条第二款规定："……用工单位给被派遣劳动者造成损害的，劳务派遣单位与用工单位承担连带赔偿责任。"

但并不是只要发生工伤事故，两者都要承担连带责任，而是用工单位没有履行法定义务，对于工伤的发生有过错，给被派遣劳动者造成损害的才需要承担连带赔偿责任。

《劳动合同法》第六十二条第一款规定："用工单位应当履行下列义务：

（一）执行国家劳动标准，提供相应的劳动条件和劳动保护；

（二）告知被派遣劳动者的工作要求和劳动报酬；

（三）支付加班费、绩效奖金，提供与工作岗位相关的福利待遇；

（四）对在岗被派遣劳动者进行工作岗位所必需的培训；

（五）连续用工的，实行正常的工资调整机制。"

其中的第（一）项、第（四）项可能与工伤事故的发生有着密切联系，因用工单位没有尽到管理职责，导致工伤事故发生的，用工单位需要承担连带责任。

本节案例 3 中，2017 年 8 月，某服务公司与某传媒公司签订劳务派遣协议，约定某服务公司为某传媒公司提供派遣人员，每天工作 11 小时，每人每月最低保底工时 286 小时。2017 年 9 月，某服务公司招用李某并派遣至某传媒公司工作，未为李某缴纳工伤保险。李某于 12 月 1 日凌晨 5 时 30 分晕倒在单位卫生间，经抢救无效于当日死亡，死亡原因为心肌梗死等。2018 年 12 月，某传媒公司与李某近亲属惠某等签订赔偿协议，约定某传媒公司支付惠某等工亡待遇 42 万元，惠某等不得再就李某工亡赔偿事宜或在派遣工作期间享有的权利，向某传媒公司提出任何形式的赔偿要求。上述协议签订后，某传媒公司实际支付惠某等各项费用计 423497.80 元。此后，李某所受伤害被社会保险行政部门认定为工伤。某服务公司、惠某等不服仲裁裁决，诉至人民法院。

惠某等请求判决某服务公司与某传媒公司连带支付医疗费、一次性工亡补助金、丧葬补助金、供养亲属抚恤金，共计 1193821 元。某服务公司请求判决不应支付供养亲属抚恤金；应支付的各项赔偿中应扣除某传媒公司已支付款项；某传媒公司承担连带责任。

一审法院判决：按照《工伤保险条例》，因用人单位未为李某参加工伤保险，其工亡待遇由用人单位全部赔偿。某服务公司和某传媒公司连带赔偿惠某等医疗费、一次性工亡补助金、丧葬补助金、供养亲属抚恤金合计 766911.55 元。某传媒公司不服，提起上诉。二审法院判决：驳回上诉，维持原判。

本案的争议焦点是李某超时加班发生工伤，用工单位与劳务派遣单位是否应承担连带赔偿责任。

规则三：劳务派遣用工中，劳动者超时加班发生工伤，用工单位和劳务派遣单位对劳动者的损失均负有责任，应承担连带赔偿责任。劳动者与用工单位、劳务派遣单位达成赔偿协议的，当赔偿协议存在违反法律、行政法规的强制性规定、欺诈、胁迫或者乘人之危情形时，不应认定赔偿协议有效；当赔偿协议存在重大误解或者显失公平情形时，应当支持劳动者依法行使撤销权。

——人力资源与社会保障部、最高人民法院联合发布第二批劳动人事争议典型案例之七（2021 年发布）

本案中，某服务公司和某传媒公司协议约定的被派遣劳动者每天工作时间及每月工作保底工时，均严重超过法定标准。李某工亡前每月休息时间不超过 3 日，每日工作时间基本超过 11 小时，每月延长工作时间超过 36 小时数倍，其依法享有的休息权受到严重侵害。某传媒公司作为用工单位长期安排李某超时加班，存在过错，对李某在工作期间突发疾病死亡负有不可推卸的责任。惠某等主张某传媒公司与某服务公司就李某工伤的相关待遇承担连带赔偿责任，应予支持。惠某等虽与某传媒公司达成了赔偿协议，但赔偿协议是在劳动者未经社会保险行政部门认定工伤的情形下签订的，且赔偿协议约定的补偿数额明显低于法定工伤保险待遇标准，某服务公司和某传媒公司应对差额部分予以补足。

根据《劳动合同法》第九十二条第二款的规定，劳务派遣单位和用工单位对派遣劳动者的连带责任通过法律直接规定而产生，不能通过劳务派遣单位和用工单位以协议形式予以排除。但是对于劳务派遣单位与劳动者协议约定，对劳动者与用人单位自行达成的补偿协议不承担连带责任的，应当如何认定呢？

司法实践中，有法官认为，在劳务派遣劳动关系当中，派遣工在用工单位的指挥下提供劳动，其整个过程都受到用工单位的管理和控制。为了避免用工单位与劳动者随意订立补偿协议，劳务派遣单位可以在劳动合同中对此进行免责约定。[①]

【操作建议】

1. 用工单位可适时地推出劳务派遣岗位，作为劳动合同用工的补充

用工单位应充分了解国家关于劳务派遣“三性（辅助性、替代性、临时性）”的要求，调研单位内部的岗位需求，将可以实行的岗位进行归类；就劳务派遣的特点将可能实行劳务派遣的岗位增设有针对性的特定岗位说明书或岗位职责说明书，考虑好如何为临时性岗位、替代性岗位的被派遣劳动者准备合适的退出机制；利用职工代表大会、职工大会的开会机会，将辅助性岗位通过民主程序确定下来，并履行公示手续。

2. 防止派遣员工在不同用工单位的工作年限都成为派遣单位的补偿年限

实践中，新型经济补偿或通过派遣协议转由用工单位承担[②]。派遣员工在不同用工单位的工作年限都可能构成派遣单位的补偿年限。对此派遣协议一定要约定清楚，最后一家用工单位可能面临超出本单位派遣年限的补偿风险。

3. 关注各地出台的工伤保险责任转移的模式

针对派遣单位在用工单位所在地没有设立分支机构，无法依法申请工伤认定的，有的地方建立了相关责任转移的模式[③]，增加了使用外地派遣单位的用工风险，值得选择派遣公司的当地用人单位注意。

【相关法规】

1. 劳务派遣关系及“三性（辅助性、替代性、临时性）”定义

《劳动合同法》第五十七条第二款：经营劳务派遣业务，应当向劳动行政部门依法申请行政许可；经许可的，依法办理相应的公司登记。未经许可，任何单位和个人不得经营劳务派遣业务。

---

① 杨路：《用人单位与被派遣劳动者自行签订补偿协议，劳务派遣单位与劳动者在劳动合同中约定对此不承担连带责任的，劳务派遣单位免除连带赔偿责任》，载《中国法院 2017 年度案例：劳动纠纷》，中国法制出版社 2017 年版，第 208 页。

② 《劳务派遣暂行规定》第十七条规定：“劳务派遣单位因劳动合同法第四十六条或者本规定第十五条、第十六条规定的情形，与被派遣劳动者解除或者终止劳动合同的，应当依法向被派遣劳动者支付经济补偿。”

③ 上海市人力资源和社会保障局在 2014 年 6 月 30 日发出的《关于规范劳务派遣用工若干问题的意见》中规定，由上海市的用工单位向注册地区县人力资源和社会保障行政部门提出工伤认定申请，并按国家和本市工伤保险规定承担工伤保险责任。

第五十八条第二款： 劳务派遣单位应当与被派遣劳动者订立二年以上的固定期限劳动合同，按月支付劳动报酬；被派遣劳动者在无工作期间，劳务派遣单位应当按照所在地人民政府规定的最低工资标准，向其按月支付报酬。

第六十六条： 劳动合同用工是我国的企业基本用工形式。劳务派遣用工是补充形式，只能在临时性、辅助性或者替代性的工作岗位上实施。

前款规定的临时性工作岗位是指存续时间不超过六个月的岗位；辅助性工作岗位是指为主营业务岗位提供服务的非主营业务岗位；替代性工作岗位是指用工单位的劳动者因脱产学习、休假等原因无法工作的一定期间内，可以由其他劳动者替代工作的岗位。

用工单位应当严格控制劳务派遣用工数量，不得超过其用工总量的一定比例，具体比例由国务院劳动行政部门规定。

第九十二条第二款： 劳务派遣单位、用工单位违反本法有关劳务派遣规定的，由劳动行政部门责令限期改正；逾期不改正的，以每人五千元以上一万元以下的标准处以罚款，对劳务派遣单位，吊销其劳务派遣业务经营许可证。用工单位给被派遣劳动者造成损害的，劳务派遣单位与用工单位承担连带赔偿责任。

《劳务派遣暂行规定》第九条： 用工单位应当按照劳动合同法第六十二条规定，向被派遣劳动者提供与工作岗位相关的福利待遇，不得歧视被派遣劳动者。

第二十四条： 用工单位违反本规定退回被派遣劳动者的，按照劳动合同法第九十二条第二款规定执行。

第二十八条第一款： 用工单位在本规定施行前使用被派遣劳动者数量超过其用工总量10%的，应当制定调整用工方案，于本规定施行之日起2年内降至规定比例……

2. 劳务派遣协议及其配套劳动合同

《劳务派遣暂行规定》第七条： 劳务派遣协议应当载明下列内容：

（一）派遣的工作岗位名称和岗位性质；

（二）工作地点；

（三）派遣人员数量和派遣期限；

（四）按照同工同酬原则确定的劳动报酬数额和支付方式；

（五）社会保险费的数额和支付方式；

（六）工作时间和休息休假事项；

（七）被派遣劳动者工伤、生育或者患病期间的相关待遇；

（八）劳动安全卫生以及培训事项；

（九）经济补偿等费用；

（十）劳务派遣协议期限；

（十一）劳务派遣服务费的支付方式和标准；

（十二）违反劳务派遣协议的责任；

（十三）法律、法规、规章规定应当纳入劳务派遣协议的其他事项。

3. 派遣单位义务

《劳务派遣暂行规定》第八条：劳务派遣单位应当对被派遣劳动者履行下列义务：

（一）如实告知被派遣劳动者劳动合同法第八条规定的事项、应遵守的规章制度以及劳务派遣协议的内容；

（二）建立培训制度，对被派遣劳动者进行上岗知识、安全教育培训；

（三）按照国家规定和劳务派遣协议约定，依法支付被派遣劳动者的劳动报酬和相关待遇；

（四）按照国家规定和劳务派遣协议约定，依法为被派遣劳动者缴纳社会保险费，并办理社会保险相关手续；

（五）督促用工单位依法为被派遣劳动者提供劳动保护和劳动安全卫生条件；

（六）依法出具解除或者终止劳动合同的证明；

（七）协助处理被派遣劳动者与用工单位的纠纷；

（八）法律、法规和规章规定的其他事项。

4. 退回制度

《劳动合同法》第六十五条第二款：被派遣劳动者有本法第三十九条和第四十条第一项、第二项规定情形的，用工单位可以将劳动者退回劳务派遣单位，劳务派遣单位依照本法有关规定，可以与劳动者解除劳动合同。

《劳务派遣暂行规定》第十二条：有下列情形之一的，用工单位可以将被派遣劳动者退回劳务派遣单位：

（一）用工单位有劳动合同法第四十条第三项、第四十一条规定情形的；

（二）用工单位被依法宣告破产、吊销营业执照、责令关闭、撤销、决定提前解散或者经营期限届满不再继续经营的；

（三）劳务派遣协议期满终止的。

被派遣劳动者退回后在无工作期间，劳务派遣单位应当按照不低于所在地人民政府规定的最低工资标准，向其按月支付报酬。

第十三条： 被派遣劳动者有劳动合同法第四十二条规定情形的，在派遣期限届满前，用工单位不得依据本规定第十二条第一款第一项规定将被派遣劳动者退回劳务派遣单位；派遣期限届满的，应当延续至相应情形消失时方可退回。

第二十四条： 用工单位违反本规定退回被派遣劳动者的，按照劳动合同法第九十二条第二款规定执行。

5. 同工同酬

《劳动合同法》第六十三条第一款： 被派遣劳动者享有与用工单位的劳动者同工同酬的权利。用工单位应当按照同工同酬原则，对被派遣劳动者与本单位同类岗位的劳动者实行相同的劳动报酬分配办法。用工单位无同类岗位劳动者的，参照用工单位所在地相同或者相近岗位劳动者的劳动报酬确定。

《劳务派遣暂行规定》第九条： 用工单位应当按照劳动合同法第六十二条规定，向被派遣劳动者提供与工作岗位相关的福利待遇，不得歧视被派遣劳动者。

6. 连带责任

《劳动合同法》第九十二条第二款： ……用工单位给被派遣劳动者造成损害的，劳务派遣单位与用工单位承担连带赔偿责任。

14.2 非全日制用工：与全日制用工有什么根本区别？

【案例索引】

序号	典型案例	裁判要旨	关键词
1	重庆市高级人民法院发布第七批劳动争议十大典型案例之九（2021 年发布）	非全日制用工与全日制用工的根本区别是劳动者在同一用人单位的工作时间不同，用人单位未按小时计算劳动者薪酬不影响非全日制用工的认定。	非全日制用工认定
2	苏州市中级人民法院劳动人事争议十大典型案例之八（2020 年度）	双方虽签订非全日制用工合同，但从实际工作情况看，超市并未按照非全日制用工要求为张某安排工作时间，且基本在每月固定时间发放工资，实际是以非全日制用工关系规避用人单位在全日制劳动关系中应承担的法律义务，故应以全日制劳动关系确定双方的权利义务。	非全日制用工认定

续表

序号	典型案例	裁判要旨	关键词
3	成都市中级人民法院劳动争议案件审理状况白皮书及典型案例之二（2018 年度）	非全日制用工属于劳动关系的范畴，劳动者提供证据证明其符合非全日制用工的用工形式，并据此主张确认与用人单位存在劳动关系的应予确认。	非全日制用工认定

【规则精析】

随着产业结构调整及就业形势变化，灵活就业作为涵盖领域广泛、就业容量巨大的就业方式，正在迅速发展成为吸纳就业的重要渠道。非全日制用工即灵活就业的一种主要形式。非全日制用工虽被纳入劳动合同法规制范围，但其实质仍类同于劳务用工，如可以不订立书面合同；可以随时通知对方终止用工；终止用工时，用人单位不向劳动者支付经济补偿；社会保险上也存在差别等。

实践中出现了个别用人单位以与员工签订非全日制用工合同的方式规避用工主体责任及法律风险的情况。

一、非全日制用工与全日制用工的根本区别

关于非全日制用工的认定标准实践中，对非全日制用工的判定标准，实务界存在三种观点：

第一种观点是形式要件说：对非全日制用工的判定在于证据，只要双方当事人签订了非全日制劳动合同，就应将签订的非全日制劳动合同作为唯一证据予以采信。

第二种观点是实质要件说：对非全日制用工的判定，既要审查形式要件，也要审查实质要件，重点在于实质要件。这些实质要件包括：工作时间标准、报酬发放标准、用人单位对劳动者是否实行小时考勤等。

第三种观点是备案审查说：对于用人单位是否属于非全日制用工不能只靠单一劳动合同证据支撑，还需要完整的证据链，即当事人签订的非全日制用工劳动合同和公共就业服务机构的劳动用工备案登记记录①，两项证据内外相连，才能判

① 原劳动保障部 2003 年下发的《关于非全日制用工若干问题的意见》（劳部法〔2003〕12 号）明确规定，用人单位招用劳动者从事非全日制工作，应当在录用后到当地劳动保障行政部门办理录用备案手续。

定是否属于非全日制用工。

从典型案例来看，显然倾向于第二种观点。

判断是非全日制还是全日制用工，有判决认为，需要考察以下因素：一是用工形式及工作时间。二是关于试用期的约定。三是录用备案手续的履行。

但根据《劳动合同法》第六十八条规定，非全日制用工与全日制用工的根本区别在于工作时间不同。即非全日制用工劳动者在同一用人单位一般平均每日工作时间不超过四小时，每周工作时间不超过二十四小时，全日制用工劳动者在同一用人单位每日工作时间不超过八小时，平均每周工作时间不超过四十四小时。

因此，首先要确定的是劳动者在用人单位的实际工作时间，包括实际工作时间是否因本人的原因而超过法律标准。如劳动者每周工作时间超过 24 小时的，一般来说应当认定为非全日制用工不成立，而认定为全日制用工。而用人单位采取月工资的支付形式，或双方约定了试用期等，不作为认定全日制用工的充分条件。

本节案例 1 中，2010 年 8 月 10 日，张某与某技术咨询公司签订《临时工聘用合同书》，约定张某在该公司从事炊事员工作，负责制作 10 人左右的工作日午餐，合同期限为 1 年，试用期为 1 个月。合同到期后，双方未再续订聘用合同，但张某继续在该公司负责制作工作日午餐。2018 年 1 月 30 日，某技术咨询公司通知张某解除劳动关系。工作期间，张某在某技术咨询公司工作人员就餐完毕后即可下班，该公司按月向张某发放工资。张某经仲裁后提起诉讼，请求某技术咨询公司支付违法解除劳动合同赔偿金。

法院裁判：本案中，张某的工作是在每个工作日中午为某技术咨询公司的工作人员准备一顿约 10 人量的午餐，工作人员就餐完毕后，张某即可下班。张某每日的工作时间不超过四个小时、每周的工作时间不超过二十四小时，符合非全日制用工的基本法律特征，应当认定张某与某技术咨询公司建立非全日制用工关系。根据《劳动合同法》第七十一条“非全日制用工双方当事人任何一方都可以随时通知对方终止用工”的规定，张某要求某技术咨询公司支付违法解除劳动合同赔偿金于法无据，不予支持。

规则一：非全日制用工与全日制用工的根本区别是劳动者在同一用人单位的工作时间不同，用人单位未按小时计算劳动者薪酬不影响非全日制用工的认定。

——重庆市高级人民法院发布第七批劳动争议十大典型案例之九（2021年发布）

毋庸讳言，某技术咨询公司也有不规范的做法，如对非全日制员工约定试用期，但是张某每日的工作时间不超过四个小时、每周的工作时间不超过二十四小时，符合非全日制用工的基本法律特征，还是应当认定张某与某技术咨询公司建立非全日制用工关系。

二、用人单位主张非全日制用工的举证责任

非全日制用工是灵活就业用工的一种重要形式，在一定程度上弥补了全日制用工存在的用工僵化、成本高昂等局限，满足了用人单位灵活用工和劳动者自主择业的需要，是吸纳就业和促进就业的重要途径。但由于在非全日制用工模式下，用人单位和劳动者之间用工关系更为松散，如用人单位可不为劳动者购买社会保险，双方任何一方均可随时通知对方终止用工，用人单位不支付经济补偿金等。

因此，现实生活中，存在着用人单位为减少用工成本、规避相应法律责任等因素，采用将全日制用工约定为非全日制用工，假借非全日制用工之名，行全日制用工之实的情况，试图规避法律、免除自身的法定义务。劳动者实际工作时间、用工方式、工资方法等与全日制用工人员相同的，应认定劳动者为全日制员工。

本节案例2中，尽管张某与某超市签订非全日制用工合同，约定张某担任超市卖场员工，工资标准为每小时17元，按照实际工作小时数结算工资；张某属非全日制员工，超市发放的工资中包含养老保险费、医疗保险费和个人应缴纳的社会保险费，超市无须为张某缴纳基本养老保险费、基本医疗保险费和公积金，由张某以个人身份参加基本医疗和养老保险；张某属非全日制用工员工，合同期内不享受全日制员工的年休假等福利。后因超市故意减少张某工作时间，张某离职。张某认为，超市诱导其签订非全日制用工合同，入职后实际工作情况与全日制员工一致，但工资计算及福利均不相同，其要求该超市支付未休年休假工资、高温补贴和赔偿金等。

法院认为，双方虽签订非全日制用工合同，但从实际工作情况看，超市并未按照非全日制用工要求为张某安排工作时间，且基本在每月固定时间发放工资，实际是以非全日制用工关系规避用人单位在全日制劳动关系中应承担的法律义务，故应以全日制劳动关系确定双方的权利义务。张某被迫离职，超市依法给予经济补偿。

规则二：双方虽签订非全日制用工合同，但从实际工作情况看，用人单位并未按照非全日制用工要求为张某安排工作时间，且基本在每月固定时间发放工资，实际是以非全日制用工关系规避用人单位在全日制劳动关系中应承担的法律义务，故应以全日制劳动关系确定双方的权利义务。

——苏州市中级人民法院劳动人事争议十大典型案例之八（2020 年度）

司法实践中，在劳动关系确认的前提下，是否属于非全日制用工应由用人单位承担主要的举证责任，未能举证证明的，一般应按全日制用工认定。双方有明确约定的，但劳动者以实际工作时间超过法定标准而要求认定为全日制用工的，由劳动者就其实际工作时间承担主要的举证责任。

但一般而言，劳动者已与其他单位建立劳动关系，或有证据证明劳动者为其他单位工作时间超过 40 小时的，则可考虑认定劳动者与目前发生争议的用人单位之间建立的是非全日制劳动合同关系。

法院对工作时间、用工方式、工资发放等均与全日制用工人员相同的，即名为非全日制用工而实际是按照全日制标准履行权利义务的，加以甄别后准确适用有关规定，充分保障劳动者合法权益，是应有之举，亦能督促用人单位担负起法定义务，促进劳动关系和谐稳定。

三、劳动者主张非全日制用工的处理

本节案例 3 中，何某于 2011 年进入某公司的多家门店担任兼职医生，何某于 2015 年 6 月接受某公司工作安排到某门店坐诊，坐诊时间为每周一、三、五上午 8：30 至 12：00。何某于 2016 年 12 月 5 日向成都市劳动人事争议仲裁委员会申请仲裁，要求确认其与某公司之间存在劳动关系。仲裁裁决驳回何某的仲裁请求，何某不服向法院提起诉讼。

根据查明的事实，某公司系依法登记成立的公司，具有合法的用工主体资格，何某是具有符合法律、行政法规规定主体资格的劳动者；何某系某公司的兼职医生，其接受某公司的安排到相关门店坐诊，其所提供的劳动属于某公司的业务组成部分，某公司亦据此向何某支付劳动报酬，虽然何某每天工作时间未超过四小时，但该情形属于非全日制用工，非全日制用工也属于用工关系的一种形式。因此，判决何某与某公司存在劳动关系。

规则三：非全日制用工属于劳动关系的范畴，劳动者提供证据证明其符合非全日制用工的用工形式，并据此主张确认与用人单位存在劳动关系的应予确认。

——成都市中级人民法院劳动争议案件审理状况白皮书及典型案例之二（2018 年度）

非全日制用工亦系劳动关系的范畴，劳动者提供的证据能够证明其与用人单位形成非全日制用工关系，且亦符合《关于确立劳动关系有关事项的通知》中关于劳动关系认定规定的，仍应确认双方存在劳动关系。

现实中，劳动者请求非全日制用工形式下的加班费的，有关部门或分为三种情形进行处理：超过双方约定的工作时间但系劳动者原因的，不予支持；超过双方约定的工作时间但低于法定标准的，应当予以认可，但仍超过双方约定的工作时间的工资应当按正常工作时间处理；超过双方约定的工作时间且高于法定标准的，仲裁部门应向劳动者释明法律关系和相应的条款。劳动者主张全日制用工，如支持，应按全日制用工下加班工资争议处理办法进行处理；法律释明后，劳动者仍主张要求加班工资的，不予支持。

【操作建议】

1. 可以订立口头协议

非全日制用工可以建立多重劳动关系，可以订立口头协议。如订立书面劳动合同的，此合同内容由双方协商确定，但不得约定试用期；任何一方可以随时通知对方终止用工，终止用工的，用人单位无须向劳动者支付经济补偿。

2. 年休假等福利待遇按双方约定

非全日制用工年休假、婚丧假、家属劳保等福利待遇，按双方约定、集体合同、规章制度认定，没有约定或约定不明的，不予认定。劳动者在周休日、法定节假日工作的，用人单位无须支付加班费，另有约定的，从其约定。

3. 可以随时通知对方终止用工

非全日制用工虽被纳入劳动合同法规制范围，但其实质仍类同于劳务用工，如可以随时通知对方终止用工；终止用工时，用人单位不向劳动者支付经济补偿。

4. 非全日制用工仅需缴纳工伤保险

对于非全日制用工模式，除了工伤保险外，企业不须为劳动者缴纳养老、医疗、生育、失业等社会保险。

【相关法规】

1. 非全日制用工的概念

《劳动合同法》第六十八条：非全日制用工，是指以小时计酬为主，劳动者在同一用人单位一般平均每日工作时间不超过四小时，每周工作时间累计不超过二十四小时的用工形式。

2. 非全日制用工的劳动合同

《劳动合同法》第六十九条：非全日制用工双方当事人可以订立口头协议。

从事非全日制用工的劳动者可以与一个或者一个以上用人单位订立劳动合同；但是，后订立的劳动合同不得影响先订立的劳动合同的履行。

3. 非全日制用工不得约定试用期

《劳动合同法》第七十条：非全日制用工双方当事人不得约定试用期。

4. 非全日制用工的终止用工

《劳动合同法》第七十一条：非全日制用工双方当事人任何一方都可以随时通知对方终止用工。终止用工，用人单位不向劳动者支付经济补偿。

5. 非全日制用工的劳动报酬

《劳动合同法》第七十二条：非全日制用工小时计酬标准不得低于用人单位所在地人民政府规定的最低小时工资标准。

非全日制用工劳动报酬结算支付周期最长不得超过十五日。

14.3 民事聘用关系：超过退休年龄用工性质如何认定？

【案例索引】

序号	典型案例	裁判要旨	关键词
1	厦门市中级人民法院发布劳动争议十大典型案例之八（2021年发布）	劳动者已达到法定退休年龄，用人单位为此与劳动者签订了《退休返聘协议》，明确约定退休返聘关系及相关权利义务，即双方系以订立协议的方式实际终止了之前的劳动关系。因此，双方此后建立的法律关系的性质应为劳务合同关系，而非劳动关系。	退休返聘
2	郭懿诉江苏益丰大药房连锁有限公司劳动争议案	用人单位在明知求职者系在校学生的情况下，仍与之订立劳动合同并向其发放劳动报酬的，该劳动合同合法有效，应当认定双方之间形成劳动合同关系。	实习

【规则精析】

一、超过法定退休年龄的用工性质如何认定

随着社会经济的发展和人民健康水平的提高，部分单位退休人员又被原单位返聘或受聘新单位的情况大量存在，其权益保护途径存在争议，核心问题是认定此类用工是否构成劳动关系。劳动者已达到法定退休年龄之后的再就业，依法不构成劳动关系，应为劳务关系。

本节案例1中，2006年2月7日，廖某入职某塑胶公司。2017年5月31日，双方签订了一份《退休返聘协议》，约定："1. 本返聘期限自2017年6月28日起至2018年6月27日止，甲方（塑胶公司）在返聘期满后同意继续聘用乙方（廖某）的，可在期满前30日内与乙方协商继续返聘协议事宜……4. 本协议被终止或解除，甲方均无需向乙方支付任何经济补偿。"

2018年8月8日，塑胶公司停工，通知员工回去等通知。2018年8月22日，塑胶公司通知廖某来公司领取工资条，并通知其不用再来上班了。2018年9月18日，廖某申请劳动仲裁，请求裁决塑胶公司向其支付违法解除劳动合同赔偿金。劳动仲裁委员会以廖某已超过法定退休年龄为由，作出不予受理仲裁申请决定书。

廖某遂向一审法院提起诉讼，请求法院判决塑胶公司向其支付违法解除劳动合同赔偿金。

> **规则一：劳动者已达到法定退休年龄，用人单位为此与劳动者签订了《退休返聘协议》，明确约定退休返聘关系及相关权利义务，即双方系以订立协议的方式实际终止了之前的劳动关系。因此，双方此后建立的法律关系的性质应为劳务合同关系，而非劳动关系。**
>
> ——厦门市中级人民法院发布劳动争议十大典型案例之八（2021 年发布）

法院认为，廖某已达到法定退休年龄，塑胶公司为此与廖某签订了《退休返聘协议》，明确约定退休返聘关系及相关权利义务，即双方系以订立协议的方式实际终止了之前的劳动关系。因此，双方此后建立的法律关系的性质应为劳务合同关系，而非劳动关系。在此情况下，廖某要求塑胶公司支付违法解除劳动合同赔偿金缺乏事实和法律依据，法院不予支持。

《劳动合同法》第四十四条规定，劳动者开始依法享受基本养老保险待遇的，劳动合同终止。《劳动合同法实施条例》第二十一条规定："劳动者达到法定退休年龄的，劳动合同终止。"此处劳动合同终止只有年龄条件，没有享受基本养老金的条件。

最高人民法院《关于审理劳动争议案件适用法律问题的解释（一）》第三十二条第一款规定："用人单位与其招用的已经依法享受养老保险待遇或者领取退休金的人员发生用工争议而提起诉讼的，人民法院应当按劳务关系处理。"但是，对于用人单位与其招用的未依法享受养老保险待遇或者领取退休金的人员是否按劳务关系处理，实践中存有争议。

第一种是"劳务关系说"：不论是否享受养老保险待遇，只要劳动者达到法定退休年龄，其与用人单位建立的关系均应一律认定为劳务关系。《劳动合同法》第四十四条和《劳动合同法实施条例》第二十一条都是劳动合同的终止要件。劳动合同终止后，其再行与用人的单位建立用工关系，就只能认定为劳动关系。①

第二种是“劳动关系说”：既然司法解释只是说用人单位与其招用的已经依法享受养老保险待遇或领取退休金的人员属于劳务关系，那么对于用人单位招用的未依法享受养老保险待遇或领取退休金的人员则属于劳动关系。特别是依据最高人民法院《关于超过法定退休年龄的进城务工农民在工作时间内因公伤亡的，能否认定工伤的答复》（〔2012〕行他字第 13 号）认为，用人单位聘用的超过法定退休年龄的务工农民，在工作时间内、因工作原因伤亡的，应当适用《工伤保险条例》的有关规定进行工伤认定。由此可见，达到退休年龄而未依法享受养老保险待遇或领取退休金的人员，被用人单位聘用属于劳动关系。

第三种是“区别对待说”：对于劳动者已开始依法享受基本养老待遇的，应严格按司法解释的规定，劳动者与用工单位发生争议，按劳务关系处理；对于虽已达到法定退休年龄，但用人单位未与其解除劳动关系仍继续用工，未按规定办理退休手续的，按劳动关系处理；对于已达到法定退休年龄，且用人单位与其已解除劳动关系，但因劳动者社会保险费缴费年限不够，不能享受养老保险待遇的，劳动者只要依照《社会保险法》有关规定补缴社保费后即可享受养老保险待遇，其再就业与用工单位发生争议的，按劳务关系处理。②

第四种是“特殊情形说”：用人单位招用达到或超过法定退休年龄，但不符合享受基本养老保险待遇劳动者，劳动报酬、劳动保护、劳动条件、工作时间、休息休假、职业危害防护、福利待遇按劳动关系处理；签订无固定期限劳动合同、

---

① 北京市高级人民法院、北京市劳动争议仲裁委员会《关于劳动争议案件法律适用问题研讨会会议纪要（二）》：12. 依法享受养老保险待遇的人员、领取退休金的人员、达到法定退休年龄的人员，与原用人单位或新用人单位之间建立用工关系的，如何处理？依法享受养老保险待遇的人员、领取退休金的人员、达到法定退休年龄的人员，其与原用人单位或者新用人单位之间的用工关系按劳务关系处理。上述人员可依据最高人民法院《关于审理人身损害赔偿案件适用法律若干问题的解释》第十一条、最高人民法院《关于审理劳动争议案件适用法律若干问题的解释（三）》第七条（即最高人民法院《关于审理劳动争议案件适用法律问题的解释（一）》第三十二条——引者注）规定主张权利。

② 上海市人力资源和社会保障局《关于实施〈上海市工伤保险实施办法〉若干问题处理意见的通知》：四、从业人员到达法定退休年龄未办理按月领取基本养老保险待遇手续或者不符合按月领取基本养老保险待遇条件、继续在原用人单位工作期间发生事故伤害的，申请人可以向单位注册地的区县人社局提出工伤认定申请。上海市高级人民法院《劳动争议案件审理要件指南（一）》第八条：【用人单位主张其与退休人员不存在劳动关系的要件事实】用人单位主张其与招用的退休人员之间不存在劳动关系的。应举证证明该退休人员已达到法定退休年龄且已与原用人单位解除劳动关系并按规定办理了退休手续。

支付二倍工资、经济补偿、赔偿金及社会保险待遇则不按劳动关系处理。江苏称之为“劳动关系特殊情形处理”。①

对此最高人民法院民一庭著文认为：《劳动合同法实施条例》第二十一条虽然赋予了用人单位在劳动者达到法定退休年龄时对劳动关系的终止权，但人民法院在认定达到退休年龄的人员与用人单位用工关系时，不应仅对劳动者年龄标准作形式审查，而应当对该条作实质审查，具体需审查劳动者不能享受养老保险待遇的原因是否与用人单位有关。②

劳动者达到法定退休年龄后双方又签订劳务合同的，应尊重当事人意思自治。实务中，若双方在劳动者达法定退休年龄后又签订劳务合同的，应尊重当事人意思自治认定双方是劳务关系。若劳动者非因用人单位原因不能享受基本养老保险待遇的，双方劳动关系在劳动者达到法定退休年龄时自然终止，不符合《劳动合同法》第四十六条支付经济补偿金的规定，对经济补偿请求不予支持。若劳动者因用人单位原因不能享受基本养老保险待遇的，双方劳动关系在劳动者主动提出签订劳务合同的情形下，可认定系用人单位提出双方协商一致解除劳动关系，对经济补偿请求应予支持。

建议用工双方签署劳务合同。在合同中列明法律适用、劳务报酬、工作内容、管理规范、解约条件、商业秘密保护等内容。尤其应当关注竞业限制条款是否继续有效、是否执行国家带薪休假规定等内容。

二、在校生未必不具备劳动关系的主体资格

实习是指在校生到相关单位参加社会实践。实习可以分为两种类型。

---

① 江苏省《劳动人事争议疑难问题研讨会纪要》：“（二）达到或超过法定退休年龄，但不符合享受基本养老保险待遇劳动者的用工关系问题。用人单位与其招用的已经依法享受基本养老保险待遇或领取退休金的人员发生的用工争议，按劳务关系处理。用人单位与其招用的已达到或超过法定退休年龄但未享受基本养老保险待遇或领取退休金的人员发生用工争议，双方之间用工情形符合劳动关系特征的，应按劳动关系特殊情形处理。劳动者请求享受《劳动法》《劳动合同法》规定的劳动报酬、劳动保护、劳动条件、工作时间、休息休假、职业危害防护、福利待遇的应予支持。但劳动者请求签订无固定期限劳动合同、支付二倍工资、经济补偿、赔偿金及社会保险待遇的不予支持（其中社会保险待遇争议不包括本意见第十二条规定的情形）。双方另有约定的除外。

② 最高人民法院民事审判第一庭编著：《最高人民法院新劳动争议司法解释（一）理解与适用》，人民法院出版社2021年版。

一是指实施全日制学历教育的高、中等学校（职业学校）学生按照专业培养目标要求和人才培养方案安排，由学校安排或者经学校批准自行到企（事）业等单位进行职业道德和技术技能培养的实践性教育教学活动。

《职业学校学生实习管理规定》又将其分为认识实习和岗位实习。认识实习指学生由职业学校组织到实习单位参观、观摩和体验，形成对实习单位和相关岗位的初步认识的活动。认识实习是教学活动在实践领域的延伸，对学生是强制性的，有学分的，一般也没有报酬。

岗位实习指具备一定实践岗位工作能力的学生，在专业人员指导下，辅助或相对独立参与实际工作的活动。岗位实习一般是有劳动报酬的，我们平时所说“勤工俭学”就是这种形式。原劳动部《关于贯彻执行〈中华人民共和国劳动法〉若干问题的意见》第十二条规定：在校生利用业余时间勤工助学，不视为就业，未建立劳动关系，可以不签订劳动合同。

但无论是认识实习还是岗位实习，都是在学校的组织或批准下进行的，都不以与实习单位建立劳动关系为目的。对此这种实习不认定为劳动关系。

二是指实施全日制学历教育的高、中等学校（职业学校）学生以就业为目的，在符合用人单位录用条件的前提下，进入单位进行实习。这种实习一般发生在毕业前夕，学生不仅是为了积累实践经验，丰富生活阅历，更重要的是通过实习获得与用人单位签订劳动合同的机会，学生的管理及薪酬都类似于用人单位的普通员工。

对于这种实习的身份界定一直存有争议。

第一种观点认为：只要学生还没有毕业就不具有劳动者的身份。司法实践中也有不少判例支持这一观点，如董璇、滦县滦影广告装饰有限公司劳动争议案，法院判决认为：在校学生与实习单位之间建立的不是劳动关系，实习生不是《劳动法》意义上的劳动者，其和实习单位之间没有建立事实或者法律上的劳动关系。实习生的身份仍是学生，而不是劳动者，学生在实习单位发生伤亡事故的，不属于《工伤保险条例》工伤的认定的对象。①

第二种观点认为：即将毕业的大专院校在校学生以就业为目的与用人单位签订劳动合同，且接受用人单位管理，按合同约定付出劳动；用人单位在明知求职者系在校学生的情况下，仍与之订立劳动合同并向其发放劳动报酬的，该劳动合

① 案号：河北省唐山市中级人民法院（2020）冀02民终445号。

同合法有效，应当认定双方之间形成劳动合同关系。

最高人民法院有专家表示：虽然尚属学生身份，但此时已基本完成学业，在管理方面更倾向于接受用人单位的管理，其人格属性和经济属性的特征明显。而实习只是一个考核和试用的过程，并不妨碍劳资双方权利的行使和义务的履行。[①]而在司法实践中，一些地方上的执行口径对原劳动部相关规定也有突破之处。[②]

> **规则二：用人单位在明知求职者系在校学生的情况下，仍与之订立劳动合同并向其发放劳动报酬的，该劳动合同合法有效，应当认定双方之间形成劳动合同关系。**
>
> ——《公报》案例：郭懿诉江苏益丰大药房连锁有限公司劳动争议案

案例 2 中，郭懿系江苏广播电视大学（南京市莫愁中等专业学校办学点）药学专业 2008 届毕业生，于 2008 年 7 月毕业。2007 年 10 月 26 日郭懿向益丰公司进行求职登记，并在益丰公司的求职人员登记表中登记其为南京市莫愁职业高级中学 2008 届毕业生，2007 年是其实习年。2007 年 10 月 30 日双方签订劳动合同书一份，期限三年。

对于郭懿与被告益丰公司签订的劳动合同是否有效，南京市白下区人民法院一审认为：

首先，要看郭懿是否具备劳动关系的主体资格。郭懿签订劳动合同时已年满 19 周岁，符合《劳动法》规定的就业年龄，具备与用工单位建立劳动关系的行为能力和责任能力。原劳动部《关于贯彻执行〈中华人民共和国劳动法〉若干问题的意见》（以下简称《意见》）第四条仅规定了公务员和比照实行公务员制度的事业组织和社会团体的工作人员，以及农村劳动者、现役军人和家庭保姆不适用劳动法，并未将在校学生排除在外，学生身份并不当然限制郭懿作为普通劳动者加入劳动力群体。《意见》第十二条规定："在校生利用业余时间勤工助学，不视

---

① 江必新等：《最高人民法院指导性案例裁判规则理解与适用》，中国法制出版社 2013 年版，第 8 页。

② 2017 年深圳《劳动争议仲裁立案工作会议纪要》：达到法定就业年龄的在校生，可以作为劳动争议的当事人。天津法院《劳动争议案件审理指南》：在校学生为完成学习任务到用人单位提供劳动的，双方不构成劳动关系或者劳务关系；在校学生为勤工俭学到用人单位提供劳动的，双方构成劳务关系。

为就业，未建立劳动关系，可以不签订劳动合同。”该条规定仅适用于在校生勤工助学的行为，并不能由此否定在校生的劳动权利，推定出在校生不具备劳动关系的主体资格。综上，法律并无明文规定在校生不具备劳动关系的主体资格，故郭懿能够成为劳动关系的主体。

其次，郭懿于益丰公司处劳动的行为不属于《意见》第十二条规定的情形。该条规定针对的是学生仍以在校学习为主，不以就业为目的，利用业余时间在单位进行社会实践打工补贴学费、生活费的情形。勤工助学和实习时，学生与单位未建立劳动关系，可以不签订劳动合同，不需要明确岗位、报酬、福利待遇等。本案中，郭懿的情形显然不属于勤工助学或实习。郭懿在登记求职时，已完成了全部学习任务，明确向益丰公司表达了求职就业愿望，双方签订了劳动合同书。郭懿在与益丰公司签订劳动合同后，亦按照规定内容为益丰公司付出劳动，益丰公司向郭懿支付劳动报酬，并对其进行管理，这完全符合劳动关系的本质特征。故益丰公司辩称双方系实习关系的理由不能成立。

最后，郭懿签约时虽不具备益丰公司要求的录用条件，但郭懿在填写益丰公司求职人员登记表时，明确告知了益丰公司其系2008届毕业生，2007年是学校规定的实习年，自己可以正常上班，但尚未毕业。益丰公司对此情形完全知晓，双方在此基础上就应聘、录用达成一致意见，签订劳动合同。因此，劳动合同的签订是双方真实意思的表示，不存在欺诈、隐瞒事实或胁迫等情形，并没有违反法律、行政法规的规定，且郭懿已于2008年7月取得毕业证书，益丰公司辩称郭懿不符合录用条件的理由亦不能成立。

南京市白下区人民法院判决郭懿与被告益丰公司于2007年10月30日签订的劳动合同有效。益丰公司不服一审判决，向南京市中级人民法院提起上诉。二审法院驳回上诉，维持原判。

【操作建议】

1. 返聘退休职工之前认真核实身份

由于各地对未领取养老保险待遇的人员的用工关系的确定规定不一，建议对拟聘用的退休人员的情况进行审查，确定是否已领取养老保险待遇。领取养老保险待遇包括职工养老保险和居民养老保险。

2. 及时签署聘用合同

对于使用在校实习生来说，如果用人单位与在校生之间签订了劳动合同，那么双方将被认定为建立了劳动关系。如果用人单位与在校生签订了实习协议，基本上还是会按照实习关系处理，不会轻易认定为劳动关系。如果双方没有签订任何协议或者合同，则需要根据实际情况来判断双方是否构成劳动关系（事实劳动关系）。[①] 所以，无论是否经过学校组织，大学生实习一定要签实习协议，否则会有很大风险。

对于在本单位退休后继续返聘的职工，尽管双方形成劳务关系，建议单位能给带薪年休假还是尽量给，这里有一个公平的问题。如果你连这几天年休假也不舍得给，不如干脆别再留用他了。

3. 用人单位可购买商业保险

尽管用人单位与退休返聘人员和在校实习上建立的是民事关系，但一旦在工作过程中遭受事故伤害，作为雇主一方仍应按规定[②]向员工进行赔偿，考虑目前大部分退休返聘人员已无法缴纳工伤保险，用人单位可购买商业保险中的团体意外伤害险[③]或雇主责任险[④]，以降低或抵消因雇主责任引发的人身损害赔偿法律风险。建议公司可优先考虑采购雇主责任险。

【相关法规】

1. 退休返聘人员

《劳动合同法》第四十四条：有下列情形之一的，劳动合同终止：

……

（二）劳动者开始依法享受基本养老保险待遇的，劳动合同终止……

《劳动合同法实施条例》第二十一条：劳动者达到法定退休年龄的，劳动合同终止。

最高人民法院《关于审理劳动争议案件适用法律问题的解释（一）》第三十二条：用人单位与其招用的已经依法享受养老保险待遇或者领取退休金的人员发生用工争议而提起诉讼的，人民法院应当按劳务关系处理。

企业停薪留职人员、未达到法定退休年龄的内退人员、下岗待岗人员以及企业经营性停产放长假人员，因与新的用人单位发生用工争议而提起诉讼的，人民

---

① 参照原劳动和社会保障部《关于确立劳动关系有关事项的通知》（劳社部发〔2005〕12号文）。

② 最高人民法院《关于审理人身损害赔偿案件适用法律若干问题的解释》。

③ 性质为人身险，费用较低，但保障范围较小，团体意外险给付的职工仍可再向雇主行使要求赔偿的权利。

④ 险种性质为财产保险，费用较高，但得到雇主责任险的赔付可以抵扣雇主的赔偿责任。

法院应当按劳动关系处理。

2. 在校生实习

原劳动部《关于贯彻执行〈中华人民共和国劳动法〉若干问题的意见》第十二条：在校生利用业余时间勤工助学，不视为就业，未建立劳动关系，可以不签订劳动合同。

教育部等八部门印发修订后的《职业学校学生实习管理规定》第九条：职业学校安排岗位实习，应当取得学生及其法定监护人（或家长）签字的知情同意书。对学生及其法定监护人（或家长）明确不同意学校实习安排的，可自行选择符合条件的岗位实习单位。

认识实习按照一般校外活动有关规定进行管理，由职业学校安排，学生不得自行选择。

第十一条：实习单位应当合理确定岗位实习学生占在岗人数的比例，岗位实习学生的人数一般不超过实习单位在岗职工总数的10%，在具体岗位实习的学生人数一般不高于同类岗位在岗职工总人数的20%。

任何单位或部门不得干预职业学校正常安排和实施实习方案，不得强制职业学校安排学生到指定单位实习，严禁以营利为目的违规组织实习。

第十二条：学生在实习单位的岗位实习时间一般为6个月，具体实习时间由职业学校根据人才培养方案安排，应基本覆盖专业所对应岗位（群）的典型工作任务，不得仅安排学生从事简单重复劳动。鼓励支持职业学校和实习单位结合学徒制培养、中高职贯通培养等，合作探索工学交替、多学期、分段式等多种形式的实践性教学改革。

第十五条：实习协议应当明确各方的责任、权利和义务，协议约定的内容不得违反相关法律法规。

实习协议应当包括但不限于以下内容：

（一）各方基本信息；

（二）实习的时间、地点、内容、要求与条件保障；

（三）实习期间的食宿、工作时间和休息休假安排；

（四）实习报酬及支付方式；

（五）实习期间劳动保护和劳动安全、卫生、职业病危害防护条件；

（六）责任保险与伤亡事故处理办法；

（七）实习考核方式；

（八）各方违约责任；

（九）三方认为应当明确约定的其他事项。

第十六条： 职业学校和实习单位要依法保障实习学生的基本权利，并不得有以下情形：

（一）安排、接收一年级在校学生进行岗位实习；

（二）安排、接收未满 16 周岁的学生进行岗位实习；

（三）安排未成年学生从事《未成年工特殊保护规定》中禁忌从事的劳动；

（四）安排实习的女学生从事《女职工劳动保护特别规定》中禁忌从事的劳动；

（五）安排学生到酒吧、夜总会、歌厅、洗浴中心、电子游戏厅、网吧等营业性娱乐场所实习；

（六）通过中介机构或有偿代理组织、安排和管理学生实习工作。

（七）安排学生从事 III 级强度及以上体力劳动或其他有害身心健康的实习。

第十七条： 除相关专业和实习岗位有特殊要求，并事先报上级主管部门备案的实习安排外，实习单位应遵守国家关于工作时间和休息休假的规定，并不得有以下情形：

（一）安排学生从事高空、井下、放射性、有毒、易燃易爆，以及其他具有较高安全风险的实习；

（二）安排学生在休息日、法定节假日实习；

（三）安排学生加班和上夜班。

第十八条： 接收学生岗位实习的实习单位，应当参考本单位相同岗位的报酬标准和岗位实习学生的工作量、工作强度、工作时间等因素，给予适当的实习报酬。在实习岗位相对独立参与实际工作、初步具备实践岗位独立工作能力的学生，原则上应不低于本单位相同岗位工资标准的 80% 或最低档工资标准，并按照实习协议约定，以货币形式及时、足额、直接支付给学生，原则上支付周期不得超过 1 个月，不得以物品或代金券等代替货币支付或经过第三方转发。

第十九条： 在遇有自然灾害、事故灾难、公共安全等突发事件或重大风险时，按照属地管理要求，分不同风险等级、实习阶段做好分类管控工作。

第二十条： 职业学校和实习单位不得向学生收取实习押金、培训费、实习报酬提成、管理费、实习材料费、就业服务费或者其他形式的实习费用，不得扣押学生的学生证、居民身份证或其他证件，不得要求学生提供担保或者以其他名义收取学生财物。

14.4 共享用工：劳动者与借用单位构成双重劳动关系吗？

【案例索引】

序号	典型案例	裁判要旨	关键词
1	北京市涉新冠肺炎疫情劳动争议仲裁十大典型案例之三（2020年发布）	劳动者在被借用期间，劳动关系主体并不发生变更，劳动者与借用单位之间不构成建立新的劳动关系，原则上劳动者的工资、福利、保险、工伤申报等仍由原用人单位负责，原用人单位与借用单位如何分担责任则由双方协商确定。	共享用工
2	人力资源和社会保障部、最高人民法院联合发布第一批劳动人事争议典型案例案例之七（2020年发布）	电商公司明知餐饮公司宣告破产，双方共享协议无法履行，仍然安排张某从事业务工作，对其进行劳动管理并发放劳动报酬，符合原劳动和社会保障部《关于确立劳动关系有关事项的通知》（劳社部发〔2005〕12号）规定，张某与电商公司自2020年3月20日确立劳动关系。	共享用工

【规则精析】

“共享用工”不同于“共享员工”。

有一种说法，广义的“共享员工”范围可包括：企业内共享、企业间共享、企业与自由职业人员共享和企业与退休人员共享。①

但是疫情期间国家人力资源和社会保障部通知中所谓的“共享用工”并非广义的“共享员工”，是指员工富余企业将与之建立劳动关系的员工借调至缺工企业工作，员工与借出企业的劳动关系不发生改变，借入企业与借出企业签订协议明确双方权利义务关系。

根据原劳动部《关于贯彻执行〈中华人民共和国劳动法〉若干问题的意见》（劳部发〔1995〕309号）第七条规定：“用人单位应与其长期被外单位借用的人员、带薪上学人员、以及其他非在岗但仍保持劳动关系的人员签订劳动合同，但在外借和上学期间，劳动合同中的某些相关条款经双方协商可以变更。”

简单讲，“共享用工”主要还是原来的“借用关系”，只不过原来只发生在关联企业之间，借用的是个别员工，现在可以发生在不同企业之间，可以个别借用，

---

① 陈元、何力：《民法典背景下劳动人事法律操作指引》，法律出版社2021年版，第359页。

也可以集体借用。

非关联企业之间的员工共享行为，成为借出企业与借入企业之间自行调配人力资源、解决特殊时期用工问题的应急措施，其本质是企业在不同行业之间短期调配人力资源，以应对各行业因淡旺季或特殊事件带来的人力资源需求差异，从而实现各方受益。

劳动者在被借用期间，劳动关系主体并不发生变更，劳动者与借用单位之间不构成建立新的劳动关系，也不应认定借出单位、借入单位、劳动者三者之间形成双重劳动关系。[①] 借调期间劳动者与借出单位仍为单一劳动关系，双方权利义务关系不变。原则上劳动者的工资、福利、保险、工伤申报等仍由原用人单位负责，原用人单位与借用单位如何分担责任则由双方协商确定。

一、临时借用，劳动者与借用单位不构成双重劳动关系

本节案例 1 中，周某于 2018 年 5 月 7 日入职某餐饮公司，双方订立了期限为 3 年的劳动合同，约定周某的岗位为餐厅服务员，月工资为 4000 元。2020 年 2 月 10 日，因餐饮公司尚未复工复产，周某被借调至某大型超市从事理货员工作。借调期间，超市对周某进行管理安排工作，并直接向其发放工资。

2020 年 4 月 20 日，周某向仲裁委提出仲裁申请：1. 要求确认 2020 年 2 月 10 日至 4 月 20 日与超市存在劳动关系；2. 要求超市支付 2020 年 3 月 10 日至 4 月 20 日未订立书面劳动合同双倍工资差额 5287 元。

规则一：劳动者在被借用期间，劳动关系主体并不发生变更，劳动者与借用单位之间不构成建立新的劳动关系，原则上劳动者的工资、福利、保险、工伤申报等仍由原用人单位负责，原用人单位与借用单位如何分担责任则由双方协商确定。

——北京市涉新冠肺炎疫情劳动争议仲裁十大典型案例之三（2020 年发布）

---

① 2022 年 4 月上海市高级人民法院、上海市人力资源和社会保障局《关于处理涉疫情劳动争议纠纷若干问题的解答》：共享用工模式下，原则上不宜认定借出单位、借入单位、被调剂劳动者三者之间形成双重劳动关系。共享用工期间，被调剂劳动者与借出单位仍为单一劳动关系，双方劳动权利义务不变。

由于周某与超市不存在劳动关系，故经仲裁委释明后，周某撤回仲裁申请。

原企业与劳动者协商一致，将劳动者安排到缺工企业工作，不改变原企业与劳动者之间的劳动关系。

劳动者在被借用期间，劳动关系主体并不发生变更。在“共享员工”用工关系中，“共享员工”与借出单位之间构成劳动关系，原则上劳动者的工资、福利、保险、工伤申报等仍由原用人单位负责，原用人单位与借用单位如何分担责任则由双方协商确定。“共享员工”在借调期间不能主张同时与借入单位之间建立劳动关系。“共享员工”与借入单位不构成劳动关系，“共享员工”与借入单位之间签有书面协议的，可以构成劳务关系；借出单位和借入单位之间构成民事合同关系。

开展共享用工的企业签订合作协议，明确双方的权利义务关系，合作协议中可约定调剂劳动者的数量、时间、工作地点、工作内容、休息、劳动保护条件、劳动报酬标准和支付时间与方式、食宿安排、可以退回劳动者的情形、劳动者发生工伤后的责任划分和补偿办法以及交通等费用结算等。

在“共享员工”用工模式下，共享员工与借出企业仍存在劳动关系，相应的劳动用工风险仍由借出承担，其仍应当继续为员工缴纳五险一金等福利。当然，借入企业向共享员工支付的劳动报酬肯定会包含社会保险的部分，并由员工借出负责缴纳。

二、借入企业明知劳动者与借出企业劳动关系终止的情况下继续用工

规则二：因“共享用工协议”的履行以劳动者与借出企业劳动关系的存在为前提，“共享用工”的用工模式自借出企业宣告破产时被打破。借入企业明知劳动者与借出企业劳动关系终止的情况下继续用工，应根据有关法律和政策规定建立劳动关系。

——人力资源和社会保障部、最高人民法院联合发布第一批劳动人事争议典型案例案例之七（2020年发布）

本节案例2中，餐饮公司与电商公司签订并履行了“共享用工协议”，张某同意被借用到电商公司工作，应认定餐饮公司与张某口头变更了劳动合同中工作地点、工作内容等事项。因餐饮公司于2020年3月20日宣告破产，张某与餐饮公司劳动合同终止，电商公司与餐饮公司原有的权利义务不再存在。而电商公司明知

餐饮公司宣告破产，双方共享协议无法履行，仍然安排张某从事业务工作，对其进行劳动管理并发放劳动报酬，符合原劳动和社会保障部《关于确立劳动关系有关事项的通知》（劳社部发〔2005〕12 号）规定，张某与电商公司自 2020 年 3 月 20 日确立劳动关系。最终，双方庭前和解，并签订了自 2020 年 3 月 20 日至 2021 年 3 月 19 日的劳动合同，张某撤回了仲裁申请。

共享用工合作期满，劳动者应回原企业，原企业应及时予以接收安排。缺工企业需要、劳动者愿意继续在缺工企业工作且经原企业同意的，应当与原企业依法变更劳动合同，原企业与缺工企业续订合作协议。劳动者不回原企业或者违法解除劳动合同给原企业造成损失的，应当依法承担赔偿责任。缺工企业招用尚未与原企业解除、终止劳动合同的劳动者，给原企业造成损失的，应当承担连带赔偿责任。

有人问：借入单位退回“共享员工”时，是否应当支付经济补偿金？

既然“共享员工”与借入单位之间不存在劳动关系，故不适用《劳动合同法》中关于经济补偿金的规定，借入单位退回“共享员工”时，无须向其支付经济补偿金。

但需要注意的是，“共享员工”被借调期间，用人单位并没有发生变化，故“共享员工”在借入单位工作期间的工作年限应视为在借出单位的工作年限，用人单位在依法解除、终止劳动合同或安排年休假等需要计算“共享员工”工作年限时，需要将“共享员工”在借入单位的工作年限合并计入本单位工作年限并合并计算。

【操作建议】

1. 出借期限不要超过现有的劳动合同有效期

借调协议的主要内容应包括：合同性质、员工人数、工作岗位、工作地点、工作内容、岗位要求、培训安排、工资标准、工资发放主体、工作时间、劳动保护、劳动纪律、用工期限、退出机制、劳动纪律、规章制度适用、商业秘密保护等事项，明确双方法律风险与责任归属。

2. 不得以“共享用工”之名进行劳务派遣

原用人单位和借用单位不得以“共享用工”之名，进行违法劳务派遣，或诱导劳动者注册为个体工商户以规避用工责任。由于不具有经营劳动派遣业务资质，原用人单位绝不能向借用单位收费，否则会被认定属于违法劳务派遣而遭受处罚。

3. 原企业支付劳动报酬和缴纳社保费

原企业并不得克扣劳动者的劳动报酬和以任何名目从中收取费用。劳动者在缺工企业工作期间发生工伤事故的，按照《工伤保险条例》第四十三条第三款规定，由原企业承担工伤保险责任，补偿办法可与缺工企业约定。

4. “共享员工”的工伤处理

“共享员工”在借调期间发生工伤的，应由借出单位负责申报工伤并承担工伤保险责任；如果借出单位与借入单位就工伤责任约定补偿办法的，可按约定执行，但不得因此减损工伤员工的利益。

【相关法规】

1. 共享用工的企业应签订合作协议

原劳动部《关于贯彻执行〈中华人民共和国劳动法〉若干问题的意见》第七条：用人单位应与其长期被外单位借用的人员、带薪上学人员、以及其他非在岗但仍保持劳动关系的人员签订劳动合同，但在外借和上学期间，劳动合同中的某些相关条款经双方协商可以变更。

人力资源社会保障部办公厅《关于做好共享用工指导和服务的通知》：三、指导开展共享用工的企业及时签订合作协议。各级人力资源社会保障部门要指导开展共享用工的企业签订合作协议，明确双方的权利义务关系，防范开展共享用工中的矛盾风险。合作协议中可约定调剂劳动者的数量、时间、工作地点、工作内容、休息、劳动保护条件、劳动报酬标准和支付时间与方式、食宿安排、可以退回劳动者的情形、劳动者发生工伤后的责任划分和补偿办法以及交通等费用结算等。

2. 企业应充分尊重劳动者的意愿和知情权

人力资源社会保障部办公厅《关于做好共享用工指导和服务的通知》：四、指导企业充分尊重劳动者的意愿和知情权。各级人力资源社会保障部门要指导员工富余企业（原企业）在将劳动者安排到缺工企业工作前征求劳动者意见，与劳动者协商一致。共享用工期限不应超过劳动者与原企业订立的劳动合同剩余期限。要指导缺工企业如实告知劳动者工作内容、工作条件、工作地点、职业危害、安全生产状况、劳动报酬、企业规章制度以及劳动者需要了解的其他情况。企业不得将在本单位工作的被派遣劳动者以共享用工名义安排到其他单位工作。

3. 原企业与劳动者依法变更劳动合同

人力资源社会保障部办公厅《关于做好共享用工指导和服务的通知》：五、指导企业依法变更劳动合同。原企业与劳动者协商一致，将劳动者安排到缺工企业工作，不改变原企业与劳动者之间的劳动关系。劳动者非由其用人单位安排而自行到其他单位工作的，不属于本通知所指共享用工情形。各级人力资源社会保障部门要指导原企业与劳动者协商变更劳动合同，明确劳动者新的工作地点、工作岗位、工作时间、休息休假、劳动报酬、劳动条件以及劳动者在缺工企业工作期间应遵守缺工企业依法制定的规章制度等。

4. 劳动者在共享用工期间的合法权益

人力资源社会保障部办公厅《关于做好共享用工指导和服务的通知》：六、维护好劳动者在共享用工期间的合法权益。各级人力资源社会保障部门要指导和督促缺工企业合理安排劳动者工作时间和工作任务，保障劳动者休息休假权利，提供符合国家规定的劳动安全卫生条件和必要的劳动防护用品，及时将劳动者的劳动报酬结算给原企业。要指导和督促原企业按时足额支付劳动者劳动报酬和为劳动者缴纳社会保险费，并不得克扣劳动者的劳动报酬和以任何名目从中收取费用。要指导和督促原企业跟踪了解劳动者在缺工企业的工作情况和有关诉求，及时帮助劳动者解决工作中的困难和问题。劳动者在缺工企业工作期间发生工伤事故的，按照《工伤保险条例》第四十三条第三款规定，由原企业承担工伤保险责任，补偿办法可与缺工企业约定。

《工伤保险条例》第四十三条第三款：职工被借调期间受到工伤事故伤害的，由原用人单位承担工伤保险责任，但原用人单位与借调单位可以约定补偿办法。

5. 企业用工和劳动者工作的自主权

人力资源社会保障部办公厅《关于做好共享用工指导和服务的通知》：七、保障企业用工和劳动者工作的自主权。劳动者在缺工企业工作期间，缺工企业未按照约定履行保护劳动者权益的义务的，劳动者可以回原企业，原企业不得拒绝。劳动者不适应缺工企业工作的，可以与原企业、缺工企业协商回原企业。劳动者严重违反缺工企业规章制度、不能胜任工作以及符合合作协议中约定的可以退回劳动者情形的，缺工企业可以将劳动者退回原企业。共享用工合作期满，劳动者应回原企业，原企业应及时予以接收安排。缺工企业需要、劳动者愿意继续在缺工企业工作且经原企业同意的，应当与原企业依法变更劳动合同，原企业与缺工企业续订合作协议。原企业不同意的，劳动者应回原企业或者依法与原企业解除劳动合同。劳动者不回原企业或者违法解除劳动合同给原企业造成损失的，应当依法承担赔偿责任。缺工企业招用尚未与原企业解除、终止劳动合同的劳动者，给原企业造成损失的，应当承担连带赔偿责任。

14.5 新业态用工：何谓不完全符合确立劳动关系情形？

【案例索引】

序号	典型案例	裁判要旨	关键词
1	苏州市中级人民法院新业态劳动权益保障典型案例之一（2021年发布）	平台企业引导劳动者注册成为个体工商户并以劳动关系主体不适格为由主张双方并非劳动关系的，此情况下可通过传统的劳动关系法律特征分析，并结合企业对劳动各环节管控情况考察，实质性判断双方法律关系，而不能仅以劳务提供方名称或者缔结合同名称进行形式审查与判断。	劳动关系
2	北京市第三中级人民法院发布涉新业态用工劳动争议审判典型案例之一（2021年发布）	双方虽签订名为《中介服务协议》的合同，但该协议内容符合劳动合同的要件，并且劳动者接受用人单位制度管理，双方具有较强的人身从属关系的，双方之间存在劳动关系。	劳动关系
3	苏州市中级人民法院新业态劳动权益保障典型案例之三（2021年发布）	企业根据协议对新就业形态从业人员进行管理，但不完全符合确立劳动关系情形，从业人员以双方之间存在劳动关系为由主张不承担协议约定违约金的，不予支持；主张约定违约金过高请求调整的，人民法院应当以实际损失为基础，在保障从业人员基本劳动权益基础上合理衡量确定。	不完全劳动关系
4	苏州市中级人民法院新业态劳动权益保障典型案例之二（2021年发布）	平台企业或与其合作的劳务外包企业将特定劳务以自由自愿形式外包给非特定从业者。由从业者在移动终端上注册APP并获得通过后实际承担劳务并结算，企业不限制从业者是否参与劳动及何时提供劳务，且不禁止从业者受雇于其他平台，从业者主张确认劳动关系的，人民法院不予支持。	劳务关系
5	苏州市中级人民法院新业态劳动权益保障典型案例之六（2021年发布）	平台配送公司通过具有劳务派遣资质的劳务派遣公司使用劳动者。在劳务派遣期间，被派遣人员因执行工作任务造成第三方损害的，由接受劳务派遣的用工单位即平台配送公司承担侵权责任；劳务派遣公司有过错的，承担相应的责任。	劳务派遣

续表

序号	典型案例	裁判要旨	关键词
6	苏州市中级人民法院新业态劳动权益保障典型案例之五（2021年发布）	在外卖骑手是否属于法律意义上的劳动者存在争议的情况下，判断新就业形态下劳动关系是否成立，应从外卖配送运营模式入手，根据骑手是否接受用工主体日常管理、工作内容是否系用工主体主营业务范围，以及用工主体是否向骑手支付劳动报酬等要素加以甄别与认定。	劳务外包

【规则精析】

近年来，平台经济迅速发展，创造了大量就业机会，依托互联网平台就业的网约配送员、网约车驾驶员、货车司机、互联网营销师等新就业形态具有就业容量大、进出门槛低、工作灵活等特点，在拓宽就业渠道、增强就业弹性、增加劳动者收入等方面发挥着传统就业形态难以替代的作用。

据不完全统计，截至 2021 年 7 月，全国外卖送餐（骑手）770 万人①。而同期我国就业人口约 7.7 亿，骑手正好占了 1%；网约车司机约 351 万人②；代驾司机 45 万人③；同城快递 100 多万人④。以上几项加在一起就有 1200 多万人。截至 2020 年年底，我国全行业网络主播账号累计超过 1.3 亿。⑤

根据人力资源和社会保障部等八部门出台的《关于维护新就业形态劳动者劳动保障权益的指导意见》（人社部发〔2021〕56 号），关于新业态用工中法律关系的界定可以分为以下几种情况：

第一，符合确立劳动关系情形的，企业应当依法与劳动者订立劳动合同。

第二，不完全符合确立劳动关系情形但企业对劳动者进行劳动管理（以下简称不完全符合确立劳动关系情形）的，指导企业与劳动者订立书面协议，合理确

---

① 市场监管总局网络交易监督管理司表示，外卖送餐员规模不断扩大，已经达到 770 万人的规模。

② 交通运输部运输服务司负责人表示，目前全国共有 236 家网约车平台企业，取得许可的网约车驾驶员超过 351 万人。

③ 滴滴代驾 2016 年《全国代驾消费报告》显示已通过各项考核正式上岗的司机有 25 万人。“e 代驾”显示目前有司机 20 万人。

④ “闪送”网站显示该平台在 2020 年已有 90 万名闪送员。“达达快送”显示有“几十万众包骑士”。

⑤ 苏州市中级人民法院新业态劳动权益保障典型案例之三（2021 年发布）。

定企业与劳动者的权利义务。

第三，个人依托平台自主开展经营活动、从事自由职业等，按照民事法律调整双方的权利义务。

平台企业采用劳务派遣方式用工的，依法履行劳务派遣用工单位责任。对采取外包等其他合作用工方式，劳动者权益受到损害的，平台企业依法承担相应责任。

2021 年 4 月 28 日，北京市第三中级人民法院召开涉新业态用工劳动争议审判观察新闻通报会，通报了两起典型案例。2021 年 12 月 28 日，苏州市中级人民法院发布新业态劳动权益保障八大典型案例。

2022 年《人民司法》第七期刊登了北京市第一中级人民法院课题组和苏州市中级人民法院课题组关于新就业形态下平台用工的调研报告。

结合以上典型案例和调研报告，司法实践中，倾向于把新就业形态下平台用工关系划分模式“劳动关系——民事关系”相应调整为“劳动关系——类劳动关系——民事关系”模式①：

第一种，在劳动关系类型下，从业人员与平台经营者、劳务派遣单位或者加盟、代理、外包平台业务的合作企业建立劳动关系或者形成事实劳动关系，完成上述单位基于平台赋予的工作任务。

第二种，在类劳动关系下，从业人员虽然接受平台经营者的劳动管理，但是与其尚不完全符合确立劳动关系情形。②

第三种，在普通民事关系下，从业人员依托平台，利用自身的体力、专业技能，自主从事劳务、咨询、设计等经营活动。

当然，以上分类是在假设只有一个主体对从业人员进行用工的前提下所作的简化分类，如果考虑实践中的外包、层层转包、两个以上主体同时用工等情形，则用工关系会复杂得多。上述三类用工关系是这些复杂用工关系的底层关系，或者说，这些复杂的用工关系是上述三类用工关系的有机组合。

---

① 北京市第一中级人民法院课题组：《新就业形态下平台用工法律关系定性研究》，载《人民司法》2022 年第 7 期。

② 北京市就业工作领导小组《关于促进新就业形态健康发展的若干措施》（京就发〔2021〕3 号）明确将类劳动关系中的用工主体限定在平台企业，而不包括其他用工主体。

一、符合确立劳动关系情形的，企业应当依法订立劳动合同

劳动关系是劳动者与用人单位在实现劳动过程中建立的社会经济关系，即用人单位招用劳动者为其成员，劳动者在用人单位的管理下提供有报酬的劳动而产生的权利义务关系。

根据原劳动和社会保障部《关于确立劳动关系有关事项的通知》第一条规定，认定用人单位与劳动者是否构成劳动关系，一般应具备以下条件：（一）用人单位和劳动者符合法律、法规规定的主体资格；（二）用人单位依法制定的各项劳动规章制度适用于劳动者，劳动者受用人单位的劳动管理，从事用人单位安排的有报酬的劳动；（三）劳动者提供的劳动是用人单位业务的组成部分。

判断劳动者与用人单位之间的关系是否系劳动关系，需要重点从外部和内部两个视角进行审查。具体来说，从外部视角看，劳动关系是一种具有紧密的人身和财产从属性的社会关系，劳动者受到用人单位依法制定的规章制度的约束，接受用人单位的指挥命令、检查考核等劳动管理，并且劳动者被纳入用人单位的生产组织体系中，从用人单位处获取劳动报酬。

从内部视角看，劳动者出让劳动力的支配、使用权给用人单位，获得作为对价的劳动报酬，而用人单位支付劳动报酬，获得对相应劳动力的支配、使用，建立劳动关系的双方之间存在劳动与报酬交换的合意。

书面合同系当事人对权利义务关系达成合意的表现形式。但劳动关系是否成立，不能仅凭书面协议内容进行推定，而应依据实际用工管理情况综合判定。

现实中，有的企业通过建立所谓平等主体之间民事法律关系，如注册个体户等规避用人单位主体责任。注册个体户这种用工模式的特点是，骑手先注册成为个体工商户，再以个体工商户的名义与平台经营者或者其合作企业签订相应的承揽、合作协议，之后才能从事配送工作。

规则一：平台企业引导劳动者注册成为个体工商户并以劳动关系主体不适格为由主张双方并非劳动关系的，此情况下可通过传统的劳动关系法律特征分析，并结合企业对劳动各环节管控情况考察，实质性判断双方法律关系，而不能仅以劳务提供方名称或者缔结合同名称进行形式审查与判断。

——苏州市中级人民法院新业态劳动权益保障典型案例之一（2021 年发布）

苏州市中级人民法院在典型案例中提示：平台企业引导劳动者注册成为个体工商户并以劳动关系主体不适格为由主张双方并非劳动关系的，此情况下可通过传统的劳动关系法律特征分析，并结合企业对劳动各环节管控情况考察，实质性判断双方法律关系，而不能仅以劳务提供方名称或者缔结合同名称进行形式审查与判断。

本节案例1中，某平台管理公司是外卖平台苏州浒墅关站点运营商。圣某在该站点从事外卖配送工作。通过APP注册时，圣某按软件提示开启了人脸识别并录入“我要成为个体工商户”语音。2019年8月24日，圣某在外卖配送过程中发生了交通事故。后圣某申请劳动仲裁，请求确认与平台管理公司自2019年4月26日至8月24日存在劳动关系。圣某的仲裁请求未得到支持后，诉至法院。

法院经审理认为，圣某注册成为骑手后，通过平台APP接单且无法拒绝平台派发的订单，其从事的外卖配送服务属平台管理公司的主营业务，公司不仅向其发放薪资，还制定考勤规则，对其服务进行监管，尤其是对配送时限有算法、路线等引导与制约，对超时配送根据客户评价予以惩罚，应当认定平台管理公司对圣某进行日常用工管理。平台管理公司利用虚拟软件平台，引导圣某在线签订有偿劳务性质的格式合同并注册成为个体工商户，以不符合劳动关系适格主体为由规避用人单位责任，无法认定圣某具有以个体工商户身份从事外卖配送服务的真实意愿，鉴于圣某与平台管理公司的关系符合劳动关系的法律特征，遂判决圣某与平台管理公司之间2019年4月25日至2019年8月24日存在劳动关系。

本案中，法院从协议签订形式、协议实质内容、实际履行情况等出发，认定无法体现骑手的真实意思表示，并回归对劳动关系的实质探求，从骑手入职、考勤、接单、薪资、评价等各环节重点考察平台管理公司对于骑手的指挥、管理与监督因素，认定上述因素具备劳动关系“强从属性”特征，进而认定双方之间存在劳动关系。

《民法典》第七百七十二条规定，承揽人应当以自己的设备、技术和劳力，完成主要工作。可见在承揽关系下，应由承包企业独立承担作为用人单位的责任。但是目前一些平台企业一边对新业态劳动者进行实际用工管理，另一边却通过引导劳动者注册成为个体户等方式规避与其建立劳动关系，在此种情况下劳动者出现权益纠纷无法受到劳动法的保护。

本节案例2中，双方虽签订名为《中介服务协议》的合同，但该协议内容符合劳动合同的要件，并且劳动者接受用人单位制度管理，双方具有较强的人身从属关系的，法院认定双方之间存在劳动关系。

二、不完全符合确立劳动关系情形合理确定权利义务

在传统的劳动用工模式中，劳动关系一旦建立即在用人单位和劳动者之间形成了一种以管理与被管理为特征的人身依附关系。劳动者将其人身自由在一定限度内交给用人单位，劳动者有服从用人单位规制、指令，接受用人单位监督的义务；同时劳动关系需以劳动者提供的职业上的劳动力为内容，并以报酬给付为必要条件。

但“互联网+”时代下的用工关系，更具自由性和灵活性，新业态劳动者的工作内容不受固定时间的约束，劳动报酬系按照其自主接单的工作量结算，报酬确定后的支取时间亦是由劳动者自主决定。由此产生了新业态劳动者为劳动关系抑或劳务关系的争论，而新业态劳动者不能被认定为劳动关系也阻碍了其享受劳动法律法规保护的机会。

人力资源和社会保障部等八部门《关于维护新就业形态劳动者劳动保障权益的指导意见》最大的亮点之一，就是承认了平台用工的特殊性，首次提出了“不完全符合确立劳动关系情形但企业对劳动者进行劳动管理”的说法。新规定适应了新就业形态的实际情况，一方面敦促企业依法合规用工，不得规避劳动关系；另一方面新型用工关系形态为不符合传统劳动关系的新业态劳动者的基本权益保障提供了依据，有利于建立起不同于现行工伤保险制度的职业伤害保障办法，以及工作时间、劳动定额、争议处理等多项配套制度，可以更好地适应新就业形态的发展趋势和从业人员的劳动权益保障需求。

本节案例 3 中，2019 年 5 月 1 日，某文化传播公司与严某订立期限一年的《签约主播协议》。双方协议约定，未经公司同意，严某不得与第三方就合约项下所涉及的内容进行合作；如严某违反上述约定，应当承担违约金 30 万元。签约后，严某按照约定在指定平台直播。但自 2020 年 4 月初，严某停播，并于同年 4 月 14 日起在第三方平台直播。后文化传播公司诉至法院，请求判令严某依约支付违约金 30 万元。诉讼中，严某辩称双方之间是劳动关系，未在劳动法允许领域设定的违约金无效，且违约金金额过高，其依赖提供劳务生存故无法承受。法院经审理认为，从协议约定及实际履行看，文化传播公司虽对严某存在劳动管理事实，但双方之间并未形成较强的人身依附，并非传统、典型的劳动关系。严某违反独家排他性约定，在第三方平台直播的行为构成违约，应当承担违约责任。考虑到

严某违约时案涉协议剩余合同期较短，文化传播公司对其有用工管理责任且比照行业内固定员工标准计酬，也不具备利润分配与收益分成特征，故酌情确定严某在最低工资保障标准基础上支付文化传播公司违约金 10000 元。该公司不服提起上诉，二审法院审理后作出终审判决：驳回上诉，维持原判。

> **规则二：企业根据协议对新就业形态从业人员进行管理，但不完全符合确立劳动关系情形，从业人员以双方之间存在劳动关系为由主张不承担协议约定违约金的，不予支持；主张约定违约金过高请求调整的，人民法院应当以实际损失为基础，在保障从业人员基本劳动权益基础上合理衡量确定。**
>
> ——苏州市中级人民法院新业态劳动权益保障典型案例之三（2021 年发布）

本案中，文化传播公司未与严某订立劳动合同，也未给予严某自主管理与职业自由，符合上述指导意见所指“不完全符合确立劳动关系情形”。裁判在尊重契约自由的同时更考虑到合同正义，在从业者违约情况下酌情降低违约金，合理保障从业者基本权益，对探索新型法律关系下权利义务调整具有重要参考价值。

很长一段时间以来，我国劳动给付者权益保障采取了“全有全无”的“二分法”模式，劳动给付者权益保障相关法律法规的适用范围被严格限制在劳动关系中。例如，劳动给付者与企业之间存在劳动关系，则劳动给付者享有劳动法律体系所赋予的如强制签订书面劳动合同、最低工资标准、法定工作时长、解雇保护、强制缴纳社会保险等所有劳动保障；若不存在劳动关系，则上述劳动保障全无。

苏州市中级人民法院的调研报告指出：对于不完全符合确立劳动关系情形的新就业形态劳动者的劳动权益保障，需打破劳动权利和社会保障与劳动关系是否成立的全有或全无的捆绑关系，根据实践需求实现劳动权利对于不完全符合确立劳动关系情形的劳动者的具体化扩展。

对于那些即便不完全符合确立劳动关系情形的劳动者，法律在一定程度上进行倾斜性保护，其仍然可以享受相应的劳动权益。如可以通过查明其工作时长来折算其小时工资，若折算后的小时工资低于当地最低工资标准，则企业应当补足；对于法定节假日工作的劳动给付者支付的劳动报酬可以比照劳动关系下的加班工资 300%的规定支付，对于平时以及休息日的工作量暂不考虑支付高于正常工作时间劳动报酬的情形；企业要引导和支持不完全符合确立劳动关系情形的新就业形态劳动者根据自身情况参加相应的社会保险；可以直接规定由平台企业为劳动给付者购买特种工伤保险。

同时，劳动争议案件中，劳动者关于经济补偿金或赔偿金以及未签劳动合同二倍工资差额的主张时常发生。人力资源和社会保障部等八部门联合印发《关于维护新就业形态劳动者劳动保障权益的指导意见》（人社部发〔2021〕56 号）对此并未提及。由于不完全符合确立劳动关系情形的新就业形态劳动者，其可以自主选择接单，也就自定了工作时间，平台计酬的标准是接单量，整个工作流程欠缺时间要素，因此也就欠缺了经济补偿金或赔偿金所依赖时间要素的衡量标准，因此不宜适用于不完全符合确立劳动关系情形的新就业形态劳动者。二倍工资的立法目的在于提高书面劳动合同签订率，而不完全符合确立劳动关系情形的新就业形态劳动者并不强制要求企业签订书面劳动合同，故未签劳动合同二倍工资也就无相应法律依据。

三、个人依托平台自主开展经营活动按照民事法律调整

本节案例 4 中，刘某与某人力资源公司通过网络签订《共享经济用户协议》，成为某大型超市驻点配送员。某服务外包公司承接该超市配送业务，向刘某赠送工作马夹并计发配送劳务费。2020 年 4 月 9 日，刘某在配送途中发生交通事故受伤。刘某提起仲裁，请求确认服务外包公司与其存在劳动关系，仲裁机构予以支持。服务外包公司不服仲裁裁决，提起诉讼。

法院经审理认为，刘某与服务外包公司未订立书面劳动合同，刘某自带交通工具注册 APP 参加配送服务，平台派单时其可以选择接单或者不接单，并无派送单数或者时间限制，既未对刘某劳务提供过程加以管理，也不禁止刘某为其他平台提供劳务，服务外包公司对从业者的控制力明显较弱，仅依据赠送的工作马夹不足以确定从属关系，故判决刘某与服务外包公司之间不存在劳动关系。

依托互联网平台而生的新就业形态具有就业容量大、进出门槛低、工作灵活等特点，在拓宽就业渠道、增强就业弹性、增加劳动者收入等方面发挥着传统就业形态难以替代的作用。根据消费变动需求灵活雇用从业者，实现人才与岗位动态优化匹配，从而推动用人方式“供给侧改革”，使企业降低用工成本，让从业者用活闲暇时间，在多场景下实现个人价值的最大化，促进社会整体效率的提升。是否将劳动力供需双方一概确立为劳动关系，则需要在规范发展平台经济的背景

下慎重考量。

本案从劳动关系法律特征中最核心的人格从属性出发，重点分析从业者的自主性与服务外包公司的控制力，准确避免了外观主义对实质法律关系认定的影响，回归灵活就业中关系松散、来去自由的一类样态，对避免出现平台经济下劳动关系泛化具有重要指导意义。

规则三：平台企业或与其合作的劳务外包企业将特定劳务以自由自愿形式外包给非特定从业者。由从业者在移动终端上注册 APP 并获得通过后实际承担劳务并结算，企业不限制从业者是否参与劳动及何时提供劳务，且不禁止从业者受雇于其他平台，从业者主张确认劳动关系的，人民法院不予支持。

——苏州市中级人民法院新业态劳动权益保障典型案例之二（2021 年发布）

从苏州市中级人民法院和北京市第一中级人民法院发布的典型案例来看，未认定劳动关系或不完全劳动关系的新业态用工关系都有一个共同的特点，就是从业人员都是在某平台兼职（众包），而非专职（专送）。

四、平台企业采用劳务派遣方式用工的依法履行用工单位责任

根据《关于维护新就业形态劳动者劳动保障权益的指导意见》，平台企业采用劳务派遣方式用工的，依法履行劳务派遣用工单位责任。

规则四：平台配送公司通过具有劳务派遣资质的劳务派遣公司使用劳动者。在劳务派遣期间，被派遣人员因执行工作任务造成第三方损害的，由接受劳务派遣的用工单位即平台配送公司承担侵权责任；劳务派遣公司有过错的，承担相应的责任。

——苏州市中级人民法院新业态劳动权益保障典型案例之六（2021 年发布）

本节案例 5 中，顾某系某餐饮平台外卖配送员。该餐饮平台与担负平台配送

任务的某营销管理公司签订《送餐外包服务协议》，由营销管理公司负责所在区域配送业务。该营销管理公司又与某劳务派遣公司签订《送餐外包人员提供协议》，由劳务派遣公司提供具体劳务配送人员。劳务派遣公司招用顾某并与其签订《用工协议》，由劳务派遣公司安排其到营销管理公司从事骑手工作，为餐饮平台配送外卖。2019 年 5 月，正在外卖配送途中的顾某因驾驶电动车逆向行驶，与骑自行车的冯某相撞，两人均不同程度受伤。交警部门认定，顾某承担该起事故主要责任，冯某承担次要责任。后冯某遂起诉顾某、劳务派遣公司、营销管理公司及餐饮平台，要求共同赔偿其损失。法院经审理认为，顾某由劳务派遣公司派遣至营销管理公司工作，事故发生时顾某正执行配送任务，在工作过程中造成冯某损害，依法应当由营销管理公司承担侵权责任。劳务派遣公司对侵权损害后果发生并无过错，无须承担赔偿责任。餐饮平台与顾某之间未发生法律关系，也无须承担赔偿责任。一审判决后，双方均未提起上诉，判决发生法律效力。

本案中，劳务派遣公司受营销管理公司委托招聘劳动者。劳务派遣公司与顾某签订具有劳动合同性质的《用工协议》，并根据劳务派遣公司与营销管理公司订立的《送餐外包人员提供协议》，将顾某派遣至营销管理公司从事具体配送工作。《送餐外包人员提供协议》明确被派遣人员劳动过程由营销管理公司监管，工资、福利、社保等由营销管理公司提供给劳动派遣公司，再由劳务派遣公司支付被派遣人员。《民法典》第一千一百九十一条第二款规定，劳务派遣期间，被派遣的工作人员因执行工作任务造成他人损害的，由接受劳务派遣的用工单位承担侵权责任；劳务派遣单位有过错的，承担相应的责任。由此，由营销管理公司承担雇主替代责任，充分保障受害者权益救济；劳务派遣公司、餐饮平台依法无须承担责任，为平台经济规范健康发展提供了精准裁判思路。

根据《关于维护新就业形态劳动者劳动保障权益的指导意见》，对采取外包等其他合作用工方式，劳动者权益受到损害的，平台企业依法承担相应责任。这意味着平台企业不能再简单地以外包为由置身事外。

实践中，平台企业将业务外包给代理商，代理商雇用劳务提供者，从业人员与代理商之间形成劳动关系。

如本节案例 6 中，某配送公司与某科技有限公司订有《服务外包协议》，约定配送公司在科技公司授权的配送区域内运营美团外卖平台配送工作，按照科技公司要求组建专门配送团队并对配送团队人员进行规范管理等。秦某通过配送公司在美团 APP 进行注册，注册信息显示“服务站点为某配送公司（苏州）渭塘站、全职员工"。秦某从配送公司购得工作服及头盔后，根据美团APP派发订单进行外卖配送，劳务报酬由配送公司计件结算、按月发放。此外，秦某还按照配送公司要求，每天按时到站点参加早会。后秦某在下班回家途中因交通事故受伤。在认定工伤过程中，对秦某与配送公司之间是否构成劳动关系产生争议。

秦某仲裁请求确认劳动关系未获支持，诉至法院。法院经审理认为，某配送公司与秦某具有法律、法规规定的劳动关系主体资格，秦某接受配送公司管理，报酬由配送公司按月发放，所从事的外卖配送工作又属配送公司业务组成部分，双方之间虽未签订书面劳动合同，但已形成事实劳动关系，遂判决确认秦某与配送公司之间存在劳动关系。

秦某为专送骑手，其与配送公司之间人格从属性与经济从属性较为明显，从平台运营模式切入比对分析双方之间法律关系值得充分借鉴。

【操作建议】

1. 重视对新业态用工关系的管理

进一步完善相关制度规范，在用工管理过程中注重劳动关系的建立、非劳动关系下的权利义务确定、劳务派遣、劳务外包、劳动报酬、工作时间与假期以及工伤等问题的合规管理，依法依规用工，在新业态劳动者权益保障方面承担起应有的社会责任和用工责任，切实维护劳动者权益。

2. 要畅通投诉渠道，建立健全劳动者申诉机制

保障劳动者的申诉得到及时回应和客观公正处理，在企业内部形成多元主体参与、多种途径化解矛盾的平台。

3. 努力改善劳动条件

拓展新业态劳动者的职业发展空间，尊重、支持工会等组织开展工作，逐步提高劳动者权益保障水平，为新业态劳动者创造更好的从业环境。

【相关法规】

1. 新业态法律关系的界定

人力资源和社会保障部等《关于维护新就业形态劳动者劳动保障权益的指导意见》：一、规范用工，明确劳动者权益保障责任

……

（二）符合确立劳动关系情形的，企业应当依法与劳动者订立劳动合同。不完全符合确立劳动关系情形但企业对劳动者进行劳动管理（以下简称不完全符合确立劳动关系情形）的，指导企业与劳动者订立书面协议，合理确定企业与劳动者

的权利义务。个人依托平台自主开展经营活动、从事自由职业等，按照民事法律调整双方的权利义务。

（三）平台企业采取劳务派遣等合作用工方式组织劳动者完成平台工作的，应选择具备合法经营资质的企业，并对其保障劳动者权益情况进行监督。平台企业采用劳务派遣方式用工的，依法履行劳务派遣用工单位责任。对采取外包等其他合作用工方式，劳动者权益受到损害的，平台企业依法承担相应责任。

2. 保障新业态劳动者合理劳动报酬

人力资源和社会保障部等《关于维护新就业形态劳动者劳动保障权益的指导意见》：二、健全制度，补齐劳动者权益保障短板……（五）健全最低工资和支付保障制度，推动将不完全符合确立劳动关系情形的新就业形态劳动者纳入制度保障范围。督促企业向提供正常劳动的劳动者支付不低于当地最低工资标准的劳动报酬，按时足额支付，不得克扣或者无故拖欠……

市场监管总局等《关于落实网络餐饮平台责任切实维护外卖送餐员权益的指导意见》：一、……制定科学合理的劳动定额标准和外卖送餐员接单最低报酬，确保外卖送餐员提供正常劳动的实际所得不低于当地最低工资标准……外卖送餐员在法定节假日、恶劣天气、夜间等情形下工作的，适当给予补贴。

人力资源和社会保障部等《关于维护新就业形态劳动者劳动保障权益的指导意见》：二、健全制度，补齐劳动者权益保障短板……（六）……督促企业按规定合理确定休息办法，在法定节假日支付高于正常工作时间劳动报酬的合理报酬。

3. 完善报酬分配与绩效管理制度

人力资源和社会保障部等《关于维护新就业形态劳动者劳动保障权益的指导意见》：二、健全制度，补齐劳动者权益保障短板……（十）督促企业制定修订平台进入退出、订单分配、计件单价、抽成比例、报酬构成及支付、工作时间、奖惩等直接涉及劳动者权益的制度规则和平台算法，充分听取工会或劳动者代表的意见建议，将结果公示并告知劳动者。

交通运输部等《关于做好快递员群体合法权益保障工作的意见》：……指导企业完善考核机制，遏制“以罚代管”，加强对恶意投诉的甄别处置，拓宽快递员困难救济渠道……

市场监管总局等《关于落实网络餐饮平台责任切实维护外卖送餐员权益的指导意见》：二、……网络餐饮平台及第三方合作单位要合理设定对外卖送餐员的绩效考核制度。在制定调整考核、奖惩等涉及外卖送餐员切身利益的制度或重大事项时，应提前公示，充分听取外卖送餐员、工会等方面的意见。优化算法规则，不得将“最严算法”作为考核要求，要通过“算法取中”等方式，合理确定订单数量、在线率等考核要素，适当放宽配送时限。……

4. 细化社会保险缴纳制度

交通运输部等《关于做好快递员群体合法权益保障工作的意见》：……对用工灵活、流动性大的基层快递网点，可统筹按照地区全口径城镇单位就业人员平均工资水平或营业额比例计算缴纳工伤保险费，优先参加工伤保险……

市场监管总局等《关于落实网络餐饮平台责任切实维护外卖送餐员权益的指导意见》：……网络餐饮平台及第三方合作单位要依法为建立劳动关系的外卖送餐员参加社会保险，鼓励其他外卖送餐员参加社会保险……

5. 强化职业伤害保障

人力资源和社会保障部等《关于维护新就业形态劳动者劳动保障权益的指导意见》：二、健全制度，补齐劳动者权益保障短板……（九）强化职业伤害保障，以出行、外卖、即时配送、同城货运等行业的平台企业为重点，组织开展平台灵活就业人员职业伤害保障试点，平台企业应当按规定参加……

市场监管总局等《关于落实网络餐饮平台责任切实维护外卖送餐员权益的指导意见》：五、……按照国家规定参加平台灵活就业人员职业伤害保障试点，防范和化解外卖送餐员职业伤害风险……

6. 建立适应新就业形态的工会组织

人力资源和社会保障部等《关于维护新就业形态劳动者劳动保障权益的指导意见》：四、齐抓共管，完善劳动者权益保障工作机制……（十七）各级工会组织要加强组织和工作有效覆盖，拓宽维权和服务范围，积极吸纳新就业形态劳动者加入工会。积极与行业协会、头部企业或企业代表组织开展协商，签订行业集体合同或协议，推动制定行业劳动标准。

交通运输部等《关于做好快递员群体合法权益保障工作的意见》：……支持在快递企业成立工会组织，依法履行维权和服务职责……

市场监管总局等《关于落实网络餐饮平台责任切实维护外卖送餐员权益的指导意见》：七、……推动建立适应新就业形态的工会组织，积极吸纳外卖送餐员群体入会，引导帮助外卖送餐员参与工会事务，提高权益保障体系化、机制化水平……

附录：最高人民法院和人力资源和社会保障部典型案例选

一、最高人民法院发布的第32批指导性案例选

指导案例18号：中兴通讯（杭州）有限责任公司诉王鹏劳动合同纠纷案

指导案例179号：聂美兰诉北京林氏兄弟文化有限公司确认劳动关系案

指导案例180号：孙贤锋诉淮安西区人力资源开发有限公司劳动合同纠纷案

指导案例181号：郑某诉霍尼韦尔自动化控制（中国）有限公司劳动合同纠纷案

指导案例182号：彭宇翔诉南京市城市建设开发（集团）有限责任公司追索劳动报酬纠纷案

指导案例183号：房玥诉中美联泰大都会人寿保险有限公司劳动合同纠纷案

指导案例184号：马筱楠诉北京搜狐新动力信息技术有限公司竞业限制纠纷案

指导案例185号：闫某诉浙江喜来登度假村有限公司平等就业权纠纷案

二、最高人民法院《公报》案例选

1. 王云飞诉施耐德电气（中国）投资有限公司上海分公司劳动争议纠纷案
最高人民法院《公报》2009年第11期（总第157期）
2. 郭懿诉江苏益丰大药房连锁有限公司劳动争议案
最高人民法院《公报》2010年第6期（总第164期）
3. 梁某诉南京乐府餐饮管理有限公司劳动争议案
最高人民法院《公报》2013年第6期（总第200期）
4. 上海冠龙阀门机械有限公司诉唐茂林劳动合同纠纷案
最高人民法院《公报》2012年第9期（总第191期）
5. 北京泛太物流有限公司诉单晶晶劳动争议纠纷案
最高人民法院《公报》2013年第12期（总第206期）
6. 张建明诉京隆科技（苏州）公司支付赔偿金纠纷案

最高人民法院《公报》2014 年第 7 期（总第 213 期）
7. 刘永泉等十一人与内蒙古东部电力有限公司兴安电业局劳动争议案
最高人民法院《公报》2015 年第 3 期（总第 221 期）
8. 候宏军诉上海隆茂建筑装潢有限公司劳动合同纠纷案
最高人民法院《公报》2015 年第 11 期（总第 229 期）
9. 包利英诉上海申美饮料食品有限公司劳动合同纠纷案
最高人民法院《公报》2016 年第 12 期（总第 242 期）
10. 张某诉上海敬豪劳务服务有限公司等劳动合同纠纷案
最高人民法院《公报》2017 年第 5 期（总第 247 期）
11. 刘丹萍与南京仁创物资有限公司劳动争议纠纷案
最高人民法院《公报》2018 年第 7 期（总第 261 期）
12. 江苏澳吉尔生态农业科技股份有限公司与曾广峰确认劳动关系纠纷案
最高人民法院《公报》2019 年第 12 期（总第 278 期）
13. 李林霞诉重庆漫咖文化传播有限公司劳动合同纠纷案
最高人民法院《公报》2020 年第 10 期（总第 288 期）
14. 蔡玉龙诉南京金中建幕墙装饰有限公司劳动合同纠纷案
最高人民法院《公报》2020 年第 4 期（总第 282 期）
15. 吴继威诉南京搏峰电动工具有限公司劳动合同纠纷案
最高人民法院《公报》2020 年第 9 期（总第 287 期）
16. 戴为军诉台玻长江玻璃有限公司追索劳动报酬纠纷案
最高人民法院《公报》2021 年第 2 期（总第 292 期）

三、人力资源和社会保障部和最高人民法院联合发布的典型案例

人力资源社会保障部、最高人民法院联合发布第二批劳动人事争议典型案例

四、最高人民法院发布大力弘扬社会主义核心价值观典型民事案例选

最高人民法院关于大力弘扬社会主义核心价值观典型案例（2020. 5. 13）

最高人民法院发布第二批人民法院大力弘扬社会主义核心价值观典型民事案例（2022. 2. 23）

一、最高人民法院审判委员会讨论通过的指导性案例选

最高人民法院指导案例18号：中兴通讯（杭州）有限责任公司诉王鹏劳动合同纠纷案（最高人民法院审判委员会讨论通过　2013年11月8日发布）

关键词

民事　劳动合同　单方解除

裁判要点

劳动者在用人单位等级考核中居于末位等次，不等同于“不能胜任工作”，不符合单方解除劳动合同的法定条件，用人单位不能据此单方解除劳动合同。

相关法条

《中华人民共和国劳动合同法》第三十九条、第四十条

基本案情

2005年7月，被告王鹏进入原告中兴通讯（杭州）有限责任公司（以下简称中兴通讯）工作，劳动合同约定王鹏从事销售工作，基本工资每月3840元。该公司的《员工绩效管理办法》规定：员工半年、年度绩效考核分别为S、A、C1、C2四个等级，分别代表优秀、良好、价值观不符、业绩待改进；S、A、C（C1、C2）等级的比例分别为20%、70%、10%；不胜任工作原则上考核为C2。王鹏原在该公司分销科从事销售工作，2009年1月后因分销科解散等原因，转岗至华东区从事销售工作。2008年下半年、2009年上半年及2010年下半年，王鹏的考核结果均为C2。中兴通讯认为，王鹏不能胜任工作，经转岗后，仍不能胜任工作，故在支付部分经济补偿金的情况下解除了劳动合同。

2011年7月27日，王鹏提起劳动仲裁。同年10月8日，仲裁委作出裁决：中兴通讯支付王鹏违法解除劳动合同的赔偿金余额36596.28元。中兴通讯认为其不存在违法解除劳动合同的行为，故于同年11月1日诉至法院，请求判令不予支付解除劳动合同赔偿金余额。

裁判结果

浙江省杭州市滨江区人民法院于2011年12月6日作出（2011）杭滨民初字第885号民事判决：原告中兴通讯（杭州）有限责任公司于本判决生效之日起十五日内一次性支付被告王鹏违法解除劳动合同的赔偿金余额36596.28元。宣判后，双方均未上诉，判决已发生法律效力。

裁判理由

法院生效裁判认为：为了保护劳动者的合法权益，构建和发展和谐稳定的劳动关系，《中华人民共和国劳动法》《中华人民共和国劳动合同法》对用人单位单方解除劳动合同的条件进行了明确限定。原告中兴通讯以被告王鹏不能胜任工作，经转岗后仍不能胜任工作为由，解除劳动合同，对此应负举证责任。根据《员工绩效管理办法》的规定，"C（C1、C2）考核等级的比例为10%"，虽然王鹏曾经考核结果为C2，但是C2等级并不完全等同于"不能胜任工作"，中兴通讯仅凭该限定考核等级比例的考核结果，不能证明劳动者不能胜任工作，不符合据此单方解除劳动合同的法定条件。虽然2009年1月王鹏从分销科转岗，但是转岗前后均从事销售工作，并存在分销科解散导致王鹏转岗这一根本原因，故不能证明王鹏系因不能胜任工作而转岗。因此，中兴通讯主张王鹏不能胜任工作，经转岗后仍然不胜任工作的依据不足，存在违法解除劳动合同的情形，应当依法向王鹏支付经济补偿标准二倍的赔偿金。

最高人民法院
关于发布第32批指导性案例的通知

法〔2022〕167号

各省、自治区、直辖市高级人民法院，解放军军事法院，新疆维吾尔自治区高级人民法院生产建设兵团分院：

经最高人民法院审判委员会讨论决定，现将聂美兰诉北京林氏兄弟文化有限公司确认劳动关系案等七个案例（指导案例179—185号），作为第32批指导性案例发布，供在审判类似案件时参照。

最高人民法院
2022年7月4日

指导案例179号：聂美兰诉北京林氏兄弟文化有限公司确认劳动关系案（最高人民法院审判委员会讨论通过2022年7月4日发布）

关键词

民事/确认劳动关系/合作经营/书面劳动合同

裁判要点

1. 劳动关系适格主体以“合作经营”等为名订立协议，但协议约定的双方权利义务内容、实际履行情况等符合劳动关系认定标准，劳动者主张与用人单位存在劳动关系的，人民法院应予支持。

2. 用人单位与劳动者签订的书面协议中包含工作内容、劳动报酬、劳动合同期限等符合《劳动合同法》第十七条规定的劳动合同条款，劳动者以用人单位未订立书面劳动合同为由要求支付第二倍工资的，人民法院不予支持。

相关法条

《中华人民共和国劳动合同法》第十条、第十七条、第八十二条

基本案情

2016年4月8日，聂美兰与北京林氏兄弟文化有限公司（以下简称林氏兄弟公司）签订了《合作设立茶叶经营项目的协议》，内容为：“第一条：双方约定，甲方出资进行茶叶项目投资，聘任乙方为茶叶经营项目经理，乙方负责公司的管理与经营。第二条：待项目启动后，双方相机共同设立公司，乙方可享有管理股份。第三条：利益分配：在公司设立之前，乙方按基本工资加业绩方式取酬。公司设立之后，按双方的持股比例进行分配。乙方负责管理和经营，取酬方式：基本工资+业绩、奖励+股份分红。第四条：双方在运营过程中，未尽事宜由双方友好协商解决。第五条：本合同正本一式两份，公司股东各执一份。”

协议签订后，聂美兰到该项目上工作，工作内容为负责《中国书画》艺术茶社的经营管理，主要负责接待、茶叶销售等工作。林氏兄弟公司的法定代表人林德汤按照每月基本工资10000元的标准，每月15日通过银行转账向聂美兰发放上一自然月工资。聂美兰请假需经林德汤批准，且实际出勤天数影响工资的实发数额。2017年5月6日林氏兄弟公司通知聂美兰终止合作协议。聂美兰实际工作至2017年5月8日。

聂美兰申请劳动仲裁，认为双方系劳动关系并要求林氏兄弟公司支付未签订书面劳动合同二倍工资差额，林氏兄弟公司主张双方系合作关系。北京市海淀区劳动人事争议仲裁委员会作出京海劳人仲字（2017）第9691号裁决：驳回聂美兰的全部仲裁请求。聂美兰不服仲裁裁决，于法定期限内向北京市海淀区人民法院提起诉讼。

裁判结果

北京市海淀区人民法院于2018年4月17日作出（2017）京0108民初45496

号民事判决：一、确认林氏兄弟公司与聂美兰于2016年4月8日至2017年5月8日存在劳动关系；二、林氏兄弟公司于判决生效后七日内支付聂美兰2017年3月1日至2017年5月8日工资22758.62元；三、林氏兄弟公司于判决生效后七日内支付聂美兰2016年5月8日至2017年4月7日未签订劳动合同二倍工资差额103144.9元；四、林氏兄弟公司于判决生效后七日内支付聂美兰违法解除劳动关系赔偿金27711.51元；五、驳回聂美兰的其他诉讼请求。林氏兄弟公司不服一审判决，提出上诉。北京市第一中级人民法院于2018年9月26日作出（2018）京01民终5911号民事判决：一、维持北京市海淀区人民法院（2017）京0108民初45496号民事判决第一项、第二项、第四项；二、撤销北京市海淀区人民法院（2017）京0108民初45496号民事判决第三项、第五项；三、驳回聂美兰的其他诉讼请求。林氏兄弟公司不服二审判决，向北京市高级人民法院申请再审。北京市高级人民法院于2019年4月30日作出（2019）京民申986号民事裁定：驳回林氏兄弟公司的再审申请。

裁判理由

法院生效裁判认为：申请人林氏兄弟公司与被申请人聂美兰签订的《合作设立茶叶经营项目的协议》系自愿签订的，不违反强制性法律、法规规定，属有效合同。对于合同性质的认定，应当根据合同内容所涉及的法律关系，即合同双方所设立的权利义务来进行认定。双方签订的协议第一条明确约定聘任聂美兰为茶叶经营项目经理，"聘任"一词一般表明当事人有雇用劳动者为其提供劳动之意；协议第三条约定了聂美兰的取酬方式，无论是在双方设定的目标公司成立之前还是之后，聂美兰均可获得"基本工资""业绩"等报酬，与合作经营中的收益分配明显不符。合作经营合同的典型特征是共同出资，共担风险，本案合同中既未约定聂美兰出资比例，也未约定共担风险，与合作经营合同不符。从本案相关证据上看，聂美兰接受林氏兄弟公司的管理，按月汇报员工的考勤、款项分配、开支、销售、工作计划、备用金的申请等情况，且所发工资与出勤天数密切相关。双方在履行合同过程中形成的关系，符合劳动合同中人格从属性和经济从属性的双重特征。故原判认定申请人与被申请人之间存在劳动关系并无不当。双方签订的合作协议还可视为书面劳动合同，虽缺少一些必备条款，但并不影响已约定的条款及效力，仍可起到固定双方劳动关系、权利义务的作用，二审法院据此依法改判是正确的。林氏兄弟公司于2017年5月6日向聂美兰出具了《终止合作协议通知》，告知聂美兰终止双方的合作，具有解除双方之间劳动关系的意思表示，根据最高人民法院《关于民事诉讼证据的若干规定》第六条，在劳动争议纠纷案件中，因用人单位作出的开除、除名、辞退、解除劳动合同等决定而发生的劳动争议，由用人单位负举证责任，林氏兄弟公司未能提供解除劳动关系原因的相关证据，应当承担不利后果。二审法院根据本案具体情况和相关证据所作的判决，并无不当。

（生效裁判审判人员：陈伟红、符忠良、彭红运）

指导案例180号：孙贤锋诉淮安西区人力资源开发有限公司劳动合同纠纷案（最高人民法院审判委员会讨论通过2022年7月4日发布）

关键词

民事/劳动合同/解除劳动合同/合法性判断

裁判要点

人民法院在判断用人单位单方解除劳动合同行为的合法性时，应当以用人单位向劳动者发出的解除通知的内容为认定依据。在案件审理过程中，用人单位超出解除劳动合同通知中载明的依据及事由，另行提出劳动者在履行劳动合同期间存在其他严重违反用人单位规章制度的情形，并据此主张符合解除劳动合同条件的，人民法院不予支持。

相关法条

《中华人民共和国劳动合同法》第三十九条

基本案情

2016年7月1日，孙贤锋（乙方）与淮安西区人力资源开发有限公司（以下简称西区公司）（甲方）签订劳动合同，约定：劳动合同期限为自2016年7月1日起至2019年6月30日止；乙方工作地点为连云港，从事邮件收派与司机岗位工作；乙方严重违反甲方的劳动纪律、规章制度的，甲方可以立即解除本合同且不承担任何经济补偿；甲方违约解除或者终止劳动合同的，应当按照法律规定和本合同约定向乙方支付经济补偿金或赔偿金；甲方依法制定并通过公示的各项规章制度，如《员工手册》《奖励与处罚管理规定》《员工考勤管理规定》等文件作为本合同的附件，与本合同具有同等效力。之后，孙贤锋根据西区公司安排，负责江苏省灌南县堆沟港镇区域的顺丰快递收派邮件工作。西区公司自2016年8月25日起每月向孙贤锋银行账户结算工资，截至2017年9月25日，孙贤锋至12个月的平均工资为6329.82元。2017年9月12日、10月3日、10月16日，孙贤锋先后存在工作时间未穿工作服、代他人刷考勤卡、在单位公共平台留言辱骂公司主管等违纪行为。事后，西区公司依据《奖励与处罚管理规定》，由用人部门负责人、建议部门负责人、工会负责人、人力资源部负责人共同签署确认，对孙贤锋上述违纪行为分别给予扣2分、扣10分、扣10分处罚，但具体扣分处罚时间难以认定。

2017年10月17日，孙贤锋被所在单位用人部门以未及时上交履职期间的营业款项为由安排停工。次日，孙贤锋至所在单位刷卡考勤，显示刷卡信息无法录入。10月25日，西区公司出具离职证明，载明孙贤锋自2017年10月21日从西区公司正式离职，已办理完毕手续，即日起与公司无任何劳动关系。10月30日，西区公司又出具解除劳动合同通知书，载明孙贤锋在未履行请假手续也未经任何领导批准的情况下，2017年10月20日起无故旷工3天以上，依据国家的相关法律法规及单位规章制度，经单位研究决定自2017年10月20日起与孙贤锋解除劳动关系，限于2017年11月15日前办理相关手续，逾期未办理，后果自负。之后，孙贤锋向江苏省灌南县劳动人事争议仲裁委员会申请仲裁，仲裁裁决后孙贤锋不服，遂诉至法院，要求西区公司支付违法解除劳动合同赔偿金共计68500元。

西区公司在案件审理过程中提出，孙贤锋在职期间存在未按规定着工作服、代人打卡、辱骂主管以及未按照公司规章制度及时上交营业款项等违纪行为，严重违反用人单位规章制度；自2017年10月20日起，孙贤锋在未履行请假手续且未经批准的情况下无故旷工多日，依法自2017年10月20日起与孙贤锋解除劳动关系，符合法律规定。

裁判结果

江苏省灌南县人民法院于2018年11月15日作出（2018）苏0724民初2732号民事判决：一、被告西区公司于本判决发生法律效力之日起十日内支付原告孙贤锋经济赔偿金18989.46元。二、驳回原告孙贤锋的其他诉讼请求。西区公司不服，提起上诉。江苏省连云港市中级人民法院于2019年4月22日作出（2019）苏07民终658号民事判决：驳回上诉，维持原判。

裁判理由

法院生效裁判认为：用人单位单方解除劳动合同是根据劳动者存在违法违纪、违反劳动合同的行为，对其合法性的评价也应以作出解除劳动合同决定时的事实、证据和相关法律规定为依据。用人单位向劳动者送达的解除劳动合同通知书，是用人单位向劳动者作出解除劳动合同的意思表示，对用人单位具有法律约束力。

解除劳动合同通知书明确载明解除劳动合同的依据及事由，人民法院审理解除劳动合同纠纷案件时应以该决定作出时的事实、证据和法律为标准进行审查，不宜超出解除劳动合同通知书所载明的内容和范围。否则，将偏离劳资双方所争议的解除劳动合同行为的合法性审查内容，导致法院裁判与当事人诉讼请求以及争议焦点不一致；同时，也违背了民事主体从事民事活动所应当秉持的诚实信用这一基本原则，造成劳资双方权益保障的失衡。

本案中，孙贤锋与西区公司签订的劳动合同系双方真实意思表示，合法有效。劳动合同附件《奖励与处罚管理规定》作为用人单位的管理规章制度，不违反法律、行政法规的强制性规定，合法有效，对双方当事人均具有约束力。根据《奖励与处罚管理规定》，员工连续旷工 3 天（含）以上的，公司有权对其处以第五类处罚责任，即解除合同、永不录用。西区公司向孙贤锋送达的解除劳动合同通知书明确载明解除劳动合同的事由为孙贤锋无故旷工达 3 天以上，孙贤锋诉请法院审查的内容也是西区公司以其无故旷工达 3 天以上而解除劳动合同行为的合法性，故法院对西区公司解除劳动合同的合法性审查也应以解除劳动合同通知书载明的内容为限，而不能超越该诉争范围。虽然西区公司在庭审中另提出孙贤锋在工作期间存在不及时上交营业款、未穿工服、代他人刷考勤卡、在单位公共平台留言辱骂公司主管等其他违纪行为，也是严重违反用人单位规章制度，公司仍有权解除劳动合同，但是根据在案证据及西区公司的陈述，西区公司在已知孙贤锋存在上述行为的情况下，没有提出解除劳动合同，而是主动提出重新安排孙贤锋从事其他工作，在向孙贤锋出具解除劳动合同通知书时也没有将上述行为作为解除劳动合同的理由。对于西区公司在诉讼期间提出的上述主张，法院不予支持。

西区公司以孙贤锋无故旷工达 3 天以上为由解除劳动合同，应对孙贤锋无故旷工达 3 天以上的事实承担举证证明责任。但西区公司仅提供了本单位出具的员工考勤表为证，该考勤表未经孙贤锋签字确认，孙贤锋对此亦不予认可，认为是单位领导安排停工并提供刷卡失败视频为证。因孙贤锋在工作期间被安排停工，西区公司之后是否通知孙贤锋到公司报到、如何通知、通知时间等事实，西区公司均没有提供证据加以证明，故孙贤锋无故旷工 3 天以上的事实不清，西区公司应对此承担举证不能的不利后果，其以孙贤锋旷工违反公司规章制度为由解除劳动合同，缺少事实依据，属于违法解除劳动合同。

（生效裁判审判人员：王小姣、李季、戴立国）

指导案例181号：郑某诉霍尼韦尔自动化控制（中国）有限公司劳动合同纠纷案（最高人民法院审判委员会讨论通过，2022年7月4日发布）

关键词

民事/劳动合同/解除劳动合同/性骚扰/规章制度

裁判要点

用人单位的管理人员对被性骚扰员工的投诉，应采取合理措施进行处置。管理人员未采取合理措施或者存在纵容性骚扰行为、干扰对性骚扰行为调查等情形，用人单位以管理人员未尽岗位职责，严重违反规章制度为由解除劳动合同，管理人员主张解除劳动合同违法的，人民法院不予支持。

相关法条

《中华人民共和国劳动合同法》第三十九条

基本案情

郑某于2012年7月入职霍尼韦尔自动化控制（中国）有限公司（以下简称霍尼韦尔公司），担任渠道销售经理。霍尼韦尔公司建立有工作场所性骚扰防范培训机制，郑某接受过相关培训。霍尼韦尔公司《商业行为准则》规定经理和主管“应确保下属能畅所欲言且无须担心遭到报复，所有担忧或问题都能专业并及时地得以解决”，不允许任何报复行为。2017年版《员工手册》规定：对他人实施性骚扰、违反公司《商业行为准则》、在公司内部调查中做虚假陈述的行为均属于会导致立即辞退的违纪行为。上述规章制度在实施前经过该公司工会沟通会议讨论。

郑某与霍尼韦尔公司签订的劳动合同约定郑某确认并同意公司现有的《员工手册》及《商业行为准则》等规章制度作为本合同的组成部分。《员工手册》修改后，郑某再次签署确认书，表示已阅读、明白并愿接受2017年版《员工手册》内容，愿恪守公司政策作为在霍尼韦尔公司工作的前提条件。

2018年8月30日，郑某因认为下属女职工任某与郑某上级邓某（已婚）之间的关系有点僵，为“疏解”二人关系而找任某谈话。郑某提到昨天观察到邓某跟任某说了一句话，而任某没有回答，其还专门跑到任某处帮忙打圆场。任某提及其在刚入职时曾向郑某出示过间接上级邓某发送的性骚扰微信记录截屏，郑某当时对此答复“我就是不想掺和这个事”“我往后不想再回答你后面的事情”“我是觉得有点怪，我也不敢问”。谈话中，任某强调邓某是在对其进行性骚扰，邓某要求与其发展男女关系，并在其拒绝后继续不停骚扰，郑某不应责怪其不搭理邓某，也不要替邓某来对其进行敲打。郑某则表示“你如果这样干工作的话，让我很难过”“你越端着，他越觉得我要把你怎么样”“他这么直接，要是我的话，先靠近你，摸摸看，然后聊聊天”。

后至2018年11月，郑某以任某不合群等为由向霍尼韦尔公司人事部提出与任某解除劳动合同，但未能说明解除任某劳动合同的合理依据。人事部为此找任某了解情况。任某告知人事部其被间接上级邓某骚扰，郑某有意无意撮合其和邓某，其因拒绝骚扰行为而受到打击报复。霍尼韦尔公司为此展开调查。

2019年1月15日，霍尼韦尔公司对郑某进行调查，并制作了调查笔录。郑某未在调查笔录上签字，但对笔录记载的其对公司询问所做答复做了诸多修改。对于调查笔录中有无女员工向郑某反映邓某跟其说过一些不合适的话、对其进行性骚扰的提问所记录的“没有”的答复，郑某未作修改。

2019年1月31日，霍尼韦尔公司出具单方面解除函，以郑某未尽经理职责，在下属反映遭受间接上级骚扰后没有采取任何措施帮助下属不再继续遭受骚扰，反而对下属进行打击报复，在调查过程中就上述事实做虚假陈述为由，与郑某解除劳动合同。

2019年7月22日，郑某向上海市劳动争议仲裁委员会申请仲裁，要求霍尼韦尔公司支付违法解除劳动合同赔偿金368130元。该请求未得到仲裁裁决支持。郑某不服，以相同请求诉至上海市浦东新区人民法院。

裁判结果

上海市浦东新区人民法院于2020年11月30日作出（2020）沪0115民初10454号民事判决：驳回郑某的诉讼请求。郑某不服一审判决，提起上诉。上海市第一中级人民法院于2021年4月22日作出（2021）沪01民终2032号民事判决：驳回上诉，维持原判。

裁判理由

法院生效裁判认为，本案争议焦点在于：一、霍尼韦尔公司据以解除郑某劳动合同的《员工手册》和《商业行为准则》对郑某有无约束力；二、郑某是否存在足以解除劳动合同的严重违纪行为。

关于争议焦点一，霍尼韦尔公司据以解除郑某劳动合同的《员工手册》和《商业行为准则》对郑某有无约束力。在案证据显示，郑某持有异议的霍尼韦尔公司2017年版《员工手册》《商业行为准则》分别于2017年9月、2014年12月经霍尼韦尔公司工会沟通会议进行讨论。郑某与霍尼韦尔公司签订的劳动合同明确约定《员工手册》《商业行为准则》属于劳动合同的组成部分，郑某已阅读并理解和接受上述制度。在《员工手册》修订后，郑某亦再次签署确认书，确认已阅读、明白并愿接受2017年版《员工手册》，愿恪守公司政策作为在霍尼韦尔公司工作的前提条件。在此情况下，霍尼韦尔公司的《员工手册》《商业行为准则》应对郑某具有约束力。

关于争议焦点二，郑某是否存在足以解除劳动合同的严重违纪行为。一则，在案证据显示霍尼韦尔公司建立有工作场所性骚扰防范培训机制，郑某亦接受过相关培训。霍尼韦尔公司《商业行为准则》要求经理、主管等管理人员在下属提出担忧或问题时能够专业并及时帮助解决，不能进行打击报复。霍尼韦尔公司2017年版《员工手册》还将违反公司《商业行为准则》的行为列为会导致立即辞退的严重违纪行为范围。现郑某虽称相关女职工未提供受到骚扰的切实证据，其无法判断骚扰行为的真伪、对错，但从郑某在2018年8月30日谈话录音中对相关女职工初入职时向其出示的微信截屏所做的“我是觉得有点怪，我也不敢问”“我就是不想掺和这个事”的评述看，郑某本人亦不认为相关微信内容系同事间的正常交流，且郑某在相关女职工反复强调间接上级一直对她进行骚扰时，也未见郑某积极应对帮助解决，反而说“他这么直接，要是我的话，先靠近你，摸摸看，然后聊聊天”。所为皆为积极促成自己的下级与上级发展不正当关系。郑某的行为显然有悖其作为霍尼韦尔公司部门主管应尽之职责，其相关答复内容亦有违公序良俗。此外，依据郑某自述，其在2018年8月30日谈话后应已明确知晓相关女职工与间接上级关系不好的原因，但郑某不仅未采取积极措施，反而认为相关女职工处理不当。在任某明确表示对郑某性骚扰的抗拒后，郑某于2018年11月中旬向人事经理提出任某性格不合群，希望公司能解除与任某的劳动合同，据此霍尼韦尔公司主张郑某对相关女职工进行打击报复，亦属合理推断。二则，霍尼韦尔公司2017年版《员工手册》明确规定在公司内部调查中做虚假陈述的行为属于会导致立即辞退的严重违纪行为。霍尼韦尔公司提供的2019年1月15日调查笔录显示郑某在调查过程中存在虚假陈述情况。郑某虽称该调查笔录没有按照其所述内容记录，其不被允许修改很多内容，但此主张与郑某对该调查笔录中诸多问题的答复都进行过修改的事实相矛盾，法院对此不予采信。该调查笔录可以作为认定郑某存在虚假陈述的判断依据。

综上，郑某提出的各项上诉理由难以成为其上诉主张成立的依据。霍尼韦尔公司主张郑某存在严重违纪行为，依据充分，不构成违法解除劳动合同。对郑某要求霍尼韦尔公司支付违法解除劳动合同赔偿金368130元的上诉请求，不予支持。

（生效裁判审判人员：孙少君、韩东红、徐焰）

指导案例 182 号：彭宇翔诉南京市城市建设开发（集团）有限责任公司追索劳动报酬纠纷案（最高人民法院审判委员会讨论通过 2022 年 7 月 4 日发布）

关键词

民事/追索劳动报酬/奖金/审批义务

裁判要点

用人单位规定劳动者在完成一定绩效后可以获得奖金，其无正当理由拒绝履行审批义务，符合奖励条件的劳动者主张获奖条件成就，用人单位应当按照规定发放奖金的，人民法院应予支持。

相关法条

《中华人民共和国劳动法》第四条、《中华人民共和国劳动合同法》第三条

基本案情

南京市城市建设开发（集团）有限责任公司（以下简称城开公司）于 2016 年 8 月制定《南京城开集团关于引进投资项目的奖励暂行办法》（以下简称《奖励办法》），规定成功引进商品房项目的，城开公司将综合考虑项目规模、年化平均利润值合并表等综合因素，以项目审定的预期利润或收益为奖励基数，按照 0.1%—0.5%确定奖励总额。该奖励由投资开发部拟定各部门或其他人员的具体奖励构成后提出申请，经集团领导审议、审批后发放。2017 年 2 月，彭宇翔入职城开公司担任投资开发部经理。2017 年 6 月，投资开发部形成《会议纪要》，确定部门内部的奖励分配方案为总经理占部门奖金的 75%、其余项目参与人员占部门奖金的 25%。

彭宇翔履职期间，其所主导的投资开发部成功引进无锡红梅新天地、扬州 GZ051 地块、如皋约克小镇、徐州焦庄、高邮鸿基万和城、徐州彭城机械六项目，后针对上述六项目投资开发部先后向城开公司提交了六份奖励申请。

直至彭宇翔自城开公司离职，城开公司未发放上述奖励。彭宇翔经劳动仲裁程序后，于法定期限内诉至法院，要求城开公司支付奖励 1689083 元。

案件审理过程中，城开公司认可案涉六项目初步符合《奖励办法》规定的受奖条件，但以无锡等三项目的奖励总额虽经审批但具体的奖金分配明细未经审批，以及徐州等三项目的奖励申请未经审批为由，主张彭宇翔要求其支付奖金的请求

不能成立。对于法院“如彭宇翔现阶段就上述项目继续提出奖励申请，城开公司是否启动审核程序”的询问，城开公司明确表示拒绝，并表示此后也不会再启动六项目的审批程序。此外，城开公司还主张，彭宇翔在无锡红梅新天地项目、如皋约克小镇项目中存在严重失职行为，二项目存在严重亏损，城开公司已就拿地业绩突出向彭宇翔发放过奖励，但均未提交充分的证据予以证明。

裁判结果

南京市秦淮区人民法院于2018年9月11日作出（2018）苏0104民初6032号民事判决：驳回彭宇翔的诉讼请求。彭宇翔不服，提起上诉。江苏省南京市中级人民法院于2020年1月3日作出（2018）苏01民终10066号民事判决：一、撤销南京市秦淮区人民法院（2018）苏0104民初6032号民事判决；二、城开公司于本判决生效之日起十五日内支付彭宇翔奖励1259564.4元。

裁判理由

法院生效裁判认为：本案争议焦点为城开公司应否依据《奖励办法》向彭宇翔所在的投资开发部发放无锡红梅新天地等六项目奖励。

首先，从《奖励办法》设置的奖励对象来看，投资开发部以引进项目为主要职责，且在城开公司引进各类项目中起主导作用，故其系该文适格的被奖主体；从《奖励办法》设置的奖励条件来看，投资开发部已成功为城开公司引进符合城开公司战略发展目标的无锡红梅新天地、扬州GZ051地块、如皋约克小镇、徐州焦庄、高邮鸿基万和城、徐州彭城机械六项目，符合该文规定的受奖条件。故就案涉六项目而言，彭宇翔所在的投资开发部形式上已满足用人单位规定的奖励申领条件。城开公司不同意发放相应的奖励，应当说明理由并对此举证证明。但本案中城开公司无法证明无锡红梅新天地项目、如皋约克小镇项目存在亏损，也不能证明彭宇翔在二项目中确实存在失职行为，其关于彭宇翔不应重复获奖的主张亦因欠缺相应依据而无法成立。故而城开公司主张彭宇翔所在的投资开发部实质不符合依据《奖励办法》获得奖励的理由法院不予采纳。

其次，案涉六项目奖励申请未经审核或审批程序尚未完成，不能成为城开公司拒绝支付彭宇翔项目奖金的理由。城开公司作为奖金的设立者，有权设定相应的考核标准、考核或审批流程。其中，考核标准系员工能否获奖的实质性评价因素，考核流程则属于城开公司为实现其考核权所设置的程序性流程。在无特殊规定的前提下，因流程本身并不涉及奖励评判标准，故而是否经过审批流程不能成为员工能否获得奖金的实质评价要素。城开公司也不应以六项目的审批流程未启动或未完成为由，试图阻却彭宇翔获取奖金的实体权利的实现。此外，对劳动者的奖励申请进行实体审批，不仅是用人单位的权利，也是用人单位的义务。本案中，《奖励办法》所设立的奖励系城开公司为鼓励员工进行创造性劳动所承诺给员工的超额劳动报酬，其性质上属于国家统计局《关于工资总额组成的规定》第7条规定中的“其他奖金”，此时《奖励办法》不仅应视为城开公司基于用工自主权而对员工行使的单方激励行为，还应视为城开公司与包括彭宇翔在内的不特定员工就该项奖励的获取形成的约定。现彭宇翔通过努力达到《奖励办法》所设奖励的获取条件，其向城开公司提出申请要求兑现该超额劳动报酬，无论是基于诚实信用原则，还是基于按劳取酬原则，城开公司皆有义务启动审核程序对该奖励申请进行核查，以确定彭宇翔关于奖金的权利能否实现。比如，城开公司拒绝审核，应说明合理理由。本案中，城开公司关于彭宇翔存在失职行为及案涉项目存在亏损的主张因欠缺事实依据不能成立，该公司也不能对不予审核的行为作出合理解释，其拒绝履行审批义务的行为已损害彭宇翔的合法权益，对此应承担相应的不利后果。

综上，法院认定案涉六项目奖励的条件成就，城开公司应当依据《奖励办法》向彭宇翔所在的投资开发部发放奖励。

（生效裁判审判人员：冯驰、吴晓静、陆红霞）

指导案例183号：房玥诉中美联泰大都会人寿保险有限公司劳动合同纠纷案（最高人民法院审判委员会讨论通过2022年7月4日发布）

关键词

民事/劳动合同/离职/年终奖

裁判要点

年终奖发放前离职的劳动者主张用人单位支付年终奖的，人民法院应当结合劳动者的离职原因、离职时间、工作表现以及对单位的贡献程度等因素进行综合考量。用人单位的规章制度规定年终奖发放前离职的劳动者不能享有年终奖，但劳动合同的解除非因劳动者单方过失或主动辞职所导致，且劳动者已经完成年度工作任务，用人单位不能证明劳动者的工作业绩及表现不符合年终奖发放标准，年终奖发放前离职的劳动者主张用人单位支付年终奖的，人民法院应予支持。

相关法条

《中华人民共和国劳动合同法》第四十条

基本案情

房玥于2011年1月至中美联泰大都会人寿保险有限公司（以下简称大都会公司）工作，双方之间签订的最后一份劳动合同履行日期为2015年7月1日至2017年6月30日，约定房玥担任战略部高级经理一职。2017年10月，大都会公司对其组织架构进行调整，决定撤销战略部，房玥所任职的岗位因此被取消。双方就变更劳动合同等事宜展开了近两个月的协商，未果。12月29日，大都会公司以客观情况发生重大变化、双方未能就变更劳动合同协商达成一致，向房玥发出《解除劳动合同通知书》。房玥对解除决定不服，经劳动仲裁程序后起诉要求恢复与大都会公司之间的劳动关系并诉求2017年8—12月未签劳动合同二倍工资差额、2017年度奖金等。大都会公司的《员工手册》规定：年终奖金根据公司政策，按公司业绩、员工表现计发，前提是该员工在当年度10月1日前已入职，若员工在奖金发放月或之前离职，则不能享有。据查，大都会公司每年度年终奖会在次年3月左右发放。

裁判结果

上海市黄浦区人民法院于2018年10月29日作出（2018）沪0101民初10726号民事判决：一、大都会公司于判决生效之日起七日内向原告房玥支付2017年8—12月未签劳动合同双倍工资差额人民币192500元；二、房玥的其他诉讼请求均不予支持。房玥不服，上诉至上海市第二中级人民法院。上海市第二中级人民法院于2019年3月4日作出（2018）沪02民终11292号民事判决：一、维持上海市黄浦区人民法院（2018）沪0101民初10726号民事判决第一项；二、撤销上海市黄浦区人民法院（2018）沪0101民初10726号民事判决第二项；三、大都会公司于判决生效之日起七日内支付上诉人房玥2017年度年终奖税前人民币138600元；四、房玥的其他请求不予支持。

裁判理由

法院生效裁判认为：本案的争议焦点系用人单位以客观情况发生重大变化为依据解除劳动合同，导致劳动者不符合员工手册规定的年终奖发放条件时，劳动者是否可以获得相应的年终奖。对此，一审法院认为，大都会公司的《员工手册》明确规定了奖金发放情形，房玥在大都会公司发放2017年度奖金之前已经离职，不符合奖金发放情形，故对房玥要求2017年度奖金之请求不予支持。二审法院经过审理后认为，现行法律法规并没有强制规定年终奖应如何发放，用人单位有权根据本单位的经营状况、员工的业绩表现等，自主确定奖金发放与否、发放条件及发放标准，但是用人单位制定的发放规则仍应遵循公平合理原则，对于在年终奖发放之前已经离职的劳动者可否获得年终奖，应当结合劳动者离职的原因、时间、工作表现和对单位的贡献程度等多方面因素综合考量。本案中，大都会公司对其组织架构进行调整，双方未能就劳动合同的变更达成一致，导致劳动合同被解除。房玥在大都会公司工作至2017年12月29日，此后两日系双休日，表明房玥在2017年度已在大都会公司工作满一年；在大都会公司未举证房玥的2017年度工作业绩、表现等方面不符合规定的情况下，可以认定房玥在该年度为大都会公司付出了一整年的劳动且正常履行了职责，为大都会公司作出了应有的贡献。基于上述理由，大都会公司关于房玥在年终奖发放月之前已离职而不能享有该笔奖金的主张缺乏合理性。故对房玥诉求大都会公司支付2017年度年终奖，应予支持。

（生效裁判审判人员：郭征海、谢亚琳、易苏苏）

指导案例184号：马筱楠诉北京搜狐新动力信息技术有限公司竞业限制纠纷案（最高人民法院审判委员会讨论通过2022年7月4日发布）

关键词

民事/竞业限制/期限/约定无效

裁判要点

用人单位与劳动者在竞业限制条款中约定，因履行竞业限制条款发生争议申请仲裁和提起诉讼的期间不计入竞业限制期限的，属于《劳动合同法》第二十六条第一款第（二）项规定的“用人单位免除自己的法定责任、排除劳动者权利”的情形，应当认定为无效。

相关法条

《中华人民共和国劳动合同法》第二十三条第二款、第二十四条、第二十六条第一款

基本案情

马筱楠于2005年9月28日入职北京搜狐新动力信息技术有限公司（以下简称搜狐新动力公司），双方最后一份劳动合同期限自2014年2月1日起至2017年2月28日止，马筱楠担任高级总监。2014年2月1日，搜狐新动力公司（甲方）与马筱楠（乙方）签订《不竞争协议》，其中第3.3款约定：“……竞业限制期限从乙方离职之日开始计算，最长不超过12个月，具体的月数根据甲方向乙方实际支

付的竞业限制补偿费计算得出。但如因履行本协议发生争议而提起仲裁或诉讼时，则上述竞业限制期限应将仲裁和诉讼的审理期限扣除；即乙方应履行竞业限制义务的期限，在扣除仲裁和诉讼审理的期限后，不应短于上述约定的竞业限制月数。”2017年2月28日劳动合同到期，双方劳动关系终止。2017年3月24日，搜狐新动力公司向马筱楠发出《关于要求履行竞业限制义务和领取竞业限制经济补偿费的告知函》，要求其遵守《不竞争协议》，全面并适当履行竞业限制义务。马筱楠自搜狐新动力公司离职后，于2017年3月中旬与优酷公司开展合作关系，后于2017年4月底离开优酷公司，违反了《不竞争协议》。搜狐新动力公司以要求确认马筱楠违反竞业限制义务并双倍返还竞业限制补偿金、继续履行竞业限制义务、赔偿损失并支付律师费为由向北京市劳动人事争议仲裁委员会申请仲裁，仲裁委员会作出京劳人仲字〔2017〕第339号裁决：一、马筱楠一次性双倍返还搜狐新动力公司2017年3月、4月竞业限制补偿金共计177900元；二、马筱楠继续履行对搜狐新动力公司的竞业限制义务；三、驳回搜狐新动力公司的其他仲裁请求。马筱楠不服，于法定期限内向北京市海淀区人民法院提起诉讼。

裁判结果

北京市海淀区人民法院于2018年3月15日作出（2017）京0108民初45728号民事判决：一、马筱楠于判决生效之日起七日内向搜狐新动力公司双倍返还2017年3月、4月竞业限制补偿金共计177892元；二、确认马筱楠无须继续履行对搜狐新动力公司的竞业限制义务。搜狐新动力公司不服一审判决，提起上诉。北京市第一中级人民法院于2018年8月22日作出（2018）京01民终5826号民事判决：驳回上诉，维持原判。

裁判理由

法院生效裁判认为：本案争议焦点为《不竞争协议》第3.3款约定的竞业限制期限的法律适用问题。搜狐新动力公司上诉主张该协议第3.3款约定有效，马筱楠的竞业限制期限为本案仲裁和诉讼的实际审理期限加上12个月，以实际发生时间为准且不超过二年，但本院对其该项主张不予采信。

一、竞业限制协议的审查

法律虽然允许用人单位可以与劳动者约定竞业限制义务，但同时对双方约定竞业限制义务的内容作了强制性规定，即以效力性规范的方式对竞业限制义务所适用的人员范围、竞业领域、限制期限均作出明确限制，且要求竞业限制约定不得违反法律、法规的规定，以期在保护用人单位商业秘密、维护公平竞争市场秩序的同时，亦防止用人单位不当运用竞业限制制度对劳动者的择业自由权造成过度损害。

二、“扣除仲裁和诉讼审理期限”约定的效力

本案中，搜狐新动力公司在《不竞争协议》第3.3款约定马筱楠的竞业限制期限应扣除仲裁和诉讼的审理期限，该约定实际上要求马筱楠履行竞业限制义务的期限为：仲裁和诉讼程序的审理期限+实际支付竞业限制补偿金的月数（最长不超过12个月）。一方面，从劳动者择业自由权角度来看，虽然法律对于仲裁及诉讼程序的审理期限均有法定限制，但就具体案件而言该期限并非具体确定的期间，将该期间作为竞业限制期限的约定内容，不符合竞业限制条款应具体明确的立法目的。加之劳动争议案件的特殊性，相当数量的案件需要经过“一裁两审”程序，上述约定使得劳动者一旦与用人单位发生争议，则其竞业限制期限将被延长至不可预期且相当长的一段期间，乃至达到二年。这实质上造成了劳动者的择业自由权在一定期间内处于待定状态。另一方面，从劳动者司法救济权角度来看，对于劳动者一方，如果其因履行《不竞争协议》与搜狐新动力公司发生争议并提起仲裁和诉讼，依照该协议第3.3款约定，仲裁及诉讼审理期间劳动者仍需履行竞业限制义务，即出现其竞业限制期限被延长的结果。如此便使劳动者陷入“寻求司法救济则其竞业限制期限被延长”“不寻求司法救济则其权益受损害”的两难境地，在一定程度上限制了劳动者的司法救济权利；而对于用人单位一方，该协议第3.3款使得搜狐新动力公司无须与劳动者进行协商，即可通过提起仲裁和诉讼的方式单方地、变相地延长劳动者的竞业限制期限，在一定程度上免除了其法定责任。综上，法院认为，《不竞争协议》第3.3款中关于竞业限制期限应将仲裁和诉讼的审理期限扣除的约定，即“但如因履行本协议发生争议而提起仲裁或诉讼时……乙方应履行竞业限制义务的期限，在扣除仲裁和诉讼审理的期限后，不应短于上述约定的竞业限制月数”的部分，属于《劳动合同法》第二十六条第一款第（二）项规定的“用人单位免除自己的法定责任、排除劳动者权利”的情形，应属无效。而根据该法第二十七条规定，劳动合同部分无效，不影响其他部分效力的，其他部分仍然有效。

三、本案竞业限制期限的确定

据此，依据《不竞争协议》第3.3款仍有效部分的约定，马筱楠的竞业限制期限应依据搜狐新动力公司向其支付竞业限制补偿金的月数确定且最长不超过12个月。鉴于搜狐新动力公司已向马筱楠支付2017年3月至2018年2月的竞业限制

补偿金，马筱楠的竞业限制期限已经届满，其无须继续履行对搜狐新动力公司的竞业限制义务。

（生效裁判审判人员：赵悦、王丽蕊、何锐）

指导案例185号：闫某诉浙江喜来登度假村有限公司平等就业权纠纷案（最高人民法院审判委员会讨论通过，2022年7月4日发布）

关键词

民事/平等就业权/就业歧视/地域歧视

裁判要点

用人单位在招用人员时，基于地域、性别等与“工作内在要求”无必然联系的因素，对劳动者进行无正当理由的差别对待的，构成就业歧视，劳动者以平等就业权受到侵害，请求用人单位承担相应法律责任的，人民法院应予支持。

相关法条

《中华人民共和国就业促进法》第三条、第二十六条

基本案情

2019年7月，浙江喜来登度假村有限公司（以下简称喜来登公司）通过智联招聘平台向社会发布了一批公司人员招聘信息，其中包含“法务专员”“董事长助理”两个岗位。2019年7月3日，闫某通过智联招聘手机客户端软件针对喜来登公司发布的前述两个岗位分别投递了求职简历。闫某投递的求职简历中，包含姓名、性别、出生年月、户口所在地、现居住城市等个人基本信息，其中户口所在地填写为“某省某市”，现居住城市填写为“浙江杭州西湖区”。据杭州市杭州互联网公证处出具的公证书记载，公证人员使用闫某的账户、密码登录智联招聘手机客户端，显示闫某投递的前述“董事长助理”岗位在2019年7月4日14点28分被查看，28分时给出岗位不合适的结论，“不合适原因：某地人”；“法务专员”岗位在同日14点28分被查看，29分时给出岗位不合适的结论，“不合适原因：某地人”。闫某因案涉公证事宜，支出公证费用1000元。闫某向杭州互联网法院提起诉讼，请求判令喜来登公司赔礼道歉、支付精神抚慰金以及承担诉讼相关费用。

裁判结果

杭州互联网法院于2019年11月26日作出（2019）浙0192民初6405号民事判决：一、被告喜来登公司于本判决生效之日起十日内赔偿原告闫某精神抚慰金及合理维权费用损失共计10000元。二、被告喜来登公司于本判决生效之日起十

日内，向原告闫某进行口头道歉并在《法制日报》公开登报赔礼道歉（道歉声明的内容须经本院审核）；逾期不履行，本院将在国家级媒体刊登判决书主要内容，所需费用由被告喜来登公司承担。三、驳回原告闫某其他诉讼请求。宣判后，闫某、喜来登公司均提起上诉。杭州市中级人民法院于2020年5月15日作出（2020）浙01民终736号民事判决：驳回上诉，维持原判。

裁判理由

法院生效裁判认为：平等就业权是劳动者依法享有的一项基本权利，既具有社会权利的属性，亦具有民法上的私权属性，劳动者享有平等就业权是其人格独立和意志自由的表现，侵害平等就业权在民法领域侵害的是一般人格权的核心内容——人格尊严，人格尊严重要的方面就是要求平等对待，就业歧视往往会使人产生一种严重的受侮辱感，对人的精神健康甚至身体健康造成损害。据此，劳动者可以在其平等就业权受到侵害时向人民法院提起民事诉讼，寻求民事侵权救济。

闫某向喜来登公司两次投递求职简历，均被喜来登公司以“某地人”不合适为由予以拒绝，显然在针对闫某的案涉招聘过程中，喜来登公司使用了主体来源的地域空间这一标准对人群进行归类，并根据这一归类标准而给予闫某低于正常情况下应当给予其他人的待遇，即拒绝录用，可以认定喜来登公司因“某地人”这一地域事由要素对闫某进行了差别对待。

《就业促进法》第三条在明确规定民族、种族、性别、宗教信仰四种法定禁止区分事由时使用“等”字结尾，表明该条款是一个不完全列举的开放性条款，即法律除认为前述四种事由构成不合理差别对待的禁止性事由外，还存在与前述事由性质一致的其他不合理事由，亦为法律所禁止。何种事由属于前述条款中“等”的范畴，一个重要的判断标准就是，用人单位是根据劳动者的专业、学历、工作经验、工作技能以及职业资格等与“工作内在要求”密切相关的“自获因素”进行选择，还是基于劳动者的性别、户籍、身份、地域、年龄、外貌、民族、种族、宗教等与“工作内在要求”没有必然联系的“先赋因素”进行选择，后者构成为法律禁止的不合理就业歧视。劳动者的“先赋因素”，是指人们出生伊始所具有的人力难以选择和控制的因素，法律作为一种社会评价和调节机制，不应该基于人力难以选择和控制的因素给劳动者设置不平等条件；反之，应消除这些因素给劳动者带来的现实上的不平等，将与“工作内在要求”没有任何关联性的“先赋因素”作为就业区别对待的标准，根本违背了公平正义的一般原则，不具有正当性。

本案中，喜来登公司以地域事由要素对闫某的求职请申请进行区别对待，而地域事由属于闫某乃至任何人都无法自主选择、控制的与生俱来的“先赋因素”，在喜来登公司无法提供客观有效的证据证明，地域要素与闫某申请的工作岗位之间存在必然的内在关联或存在其他的合法目的的情况下，喜来登公司的区分标准不具有合理性，构成法定禁止事由。故喜来登公司在案涉招聘活动中提出与职业没有必然联系的地域事由对闫某进行区别对待，构成对闫某的就业歧视，损害了闫某平等地获得就业机会和就业待遇的权益，主观上具有过错，构成对闫某平等就业权的侵害，依法应承担公开赔礼道歉并赔偿精神抚慰金及合理维权费用的民事责任。

（生效裁判审判人员：石清荣、俞建明、孔文超）

指导案例 190 号：王山诉万得信息技术股份有限公司竞业限制纠纷案（最高人民法院审判委员会讨论通过 2022 年 12 月 8 日发布）

关键词

民事/竞业限制/审查标准/营业范围

裁判要点

人民法院在审理竞业限制纠纷案件时，审查劳动者自营或者新入职单位与原用人单位是否形成竞争关系，不应仅从依法登记的经营范围是否重合进行认定，还应当结合实际经营内容、服务对象或者产品受众、对应市场等方面是否重合进行综合判断。劳动者提供证据证明自营或者新入职单位与原用人单位的实际经营内容、服务对象或者产品受众、对应市场等不相同，主张不存在竞争关系的，人民法院应予支持。

相关法条

《中华人民共和国劳动合同法》第 23 条、第 24 条

基本案情

王山于 2018 年 7 月 2 日进入万得信息技术股份有限公司（以下简称万得公司）工作，双方签订了期限为 2018 年 7 月 2 日至 2021 年 8 月 31 日的劳动合同，约定王山就职智能数据分析工作岗位，月基本工资 4500 元、岗位津贴 15500 元，合计 20000 元。

2019 年 7 月 23 日，王山、万得公司又签订《竞业限制协议》，对竞业行为、竞业限制期限、竞业限制补偿金等内容进行了约定。2020 年 7 月 27 日，王山填写辞职申请表，以个人原因为由解除与万得公司的劳动合同。

2020年8月5日，万得公司向王山发出《关于竞业限制的提醒函》，载明“……您（即王山）从离职之日2020年7月27日起须承担竞业限制义务，不得到竞业企业范围内工作或任职。从本月起我们将向您支付竞业限制补偿金，请您在收到竞业限制补偿金的10日内，提供新单位签订的劳动合同及社保记录，若为无业状态的请由所在街道办事处等国家机关出具您的从业情况证明。若您违反竞业限制义务或其他义务，请于10日内予以改正，继续违反竞业协议约定的，则公司有权再次要求您按《竞业限制协议》约定承担违约金，违约金标准为20万元以上，并应将公司在离职后支付的竞业限制补偿金全部返还……”。

2020年10月12日，万得公司向王山发出《法务函》，再次要求王山履行竞业限制义务。

另查明，万得公司的经营范围包括：计算机软硬件的开发、销售，计算机专业技术领域及产品的技术开发、技术转让、技术咨询、技术服务。

王山于2020年8月6日加入上海哔哩哔哩科技有限公司（以下简称哔哩哔哩公司），按照营业执照记载，该公司经营范围包括：信息科技、计算机软硬件、网络科技领域内的技术开发、技术转让、技术咨询、技术服务等。

王山、万得公司一致确认：王山竞业限制期限为2020年7月28日至2022年7月27日；万得公司已支付王山2020年7月28日至2020年9月27日竞业限制补偿金6796.92元。

2020年11月13日，万得公司向上海市浦东新区劳动人事争议仲裁委员会申请仲裁，要求王山：1. 按双方签订的《竞业限制协议》履行竞业限制义务；2. 返还2020年8月、9月支付的竞业限制补偿金6796元；3. 支付竞业限制违约金200万元。2021年2月25日，仲裁委员会作出裁决：王山按双方签订的《竞业限制协议》继续履行竞业限制义务，王山返还万得公司2020年8月、9月支付的竞业限制补偿金6796元，王山支付万得公司竞业限制违约金200万元。王山不服仲裁裁决，诉至法院。

裁判结果

上海市浦东新区人民法院于2021年6月29日作出（2021）沪0115民初35993号民事判决：一、王山与万得公司继续履行竞业限制义务；二、王山于本判决生效之日起十日内返还万得公司2020年7月28日至2020年9月27日竞业限制补偿金6796元；三、王山于本判决生效之日起十日内支付万得公司违反竞业限制违约金240000元。王山不服一审判决，提起上诉。上海市第一中级人民法院于2022年

1月26日作出（2021）沪01民终12282号民事判决：一、维持上海市浦东新区人民法院（2021）沪0115民初35993号民事判决第一项；二、撤销上海市浦东新区人民法院（2021）沪0115民初35993号民事判决第二项、第三项；三、上诉人王山无需向被上诉人万得公司返还2020年7月28日至2020年9月27日竞业限制补偿金6796元；四、上诉人王山无需向被上诉人万得公司支付违反竞业限制违约金200万元。

裁判理由

法院生效裁判认为：关于王山是否违反了竞业限制协议的问题。所谓竞业限制是指对原用人单位负有保密义务的劳动者，于离职后在约定的期限内，不得生产、自营或为他人生产、经营与原用人单位有竞争关系的同类产品及业务，不得在与原用人单位具有竞争关系的用人单位任职。竞业限制制度的设置系为了防止劳动者利用其所掌握的原用人单位的商业秘密为自己或为他人谋利，从而抢占了原用人单位的市场份额，给原用人单位造成损失。所以考量劳动者是否违反竞业限制协议，最为核心的是应评判原用人单位与劳动者自营或者入职的单位之间是否形成竞争关系。

需要说明的是，正是因为竞业限制制度在保护用人单位权益的同时对劳动者的就业权利有一定的限制，所以在审查劳动者是否违反了竞业限制义务时，应当全面客观地审查劳动者自营或入职公司与原用人单位之间是否形成竞争关系。一方面考虑到实践中往往存在企业登记经营事项和实际经营事项不相一致的情形，另一方面考虑到经营范围登记类别是工商部门划分的大类，所以这种竞争关系的审查，不应拘泥于营业执照登记的营业范围，否则对劳动者抑或对用人单位都可能造成不公平。故在具体案件中，还可以从两家企业实际经营的内容是否重合、服务对象或者所生产产品的受众是否重合、所对应的市场是否重合等多角度进行审查，以还原事实之真相，从而能兼顾用人单位和劳动者的利益，以达到最终的平衡。

本案中，万得公司的经营范围为计算机软硬件的开发、销售、计算机专业技术领域及产品的技术开发、技术转让、技术咨询、技术服务。而哔哩哔哩公司的经营范围包括从事信息科技、计算机软硬件、网络科技领域内的技术开发、技术转让、技术咨询、技术服务等。对比两家公司的经营范围，确实存在一定的重合。但互联网企业往往在注册登记时，经营范围都包含了软硬件开发、技术咨询、技术转让、技术服务。若仅以此为据，显然会对互联网就业人员尤其是软件工程师再就业造成极大障碍，对社会人力资源造成极大的浪费，也有悖于竞业限制制度的立法本意。故在判断是否构成竞争关系时，还应当结合公司实际经营内容及受众等因素加以综合评判。

本案中，王山举证证明万得公司在其 Wind 金融手机终端上宣称 Wind 金融终端是数十万金融专业人士的选择、最佳的中国金融业生产工具和平台。而万得公司的官网亦介绍，“万得公司（以下简称 Wind）是中国大陆领先的金融数据、信息和软件服务企业，在国内金融信息服务行业处于领先地位，是众多证券公司、基金管理公司、保险公司、银行、投资公司、媒体等机构不可或缺的重要合作伙伴，在国际市场中，Wind 同样受到了众多中国证监会批准的合格境外机构投资者的青睐。此外，知名的金融学术研究机构和权威的监管机构同样是 Wind 的客户；权威的中英文媒体、研究报告、学术论文也经常引用 Wind 提供的数据……”由此可见，万得公司目前的经营模式主要是提供金融信息服务，其主要的受众为相关的金融机构或者金融学术研究机构。而反观哔哩哔哩公司，众所周知其主营业务是文化社区和视频平台，即提供网络空间供用户上传视频、进行交流。其受众更广，尤其年轻人对其青睐有加。两者对比，不论是经营模式、对应市场还是受众，都存在显著差别。即使普通百姓，也能轻易判断两者之差异。虽然哔哩哔哩公司还涉猎游戏、音乐、影视等领域，但尚无证据显示其与万得公司经营的金融信息服务存在重合之处。在此前提下，万得公司仅以双方所登记的经营范围存在重合即主张两家企业形成竞争关系，尚未完成其举证义务。且万得公司在竞业限制协议中所附录的重点限制企业均为金融信息行业，足以表明万得公司自己也认为其主要的竞争对手应为金融信息服务企业。故一审法院仅以万得公司与哔哩哔哩公司的经营范围存在重合，即认定王山入职哔哩哔哩公司违反了竞业限制协议的约定，继而判决王山返还竞业限制补偿金并支付违反竞业限制违约金，有欠妥当。

关于王山是否应当继续履行竞业限制协议的问题。王山与万得公司签订的竞业限制协议不存在违反法律法规强制性规定的内容，故该协议合法有效，对双方均有约束力。因协议中约定双方竞业限制期限为 2020 年 7 月 28 日至 2022 年 7 月 27 日，目前尚在竞业限制期限内。故一审法院判决双方继续履行竞业限制协议，并无不当。王山主张无需继续履行竞业限制协议，没有法律依据。需要强调的是，根据双方的竞业限制协议，王山应当按时向万得公司报备工作情况，以供万得公司判断其是否违反了竞业限制协议。本案即是因为王山不履行报备义务导致万得公司产生合理怀疑，进而产生了纠纷。王山在今后履行竞业限制协议时，应恪守约定义务，诚信履行协议。

（生效裁判审判人员：王茜、周寅、郑东和）

二、《最高人民法院公报》案例选

1. 王云飞诉施耐德电气（中国）投资有限公司上海分公司劳动争议纠纷案

《最高人民法院公报》2009年第11期（总第157期）

［裁判摘要］

竞业禁止是指负有特定义务的劳动者从原用人单位离职后，在一定期间内不得自营或为他人经营与原用人单位有直接竞争关系的业务。根据有关法律、行政法规的规定，用人单位与负有保守商业秘密义务的劳动者，可以在劳动合同或者保密协议中约定竞业禁止条款，同时应约定在解除或者终止劳动合同后，给予劳动者一定的竞业禁止经济补偿；未约定给予劳动者竞业禁止经济补偿，或者约定的竞业禁止经济补偿数额过低、不符合相关规定的，该竞业禁止条款对劳动者不具有约束力。

原告：王云飞，男，南京菲尼克斯电气有限公司职员，住江苏省南通市望江楼新村。

被告：施耐德电气（中国）投资有限公司上海分公司，住所地：上海市普陀区绥德路。

法定代表人：杜华君，该公司董事长。

原告王云飞因与被告施耐德电气（中国）投资有限公司上海分公司（以下简称施耐德上海分公司）发生劳动争议纠纷，向江苏省南京市鼓楼区人民法院提起诉讼。

原告王云飞诉称：2005年8月，原告与被告施耐德上海分公司签订劳动合同，原告就职于被告的南京办事处。同月，双方又签订了《保密和竞业禁止协议》，但是该协议关于竞业禁止经济补偿、竞业禁止业务限制范围、竞业禁止区域限制范围等方面的规定明显不合理，故该协议中的竞业禁止条款对原告不具有约束力。原告离职后到南京菲尼克斯电气有限公司（以下简称菲尼克斯公司）工作，该公司与被告原本不存在业务竞争关系，但被告认为其与菲尼克斯公司存在竞争关系，原告离职后到菲尼克斯公司工作的行为违反了竞业禁止义务。2007年7月17日，被告向上海市普陀区劳动争议仲裁委员申请劳动仲裁，要求原告承担竞业禁止违约金 66600 元，并继续履行双方约定的竞业禁止义务。2007 年 9 月 20 日，上海市普陀区仲裁委员会裁决原告承担竞业禁止违约金 66600 元，但施耐德上海分公司的其他请求不予支持。原告不服该仲裁裁决，请求法院依法确认涉案《保密和竞业禁止协议》中的竞业禁止条款对原告不具有约束力，判令原告不承担违约责任。

被告施耐德上海分公司辩称：原告王云飞自愿与被告签订《保密和竞业禁止协议》，双方约定原告离职后 1 年内不得到与被告具有业务竞争关系的公司工作。但是在被告向原告支付了竞业禁止补偿金后，原告却到与被告具有业务竞争关系的菲尼克斯公司就职，其行为违反了双方关于竞业禁止的约定，应当按照已领取的竞业禁止补偿金的三倍向被告给付违约金。请求法院依法判决。

南京市鼓楼区人民法院一审查明：

原告王云飞于 2005 年 8 月 29 日到被告施耐德上海分公司工作，双方签订了劳动合同，原告的工作地点在江苏省南京市。同日，双方签订了《保密和竞业禁止协议》，该协议约定：竞争业务是 i 公司或其关联公司从事或者计划从事的业务与 ii 公司或者关联公司所经营的业务相同、相近或相竞争的其他业务；竞争对手是除公司或其关联公司外从事竞争业务的任何个人、公司、合伙、合资企业、独资企业或其他实体，包括 Phoenix Rockwell Automation，Rittal 等公司；区域是中华人民共和国境内。披露禁止是指雇员应对公司保密信息严格保密，在其与公司的聘用关系解除时不得以任何方式删改、锁定、复制保密信息，并应立即向公司返还所有保密信息及其载体和复印件；雇员同意在公司解除期间及其解除与公司的雇佣关系五年内，不以任何方式向公司或其关联公司的任何与使用保密信息工作无关的雇员、向任何竞争对手或者为公司利益之外的任何目的向任何其他个人和实体披露公司任何保密信息的全部或部分，除非该披露是法律所要求的。竞业禁止是指雇员承诺在解除与公司雇佣关系的一年内，不得在区域内部直接或者间接地投资或从事与公司业务相竞争的业务，或成立从事竞争业务的组织，或者向竞争对手提供任何服务或向其披露任何保密信息，不得正式或临时受雇于竞争对手或作为竞争对手的代理或代表从事活动。公司同雇员签订的劳动合同终止或者解除后，作为对雇员遵守披露禁止和竞业禁止承诺的经济补偿，公司将向雇员支付相当于其离职前一个月基本工资的竞业禁止补偿费；比如，雇员违背本合同义务，公司有权要求雇员停止侵害，解除与竞争对手的劳动、雇佣关系，并向公司赔偿相当于竞业禁止补偿费三倍的违约金。

2007 年 4 月 30 日，原告王云飞从被告施耐德上海分公司处离职。被告称其于

2007 年 7 月 7 日得知原告在菲尼克斯公司工作。被告认为菲尼克斯公司与其存在业务竞争关系，原告离职后到菲尼克斯公司工作的行为违反了双方签订的《保密和竞业禁止协议》中确定的竞业禁止义务。2007 年 7 月 17 日，被告向上海市普陀区劳动争议仲裁委员申请劳动仲裁，要求原告承担竞业禁止违约金 66600 元，并继续履行双方约定的竞业禁止义务。2007 年 9 月 20 日，上海市普陀区仲裁委员会裁决原告承担竞业禁止违约金 66600 元，但施耐德上海分公司的其他请求不予支持。原告不服该仲裁裁决，于 2007 年 9 月 25 日提起本案诉讼。庭审中，原告认可自己在菲尼克斯公司工作，但认为该公司与被告只存在一些产品的交叉互补，不存在业务竞争关系。

另查明：被告施耐德上海分公司于 2007 年 6 月汇入原告王云飞的银行账户 24814.50 元。被告述称该笔款项是截止到 2007 年 4 月原告的报酬，包括基本工资 6800 元、竞业禁止补偿金 20400 元，上述费用扣除保险费和税费后，实发数额为 24814.50 元。同时被告表示，竞业禁止补偿金 20400 元是按照原告离职前三个月的基本工资计算的。原告对收到上述款项无异议，但表示不清楚该笔款项的构成。被告提供原告离职前十二个月的收入明细，证明原告总收入税前为 114306 元，税后为 88199.09 元。原告对此表示异议，但其提供的 2006 年 12 月工资单载明其税后收入为 6663 元，与被告陈述的数额基本一致。

被告施耐德上海分公司提交该公司和菲尼克斯公司的产品介绍，用以证明两公司在电源产品、工业以太网、接插线产品等方面均存在业务竞争。原告王云飞则认为菲尼克斯公司生产上述产品的市场份额很少，与被告不存在业务竞争关系，仅仅是产品重叠和互补关系。

被告施耐德上海分公司提交中国工控网出具的市场份额调查数据，用以证明该公司与菲尼克斯公司的 IO（输入/输出，Input/Output）市场份额均处于前十名，分别是 3.3%和 2.9%；在 HMI（人机界面，Human Machine Interaction，简称 HMI）市场中，施耐德上海分公司的份额为 3.1%，而菲尼克斯公司则属于非常小的公司，无法计算其市场份额。原告王云飞则认为两公司一个是销售公司，一个是生产公司，主要经营范围不同，90%以上的业务也不同，虽然部分产品相同，但产品存在交叉不等于存在业务竞争。

以上事实，有双方当事人陈述，双方当事人签订的《劳动合同书》《保密和竞业禁止协议》，原告王云飞离职证明等证据证实，足以认定。

本案的争议焦点是：原告王云飞与被告施耐德上海分公司签订的《保密和竞

业禁止协议》所确定的竞业禁止条款是否有效，原告应否承担违约责任。

南京市鼓楼区人民法院一审认为：

劳动者和用人单位的合法权益均受法律保护。原告王云飞的实际工作地点在江苏省南京市，本案劳动合同的实际履行地即为江苏省南京市，故本案除适用相关法律、法规外，还应当适用江苏省和南京市有关劳动争议的地方性法规。

竞业禁止义务是对负有特定义务的劳动者的权利限制，即规定劳动者从原用人单位离职后，在一定期间内不得自营或为他人经营与原用人单位有直接竞争关系的业务。根据《江苏省劳动合同条例》第十七条的规定，用人单位与负有保守商业秘密义务的劳动者，可以在劳动合同或者保密协议中约定竞业限制条款，并应当同时约定在解除或者终止劳动合同后，给予劳动者经济补偿。其中，年经济补偿额不得低于该劳动者离开用人单位前十二月从该用人单位获得的报酬总额的三分之一。用人单位未按照约定给予劳动者经济补偿的，约定的竞业限制条款对劳动者不具有约束力。

根据上述法律、行政法规以及地方性法规的规定，用人单位与负有保守商业秘密义务的劳动者，可以在劳动合同或者保密协议中约定竞业禁止条款，限定劳动者在离职后的一定期间内不得从事与用人单位存在竞争关系的业务，以保护用人单位的合法经营利益。劳动者通常都有一定的专业，其专业又往往与用人单位所经营的业务存在一定的联系，其求职就业要以本人专业为依托。劳动者从原用人单位离职后，为了个人及其家庭的生活需要，通常要寻求新的工作，如果履行竞业禁止义务，那么在一定期间内可能难以找到新的工作，因此会影响劳动者个人及其家庭的生活。正是考虑到涉及劳动者个人及其家庭生活的实际问题，上述法律、行政法规和地方性法规都明确规定，用人单位与劳动者在约定竞业禁止义务的同时，还应当约定在双方解除或者终止劳动合同后，由用人单位给予劳动者一定的竞业禁止经济补偿。没有约定竞业禁止经济补偿或者补偿数额过低、不符合规定的，竞业禁止协议就没有法律约束力。本案中，原告王云飞与被告施耐德上海分公司签订的《保密和竞业禁止协议》所约定的竞业禁止经济补偿金仅为原告离职前一个月的基本工资，即使根据被告的陈述，其实际支付给原告的竞业禁止经济补偿金也仅是原告三个月的基本工资，仍低于《江苏省劳动合同条例》规定的标准。因此可以认定，涉案《保密和竞业禁止协议》中的竞业禁止条款对原告不具有约束力，即使原告从被告处离职后又到菲尼克斯公司工作的行为违反了该竞业禁止义务，原告亦不应承担违约责任。被告关于原告应按照实际领取的竞业禁止补偿金的三倍支付违约金的诉讼主张不成立，依法不予支持。

综上，南京市鼓楼区人民法院于2007年12月14日判决：

一、原告王云飞与被告施耐德上海分公司签订的《保密和竞业禁止协议》中约定的竞业禁止条款无效；

二、被告施耐德上海分公司要求原告王云飞支付违约金的诉讼主张不成立，不予支持。

一审宣判后，双方当事人在法定期间内均未提出上诉，一审判决已经发生法律效力。

2. 郭懿诉江苏益丰大药房连锁有限公司劳动争议案

《最高人民法院公报》2010年第6期（总第164期）

［裁判摘要］

即将毕业的大专院校在校学生以就业为目的与用人单位签订劳动合同，且接受用人单位管理，按合同约定付出劳动；用人单位在明知求职者系在校学生的情况下，仍与之订立劳动合同并向其发放劳动报酬的，该劳动合同合法有效，应当认定双方之间形成劳动合同关系。

原告：郭懿，男，22岁，住南京市茶南仁园。

被告：江苏益丰大药房连锁有限公司，住所地：南京市白下区汉中路。

法定代表人：高毅，该公司董事长。

原告郭懿因与被告江苏益丰大药房连锁有限公司（以下简称益丰公司）发生劳动争议纠纷，向江苏省南京市白下区人民法院提起诉讼。

原告郭懿诉称：原告系南京市莫愁职业高级中学2008届毕业生。2007年10月原告至被告处进行求职登记，经被告人力资源部和总经理审核，同意试用。2007年10月30日双方签订劳动合同，为期三年，自2007年10月30日起至2010年12月30日止。2008年7月，被告益丰公司以对原、被告间是否存在劳动关系持有异议为由，向南京市白下区劳动争议仲裁委员会提起仲裁申请，请求确认原、被告之间的劳动关系不成立。南京市白下区劳动争议仲裁委员会于2008年8月19日作出仲裁决定，以原告系在校学生，不符合就业条件，不具有建立劳动关系的主体资格，原、被告间的争议不属于劳动争议处理范围为由，决定终结了仲裁活动。原告对此不服，认为原、被告之间存在劳动关系，双方签订的劳动合同真实、合法、有效，请求法院判决确认原、被告之间的劳动合同有效。

被告益丰公司辩称：原告郭懿与被告签订劳动合同时的身份为在校学生，根据原劳动部《关于贯彻执行〈中华人民共和国劳动法〉若干问题的意见》的规定，在校学生不具备劳动关系的主体资格。《工伤保险条例》也没有将在校学生纳入参保范围，亦充分说明在校学生不属于劳动者的范畴。同时原告也不具备劳动合同约定的录用条件。被告在招聘简章及与原告签订的劳动合同中约定的录用条件是具备中专以上学历，而原告于2008年7月方毕业，其签约时并不具备被告要求的录用条件。因此，原、被告之间的合同名为劳动合同，实为实习合同，原、被告之间所建立的不是劳动关系，不属于劳动法调整的劳动法律关系。请求依法驳回原告的起诉。

南京市白下区人民法院一审查明：

原告郭懿系江苏广播电视大学（南京市莫愁中等专业学校办学点）药学专业2008届毕业生，于2008年7月毕业。2007年10月26日原告郭懿向被告益丰公司进行求职登记，并在被告益丰公司的求职人员登记表中登记其为南京市莫愁职业高级中学2008届毕业生，2007年是其实习年。2007年10月30日原告与被告签订劳动合同书一份，期限为三年，从2007年10月30日起至2010年12月30日止；其中试用期为60天，从2007年10月30日起至2007年12月30日止。合同还约定，录用条件之一为具备中专或中专以上学历；原告从事营业员工作；试用期满后月工资收入不低于900元，试用期工资标准不低于同工种同岗位职工工资的80%等。2008年7月21日，被告向南京市白下区劳动争议仲裁委员会提出仲裁申请，请求确认其与原告之间的劳动关系不成立。南京市白下区劳动争议仲裁委员会经审查，依据原劳动部《关于贯彻执行〈中华人民共和国劳动法〉若干问题的意见》，于2008年8月19日作出仲裁决定，以原告系在校学生，不符合就业条件，不具有建立劳动关系的主体资格，在校学生勤工助学或实习与用人单位之间的关系不属于《劳动法》的调整范围，故被告与原告之间的争议，不属劳动争议处理范围为由，决定终结了被告诉原告的仲裁活动，并于2008年8月27日送达了仲裁决定书。

另查明，被告益丰公司原名江苏益丰大药房有限公司，2008年7月21日经南京市工商行政管理局白下分局核准更名为江苏益丰大药房连锁有限公司。

以上事实有双方当事人陈述、求职人员登记表、劳动合同书、仲裁申诉书、仲裁决定书、招聘简章、南京市莫愁中等专业学校证明、江苏广播电视大学毕业证书、公司准予变更登记通知书等证据予以证实，足以认定。

本案一审的争议焦点是：原告郭懿与被告益丰公司签订的劳动合同是否有效。

南京市白下区人民法院一审认为：

首先，判断原告郭懿与被告益丰公司签订的劳动合同是否有效，要看原告郭懿是否具备劳动关系的主体资格。原告与被告益丰公司签订劳动合同时已年满19周岁，符合《劳动法》规定的就业年龄，具备与用工单位建立劳动关系的行为能力和责任能力。原劳动部《关于贯彻执行〈中华人民共和国劳动法〉若干问题的意见》（以下简称意见）第四条仅规定了公务员和比照实行公务员制度的事业组织和社会团体的工作人员，以及农村劳动者、现役军人和家庭保姆不适用劳动法，并未将在校学生排除在外，学生身份并不当然限制郭懿作为普通劳动者加入劳动力群体。意见第十二条规定："在校生利用业余时间勤工助学，不视为就业，未建立劳动关系，可以不签订劳动合同。"该条规定仅适用于在校生勤工助学的行为，并不能由此否定在校生的劳动权利，推定出在校生不具备劳动关系的主体资格。综上，法律并无明文规定在校生不具备劳动关系的主体资格，故原告能够成为劳动关系的主体。

其次，原告郭懿于被告益丰公司处劳动的行为不属于意见第十二条规定的情形。该条规定针对的是学生仍以在校学习为主，不以就业为目的，利用业余时间在单位进行社会实践打工补贴学费、生活费的情形。勤工助学和实习时，学生与单位并未建立劳动关系，可以不签订劳动合同，不需要明确岗位、报酬、福利待遇等。本案中，郭懿的情形显然不属于勤工助学或实习。郭懿在登记求职时，已完成了全部学习任务，明确向益丰公司表达了求职就业愿望，双方签订了劳动合同书。郭懿在与益丰公司签订劳动合同后，亦按照规定内容为益丰公司付出劳动，益丰公司向郭懿支付劳动报酬，并对其进行管理，这完全符合劳动关系的本质特征。故益丰公司辩称双方系实习关系的理由不能成立。

最后，原告郭懿签约时虽不具备被告益丰公司要求的录用条件，但郭懿在填写益丰公司求职人员登记表时，明确告知了益丰公司其系2008届毕业生，2007年是学校规定的实习年，自己可以正常上班，但尚未毕业。益丰公司对此情形完全知晓，双方在此基础上就应聘、录用达成一致意见，并签订劳动合同。因此，劳动合同的签订是双方真实意思的表示，不存在欺诈、隐瞒事实或胁迫等情形，并没有违反法律、行政法规的规定，且郭懿已于2008年7月取得毕业证书，益丰公司辩称郭懿不符合录用条件的理由亦不能成立。

综上，原告郭懿与被告益丰公司存在劳动关系，双方签订的劳动合同合法、有效，对双方均具有法律约束力。据此，南京市白下区人民法院依照《中华人民共和国劳动法》第十七条、第十八条之规定，于2008年11月18日判决如下：

原告郭懿与被告益丰公司于2007年10月30日签订的劳动合同有效。

益丰公司不服一审判决，向南京市中级人民法院提起上诉，理由是：1. 被上诉人郭懿身份为在校学生，其在实习期不能办理社会保险，该关系也不属于《劳动法》的调整范围，因此，被上诉人不具备劳动关系的主体资格。2. 一审判决确认双方存在劳动关系显失公平。因被上诉人为在校学生，劳动保障部门不予办理社会保险，上诉人将承担相关法律责任和巨大风险。

被上诉人郭懿辩称：一审判决认定事实清楚，适用法律正确，应予维持。

南京市中级人民法院经二审，确认了一审查明的事实。

南京市中级人民法院二审认为：

实习是以学习为目的，到相关单位参加社会实践，没有工资，不存在由实习生与单位签订劳动合同、明确岗位、报酬、福利待遇等情形。本案中，被上诉人郭懿虽于2008年7月毕业，但其在2007年10月26日明确向上诉人益丰公司表达了求职就业愿望，并进行了求职登记，求职人员登记表中登记其为2008届毕业生，2007年是其实习年。2007年10月30日郭懿与益丰公司自愿签订了劳动合同。益丰公司对郭懿的情况完全知情，双方在此基础上就应聘、录用达成一致意见，签订了劳动合同，而且明确了岗位、报酬。该情形不应视为实习。郭懿与益丰公司签订劳动合同时已年满19周岁，符合《劳动法》规定的就业年龄，具备与用工单位建立劳动关系的行为能力和责任能力。意见第十二条不能推定出在校生不具备劳动关系的主体资格。故上诉人的上述理由不能成立。

关于上诉人益丰公司认为确认双方劳动关系有效显失公平的上诉理由，法院认为，益丰公司与郭懿签订劳动合同，是双方真实意思的表示，双方利益也不存在重大失衡，不应视为显失公平。

综上，上诉人益丰公司与被上诉人郭懿双方签订的劳动合同是双方真实意思表示，且不违反法律、行政法规的禁止性规定，该劳动合同合法、有效，对双方均具有法律约束力，一审判决认定事实清楚，适用法律正确，审判程序合法，应予维持。据此，南京市中级人民法院依照《中华人民共和国民事诉讼法》第一百五十三条第一款第（一）项之规定，于2009年4月7日判决如下：

驳回上诉，维持原判。

本判决为终审判决。

3. 梁某诉南京乐府餐饮管理有限公司劳动争议案

《最高人民法院公报》2013 年第 6 期（总第 200 期）

[裁判摘要]

患有癌症、精神病等难以治疗的特殊疾病的劳动者，应当享受 24 个月的医疗期。医疗期内劳动合同期满，劳动合同应当延续至医疗期满时终止。用人单位在医疗期内违法解除或者终止劳动合同，劳动者起诉要求继续履行劳动合同的，人民法院应当判决撤销用人单位的解除或者终止通知书。

原告：梁某，男，19 岁，住江苏省滨海县通榆镇西沙村。

被告：南京乐府餐饮管理有限公司，住所地：江苏省南京市江宁区莱茵达路。

法定代表人：张景春，该公司董事长。

原告梁某因与被告南京乐府餐饮管理有限公司（以下简称乐府餐饮公司）发生劳动争议，向南京市江宁区人民法院提起诉讼。

原告梁某诉称：2009 年 11 月 18 日原告进入被告乐府餐饮公司从事餐饮服务工作，后双方签订劳动合同，合同期限自 2009 年 12 月 1 日起至 2011 年 11 月 30 日止，劳动合同由被告保管。因在被告处每天工作时间长，劳累过度，其在 2010 年 5 月初突然发病，经医院诊断为肾病综合症——足细胞病肾病（尿毒症）。2011 年 3 月 7 日，被告将劳动合同终止日期私自更改为 2010 年 11 月 30 日，并以医疗期满为由终止双方劳动合同。其所患疾病应当是大病，依法应当享受 24 个月的医疗期。在医疗期内，被告终止双方的劳动合同属终止不当。现诉至法院，请求判令：1. 撤销被告 2011 年 3 月 7 日作出的劳动合同终止告知书，保持与被告的劳动合同关系；2. 被告支付 2011 年 3 月至 11 月病假津贴 8208 元（1140 元/月×9 个月×80%）以及医疗期工资 27360 元（1140 元/月×24 个月），总计 35568 元。

被告乐府餐饮公司辩称：双方签订的劳动合同期限自 2009 年 12 月 1 日起至 2010 年 11 月 30 日止，我公司并未更改劳动合同的终止期限。原告梁某并未提供证据证明其所患疾病严重程度等同于瘫痪、癌症、精神病等大病，不应当享有 24 个月的医疗期。按照原告的工作年限，其依法应当享有的医疗期为 3 个月，故其在 2011 年 3 月 7 日终止与原告之间的劳动合同关系是合法的，不应当撤销。请求法院依法作出公正判决。

南京市江宁区人民法院一审查明：

原告梁某于 2009 年 11 月 18 日入职被告乐府餐饮公司工作，双方签订了劳动合同。梁某于 2010 年 5 月初生病，经南京军区南京总医院诊断为足细胞病，其后一直休病假，乐府餐饮公司向梁某支付病假工资至 2011 年 2 月。2011 年 3 月 7 日，乐府餐饮公司以其已经将劳动合同期限顺延至医疗期满为由，通知梁某终止双方的劳动合同关系。2011 年 6 月 7 日，梁某向南京市江宁区劳动争议仲裁委员会（以下简称江宁区仲裁委）申请仲裁。2011 年 7 月 11 日，江宁区仲裁委作出宁宁劳仲案字（2011）第 1247 号仲裁裁决书，后梁某不服前述裁决书于法定期限内向南京市江宁区人民法院提起诉讼。

另查明，原告梁某所患足细胞病为肾病综合症的一种，是肾脏足细胞病变。尿毒症是慢性肾功能不全（又称慢性肾功能衰竭）第四期（也即最后阶段），慢性肾功能不全是各种进展性肾病的最终结局。足细胞病是导致慢性肾功能不全的病因之一。2011 年 11 月，梁某因病情复发至南京军区南京总医院治疗，南京军区南京总医院向梁某出具病重通知单。治疗中，病程记录亦多次提及梁某病情严重，随时可能出现猝死，危及生命。

又查明，2011 年 2 月起南京市最低工资标准为每月 1140 元。

审理中，被告乐府餐饮公司未能提供双方签订的劳动合同原件，亦未能提供证据证明原告梁某持有所签合同原件。乐府餐饮公司提供的劳动合同复印件中，关于劳动合同期限处载明的期限为 2009 年 12 月 1 日至 2010 年 11 月 30 日，“2010 年”处有改动的痕迹。另乐府餐饮公司提供于 2010 年 10 月 22 日在江宁区劳动就业管理中心备案的录用备案花名册及职工录用登记表，录用备案花名册及职工录用登记表记载梁某的劳动合同期限为 2009 年 12 月 1 日至 2010 年 11 月 30 日。

本案一审的争议焦点是：原告梁某应当享受的医疗期的期限。

南京市江宁区人民法院一审认为：

劳动者患病或者非因工负伤，在规定的医疗期内劳动合同期满，劳动合同应当延续至医疗期满时终止。关于原告梁某应当享受的医疗期问题，因其所患疾病病情严重，难以治疗，随时可能出现生命危险，应属特殊疾病，不受实际工作年限的限制，故梁某应当享受的医疗期为 24 个月。关于本案中双方签订的劳动合同的终止日期问题，因乐府餐饮公司未能提供劳动合同原件，提供的复印件截止日期“2010 年”处有改动痕迹，且录用备案花名册及职工录用登记表备案时间又在梁某生病之后，故对乐府餐饮公司陈述双方劳动合同期限至 2010 年 11 月 30 日终止的主张法院不予采信，对梁某陈述双方劳动合同终止日期为 2011 年 11 月 30 日的主张法院予以采信。梁某与乐府餐饮公司之间的劳动合同在 2011 年 11 月 30 日期满，但该日期仍在梁某享有的医疗期内，故劳动合同应当延续至医疗期满。在医疗期内被告乐府餐饮公司终止与梁某的劳动合同，违反了法律规定，因此乐府餐饮公司于 2011 年 3 月 7 日作出的劳动合同终止告知书无效，应予撤销。劳动者患病或者非因工负伤停止劳动，且在国家规定医疗期内的，用人单位应当按照工资分配制度的规定，按不低于当地最低工资标准的 80%，向劳动者支付病假工资。原告主张的其他费用没有依据，法院不予支持。

综上，南京市江宁区人民法院依照《中华人民共和国劳动法》第七十七条，《中华人民共和国劳动合同法》第四十二条、第四十五条，《江苏省工资支付条例》第二十七条、第三十二条，《中华人民共和国民事诉讼法》第六十四条第一款之规定，于 2011 年 11 月 30 日判决：

一、撤销被告乐府餐饮公司于 2011 年 3 月 7 日作出的《劳动合同终止告知书》。

二、被告乐府餐饮公司于本判决发生法律效力之日向原告梁某支付 2011 年 3 月 1 日至 2011 年 11 月 30 日的病假工资 8208 元。

三、被告乐府餐饮公司于本判决发生法律效力之日起每月以南京市最低月工资标准的 80%向原告梁某支付病假工资（自 2011 年 12 月起至双方劳动关系依法解除、终止）。

四、驳回原告梁某的其他诉讼请求。

乐府餐饮公司不服一审判决，向南京市中级人民法院提起上诉称：一、原审判决程序不当。在劳动仲裁审理期间和原审法院适用简易程序审理时法庭辩论终结前，梁某一直认可其公司作出的《劳动合同终止告知书》。在原审法院适用普通程序审理本案时梁某变更诉讼请求，提出“终止劳动关系不当、维持劳动关系”的主张，明显超过法律规定的期限。二、原审判决撤销《劳动合同终止告知书》错误。梁某在南京市江宁区劳动争议仲裁委员会开庭审理宁宁劳仲案字（2010）第 2265 号劳动争议案件时，对于其公司出示的截止期限为“2010 年 11 月 30 日止”的劳动合同没有任何异议。根据最高人民法院《关于民事诉讼证据的若干规定》第九条第（五）项规定，已为仲裁机构的生效裁决所确认的事实，当事人无须举证证明，其公司无须提供所谓的劳动合同的原件。梁某目前的病情，尚不构成尿毒症，应享受 3 个月的医疗期，不应享受 24 个月的医疗期。其公司于 2011 年 3 月终止劳动合同合法。请求二审法院撤销原审判决，改判其公司支付梁某终止劳动合同经济补偿金及 2011 年 3 月病假工资。

被上诉人梁某辩称：一审法院认定事实清楚，适用法律正确，请求二审法院依法裁决。

南京市中级人民法院经二审，确认了一审查明的事实。

二审另查明，被上诉人梁某在仲裁阶段提出的请求是：上诉人乐府餐饮公司支付终止劳动合同经济补偿金 2280 元、2011 年 3 月至 11 月的病假津贴 8208 元、医疗期工资 6840 元、医疗补贴费 20520 元、补缴社会保险至 2011 年 11 月、办理档案和社会保险关系转移手续。2011 年 8 月 10 日，梁某向原审法院递交起诉状的诉讼请求是：1. 因乐府餐饮公司解除劳动关系不当，支付其共计 37848 元，包括终止合同经济补偿金 2280 元、2011 年 3 月至 11 月病假津贴 8208 元、医疗期工资 20520 元；2. 乐府餐饮公司为其缴纳社会保险至 2011 年 11 月；3. 乐府餐饮公司为其办理档案和社会保险转移手续。2011 年 9 月 6 日，原审法院适用简易程序第一次庭审，梁某将医疗期工资变更为 27360 元，其他请求同起诉状。2011 年 11 月 6 日，原审法院将本案适用简易程序转为普通程序审理。2011 年 11 月 15 日，梁某向原审法院书面变更诉讼请求，要求判令：乐府餐饮公司终止劳动关系不当，维持双方的劳动关系；放弃主张终止劳动合同经济补偿金 2280 元。其他诉讼请求不变更。2011 年 11 月 22 日，原审法院适用普通程序庭审（乐府餐饮公司放弃举证期），梁某当庭表示放弃办理档案和社会保险关系转移手续的请求。南京市江宁区劳动争议仲裁委员会于 2010 年 11 月 3 日作出的宁宁劳仲案字（2010）第 2265 号仲裁裁决中没有确认梁某、乐府餐饮公司之间劳动合同的期限是 2009 年 12 月 1 日至 2010 年 11 月 30 日。

本案二审的争议焦点仍是：被上诉人梁某应当享受的医疗期的期限。

南京市中级人民法院二审认为：

被上诉人梁某在法庭辩论终结前，变更诉讼请求，符合最高人民法院《关于适用〈中华人民共和国民事诉讼法〉若干问题的意见》第一百五十六条的规定。原审法院依据梁某最终明确的诉讼请求，进行审理、判决，程序并无不当。关于劳动合同到期日问题。梁某、上诉人乐府餐饮公司均认可签订过劳动合同，乐府餐饮公司未能提供劳动合同原件，其提供的劳动合同复印件载明，双方于 2009 年 11 月 18 日签订劳动合同，劳动合同形式上记载的期限是 2009 年 12 月 1 日至 2010 年 11 月 30 日，在“2010 年”的顺数第二个“0”有改动的痕迹。2010 年 10 月 22 日，乐府餐饮公司持该劳动合同向南京市江宁区劳动就业管理中心备案。梁某认为劳动合同的到期日应为 2011 年 11 月 30 日，乐府餐饮公司认为劳动合同的到期日为2010年11月30日。鉴于乐府餐饮公司未能提供劳动合同原件，劳动合同复印件中有关期限的内容存在改动，且合同备案时间又是在梁某病休之后、乐府餐饮公司主张的劳动合同期限即将到期之时，乐府餐饮公司主张到期日为2010年11月30日，证据不足。乐府餐饮公司上诉称南京市江宁区劳动争议仲裁委员会宁宁劳仲案字（2010）第2265号仲裁裁决确认劳动合同期限是2009年12月1日至2010年11月30日，没有事实依据。关于医疗期问题。原审法院根据梁某的病情，认定病情严重，属特殊疾病，应当享受24个月的医疗期，符合原劳动部《关于贯彻〈企业职工患病或非因工负伤医疗期规定〉的通知》劳部发〔1995〕236号的内容。梁某患病尚在规定的医疗期内，劳动合同的期限应自动延续至医疗期届满为止。乐府餐饮公司于2011年3月7日通知梁某劳动合同终止，违反《劳动合同法》第四十五条的规定。

综上，上诉人乐府餐饮公司的上诉请求缺乏事实和法律依据，不予支持。原审判决认定事实清楚，处理并无不当。据此，南京市中级人民法院依照《中华人民共和国民事诉讼法》第一百五十三条第一款第（一）项之规定，于2012年2月20日判决：

驳回上诉，维持原判。

本判决为终审判决。

4. 上海冠龙阀门机械有限公司诉唐茂林劳动合同纠纷案

《最高人民法院公报》2012年第9期（总第191期）

[裁判摘要]

用人单位在招聘时对应聘者学历有明确要求，而应聘者提供虚假学历证明并与用人单位签订劳动合同的，属于《劳动合同法》第二十六条规定的以欺诈手段订立劳动合同应属无效的情形，用人单位可以根据《劳动合同法》第三十九条的规定解除该劳动合同。

原告：上海冠龙阀门机械有限公司，住所地：上海市嘉定区南翔镇德园路。

法定代表人：李政宏，该公司董事长。

被告：唐茂林，男，31岁，户籍地：安徽省安庆市宿松县高岭乡。

原告上海冠龙阀门机械有限公司（以下简称冠龙公司）因与被告唐茂林发生劳动合同纠纷，向上海市嘉定区人民法院提起诉讼。

原告冠龙公司诉称：被告唐茂林于2002年3月以提供虚假学历证书和采用虚

假陈述的欺诈方式，使原告公司在违背真实意思的情况下与其签订了劳动合同。此后，在原告每次要求员工更新人事资料时，被告均以欺骗方式填写了虚假信息。公司接到相关举报后查实了上述事实，并发现被告在工作中存在虚报合同价格从中赚取差价的违规行为，使公司蒙受经济损失的同时影响了公司的声誉。鉴于此，原告与被告解除了劳动合同。2010 年 7 月和 8 月，被告、原告先后向上海市嘉定区劳动争议仲裁委员会（以下简称嘉定区劳仲委）提起仲裁，同年 9 月 17 日嘉定区劳仲委作出嘉劳仲（2010）办字第 1860、2188 号裁决，该裁决部分内容不符合法律与事实。被告以欺诈的方式与原告签订劳动合同导致合同无效，且存在严重违反公司规章制度的行为，故原告的行为属于合法解除，不应支付被告违法解除劳动合同赔偿金。另被告未做满 2010 年第二季度，原告不应支付其第二季度奖金，故请求依法判令原告：1. 不予支付被告违法解除劳动合同赔偿金 181866 元；2. 不予支付被告 2010 年第二季度奖金 32213 元；3. 被告应返还原告 2009 年 12 月至 2010 年 5 月向公司暂支的款项及借款共计 28500 元（包括暂支的业务费 10000 元、借款 15000 元、暂支茶叶款 2000 元、以工作站房租押金名义暂支的 1500 元）；4. 被告应返还原告租房款项 8190 元；5. 被告应退还三个月的汽车保险费用 697. 75 元。同时，对仲裁裁决的其他内容表示认可。

原告冠龙公司提交以下证据：

1. 嘉劳仲（2010）办字第 1860、2188 号裁决书，旨在证明本案已经仲裁前置程序；

2. 劳动合同及补充协议，旨在证明原、被告之间存在劳动关系；

3. 暂支单四份，旨在证明被告唐茂林曾于 2009 年 12 月至 2010 年 5 月向原告预支、预借过四笔款项，共计 28500 元；

4. 支付凭证一份，旨在证明原告冠龙公司已将 2010 年 5 月 22 日至 11 月 21 日的房租 81900 元支付给被告唐茂林，但被告事后未提供租房合同；

5. 购销合同二份、苏泵泵业有限公司出具的付款证明、现金支票存根及原告冠龙公司律师与需方经理田冬的笔录各一份，旨在证明被告唐茂林曾与客户签订阴阳合同，从中赚取差价；

6. 被告唐茂林向原告冠龙公司提交的学历证明复印件及西安工业大学教务处的证明，旨在证明被告唐茂林存在学历造假的行为；

7. 任职承诺书，旨在证明被告唐茂林曾经承诺“提供给公司的个人材料如有作假，愿意无条件被解除合同”，故原告冠龙公司系依法解除劳动合同；

8. 2007年版的《员工手册》及被告签字的《认知确认书》，旨在证明原告冠龙公司系根据公司规章制度与被告唐茂林解除劳动合同；

9. 原告冠龙公司原华东业务部经理马玉新书写的情况说明及马玉新的职务调动文件，旨在证明虽然马玉新在2008年8月知晓被告唐茂林学历造假一事，但因职务调动原因其未向公司报告亦未进行处理；

10. 汽车保险支付凭证，旨在证明原告冠龙公司为被告唐茂林支付了2791元汽车保险费；

11.《聘用与奖惩制度》和2003版《员工手册》，旨在证明原告冠龙公司招聘业务人员必须是大专以上学历。

被告唐茂林辩称，虽然被告进入原告冠龙公司时提供了虚假的学历证明，但2008年时原告公司已经知晓实情并对被告作出了处理，且2008年12月原告又与被告续签了劳动合同，足以证明原告考虑到被告的业务能力较强故不予计较其学历造假一事。故2010年6月原告又以被告学历造假为由与其解除劳动合同系违反法律的行为，应支付被告违法解除劳动合同赔偿金。原告在2010年6月30日向被告发出律师函，通知解除劳动合同事宜，故双方劳动关系结束于2010年6月底，被告已做满第二季度，原告应支付该季度奖金。关于原告提到的暂支款项和借款28500元，其中10000元业务款已经花费了6922元，故同意返还3078元；15000元系被告以私人名义欲向原告预借的款项，但因领导未签字同意，故被告实际未取得该笔借款，不同意返还；茶叶款2000元，系被告拿其领导杨成心的茶叶送给客户。领导要求被告向公司暂支2000元后找发票冲账，但被告一直未找到发票；关于以工作站租金名义暂支的1500元中有1300元系房租押金，182元系电费。因原告与被告解除劳动关系致使工作站使用的房屋提前退租造成违约，上述两笔款项不应返还，现同意返还剩余的18元。租房8190元系经原告副总签字后同意支付的2010年5月至11月的房租，故不同意返还。三个月的汽车保险费用697.75元，被告同意返还。另由于原告以无锡市最低缴费基数为被告缴纳城镇社会保险违反了法律规定，故要求原告以被告的实际收入为缴费基数为其补缴2008年7月至2010年7月无锡市城镇社会保险的差额。

被告唐茂林提交如下的证据：

1. 被告唐茂林与马玉新、潘如娟的录音资料各一份，旨在证明原告冠龙公司早在2008年即已对被告学历造假一事进行了处理；

2. 电费发票一份，旨在证明被告唐茂林所在工作站在2010年6月应缴电费为

182 元，该款包含被告在 2010 年 5 月 31 日向原告冠龙公司预支的 1500 元内；

3. 支付凭证二份、出差旅费报告表一份、发票六份，旨在证明被告唐茂林在 2009 年 12 月向原告冠龙公司暂支业务费 10000 元后已花费了文娱费、餐费、差旅费等共计 6922 元。

上海市嘉定区人民法院一审查明：

被告唐茂林系上海市外来从业人员。2002 年 3 月 1 日唐茂林进入原告冠龙公司从事销售工作。入职时，唐茂林向冠龙公司人事部门提交了其本人于 2000 年 7 月毕业于西安工业学院材料工程系的学历证明复印件，双方签订了期限为 2002 年 3 月 1 日至同年 12 月 31 日的劳动合同，合同约定 2002 年 3 月 1 日至同年 8 月 1 日为试用期，此后双方每年续签期限为一年的劳动合同。2007 年 12 月 25 日，唐茂林签署任职承诺书一份，内容为："本人作为上海冠龙阀门机械有限公司之员工，特作如下承诺：……本人以往提供给公司的个人材料均是真实有效的，如有做假，愿意无条件被解除合同……" 2008 年 12 月 23 日，原、被告双方签订《劳动合同补充协议》，约定原劳动合同有效期限顺延至 2011 年 12 月 31 日。冠龙公司在南京、无锡两地均设有办事处，后在常州开设工作站（受无锡办事处管辖），由唐茂林任工作站站长，无其他工作人员。冠龙公司允许唐茂林以个人名义租赁房屋作为办公地点开展工作，租房费用由公司承担。2009 年 10 月 25 日，冠龙公司向唐茂林支付汽车保险费 2791 元。2009 年 12 月 25 日，唐茂林向冠龙公司提交暂支单（有部门主管签字）并支取业务费 10000 元，2010 年 1 月 7 日唐茂林花费了文娱费、餐费、差旅费等共计 6922 元。2010 年 2 月 11 日唐茂林填写了暂支事由为"借款"、暂支金额为 15000 元的暂支单，但该单据未经主管领导签字确认。2010 年 4 月 23 日，冠龙公司向唐茂林支付了 2010 年 5 月 22 日至同年 11 月 21 日的房租（含税金）8190 元。2010 年 5 月 31 日，唐茂林填写两份暂支单并经部门主管杨成心签字确认后向冠龙公司支取了工作站房租押金 1500 元及茶叶款 2000 元，在关于茶叶款的暂支单上记载有"找发票冲账"的字样，事后唐茂林未向冠龙公司提交茶叶款发票。2010 年 6 月 28 日，冠龙公司向唐茂林出具退工证明，但唐茂林不同意接受，2010 年 7 月 2 日唐茂林收到冠龙公司的律师函，其中载明"鉴于你在求职时向冠龙公司出具的有关材料和陈述有虚假，且在工作时间内没有完成公司规定的业务指标，没有遵守公司规定的工作纪律和规章，故从即日起冠龙公司对你开除，即解除与你的劳动合同关系"，落款日期为 2010 年 6 月 30 日。冠龙公司未支付唐茂林 2009 年第四季度奖金（提成）剩余差额 20493. 89 元，未支付唐茂林2010年第一季度奖金（提成）1198.40元及第二季度奖金（提成）32213元。此外，在2008年8月，唐茂林的上级主管领导马玉新（冠龙公司华东业务部经理）通过他人举报得知并证实唐茂林存在学历造假一事。2008年12月1日后因工作调动，唐茂林所在辖区不再受马玉新管理。冠龙公司在劳动仲裁阶段陈述，办事处招聘员工，实际操作中由办事处主任进行核实和担保，办事处主任再向公司提供员工的学历证书复印件就可以了。

2010年11月1日，西安工业大学教务处在原告冠龙公司出具的被告唐茂林毕业证书复印件上书写“2000届毕业证中无此人”的证明字样并敲章确认。冠龙公司《员工手册》中有如下规定：“新录用的员工报到时应提供以下证明文件的正本供人事部门复核，同时交复印件一份供人事部门存档：（1）身份证；（2）学历证明……”“员工有下列任一严重违反公司规章制度情况的，公司将予以解雇，且不给予任何经济补偿：……以欺骗手段虚报专业资格或其他各项履历……”对以上内容，唐茂林已签字确认知晓。2010年7月19日、8月11日唐茂林与冠龙公司分别就违法解除劳动合同赔偿金、返还暂支款项等事项向嘉定区劳仲委提起仲裁，2010年9月17日嘉定区劳仲委作出嘉劳仲（2010）办字第1860、2188号裁决书，裁决内容如下：一、冠龙公司应一次性支付被告违法解除劳动合同赔偿金181866元、2009年第四季度奖金（提成）差额20493.89元、2010年第一季度奖金（提成）1198.40元、2010年第二季度奖金（提成）32213元，合计人民币235771.29元；二、唐茂林应一次性返还冠龙公司2009年12月25日的业务费暂支款10000元、2010年5月31日购买茶叶暂支款2000元、2010年5月31日的工作站房租押金1500元、2010年2月11日的借款15000元、汽车保险费697.75元，合计人民币29197.75元；三、对唐茂林的其他请求事项，不予支持；四、对冠龙公司的其他请求事项，不予支持。冠龙公司不服部分裁决内容，遂提起诉讼。

本案一审的争议焦点是：被告唐茂林在入职时向原告冠龙公司提交虚假学历证明的行为，是否构成冠龙公司合法解除劳动合同的理由之一。

上海市嘉定区人民法院一审认为：

欺诈的认定标准之一为相对方是否知晓真实情况。原告冠龙公司的马玉新系管理公司华东地区所有办事处的业务部经理，其对所辖办事处员工招聘、解聘等工作系其代表公司的职务行为。2008年12月，在马玉新知晓被告唐茂林提供虚假学历的情况下，仍然作出与其续签劳动合同的决定，表明冠龙公司已经知晓唐茂林学历造假仍继续予以聘用，即不予追究唐茂林提供虚假学历的行为。且冠龙公司对销售人员的学历设置准入资格应为保证销售人员的工作能力，唐茂林于2002年进入冠龙公司后双方一直续签劳动合同的事实亦从侧面证实冠龙公司对唐茂林的工作能力予以认可，故冠龙公司主张唐茂林欺诈的理由不能成立，冠龙公司与其解除劳动合同系违法解除。

据此，上海市嘉定区人民法院依照《中华人民共和国劳动合同法》第三条、第三十条第一款、第四十七条、第八十七条，《中华人民共和国民事诉讼法》第六十四条第一款，最高人民法院《关于民事诉讼证据的若干规定》第二条之规定，于2011年3月21日判决：

一、原告冠龙公司应于本判决生效之日起十日内支付被告唐茂林违法解除劳动合同赔偿金人民币181866元、2009年第四季度奖金（提成）差额人民币20493.89元、2010年第一季度奖金（提成）人民币1198.40元、2010年第二季度奖金（提成）人民币32213元，上述四项合计人民币235771.29元；

二、被告唐茂林应于本判决生效之日起十日内返还原告冠龙公司2009年12月25日暂支的业务费人民币3078元、2010年5月31日暂支的工作站房租押金人民币1318元、2010年4月23日支取的工作站租房款人民币6370元、汽车保险费人民币697.75元，上述四项合计人民币11463.75元；

三、驳回原告冠龙公司的其他诉讼请求。

冠龙公司不服一审判决，向上海市第二中级人民法院提起上诉，冠龙公司上诉称：1. 冠龙公司与被上诉人唐茂林解除劳动合同合法有据，不应支付违法解除劳动合同赔偿金。首先，唐茂林存在伪造学历的欺诈行为，唐茂林采用欺诈方式骗取冠龙公司签订劳动合同，按照冠龙公司规章制度及双方约定，冠龙公司与其解除劳动合同是合法的。冠龙公司招聘员工时要求应聘者提交学历证书原件，唐茂林在2002年应聘时亦提交了伪造的学历证书，现冠龙公司仅留存有唐茂林提供的学历证书复印件，原件已交还唐茂林本人。冠龙公司认为，即使冠龙公司在录用唐茂林时未就学历证书尽审查义务，也不能就此抵消唐茂林学历造假的责任。另，冠龙公司的马玉新经理不是整个华东地区的业务经理，其只是苏州片区的业务经理，不具有人事处罚权。即使马玉新经理知悉唐茂林伪造学历证书的事情，也不能代表公司知悉了该事并已作处理，且事实上马玉新也已证明未就此事上报公司。冠龙公司与唐茂林续签劳动合同时马玉新经理也已调任他处工作，冠龙公司与唐茂林续签劳动合同时并不知道其学历造假事宜。其次，唐茂林在工作过程中还存在其他营私舞弊行为，唐茂林与常州苏泵泵业有限公司签订过一份阴阳合同，给客户的那份合同约定的价格为2115元，但给公司的合同价格只有1407元，冠龙公司实际收到的现金只有1407元。常州苏泵泵业有限公司也就此出具了证明。唐茂林这种徇私舞弊的行为严重违反公司的规章制度，冠龙公司与唐茂林解除劳动合同符合法律规定，冠龙公司无须支付唐茂林违法解除劳动合同赔偿金。原审法院认定事实不清，适用法律不当。请求撤销原审法院判决第一项关于违法解除劳动合同赔偿金的判决，要求改判冠龙公司不支付唐茂林违法解除劳动合同的赔偿金181866元。2. 原审法院认定唐茂林应返还公司15000元和10000元暂支单款项的事实与实际不符，冠龙公司认为这两项应全额返还。关于15000元暂支单款项，冠龙公司认为，唐茂林将其签过字的借款单留在冠龙公司，说明唐茂林已实际取得上述款项，原审法院认为此款项唐茂林未实际取得缺乏依据。关于10000元暂支单款项，冠龙公司规定员工报销业务费用须在费用发生后一个月内交给主管审核，唐茂林直至仲裁时才主张该业务费用报销，不符合规定，应全额返还该笔款项。请求撤销原审判决第二项，改判唐茂林全额返还冠龙公司暂支款25000元。

二审期间上诉人冠龙公司提供了两组新证据：

1. 被上诉人唐茂林于2002年入职时所写的个人自传，称其毕业于西安工业学院材料工程系，旨在证明唐茂林入职时就学历情况作了虚假表述；

2. 上诉人冠龙公司人事资料卡两份，填写时间为2008年6月9日、2009年4月30日，填写人为被上诉人唐茂林。其中“教育程度”一栏均填写为毕业于西安工业学院，旨在证明唐茂林就学历情况欺骗公司，并在2008年续签劳动合同后仍继续欺骗公司。

被上诉人唐茂林辩称：1. 其进入上诉人冠龙公司时根据冠龙公司招聘人员的要求提供了虚假的学历证明，2008年8月后冠龙公司内从上到下对于唐茂林提供虚假学历证书的事情均知晓，因此未对唐茂林进行升职，这就是冠龙公司对唐茂林的处理。2008年12月冠龙公司与唐茂林续签了劳动合同，说明冠龙公司考虑到唐茂林的业务能力较强而不再计较其学历造假事宜。同时唐茂林认为，其在职期间工作业绩一直很好，完全具有任职人员所应具备的能力，从公平合理的角度看，不能仅以学历造假为由解除双方劳动合同。2010年冠龙公司以学历造假为由与其解除劳动合同，是公司清退老员工的借口，冠龙公司应支付其违法解除劳动合同赔偿金；2. 关于15000元暂支单款项，因该借款单未经公司主管签字，唐茂林实际未拿到此款项，不同意返还。关于10000元暂支单款项，冠龙公司操作流程规定员工报销业务费用有一定限额，故致唐茂林该笔款项未及时报销。唐茂林认为原审法院所作判决是适当的，请求二审法院依法驳回冠龙公司上诉请求，维持原审判决。

被上诉人唐茂林没有提交新的证据。

法院认为上述两组证据是上诉人冠龙公司对原审证据的补强，冠龙公司虽在二审时才提供，但被上诉人唐茂林对上述证据的真实性并未予以否认，法院对上述证据的真实性予以确认。

上海市第二中级人民法院经二审，确认了一审查明的事实。

另查明，上诉人冠龙公司《员工手册》第三十四条规定："员工有下列任一严重违反公司规章制度情况的，公司将予以解雇，且不给予任何经济补偿：………（2）以欺骗手段虚报专业资格或其他各项履历……"

本案二审争议的焦点是：1. 上诉人冠龙公司解除与被上诉人唐茂林的劳动合同是否合法，冠龙公司应否支付唐茂林违法解除合同赔偿金；2. 唐茂林应否全额返还冠龙公司主张的两笔款项。

上海市第二中级人民法院二审认为：

被上诉人唐茂林在入职时提供虚假学历并做虚假陈述的行为显然已经构成了欺诈。但唐茂林于2008年12月底与上诉人冠龙公司续签劳动合同时是否构成欺诈存有争议，此问题关键在于续签劳动合同时冠龙公司是否知晓唐茂林学历造假一事并作出了错误的意思表示。第一，唐茂林提供有马玉新的录音资料，欲证明续签合同时公司已知道其提供虚假学历一事，但上述录音有许多语意模糊的地方，并不足以证明马玉新已经将唐茂林伪造学历之事告知冠龙公司。第二，冠龙公司提供的马玉新的书面证言称因工作调动未将唐茂林学历造假之事上报公司，亦未对此事作出处理。虽马玉新系冠龙公司管理人员，与公司方有一定利害关系，但该证据不是唯一证据，其证明力可以结合其他证据综合判断。第三，冠龙公司提供的调令显示，冠龙公司与唐茂林续签劳动合同之前，马玉新确实已调任他处。第四，唐茂林2009年填写的人事资料卡"教育程度"一栏仍填写为西安工业学院材料工程系。综合双方当事人举证情况分析，可认定唐茂林对其入职时提供虚假学历一事一直采取隐瞒的态度，唐茂林亦无证据证明其提供虚假学历之行为已为冠龙公司知悉并已获得了谅解，故唐茂林在2008年12月续签劳动合同时仍然构成欺诈，《劳动合同法》第二十六条、第三十九条明确规定，以欺诈的手段使对方在违背真实意思的情况下订立的劳动合同是无效的，用人单位可以据此解除劳动合同。故冠龙公司与唐茂林解除劳动合同有法律依据，不应支付违法解除劳动合同赔偿金。此外，我国劳动法律在充分保护劳动者合法权利的同时亦依法保护用人单位正当的用工管理权。用人单位通过企业规章制度对劳动者进行必要的约束是其依法进行管理的重要手段。冠龙公司《员工手册》第三十四条规定，员工以欺骗手段虚报专业资格或其他各项履历，公司将予以解雇，且不给予任何经济补偿。审理时，唐茂林对该《员工手册》的真实性并无异议。唐茂林提供虚假学历之行为亦系冠龙公司规章制度严令禁止，冠龙公司依据企业的规章制度与唐茂林解除劳动合同，系其依法行使管理权的体现，亦无不可。而且，唐茂林于2007年签署有任职承诺书一份，内容为："本人作为上海冠龙阀门机械有限公司之员工，特作如下承诺：……本人以往提供给公司的个人材料均是真实有效的，如有做假，愿意无条件被解除合同……"此任职承诺书是唐茂林与冠龙公司基于诚信原则的约定，唐茂林对于违反约定义务的法律结果应是清楚的。双方的约定未违反法律规定，是合法有效的。故从该承诺的角度出发，冠龙公司在查知唐茂林伪造学历后，基于承诺而解除合同亦是有依据的。至于冠龙公司认为唐茂林与客户签订阴阳合同，赚取差价，严重违规，要求唐茂林解除劳动的主张，因依据不足，难以采信。但这并不影响冠龙公司依据唐茂林伪造学历、欺骗公司，违反劳动合同法及公司规章制度及其本人承诺的理由行使合同解除权。一审法院关于冠龙公司解除与唐茂林的劳动合同不合法、冠龙公司应支付唐茂林违法解除合同赔偿金的认定不当，应予以纠正。

关于被上诉人唐茂林应否返还系争款项的问题。该争议焦点双方分歧在于上诉人冠龙公司主张的15000元借款事实是否成立，唐茂林提交的6922元凭证是否属于冠龙公司应予报销的范围。对此，当事人对自己的主张应当提供充分的证据予以证实。对于冠龙公司要求唐茂林返还的15000元暂支单款项，根据唐茂林提供的暂支单凭证可认定冠龙公司对暂支款项实行的是领导审批制，需要填写暂支单后提交主管批准签字，而该笔借款的暂支单未经主管签字，冠龙公司亦未提供其他证据证明其已向唐茂林支出该笔款项，故一审法院认为借款事实不成立理由充分。对于冠龙公司要求唐茂林返还10000元业务款的问题，唐茂林在冠龙公司工作期间因工作需要为业务支出的费用，冠龙公司应予报销。现唐茂林已提交证据证明因业务花费6922元，而冠龙公司并无证据证明上述费用系用于唐茂林个人，故对上述费用，冠龙公司应予报销。现唐茂林同意返还余额3078元，于法不悖。冠龙公司以报销业务费用须在费用发生后一个月内交给主管审核为由不愿予以报销，缺乏依据。一审法院对此两笔款项认定事实清楚，所作判决并无不当。

据此，上海市第二中级人民法院依照《中华人民共和国民事诉讼法》第一百五十三条第一款第（一）项和第（三）项，《中华人民共和国劳动合同法》第二十六条第一款、第三十九条之规定，于2011年7月25日判决：

一、维持上海市嘉定区人民法院（2010）嘉民四（民）初字第418号民事判决主文第二项；

二、撤销上海市嘉定区人民法院（2010）嘉民四（民）初字第418号民事判决主文第一项、第三项；

三、上诉人冠龙公司应于本判决生效之日起十日内支付被上诉人唐茂林2009年第四季度奖金（提成）差额人民币20493.89元、2010年第一季度奖金（提成）人民币1198.40元、2010年第二季度奖金（提成）人民币32213元，上述三项合计人民币53905.29元；

四、上诉人冠龙公司要求不支付被上诉人唐茂林违法解除劳动合同赔偿金的请求予以支持。

本判决为终审判决。

5. 北京泛太物流有限公司诉单晶晶劳动争议纠纷案

《最高人民法院公报》2013年第12期（总第206期）

【裁判摘要】

《劳动合同法》第八十二条关于用人单位未与劳动者订立书面劳动合同的，应当向劳动者每月支付二倍工资的规定，是对用人单位违反法律规定的惩戒。比如，用人单位与劳动者未订立书面劳动合同，但双方之间签署的其他有效书面文件的内容已经具备了劳动合同的各项要件，明确了双方的劳动关系和权利义务，具有了书面劳动合同的性质，则该文件应视为双方的书面劳动合同，对于劳动者提出因未订立书面劳动合同而要求二倍工资的诉讼请求不应予以支持。

原告：北京泛太物流有限公司，住所地：北京市海淀区首体南路。

被告：单晶晶，女，31岁，汉族，无业，住北京市顺义区仁和地区临河村。

原告北京泛太物流有限公司（以下简称泛太物流公司）因与被告单晶晶发生劳动争议纠纷，向北京市海淀区人民法院提起诉讼。

原告泛太物流公司诉称：被告单晶晶于2011年6月30日入职我公司，负责员工档案管理工作。其自2011年7月29日下班后，就未再到公司上班，原告多次与其电话联系，却始终没有上班，且未办理请假或离职手续，直到2011年8月17日其给原告相关领导发了一封电子邮件，内容为："因我个人不认同公司的文化，特向各位领导提出辞职。"单晶晶的行为属于擅自离职。原告认为：第一，双方劳动关系截止日期应为2011年7月29日。第二，单晶晶擅自离职后，向原告以电子邮件的形式提交了辞职报告，原告无须支付解除劳动关系经济补偿金。第三，单晶晶入职当日，原告即与其签订了为期3年的劳动合同，《劳动合同》与《员工录用审批表》、《公司物品申请表》一起放在了单晶晶的人事档案袋中。单晶晶利用保管员工档案的便利在离职时将包括《劳动合同》在内的相关资料带走，但在仲裁庭审质证时出具了与《劳动合同》一起存放在档案袋中的《员工录用审批表》《公司物品申请表》的原件，这一事实佐证了单晶晶离职时带走了包括劳动合同在内的相关资料，原告不应支付其未签劳动合同的双倍工资差额。另外，双方劳动关系截止日期为2011年7月29日，即使我公司无法提交双方签订的劳动合同，因自用工之日起未超过一个月，也不应支付单晶晶未签劳动合同二倍工资差额。第四，单晶晶自2011年7月29日后未到我公司上班，其8月工资不应支付。第五，单晶晶的档案转移应由其自行处理，原告可以协助。综上，诉至法院，请求判令：1. 确认双方劳动关系为2011年6月30日至2011年7月29日；2. 原告无须支付单晶晶解除劳动关系经济补偿金2000元；3. 原告无须支付单晶晶2011年7月30日至2011年8月30日未签劳动合同二倍工资差额3652.94元；4. 原告无须支付单晶晶2011年8月工资4000元；5. 判令原告无须为单晶晶办理档案转移手续。

被告单晶晶辩称：不同意被告泛太物流公司的诉讼请求，同意仲裁裁决结果。

北京市海淀区人民法院一审查明：

被告单晶晶于2011年6月30日入职原告泛太物流公司，担任人力行政部员工，其月工资标准为税前4000元，税后实发金额3652.94元，泛太物流公司支付单晶晶工资至2011年7月31日。

被告单晶晶主张原告泛太物流公司未与其签订书面劳动合同，泛太物流公司提出单晶晶入职后该公司与其签订了3年期的劳动合同，因单晶晶负责保管员工档案，其离职时擅自将劳动合同等材料带走。对此泛太物流公司提供了单晶晶的《工作职责》为证，上述材料载明："2011年7月7日经理分配给我的工作如下：员工投诉；……；员工档案管理：档案转我处后，审表格、审手续；……"上述内容下方有单晶晶签字，并写明2011年7月7日：单晶晶否认自己负责员工档案管理，亦否认《工作职责》中的签字系自己书写，经法院释明，单晶晶不申请对上述签名是否为自己书写进行司法鉴定。另查，本案审理中，单晶晶提交了《员工录用审批表》以及《公司物品申请表》的原件，其中《员工录用审批表》载明：姓名单晶晶、性别女、部门人力行政部、工作地点北京……；聘用期限自2011年7月1日起至2014年7月1日止共叁年，试用期自2011年7月1日起至2011年9月30日止，共叁月；试用期待遇：基本工资1500元、岗位工资1500元、各项补贴500元、加班工资500元，合计4000元：转正后待遇：……，合计5000元；审批表下方“人力资源部意见”以及“总经理批示”栏分别由相关负责人及法定代表人苏树平的签字。其中《公司物品申请表》载明单晶晶2011年7月开始社保增加，邮箱地址为××××@ tps-loeistics. com，并由总部行政负责人、办事处人事负责人以及信息部门经办人签字确认，其中信息一栏注明“域账号、邮件登录后请修改密码”。泛太物流公司提出上述审批表及申请表与劳动合同同时存放于单晶晶的员工档案中，上述材料原件在单晶晶手中的事实本身即说明了单晶晶负责保管档案并带走劳动合同的事实。单晶晶提出上述两份材料系泛太物流公司的杨富清为让自己了解工作职能而交给自己的，事后未要回，故原件由自己保管。

被告单晶晶与原告泛太物流公司均认可双方已经解除劳动关系，但就最后工作时间、解除劳动关系时间及经过存在争议。单晶晶提出其最后工作至2011年8月30日，当日泛太物流公司无故口头告知与其解除劳动关系，对此单晶晶未提供证据佐证。泛太物流公司主张单晶晶最后工作至2011年7月29日，并于2011年8月17日向该公司负责人发送邮件申请辞职，故双方劳动关系于2011年8月17日因单晶晶辞职而解除。泛太物流公司对上述主张提供2011年6月、7月的考勤汇总表以及该公司相关负责人于2011年8月17日收取的单晶晶通过电子邮箱（××××@ tps-logistics. com）发送的邮件为证，上述考勤汇总表无单晶晶签字确认，且未显示2011年7月底以后的出勤情况；上述邮件内容为“各位泛太公司领导：我于2011年6月30日入职泛太公司。约定试用期三个月。现因我个人不认同公司的企业文化，特向各位提出辞职。单晶晶2011年8月17日”。单晶晶否认考勤汇总表的真实性，其认可发送上述电子邮件的电子邮箱系自己入职时注册的邮箱，但否认该邮件系由其本人发送的，其提出泛太物流公司的网管人员掌握自己的邮箱地址及密码，上述邮件内容完全有可能系泛太物流公司自己发送的。

另查，被告单晶晶的档案现仍存放于原告泛太物流公司集体存档户内。

再查，被告单晶晶曾以要求确认与原告泛太物流公司于2011年6月30日至2011年8月30日存在劳动关系，并要求该公司支付解除劳动关系经济补偿金、

2011年7月30日至2011年8月30日未签订劳动合同的二倍工资差额、2011年8月1日至2011年8月30日工资、延迟转移档案损失以及要求泛太物流公司办理档案转移手续等为由，向北京市海淀区劳动争议仲裁委员会提出申诉，仲裁委员会作出裁决如下：一、确认2011年6月30日至2011年8月30日单晶晶与泛太物流公司存在事实劳动关系；二、自本裁决书生效之日起七日内，泛太物流公司向单晶晶一次性支付解除劳动关系经济补偿金2000元；三、自本裁决书生效之日起七日内，泛太物流公司向单晶晶一次性支付2011年7月30日至2011年8月30日未签订劳动合同二倍工资差额3652.94元；四、自本裁决书生效之日起七日内，泛太物流公司向单晶晶一次性支付2011年8月1日至2011年8月30日拖欠工资税前4000元；五、自本裁决书生效之日起七日内，泛太物流公司为单晶晶办理档案转移手续；六、驳回单晶晶的其他申请请求。泛太物流公司不服上述裁决第一项至第五项内容，于法定期限内提起诉讼；单晶晶同意仲裁结果。

海淀区人民法院一审认为：

被告单晶晶于2011年6月30日入职原告泛太物流公司，双方建立劳动关系。

（一）关于被告单晶晶最后工作时间及双方解除劳动关系的时间及原因。双方各执一词，法院认为，原告泛太物流公司提出单晶晶于2011年8月17日通过电子邮件提出辞职，单晶晶虽否认上述邮件系其本人发送，但其认可发送该邮件的电子邮箱系其本人申请注册的，其虽提出泛太物流公司掌握该邮箱地址及密码，但未提供证据佐证其上述主张；同时，单晶晶作为具备完全行为能力的自然人应当对其个人邮箱密码负有安全保密义务，依据常理该密码不应由第三人知悉，且单晶晶持有的《公司物品申请表》中亦已经注明要求其邮件登录修改初始密码，故法院对单晶晶的抗辩不予采信，确认该邮件的证明力，进而采纳泛太物流公司的主张即双方劳动合同于2011年8月17日因单晶晶提出辞职而解除。鉴于此，法院认定单晶晶与泛太物流公司之间于2011年6月30日至2011年8月17日存在劳动关系，该公司无须向其支付解除劳动关系的经济补偿金2000元。

被告单晶晶虽提出其最后工作至2011年8月30日，同日原告泛太物流公司口头与其解除劳动合同，但未提供证据佐证；且如上文所述，法院确认其于2011年8月17日通过电子邮件提出了辞职，其未能举证证明提出辞职后继续为泛太物流公司提供劳动，故对其上述主张法院不予采信。同时，泛太物流公司虽称单晶晶最后工作至2011年7月29日，但其提供的考勤汇总表未经单晶晶签字确认，且不能显示2011年7月底以后的出勤情况，故对其该主张法院亦不予采信，鉴于泛太物流公司作为用人单位对员工的出勤情况负有举证责任，综合单晶晶于2011年8月17日申请辞职的情况，法院确认单晶晶最后工作至2011年8月17日。据此，泛太物流公司应向单晶晶支付2011年8月1日至2011年8月17日的税前工资2390.8元（计算方式4000÷21.75×13），无须继续支付2011年8月18日至2011年8月30日的工资。

（二）关于未签订劳动合同的二倍工资差额。原告泛太物流公司提出曾与被告单晶晶订立书面劳动合同，单晶晶负责保管员工档案并借此将所签订的劳动合同取走。对此法院认为，依据泛太物流公司提供的《工作职责》内容，单晶晶负责公司员工的档案管理工作，其虽否认负责上述工作，且否认《工作职责》中自己签字的真实性，但经法院释明，其未申请对上述签字的真伪进行鉴定，应当承担上述事实不能查明的不利法律后果，即法院对《工作职责》的证明力予以确认，采信泛太物流公司关于单晶晶负责员工档案管理的主张，但仅凭借单晶晶负责保管档案以及其持有部分泛太物流公司文件的事实并不足以证实泛太物流公司曾与单晶晶签订有书面劳动合同书。反而，单晶晶持有的《员工录用审批表》中明确约定了其工作部门、工作地点、聘用期限、试用期、工资待遇等，并附有泛太物流公司法定代表人苏树平的签字，上述审批表内容已经具备劳动合同的要件，特别是上述《员工录用审批表》现由单晶晶持有并由其作为证据提供，即其认可上述审批表的内容，因此法院认为该审批表具有劳动合同的性质。故单晶晶要求泛太物流公司支付2011年7月30日至2011年8月30日未签订劳动合同的二倍工资差额，其中2011年7月30日至2011年8月17日系包含在上述审批表所载明的合同期限内，其中2011年8月17日后双方已经解除劳动合同关系，故泛太物流公司无须支付上述期间二倍工资差额。综上，对泛太物流公司提出的无须支付未签订劳动合同的二倍工资差额的主张，法院予以支持。

鉴于双方劳动关系已经解除，而被告单晶晶档案现仍存放于原告泛太物流公司集体存档户内，依据相关法律规定，泛太物流公司有义务为单晶晶办理档案转移手续，其要求由单晶晶自行办理档案转移手续没有法律依据，法院不予支持。

综上，海淀区人民法院依据《中华人民共和国劳动合同法》第三十条第一款、第五十条第一款之规定，于2012年3月5日判决如下：

一、确认被告单晶晶与原告泛太物流公司于2011年6月30日至2011年8月17日存在劳动关系；

二、原告泛太物流公司于本判决生效后七日内给付被告单晶晶2011年8月1

日至2011年8月17日工资2390.80元；

三、原告泛太物流公司于本判决生效后七日内为被告单晶晶办理档案转移手续；

四、原告泛太物流公司无须向被告单晶晶支付解除劳动关系经济补偿金2000元；

五、原告泛太物流公司无须向被告单晶晶支付2011年7月30日至2011年8月30日未签订劳动合同二倍工资差额3652.94元。

单晶晶不服，向北京市第一中级人民法院提起上诉，其上诉理由同一审辩称。

被上诉人泛太物流公司辩称：同意一审判决，不同意上诉人单晶晶的上诉请求。

北京市第一中级人民法院经二审，确认了一审查明的事实。

本案二审的争议焦点是：上诉人单晶晶的离职时间以及双方是否签订有劳动合同或录用审批表能否作为劳动合同。

北京市第一中级人民法院二审认为：

关于上诉人单晶晶离职时间问题，单晶晶坚持原审理由，主张其工作至2011年8月30日，同日被上诉人泛太物流公司口头与其解除劳动合同，但其在一审、二审中均未提供证据予以佐证。泛太物流公司主张单晶晶于2011年8月17日通过电子邮件提出辞职并提交了该电子邮件，依据举证规则，泛太物流公司完成了以电子邮件形式证明系单晶晶提出辞职主张的举证责任；单晶晶对此予以否认，即对泛太物流公司的该项主张予以反驳，其应提举证据予以证明，否则将承担不利的后果。本案中，单晶晶认可发送该邮件的电子邮箱系其本人申请注册的，其提出泛太物流公司掌握该邮箱地址及密码意图推翻泛太物流公司的上述主张，但其未提供证据佐证其上述主张；加之，单晶晶作为具备完全行为能力人应当对其个人邮箱密码负有安全保密义务，依据常理该密码不应为第三人所知悉，且单晶晶持有的《公司物品申请表》中亦已经注明要求其邮件登录修改初始密码，故原审法院对单晶晶的抗辩不予采信、确认该邮件的证明力、进而采纳泛太物流公司的主张即双方劳动合同于2011年8月17日因单晶晶提出辞职而解除的认定正确，法院予以确认。单晶晶的该项上诉请求没有事实和法律依据，法院不予支持。

关于双方是否签有劳动合同一节，双方各执一词，该节争议的核心即是否能对被上诉人泛太物流公司予以双倍工资惩罚。由于双方均认可填有《员工录用审批表》且该表为上诉人单晶晶持有和提举，所以，该节争议的实质就演化为《员工录用审批表》能否视为双方的书面劳动合同。对此，法院认为应结合《劳动合同法》未签订书面劳动合同予以双倍工资惩罚的立法目的予以分析。首先，《劳动合同法》第八十二条针对实践中劳动合同签订率低以及《劳动法》第十六条仅规定“建立劳动关系应当订立劳动合同”而没有规定违法后果的立法缺陷，增设了二倍工资的惩罚，该第二倍差额的性质并非劳动者的劳动所得而是对用人单位违反法律规定的一种惩戒。二倍工资的立法目的在于提高书面劳动合同签订率、明晰劳动关系中的权利义务而非劳动者可以从中谋取超出劳动报酬的额外利益。其次，结合单晶晶持有的《员工录用审批表》分析，该表已基本实现了书面劳动合同的功能。表中明确约定了单晶晶工作部门、工作地点、聘用期限、试用期、工资待遇等，并附有泛太物流公司法定代表人苏树平的签字，该审批表内容已经具备劳动合同的要件，既能够明确双方的劳动关系又固定了双方的权利义务，实现了书面劳动合同的功能。一审法院认定该审批表具有劳动合同的性质、驳回单晶晶要求泛太物流公司支付二倍工资差额的诉讼请求正确，法院予以确认。单晶晶该节上诉请求没有事实和法律依据，不予支持。

综上，上诉人单晶晶上诉理由不能成立，原判认定事实清楚，适用法律正确，应予维持。北京市第一中级人民法院依照《中华人民共和国民事诉讼法》第一百五十三条第一款第（一）项之规定，于2012年6月1日作出判决：

驳回上诉，维持原判。

本判决为终审判决。

6. 张建明诉京隆科技（苏州）公司支付赔偿金纠纷案

《最高人民法院公报》2014年第7期（总第213期）

[裁判摘要]

用人单位规章制度是在本企业内部实施的、关于组织劳动过程和进行劳动管理的制度。用人单位以劳动者严重违反单位的规章制度为由解除劳动合同，劳动者提起相关诉讼的，法院应当依法审查该规章制度的合法性与合理性。如果用人单位的规章制度超越合理权限对劳动者设定义务，并据此解除劳动合同，属于违法解除，损害劳动者的合法权益，用人单位应当依法支付赔偿金。

原告：张建明，男，29岁，住江苏省苏州市。

被告：京隆科技（苏州）有限公司，住所地：江苏省苏州工业园区凤里街。

原告张建明因与被告京隆科技（苏州）有限公司（以下简称京隆公司）发生支付赔偿金纠纷，向江苏省苏州工业园区人民法院提起诉讼。

原告张建明诉称：原告于2007年11月5日进入被告京隆公司工作，于2007年12月26日与京隆公司签订劳动合同，合同期限为2007年12月26日至2010年12月6日。合同签订后原告按约履行工作职责。2009年4月20日，京隆公司以原告乘坐非法营运车辆为由通知原告解除劳动合同。原告认为，京隆公司解除劳动合同的行为无事实与法律依据，属违法解除劳动合同。原告申请仲裁，仲裁裁决驳回了原告的请求。原告为维护自身合法权益，故起诉要求判决被告支付经济赔偿金7800元，并由被告承担本案诉讼费用。

被告京隆公司辩称：原告张建明2009年4月13日上午10点30分左右，乘坐非法营运车辆至我公司宿舍区，被我公司宿舍区警卫人员发现，警卫人员随即根据相关规定进行记录并通报主管人员。在对事件经过进行反复核对查明后，公司立即做出了对其予以违纪解除劳动合同的处理，并通知张建明办理相应离职手续。因张建明不来办理离职手续，公司人事部门于4月20日发出“离职通知单”，并完成了后续的离职及退工备案手续。公司未违反劳动合同法规定，故无须支付赔偿金，请求驳回原告的诉讼请求。

苏州工业园区人民法院一审查明：

原告张建明于2007年11月5日进入被告京隆公司工作，于2007年12月26日与京隆公司签订劳动合同，合同期限为2007年12月26日起至2010年12月6日止，约定张建明从事设备维护工程师工作，月工资为2542元。2009年4月13日上午10点左右，张建明乘坐牌照为苏E8××××的车辆前往京隆公司宿舍区。2009年4月20日，京隆公司向张建明发出离职通知单，以张建明乘坐非法营运车辆为由与张建明解除劳动合同。

被告京隆公司于2008年9月8日召开职工代表大会，通过“不允许乘坐黑车，违者以开除论处”的决议。经双方确认，2009年4月13日原告张建明休息。张建明离职前十二个月月平均工资为2600元。张建明于2009年6月就本案诉讼请求申诉至苏州工业园区劳动争议仲裁委员会。该仲裁委员会于2009年7月27日裁决驳回张建明的全部仲裁请求。

本案一审的争议焦点是：被告京隆公司解除与原告张建明的劳动合同是否有合法依据。

苏州工业园区人民法院一审认为：

用人单位的规章制度是用人单位制定的组织劳动过程和进行劳动管理的规则和制度，也称为企业内部劳动规则。规章制度既要符合法律、法规的规定，也要合理。被告京隆公司有权通过制定规章制度进行正常生产经营活动的管理，但劳动者在劳动过程中以及劳动管理范畴以外的行为，用人单位适宜进行倡导性规定，对遵守规定的员工可给予奖励，但不宜进行禁止性规定，更不能对违反此规定的员工进行惩罚。京隆公司以乘坐非法营运车辆存在潜在工伤危险为由，规定员工不允许乘坐黑车，违者开除，该规定已超出企业内部劳动规则范畴，且乘坐非法营运车辆行为应由行政机关依据法律或法规进行管理，用人单位无权对该行为进行处理。工伤认定系行政行为，工伤赔偿责任是用人单位应承担的法定责任，京隆公司通过规章制度的设置来排除工伤责任，没有法律依据，因此亦属无效规定。故京隆公司不得依据该规定对员工进行处理，该公司以原告张建明乘坐非法营运车辆为由解除劳动合同违反劳动合同法的规定，损害了劳动者的合法权益，依法应当向张建明支付赔偿金，张建明要求京隆公司支付赔偿金 7800 元，未超过法律规定的赔偿金范围，法院予以支持。

据此，苏州工业园区人民法院依照《中华人民共和国劳动合同法》第四十八条、第八十七条之规定于 2009 年 11 月 19 日作出判决：

被告京隆公司应于本判决生效之日起十日内支付原告张建明赔偿金 7800 元。

京隆公司不服一审判决，遂向苏州市中级人民法院提起上诉称：公司制定的规章制度并未超出劳动过程及劳动管理范畴，据此对员工被上诉人张建明进行处理并无不当；并非利用“严禁乘坐非法营运车辆，违者予以开除处分”这一规章制度来排除工伤。

被上诉人张建明答辩称：一审判决认定事实清楚，适用法律正确；张建明乘坐黑车是在休息时间，并非上班时间。因此，请求维持一审判决，驳回上诉。

苏州市中级人民法院经二审，确认了一审查明的事实。

本案二审的争议焦点是：上诉人京隆公司依据“严禁乘坐非法营运车辆，违者予以开除处分”的单位规章制度解除与被上诉人张建明的劳动合同是否合法。

苏州市中级人民法院二审认为：

用人单位规章制度是指用人单位依法制定的、仅在本企业内部实施的、关于如何组织劳动过程和进行劳动管理的规则和制度，是用人单位和劳动者在劳动过程中的行为准则，也称为企业内部劳动规则。其内容主要包括劳动合同管理、工资管理、社会保险、福利待遇、工时休假、职工奖惩以及其他劳动管理等。规章制度作为用人单位加强内部劳动管理，稳定、协调劳动关系，保证正常劳动生产秩序的一种管理工具，在日常的劳动秩序中确实发挥着重要作用。但是，规章制度既要符合法律、法规的规定，也要合情合理，不能无限放大乃至超越劳动过程和劳动管理的范畴。本案中，被上诉人张建明乘坐黑车行为发生之日正值其休息之日，劳动者有权利支配自己的行为，公司不能以生产经营期间的规章制度来约束员工休息期间的行为。单位职工乘坐何种交通工具上班是职工的私人事务，用人单位无权作出强制规定，如果劳动者确有违法之处，也应由国家行政机关等有权进行处罚。因此，被上诉人京隆公司因张建明乘坐非法营运车辆而作出解除劳动合同系违法解除，损害了劳动者的合法权益，应当按劳动合同法之规定，向张建明支付赔偿金。

综上，上诉人京隆公司的上诉理由不能成立，一审判决并无不当，应予维持。据此，苏州市中级人民法院依照《中华人民共和国民事诉讼法》第一百五十三条第一款第（一）项之规定，于2010年3月25日作出判决：

驳回上诉，维持原判。

本判决为终审判决。

7. 刘永泉等十一人与内蒙古东部电力有限公司兴安电业局劳动争议案

《最高人民法院公报》2015年第3期（总第221期）

基本案情

1993年国务院制定《国有企业富余职工安置规定》，国有企业开始安置富余职工。2000年至2003年，内蒙古东部电力有限公司兴安电业局（以下简称兴安电业局）与刘永泉等十一名职工签订了《离岗退养协议》，约定：职工办理离岗退养手续后不得再回工作岗位，属于在册职工，单位发给生活费；离岗退养期间，浮动工资、奖金取消，除享受普调性工资待遇外，不再享受其他增资项目的工资政策，福利按50%执行；养老、医疗、住房、失业等待遇按所在单位的在册职工对待，工龄连续计算，达到法定退休年龄办理正式退休手续。

兴安电业局改制后走出困境，对在岗职工的工资调整了结构、提高了数额。刘永泉等十一人认为他们应当按照离岗退养协议的约定，即享受该单位在岗职工的普调性工资待遇，由于工资结构等已经变化，因此在岗职工增长的工资均应视为普调性工资待遇，遂向人民法院提起诉讼，请求判令兴安电业局补发年终工资、效益工资、岗位效益工资、岗位基数工资、岗位级差工资、岗位工资，共计601500元。

裁判结果

本案经过一审、二审和两次再审，内蒙古高级人民法院认为双方当事人之间的纠纷应由有关部门按照企业改制的政策规定统筹解决，不属于人民法院应当受理的劳动争议案件，裁定驳回起诉。最高人民检察院抗诉，最高人民法院进行了再审。

最高人民法院再审认为，本案是在我国国有企业制度改革和劳动用工制度改革过程中出现的纠纷，1993 年国务院颁布《国有企业富余职工安置规定》，对于离岗退养的条件、程序、生活费等内容作出了原则规定，目的在于既要通过改革增强企业活力，提高企业经济效益；又要妥善安置国有企业富余职工，保障其基本生活。刘永泉等十一人与兴安电业局签订离岗退养协议，具有落实上述改革措施的性质。特别是兴安电业局又在离岗退养协议中做出了离岗退养人员享受普调性工资待遇等方面的具体承诺，体现了劳动者与用人单位之间的在工资待遇方面达成的一致意思表示，与《劳动法》第四十七条规定的“用人单位根据本单位的生产经营特点和经济效益，依法自主确定本单位的工资分配方式和工资水平”并不矛盾，含有劳动关系的内容，本案纠纷属于劳动争议，人民法院应当受理。当事人诉讼请求中，除岗位效益工资 99840 元属于奖金性质，按照离岗退养协议的约定不应享受外，其余均应视为系统内工资的普调，应予支持，故判决兴安电业局向刘永泉等十一人补发工资 501660 元。

典型意义

本案在如何准确认定企业改革时出现的哪些纠纷属于劳动争议，劳动关系双方均可通过诉讼方式寻求自己合法权益的保护，具有较强的典型意义。我国社会主义市场经济发展过程中，国务院制定的重要改革措施需要严格执行。离岗退养协议中就有贯彻执行国有企业改革政策性质的内容，这些方面的问题确实需要由有关部门按照企业改制的政策统筹解决；但协议中也有用人单位和劳动者之间通过协议确定工资待遇的内容，如离岗退养职工享受普调性工资待遇的约定。工资是劳动合同的重要组成部分，确定工资标准的内容具有劳动合同的性质，当事人对于是否按照劳动合同约定支付了工资发生争议，经过法定程序起诉之后，人民法院应当受理。

本案对于用人单位以法律规定其享有自主确定职工工资权利来抗辩职工关于工资的诉讼请求时，应如何妥善处理同样具有典型意义。离岗退养协议中，刘永泉等十一人享受普调性工资待遇的约定，虽然没有直接确定明确的工资数额，却是双方当事人通过协商确定下来的工资标准，这同样是单位确定工资的一种具体方式，也符合劳动法关于用人单位有权自主确定职工工资的精神，其实两者并不矛盾。工资标准确定了，在没有约定或者法律规定可以改变的情形发生时，就必须按照约定的工资标准履行。刘永泉等十一人为使国有企业减轻负担、增加活力，顾全大局，以离岗退养的方式为企业的发展作出了奉献和牺牲。他们在离岗退养之后长期领取基本生活费，生活存在困难，诉讼请求中大部分仅仅是协议中所约定的工资内容。在企业经营转好的情况下，应当使这些依法主张权利的职工与在岗职工共同分享改革成果，除协议中明确约定不能享有的工资待遇外，满足其合理要求。

最高人民法院判决支持了刘永泉等十一人诉讼请求中合理合法的部分，通过审判还事实以本来面目，还职工以应得的公正，切实保护了劳动者合法权益。

8. 候宏军诉上海隆茂建筑装潢有限公司劳动合同纠纷案

《最高人民法院公报》2015 年第 11 期（总第 229 期）

［裁判摘要］

一次性伤残就业补助金是在终止或解除劳动合同时，工伤职工应当享受的由用人单位支付的费用。在用人单位解除劳动合同的情形下，用人单位仍有义务向工伤职工支付一次性伤残就业补助金。

原告：候宏军。

被告：上海隆茂建筑装潢有限公司。

法定代表人：张学武，该公司经理。

原告候宏军因与被告上海隆茂建筑装潢有限公司（以下简称隆茂公司）发生劳动合同纠纷，向上海市闵行区人民法院提起诉讼。

原告候宏军诉称：其与被告隆茂公司签订了期限自 2011 年 3 月 1 日起至 2012 年 2 月 28 日止的劳动合同，被告将其安排至原上海澳联有限公司（以下简称澳联公司）工作，后该公司改名为欧文斯（上海）玻璃容器有限公司（以下简称欧文斯公司）。其于 2012 年 3 月 21 日受了工伤，但被告未依法支付其工伤保险待遇。为此其申请劳动仲裁，现不服仲裁裁决，故诉至法院请求判令：1. 被告支付原告十级伤残一次性工伤医疗补助金 14076 元（人民币，币种下同）；2. 被告支付原告十级伤残一次性就业补助金 14076 元；3. 被告支付原告解除劳动合同经济补偿金 4332 元。

被告隆茂公司辩称：其与欧文斯公司签订过期限为2009年10月17日至2010年10月16日的劳务派遣协议，到期后未续签。原告侯宏军系其派遣至欧文斯公司工作，但其与原告签订的劳动合同至2012年2月底到期，原告于同年3月21日受伤，此时已超过劳动合同期限。原告伤愈后于同年7月16日恢复上班，同年7月27日即因严重违反劳动纪律而被欧文斯公司开除。同年8月15日其接到欧文斯公司的开除通知，故于同年8月24日为原告办理了退工。其认为，因原告严重违反规章制度，欧文斯公司将之合法退回，被告据此解除与原告劳动关系的行为合法，第1、2项诉请也由于原告系被合法解除而不符合支付条件，故不同意原告全部诉请。另按照其与欧文斯公司的约定，即使应支付原告费用，付款义务也应当由欧文斯公司承担。

上海市闵行区人民法院一审查明：

2011年3月1日，原、被告签订了期限自当日起至2012年2月28日止的劳务合同。合同约定，被告隆茂公司将原告候宏军安排至澳联公司工作，月工资1140元，若原告因严重违反用工单位依法制定的各项规章制度而被用工单位退回的，被告可以解除本合同。2012年3月21日，原告在储运车间修理木托盘时被机器压伤左手食指，经医院诊治结论为左食指挫裂伤，左食指末端粉碎性骨折。同年4月17日，被告作为申请人向上海市长宁区人力资源和社会保障局申请工伤认定。同年4月27日，该局作出长宁人社认结字（2012）第0295号认定工伤决定书，确认原告上述所受伤害属于工伤。同年8月31日，上海市长宁区劳动能力鉴定委员会出具劳鉴（长）字1207-0051号鉴定结论书，结论为原告上述工伤构成因工致残程度十级。同年7月19日，澳联公司向原告出具员工违纪处罚单，主要内容为原告于当日擅自离岗回家睡觉，根据员工手册之规定，对该蓄意怠工之违纪行为予以三类违纪处罚，处罚内容为最后书面警告并罚款200元。原告拒绝签收此员工违纪处罚单。同年7月26日，澳联公司再次向原告出具员工违纪处罚单，主要内容为原告于当日拒绝服从上司工作安排，根据员工手册之规定，该违纪事实属于不服从公司管理人员调动及其他命令，作三类违纪处罚，因原告已于一个月内连续两次触犯三类违纪规则，故根据员工手册规定予以开除处分。原告拒绝签收此员工违纪处罚单。次日，澳联公司以电子邮件形式告知被告，因原告多次违反其处管理制度，故予以开除处分，并附其于2012年7月26日作出的员工违纪处罚单。同年8月15日，澳联公司以电子邮件形式通知被告，主要内容为原告于同年7月26日离职，原告的社会保险费缴纳至同年7月止。

被告隆茂公司为原告候宏军办理了2011年7月至2012年7月的上海市城镇社会保险费，并于2012年8月24日办理了原告的社会保险个人账户转出手续。

2013年2月，澳联公司经工商行政部门核准更名为欧文斯公司。

2012年4月11日，原告候宏军以被告隆茂公司及欧文斯公司（为行文统一，以下统一表述为欧文斯公司）为被申请人向上海市闵行区劳动人事争议仲裁委员会申请仲裁，要求两公司支付其加班工资及赔偿金、未签订劳动合同双倍工资差额等多项费用。后该会作出闵劳人仲（2012）办字第2373号仲裁裁决书，对原告的仲裁请求不予支持，并于裁决中确认原告于2011年3月1日与被告建立劳动关系，与欧文斯公司间为劳务用工关系。原、被告及欧文斯公司收到裁决书后均未起诉，该裁决已生效。

2012年10月8日，原告候宏军向上海市闵行区劳动人事争议仲裁委员会申请仲裁，要求恢复与被告隆茂公司的劳动关系，并要求被告支付其2012年7月27日至恢复劳动关系之日的工资、停工留薪期工资差额等各项费用。同年11月30日，该会作出闵劳人仲（2012）办字第7706号裁决，由被告支付原告2012年3月21日至同年7月15日的停工留薪期工资差额3148.40元、2012年3月21日至同年7月26日的就医交通费148元、2012年7月27日至同年11月30日的工资5933.30元，欧文斯公司对前述停工留薪期工资差额及就医交通费承担连带责任，对原告的其余仲裁请求不予支持（不包括不予处理的部分）。原、被告均不服该裁决而分别提起诉讼。原告要求判令欧文斯公司和被告恢复与其的劳动关系，并支付其工资、停工留薪期工资及差额、未签劳动合同双倍工资差额、未休年休假工资、交通费等各项费用，以及为其缴纳社会保险，归还工作服等物品。被告则要求判令无须按照仲裁裁决支付原告停工留薪期工资差额、交通费及工资。法院以（2013）闵民一（民）初字第2363号案立案受理该案后，于2013年7月19日依法作出判决，在认定原告与被告间存在劳动关系，欧文斯公司则为实际用工单位，而原告停工留薪期结束后只打考勤卡未实际提供劳动的工作表现有违劳动纪律，被告据此解除与原告劳动关系的做法并无不当等事实的基础上，判决被告支付原告2012年7月27日至同年8月24日的工资1332.45元、被告无须支付原告停工留薪期工资差额3148.40元，欧文斯公司支付原告停工留薪期工资差额3148.40元，被告支付原告交通费124元，欧文斯公司对此124元交通费承担连带责任并另行支付原告交通费24元，驳回原告包括要求恢复劳动关系在内的其余诉讼请求。原告及欧文斯公司均不服该判决而提起上诉，上海市第一中级人民法院以（2013）沪一中民三（民）终字第1438号案立案受理。经审理，该院于2013年11月18日对该案依法作出判决，查明包括如下事实：欧文斯公司与被告签订的劳务派遣协议于2010年10月16日到期后未再续签，但此后双方仍在按照原协议履行，欧文斯公司定期将包括原告在内的劳务工工资及管理费付至被告处，被告亦在开具发票并为原告缴纳社会保险费，且被告在其与原告签订的劳动合同到期后的2012年4月17日作为用人单位申请为原告认定工伤，故确认自2012年3月起，原、被告之间存在劳动关系，欧文斯公司为实际用工单位，故对原告要求与不存在劳动关系的欧文斯公司恢复劳动关系的要求难予支持；原告对于其所称的欧文斯公司同意其停工留薪期满后只需上下班打卡无须实际提供劳动，以及其因伤势情况而在上班时间内需回家休息的主张均未能举证予以证明，原告在停工留薪期结束后的表现明显违反劳动纪律，被告据此于2012年8月24日解除与原告劳动关系的做法并无不当，故对原告要求恢复与被告之间劳动关系的上诉请求难以支持。在所查明事实的基础上，作出了欧文斯公司无须支付原告停工留薪期工资差额3148.40元，欧文斯公司无须对被告应付交通费124元承担连带责任，维持其余原审判决内容的终审判决。

2013年12月4日，原告候宏军就本案系争事项向上海市闵行区劳动人事争议仲裁委员会申请仲裁。同年12月6日，该会作出闵劳人仲（2013）通字第289号不予受理通知书，以原告的请求事项已超过仲裁申请时效为由决定不予受理。原告不服此决定而提起本案诉讼。

上海市闵行区人民法院一审认为：

被告隆茂公司因原告候宏军违反劳动纪律而解除了双方的劳动关系，而被告解除与原告劳动关系之行为已经生效判决书确认属合法解除，且此不属劳动合同法规定的用人单位应当支付劳动者解除劳动合同经济补偿金的情形，故原告要求被告支付其解除劳动合同经济补偿金之诉请缺乏依据，不予支持。

关于原告候宏军要求被告隆茂公司支付其十级伤残一次性工伤医疗补助金及一次性伤残就业补助金的诉请，按照《上海市工伤保险实施办法》第四十一条之规定，因工致残被鉴定为七级至十级伤残的工伤人员，在劳动合同期满终止或工伤人员本人提出解除劳动合同的情况下，可享受由工伤保险基金支付一次性工伤医疗补助金，用人单位支付一次性伤残就业补助金的工伤待遇。故原告要求被告作为用人单位支付一次性工伤医疗补助金无依据。至于一次性伤残就业补助金，与前述同理，原、被告的劳动关系由被告合法解除，不属于上述法规规定的用人单位应支付该一次性待遇的情形，原告该部分诉请无依据，不予支持。

综上，上海市闵行区人民法院依照《中华人民共和国劳动合同法》第二条第一款之规定，于2014年3月17日判决：

驳回原告侯宏军的诉讼请求。

侯宏军不服一审判决，向上海市第一中级人民法院提起上诉称：被上诉人隆茂公司违法解除与侯宏军的劳动关系，侯宏军有大华医院、上海市第六人民医院、盱眙县中医院疾病诊断书病情证明单，2012年7月19日及26日均在病假期间。隆茂公司人事考虑到侯宏军伤情，同意侯宏军只需上下班打卡无须实际提供劳动。所以澳联公司开除决定中的两次违纪均不能成立。综上所述，侯宏军请求二审法院撤销原审判决，改判隆茂公司支付：1. 十级伤残一次性工伤医疗补助金14076元；2. 十级伤残一次性就业补助金14076元；3. 违法解除劳动合同赔偿金8664元；4. 不能恢复劳动关系补偿金三个月6498元；5. 强行违纪罚款200元；6. 工伤医药费500.40元；7. 年休假882元；8. 确认隆茂公司的开除决定无效，并撤销该开除决定。

被上诉人隆茂公司答辩称，原审判决认定事实清楚，适用法律正确，请求二审法院予以维持。

上海市第一中级人民法院经二审，确认了一审查明的事实。

上海市第一中级人民法院二审认为：

本案的争议焦点是：当用人单位解除劳动合同时，用人单位是否应当向工伤职工支付一次性工伤医疗补助金与一次性伤残就业补助金。

关于上诉人侯宏军主张的一次性工伤医疗补助金，根据《工伤保险条例》第三十七条第二款的规定，因工致残被鉴定为七级至十级伤残的工伤人员，在劳动合同期满终止或工伤人员本人提出解除劳动合同的情况下，可享受由工伤保险基金支付一次性工伤医疗补助金。本案中，被上诉人隆茂公司为侯宏军办理了2011年7月至2012年7月的上海市城镇社会保险费，隆茂公司并非支付一次性工伤医疗补助金的责任主体，故侯宏军要求隆茂公司支付一次性工伤医疗补助金的上诉请求缺乏法律依据，不予支持。

关于上诉人侯宏军主张的一次性伤残就业补助金，一次性伤残就业补助金等工伤保险待遇是对职工因工作原因受到伤害而给予的补救和补偿，它不应受劳动关系解除原因等因素的影响。首先，《社会保险法》第三十九条第（三）项明确规定，终止或者解除劳动合同时，工伤职工应当享受的一次性伤残就业补助金，按照国家规定由用人单位支付。该规定仅将终止或解除劳动合同作为工伤职工享受一次性伤残就业补助金的前提条件，并未将合同解除方式与原因作为支付一次性伤残就业补助金的前提条件。其次，根据《工伤保险条例》第四十二条的规定，工伤职工仅在丧失享受待遇条件、拒不接受劳动能力鉴定、拒绝治疗的情况下，停止享受工伤保险待遇，用人单位解除劳动合同并不属于工伤职工停止享受工伤保险待遇的情形。最后，举轻以明重，《工伤保险条例》第三十七条第（二）项规定在工伤职工主动提出解除劳动合同及劳动合同期限终止时，用人单位尚需支付一次性伤残就业补助金，那么用人单位在主动解除劳动合同时支付一次性伤残就业补助金，更是理所当然的。故被上诉人隆茂公司应支付候宏军一次性伤残就业补助金，候宏军的相关上诉请求，予以支持。至于候宏军提出的其余上诉请求，因均未经仲裁前置程序，故在本案中均不予处理。

综上，上海市第一中级人民法院依照《中华人民共和国民事诉讼法》第一百七十条第一款第（二）项的规定，于 2014 年 7 月 15 日判决：

一、撤销（2014）闵民一（民）初字第 2198 号民事判决；

二、隆茂公司应于本判决生效之起十日内支付候宏军一次性伤残就业补助金 14076 元；

三、驳回候宏军的其余诉讼请求（不包含本院不予处理部分）。

本判决为终审判决。

9. 包利英诉上海申美饮料食品有限公司劳动合同纠纷案

《最高人民法院公报》2016 年第 12 期（总第 242 期）

［裁判摘要］

劳动者仍在原工作场所、工作岗位工作，劳动合同主体由原用人单位变更为新用人单位的，应当认定属于“劳动者非因本人原因从原用人单位被安排到新用人单位工作”，工作年限应当连续计算。劳动者用人单位发生变动，对于如何界定是否因劳动者本人原因，不应将举证责任简单地归于新用人单位，而应从该变动的原因着手，查清是哪一方主动引起了此次变动。劳务派遣公司亦不应成为工作年限连续计算的阻却因素。

原告：包利英，女，49 岁，汉族，住上海市浦东新区。

被告：上海市申美饮料食品有限公司，住所地：上海市浦东新区金桥出口加工区桂桥路。

法定代表人：JOHAN WILLEM MAARTEN JANSEN，该公司董事长。

原告包利英因与被告上海申美饮料食品有限公司（以下简称申美公司）发生劳动合同纠纷，遂向上海市浦东新区人民法院提起诉讼。

原告包利英诉称：其经被告申美公司营业部经理面试通过后，于2006年4月4日进入被告处工作。2006年4月4日至2010年1月31日，原告根据被告的要求和安排先后与案外人上海人力资源有限公司（以下简称人资公司）、上海支点人力资源有限公司（以下简称支点公司）、安德普瀚人力资源有限公司（以下简称安普公司）签订劳动合同，由上述公司将原告安排至被告处工作。2010年2月1日起，原、被告直接签订了期限至2013年3月31日止的劳动合同。原告入职后，一直在被告的川沙合庆镇营业部担任业务员工作，工作地点和岗位均无变化，故应自2006年4月4日起计算在被告处的工作年限。2013年3月25日起，原告因病休病假，至今仍在病假中，但被告不仅未足额支付原告病假工资，反而于2013年9月13日向原告寄送通知书，违法终止了双方的劳动关系。原告为维护自身权益申请仲裁，因对裁决部分不服，故提起诉讼，要求判令：1. 原、被告自2013年9月1日起恢复劳动关系；2. 被告支付原告2013年9月3日至2013年9月24日的病假工资人民币1991.97元，并以1327.98元/月的标准支付原告2013年9月25日至判决生效之日的疾病救济费；3. 被告支付原告2013年4月1日至2013年8月31日病假的工资差额4416.20元。

被告申美公司辩称：2006年4月4日至2010年1月31日，原告包利英先后由多家劳务派遣公司派遣至被告处工作，担任助销员。2010年2月1日起，原、被告建立劳动关系，原告担任RTM（Route to Market，即深度分销，以下简称RTM）业务代表，亦属于销售岗位，但相较于助销员，后者的辅助性质更强一些。被告认为，原告的工作年限应自2010年2月1日起算。2013年3月25日起，原告开始休病假。2013年9月3日，原告的医疗期届满，被告依法终止了双方的劳动合同，故不同意原告的诉请1和2。原告病假期间，被告已足额支付其病假工资，不存在拖欠，故不同意其诉请3。

上海市浦东新区人民法院一审查明：

原告包利英于2006年4月4日进入被告申美公司工作，担任助销员。根据原告的求职登记卡显示，2006年4月4日至2007年3月31日，原告系由案外人人资公司派遣进入被告处工作；2007年4月1日至2007年12月31日，原告的劳务派遣公司改为支点公司；2008年1月1日至2010年1月29日，原告的劳务派遣公司又改为安普公司（原名上海华业人力资源服务有限公司，后于2009年2月17日经工商行政管理部门核准更名为安普公司）。2010年2月，原、被告签订劳动合同，约定：劳动合同期限为2010年2月1日至2013年3月31日；原告在市场执行部门的RTM业务代表岗位任职。2006年4月4日至2010年3月，原告实际在被告公司的浦东办事处（位于本市浦东新区金桥开发区桂桥路539号）从事销售工作；2010年4月起，原告被安排至被告公司的川沙办事处（位于本市浦东新区龙东大道5385号龙东大厦2104室），仍从事销售工作。2012年8月起，原告的基本工资为2259元/月，此外另有金额不定的月度奖金。2013年3月25日起，原告因患病开始休病假，未再上班。2013年4月1日至2013年6月30日，被告支付原告工资6153.79元；2013年7月1日至2013年8月31日，被告每月各支付原告工资2027元。

2013年9月2日，被告申美公司向原告包利英住址邮寄通知一份："您与公司签署的劳动合同已于2013年3月31日到期，且公司基于您的病假申请，依法将您的劳动合同顺延至医疗期结束。我们特此通知您，您的医疗期将于2013年9月3日结束，故届时劳动合同终止。上述劳动合同终止日为您的最后工作日……月基本工资结算至2013年9月3日……"2013年9月4日，该份邮件被退回。2013年9月12日，被告再次向原告寄送终止劳动合同的通知，原告签收了该份通知。2013年9月3日，被告为原告开具了上海市单位退工证明。2013年9月13日至2013年12月25日，原告仍继续休病假，并将对应期间的病假单邮寄给了被告。

2013年9月25日，原告包利英提起仲裁申请，要求裁令被告申美公司：1. 恢复劳动关系；2. 支付2013年9月3日至2013年9月30日疾病救济费1991.97元，按照1327.98元/月的标准支付2013年10月1日至恢复劳动关系之日的疾病救济费；3. 支付2013年4月1日至2013年8月31日病假工资差额3420.88元。上海市浦东新区劳动人事争议仲裁委员会于2013年11月19日作出裁决，裁令被告支付原告2013年4月1日至2013年8月31日病假工资差额1367.53元，对原告的其余请求未予支持。原告不服该裁决，遂诉至法院。

本案一审的争议焦点是：原告包利英在被告申美公司处的工作年限应自何时起算。

上海市浦东新区人民法院一审认为：

根据《劳动合同法实施条例》第十条之规定，劳动者非因本人原因从原用人单位被安排到新用人单位工作的，劳动者在原用人单位的工作年限合并计算为新用人单位的工作年限。最高人民法院《关于审理劳动争议案件适用法律若干问题的解释（四）》第五条则规定：劳动者仍在原工作场所、工作岗位工作，劳动合同主体由原用人单位变更为新用人单位的，应当认定属于“劳动者非因本人原因从原用人单位被安排到新用人单位工作”。原告包利英于2006年4月4日起，一直在被告申美公司处从事销售相关工作，其用人单位虽先后从人资公司、支点公司变更为安普公司，后又自2010年2月1日起变更为申美公司，但2006年4月4日至2010年3月，包利英的工作场所并无变化，故依照上述法律及司法解释之规定，包利英在申美公司处的工作年限应自2006年4月4日起计算。

参照上海市人民政府《关于本市劳动者在履行劳动合同期间患病或者非因工负伤的医疗期标准的规定》第一条、第二条之规定：医疗期是指劳动者患病或者非因工负伤停止工作治病休息，而用人单位不得因此解除劳动合同的期限；医疗期按劳动者在本用人单位的工作年限设置，劳动者在本单位工作第1年，医疗期为3个月，以后工作每满1年，医疗期增加1个月，但不超过24个月。据此，至2013年3月24日，原告包利英在被告申美公司处的工作年限已满6年，可享受的医疗期为9个月。包利英、申美公司双方签订的劳动合同虽约定届满期限为2013年3月31日，但应顺延至2013年12月24日包利英医疗期满方可终止。故此，法院确认，申美公司于2013年9月3日在包利英医疗期未满的情况下通知终止双方劳动合同的行为系属违法。然而，鉴于包利英的医疗期已于2013年12月24日届满，双方的劳动合同亦应延续至该日终止，故现已无恢复劳动合同的必要，法院对包利英的诉请1不予支持。

原告包利英2013年3月病假前的工资标准为2259元/月，因包利英、申美公司未明确约定病假工资的计算基数，故法院参照《上海市企业工资支付办法》第九条第一款第（三）项的规定．以包利英所在岗位正常出勤月工资2259元的70%确定病假工资的计算基数，即1581.30元/月。因包利英在申美公司处工作已满六年不满八年，故其病假工资标准应为1581.30元的90%即1423.17元。据此计算，申美公司应支付包利英2013年4月1日至2013年8月31日的病假工资7115.85元。根据本案已查明的事实，申美公司已支付包利英上述期间的工资金额并未低于7115.85元，故包利英的诉请3缺乏事实依据。然而，因申美公司未就本案仲裁裁决提起诉讼，应视为已接受该裁决，故其仍应向包利英支付2013年4月1日至2013年8月31日的病假工资差额1367.53元。

如前所述，原告包利英、被告申美公司间的劳动合同应延续至2013年12月

24日终止，故包利英要求申美公司支付2013年9月3日至2013年9月24日的病假工资于法有据，根据1423.17元/月的标准计算，申美公司应支付包利英上述期间的病假工资1084.32元。2013年9月25日起，包利英病假已超过六个月，故申美公司应向其支付疾病救济费，因包利英在申美公司处的工作年限在三年以上，故疾病救济费的标准应以1581.30元/月的60%即948.78元/月计算，但因该标准已低于本市2013年最低工资标准1620元/月的80%即1296元/月，故申美公司应以1296元/月的标准支付包利英2013年9月25日至2013年12月24日的疾病救济费3840.31元。

综上所述，上海市浦东新区人民法院依照《中华人民共和国劳动合同法》第四十二条第一款第（三）项、第四十四条第一款第（一）项、第四十五条，《中华人民共和国劳动合同法实施条例》第十条，最高人民法院《关于审理劳动争议案件适用法律若干问题的解释（四）》第五条第二款第（一）项的规定，于2014年6月19日作出判决：

一、申美公司于判决生效之日起十日内支付包利英2013年9月3日至2013年9月24日的病假工资1084.32元；

二、申美公司于判决生效之日起十日内支付包利英2013年9月25日至2013年12月24日的疾病救济费3840.31元；

三、申美公司于判决生效之日起十日内支付包利英2013年4月1日至2013年8月31日的病假工资差额1367.53元；

四、驳回包利英的其余诉讼请求。

包利英、申美公司不服一审判决，分别向上海市第一中级人民法院提起上诉。

包利英提起上诉称，要求撤销原判主文第二项、第三项、第四项，依法改判：1. 双方劳动关系恢复至判决生效之日；2. 申美公司以1991.97元/月支付2013年9月的疾病救济费，以1327.98元/月的标准支付包利英2013年10月的疾病救济费至判决生效之日17433.91元；3. 申美公司支付包利英2013年4月1日至2013年8月31日病假的工资差额（以2179.24元/月计算，扣除已经支付的4416.2元）。包利英的主要理由为：申美公司违法终止劳动关系，要求恢复至判决生效之日的劳动关系并要求支付劳动关系存续期间的工资。正常出勤工资应当包括绩效工资部分，疾病救济费是指劳动者的应得工资，包利英的病假工资经计算应为2179.24元/月，因此应按此标准计算病假工资差额。申美公司则不接受包利英的上诉主张，双方劳动关系顺延至医疗期期满，申美公司只有在劳动关系存续期间支付病假工资等的义务。病假工资基数认同原审认定数额。

申美公司提起上诉称，要求撤销原判主文第一项、第二项，依法改判其不支付2013年9月3日至2013年9月24日的病假工资1084.32元、2013年9月25日至2013年12月24日的疾病救济费3840.31元。申美公司的主要理由为：包利英于2006年4月4日至2010年1月29日由劳务派遣公司派遣至申美公司处工作，包利英、申美公司于2010年2月签订劳动合同，双方基于合意，并非“被安排”，不适用《劳动合同法实施条例》第十条的规定。包利英、申美公司建立劳动关系后，工作场所和工作岗位实际都有变动，劳务派遣用工不应适用最高人民法院《关于审理劳动争议案件适用法律若干问题的解释（四）》第五条的规定。双方于2010年签订劳动合同，医疗期应该在2013年8月24日结束，所以不同意支付2013年9月之后的病假工资、疾病救济费。包利英则认为申美公司没有权利解除劳动关系，按照法律规定应支付病假工资及疾病救济费。

上海市第一中级人民法院经二审，确认了一审查明的事实。

另查明，上诉人申美公司在上海市浦东新区劳动人事争议仲裁委员会2013年10月16日的庭审笔录中陈述，上诉人包利英自2006年4月4日起通过多家劳务派遣公司以派遣形式进入申美公司处工作。后由于公司人员需要，申美公司从2010年2月1日起与包利英建立劳动关系，同时按照公司规章进行考核并变化工作内容。

本案二审的争议焦点为：上诉人包利英的工作年限是否连续计算。

上海市第一中级人民法院二审认为：

根据本案查明的事实，上诉人包利英于2006年4月4日起，一直在上诉人申美公司处从事销售相关工作，其用人单位先后从人资公司、支点公司变更为安普公司，2010年2月1日起变更为申美公司，自2006年4月4日至2010年3月，包利英的工作场所并无变化，且从事的工作内容也没有变化。申美公司主张用人单位主体的变更系包利英本人原因造成，但申美公司未提供充分证据予以证明。从上述事实分析可以得知，包利英的劳动合同主体虽然由人资公司变为支点公司，再变为安普公司，但是包利英的工作场所没有变化，包利英一直从事与销售相关的工作，申美公司亦承认由于公司人员需要，从2010年2月1日起与包利英建立劳动关系。根据最高人民法院《关于审理劳动争议案件适用法律若干问题的解释（四）》第五条第二款第（一）项之规定，可以认定本案的情形属于“劳动者非因本人原因从原用人单位被安排到新用人单位工作”。因此，依照《劳动合同法实施条例》第十条的规定，可以确认包利英在申美公司处的工作年限应自 2006 年 4 月 4 日起计算。

依照上诉人包利英在上诉人申美公司处的工作年限，计算包利英可以享受的医疗期，一审法院认定双方劳动关系顺延至 2013 年 12 月 24 日医疗期届满终止，并无不当。现包利英要求恢复劳动关系至判决生效之日的上诉请求，不予支持。

关于病假工资的请求，依照《上海市企业工资支付办法》第九条第一款第（三）项的规定，并参照上诉人包利英在上诉人申美公司处的工作年限，一审法院确定包利英 2013 年 4 月 1 日至 2013 年 8 月 31 日的病假工资，并无不妥。包利英主张以 2179.24 元/月作为计算病假工资的标准，法院难以采纳。包利英据此标准要求申美公司支付 2013 年 4 月 1 日至 2013 年 8 月 31 日病假工资差额的上诉请求，不予支持。鉴于包利英、申美公司之间的劳动合同延续至 2013 年 12 月 24 日终止，故申美公司应支付包利英 2013 年 9 月 3 日至 2013 年 9 月 24 日的病假工资。申美公司要求不支付 2013 年 9 月 3 日至 2013 年 9 月 24 日病假工资的上诉请求，亦不予支持。

关于疾病救济费的请求，鉴于双方劳动关系顺延至 2013 年 12 月 24 日医疗期届满终止，因此，上诉人包利英要求上诉人申美公司支付疾病救济费至判决生效之日的上诉请求，不予支持。根据包利英在申美公司处的工作年限以及病假超过 6 个月的情况，一审法院确定包利英 2013 年 9 月 25 日至 2013 年 12 月 24 日的疾病救济费为 3840.31 元，亦无不妥。包利英主张以 1991.97 元/月的标准计算 2013 年 9 月的疾病救济费，以 1327.98 元/月的标准计算 2013 年 10 月以后的疾病救济费，不予采纳。申美公司要求不支付 2013 年 9 月 25 日至 2013 年 12 月 24 日疾病救济费的上诉请求，亦不予支持。

综上，一审法院根据查明的事实所作判决正确，应予维持。上诉人包利英、申美公司的上诉请求，理由不成立，均不予支持。

据此，上海市第一中级人民法院依照《中华人民共和国民事诉讼法》第一百七十条第一款第（一）项之规定，于 2015 年 1 月 30 日判决如下：

驳回上诉，维持原判。

本判决为终审判决。

10. 张某诉上海敬豪劳务服务有限公司等劳动合同纠纷案

《最高人民法院公报》2017 年第 5 期（总第 247 期）

［裁判摘要］

从事接触职业病危害作业的劳动者未进行离岗前职业健康检查的，用人单位不得解除或终止与其订立的劳动合同。即使用人单位与劳动者已协商一致解除劳动合同，解除协议也应认定无效。

原告：张某，男，汉族，住安徽省阜南县。

被告：上海敬豪劳务服务有限公司，住所地：上海市浦东新区川沙新镇。

法定代表人：王文清，该公司经理。

被告：中海工业（上海长兴）有限公司，住所地：上海市崇明县长兴岛。

法定代表人：张一兵，该公司董事长。

原告张某因与被告上海敬豪劳务服务有限公司（以下简称敬豪公司）、中海工业（上海长兴）有限公司（以下简称中海公司）发生劳务派遣合同纠纷，向上海市崇明县人民法院提起诉讼。

原告张某诉称：2007 年 10 月，原告与上海兴旭劳务服务有限公司签订劳动合同，公司法定代表人是王文清。2010 年 1 月，原告被转入同为王文清担任法定代表人的被告敬豪公司。自 2007 年 10 月起，原告被派往被告中海公司担任电焊工。2014 年 1 月 13 日，敬豪公司与原告签订协商解除劳动合同协议书，原告要求进行离职前职业健康检查，敬豪公司承诺签订协议后就安排原告体检，但第二天即反悔。原告经向有关部门投诉后，敬豪公司才安排原告进行体检。原告认为与敬豪公司签订的协商解除劳动合同协议书系敬豪公司提供的格式合同，协议书虽称系原告提出解除劳动关系，实则是敬豪公司提出解除劳动关系。原告提起仲裁、诉讼，要求原告与敬豪公司自 2014 年 1 月 13 日起恢复劳动关系。

被告敬豪公司、中海公司辩称：原告张某与敬豪公司于 2014 年 1 月 13 日已经达成解除劳动关系的协议，并支付补偿金。现原告已离开被告处一年多，故不同意恢复劳动关系。

上海市崇明县人民法院一审查明：

2010 年 1 月，原告张某与被告敬豪公司建立劳动关系后被派遣至被告中海公司担任电焊工，双方签订最后一期的劳动合同期限为 2010 年 1 月 1 日至 2014 年 6 月 30 日。2014 年 1 月 13 日，敬豪公司（甲方）与原告（乙方）签订协商解除劳动合同协议书，协议中载明甲、乙双方一致同意劳动关系于 2014 年 1 月 13 日解除，双方的劳动权利义务终止；甲方向乙方一次性支付人民币48160元，以上款项包括解除劳动合同的经济补偿、其他应得劳动报酬及福利待遇等。敬豪公司于2014年1月21日向原告支付人民币48160元。

2014年4月，原告张某经上海市肺科医院诊断为电焊工尘肺一期。2014年12月10日，原告经上海市劳动能力鉴定委员会鉴定为职业病致残程度七级。2014年11月27日，原告向上海市崇明县劳动人事争议仲裁委员会申请仲裁，要求自2014年1月13日起恢复与敬豪公司的劳动关系。该委裁决对于原告的请求事项不予支持。

上海市崇明县人民法院一审认为：

从事接触职业病危害作业的劳动者未进行离岗前职业健康检查，或者疑似职业病病人在诊断或者医学观察期间的，用人单位不得依照《劳动合同法》第四十条、第四十一条的规定解除劳动合同。现原、被告协商一致解除劳动关系，不属该法第四十条、第四十一条规定的情形，且双方的解除行为系真实意思的表示。原告张某为职业病致残程度七级，且原、被告的劳动合同也已到期，现被告敬豪公司不同意恢复劳动关系，原告要求自2014年1月13日起恢复与敬豪公司的劳动关系，于法无据，不予支持。

据此，上海市崇明县人民法院依照《中华人民共和国劳动合同法》第三十六条、第四十一条、第四十二条之规定，于2015年6月24日作出判决：

原告张某要求与被告上海敬豪劳务服务有限公司自2014年1月13日起恢复劳动关系的诉讼请求不予支持。

张某不服，向上海市第二中级人民法院提起上诉称：张某与敬豪公司虽于2014年1月13日签订了《协商解除劳动合同协议书》，但由于敬豪公司的缘故，直到2014年12月张某才被鉴定为“职业病致残程度七级”。敬豪公司未安排其在离职前体检，违反了《职业病防治法》的相关规定，故之前不能解除劳动合同。因此，请求法院判令自2014年1月13日起恢复张某与敬豪公司的劳动关系。

被上诉人敬豪公司、中海公司共同辩称：双方系经协商一致解除劳动合同，上诉人张某经鉴定为“职业病致残程度七级”，与其解除劳动关系不违反《劳动合同法》的相关规定，故不同意与张某恢复劳动关系。综上，请求驳回张某的上诉请求。

上海市第二中级人民法院经二审，确认了一审查明的事实。

本案的争议焦点为：从事接触职业病危害作业的劳动者未进行离岗前职业健

康检查的，用人单位与劳动者协商一致解除劳动合同是否当然有效。

上海市第二中级人民法院二审认为：

根据《劳动合同法》第四十二条第一款的规定，从事接除职业病危害作业的劳动者未进行离岗前职业健康检查的，用人单位不得依照该法第四十条、第四十一条的规定解除劳动合同。此款规定虽然没有排除用人单位与劳动者协商一致解除劳动合同的情形，但根据《职业病防治法》第三十六条的规定，"对从事接触职业病危害的作业的劳动者，用人单位应当按照国务院安全生产监督管理部门、卫生行政部门的规定组织上岗前、在岗期间和离岗时的职业健康检查，并将检查结果书面告知劳动者……对未进行离岗前职业健康检查的劳动者不得解除或者终止与其订立的劳动合同"。因此，用人单位安排从事接触职业病危害的作业的劳动者进行离岗职业健康检查是其法定义务，该项义务并不因劳动者与用人单位协商一致解除劳动合同而当然免除。

本案中，双方于 2014 年 1 月 13 日签订的《协商解除劳动合同协议书》并未明确上诉人张某已经知晓并放弃了进行离岗前职业健康检查的权利，且张某于事后亦通过各种途径积极要求被上诉人敬豪公司为其安排离岗职业健康检查。因此，张某并未放弃对该项权利的主张，敬豪公司应当为其安排离岗职业健康检查。在张某的职业病鉴定结论未出之前，双方的劳动关系不能当然解除。

2014 年 12 月 10 日，上诉人张某被鉴定为"职业病致残程度七级"。根据《工伤保险条例》第三十七条规定，职工因工致残被鉴定为七级至十级伤残的，劳动、聘用合同期满终止，或者职工本人提出解除劳动、聘用合同的，由工伤保险基金支付一次性工伤医疗补助金，由用人单位支付一次性伤残就业补助金。因此，鉴于双方签订的劳动合同原应于 2014 年 6 月 30 日到期，而张某 2014 年 12 月 10 日被鉴定为"职业病致残程度七级"，依据《工伤保险条例》的规定，用人单位可以终止到期合同，故张某与被上诉人敬豪公司的劳动关系应于 2014 年 12 月 10 日终止。

综上，上海市第二中级人民法院依照《中华人民共和国职业病防治法》第三十六条、《工伤保险条例》第三十七条、《中华人民共和国民事诉讼法》第一百七十条第一款第（二）项之规定，于 2015 年 11 月 12 日作出判决：

一、撤销上海市崇明县人民法院（2015）崇民一（民）初字第 1021 号民事判决；

二、上诉人张某与被上诉人敬豪公司自 2014 年 1 月 13 日起恢复劳动关系至

2014 年 12 月 10 日止。

本判决为终审判决。

11. 刘丹萍与南京仁创物资有限公司劳动争议纠纷案

《最高人民法院公报》2018 年第 7 期（总第 261 期）

［**裁判摘要**］

用人单位未与人事主管订立书面劳动合同，人事主管诉请用人单位支付因未订立书面劳动合同的二倍工资赔偿，因订立书面劳动合同系人事主管的工作职责，人事主管有义务提示用人单位与其订立书面劳动合同，人事主管如不能举证证明其曾提示用人单位与其订立书面劳动合同，则不应支持其诉讼请求。

原告：刘丹萍，女，26 岁，住江苏省金坛市。

被告：南京仁创物资有限公司，住所地：江苏省南京市江宁区东山街道上坊集镇新润路。

法定代表人：田凯，该公司总经理。

原告刘丹萍因与被告南京仁创物资有限公司（以下简称仁创公司）发生劳动争议，向江苏省南京市江宁区人民法院提起诉讼。

原告刘丹萍诉称：其于 2015 年 3 月 10 日进入被告仁创公司工作。其间，因其尚在法律规定的哺乳期内，仁创公司未正常批准其每天 1 小时的哺乳时间，且加班加点延长其工作时间。仁创公司在其入职后直至 2015 年 7 月一直未与其签订劳动合同，同时恶意扣留其本人工资，其在主动沟通要求公司按约足额发放工资时遭到仁创公司法定代表人田凯的拒绝并且恶语相向。仁创公司的行为已严重侵犯其合法权益，其迫于无奈依据上述事由提出解除双方劳动关系并要求仁创公司给予补偿，但双方未达成一致意见。遂请求法院依法判令：1. 仁创公司足额发放 2015 年 3 月至 7 月预留工资 4165 元；2. 仁创公司支付其自入职之日起未签订劳动合同的二倍工资 11666 元以及经济补偿金 2917 元。

被告仁创公司辩称：1. 其对于原告刘丹萍主张的预留工资不认可，工资表中并没有给其单位所有员工预留工资，其也不知情；2. 对于双倍工资，因刘丹萍系其单位人事经理，其基本工作职责就是给员工签订劳动合同等相关人事工作，其认为系刘丹萍故意不签订劳动合同，其不予认可；3. 其没有拖欠刘丹萍工资，故对经济补偿金亦不予认可。综上，要求驳回刘丹萍的诉讼请求。

江苏省南京市江宁区人民法院一审查明：

原告刘丹萍于2015年3月10日进入被告仁创公司工作，担任人事主管，主要负责人员招聘、培训及薪酬管理工作。2015年7月23日刘丹萍离开仁创公司，并于同日以仁创公司未与其签订劳动合同，未依法给予其哺乳期内每天1小时的哺乳时间，且未足额支付其月度工资严重侵害其合法权益为由，向仁创公司寄送《关于与南京仁创物资有限公司解除劳动关系的通知函》（以下简称《解除通知函》），通知仁创公司自2015年7月24日起解除双方的劳动关系，并要求仁创公司给予补偿。

另查明：原告刘丹萍于2015年7月24日向南京市江宁区劳动人事争议仲裁委员会（以下简称江宁区劳动仲裁委）申请仲裁，要求被告仁创公司足额发放2015年3月至7月预留工资4165元、自入职之日起未签订劳动合同的双倍工资11666元及哺乳时间工资3385元以及经济补偿金2917元，合计22133元。后因自仲裁申请受理之日起45日内未结束，刘丹萍提出向人民法院起诉，江宁区劳动仲裁委于2015年10月8日出具宁宁劳人仲案定字（2015）第2056号仲裁决定书，终结审理刘丹萍与仁创公司劳动报酬争议案。后刘丹萍于2015年10月9日向法院提起诉讼，要求仁创公司足额发放其2015年3月至7月的工资4165元，双倍工资11666元以及经济补偿金2917元。刘丹萍并提交有仲裁申请书复印件1份、《解除通知函》原件1张、EMS快递面单原件1张、应聘人员登记表原件1份、参保缴费证明打印件1份，以证明其主张。仁创公司对上述证据的真实性均无异议，但对刘丹萍主张的上述费用均不予认可。其认为公司已足额发放刘丹萍工资，不存在预留刘丹萍的工资。关于双倍工资其认为之所以未与刘丹萍签订劳动合同是因为刘丹萍作为其单位人事经理故意不签订劳动合同，故其对双倍工资不予认可，其没有拖欠刘丹萍工资，故不同意支付经济补偿金。仁创公司并提交有劳动合同书原件1份、2015年3月至6月工资表及考勤表复印件各4份，证明其与刘丹萍有签订书面劳动合同，并且足额发放了刘丹萍的工资。刘丹萍对工资表和考勤表的真实性无异议，但指出2015年5月工资表明确载明预留833元工资未予发放，刘丹萍并陈述其在入职时与仁创公司法定代表人田凯协商一致，其年收入为70000元，平均到每月为5833元，实际每月发放5000元，预留833元，故要求仁创公司足额发放2015年3月至7月的预留工资4165元（833元/月×5个月）。仁创公司陈述2015年5月工资表系刘丹萍制作，其他月均没有预留工资，其认为是刘丹萍恶意制作2015年5月工资表。刘丹萍陈述2015年4月及5月工资表系均由其制作，且2015年5月预留工资833元系经过仁创公司法定代表人及副总经理和财务经理签字确认。刘丹萍对劳动合同书的真实性有异议，其认为劳动合同书落款处“刘丹萍”的签名是复印形成的而非其手写，并申请法院进行鉴定。法院依法委托南京师范大学司法鉴定中心进行鉴定。2015 年 12 月 30 日，南京师范大学司法鉴定中心出具南师大司鉴中心〔2015〕文鉴字第 642 号司法鉴定意见书，鉴定意见为署期为“2015 年 3 月 10 日”《南京市劳动合同书》落款处“刘丹萍”三字是激光打印或复印形成，非手写形成。刘丹萍支付鉴定费 2240 元。刘丹萍陈述其在入职后，曾要求仁创公司签订劳动合同，但仁创公司拒绝与其签订劳动合同，刘丹萍未提交证据证明其该主张。

江苏省南京市江宁区人民法院一审认为：

劳动者以及用人单位的合法权益受法律保护。建立劳动关系，应当订立书面劳动合同。已建立劳动关系，未同时订立劳动合同的，应当自用工之日起一个月内订立书面劳动合同。用人单位自用工之日起超过一个月不满一年未与劳动者订立书面劳动合同的，应当向劳动者每月支付二倍的工资。用人单位应当按照劳动合同约定和国家规定，按时足额支付劳动报酬。当事人对自己提出的诉讼请求所依据的事实或者反驳对方诉讼请求所依据的事实有责任提供证据加以证明。没有证据证明或者证据不足以证明当事人主张的，由负有举证责任的当事人承担不利后果。本案中，双方之间存在劳动关系，被告仁创公司提交的工资表足以确认仁创公司预留原告刘丹萍 2015 年 5 月工资 833 元，仁创公司应当按照合同约定和国家规定按时足额支付。仁创公司辩称 2015 年 5 月工资表系刘丹萍恶意制作，但未提交证据证明，故法院不予采信。故对刘丹萍要求仁创公司支付其 2015 年 3 月至 7 月的预留工资，法院予以部分支持。

关于原告刘丹萍主张的经济补偿金 2917 元，被告仁创公司虽未足额支付刘丹萍 2015 年 5 月工资，但庭审中刘丹萍亦陈述仁创公司预留其工资也经过其同意，仁创公司预留其 2015 年 5 月工资有正当理由，刘丹萍主张经济补偿金缺乏事实和法律依据，故法院不予支持。

关于原告刘丹萍主张的二倍工资 11666 元，本案中，被告仁创公司确实未与刘丹萍签订劳动合同。但是，一般而言，劳动合同签订事项属于人力资源负责的事项，刘丹萍作为仁创公司的人事主管，其工作职责范围应该包括代表单位依照法律法规处理与劳动者之间劳动合同履行方面的相关事宜，避免单位因违反法律法规被追究法律责任，也应当知晓订立书面劳动合同的相关规定及不订立书面劳动合同的法律后果，因此，刘丹萍有义务主动向仁创公司要求订立书面劳动合同。

但刘丹萍并未提交证据证明其曾主动要求仁创公司与其签订劳动合同。故综合刘丹萍的岗位职务因素等考量后，法院对刘丹萍主张的未签订书面劳动合同的二倍工资的诉讼请求不予支持。

据此，江苏省南京市江宁区人民法院依照《中华人民共和国劳动合同法》第十条、第三十条第一款、第三十八条第一款第（二）项、第四十六条第（一）项、第八十二条第一款，《中华人民共和国民事诉讼法》第六十四条第一款之规定，于2016年3月4日作出判决：

一、被告仁创公司于本判决发生法律效力之日起10日内支付原告刘丹萍2015年5月工资833元。

二、驳回原告刘丹萍的其他诉讼请求。

一审判决后，双方当事人均未上诉，该判决已经发生法律效力。

12. 江苏澳吉尔生态农业科技股份有限公司与曾广峰确认劳动关系纠纷案

《最高人民法院公报》2019年第12期（总第278期）

[裁判摘要]

劳动者按用人单位岗位要求提供劳动，受用人单位管理，以自己的劳动获取劳动报酬，符合劳动法律关系的特征，应当认定劳动者与用人单位之间存在劳动关系。即使劳动者与其他单位存在人事关系，但在非因劳动者自身原因导致该人事关系未正常履行且劳动者从其他单位取得的报酬不足以维持基本生活的情况下，用人单位以劳动者与其他单位存在人事关系为由，否认用人单位与劳动者之间存在劳动关系的，人民法院不予支持。

原告：江苏澳吉尔生态农业科技股份有限公司，住所地：江苏省盱眙县明祖陵镇龙飞大道澳吉尔绿博园基地。

法定代表人：田春芝，该公司董事长。

被告：曾广峰，男，43岁，汉族，住江苏省盱眙县官滩镇。

原告江苏澳吉尔生态农业科技股份有限公司因与被告曾广峰发生确认劳动关系纠纷，向江苏省盱眙县人民法院提起诉讼。

原告江苏澳吉尔生态农业科技股份有限公司（以下简称澳吉尔公司）起诉称：2015年9月1日，被告曾广峰到原告处上班。经原告了解，被告系盱眙县水务局职工，双方存在劳动关系，且养老、医疗保险均在该单位缴纳，故原告与被告之间签订《劳务雇佣合同书》，对双方的权利义务予以约定。后被告在工作中遭受事故伤害，向盱眙县劳动人事争议仲裁委员会申请仲裁，要求确认原被告之间存在劳动关系。该委作出的仲裁裁决书认为双方存在劳动关系。对此，原告认为：一、原被告之间是雇佣关系还是劳动关系应当以当事人签订的合同以及签订合同时的背景作为依据，鉴于被告与盱眙县水务局之间存在的劳动关系并未解除，原告才与被告签订雇佣合同。因此，双方之间的法律关系是明确的，即是雇佣关系而非劳动关系；二、雇佣关系与劳动关系有许多相同之处，作为劳动者或者雇员均与雇主或用人单位存在人身依附关系，雇员或劳动者均要遵守规章制度、接受工作安排、获取劳动报酬等权利义务，而仲裁裁决书以合同书的内容推定双方之间系劳动关系而不是雇佣关系，缺乏事实与法律依据。请求判决原被告之间不存在劳动关系。

被告曾广峰辩称：一、被告自2015年9月14日到原告澳吉尔公司处上班，任明祖陵绿博园基地经理一职，并签订了一年的劳动合同，合同截止期限为2016年9月13日。到期后双方又续签了一年劳动合同，截至目前未解除合同；二、被告于1992年12月进入盱眙县水务局下属单位上班，但因单位效益不好，已经停薪待岗多年。原单位因考虑到被告实际困难，所以一直帮被告缴纳社会保险。但上述事宜与原被告之间是否存在劳动关系没有任何关联。综上，请求法院判决双方存在劳动关系，以便被告进入工伤认定程序，获得劳动者应有的权利。

盱眙县人民法院一审查明：

2015年9月14日，原告澳吉尔公司（甲方）与被告曾广峰（乙方）签订《劳务雇佣合同书》，约定：一、甲方雇用乙方为明祖陵基地经理，乙方需在甲方明祖陵基地的日常生产经营和管理方面提供劳务。二、劳务期限：本合同自签订之日起一年，期满前一个月双方可协商续订；期满不再续订时，乙方必须办理交接手续……三、甲方每月15号左右，以工资名义，用现金或转账名义支付乙方的劳务报酬5650（1580）元，乙方应于收到劳务报酬之日起，三个工作日内向甲方出具收条。四、双方的义务和责任。1. 乙方同意根据甲方需要担任基地经理一职，根据甲方制定的该岗位责任书（详见附件）的内容和要求提供劳务，完成明祖陵基地的生产经营及管理。2. 乙方接受甲方对其提供劳务的考核。未经甲方许可，乙方不得从事与受雇劳务无关的活动或业务。3. 乙方应尽心尽责提供服务，不得以权谋私、损害甲方利益并在提供劳务过程中，遵守甲方制定的《员工手册》中员工应遵守的规定及处罚规定，并同意在违反时按照其中相对应的内容接受甲方的处理，从劳务费中给付扣除或结算……六、其他。1. 甲方有权对公司的《员工手册》和管理制度进行相位修改。修改公布后的内容，乙方已经通过相应途径知悉、了解的，对应条款适用本合同的履行。2. 甲方有权在本合同有效期内，根据需要调整乙方的岗位职责、劳务范围，劳务报酬等事项也将做出相应调整。甲方作出上述调整后，乙方在一个支付报酬周期内无异议的，视为乙方接受上述调整和安排。七、本合同的附件如下：附件一：《保密协议》；附件二：《岗位职责书》；附件三：甲方制定的《员工手册》及有关规定。被告自协议签订之日遂入职原告处担任基地经理一职，按原告要求从事相应工作，原告也向其发放工作牌，按照公司管理制度对被告进行考勤、考核并按月发放工资。2016 年 9 月一年期满后，双方又续签一份合同。

2016 年 12 月 18 日，被告曾广峰因在工作中受伤，此后双方就该事宜协商不成，曾广峰遂未再至原告澳吉尔公司处上班。2017 年 2 月，曾广峰向盱眙县劳动人事争议仲裁委员会申请确认与澳吉尔公司的劳动关系，盱眙县劳动仲裁委经审理认为，双方虽签订的是劳务雇佣合同，但澳吉尔公司制定的各项规章制度都适用于曾广峰，曾广峰受澳吉尔公司的劳动管理，被安排有报酬的劳动，该劳动是澳吉尔公司的业务组成部分，故裁决确认双方存在劳动关系。

另查明，被告曾广峰系盱眙县三墩电灌站职工，属事业单位在编人员。但因官滩镇三墩电灌站属于财政定额补助的事业单位，其收入无法正常发放职工工资，一年只能发放 10000 左右不等的生活费，曾广峰等多名职工外出自谋职业维持生存，仅在农忙灌溉季节回电灌站从事相应工作。

盱眙县人民法院一审认为：

本案的主要争议焦点为：被告曾广峰的事业单位人员身份能否阻却其与原告澳吉尔公司形成劳动关系。

本案中，原告澳吉尔公司向被告曾广峰发放工作牌，与曾广峰签订合同约定权利义务，要求曾广峰遵守其单位制定的各项规章制度，并以此对其考核、考勤并发放工作报酬，曾广峰依约提供劳动并领取报酬，双方之间权利义务关系符合劳动法律关系的内涵。对于曾广峰的抗辩事由，经法院核实，曾广峰虽与盱眙县三墩电灌站间存在人事关系，但由于单位经费等多方面原因，双方并未保持正常的劳动关系履行状态，盱眙县三墩电灌站发放的生活费亦不足以维持曾广峰的正常生活，曾广峰在此情况下至澳吉尔公司处就职以维持生计，是行使其基本及天然的权利，于法并无不妥，澳吉尔公司所诉事由无依据，不予支持。另澳吉尔公司、曾广峰所形成的事实法律关系的性质并不以双方约定而改变。

综上，盱眙县人民法院依照《中华人民共和国劳动合同法》第七条的规定，于2017年7月27日作出判决：

确认原告澳吉尔公司与被告曾广峰之间存在劳动关系。

一审宣判后，澳吉尔公司不服，向淮安市中级人民法院提起上诉称：1. 澳吉尔公司与曾广峰之间签订的合同明确约定双方之间是劳务关系，而非劳动关系；2. 曾广峰与澳吉尔公司签订劳务合同时，系盱眙县水务局事业编制人员，不属于最高人民法院《关于审理劳动争议案件适用法律若干问题的解释（三）》第八条规定的四类人员。另外《公务员法》规定，经批准参照公务员法管理的具有公共事务管理职能的事业单位中除工勤人员外的工作人员不能和其他单位建立劳动关系，因此，无论是从《劳动合同法》还是《公务员法》来说，澳吉尔公司与曾广峰之间均不可能建立法律意义上的劳动关系。

淮安市中级人民法院经二审，确认了一审查明的事实。

淮安市中级人民法院二审认为：

本案争议焦点为：上诉人澳吉尔公司与被上诉人曾广峰之间是劳动关系还是劳务关系。

二审法院认为，合同性质的认定不能仅凭合同名称而定，应当根据合同内容所涉法律关系，即合同双方当事人所设立权利义务内容确定合同的性质。就本案而言，虽然上诉人澳吉尔公司与被上诉人曾广峰所签订的合同名称为《劳务雇佣合同书》，但该合同内容却反映，澳吉尔公司制定的各项规章制度均适用于曾广峰，曾广峰受澳吉尔公司的劳动管理，从事澳吉尔公司安排的有报酬的劳动，且曾广峰提供的劳动是其业务的组成部分，故该合同约定的权利义务内容并不符合劳务合同的法律特征，而与劳动关系法律特征相符，因此应当认定本案合同性质为劳动合同。

虽然在上诉人澳吉尔公司与被上诉人曾广峰签订合同之后，曾广峰仍然与盱眙县三墩电灌站间存在人事关系，但由于单位经费等多方面原因，双方并未保持正常的履行状态。澳吉尔公司上诉所称应参照适用的《公务员法》中不得兼职的限制条件，是在保障公务员及相应人员正常的基本生活水平的前提下确定的，现盱眙县三墩电灌站发放的生活费难以维持正常生存，在此情况下，曾广峰至澳吉尔公司处工作，并不违反法律限制性规定。

综上，上诉人澳吉尔公司的上诉请求不能成立，应予驳回；一审判决认定事实清楚，适用法律正确，应予维持。据此，淮安市中级人民法院依照《中华人民共和国民事诉讼法》第一百七十条第一款第（一）项的规定，于2017年11月28日作出判决：

驳回上诉，维持原判。

本判决为终审判决。

13. 李林霞诉重庆漫咖文化传播有限公司劳动合同纠纷案

《最高人民法院公报》2020年第10期（总第288期）

[裁判摘要]

网络主播与合作公司签订艺人独家合作协议，通过合作公司包装推荐，自行在第三方直播平台上注册，从事网络直播活动，并按合作协议获取直播收入。因合作公司没有对网络主播实施具有人身隶属性的劳动管理行为，网络主播从事的直播活动并非合作公司的业务组成部分，其基于合作协议获得的直播收入亦不是劳动法意义上的具有经济从属性的劳动报酬。因此，二者不符合劳动关系的法律特征，网络主播基于劳动关系提出的各项诉讼请求，不应予以支持。

原告：李林霞，女，19××年×月×日出生，住重庆市忠县。

被告：重庆漫咖文化传播有限公司，住所地：重庆市沙坪坝区大学城南二路。

法定代表人：姜云龙，该公司总经理。

原告李林霞因与被告重庆漫咖文化传播有限公司（以下简称漫咖公司）发生劳动争议纠纷，向重庆市江北区人民法院提起诉讼。

原告李林霞诉称：其于2017年11月2日进入被告漫咖公司工作，工作岗位为平台主播，工资组成为基本工资、提成、奖励，工作地点为重庆市江北区九街万汇中心4楼。劳动关系存续期间，漫咖公司未与其签订劳动合同，未为其购买社会保险，至今仍拖欠工资。为维护合法权益，其于2018年4月27日向重庆市江北区劳动人事争议仲裁委员会申请仲裁，该委逾期未作出受理决定，故诉至法院，请求确认双方在2017年11月2日至2018年3月31日存在劳动关系，由漫咖公司向其支付二倍工资差额27168.39元、欠付工资7500元及经济补偿金3712.5元，并确认双方劳动关系自李林霞口头解除之日即2018年3月29日解除。

被告漫咖公司辩称：双方签订的是合作协议，其为原告李林霞提供直播资源和政策。李林霞主播收入是网友的打赏、礼物，平台从收入中提成50%，漫咖公司收到平台的钱后按比例与李林霞分配，并不向李林霞发放工资；李林霞的工作内容不是其经营范围；李林霞的直播行为不受其管理，直播时长不由其控制，直播内容是李林霞自己策划，直播地点自己选择；李林霞自己注册平台账号，自己管理账号，漫咖公司仅作备案。因此，双方不存在劳动关系，其诉讼请求依法应予驳回。

重庆市江北区人民法院一审查明：

被告漫咖公司于2016年6月27日注册成立，经营范围包括承办经批准的文化艺术交流活动；企业营销策划；企业管理咨询；经济信息咨询；舞台造型策划；企业形象策划；图文设计；会议会展服务；展览展示服务；庆典礼仪服务；摄影摄像服务；商务信息咨询服务；计算机软件资讯服务；互联网信息技术服务；网页设计；设计、制作、发布国内广告；演出策划服务；直播策划服务；演出经纪服务（须取得相关行政许可或审批后方可从事经营）。

被告漫咖公司在重庆市江北区九街万汇中心4楼招募李林霞从事网络直播，其招募海报中载明寻找下一个百万网红主播，福利待遇为3千元至1万元保底，高额提成，定期组织才艺培训指导推广宣传包装，优秀主播月薪9万元上不封顶，无须经验，漫咖公司提供主播定期培训、主播形象打造。

2017年11月29日，原告李林霞与被告漫咖公司签订《艺人独家合作协议》，主要约定，漫咖公司作为经纪公司为李林霞提供才艺演艺互动平台、提供优质推荐资源，李林霞在漫咖公司的合作互动平台上进行才艺演艺从而获得相关演艺收入，并获得漫咖公司优质资源包装推荐机会；李林霞成为漫咖公司的独家签约艺人，漫咖公司为李林霞提供独家演艺内容及相关事务，合作期间，李林霞保证全面服从漫咖公司安排，漫咖公司同意给予李林霞相应的推荐资源，帮助李林霞提升人气和收益；漫咖公司有权自主组织、协调和安排本协议上述的活动及事务，漫咖公司有义务根据本协议项下约定的方式向李林霞支付应获得收入；对于李林霞通过漫咖公司推荐所进行的才艺演艺成果，漫咖公司依法拥有独家权利；李林霞承诺并保证在协议有效期内只能在漫咖公司指定的场所从事本协议所述的才艺演艺以及本协议内容构成相同或类似的合作；李林霞有义务在本协议有效期内接受漫咖公司及其他合作伙伴安排的工作；李林霞自协议生效后20日内于漫咖公司平台以实名认证方式应当且仅申请注册一个主播账户，并告知漫咖公司账户号码和名称，向漫咖公司提供个人身份证明备案；结算收入包括李林霞获得的提成收入及漫咖公司支付的保底收入，独家签约艺人可享有经漫咖公司事先审核并确定的保底收入，保底收入由漫咖公司指派的平台待遇而定，双方按月结算，漫咖公司核算备案登记全部主播艺人的提成收入和保底收入；李林霞在漫咖公司指派直播平台总和每月直播有效天数不低于25天且总有效时长不低于150个小时，每天直播时长6个小时为一个有效天，每次直播1个小时为有效时长，在满足有效天和有效时长前提下，漫咖公司每月支付李林霞2000元保底工资，不满足时长当月保底取消，只有提成，如违反平台相关条例取消当月保底及奖励。双方还对权利义务、权利归属、保密条款、违约责任等进行了约定，附件2为NOW直播平台管理条例。

原告李林霞通过被告漫咖公司在第三方直播平台上进行注册，从事网络直播活动，李林霞从事主播的过程中，其直播地点、直播内容、直播时长、直播时间段并不固定，收入主要是通过网络直播吸引网络粉丝在网络上购买虚拟礼物后的赠予，直播平台根据与李林霞、漫咖公司的约定将收益扣除部分后转账给漫咖公司，漫咖公司根据与李林霞的约定将收益扣除部分后转账给李林霞，转账时间和金额均不固定，有些转账名目上载明为工资。

重庆市江北区人民法院一审认为：原劳动和社会保障部《关于确立劳动关系有关事项的通知》（劳社部发〔2005〕12号）第一条规定，用人单位招用劳动者未订立书面劳动合同，但同时具备下列情形的，劳动关系成立。（一）用人单位和劳动者符合法律、法规规定的主体资格；（二）用人单位依法制定的各项劳动规章制度适用于劳动者，劳动者受用人单位的劳动管理，从事用人单位安排的有报酬的劳动；（三）劳动者提供的劳动是用人单位业务的组成部分。本案中，原告李林霞基于双方之间存在劳动关系提起本案诉讼，其应当对双方存在劳动关系负有举证义务。从双方签订的艺人独家合作协议来看，该协议约定的目的和背景、合作内容、收入及结算均不具有劳动合同必备条款的性质，不应视为双方之间具有劳动关系。从人身依附性上来看，李林霞的直播地点、直播内容、直播时长、直播时间段并不固定，其直播行为也无法看出系履行漫咖公司的职务行为，被告漫咖公司基于合作关系而衍生的对李林霞作出的管理规定不应视为双方之间具有人身隶属关系的规章制度。从经济收入来看，李林霞的直播收入主要通过网络直播吸引粉丝获得的打赏，漫咖公司并未参与李林霞的直播行为且无法掌控李林霞直播收入的多少，仅是依据其与李林霞、直播平台之间约定的比例进行收益分配，双方约定的保底收入也仅是双方合作方式的一种保障和激励措施，并不是其收入的主要来源。从工作内容上看，李林霞通过漫咖公司在第三方直播平台上进行注册，其从事的网络直播平台系第三方所有和提供，直播内容不是漫咖公司的经营范围，漫咖公司的经营范围仅为直播策划服务，并不包括信息网络传播视听节目等从事直播的内容。综上，李林霞并未举证证明双方具有建立劳动关系的合意，并未举证证明双方之间具有劳动关系性质的经济、人身依附性，其基于劳动关系提起的诉讼请求，法院不予支持。

据此，重庆市江北区人民法院根据《中华人民共和国劳动合同法》第七条，《中华人民共和国民事诉讼法》第六十四条之规定，于 2018 年 12 月 7 日作出判决：

驳回原告李林霞的诉讼请求。

李林霞不服一审判决，向重庆市第一中级人民法院提起上诉称：双方签订的艺人独家合作协议具备劳动合同必备条款，一审法院没有结合行业特征认定双方法律关系的性质；合作协议明确约定李林霞直播期间形成的作品著作权归属漫咖公司，从侧面印证了双方系劳动关系的事实；漫咖公司对李林霞的直播内容进行管理、直播时间进行考勤，且就直播间卫生、休息时间、就餐地点、工作牌遗失损毁等问题对李林霞进行处罚，这些管理行为不是基于合作关系，具有人身隶属性；李林霞的直播提成是漫咖公司收入的主要来源，漫咖公司为保证自己盈利对李林霞进行管理，并提供保底收入，双方符合劳动关系的基本特征。因此，一审法院对本案事实认定不清，适用法律错误。李林霞请求：撤销一审判决，依法改判支持李林霞的一审诉讼请求。

重庆市第一中级人民法院经二审，确认了一审查明的事实。

重庆市第一中级人民法院二审认为：

本案的上诉焦点仍然在于：上诉人李林霞与被上诉人漫咖公司之间是否存在劳动关系。

首先，从管理方式上看，被上诉人漫咖公司没有对上诉人李林霞进行劳动管理。虽然李林霞通过漫咖公司在第三方直播平台上注册并从事网络直播活动，但李林霞的直播地点、直播内容、直播时长、直播时间段并不固定，李林霞亦无须遵守漫咖公司的各项劳动规章制度。尽管双方合作协议对李林霞的月直播天数及直播时长作出了约定，且漫咖公司可能就直播间卫生、休息时间就餐地点、工作牌遗失损毁等问题对李林霞进行处罚，但这些均应理解为李林霞基于双方直播合作关系应当履行的合同义务以及应当遵守的行业管理规定，并非漫咖公司对李林霞实施了劳动法意义上的管理行为。

其次，从收入分配上看，被上诉人漫咖公司没有向上诉人李林霞支付劳动报酬。李林霞的直播收入虽由漫咖公司支付，但主要是李林霞通过网络直播吸引粉丝获得打赏所得，漫咖公司仅是按照其与直播平台和李林霞之间的约定比例进行收益分配，漫咖公司无法掌控和决定李林霞的收入金额，双方在合作协议中约定的保底收入应属于漫咖公司给予直播合作伙伴的保障和激励费用，并非李林霞收入的主要来源，故漫咖公司基于合作协议向李林霞支付的直播收入不是用人单位向劳动者支付的劳动报酬。

最后，从工作内容上看，上诉人李林霞从事的网络直播活动并非被上诉人漫咖公司业务的组成部分。李林霞从事网络直播的平台由第三方所有和提供，网络直播本身不属于漫咖公司的经营范围，漫咖公司的经营范围仅包括直播策划服务，并不包括信息网络传播视听节目等内容，虽然双方合作协议约定漫咖公司享有李林霞直播作品的著作权，但不能据此推论李林霞从事直播活动系履行职务行为，故李林霞从事的网络直播活动不是漫咖公司业务的组成部分。

因此，上诉人李林霞与被上诉人漫咖公司之间不符合劳动关系的法律特征，一审法院对李林霞基于劳动关系提出的各项诉讼请求未予支持并无不当。

综上，重庆市第一中级人民法院依照《中华人民共和国民事诉讼法》第一百七十条第一款第（一）项之规定，于 2019 年 3 月 28 日判决如下：

驳回上诉，维持原判。

本判决为终审判决。

14. 蔡玉龙诉南京金中建幕墙装饰有限公司劳动合同纠纷案

《最高人民法院公报》2020 年第 4 期（总第 282 期）

[裁判摘要]

用人单位应依据劳动合同法的规定，在解除或终止劳动合同时出具解除或终止劳动合同的证明，在十五日内为劳动者办理档案和社会保险关系转移手续，并在合理期限内为劳动者办理专业证件转移手续。用人单位不及时办理上述事项，致使劳动者再次就业时无法办理相关入职手续，或者无法出示相关证件，严重影响新用人单位对劳动者工作态度和职业能力的判断，从而导致劳动者不能顺利就业，损害劳动者再就业权益的，应对劳动者的未就业损失进行赔偿。

原告：蔡玉龙，男，43 岁，汉族，住江苏省南京市秦淮区。

被告：南京金中建幕墙装饰有限公司，住所地：江苏省南京市江宁经济技术开发区双龙大道。

法定代表人：崔开荣，该公司董事长。

原告蔡玉龙因与被告南京金中建幕墙装饰有限公司（以下简称金中建公司）发生劳动合同纠纷，向江苏省南京市江宁区人民法院提起诉讼。

原告蔡玉龙诉称，其入职被告金中建公司后，按金中建公司的要求提交了一级建造师执业证书和注册证书及印章、国家注册安全工程师执业证书和注册证书、安全B证、高工证等，其从金中建公司离职后，因金中建公司未及时将上述证书归还，未及时出具离职证明，也未及时办理建造师转出、社会保险及公积金转移等离职手续，导致其不能重新就业。现诉至法院，请求判令：1. 金中建公司归还其一级建造师执业证书和注册证书及印章、国家注册安全工程师执业证书和注册证书、安全B证、高工证等，金中建公司出具离职证明，协助办理建造师转出、社会保险及公积金转移等离职手续；2. 金中建公司支付因拖延归还证件、不办理离职手续，致其无法再就业的损失82500元（按15000元/月的标准计算，自2015年5月13日起至10月28日止）。

被告金中建公司辩称，原告蔡玉龙主动向其公司申请辞职，其未扣押蔡玉龙建造师执业证书和注册证书，蔡玉龙要求其公司赔偿损失的请求不能成立，请求驳回蔡玉龙的诉讼请求。

南京市江宁区人民法院一审审理查明：

原告蔡玉龙于2014年2月24日入职被告金中建公司，双方于当日签订劳动合同一份，合同期限自2014年2月24日起至2019年2月23日止。2015年1月20日，金中建公司根据建筑行业的相关规定，将蔡玉龙的一级建造师证暂押在南京市装饰行业管理办公室。2015年3月28日，蔡玉龙“因个人事业发展机会的需要”，向金中建公司提出书面辞职申请。2015年4月28日，双方签订解除劳动关系协议。离职至12个月，蔡玉龙的月平均工资为13975元。

原告蔡玉龙主张其将自己的档案、就业证、一级建造师证及印章、一级建造师注册证书、高工证和注册安全工程师证及资格证、安全B证交给被告金中建公司，提交：1. 收条两份，收条载明于2014年2月15日、5月29日，蔡玉龙分别将其档案、就业证、一级建造师证、一级建造师注册证书、高工证和注册安全工程师执业证及执业资格证交给金中建公司人力资源部王芳、张丽丽；2. 离职工作登记表复印件，蔡玉龙在庭审中陈述，一级建造师印章在打收条之后交给金中建公司，安全B证是在金中建公司报考，2015年5月7日其将安全B证交给了陈萍。

2015年11月30日，被告金中建公司将原告蔡玉龙的高工证（任职资格证书）、一级建造师证书执业证书、一级建造师注册证书、注册安全工程师执业资格证书、注册安全工程师执业证书当庭归还蔡玉龙，但不认可蔡玉龙将安全B证、一级建造师印章交其保管。

关于被告金中建公司是否拖延归还证件并不办理原告蔡玉龙离职手续致蔡玉龙无法顺利就业问题，蔡玉龙称其未找到工作，因为所有应聘单位均要求其提供岗位相关证书，其中南京倍利达新材料有限公司要求其提供一级建造师证书、离职证明、社保转移手续等。金中建公司主张蔡玉龙自行离职，且离职后至其他单位就职，故不应支付蔡玉龙无法找到工作的损失，并提交“太阳宫改造及周边环境综合整治工程外立面改造工程”专家论证会纪要及签到表，证明蔡玉龙代表江苏天茂建设工程有限公司参加会议，当时已经在该公司任职。蔡玉龙对证据真实性无异议，但其在会议签到表上填写的是在金中建公司之前任职的单位“北京嘉寓”，2015年8月其应江苏天茂建设工程有限公司邀请参加该专家论证会，并提交江苏天茂建设工程有限公司出具的证明，载明蔡玉龙与该公司并不存在劳动合同关系及工作关系。

审理中，被告金中建公司申请调查令至南京市人力资源和社会保障局、南京市江宁地方税务局调查原告蔡玉龙2015年5月后的入职情况，但未提交调查结果。因金中建公司申请，法院依法调取了2015年5月以后蔡玉龙个人所得税完税证明，蔡玉龙在2015年5月至11月在南京市未发生个人所得税完税记录。

南京市江宁区人民法院一审审理认为：

关于原告蔡玉龙主张的返还证件问题，蔡玉龙提交收条和离职人员交接手续清单复印件，不足以证明其将安全B证、一级建造师印章交给被告金中建公司保管，故对其要求金中建公司交付上述两种材料的诉请，法院不予支持。蔡玉龙主张的其他证件，金中建公司已经当庭归还，予以确认。

关于原告蔡玉龙主张的离职手续问题。用人单位应依据劳动合同法规定在解除或终止劳动合同时出具解除或终止劳动合同的证明，并在十五日内为劳动和办理档案和社会保险关系转移手续。用人单位亦应为劳动者办理工作岗位涉及证件的相关转移手续，以便于劳动者再次就业。本案中，原被告双方劳动关系于2015年4月28日解除，被告金中建公司应依照法律规定和合同约定为蔡玉龙办理上述手续，故对蔡玉龙要求金中建公司出具离职证明，协助办理建造师转出、社会保险和公积金转移等离职手续的诉讼请求，予以支持。

关于原告蔡玉龙主张的被告金中建公司应赔偿其未就业损失问题。用人单位不及时为劳动者办理离职手续，未向劳动者出具解除或者终止劳动合同的书面证明，导致劳动者在再次就业时无法办理相关入职手续，或者无法出示相关证件，而不能顺利就业的，损害了劳动者再就业权益，应依照法律规定给予赔偿。本案中，原被告双方劳动关系于2015年4月28日解除后，金中建公司未在法律规定的期限内为蔡玉龙办理离职手续，一方面，《劳动合同法》规定，用人单位招用与其他用人单位尚未解除或终止劳动合同的劳动者，给其他用人单位造成损失的，应当承担连带赔偿责任。因此，用人单位在招用劳动者时通常要求劳动者提供离职证明、档案和社保转移等手续，因金中建公司拖延办理，蔡玉龙无法向新单位出具，可能影响蔡玉龙再次就业；另一方面，由于蔡玉龙取得的建筑行业相关证书为其再次就业的必要条件，双方劳动关系于4月28日解除，金中建公司于11月30日才归还相关证件，目前证件转出手续仍未办理，远超过合理期限，蔡玉龙在证件未归还和证件手续未转出时无法向新用人单位出示，严重影响新用人单位对其职业能力的判断，必然影响其再次就业。综上，金中建公司未及时为蔡玉龙办理离职手续，已经影响蔡玉龙再次就业的权益，应给予蔡玉龙赔偿。

关于赔偿标准，原告蔡玉龙在被告金中建公司的工资标准是其工资能力和工作业绩的真实反映，其损失以该工资作为计算依据较为客观合理，因此赔偿标准认定为蔡玉龙在金中建公司离职前12个月平均工资13975元，计算期间酌定为4个月。

据此，南京市江宁区人民法院依照《中华人民共和国劳动合同法》第五十条、第八十九条，《中华人民共和国民事诉讼法》第六十四条之规定，于2015年12月9日作出判决：

一、被告金中建公司支付原告蔡玉龙未办理离职手续而造成的损失55900元。

二、被告金中建公司于本判决发生法律效力之日起15日内协助原告蔡玉龙出具离职证明、办理建造师转出手续、社会保险和公积金转移手续等离职手续。

一审宣判后，蔡玉龙与金中建公司均不服一审判决，向江苏省南京市中级人员提出上诉。

上诉人蔡玉龙上诉称：1. 金中建公司应支付蔡玉龙2015年5月13日至2015年12月19日的误工损失83850元。一审法院酌定金中建公司支付4个月的赔偿费与事实有出入；2. 金中建公司至今未归还蔡玉龙在其公司报考取得的安全B证和一级建造师印章。蔡玉龙一审中提交的麒麟科创园工作移交登记表可证明安全B证和一级建造师证在办理离职手续时交给金中建公司的资料员陈萍保管，陈萍签字后此表被人事部收回，金中建公司一审归还了一级建造师证书，说明安全B证也在金中建公司。金中建公司未能提供麒麟科创园工作移交登记表原件，应承担不利后果。综上，请求二审法院撤销一审判决，依法改判。

金中建公司辩称：1. 关于扣押的证件导致的六个月误工损失 83850 元，上诉人蔡玉龙突然提出辞职，按照行业惯例，蔡玉龙负责的在建项目没有完成，证件要存放在行业协会。金中建公司经协调到 2015 年 11 月 30 日一审诉讼时才拿到证件，并非金中建公司的原因导致的扣押证件。金中建公司已办理好社保关系转移单并放在档案中。档案在南京市人才市场。2. 关于一级建造师印章和安全 B 证。金中建公司已把所有有收条的证件都还给蔡玉龙。安全 B 证和印章没有收条，蔡玉龙也不能证明在金中建公司。

上诉人金中建公司上诉称：上诉人蔡玉龙作为紫金（麒麟）科技创业社区首期启动区 A 区 5、6 号楼幕墙工程的项目经理，金中建公司按照规定将其一级建造师执业证和注册证到南京市建工局备案并交南京市装饰管理办公室保管。蔡玉龙突然提出辞职，金中建公司需与工程发包方协商并办理工程项目负责人变更手续。金中建公司在 2015 年 4 月底与蔡玉龙办理了工作交接手续，并出具了解除劳动合同证明，停止缴纳社保和公积金的相关手续。2015 年 5 月 21 日，蔡玉龙申请劳动仲裁时，变更项目负责人的审批正在进行。证书在行业协会保管，金中建公司没有扣押。蔡玉龙离职后代表其他公司工作，一审认定的蔡玉龙没有重新就业不符合事实。一审法院酌定金中建公司支付蔡玉龙误工损失无事实依据。综上，请求二审法院改判金中建公司无须支付蔡玉龙未办理离职手续的损失补偿 55900 元。

蔡玉龙辩称：2015 年 3 月 28 日蔡玉龙向金中建公司提出辞职，到 4 月 28 日经过领导批准办理完成交接手续，系提前 30 天提出辞职的，不是突然离职。金中建公司一直不出具解聘证明和社保关系转移手续，并扣押各种证书和印章，造成蔡玉龙无法入职新单位。之后蔡玉龙去其他单位应聘，也要求有证件和印章才能入职。目前金中建公司仍未出具解聘证明和社保转移证明。金中建公司未归还安全 B 证和一级建造师印章，经查安全 B 证仍在金中建公司未注销。金中建公司称行业协会保管这些证书，但行业协会只是保存其中一本证书，其他都由金中建公司掌握，故金中建公司的上诉理由不成立。

江苏省南京市中级人民法院经二审，确认了一审查明的事实。

江苏省南京市中级人民法院二审认为：

关于上诉人蔡玉龙主张的归还安全 B 证及一级建造师印章的问题。因蔡玉龙未提供证据证明其将安全 B 证及一级建造师印章交给了上诉人金中建公司，故对该上诉请求不予支持。

⑦

⑧

⑦从招聘到离职：HR必备的十大法律思维及劳动仲裁案例实操

书号：978-7-5216-1197-7

定价：59.00元

⑧企业劳动法实战问题解答精要

书号：978-7-5216-1183-0

定价：59.00元

企业合规管理法律实务指引系列

企业合规必备法律法规汇编及典型案例指引

书号：978-7-5216-2692-6

定价：98.00元

待出版：

企业这样做不合规：企业合规风险防控百问百答

数据安全合规实务

涉案企业合规操作流程和实务指引

WIN 企业法律与管理实务操作系列

①

②

③

④

⑤

⑥

①劳动合同法实务操作与案例精解【增订8版】

书号：978-7-5216-1228-8

定价：109.80元

②劳动争议实务操作与案例精解【增订6版】

书号：978-7-5216-2812-8

定价：79.80元

③人力资源管理合规实务操作进阶：风控精解与案例指引

书号：978-7-5216-1508-1

定价：78.00元

④企业裁员、调岗调薪、内部处罚、员工离职风险防范与指导【增订4版】

书号：978-7-5216-0045-2

定价：52.80元

⑤人力资源管理实用必备工具箱.rar：常用制度、合同、流程、表单示例与解读

书号：978-7-5216-1229-5

定价：119.80元

⑥全新劳动争议处理实务指引：常见问题、典型案例、实务操作、法规参考【增订3版】

书号：978-7-5216-0928-8

定价：66.00元

关于未及时退还证件导致的损失问题。上诉人蔡玉龙于2015年4月28日离职，上诉人金中建公司应当在合理期限内积极为蔡玉龙办理相关证件的转出手续，金中建公司至2015年11月30日才将相关证件退还给蔡玉龙，超出了合理期限。一审按照蔡玉龙离职前平均工资13975元的标准酌定金中建公司支付蔡玉龙4个月工资损失，并无不当。故对蔡玉龙主张6个月工资损失、金中建公司不同意支付此期间工资损失的上诉请求，均不予支持。

综上，一审判决认定事实清楚，处理并无不当。江苏省南京市中级人民法院依照《中华人民共和国民事诉讼法》第一百七十条第一款第（一）项之规定，于2016年4月14日判决如下：

驳回上诉，维持原判。

本判决为终审判决。

15. 吴继威诉南京搏峰电动工具有限公司劳动合同纠纷案

《最高人民法院公报》2020年第9期（总第287期）

[裁判摘要]

因用人单位整体搬迁导致劳动者工作地点变更、通勤时间延长的，是否属于《劳动合同法》第四十条第（三）项规定的“劳动合同订立时所依据的客观情况发生重大变化，致使劳动合同无法履行”的情形，需要考量搬迁距离远近、通勤便利程度，结合用人单位是否提供交通工具、是否调整出勤时间、是否增加交通补贴等因素，综合评判工作地点的变更是否给劳动者的工作和生活带来严重不便并足以影响劳动合同的履行。如果用人单位已经采取适当措施降低了搬迁对劳动者的不利影响，搬迁行为不足以导致劳动合同无法履行的，劳动者不得以此为由拒绝提供劳动。

原告：吴继威，男，19××年×月×日生，汉族，住安徽省明光市。

被告：南京搏峰电动工具有限公司，住所地：江苏省南京市江宁经济技术开发区。

法定代表人：Lennart de Vet，该公司董事长。

原告吴继威因与被告南京搏峰电动工具有限公司（以下简称搏峰公司）发生劳动合同纠纷，遂向江苏省江宁经济技术开发区人民法院提起诉讼。

原告吴继威诉称：其原系被告搏峰公司员工。2019年3月9日，搏峰公司在未提前通知的情况下单方搬迁，后于3月18日直接发出解除劳动合同通知书。现要求搏峰公司支付赔偿金57192元。

被告搏峰公司辩称：其因生产经营和改善环境需要，定于2019年4月从将军大道1×号搬迁至5×号。2019年3月9日，其在组织员工拆除一条无任务的生产线时，包含原告吴继威在内的100余名员工集体停工。其邀请政府部门进行了法律答疑，并宣告承诺福利待遇不变且每月增发50元交通补贴，要求员工回岗，但员工仍然停工。其之后多次通知员工回岗，否则将根据规章制度予以解雇，均遭到拒绝。吴继威严重违反规章制度和最基本的劳动纪律，其解除劳动合同行为合法。

江宁经济技术开发区人民法院一审查明：

2013年9月23日，原告吴继威入职被告搏峰公司从事生产工作。双方签订的最后一期劳动合同期限至2019年9月30日，约定工作地点在将军大道1×号搏峰公司，涉及劳动者切身利益的条款内容或重大事项变更时，应协商一致。

2017年5月4日，被告搏峰公司召开职工代表大会，审议修订员工手册。其中规定，连续旷工3个工作日，或连续12个月内累计旷工5个工作日，给予解除合同处分。原告吴继威签收了员工手册。

2019年3月，被告搏峰公司因经营需要决定由原办公地点将军大道1×号整体搬迁至将军大道5×号。包括原告吴继威在内的员工得知后，以距离太远为由拒绝到新厂址上班。2019年3月9日，搏峰公司组织人员拆除生产线时，包括吴继威在内的员工大面积停工，自此每日到原厂址打卡后，不再提供劳动。2019年3月11日，搏峰公司发布《关于厂区搬迁的通知》，声明自2019年4月1日起，厂区将从将军大道1×号（14000平方米）整体搬迁至距离约4.5千米的将军大道5×号（17000平方米），全程骑行约20分钟，均在地铁S1号线沿线，有864路、874路公交可乘，生产车间提供中央空调，食宿更加便利，搏峰公司将安排车辆携全员前往新厂区参观，给予每人500元搬迁奖励，交通补贴在每月100元基础上增加50元，要求员工通过合理渠道沟通，必须于2019年3月12日8：30回岗正常劳动。员工拒绝返岗。2019年3月13日，搏峰公司再次发布公告，重申员工的岗位、工作内容和福利待遇不变，增发50元交通补助。员工仍然拒绝返岗。2019年3月15日，搏峰公司向吴继威发出督促回岗通知，告知吴继威其行为已严重违反规章制度，扰乱破坏生产秩序，要求吴继威于2019年3月18日8：30到生产主管处报到，逾期未报到将解除劳动合同。吴继威未按要求报到。2019年3月18日，搏峰公司在通知工会后，以严重违反规章制度为由决定与吴继威解除劳动合同。

2019年3月25日，原告吴继威向南京市江宁区劳动人事争议仲裁委员会申诉，仲裁请求与本案诉讼请求一致。2019 年 5 月 6 日，仲裁委员会作出裁决，驳回了吴继威的仲裁请求。被告搏峰公司服从裁决。吴继威不服裁决，提起诉讼。

江宁经济技术开发区人民法院一审认为：

被告搏峰公司拟将厂区整体迁移，是基于生产运作情况作出的经营决策，不改变劳动者的岗位和待遇，并非滥用用工权利刻意为难劳动者的行为。厂区迁移后，确实可能对劳动者产生一定的通勤压力，但搬迁距离并不遥远，也在公共交通、共享单车可达之处，将军大道本身具备较好的通行条件，搏峰公司也承诺增发交通补助，总体而言，迁移对劳动者的影响是有限的，不构成双方继续履行劳动合同的根本障碍。同时，争议发生后，双方均应当采取正当手段维护自身权利。原告吴继威不愿意调整工作地点，可以提出相关诉求，但其自身仍然负有继续遵守规章制度、继续履行劳动合同的义务。吴继威在搏峰公司的再三催告下，仍然拒绝返回原岗位工作，已经构成旷工，违反基本的劳动纪律，并且达到员工手册中规定的可被解除劳动合同的严重程度，故搏峰公司在通知工会后作出的解除劳动合同决定，并无违法之处，故对吴继威要求搏峰公司支付违法解除劳动合同赔偿金的请求不予支持。

综上，江宁经济技术开发区人民法院依照《中华人民共和国劳动合同法》第三十九条第（二）项规定，于 2019 年 10 月 8 日判决：

驳回原告吴继威的诉讼请求。

一审宣判后，双方当事人均未提起上诉，一审判决已经发生法律效力。

16. 戴为军诉台玻长江玻璃有限公司追索劳动报酬纠纷案

《最高人民法院公报》2021 年第 2 期（总第 292 期）

[裁判摘要]

用人单位依据末位淘汰制对员工实行奖优惩劣，对排名靠后的员工采取调岗调薪等措施，是企业经营自主权的重要内容，只要该调岗调薪行为是基于企业生产经营管理的合理需要，且不违反法律规定和单位依法制定的规章制度，劳动者主张该调岗调薪行为违法的，人民法院不予支持。

原告：戴为军，男，19××年×月×日出生，住江苏省昆山市玉山镇。

被告：台玻长江玻璃有限公司，住所地：江苏省昆山开发区。

法定代表人：林伯丰，该公司董事长。

原告戴为军因与被告台玻长江玻璃有限公司发生追索劳动报酬纠纷，向江苏省昆山市人民法院提起诉讼。

原告戴为军诉称：原告在履行劳动合同过程中，并不存在严重违纪行为，被告台玻长江玻璃有限公司却以末位淘汰为由将原告调岗、降薪，并克扣原告月、季奖金及加班工资。请求法院判决被告支付原告 2015 年 7 月至 2016 年 6 月工资（包括加班工资、职务工资、月奖金、季度奖金）差额 21741.50 元、未足额支付工资的经济补偿金 5435 元。

被告台玻长江玻璃有限公司辩称：1. 劳动合同约定原告戴为军的工作岗位为操作工，且约定公司根据工作需要，按照诚信原则，可依法变动原告的工作岗位。2. 公司规章制度明确规定了员工平时记录和每月各项奖金之考核将作为升职、调职之依据，原告对此十分清楚。同时，原告对月奖、季奖发放金额都是明知的，但原告却从未提出过异议。公司依据年度、季度考核成绩排名，按照公司规定对原告进行调职，是出于经营需要。3. 原告提供的证据不足以证明被告存在未足额发放奖金及加班工资的情况。综上，请求法院驳回原告的诉讼请求。

江苏省昆山市人民法院一审查明：

原告戴为军于 1996 年 11 月 4 日进入被告台玻长江玻璃有限公司工作，为包装股员工，2010 年 11 月起戴为军任包装股课长。双方最后一期劳动合同期限自 2014 年 3 月 1 日至 2019 年 2 月 28 日止，约定戴为军的工作岗位为操作工，台玻长江玻璃有限公司根据工作需要，按照诚信原则，可依法变动戴为军的工作岗位，戴为军正常工作时间工资为最低工资标准，加班加点工资计发基数为最低工资标准，戴为军接受台玻长江玻璃有限公司所给予职务调整和变动等。台玻长江玻璃有限公司《员工工作规则》的员工考核部分规定：“平时记录：员工平时有优良行为表现或不良行为时，由各单位负责人以书面通知人事单位记录之；每月各项奖金之考核，以上两项记录将作为升职、调职之依据。惩戒：记过：罚款 500—1000 元；申诫：罚款 500 元；罚款：罚款 10—500 元。”戴为军的工资结构为本薪 4350 元、职务工资 1500 元、月奖金（不固定）、季奖金（不固定）、奖金（不固定，2016 年 2 月前基本在 400 元以下）、伙食津贴 180 元、节日加班费。

2015 年 11 月，被告台玻长江玻璃有限公司接到客户投诉，反映玻璃存在发霉现象。2015 年 12 月 2 日，台玻长江玻璃有限公司对包装部门人员作出处理，其中对原告戴为军申诫一次，罚款 500 元。

2015 年 11 月 18 日，被告台玻长江玻璃有限公司发布人员配置检讨事公告，公告如下人员配置调整办法：课股/长人数 65，年度根据季度奖考绩排名，最后

10%予以降职处理等。另查，台玻长江玻璃有限公司的2015年度考绩汇总表显示：戴为军排名第43位，共47人，戴为军为倒数第5名。2016年1月4日，台玻长江玻璃有限公司对戴为军作出人事通知，戴为军职务由课长调整为班长，职务工资由1500元调整至700元。2016年2月起，台玻长江玻璃有限公司支付戴为军职务工资700元，2016年2月奖金为950元，2016年3月起奖金固定为800元。

原告戴为军于2016年7月向昆山市劳动人事争议仲裁委员会申请仲裁，要求被告台玻长江玻璃有限公司支付2015年7月至2016年6月的工资差额21741.50元、未足额支付工资的经济补偿金5435元。该委作出裁决：驳回戴为军的仲裁请求。戴为军不服仲裁裁决，向昆山市人民法院提起诉讼。

江苏省昆山市人民法院一审认为：

原告戴为军进入被告台玻长江玻璃有限公司工作，双方依法建立了劳动关系。戴为军诉请台玻长江玻璃有限公司支付的2015年7月至2016年6月的工资 差额21741.50元，包括2015年10月至2016年2月加班工资差额1862.25元、2016年1月至2016年6月职务工资差额4800元、2015年9月至2016年5月月奖金差额7944元、2015年7月至2016年5月季度奖金差额6635元、2015年11月扣款500元。

其中，关于2015年10月至2016年2月加班工资差额1862.25元，原告戴为军认为被告台玻长江玻璃有限公司应当按其平均工资计算加班加点工资基数，但劳动合同约定了计发基数为最低工资标准，而台玻长江玻璃有限公司也按约支付了戴为军的加班加点工资，故戴为军要求支付差额，没有事实依据，法院不予支持。

关于2016年1月至2016年6月职务工资差额4800元，原告戴为军认为其并不存在严重违纪行为，被告台玻长江玻璃有限公司却以末位淘汰为由将其调岗、降薪。经查，双方的劳动合同约定，台玻长江玻璃有限公司根据工作需要，按照诚信原则，可依法变动戴为军的工作岗位。对戴为军是否符合课长职务的末位淘汰应属台玻长江玻璃有限公司企业管理自主权范围。现戴为军对台玻长江玻璃有限公司的考绩汇总表不认可，但未提供证据予以证明。此外，台玻长江玻璃有限公司对戴为军的降职降薪从2016年2月起执行，实际已履行数月，在此期间戴为军并未提出异议，而台玻长江玻璃有限公司也增加了戴为军的奖金部分，应当认定戴为军与台玻长江玻璃有限公司双方已经就职务调整、减少职务工资、增加奖金事宜达成合意，故戴为军要求台玻长江玻璃有限公司支付职务工资差额，法院不予支持。

关于2015年9月至2016年5月月奖金差额7944元、2015年7月至2016年5月季度奖金差额6635元，原告戴为军认为被告台玻长江玻璃有限公司克扣自己的月奖金和季度奖金。根据戴为军的工资结构，其月奖金、季度奖金并不固定，双方的劳动合同中亦未对奖金作出约定，因此台玻长江玻璃有限公司根据盈利情况，结合戴为军的平时表现、考核结果自主决定奖金的数额并进行发放，并无不当。现戴为军认为台玻长江玻璃有限公司克扣自己的月奖金和季度奖金，但其提供的季度考核表仅为发放奖金的依据之一，除了季度考核之外，2015年12月戴为军被申诫一次，年度考绩结果也不理想，2016年1月公司对戴为军也作出了降职降薪决定，前述因素均会影响戴为军的月奖金、季度奖金，因此，戴为军要求台玻长江玻璃有限公司支付月、季度奖金差额，没有事实和法律依据，法院不予支持。

关于2015年11月扣款500元。2015年11月，被告台玻长江玻璃有限公司接到客户投诉，反映玻璃存在发霉现象，经台玻长江玻璃有限公司核查情况属实，公司对原告戴为军所在部门人员进行处分并罚款，其中对戴为军申诫一次，罚款500元。台玻长江玻璃有限公司系依据公司规章制度对戴为军作出处分并罚款，戴为军对上述事件不持异议，故戴为军要求台玻长江玻璃有限公司返还扣款500元，法院不予支持。

综上，原告戴为军要求被告台玻长江玻璃有限公司支付未足额支付工资的经济补偿金5435元，没有事实和法律依据。据此，江苏省昆山市人民法院依照《中华人民共和国劳动合同法》第二十九条、第四十六条，《中华人民共和国民事诉讼法》第六十四条，最高人民法院《关于民事诉讼证据的若干规定》第二条的规定，于2016年11月17日判决：

驳回戴为军的诉讼请求。

戴为军不服一审判决，向江苏省苏州市中级人民法院提起上诉。

戴为军上诉称：台玻长江玻璃有限公司对其工作岗位的调整违反《江苏省工资支付条例》第三十四条的规定，亦违反双方合同约定及台玻长江玻璃有限公司的相关规章制度。台玻长江玻璃有限公司调岗后的降薪亦属违法。请求撤销一审判决，将本案发回重审或依法改判。

台玻长江玻璃有限公司辩称：公司是依据与戴为军之间的合同约定以及经合法程序产生的《员工工作规则》对其岗位进行的调整，公司的行为符合法律规定及合同约定，一审法院认定事实清楚，适用法律正确，请求依法驳回上诉。

江苏省苏州市中级人民法院经二审，确认了一审查明的事实。

江苏省苏州市中级人民法院二审认为：

用人单位依法变动劳动者工作岗位降低其工资水平，应当符合用人单位依法制定的规章制度的规定，但不得违反诚信原则滥用权力，对劳动者的工作岗位作出不合理的变动。本案二审的争议焦点为被上诉人台玻长江玻璃有限公司依据末位淘汰制调整上诉人戴为军的工作岗位及薪资是否违法。劳动者排名末位与劳动者不能胜任工作岗位之间并无必然联系，故用人单位根据末位淘汰制解除劳动关系违反法律规定。但在除解除劳动关系情形外，末位淘汰制并非当然违法。根据本案查明的事实，戴为军调岗前担任的职务为台玻长江玻璃有限公司包装股课长，该岗位具有一定的管理性质，要求劳动者具备更优秀、全面的职业技能。用人单位根据劳动者的工作业绩、安排相对更为优秀的劳动者担任该职务既符合用人单位对于保证和提高产品质量的要求，亦能较大程度激发劳动者的工作积极性，故用人单位依据末位淘汰制调整劳动者工作岗位在一定条件下应予以支持。本案台玻长江玻璃有限公司与戴为军的劳动合同中明确约定台玻长江玻璃有限公司根据工作需要，按照诚信原则，可依法变动原告的工作岗位。2016 年 1 月 4 日台玻长江玻璃有限公司根据人员配置检讨事公告和戴为军 2015 年度考绩汇总表对戴为军的工作岗位进行调整，调岗后戴为军并未提出异议，应视为戴为军对本次调岗的认可。综上，本次调岗不违反双方劳动合同的约定，亦符合《劳动合同法》的相关规定，应认定为合法，因本次调岗引起的薪资变动亦属合法。现戴为军上诉认为本次调岗违法并要求台玻长江玻璃有限公司支付工资差额和经济补偿金没有事实和法律依据，应予驳回。

据此，江苏省苏州市中级人民法院依照《中华人民共和国民事诉讼法》第一百七十条第一款第（一）项规定，于 2017 年 4 月 1 日判决：

驳回上诉，维持原判。

本判决为终审判决。

三、人力资源和社会保障部、最高人民法院联合发布的典型案例

人力资源社会保障部、最高人民法院关于联合发布第二批劳动人事争议典型案例的通知

人社部函〔2021〕90号

各省、自治区、直辖市人力资源社会保障厅（局）、高级人民法院，解放军军事法院，新疆生产建设兵团人力资源社会保障局、新疆维吾尔自治区高级人民法院生产建设兵团分院：

为贯彻落实人力资源社会保障部、最高人民法院《关于加强劳动人事争议仲裁与诉讼衔接机制建设的意见》（人社部发〔2017〕70号）提出的“开展类案分析，联合筛选并发布典型案例”等要求，明确工时及加班工资法律适用标准，进一步提高劳动人事争议案件处理质效，全力维护劳动关系和谐与社会稳定，现发布第二批劳动人事争议典型案例，请各地仲裁机构、人民法院在办案中予以参照。

附件：劳动人事争议典型案例（第二批）

人力资源社会保障部、最高人民法院

2021年6月30日

目　录

案例10. 加班费的仲裁时效应当如何认定

案例1. 劳动者拒绝违法超时加班安排，用人单位能否解除劳动合同

基本案情

张某于2020年6月入职某快递公司，双方订立的劳动合同约定试用期为3个月，试用期月工资为8000元，工作时间执行某快递公司规章制度相关规定。某快递公司规章制度规定，工作时间为早9时至晚9时，每周工作6天。2个月后，张某以工作时间严重超过法律规定上限为由拒绝超时加班安排，某快递公司即以张某在试用期间被证明不符合录用条件为由与其解除劳动合同。张某向劳动人事争议仲裁委员会（以下简称仲裁委员会）申请仲裁。

申请人请求

请求裁决某快递公司支付违法解除劳动合同赔偿金8000元。

处理结果

仲裁委员会裁决某快递公司支付张某违法解除劳动合同赔偿金8000元（裁决为终局裁决）。仲裁委员会将案件情况通报劳动保障监察机构，劳动保障监察机构对某快递公司规章制度违反法律、法规规定的情形责令其改正，给予警告。

案例分析

本案的争议焦点是张某拒绝违法超时加班安排，某快递公司能否与其解除劳动合同。

《中华人民共和国劳动法》第四十一条规定："用人单位由于生产经营需要，经与工会和劳动者协商后可以延长工作时间，一般每日不得超过一小时；因特殊原因需要延长工作时间的，在保障劳动者身体健康的条件下延长工作时间每日不得超过三小时，但是每月不得超过三十六小时。"第四十三条规定："用人单位不得违反本法规定延长劳动者的工作时间。"《中华人民共和国劳动合同法》第二十六条规定："下列劳动合同无效或者部分无效：……（三）违反法律、行政法规强制性规定的……"为确保劳动者休息权的实现，我国法律对延长工作时间的上限予以明确规定。用人单位制定违反法律规定的加班制度，在劳动合同中与劳动者约定违反法律规定的加班条款，均应认定为无效。

本案中，某快递公司规章制度中"工作时间为早9时至晚9时，每周工作6天"的内容，严重违反了法律关于延长工作时间上限的规定，应认定为无效。张某拒绝违法超时加班安排，系维护自己合法权益，不能据此认定其在试用期间被

证明不符合录用条件。故仲裁委员会依法裁决某快递公司支付张某违法解除劳动合同赔偿金。

典型意义

《中华人民共和国劳动法》第四条规定："用人单位应当依法建立和完善规章制度，保障劳动者享有劳动权利和履行劳动义务。"法律在支持用人单位依法行使管理职权的同时，也明确其必须履行保障劳动者权利的义务。用人单位的规章制度以及相应工作安排必须符合法律、行政法规的规定，否则既要承担违法后果，也不利于构建和谐稳定的劳动关系、促进自身健康发展。

案例 2. 劳动者与用人单位订立放弃加班费协议，能否主张加班费

基本案情

张某于 2020 年 6 月入职某科技公司，月工资 20000 元。某科技公司在与张某订立劳动合同时，要求其订立一份协议作为合同附件，协议内容包括"我自愿申请加入公司奋斗者计划，放弃加班费"。半年后，张某因个人原因提出解除劳动合同，并要求支付加班费。某科技公司认可张某加班事实，但以其自愿订立放弃加班费协议为由拒绝支付。张某向劳动人事争议仲裁委员会（以下简称仲裁委员会）申请仲裁。

申请人请求

请求裁决某科技公司支付 2020 年 6 月至 12 月加班费 24000 元。

处理结果

仲裁委员会裁决某科技公司支付张某 2020 年 6 月至 12 月加班费 24000 元。

案例分析

本案的争议焦点是张某订立放弃加班费协议后，还能否主张加班费。

《中华人民共和国劳动合同法》第二十六条规定："下列劳动合同无效或者部分无效：……（二）用人单位免除自己的法定责任、排除劳动者权利的……"最高人民法院《关于审理劳动争议案件适用法律问题的解释（一）》（法释〔2020〕26 号）第三十五条规定："劳动者与用人单位就解除或者终止劳动合同办理相关手续、支付工资报酬、加班费、经济补偿或者赔偿金等达成的协议，不违反法律、行政法规的强制性规定，且不存在欺诈、胁迫或者乘人之危情形的，应当认定有效。前款协议存在重大误解或者显失公平情形，当事人请求撤销的，人民法院应予支持。"加班费是劳动者延长工作时间的工资报酬，《中华人民共和国劳动法》

第四十四条、《中华人民共和国劳动合同法》第三十一条明确规定了用人单位支付劳动者加班费的责任。约定放弃加班费的协议免除了用人单位的法定责任、排除了劳动者权利，显失公平，应认定无效。

本案中，某科技公司利用在订立劳动合同时的主导地位，要求张某在其单方制定的格式条款上签字放弃加班费，既违反法律规定，也违背公平原则，侵害了张某工资报酬权益。故仲裁委员会依法裁决某科技公司支付张某加班费。

典型意义

崇尚奋斗无可厚非，但不能成为用人单位规避法定责任的挡箭牌。谋求企业发展、塑造企业文化都必须守住不违反法律规定、不侵害劳动者合法权益的底线，应在坚持按劳分配原则的基础上，通过科学合理的措施激发劳动者的主观能动性和创造性，统筹促进企业发展与维护劳动者权益。

案例 3. 用人单位未按规章制度履行加班审批手续，能否认定劳动者加班事实

基本案情

吴某于 2019 年 12 月入职某医药公司，月工资为 18000 元。某医药公司加班管理制度规定："加班需提交加班申请单，按程序审批。未经审批的，不认定为加班，不支付加班费。"吴某入职后，按照某医药公司安排实际执行每天早 9 时至晚 9 时，每周工作 6 天的工作制度。其按照某医药公司加班管理制度提交了加班申请单，但某医药公司未实际履行审批手续。2020 年 11 月，吴某与某医药公司协商解除劳动合同，要求某医药公司支付加班费，并出具了考勤记录、与部门领导及同事的微信聊天记录、工作会议纪要等。某医药公司虽认可上述证据的真实性但以无公司审批手续为由拒绝支付。吴某向劳动人事争议仲裁委员会（以下简称仲裁委员会）申请仲裁。

申请人请求

请求裁决某医药公司支付 2019 年 12 月至 2020 年 11 月加班费 50000 元。

处理结果

仲裁委员会裁决某医药公司支付吴某 2019 年 12 月至 2020 年 11 月加班费 50000 元。某医药公司不服仲裁裁决起诉，一审法院判决与仲裁裁决一致，某医药公司未上诉，一审判决已生效。

案例分析

本案的争议焦点是某医药公司能否以无公司审批手续为由拒绝支付吴某加班费。

《中华人民共和国劳动法》第四十四条规定："有下列情形之一的，用人单位应当按照下列标准支付高于劳动者正常工作时间工资的工资报酬：（一）安排劳动者延长工作时间的，支付不低于工资的百分之一百五十的工资报酬；（二）休息日安排劳动者工作又不能安排补休的，支付不低于工资的百分之二百的工资报酬……"《工资支付暂行规定》（劳部发〔1994〕489号）第十三条规定："用人单位在劳动者完成劳动定额或规定的工作任务后，根据实际需要安排劳动者在法定标准工作时间以外工作的，应按以下标准支付工资：……"从上述条款可知，符合"用人单位安排""法定标准工作时间以外工作"情形的，用人单位应当依法支付劳动者加班费。

本案中，吴某提交的考勤记录、与部门领导及同事的微信聊天记录、工作会议纪要等证据形成了相对完整的证据链，某医药公司亦认可上述证据的真实性。某医药公司未实际履行加班审批手续，并不影响对"用人单位安排"加班这一事实的认定。故仲裁委员会依法裁决某医药公司支付吴某加班费。

典型意义

劳动规章制度对用人单位和劳动者都具有约束力。一方面，用人单位应严格按照规章制度的规定实施管理行为，不得滥用优势地位，侵害劳动者合法权益；另一方面，劳动者在合法权益受到侵害时，要注意保留相关证据，为维权提供依据。仲裁委员会、人民法院应准确把握加班事实认定标准，纠正用人单位规避法定责任、侵害劳动者合法权益的行为。

案例4. 用人单位与劳动者约定实行包薪制，是否需要依法支付加班费

基本案情

周某于2020年7月入职某汽车服务公司，双方订立的劳动合同约定月工资为4000元（含加班费）。2021年2月，周某因个人原因提出解除劳动合同，并认为即使按照当地最低工资标准认定其法定标准工作时间工资，某汽车服务公司亦未足额支付加班费，要求支付差额。某汽车服务公司认可周某加班事实，但以劳动合同中约定的月工资中已含加班费为由拒绝支付。周某向劳动人事争议仲裁委员会（以下简称仲裁委员会）申请仲裁。

申请人请求

请求裁决某汽车服务公司支付加班费差额 17000 元。

处理结果

仲裁委员会裁决某汽车服务公司支付周某加班费差额 17000 元（裁决为终局裁决），并就有关问题向某汽车服务公司发出仲裁建议书。

案例分析

本案的争议焦点是某汽车服务公司与周某约定实行包薪制，是否还需要依法支付周某加班费差额。

《中华人民共和国劳动法》第四十七条规定：“用人单位根据本单位的生产经营特点和经济效益，依法自主确定本单位的工资分配方式和工资水平。”第四十八条规定：“国家实行最低工资保障制度……”《最低工资规定》（劳动和社会保障部令第 21 号）第三条第一款规定：“本规定所称最低工资标准，是指劳动者在法定工作时间或依法签订的劳动合同约定的工作时间内提供了正常劳动的前提下，用人单位依法应支付的最低劳动报酬。”从上述条款可知，用人单位可以依法自主确定本单位的工资分配方式和工资水平，并与劳动者进行相应约定，但不得违反法律关于最低工资保障、加班费支付标准的规定。

本案中，根据周某实际工作时间折算，即使按照当地最低工资标准认定周某法定标准工作时间工资，并以此为基数核算加班费，也超出了 4000 元的约定工资，表明某汽车服务公司未依法足额支付周某加班费。故仲裁委员会依法裁决某汽车服务公司支付周某加班费差额。

典型意义

包薪制是指在劳动合同中打包约定法定标准工作时间工资和加班费的一种工资分配方式，在部分加班安排较多且时间相对固定的行业中比较普遍。虽然用人单位有依法制定内部薪酬分配制度的自主权，但内部薪酬分配制度的制定和执行须符合相关法律的规定。实践中，部分用人单位存在以实行包薪制规避或者减少承担支付加班费法定责任的情况。实行包薪制的用人单位应严格按照不低于最低工资标准支付劳动者法定标准工作时间的工资，同时按照国家关于加班费的有关法律规定足额支付加班费。

案例5. 用人单位未与劳动者协商一致增加工作任务，劳动者是否有权拒绝

基本案情

张某于2018年9月入职某报刊公司从事投递员工作，每天工作6个小时，每周工作6天，月工资3500元。2020年6月，因同区域另一名投递员离职，某报刊公司在未与张某协商的情况下，安排其在第三季度承担该投递员的工作任务。张某认为，要完成加倍的工作量，其每天工作时间至少需延长4个小时以上，故拒绝上述安排。某报刊公司依据员工奖惩制度，以张某不服从工作安排为由与其解除劳动合同。张某向劳动人事争议仲裁委员会（以下简称仲裁委员会）申请仲裁。

申请人请求

请求裁决某报刊公司支付违法解除劳动合同赔偿金14000元。

处理结果

仲裁委员会裁决某报刊公司支付张某违法解除劳动合同赔偿金14000元（裁决为终局裁决）。

案例分析

本案的争议焦点是某报刊公司未与张某协商一致增加其工作任务，张某是否有权拒绝。

《中华人民共和国劳动合同法》第三十一条规定："用人单位应当严格执行劳动定额标准，不得强迫或者变相强迫劳动者加班……"第三十五条规定："用人单位与劳动者协商一致，可以变更劳动合同约定的内容……"劳动合同是明确用人单位和劳动者权利义务的书面协议，未经变更，双方均应严格按照约定履行，特别是涉及工作时间等劳动定额标准的内容。

本案中，某报刊公司超出合理限度大幅增加张某的工作任务，应视为变更劳动合同约定的内容，违反了关于"协商一致"变更劳动合同的法律规定，已构成变相强迫劳动者加班。因此，张某有权依法拒绝上述安排。某报刊公司以张某不服从工作安排为由与其解除劳动合同不符合法律规定。故仲裁委员会依法裁决某报刊公司支付张某违法解除劳动合同赔偿金。

典型意义

允许用人单位与劳动者协商一致变更劳动合同，有利于保障用人单位根据生产经营需要合理调整用工安排的权利。但需要注意的是，变更劳动合同要遵循合法、公平、平等自愿、协商一致、诚实信用的原则。工作量、工作时间的变更直接影响劳动者休息权的实现，用人单位对此进行大幅调整，应与劳动者充分协商，

而不应采取强迫或者变相强迫的方式，更不得违反相关法律规定。

案例 6. 处理加班费争议，如何分配举证责任

基本案情

林某于 2020 年 1 月入职某教育咨询公司，月工资为 6000 元。2020 年 7 月，林某因个人原因提出解除劳动合同，并向劳动人事争议仲裁委员会（以下简称仲裁委员会）申请仲裁。林某主张其工作期间每周工作 6 天，并提交了某打卡 APP 打卡记录（显示林某及某教育咨询公司均实名认证，林某每周一至周六打卡；每天打卡两次，第一次打卡时间为早 9 时左右，第二次打卡时间为下午 6 时左右；打卡地点均为某教育咨询公司所在位置，存在个别日期未打卡情形）、工资支付记录打印件（显示曾因事假扣发工资，扣发日期及天数与打卡记录一致，未显示加班费支付情况）。某教育咨询公司不认可上述证据的真实性，主张林某每周工作 5 天，但未提交考勤记录、工资支付记录。

申请人请求

请求裁决某教育咨询公司支付加班费 10000 元。

处理结果

仲裁委员会裁决某教育咨询公司支付林某加班费 10000 元（裁决为终局裁决）。

案例分析

本案的争议焦点是如何分配林某与某教育咨询公司的举证责任。

《中华人民共和国劳动争议调解仲裁法》第六条规定："发生劳动争议，当事人对自己提出的主张，有责任提供证据。与争议事项有关的证据属于用人单位掌握管理的，用人单位应当提供；用人单位不提供的，应当承担不利后果。"最高人民法院《关于审理劳动争议案件适用法律问题的解释（一）》（法释〔2020〕26 号）第四十二条规定："劳动者主张加班费的，应当就加班事实的存在承担举证责任。但劳动者有证据证明用人单位掌握加班事实存在的证据，用人单位不提供的，由用人单位承担不利后果。"从上述条款可知，主张加班费的劳动者有责任按照"谁主张，谁举证"的原则，就加班事实的存在提供证据，或者就相关证据属于用人单位掌握管理提供证据。用人单位应当提供而不提供有关证据的，可以推定劳动者加班事实存在。

本案中，虽然林某提交的工资支付记录为复印件，但与实名认证的 APP 打卡记录互相印证，能够证明某教育咨询公司掌握加班事实存在的证据。某教育咨询

公司虽然不认可上述证据的真实性，但未提交反证或者作出合理解释，应承担不利后果。故仲裁委员会依法裁决某教育咨询公司支付林某加班费。

典型意义

我国劳动法律将保护劳动者的合法权益作为立法宗旨之一，在实体和程序方面都作了相应规定。在加班费争议处理中，要充分考虑劳动者举证能力不足的实际情况，根据“谁主张，谁举证”原则、证明妨碍规则，结合具体案情合理分配用人单位与劳动者的举证责任。

案例 7. 劳动者超时加班发生工伤，用工单位、劳务派遣单位是否承担连带赔偿责任

基本案情

2017 年 8 月，某服务公司（已依法取得劳务派遣行政许可）与某传媒公司签订劳务派遣协议，约定某服务公司为某传媒公司提供派遣人员，每天工作 11 小时，每人每月最低保底工时 286 小时。2017 年 9 月，某服务公司招用李某并派遣至某传媒公司工作，未为李某缴纳工伤保险。2018 年 8 月、9 月、11 月，李某月工时分别为 319 小时、293 小时、322. 5 小时，每月休息日不超过 3 日。2018 年 11 月 30 日，李某工作时间为当日晚 8 时 30 分至 12 月 1 日上午 8 时 30 分。李某于 12 月 1 日凌晨 5 时 30 分晕倒在单位卫生间，经抢救无效于当日死亡，死亡原因为心肌梗死等。2018 年 12 月，某传媒公司与李某近亲属惠某等签订赔偿协议，约定某传媒公司支付惠某等工亡待遇 42 万元，惠某等不得再就李某工亡赔偿事宜或在派遣工作期间享有的权利，向某传媒公司提出任何形式的赔偿要求。上述协议签订后，某传媒公司实际支付惠某等各项费用共计 423497. 80 元。此后，李某所受伤害被社会保险行政部门认定为工伤。某服务公司、惠某等不服仲裁裁决，诉至人民法院。

原告诉讼请求

惠某等请求判决某服务公司与某传媒公司连带支付医疗费、一次性工亡补助金、丧葬补助金、供养亲属抚恤金，共计 1193821 元。

某服务公司请求判决不应支付供养亲属抚恤金；应支付的各项赔偿中应扣除某传媒公司已支付款项；某传媒公司承担连带责任。

裁判结果

一审法院判决：按照《工伤保险条例》，因用人单位未为李某参加工伤保险，

其工亡待遇由用人单位全部赔偿。某服务公司和某传媒公司连带赔偿惠某等医疗费、一次性工亡补助金、丧葬补助金、供养亲属抚恤金合计 766911.55 元。某传媒公司不服，提起上诉。二审法院判决：驳回上诉，维持原判。

案例分析

本案的争议焦点是李某超时加班发生工伤，用工单位与劳务派遣单位是否应承担连带赔偿责任。

《中华人民共和国劳动法》第三十八条规定："用人单位应当保证劳动者每周至少休息一日。"第四十一条规定："用人单位由于生产经营需要，经与工会和劳动者协商后可以延长工作时间，一般每日不得超过一小时；因特殊原因需要延长工作时间的，在保障劳动者身体健康的条件下延长工作时间每日不得超过三小时，但是每月不得超过三十六小时。"《中华人民共和国劳动合同法》第九十二条规定："……用工单位给被派遣劳动者造成损害的，劳务派遣单位与用工单位承担连带赔偿责任。"国务院《关于职工工作时间的规定》（国务院令第 174 号）第三条规定："职工每日工作 8 小时、每周工作 40 小时。"休息权是劳动者的基本劳动权利，即使在支付劳动者加班费的情况下，劳动者的工作时间仍然受到法定延长工作时间上限的制约。劳务派遣用工中，劳动者超时加班发生工伤，用工单位和劳务派遣单位对劳动者的损失均负有责任，应承担连带赔偿责任。劳动者与用工单位、劳务派遣单位达成赔偿协议的，当赔偿协议存在违反法律、行政法规的强制性规定、欺诈、胁迫或者乘人之危情形时，不应认定赔偿协议有效；当赔偿协议存在重大误解或者显失公平情形时，应当支持劳动者依法行使撤销权。

本案中，某服务公司和某传媒公司协议约定的被派遣劳动者每天工作时间及每月工作保底工时，均严重超过法定标准。李某工亡前每月休息时间不超过 3 日，每日工作时间基本超过 11 小时，每月延长工作时间超过 36 小时数倍，其依法享有的休息权受到严重侵害。某传媒公司作为用工单位长期安排李某超时加班，存在过错，对李某在工作期间突发疾病死亡负有不可推卸的责任。惠某等主张某传媒公司与某服务公司就李某工伤的相关待遇承担连带赔偿责任，应予支持。惠某等虽与某传媒公司达成了赔偿协议，但赔偿协议是在劳动者未经社会保险行政部门认定工伤的情形下签订的，且赔偿协议约定的补偿数额明显低于法定工伤保险待遇标准，某服务公司和某传媒公司应对差额部分予以补足。

典型意义

面对激烈的市场竞争环境，个别用人单位为降低用工成本、追求利润最大化，长期安排劳动者超时加班，对劳动者的身心健康、家庭和睦、参与社会生活等造成了严重影响，极端情况下会威胁劳动者的生命安全。本案系劳动者超时加班发生工伤而引发的工伤保险待遇纠纷，是超时劳动严重损害劳动者健康权的缩影。本案裁判明确了此种情况下用工单位、劳务派遣单位承担连带赔偿责任，可以有效避免劳务派遣用工中出现责任真空的现象，实现对劳动者合法权益的充分保障。同时，用人单位应依法为职工参加工伤保险，保障职工的工伤权益，也能分散自身风险。如用人单位未为职工参加工伤保险，工伤职工工伤保险待遇全部由用人单位支付。

案例 8. 用人单位以规章制度形式否认劳动者加班事实是否有效

基本案情

常某于 2016 年 4 月入职某网络公司。入职之初，某网络公司通过电子邮件告知常某，公司采取指纹打卡考勤。员工手册规定："21：00 之后起算加班时间；加班需由员工提出申请，部门负责人审批。"常某于 2016 年 5 月至 2017 年 1 月，通过工作系统累计申请加班 126 小时。某网络公司以公司规章制度中明确 21：00 之后方起算加班时间，21：00 之前的不应计入加班时间为由，拒绝支付常某加班费差额。常某向劳动人事争议仲裁委员会（以下简称仲裁委员会）申请仲裁，请求裁决某网络公司支付其加班费差额。某网络公司不服仲裁裁决，诉至人民法院。

原告诉讼请求

请求判决不支付常某加班费差额。

裁判结果

一审法院判决：某网络公司支付常某加班费差额 32000 元。双方不服，均提起上诉。二审法院判决：驳回上诉，维持原判。

案例分析

本案的争议焦点是某网络公司以规章制度形式否认常某加班事实是否有效。

《中华人民共和国劳动合同法》第四条规定："用人单位应当依法建立和完善劳动规章制度，保障劳动者享有劳动权利、履行劳动义务。用人单位在制定、修改或者决定有关劳动报酬、工作时间、休息休假、劳动安全卫生、保险福利、职工培训、劳动纪律以及劳动定额管理等直接涉及劳动者切身利益的规章制度或者重大事项时，应当经职工代表大会或者全体职工讨论，提出方案和意见，与工会或者职工代表平等协商确定。……用人单位应当将直接涉及劳动者切身利益的规章制度和重大事项决定公示，或者告知劳动者。”通过民主程序制定的规章制度，不违反国家法律、行政法规及政策规定，并已向劳动者公示的，可以作为确定双方权利义务的依据。

本案中，一方面，某网络公司的员工手册规定有加班申请审批制度，该规定并不违反法律规定，且具有合理性，在劳动者明知此规定的情况下，可以作为确定双方权利义务的依据。另一方面，某网络公司的员工手册规定 21：00 之后起算加班时间，并主张 18：00 至 21：00 是员工晚餐和休息时间，故自 21：00 起算加班。鉴于 18：00 至 21：00 时间长达 3 个小时，远超过合理用餐时间，且在下班 3 个小时后再加班，不具有合理性。在某网络公司不能举证证实该段时间为员工晚餐和休息时间的情况下，其规章制度中的该项规定不具有合理性，人民法院依法否定了其效力。人民法院结合考勤记录、工作系统记录等证据，确定了常某的加班事实，判决某网络公司支付常某加班费差额。

典型意义

劳动争议案件的处理，既要保护劳动者的合法权益，亦应促进企业有序发展。合法的规章制度既能规范用人单位用工自主权的行使，又能保障劳动者参与用人单位民主管理，实现构建和谐劳动关系的目的。不合理的规章制度则会导致用人单位的社会声誉差、认同感低，最终引发人才流失，不利于用人单位的长远发展。用人单位制定的合理合法的规章制度，可以作为确定用人单位、劳动者权利义务的依据。一旦用人单位以规章制度形式规避应当承担的用工成本，侵害劳动者的合法权益，仲裁委员会、人民法院应当依法予以审查，充分保护劳动者的合法权益。用人单位应当根据单位实际，制定更为人性化的规章制度，增强劳动者对规章制度的认同感，激发劳动者的工作积极性，从而进一步减少劳动纠纷，为构建和谐劳动关系作出贡献。

案例 9. 劳动者在离职文件上签字确认加班费已结清，是否有权请求支付欠付的加班费

基本案情

2017 年 7 月，肖某与某科技公司（已依法取得劳务派遣行政许可）订立劳动合同，被派遣至某快递公司担任配送员，月工资为基本工资加提成。肖某主张某快递公司在用工期间安排其双休日及法定节假日加班，并提交了工资表。工资表加盖有某科技公司公章，某科技公司和某快递公司均认可其真实性。该工资表显

示，2017 年 7 月至 2019 年 10 月肖某存在不同程度的双休日加班及法定节假日加班，但仅获得少则 46. 15 元、多则 115. 40 元的出勤补款或节假日补助。2019 年 11 月，肖某向某科技公司提出离职，当日双方签署离职申请交接表。该表“员工离职原因”一栏显示：“公司未上社会保险，工作压力大、没给加班费。”“员工确认”一栏显示：“经说明，我已知悉《劳动合同法》上的权利和义务，现单位已经将我的工资、加班费、经济补偿结清，我与单位无其他任何争议。本人承诺不再以任何理由向某科技公司及用工单位主张权利。”员工签名处有肖某本人签名。肖某对离职申请交接表的真实性认可，但认为表中“员工确认”一栏虽系其本人签字，但并非其真实意思，若不签字，某科技公司就不让其办理工作交接，该栏内容系某科技公司逃避法律责任的一种方法。肖某不服仲裁裁决，诉至人民法院。

原告诉讼请求

请求判决某科技公司与某快递公司支付加班费 82261 元。

裁判结果

一审法院判决：驳回肖某加班费的诉讼请求。肖某不服，提起上诉。二审法院改判：某科技公司与某快递公司连带支付肖某加班费 24404. 89 元。

案例分析

本案的争议焦点是肖某是否与用人单位就支付加班费达成合法有效的协议。

最高人民法院《关于审理劳动争议案件适用法律问题的解释（一）》（法释〔2020〕26 号）第三十五条第一款规定：“劳动者与用人单位就解除或者终止劳动合同办理相关手续、支付工资报酬、加班费、经济补偿或者赔偿金等达成的协议，不违反法律、行政法规的强制性规定，且不存在欺诈、胁迫或者乘人之危情形的，应当认定有效。”司法实践中，既应尊重和保障双方基于真实自愿合法原则签订的终止或解除劳动合同的协议，也应对劳动者明确持有异议的、涉及劳动者基本权益保护的协议真实性予以审查，依法保护劳动者的合法权益。

本案中，肖某认为离职申请交接表“员工确认”一栏不是其真实意思表示，上面记载的内容也与事实不符。该表中“员工离职原因”与“员工确认”两处表述确实存在矛盾。两家公司均未提供与肖某就加班费等款项达成的协议及已向肖某支付上述款项的证据，且肖某否认双方就上述款项已达成一致并已给付。因此，离职申请交接表中员工确认的“现单位已将我的工资、加班费、经济补偿结清，我与单位无其他任何争议”与事实不符，不能认定为肖某的真实意思表示。本案情形并不符合最高人民法院《关于审理劳动争议案件适用法律问题的解释（一）》第三十五条之规定，故二审法院依法支持肖某关于加班费的诉讼请求。

典型意义

实践中，有的用人单位在终止或解除劳动合同时，会与劳动者就加班费、经济补偿或赔偿金等达成协议。部分用人单位利用其在后续工资发放、离职证明开具、档案和社会保险关系转移等方面的优势地位，借机变相迫使劳动者在用人单位提供的格式文本上签字，放弃包括加班费在内的权利，或者在未足额支付加班费的情况下让劳动者签字确认加班费已经付清的事实。劳动者往往事后反悔，提起劳动争议仲裁与诉讼。本案中，人民法院最终依法支持劳动者关于加班费的诉讼请求，既维护了劳动者合法权益，对用人单位日后诚信协商、依法保护劳动者劳动报酬权亦有良好引导作用，又有助于构建和谐稳定的劳动关系。劳动者在签署相关协议时，亦应熟悉相关条款含义，审慎签订协议，通过合法途径维护自身权益。

案例 10. 加班费的仲裁时效应当如何认定

基本案情

张某于 2016 年 7 月入职某建筑公司从事施工管理工作，2019 年 2 月离职。工作期间，张某存在加班情形，但某建筑公司未支付其加班费。2019 年 12 月，张某向劳动人事争议仲裁委员会申请仲裁，请求裁决某建筑公司依法支付其加班费，某建筑公司以张某的请求超过仲裁时效为由抗辩。张某不服仲裁裁决，诉至人民法院。

原告诉讼请求

请求判决某建筑公司支付加班费 46293 元。

裁判结果

一审法院判决：某建筑公司支付张某加班费 18120 元。张某与某建筑公司均未提起上诉，一审判决已生效。

案例分析

本案争议焦点是张某关于加班费的请求是否超过仲裁时效。

《中华人民共和国劳动争议调解仲裁法》第二十七条规定：“劳动争议申请仲裁的时效期间为一年。仲裁时效期间从当事人知道或者应当知道其权利被侵害之日起计算。……劳动关系存续期间因拖欠劳动报酬发生争议的，劳动者申请仲裁不受本条第一款规定的仲裁时效期间的限制；但是，劳动关系终止的，应当自劳动关系终止之日起一年内提出。”《中华人民共和国劳动法》第四十四条规定：“有下列情形之一的，用人单位应当按照下列标准支付高于劳动者正常工作时间工资的工资报酬……”《关于工资总额组成的规定》（国家统计局令第 1 号）第四条规定：“工资总额由下列六个部分组成：……（五）加班加点工资……”仲裁时效分为普通仲裁时效和特别仲裁时效，在劳动关系存续期间因拖欠劳动报酬发生劳动争议的，应当适用特别仲裁时效，即劳动关系存续期间的拖欠劳动报酬仲裁时效不受“知道或者应当知道权利被侵害之日起一年”的限制，但是劳动关系终止的，应当自劳动关系终止之日起一年内提出。加班费属于劳动报酬，在相关争议处理中应当适用特别仲裁时效。

本案中，某建筑公司主张张某加班费的请求已经超过一年的仲裁时效，不应予以支持。人民法院认为，张某与某建筑公司的劳动合同于 2019 年 2 月解除，其支付加班费的请求应自劳动合同解除之日起一年内提出，张某于 2019 年 12 月提出仲裁申请，其请求并未超过仲裁时效。根据劳动保障监察机构在执法中调取的工资表上的考勤记录，人民法院认定张某存在加班的事实，判决某建筑公司支付张某加班费。

典型意义

时效是指权利人不行使权利的事实状态持续经过法定期间，其权利即发生效力减损的制度。作为权利行使尤其是救济权行使期间的一种，时效既与当事人的实体权利密切相关，又与当事人通过相应的程序救济其权益密不可分。获取劳动报酬权是劳动权益中最基本、最重要的权益，考虑劳动者在劳动关系存续期间的弱势地位，法律对于拖欠劳动报酬争议设置了特别仲裁时效，对于有效保护劳动者权益具有重要意义。

四、最高人民法院发布大力弘扬社会主义核心价值观典型民事案例选

最高人民法院关于大力弘扬社会主义核心价值观十大典型案例

最高人民法院发布第二批人民法院大力弘扬社会主义核心价值观典型民事案例

最高人民法院关于大力弘扬社会主义核心价值观典型案例

（2020.5.13）

二、黑龙江省伊春市某旅游酒店有限公司诉张某某劳动争议纠纷案

（一）基本案情

2014年5月28日，被告张某某受聘于原告黑龙江省伊春市某旅游酒店有限公司（以下简称伊春某旅游酒店有限公司），从事工程员工作。至2015年9月10日，被告以原告公司未与其签订书面劳动合同及未给其缴纳社会保险为由，离开原告公司。后于2015年9月14日向带岭区劳动人事争议仲裁委员会申请仲裁，要求解除与原告公司的劳动合同关系，并要求原告公司支付其各项损失费用66136.00元。带岭区劳动人事争议仲裁委员会于2015年11月6日作出带劳人仲字［2015］第4号仲裁裁决书，裁决如下：1. 由被申请人（伊春某旅游酒店有限公司）支付申请人（张某某）未签订劳动合同的双倍工资27958.26元（2541.66元×11）；2. 被申请人支付申请人解除劳动关系的经济补偿金3812.49元（2541.66元×1.5）；3. 驳回申请人请求被申请人支付其加班加点的仲裁请求；4. 驳回申请人请求被申请人支付其应当订立无固定期限劳动合同之日至工作截止日二倍工资的仲裁请求；5. 被申请人应该到社会保险经办机构为申请人办理2014年5月到2015年9月的社会保险，在办理过程中，申请人应积极配合被申请人履行相关手续；6. 被申请人应支付申请人离职前半个月未支付工资1300.00元。原告伊春某旅游酒店有限公司对该仲裁裁决不服，在法定期限内向本院提起诉讼，要求确认原告无须支付被告各项经济损失。被告当庭明确表示放弃在仲裁机构所提出的其他请求，要求原告方按仲裁裁决书所确认的内容支付被告各项损失。另查明，被告张某某系带岭林业实验局明月林场在职职工，

自1999年起因单位经济环境不景气、生产任务少等原因允许被告等大部分职工自谋生路，期间停发工资，但仍由原单位及被告个人按法律规定的数额分别缴纳社会保险费。2014年6月至2015年9月被告在原告公司工作期间，双方未签订书面劳动合同。

（二）裁判结果

黑龙江省伊春市带岭区人民法院生效裁判认为：原、被告之间形成了事实上的劳动合同关系，但原告公司自用工之日起超过一个月不满一年未与被告签订书面劳动合同，应当按照法律规定向被告支付二倍的工资。原告方认为被告是明月林场在职职工，与原告之间只能形成劳务关系而不能形成劳动合同关系，但按照最高人民法院《关于审理劳动争议案件适用法律若干问题的解释（三）》第八条的规定：企业停薪留职人员、未达到法定退休年龄的内退人员、下岗待岗人员以及企业经营性停产放长假人员，因与新的用人单位发生用工争议，依法向人民法院提起诉讼的，人民法院应当按劳动关系处理。因此，原告的此项辩解理由不予支持。被告主张按照仲裁裁决所确定的数额由原告公司支付双倍工资的请求并未超过其一年内的平均工资，因此该项主张应予支持。被告所主张的2015年9月尚有半个月工资1300.00元原告公司未予发放的请求原告方予以承认，因此应予认定。但被告社会保险费企业应当承担部分仍由其原单位明月林场进行缴纳，其不具备再就业企业再行缴纳社会保险费的待遇，因此被告要求原告公司再行为其缴纳社会保险费的请求不予支持。同时，因原告企业无法为其缴纳社会保险费用，不存在《中华人民共和国劳动合同法》第三十八条所规定的情形，被告自行提出要求与原告公司解除劳动合同关系且未履行告知义务，原告公司无须支付被告经济补偿金。因此判决如下：一、解除原、被告之间的劳动合同关系；二、由原告支付给被告因未签订书面劳动合同而产生的赔偿金27958.26元；三、由原告支付被告2015年9月剩余工资1300.00元。

（三）典型意义：诚实守规

本案争议焦点是被告张某某系林业局在职职工，其是否能够另行与另一企业形成劳动合同关系。按照法律规定，企业停薪留职、未达到法定退休年龄的内退人员、下岗待岗人员以及企业经营性停产放长假人员，因与新的用人单位发生用工争议，依法向人民法院提起诉讼的，人民法院应当按劳动关系处理。

因此，法院依照《中华人民共和国民事诉讼法》第六十四条，最高人民法院《关于审理劳动争议案件适用法律若干问题的解释（三）》第八条，《中华人民共和国劳动合同法》第三十七条、第八十二条，《中华人民共和国劳动合同法实施条例》第七条的规定，作出上述判决。

九、邓某某诉某速递公司、某劳务公司一般人格权纠纷案

（一）基本案情

某劳务公司在某同城网站上发布招聘信息，标题为“某速递员三千加计件”，任职资格：男。邓某某遂在线投递简历申请该职位，并于2014年9月25日到某速递公司进行了面试。邓某某主张其面试后并在某速递公司酒仙桥营投部试干了两天。邓某某称，根据试干结论，双方达成于10月8日签约的意向，某速递公司酒仙桥营投部主任戴某要求其先做入职体检，因此花费体检费120元。邓某某就此提交2014年9月28日其与戴某的谈话录音以及体检报告予以佐证。邓某某表示因10月8日未能签约，故其于10月16日给某速递公司人事专员打电话询问戴某的联系方式，后戴某让其联系李某。10月19日邓某某给李某打电话询问不能签合同的原因，李某确认因为邓某某是女性所以某速递公司不批准签合同。邓某某就此提交2014年10月19日其与李某电话通话录像复制件予以证明（诉讼中，邓某某申请对该录像中画面是否经过剪辑修改、录音是否经过剪辑修改进行鉴定，邓某某交纳鉴定费6450元）。2015年3月31日，邓某某向北京市长安公证处申请保全某劳务公司在其官网上发布快递员招聘单位及条件的网页，花费公证费1000元。邓某某称其应聘的快递员一职并不属于不适合妇女的工种或岗位，但某速递公司、某劳务公司仅因为邓某某是女性就表示不予考虑，导致邓某某受到了就业性别歧视。邓某某自从被拒后一直没有找到一份满意的工作，情绪低落、沮丧、失眠，邓某某受歧视、遭排挤的心理阴影难以消除。综上，邓某某请求判令：某速递公司、某劳务公司向邓某某以书面形式赔礼道歉，连带赔偿邓某某入职体检费用人民币120元、公证费用人民币1000元、精神损害抚慰金人民币50000元、鉴定费6450元。

某速递公司则认为：一、我方不存在歧视邓某某就业的客观条件，也无歧视邓某某就业的实际行为。广告不是我方发布的，我方也从未委托某劳务公司发布此类广告。如果该广告存在就业性别歧视，应当由某劳务公司承担责任。假设邓某某提供的证据都是真实的，但我方的员工没有一句是对女性就业的歧视。

二、投递员是法律法规禁止女性从事的负重体力劳动。关于女职工劳动保护，我国法律法规中也有规定，包括《中华人民共和国劳动法》《女职工劳动保护特别规定》《女职工禁忌从事的劳动范围》《邮电女职工劳动保护规定实施细则》中均有规定。

某劳务公司认为：本公司与某速递公司签订了《劳务派遣协议》，由本公司为某速递公司提供劳务派遣服务。关于某同城网站登载的广告，系本公司自行发布的，未向某速递公司通报。如广告有违法情况，本公司愿承担全部法律责任。

（二）裁判结果

北京市顺义区人民法院生效裁判认为：戴某作为某速递公司酒仙桥营投部主任，在招录人员上显然能够代表某速递公司。邓某某在某速递公司面试后，戴某已经代表某速递公司表明其有意愿聘用邓某某，虽然聘用形式是直接聘用还是劳务派遣在 2014 年 9 月 28 日谈话中并未明确，但能够肯定的是某速递公司给予邓某某获得在某速递公司担任快递员的机会。在邓某某未能如期签约的情形下，戴某告知邓某某联系李某，且李某在电话中亦表明邓某某的应聘资料在其处，故法院认定李某能够代表某速递公司。某速递公司在答辩意见中所援引的相关规定并不能证明快递员属于国家规定的不适合妇女的工种或者岗位。对于邓某某询问丧失应聘机会的原因是否因其为女性时，李某作了肯定的答复，能够证明某速递公司拒绝聘用邓某某的原因在于其为女性，侵犯了邓某某平等就业的权利。某速递公司对其侵权行为给邓某某造成的合理损失应予以赔偿。

某劳务公司虽然在其网站上及在某同城网站上发布的涉诉岗位的招聘信息均表明任职资格为男性，但某劳务公司并未因邓某某系女性而拒绝提供就业机会，仍通知邓某某进行面试。本案中，邓某某并未举证证明某劳务公司对其实施了就业性别歧视的行为，故邓某某要求某劳务公司承担责任，法院不予支持。邓某某主张赔偿公证费用，缺乏依据，法院不予支持。

某速递公司不认可邓某某提交的体检报告部分内容的真实性，但未提交反驳证据，法院对其真实性予以采信。邓某某虽未提交体检费票据，但体检系应某速递公司的要求，且邓某某提交了体检报告，邓某某主张的入职体检费用符合一般市场行情，法院予以支持。鉴定费系邓某某为维权产生的合理费用，应由某速递公司予以赔偿。

某速递公司对邓某某实施了就业歧视，给邓某某造成了一定的精神损害，故法院应结合某速递公司在此过程中的过错程度及给邓某某造成的损害后果酌情支持邓某某精神损害抚慰金 2000 元。邓某某所提某速递公司书面赔礼道歉的请求，依据不足，不予支持。

法院于 2015 年 10 月 30 日作出民事判决：一、某速递公司于本判决生效之日起七日内赔偿邓某某入职体检费用 120 元、精神损害抚慰金 2000 元、鉴定费 6450 元；二、驳回邓某某的其他诉讼请求。宣判后，邓某某及某速递公司向北京市第三中级人民法院提起上诉，北京市第三中级人民法院于 2016 年 2 月 23 日作出判决：驳回上诉，维持原判。

（三）典型意义：社会公德

实行男女平等是国家的基本国策。《中华人民共和国宪法》《中华人民共和国妇女权益保障法》均规定妇女在政治的、经济的、文化的、社会的和家庭的生活等各方面享有同男子平等的权利，而《中华人民共和国劳动法》《中华人民共和国就业促进法》进一步具体规定劳动者就业，不因民族、种族、性别、宗教信仰不同而受歧视，妇女享有与男子平等的就业权利；在录用职工时，除国家规定的不适合妇女的工种或者岗位外，不得以性别为由拒绝录用妇女或者提高对妇女的录用标准。但现实生活中，考虑到女性特殊的生理性原因，妇女需要生育、哺乳以及有生理期等，招聘单位往往以较为隐蔽的方式（如以只接收简历不通知面试或专业不对口等非性别原因掩盖核心的性别原因）拒绝录用女性，使得女性在就业时因性别而遭受歧视。由于应聘者和招聘单位地位不对等、信息不对称使得应聘者很难获取招聘单位实施就业性别歧视的证据，即便掌握了相关证据，出于诉讼成本及效益等方面的考虑，应聘者未必拿起法律武器维护自己的权益。

本案中，应聘者通过搜集证据形成证据链，能够证明某速递公司在已表明愿为其提供担任快递员机会并签约的情形下，又予以反悔，拒绝录用应聘者，构成就业性别歧视。在招聘单位仅仅以性别原因拒绝录用应聘者的情况下，招聘单位就构成了侵权，对由此而给应聘者造成的直接经济损失应予以赔偿，同时招聘单位的拒录行为在客观上也给应聘者造成了一定的精神损害，对于应聘者主张的精神损害抚慰金可根据招聘单位的过错程度以及对应聘者造成的损害后果酌情确定。对实施就业性别歧视的单位通过判决使其承担民事责任，不仅是对全体劳动者的保护，营造平等、和谐的就业环境，更是对企图实施就业性别歧视的单位予以威慑，让平等就业的法律法规落到实处，起到规范、引导的良好作用。

最高人民法院发布第二批人民法院大力弘扬社会主义核心价值观典型民事案例

（2022.2.23）

案例四

遭遇就业地域歧视可请求赔偿精神抚慰金

——闫某某诉某公司平等就业权纠纷案

核心价值：就业平等、文明用工

一、基本案情

某公司通过某招聘平台向社会发布了一批公司人员招聘信息。闫某某投递了求职简历，其投递的求职简历中，户籍所在地填写为“××省××市”。某公司查阅其投递的简历后，认为闫某某不适合招聘岗位，原因为闫某某系××省人。闫某某认为，某公司上述地域歧视行为，违反了《中华人民共和国就业促进法》的相关规定，严重侵犯了其人格权，提起诉讼，请求判令：某公司向其口头道歉、登报道歉、支付精神抚慰金6万余元。

二、裁判结果

人民法院认为，劳动者依法享有平等就业权。对平等就业权的侵害会损害劳动者的人格尊严，受害人有权依照民事法律规定，请求用人单位承担民事责任。就业歧视的本质特征是没有正当理由地差别对待劳动者。用人单位招用人员，不得实施就业歧视。本案中，某公司在案涉招聘活动中因“××省人”这一地域事由对闫某某实施了不合理差别对待，损害了闫某某平等获得就业机会和就业待遇的权利，构成对闫某某平等就业权的侵害，主观上具有明显过错。故判令某公司向闫某某支付精神抚慰金9000元，由某公司向闫某某口头道歉并在国家级媒体登报道歉。

三、典型意义

平等就业权是每个劳动者依法享有的权利。《中华人民共和国就业促进法》第二十六条规定，用人单位招用人员、职业中介机构从事职业中介活动，应当向劳动者提供平等的就业机会和公平的就业条件，不得实施就业歧视。本案通过厘清权利的边界，依法对用人单位用工自主权予以规范，旗帜鲜明地否定侵害劳动者平等就业权的歧视行为，对遭受侵害的劳动者给予及时和充分救济，维护了社会公平正义，体现了文明、平等、公正的社会主义核心价值观，为助力形成公平、高效的用工秩序和市场环境，构建和谐劳动关系，更好满足人民日益增长的美好生活需要提供了有力的司法保障。

后 记

庞德在《普通法的精神》一书中论述："稳定性和可预测性要求法官或法学家适用法律时，要根据众所周知的技术，根据现有的前提进行推理。"

民法法源有法律和习惯两项。法学界通常还认为，裁判实践中的法源除了法律和习惯，还有最高人民法院的司法解释、指导性案例等其他法源法理。[①] 而指导性案例更具针对性、具体性和灵活性，可以弥补司法解释的不足。最高人民法院《〈关于案例指导工作的规定〉实施细则》第九条指出：各级人民法院正在审理的案件，在基本案情和法律适用方面，与最高人民法院发布的指导性案例相类似的，应当参照相关指导性案例的裁判要点作出裁判。

在法理方面，劳动法相对于民法其他相关领域，对于一些若干重大理论问题尚未形成统一意见。实务工作中，最高人民法院不定期发布的指导性案例具有较高的参考意义。不过最高人民法院发布的涉劳动争议指导性案例数量不多，难以满足社会公众学法、用法的需要。

从最高人民法院发布的指导性案例发挥的作用来看，比较注重对法律法规的内容补漏，侧重于案件的新颖性、疑难性和对于法律专业人士的指导性。如果成文法规定已经比较明确，再出台指导性的意义就不大。因此，围绕劳动关系当事人遇到的常见法律问题，需要精挑细选出一批"典型案例"来明法析理。

近年来，最高人民法院、国家国家人力资源和社会保障部以及各地相关部门发布了大量典型案例，具有较强的现实意义。最高人民法院《关于统一法律适用加强类案检索的指导意见（试行）》指出，人民法院办理缺乏明确裁判规则或者尚未形成统一裁判规则等案件，应当进行类案检索。类案检索范围除最高人民法院发布的指导性案例外，还包括最高人民法院发布的典型案例及裁判生效的案件、本省（自治区、直辖市）高级人民法院发布的参考性案例及裁判生效的案件、上一级人民法院及本院裁判生效的案件。

从各地发布的典型案例发挥的作用来看，典型案例主要承担了普法教育的功能，而对于实务中普遍存在的问题，通过广泛宣传，一些行之有效的裁判规则得

---

① 梁慧星：《民法总则讲义》，法律出版社2021年版，第20页。

到了社会大众的认可。人们通过学习、参考和借鉴“典型案例”，不断推动着劳动纠纷处理实务和理论的发展。所以说，权威部门发布的、经过层层遴选过的典型案例，也能对用工双方产生一种“事实上的拘束力”。

毋庸讳言，最高人民法院的指导性案例、《公报》案例与各地发布的典型案例，在编撰格式上有很大差异。最高人民法院的指导性案例、《公报》案例有固定格式，一般附有判决书全文，便于司法工作者比对事实要件，如果待决案件与指导性案例中的事实具有类似性，就应当参照指导性案例。各地发布的典型案例则没有固定格式，有些典型案例篇幅短小，特别是案件事实认定部分大为简化，一般还隐去了案号和当事人的姓名。

尽管同案同判是指导性案例的直接目的和基本原则，但是同案并不是说案件事实绝对相同，而是指具有争议的案件事实与先前作为指导性案例之间的类似性，就成为适用指导性案例的基本前提。[①] 其实，即便是指导性案例也并非完全是“原汁原味”呈现案件全貌，特别是其中的“裁判要旨”部分，编撰者为实现和提升典型案例的法律价值与指导价值之目的，在原有裁判等法律文书基础上，在不改变原裁判、决定结论的前提下经过了必要的加工和提炼。从这个意义上讲，典型案例简化了事实认定部分，基本上不影响读者法律适用的过程，反而还提高了效率。从同案同判的角度讲，比事实认定更重要的是法律适用。

事实上，最高人民法院、人力资源和社会保障部发布的部分典型案例中阐明的要点及分析意见，具有较高的参考价值，较有可能在实践一段时间后，被吸纳到有关部门制定的成文意见中。比如，最高人民法院、人力资源和社会保障部发布的《关于劳动人事争议仲裁与诉讼衔接有关问题的意见》（人社部发〔2022〕9号），其中的第十九条、第二十条和第二十一条内容，与人力资源和社会保障部、最高人民法院于2020年发布的第一批典型案例的裁审要点基本一致。在我国的司法实践中，已经形成司法解释和指导性案例（包括典型案例）“二元互补、二元互动”的格局。

本书以个案分析的方法为主，首次尝试以指导性案例、《公报》案例和典型案例为中心，重新梳理企业人力资源管理中涉及法律规制，着重对案例中呈现的裁判要点进行归纳和解析；同时也辅助以类案分析的方法，对于同类案件裁判中存有不同意见的予以说明；并对企业规范用工提出操作建议，希望对于企业劳动合

① 王利明：《法学方法论》，中国人民大学出版社2021年版，第333页。

规管理能够有所帮助。

感谢中国法制出版社杨智编辑对本书的创意和对我们的信任。本书从选题到编辑，都凝聚着他的心血。

在本书写作过程中，我们还得到了许多同行、朋友的悉心指教，感谢（名字不分先后）宋靖、秦利佳、王玲、蹇鲁、潘丽娜、胡一舟、陈艳、江晨、胡泉、樊杰、徐仁华、张佶、张文勇提出的中肯意见，我们对于他们的无私奉献深表谢意。

抱歉，还有一些遗漏的名字。

在此一并致谢！

作者

2022 年春夏之交

图书在版编目（CIP）数据

劳动争议指导案例、典型案例与企业合规实务：纠纷解决、风险防范、合规经营、制度完善／周斌，韩琰著．—北京：中国法制出版社，2023.3

（企业管理与法律实用系列）

ISBN 978-7-5216-3193-7

Ⅰ.①劳…　Ⅱ.①周…　②韩…　Ⅲ.①劳动争议-案例-中国　Ⅳ.①D922.591.5

中国版本图书馆 CIP 数据核字（2022）第 226680 号

策划编辑：杨智（yangzhibnulaw@126.com）

责任编辑：马春芳　　　　封面设计：周黎明

劳动争议指导案例、典型案例与企业合规实务

LAODONG ZHENGYI ZHIDAO ANLI、DIANXING ANLI YU QIYE HEGUI SHIWU

著者／周斌　韩琰

经销／新华书店

印刷／三河市紫恒印装有限公司

开本／730 毫米×1030 毫米　16 开　　　　印张／34.5　字数／507 千

版次／2023 年 3 月第 1 版　　　　2023 年 3 月第 1 次印刷

中国法制出版社出版

书号 ISBN 978-7-5216-3193-7　　　　定价：138.00 元

北京市西城区西便门西里甲 16 号西便门办公区

邮政编码：100053　　　　传真：010-63141600

网址：http：//www.zgfzs.com　　　　**编辑部电话：010-63141816**

市场营销部电话：010-63141612　　　　**印务部电话：010-63141606**

（如有印装质量问题，请与本社印务部联系。）